【精编故事版】

世界简史

马健 张兰菊 ◎ 编著

中国文史出版社

世界简史 │ 目录 →□　　　　　Contents →

中世纪的鼎盛与衰落 / 091

度尽"二战"的劫波 / 335

"冷战"时期的世界格局 / 387

多元化发展的当今世界 / 437

No.1
人类历史的黎明

—— 秘鲁古代神话中，有一位名叫比拉科奇亚的天神，他从太阳降临到地球上，创造了地球上的人类，同时还教给人许多知识。

—— 墨西哥的神话里，也有一位天神突然从东方出现，教给当地人法律、医学和种植玉米的技术，后来他乘"蛇形筏"飘然离去。

—— 日本的传说中，远古的时候，有一位叫奥克库尔米卡米的神，乘空中飞行的轿子飘飘而下，传授给人许多知识。

—— 中国的女娲造人，神农尝百草。

—— 在人类历史的黎明，神话史诗成为各民族共同的传承与记忆。随着黎明期的历史被人逐渐发现，智慧的论断开始打破传统神创论的观点，于是，黑夜渐远……

●伦伯朗笔下的亚当、夏娃

>>> 女娲抟土造人的传说

女娲是中国远古传说时代母系群团或氏族的著名首领之一。

《山海经·大荒西经》称："女娲，故神女而帝者也。"《太平御览》引《风俗通》说："俗说天地开辟，未有人民，女娲抟黄土做人，剧务，力不暇供，乃引绳于泥中，举以为人。故富贵者黄土人也，贫贱凡庸者泥人也。"这便是女娲造人的传说。

拓展阅读：

盘古开天辟地
《进化论》[英] 达尔文

◎ 关键词：上帝 亚当 夏娃 伊甸园

伊甸园的传说

人类在有历史记载之前，流传的只是一些充满神秘色彩的传说。

据《圣经·旧约》中记载，地球是被水覆盖着的，水面上空虚混沌，迷茫一片。这时候，万能的上帝出现了，他用了五天时间创造了日月星辰、山川河流以及动、植物等。到了第六天，上帝按照自己的形象用泥土捏造了一个男人，并赋予他生命，起名"亚当"。为了排遣亚当的寂寞，上帝给他造了一个女性伴侣，起名"夏娃"。从此以后，他们按照上帝的旨意在伊甸园里享受着树上的美果，掌管着伊甸园里的动植物，过着和谐无虑的生活。

伊甸园里有棵善恶树，树上长满了美丽的智慧果，但亚当和夏娃却从不敢到树下去，因为上帝警告过他们，如果偷吃了善恶树上的果实，他们必定会受到最为严厉的惩罚。

但是，他们在一条蛇的引诱下，偷吃了树上的智慧果。从此，他们的命运改变了。上帝把他们逐出了伊甸园，让他们在世间耕种土地、繁衍后代，并严惩了那条多嘴的蛇。

亚当和夏娃就是西方传说中人类的祖先，但这毕竟只是传说。目前比较一致的看法是，人类是从非洲古猿进化而来的。

非洲最早的原始古猿生活在距今2800万年前，那时它们还是四肢并用的林栖动物，类人猿的特征并不明显。此后，经过漫长的进化，人类演变的历史中又出现了森林古猿，它们虽然生活在树上，但已经具备了某些与人类相似的特征。这种古猿的遗迹在亚、非、欧三大洲都有留存。但从发现的化石看，非洲古猿活动的时间较早。

地球气候的剧烈变化促使热带林区锐减，这对生活在这些地区的森林古猿来说，绝对是一次严峻的考验。它们被迫直立行走。此外，它们已经可以用简单的语言互相交流，并且学会使用简单的天然工具，从而也步入了由猿向人转化的漫漫历程。

人类在上千万年的更替过程中，逐渐进化成"完全成形的人"，"完全成形的人"可以分为"能人"、"直立人"和"智人"三个阶段。

非洲"能人"生活在距今约180万年前，从考古发现的化石上看，他们的外貌和现代人非常接近，脑容量也较以前有所增加。"直立人"生活在距今大约150万年前，他们主要靠打猎为生，已懂得将木棒削尖与野兽搏斗。"智人"可以认为是现代人类的直接祖先，他们生活在距今大约100万年前，其体质与现代人已无多大差别。

"完全成形的人"在世界的很多地方都有分布，但非洲"能人"生活的年代最为久远，所以很多学者都认为人类起源于非洲。

人类历史的黎明

●埃及人的生命之母——尼罗河

>>> 尼罗河

尼罗河从南到北，纵贯埃及全境，在埃及境内长达1530公里。是非洲第一大河，世界第二长河。埃及诗圣艾哈迈德·肖基曾写下"尼罗河水自天降"的不朽诗句。

在埃及首都开罗以北形成面积2.5万平方公里的巨大三角洲平原，据说是地球上最肥沃的土壤。

"尼罗，尼罗，长比天河。"正如这条民间谚语所描述的，尼罗河的确是一条宽阔美丽、源远流长的大河。

拓展阅读：

摩西十戒
珠江三角洲
美国密西西比河三角洲

◎ 关键词：古埃及人 尼罗河 三角洲 粮仓

尼罗河畔的古老国度——埃及

远古时期的非洲北部，是一片蒿草丛生的无尽旷野，幼年时期的尼罗河默默地从中流过。大约在公元前两万年，原始人的到来搅乱了这里的清幽，他们在这片茫茫无尽的草原上过着自由的狩猎生活。

随着岁月的流逝，无情的沙尘逐渐蚕食了这片天然的绿色牧场，植物干枯了，动物逃到了有水源的地方。此时的尼罗河奔腾汹涌，浩浩荡荡地流向地中海，冲积的泥沙形成一片绿草茵茵的三角洲，那是沙漠中充满生机的绿洲。大约1万年前，第一批居民首先在这里定居，随后的四五千年里，尼罗河三角洲逐渐变成了古埃及人的家园。

身强体壮的古埃及人有着宽阔的肩膀和狭窄的腰身，皮肤被炎炎烈日晒成了深褐色，头发乌黑光滑，这些体态特征是他们适应自然界艰苦条件的结果。他们靠自己的双手，在河畔地势较高的地方，用泥砖和芦草构筑起简陋的房屋。

古埃及人中的男子大都出去狩猎和放牧猪、羊，女人则在家门口生火做饭。此时，他们还已经学会使用笨重而粗糙的石制工具进行农耕。

尼罗河是古埃及人赖以生存的客观条件。夏季来临的时候，炽热的风从浩瀚的撒哈拉沙漠吹来，像火一样炙烤着大地，热风卷来的黄沙几乎将生活在河畔的埃及人淹没！但是，坚强的埃及人始终没有向恶劣的大自然屈服，他们每天都在盼望尼罗河泛滥的潮水早日汹涌而来。

终于，七月的雨季带来了北方凉爽的风，炎热的夏季逐渐被取代，大地万物从喧嚣的尘沙中解脱出来，漫长的雨季到来了。洪水裹挟着大量的腐烂植物汹涌而至，浑浊的绿色洪流在尼罗河奔腾咆哮。河水吞没了所有的谷地，使三角洲变成了水的世界。埃及人把尼罗河泛滥的第一夜称为"第一滴水之夜"。这一夜，他们乘着小舟，齐集在尼罗河中，高举着火把，在风浪中颠簸，庆祝哈辟神（尼罗河神）的节日。

十一月过后，肆虐的河水慢慢退去，滞留在河谷中的大量泥沙成了最适合种庄稼的沃土。他们种植的大麦和小麦等农作物，每年都能获得大丰收。古埃及人经过辛勤劳作，终于将尼罗河三角洲建成了天下著名的粮仓。

尼罗河定期泛滥的自然特性决定了埃及的农业生产与人工灌溉紧密相连，人们不仅要在河水泛滥时疏通渠道，排出积水，还要在旱季引水灌溉。巨大的工程和繁重的劳动需要埃及人联合众人的力量才能完成，因此，埃及人在很早的时候就出现了联合。当时的埃及大约有40个州，但州与州之间常因为争夺河水和土地而发生争斗，直到美尼斯统一埃及，这种争斗的局面方告结束。

◎ 关键词：奴隶社会 征战 兼并 厮杀

美尼斯统一埃及

●纳美尔石板

>>> 孟菲斯

古埃及城市。位于今尼罗河三角洲南部，上下埃及交界的米特·拉辛纳村。其名称起源于第六王朝（约前2345—前2181）国王佩皮一世的名为Men-nefer的金字塔，希腊人讹称为孟菲斯。传说该城约在公元前3100年由第一王朝第一王美尼斯所建，最初称为白城。

孟菲斯是古埃及的政治、宗教、文化中心之一。也是世界上最古老的城市之一，有4700多年的历史。孟菲斯有古埃及的第一座金字塔，此外还有巨大的拉姆西斯二世花岗岩雕像以及其他古迹。

拓展阅读

《出埃及记》（电影）
纳美尔石板（浮雕）

发源于非洲中部高原的尼罗河是古埃及文明的摇篮，这条生命之河孕育了芸芸众生，它不仅给埃及带来了充沛的水源和肥沃的土地，也带来了生命的律动和繁荣。

大约在公元前五六千年，古埃及人在尼罗河三角洲的开罗附近定居下来。他们不辞辛苦，开渠筑坝，种植农作物，使尼罗河三角洲赢得了"地中海粮仓"的美称。

农业的进步推动社会向前发展，古埃及慢慢从原始社会过渡到奴隶社会。公元前4000年左右，尼罗河附近逐渐出现了一些奴隶制小国家。这些小国家以城市为中心，和周围的一些村庄共同称作"州"。当时的埃及共有四十多个州，每个州都有自己崇拜的神。后来，这些州又拥有了军队和代表自己部落的旗帜。与此同时，各州之间连年的征战和兼并开始了，狭长的尼罗河谷最终被分为南部和北部两个王国，南部叫上埃及王国，北部叫下埃及王国。

公元前3100年，上埃及逐渐强盛，国王美尼斯一心要统一上、下埃及，于是就亲自率领大军踏上征服下埃及的征途。

两军在尼罗河三角洲一带对垒，将士们纷纷把木头和石块绑在一起当作武器。为了鼓舞士气，美尼斯亲自到阵前督战。双方厮杀得难解难分。

激战进行了三天，下埃及的军队被彻底击溃了，下埃及国王眼见大势已去，只好跪地投降。美尼斯统一埃及的野心初步实现了。

战争结束后，美尼斯为了稳固自己的地位，采取了一系列的措施：他表示尊重下埃及国王在位时的一些做法，不标榜自己是埃及的唯一代表；每次到下埃及，他都戴上下埃及国王的王冠，目的是照顾下埃及人民的宗教感情，允许下埃及人民信奉自己的保护神。这些举措使他最终赢得了下埃及百姓的拥护。

此外，美尼斯还逐渐建立了一套专制的统治机构，他自然成了至高无上的统治者。后来，人们不再称呼他的名字，而尊称他为"法老"。

埃及在美尼斯时代实现统一后，经历了古王国、中王国和新王国三个时期共31个王朝的更迭，此后逐渐衰落，曾先后遭到利比亚、亚述等国的入侵，公元前7世纪中叶重新获得独立，后又被波斯帝国、希腊和马其顿所征服。公元前30年，古埃及彻底土崩瓦解，并入罗马帝国的版图。但是，古埃及人民创造的文明却不容忽视，它对西亚和欧洲都产生了重大的影响。

● 古埃及的金字塔

>>> 中国金字塔之谜

1989年，考古学家经过发掘证实，在辽宁省西部山区女神庙附近发现了金字塔。

金字塔的形状为圆锥形，小抹顶，用土夯筑成。地上部分夯土堆直径近40米，高16米。土堆外面包巨石。土山上面由三圈石头围砌起来，每一层石头伸进去10米，高度为1米；下面也由三圈石头围砌起来。在此大金字塔周围的山头上还有30多座积石冢（小金字塔）。

拓展阅读：

西夏王陵
阿斯旺大坝
《匹热迷能》徐锦圣
墨西哥羽蛇神金字塔

◎ 关键词：古埃及 神秘色彩 七大奇迹

金字塔的不解玄机

在四大文明古国中，古埃及是最富有神秘色彩的国度。漫长的岁月像悠悠的尼罗河水流淌而过，留给后人述说不尽的故事。而今，雄伟的金字塔群依然矗立在尼罗河畔，面朝着西方，默默注视着尼罗河奔腾不息的滔滔洪流，演绎着一个个不朽的传奇。

被誉为世界七大奇迹之一的金字塔的建造，源于一个古老的埃及传说。

很久以前，有一位聪明的法老名叫奥西里斯，他不仅教会了人们种地、做面包、酿酒，还教会了人们如何开矿等，人们非常崇敬他。可他的弟弟塞特却阴险狡诈，总是想篡夺哥哥的王位。在一次晚餐上，狡猾的塞特把奥西里斯骗进一只箱子里，然后将上了锁的箱子扔进滚滚的尼罗河中。塞特的阴谋终于得逞，他当上了埃及法老。

但是好景不长，奥西里斯的儿子长大后，杀死塞特为父亲报了仇，并找回奥西里斯的尸体做成木乃伊。在神的帮助下，奥西里斯做了阴间的法老，而他的儿子则成了人间的法老。

从此以后，这个流传甚广的神话仪式在每个法老死后都要上演一次，即将尸体制成木乃伊，然后装入石棺埋葬。那时候的埃及，无论是王公大臣还是平民百姓死后，都被葬入一种用泥砖砌成的长方形坟墓里，这种坟墓被埃及人称为"马斯踏巴"。到了第三王朝，法老杰赛尔让建筑师用巨石修建了一座高61米的"马斯踏巴"，这就是埃及的第一座塔形陵墓。陵墓的外形像极了中国的"金"字，所以，中国人称之为金字塔。随后，埃及的王公大臣相互效仿，纷纷为自己修建金字塔。

第四王朝的法老胡夫为自己建造了一座高达146.59米的金字塔，成为所有金字塔中的佼佼者。胡夫死后，他的儿子哈夫拉也修建了一座规模较大的金字塔，同时在塔的附近建造了一个雕刻着自己头部并配有狮子身体的巨大雕像，这就是"狮身人面像"。狮身人面像被西方人称为"司芬克斯"，它已经有4500多年的历史。

第四王朝以后，其他法老虽然也修建了许多金字塔，但规模都不能和上述金字塔相提并论。到了第六王朝，随着古王国的分裂，法老的权力开始削弱，加上人民的反抗和盗墓者的猖獗，那些摆放在金字塔中的木乃伊经常被拖出来，所以，日后的法老们不再建造金字塔，而是在深山里开掘秘密陵墓。

金字塔不仅是古代埃及人民智慧的结晶，也是古代埃及文明的象征。那些困扰人们的谜团，相信终究会被逐一破解。

● 图坦卡蒙的黄金面罩

>>> 埃及艳后

克列奥帕特拉七世（前69—前30），埃及国王托勒密十二世和克列奥帕特拉五世的女儿，埃及托勒密王朝最后一位女王。

她才貌出众，聪颖机智，擅长手腕，心怀叵测，一生富有戏剧性。特别是卷入罗马共和末期的政治旋涡，同恺撒、安东尼关系密切，并伴以种种传闻逸事，使她成为文学和艺术作品中的著名人物。

罗马人对她痛恨不已，因为她差一点让罗马变成埃及的一个行省；埃及人称颂她是勇士，因为她为弱小的埃及赢得了22年的和平……

拓展阅读：

琥珀之路
法老的诅咒
斩克罗木乃伊

◎ 关键词：美男子 王墓之谷 神秘死亡

图坦卡蒙与"王墓之谷"

公元前1200年，一位相貌绝伦的美男子被埃及法老的公主选为驸马。他体魄健壮，浑身充满活力和朝气；他能征善战，是一位狩猎的好手。与公主结婚后，琼楼玉宇中留下了他们的海誓山盟，花前月下充满了他们的柔情蜜意。后来，这个美男子继承了王位，被全埃及人尊为至高无上的法老。但是在他18岁那年，一件不可思议的事情发生了，他离奇地暴病身亡，抛下肝肠寸断的公主。公主一个人独守空房，默默忍受着丧失丈夫的痛苦。虽然这个美男子在古埃及的政坛上昙花一现，却给后人留下了不尽的遐思和悬疑，他就是图坦卡蒙。

图坦卡蒙去世后，年轻的埃及王后悲痛欲绝，她决定用最盛大的仪式厚葬图坦卡蒙。一直以来，埃及的金字塔陵墓经常遭到猖獗的盗墓者的洗劫，古埃及国内的奴隶起义也是导致金字塔毁坏的原因之一。到了第十八王朝，法老图特摩斯决定不再用金字塔作为陵墓，他将墓地选定在距离尼罗河河口不远的一块绿洲上，那里重峦叠嶂，峭壁林立。图特摩斯在那里下葬后，此地就有了"永恒寂寞"的"王墓之谷"的称谓。

王后将图坦卡蒙的遗体也安葬在"王墓之谷"，从此以后，富奢豪华的图坦卡蒙王墓就成了埃及各阶层茶余饭后的谈资，大批的盗墓者被吸引到这里来。怀揣着一夜暴富的梦想，盗墓者们流着贪婪的涎水，找遍了"王墓之谷"的每一个角落，却没有发现图坦卡蒙王墓的任何蛛丝马迹。

图坦卡蒙的神秘死亡是所有人一直关注的问题，在他死后不久，他美丽的王后给赫梯帝国修书一封，请求选一位王子与自己成亲并继承王位。该王子在赴婚的途中遇害身亡，之后王后也下落不明，而老臣阿伊却戏剧性地当上了埃及法老。

图坦卡蒙的死亡谜团困扰了人们几千年，这一谜团在第一次世界大战结束后才揭开神秘的面纱，美轮美奂的图坦卡蒙王墓终于展现在世人面前，它就在"永恒寂寞"的"王墓之谷"！人们不禁对眼前看到的一切瞠目结舌：陵墓的门口散落着各种各样的鲜花，油灯罩上新鲜的黑色痕迹依然清晰可辨，似乎在熟睡的图坦卡蒙被制成了木乃伊，脸上戴着做工精巧的黄金面罩，黑宝石做的眼睛闪烁着灼人的光芒；堆积如山的宝物充斥着王墓的每一个角落，却又条理井然，丝毫没有杂乱的迹象。此时，神秘暴毙的图坦卡蒙已经在黄金打造的棺材里静静地躺了几千年！

至此，这位面如美玉的英俊法老终于向后人昭示了谜底：他突然死亡的真正原因就在于左耳下方那道致命的伤口。

真相终于大白了。

● 腓尼基时代的太阳神神庙

>>> 最早发现的玻璃

　　3000多年前，有很多腓尼基大商船在地中海往来贸易。

　　一次，一艘商船在岸边补充淡水，等待中的船员们无所事事，其中一个船员提议举行河滩野餐。于是大家生火煮饭，吃得不亦乐乎。饭后准备回船时，一位船员忽然惊讶地喊："你们快看，这是什么东西？闪闪发光，多好看！"他从余烬里拣出来的这一块东西，在阳光下像水一样清亮、如冰一般晶莹，真的是前所未见的神奇宝物，这就是石英砂受热熔成的玻璃，腓尼基人由此无意中发现了玻璃的秘密。

拓展阅读：

腓尼基字母
堕落神巴力

◎ 关键词：腓尼基 地中海 海上骑士

地中海东岸的"紫红之国"

　　公元前3000年左右，在地中海东岸，一个由商业城市组成的奴隶制城邦国家建立了，它就是迦南。公元前9世纪，希腊人开始称其为"腓尼基"，意思是"紫红之国"。这个名字的来历，包含着一段故事。

　　传说，当时有一个牧人住在地中海东岸，他只有一条猎狗来排遣寂寞的放牧生活。有一天，猎狗从海边衔回一个贝壳模样的东西，使劲一咬，贝壳里红色的汁水溅满了猎狗的全身。牧人大吃一惊，以为猎狗被贝壳刺伤了，于是忙用清水给它清洗"伤口"。可是清洗之后，猎狗身上仍然残留着鲜艳的紫红色，牧人这才知道，原来是贝壳中流出的紫红色汁水染红了狗的身体。在地中海的浅海中，这种贝壳随处可见。

　　从此以后，生活在地中海地区的人们就开始用贝壳的紫红色汁水做染料，染各种各样的衣料和布匹。这种染料染出的布匹不仅颜色鲜艳，即便是放在滚水中洗涤也绝对不减色泽，东方国家的国王和祭司都对这种染料钟爱有加，纷纷派人前来购买。因为含有这种染料的贝壳是地中海地区所独有的，于是人们便把出产这种燃料的迦南称为"腓尼基"，它原来的名字反而逐渐被人们淡忘。

　　腓尼基位于地中海东岸，物产丰富的地中海一直深入内陆，形成了大大小小的港湾。腓尼基西南面临海，北部和小亚细亚接壤，正南方是巴勒斯坦，东面则是高高的黎巴嫩山。地中海给了腓尼基如此动听的名字，重峦叠翠的群山则给腓尼基带来了美妙的景观，很多山脉远远伸向大海，有的山脉还沿着海岸形成一片谷地，谷地里有盛开的鲜花、甜美的水果，以及其他不知名的树木。

　　但是腓尼基境内的土地并不是很肥沃，整片国土只有很小一片地方适合耕种，生活在这里的人们不得不为生计奔忙。聪明的腓尼基人充分利用了大自然的赐予，他们开辟了大片的田园，还学会了种植葡萄和橄榄。靠海吃海，生活在沿海地带的居民，不仅从海里捕获大量的鱼虾，海滩上的沙石也成了他们致富的重要源泉，他们凭借精湛的技艺，将沙子加工成精美的器皿，以此换取不菲的钱财。

　　国内的自然条件和高超的技能为腓尼基人开辟了一条更为广阔的发展道路，腓尼基地处亚洲和非洲商道的重要位置，他们很早就开始了海上贸易。出于贸易的目的，腓尼基人的商船不仅驶出了地中海、直布罗陀海峡、英格兰和波罗的海，达达尼尔海峡也是腓尼基人经常涉足的地方。他们凭借坚忍的勇气和聪明才智，在海上乘风破浪，到过很多别人不敢去的地方，因此赢得了"海上骑士"的美名。

人类历史的黎明

苏美尔时代的文明

● 楔形文字

>>> 《埃努玛·埃立什》

创世神话《埃努玛·埃立什》是巴比伦文学中流传极广的一部作品。主要汇集了苏美尔民族的创世思想。

它以故事开头的几个字"埃努玛·埃立什"为名。叙述创造天地、星辰、万物和人类的故事，反映人们对光明、幸福的追求和对黑暗的憎恶，也反映了他们对自然现象的原始的理解。

这首诗约1000行，成书于约公元前15—前14世纪，后经学者从七块泥板中考据整理出来，故又称"七块创世泥板"，它是历史上最早关于创世神话的题材之一。

拓展阅读：

乌拜德文化
《"苏美尔"法典》
魔神之首——阿撒托斯

底格里斯河和幼发拉底河孕育了地球上的第一片文明地——苏美尔地区，从此以后，古巴比伦地区的历史才真正开始了。

苏美尔地区位于美索不达米亚的最南部，那里有众多独立的城邦，但一直没有出现统一的政权。公元前2320年左右，苏美尔地区发生了重大的变化，美索不达米亚北部阿卡德的一位武士征服了该地区。虽然我们已经无从知道他的真正姓名了，但他"萨尔贡"的头衔却流传至今。之后，他在阿卡德和苏美尔建立起帝国，统治达200年之久。

尽管两河流域有着丰富的自然资源，但气候和地理环境却是影响苏美尔发展的主要障碍。苏美尔南部几乎是不毛之地，甚至连石料和矿物这样的资源都没有，住在那里的居民不得不依靠对外贸易来改变现状。他们用四轮货车作为运输工具进行贸易，并用其进行灌溉和城市建设，从而过上了富足的生活。此时，用牛牵引的战车首次出现在战场上，车轮是用木板拼成的，虽然速度不快，但战车的出现毕竟是作战方式的一种进步。更多的时候，苏美尔人用这种战车践踏战场上的敌人。毫无疑问，苏美尔人发明车辆运输，是该地区文明史上一个闪光点。

苏美尔人发明的太阳历也是其走向文明的标志之一。美索不达米亚的条件极其恶劣，如果不能获知准确的播种和收获时间，苏美尔人就可能陷入艰难的境地，他们根据月亮的盈亏循环制定了一套适合耕种的历法，从而保证了好收成。现代的犹太历法和伊斯兰历法都是从古代苏美尔人制定的太阳历中承袭而来的。

如果说车辆和太阳历是象征苏美尔人的古代文明，那么文字的产生可以与这两项文明并驾齐驱。公元前3500年左右，苏美尔人开始在石头上刻一些简单的符号，以此作为某种事物的标志，从此以后，文字的演进速度大大加快。苏美尔人用这些简单的符号记录财产和商业上交易的资料，这对文字的演化起到了促进作用。到了公元前2500年左右，"楔形文字"在先前符号的基础上得到了充分发展，此后的两千多年间，这种文字体系一直一统整个美索不达米亚，并且成了商业交往的桥梁。

文字的出现还催生了庙塔和神庙学校，劳动人民从此开始了马拉松似的大规模修建工作，他们不得不每天工作十几个小时甚至更长的时间。那时候的神庙庙区内大都附设有学校，这些学校是人类文明史上最早的学校，教授文字的老师是掌管神庙的祭司和管理人员。

苏美尔地区的发展，为以后的美索不达米亚文明掀开了新的一页，古巴比伦时代就要到来了。

● 搓面粉的妇女 第五王朝

>>>《纳拉姆辛石板》

　　红砂石质地石板浮雕，高约2米，约公元前2300—前2200年，现收藏于法国巴黎卢浮宫。

　　这块石板产生于古代西亚的阿卡德王国时期，是用来歌颂当时的国王纳拉姆辛的战功而制作的，记载着纳拉姆辛国王远征苏兹山区，征服乌鲁贝伊人的历史事件。

　　这件作品的构图采用的是横带式斜线上升形式，用分层法来描绘连续发展的事件，这种方式对后来罗马记功纪念柱的设计产生了很大的影响。

拓展阅读：
吐火罗人
埃布拉古国

◎ 关键词：苏美尔文化 奴隶制 城邦

阿卡德王国的发迹

　　幼发拉底河和底格里斯河的冲积平原，是苏美尔文明的发源地。那里有肥沃而松软的土壤，虽然气候干燥，降水量相对较少，但两条大河定期泛滥仍然给农业生产提供了一定的便利条件，苏美尔也因此成为人类文明最早的发祥地之一。大约在5000年前，两河流域的居民就已经建立了许多小型的村落，他们利用定期泛滥的河水和沼泽地带的丰盛水草、芦苇以及黏土，从事农业、畜牧业和手工业生产。随着生产力的发展，他们逐渐建立了世界上最早的城市，创造了灿烂的苏美尔文化。

　　擅长制陶的古代苏美尔人用勤劳的双手制作了精美的彩陶，绚烂的色彩是他们精湛技艺的最好证明。人们的日常生活用具，如酒杯、油缸、炉子以及灯盏等，无一不是出自自己之手。更不可思议的是，苏美尔人死后用的棺材也是陶土烧制的，这种棺材像有盖子的长方形大箱子一样。由于缺乏石料，苏美尔人主要的建筑材料就是黏土。他们在黏土中掺上切碎的麦秸，制成土砖，用来修建墙壁，建造房屋，甚至用来铺路，两河流域的城市建筑物大都是用黏土制成的土砖修建的。

　　在公元前3000年左右，苏美尔出现了很多以城市为中心的奴隶制城邦。这些城邦最初的规模很小，一般是以城市结合周围若干小村落构成，人口也不具有国家的规模，最大的城邦也不过90平方公里，人口仅6000人左右。

　　苏美尔人之间没有优劣之分，他们有着共同的宗教信仰，具备了统一的因素。统一战争导致了长期的混战，以乌尔－乌鲁克为霸主的南方同盟，和以基什为霸主的北方同盟，分别联合南北各城邦，形成了对峙局面。在争霸的过程中，南方同盟逐渐占了上风，但是征战并没有停止，而是在无休无止地进行着，直到基什王萨尔贡崛起，才将南北各城邦统一起来。

　　公元前2371年，萨尔贡建立了西亚第一个奴隶制国家——阿卡德王国。

●河马陶釉 现收藏于纽约大都会美术馆。

●陶土烧制的棺材。

人类历史的黎明

●咆哮的青铜狮像

>>> 梵语

梵语是古代印度的标准书面语。原是西北印度上流知识阶级的语言，相对于一般民间所使用的俗语而言，又称为雅语。我国及日本依此语为梵天（印度教的主神之一）所造的传说，而称其为梵语。字面意思为整理完好的语言。与腓尼基文字同属闪族文字系统。

广义的梵语包括吠陀梵语、史诗梵语和古典梵语，狭义的梵语只指古典梵语。在世界上所有古代语言中，梵语文献的数量仅次于汉语。现今出版梵本所用的文字，称为"天城体"。

拓展阅读：

月球起源说
马亨佐达摩毁灭之谜

◎ 关键词：青铜时代 印度河 阶级社会

全盛时期的哈拉巴文化

公元前3000年左右，哈拉巴文化进入了全盛时期，青铜时代到来了。生活在那时候的人已经知道熔解矿石、铸造和焊接金属器具，并学会按照一定的比例冶炼青铜。

哈拉巴文化之所以能够走向全盛，印度河功不可没。发源于喜马拉雅山脉的印度河是南亚次大陆上最长的一条大河，它的全长有3200千米，流经巴基斯坦，最后注入阿拉伯海。喜马拉雅山终年的积雪和夏季的季风带来的丰沛雨水，经过冲积逐渐形成一片肥沃的平原，使得那里不仅有丰富的物产，而且有发达便利的交通。这一切，都为哈拉巴文化的产生和繁荣提供了有利的条件和保证。

农业和冶炼技术的发展推动了社会的进步，青铜不断被制成农具，农业生产效率大大提高。生活在南亚次大陆的人们在不断与泛滥的印度河做斗争的同时，学会了筑坝和引水灌溉。农业上的富足促使畜牧业得到发展，人们驯服了水牛和黄牛，让它们到田间劳作。此外，他们还喂养了山羊、绵羊、猪、狗等。

手工业也在此时得到了长足的进步，除了冶金和粮食加工之外，纺织品、刺绣等都成了当时人们交换的物品，其中，制陶业是当时重要的手工业门类。此外，人们还从事珠宝和象牙等工艺品的制造。物质财富的增多促进了商业的发展和繁荣，南亚次大陆出产的棉布、香料、木材和珠宝等被大量输出到西亚等地。由于生产和交换的需要，度量衡制度在此时已初步形成了。

频繁的交往促使了文字符号的出现。那时的人们为了记载某件事情，或者进行某项交易，就在石头或陶土制成的印章上记述下来。当时的文字符号竟多达417个，它们字体清晰，线条简单，基本上属于象形文字的范畴。到了哈拉巴文化后期，这些表示语言的文字符号逐渐简化，最后，基本符号只剩下22个，图形符号随之消失，从字母文字过渡到了表音文字。

随着经济的发展，人们渐渐向交通发达的地区聚拢，城市出现了。当时有两个重要的文化中心：哈拉巴和摩亨约·达罗。它们也是当时最大的两个城市，占地面积达到了850平方千米，人口也达到了三四万人。

历史总是不断向前进步，国家出现了，严重的贫富分化和尖锐的阶级对立现象也出现了。上层人士住在宽阔舒适的大房子里，在酒池肉林里享受着美味佳肴，而穷人则栖身在矮小简陋的茅舍里，过着食不果腹的艰苦日子。

原始社会的大同时代已经一去不复返，阶级社会随之到来。

◎ 关键词：金字塔 狮身人面像 墓志铭

狮身人面像——哈夫拉的墓志铭

● 狮身人面像

>>> 狮身人面像的传说

传说司芬克斯是埃及远古时代的一头怪兽，生性残忍，喜欢吃人。它住在德山附近，问路人谜语，答不出便会被他吃掉。有一天他把埃及国王的儿子吃掉了，国王下令，把王位传给能降服这个怪兽的人。

一天，年轻人埃帕迪斯经过此地，怪兽出谜语考他："有一种动物，早上用四只脚走路，中午用两只脚走路，晚上用三只脚走路，这是什么动物？"年轻人答，"人。"怪兽羞愧自杀。埃及国王把王位让给了年轻人。让位之前，命令工匠在怪兽出没的地方，用整块山石雕刻出了司芬克斯的形象。

拓展阅读：

《狮身人面像》
　[美] 罗宾·科克
《古埃及的咒语》
　[英] 沃利斯·巴奇

古代埃及的统治者活着的时候作威作福，享尽了人间的荣华富贵，但他们永远都是贪得无厌的，他们渴望在死后也能得到永生。于是，无休无止的建造金字塔的竞赛就这样拉开了帷幕。

在所有的金字塔中，当推法老胡夫的最大。胡夫死后不久，他的儿子哈夫拉也为自己建造了一座巨大的金字塔，它虽然比胡夫的金字塔低3米，但其附属建筑却比胡夫金字塔完美、壮观，尤其是屹立在塔旁的狮身人面像，更是享誉全世界。这座人面狮身的雕像除了狮子的爪子部分是用石块砌成的，其他部分都是用一块天然的巨大岩石雕凿而成。这个巨大的雕像是哈夫拉自己想出来的。

关于此事，还有一段传说呢。

哈夫拉在位的时候，他就忙着为自己修建陵墓，过一段时间，他就会到施工现场查看工程的进度。有一天，他再一次来到施工现场，无意间发现采石场的工地上有一块巨大的天然岩石，它的外形非常像一头盘卧着的巨大狮子。哈夫拉非常高兴，他灵机一动，想出了一个绝妙的主意：他要让自己的形象永远留存下来，供子孙后人瞻仰、膜拜。这个别出心裁的主意马上就付诸行动了，哈夫拉召集了当时埃及所有的能工巧匠，按照自己的意思，将巨石雕刻成

一只雄狮，头部则是他本人的头像。

这座巨大的石像落成后，面朝着东方，摆放在离哈夫拉的陵墓不远的地方。它高20米，长62米，头戴王冠，额上刻着圣蛇的浮雕，下颌雕刻着长长的胡须，独特的造型和精湛的工艺使它成为人类历史上的一大奇观。

毫无疑问，哈夫拉和其他法老的想法如出一辙，渴望来生继续做统治者。殊不知，他们的天真想法给当时的劳动人民带来了极其深重的灾难，数以万计的人们被迫离开家门，加入修建金字塔的行列中去。他们在工地上受尽了非人的折磨，不但吃不饱饭，而且要从事繁重的劳动；他们中的很多人自从走出家门，就再也没回去；有些人倒下后，就再也没有站起来，成了统治者的殉葬品。而修建金字塔的高额费用，也是从埃及劳动人民的身上榨取的，每一分钱都凝聚着他们的血与汗。

繁重的徭役和赋税迫使人们走上了反抗的道路，哈夫拉死后，人们冲进了金字塔，拖出了他的尸体，并且瓜分了陪葬的物品。

而今，那些带着斑驳印痕的金字塔似乎还在向世人诉说着一个个古老的故事，哈夫拉已经成了历史长河中的飞烟，但狮身人面像却成了他不朽的墓志铭。

●巴比伦空中花园的地基

>>> 古巴比伦"空中花园"

据说，新巴比伦国王尼布甲尼撒二世娶了米底的公主米梯斯为王后。公主美丽可人，深得国王的宠爱。可时间一长，公主害了思乡病。

国王令工匠按照米底山区的景色，在他的宫殿里，建造了层层叠叠的阶梯形花园，栽满了奇花异草，并在园中开辟了幽静的山间小道，小道旁是潺潺流水。工匠们还在花园中央修建了一座城楼，矗立在空中。巧夺天工的园林景色终于博得公主的欢心。

由于花园比宫墙还要高，给人感觉像是整个御花园悬挂在空中，因此被称为"空中花园"，又叫"悬苑"。后被评为世界七大奇迹之一。

拓展阅读：

狮身羊面像
"巴别"通天塔
巴比伦古城废墟

◎ 关键词：古巴比伦 阿长德 文化重镇

古巴比伦的文明

底格里斯河和幼发拉底河虽然给美索布达米亚带来了充足的水分，但同时也带来了弊端，水分被蒸发之后，大量的盐分留在了土壤中，致使土地高度盐碱化，耕地的产量一天天急剧减少。由此看来，苏美尔人虽然有贸易作为赖以生活的资本，但在公元前2300年时，苏美尔还是十分虚弱的，这也是阿卡德的萨尔贡之所以能够征服该地区的原因之一。神庙、军队以及其他管理人员出现后，巨额的开支使苏美尔再也不堪重负，逐渐丧失了昔日的辉煌，被北部崛起的地区所取代，美索布达米亚进入了古巴比伦时代。

古巴比伦时代到来后，文化的中心开始移向了北部的阿卡德地区，位于美索布达米亚最南端的苏美尔文明彻底衰落了，而新建的巴比伦城却堂而皇之地成为美索布达米亚的文化重镇。这个时候，闪族语系的其他民族和古巴比伦相伴而生，并与之在美索布达米亚争夺土地。

闪族语系的其他民族都将阿拉伯半岛看作自己民族的发祥地，今天的阿拉伯人、以色列人以及埃塞俄比亚人都是这些民族的后裔。这些民族总在不断地向美索布达米亚渗透，企图统治这片土地，但都没有成功。

最终，阿摩利特人在这些民族中脱颖而出。他们于公元前2000年左右向美索布达米亚进发，在阿卡德地区定居下来。两个世纪之后，随着力量的壮大，阿摩利特人征服了苏美尔全境，苏美尔语也被他们的闪族方言所取代，成了美索布达米亚的口头和书面语言。

阿摩利特人统治苏美尔地区之后，将巴比伦城作为其帝国的首都，因此，他们被称为巴比伦人或古巴比伦人，其帝国被称为古巴比伦王国。该帝国的缔造者汉谟拉比无疑是阿摩利特人伟大的统治者，因为在他统治之前，阿摩利特人只不过是美索布达米亚南部相互争斗的几股小势力之一。但是汉谟拉比成为阿摩利特人的领袖之后，于公元前1765年征服了美索布达米亚的所有地区，并将领土扩张至叙利亚边境。

汉谟拉比统治古巴比伦王国后，制定了"汉谟拉比法典"，此时的文学成就也有了提高，出现了一部有代表性的史诗——《吉尔伽美什》。此外，古巴比伦王国还在数学方面取得了令人瞩目的成就，乘法、除法、平方根、立方根、倒数以及指数的运算都在神庙的书吏中有所使用，古巴比伦人还发明了十二进制的计算方法。

土地的高度盐碱化也是古巴比伦王国无法克服的问题，加上地方暴动以及外族入侵的威胁，汉谟拉比建立的巴比伦帝国，只维系了一个半世纪，就迅速步入了苏美尔的后尘。

●沐浴在阳光下的爱琴海

>>> 宙斯情人的住地

爱琴那岛是距离雅典最近的一个岛屿，航程仅需一个半小时。这里曾是美丽的人间仙境，宙斯最动人的情妇就在此掩藏。

真正让爱琴那岛扬名的是拯救希腊的萨拉密斯。很久以前，波斯王泽尔士率领庞大水师进犯希腊，蝗虫般的舰只遮天蔽日。小小的雅典城邦危如累卵。但是，希腊有他们的英明统帅铁米斯托克力思，他率领精悍的水师在萨拉密斯水路一举消灭了三倍于己的战舰，让希腊的太阳重新升上天空。岛上建于公元前6世纪末至前5世纪初的阿菲亚神庙，是希腊古典时代后期典型代表建筑。

拓展阅读：

伊兹拉岛（雅典）
科林斯运河（希腊）
爱琴海名字的由来

◎ 关键词：克里特岛 希腊大陆 爱琴海文明 迈锡尼文明

爱琴海地区的文明

早在人类进入新石器时代前，位于爱琴海地区的克里特岛上就已经有人居住了，据历史学家和考古学家考证，他们可能来自西亚。从公元前3000年起，克里特深受埃及、西亚的影响而进入了早期青铜时代。公元前2000年初期，国家在这里诞生了，岛上出现了大大小小的王宫，文字也随之出现，爱琴海文明（又称克里特—迈锡尼文明）逐渐形成，希腊大陆也成为该文明的一部分。

公元前1700年左右，克里特岛逐渐失去了往日的太平，接连不断的战乱爆发了。岛上的诸多宫殿被战火毁于一旦，克诺索斯王宫也未能幸免，但是战火熄灭后，重建的克诺索斯王宫比以前更加雄伟豪华。关于克诺索斯王宫，古希腊神话中也有很多记载。克诺索斯王宫是当时最华丽的宫殿，随着发展，周围逐渐形成了许多大大小小的城市，而克诺索斯城是最大的一个，所以它就顺理成章地成了一个强大帝国的都城。统治这个强大帝国的人叫米诺斯，相传米诺斯是天神宙斯和人间美女欧罗巴所生。米诺斯统治的帝国进入鼎盛时期后，他率领军队征服了周围的许多岛屿，并占领了希腊大陆，克里特又进入了相对太平的时期。

公元前1700年到公元前1500年，是克里特经济和文化的繁荣时期。当时岛上城市林立，克诺索斯城自然而然地成了米诺斯王朝的政治和经济中心，文化也在这里得到了很好的发展。克诺索斯王宫内不仅有制作精美的石制品和绘画，后来的考古学家还在这里发现了人类最早的抽水马桶，有一些房间里还摆放着陶制的浴盆，样式和现在的洗浴用具非常相似。单单从这些方面看，克诺索斯城就是克里特文明当之无愧的先驱。

就在米诺斯王国进入鼎盛期时，它的一个潜在对手逐渐在希腊大陆上崛起了。印欧语系的一个民族入主希腊大陆，公元前1600年，这个民族开始在希腊大陆上建立一些小型的城市。由于和米诺斯统治的居民进行贸易活动，他们逐渐受到克里特文明的影响，在这种因素的作用下，迈锡尼文明出现了，这段文明得名于希腊的一个最重要的城市——迈锡尼。

经过100多年的发展，迈锡尼逐渐强大起来。公元前1500年后，迈锡尼人终于有了取代米诺斯人成为爱琴海地区统治者的条件，他们向克里特岛出兵，大大削弱了米诺斯人的力量。公元前1400年左右，又有一股希腊半岛的迈锡尼入侵者，越过爱琴海到达克里特岛，并且彻底摧毁了克诺索斯城。打败米诺斯人之后，迈锡尼人统治了整个爱琴海地区，但是在内部阶级斗争和外部战争相交困的情况下，迈锡尼文明也到了即将结束的地步。特洛伊战争后，迈锡尼文明结束了，而后的"荷马时代"登上了历史舞台。

人类历史的黎明

◎ 关键词：奴隶制 福利国家 卢浮宫

汉谟拉比法典

● 镌刻着汉谟拉比法典的石碑

>>> 卢浮宫

位于巴黎市中心的赛纳河北岸（右岸），是巴黎的心脏，始建于1204年，历经700多年扩建重修达到今天的规模。占地约198公顷，长680米，分为新老两部分，老的建于路易十四时期，新的建于拿破仑时代。宫前的金字塔形玻璃入口，是华人建筑大师贝聿铭设计的。它的整体建筑呈"U"形，占地面积为24公顷，建筑物占地面积为4.8公顷，全长680米。

卢浮宫是世界上最著名、最大的艺术宝库之一，是举世瞩目的艺术殿堂和万宝之宫。同时，卢浮宫也是法国历史上最悠久的王宫。

拓展阅读：

君权神授
罗塞达石碑
《乌尔纳木法典》

两河流域成就了苏美尔文明，也促使汉谟拉比在美索不达米亚成就了一番霸业。他建立了强大的古巴比伦王国，使巴比伦城发展成为两河流域最繁荣的城市，引领西亚的政治、经济和文化达100多年之久。征服整个苏美尔地区之后，汉谟拉比自我标榜为"苏美尔和阿卡德之王"，汉谟拉比为了稳固巴比伦这个中央集权的奴隶制帝国，保护奴隶主阶级的利益，于是颁布了古代第一部比较完整的法典——汉谟拉比法典。

汉谟拉比法典被刻在一块高大的石碑上，包括序言、正文和结语三部分，整部法典共有282则条文。这部法典不仅概括了汉谟拉比的文治武功和制定法典的宗旨，汉谟拉比还把自己描写成神圣的君王，自称"天下四方之王"，并且阐明立法的目的是发扬公道，铲除邪恶。法典的正文包括审判法的规定、关于盗窃财物和奴隶的规定、婚姻和家庭的规定，以及借贷、经商的规定等九大主题。由此可见，法典囊括了古代巴比伦社会的方方面面，让现在的人们对当时的社会有了较为具体的认识。

但是有一点令人非常遗憾，"法律面前人人平等"的法律观念，对于汉谟拉比法典而言是苍白和无力的，尤其是奴隶，他们根本没有权利和自由可言。法典中的奴隶制立法严格保护了奴隶主的权利，私有财产只能属于奴隶主。保护奴隶主的利益贯穿了法典的始终，而对奴隶却着墨不多，仅仅只有五条，奴隶们被视为私有财产，可以像牲口一样任意买卖。如果有奴隶敢私自逃跑，一旦被抓回来仍要交还给原来的奴隶主。其中有一条规定更为严酷，如果奴隶无故伤害到了奴隶主，轻则受到鞭笞和割掉耳朵的刑罚，重则丢掉性命。古代巴比伦严酷的等级关系由此可见一斑。

汉谟拉比统治时期的古巴比伦王国，由于青铜器被广泛用于耕作领域，生产力得到了极大的提高，从而使税收得到了保证，国家的综合国力也得到了增强。汉谟拉比还非常重视兴修水利，并制定了许多关于灌溉管理的条文。手工业的发展致使分工更加精细，从关于织布、冶金、建筑和造船等法律条文中可以看出，繁荣的国内外贸易让巴比伦城一跃成为当时重要的商业重镇。

汉谟拉比在位时，想尽一切办法巩固自己的王权，但是在他死后，鼎盛的古巴比伦王国很快就衰落了，而刻着法典的石柱也几经辗转，最后被法国人强行劫走。现在，那象征着汉谟拉比王权的法典却珍藏在法国的卢浮宫里。

●伟大的巴比伦国王汉谟拉比

>>> 《格萨尔王传》

产生于古代藏族的部落时代，距今有2000年历史，11世纪由藏族人民集体创作。代表着古代藏族文化的最高成就，是研究古代藏族社会历史的一部百科全书。国际学术界有人将它称作"东方的荷马史诗"。

它描述了英雄格萨尔降伏妖魔，抑强扶弱，最后从地狱中救出了母亲和爱妃，一同重返天国的故事。

它是目前世界上最长的史诗。与其他史诗相比，有两个显著特点：一是它世代相传，是一部活形态的英雄史诗；二是它卷帙浩繁，精深博大，规模宏伟，内容丰富。它有120部、100万诗行、2000多万字。

拓展阅读：

大禹治水
挪亚方舟
《山海经·大荒经》

◎ 关键词：长诗 宗教神灵 文明成果

史诗《吉尔伽美什》

汉谟拉比法典享有不朽的声誉，几千年以来，它一直向后人散发着文明的光辉。在古代巴比伦的文明中，唯一能与之相媲美的作品当数史诗《吉尔伽美什》，它是苏美尔文明和巴比伦文明的结合体。

史诗中的吉尔伽美什是一个真实的历史人物，公元前2600年左右，他凭借自己的丰功伟绩当上了苏美尔的国王，受到了人们的景仰，从那以后，人们就对他的故事大唱颂歌。经过几个世纪的流传，故事逐渐被神化。到了公元前1900年左右，吉尔伽美什的故事被一位说书人写成了一首长诗，《吉尔伽美什》才最终成书。

当上国王的吉尔伽美什为了获得长生不老的秘密，历尽艰辛，带着寻求长生的热望，不辞辛劳地去为之冒险。在上帝发洪水毁灭整个人类时躲在一条方舟中而幸免于难的一对老年夫妇告诉吉尔伽美什永生是不可能实现的，但有一种植物可以让他恢复逝去的青春，那种植物藏在一个非常隐秘的地方，人们很难发现它。

吉尔伽美什决定使自己的青春再现，他发誓一定要找到那种植物。功夫不负有心人，他终于在一个深海的海底找到了恢复青春的植物。多日的劳苦终于有了结果，长生的希望就在眼前，他仿佛感觉自己又回到了年轻时代，有着健壮的体魄和统治苏美尔的雄心。得之不易的东西总是最好的，吉尔伽美什没有马上吃掉那种植物。但是不幸的事情发生了，一条蛇偷偷吃掉了它，从而通过蜕皮获得了新生的机会，而吉尔伽美什孜孜不倦的追求却成了一个永远不能实现的泡影。眼前的事实令这位叱咤苏美尔的英雄感到万分沮丧，死亡似乎在向他伸手召唤。由此，他改变了以往的看法，认为人生应该及时行乐，他和妻子、孩子尽情享受短暂的光阴，不再去关心明天会发生什么。

《吉尔伽美什》充满了世俗性的教诲，但也不乏宗教性的色彩。因为在苏美尔人和古巴比伦人的心目中，宗教和神灵一直处于显赫的地位，他们认为神对人具有无限的支配权，神掌管着人类的生与死，人类无论进行怎样的努力，最终还是在神的统治下。

作为古代巴比伦文明的象征，史诗《吉尔伽美什》融合了苏美尔人和巴比伦人的智慧，它是继汉谟拉比法典之后的又一大文明成果。

◎关键词：几何学 天才 七贤

全能的天才泰利斯

●几何图形

>>> "几何"名称的由来

几何这个词最早由希腊语土地和测量两个词合成而来，指土地的测量，即测地术。后来拉丁语化为"geometria"。

中文中的"几何"一词，原叫作"形学"。最早是在明代利玛窦、徐光启合译《几何原本》时，由徐光启所创。当时并未给出所依根据，后世多认为一方面几何可能是拉丁化的希腊语 GEO 的音译，另一方面由于《几何原本》中也有利用几何方式来阐述数论的内容，也可能是 magnitude（多少）的意译，所以一般认为几何是 geometria 的音、意并译。

拓展阅读：

物活论 [希腊] 欧几里得
《形学备旨》狄考文等编译

几何学在现代很多领域中都是一门不可或缺的科学。早在古埃及时代，就有人对几何学有所研究。古希腊的文明时代到来之后，由于受到古埃及以及两河流域文化的影响，几何学得到了充分的发展。那么，究竟是谁创立了平面几何学呢？他就是古希腊最早的哲学家之一泰利斯。

泰利斯大约生活在公元前 625 年至公元前 547 年，他是古希腊米利都学派的代表人物之一。泰利斯几乎是一个全能的天才，他做过商人，当过工程师，还是一位出色的政治家，并且在数学和天文学方面有很高的素养，对埃及和两河流域的学术知识也非常精通。除此之外，为了用几何学原理测算金字塔的高度，他还亲自去埃及，将埃及的几何学带回了希腊。那时候的希腊人普遍对数学和几何学具有浓厚的兴趣。在哲学理念上有着独立思考的希腊人，并不像其他国家的人那样，把数学和几何学作为实用性的科学，他们更注重理性思考，泰利斯就是这样的一个人。

作为古希腊最早的数学家，泰利斯曾提出并证明了一些几何学的基本命题。他凭借渊博的学识和丰富的经历，最终在几何学的领域里有了很大的建树。泰利斯开创几何学一派之后，经过毕达哥拉斯学派、智者学派以及欧几里得和阿基米德等人的发展和完善，几何学逐渐变得系统化，对后世的几何学以及科学的发展都产生了极为重要的影响。

泰利斯在天文学领域里也做出了突出的贡献。他曾根据自己掌握的天文学知识正确地预测出，在公元前 610 年或者公元前 585 年，一定会出现一次日食，结果这次预测使他在古希腊声名鹊起。

随着哲学和自然科学的发展，古希腊的手工业技术也向前迈进了一大步。当时运送手工业产品的商船船员只能凭借航海经验和自然界中其他参照物来确定航向，泰利斯把天文学知识运用到航海领域，指出小熊星可以作为航海的指针，这为当时的航海提供了不少便利。

泰利斯还是一个朴素的唯物主义哲学家，他与米利都学派的其他哲学家将自然科学与哲学思想结合在一起，认为宇宙是自然存在的，否认神话中所说的是超自然的鬼神以无限的力量创造了人类万物。泰利斯认为，水是万物的本原，万物可以有生有灭，而水是永恒的，其朴素唯物主义思想由此可见一斑。

因为泰利斯在多个领域都取得了很大成就，所以古希腊人就奉其为"七贤"之一。虽然 2500 多年过去了，但他的思想和成就作为一笔永恒的财富仍给后人以无尽的启迪。

●丰杜基斯坦佛寺菩萨像

>>> 三大主神之——梵天

印度教创造之神，是奥义书哲学的抽象概念终极实在或宇宙精神"梵"的化身。

前身是吠陀神话的生主。传说是从漂浮在混沌汪洋中的宇宙金卵里孵化出来的，或者是从毗湿奴肚脐里长出的一朵莲花中诞生的，然后他开始创造世界万物。

在印度教造像中，梵天通常是婆罗门祭司装束，四面四臂，手持吠陀，坐在莲花上或乘骑天鹅。居住在迷卢山，他创造的辩才天女萨拉斯瓦蒂是他的神妃。原来为婆罗门教至尊的主神，但在佛教盛行时期却曾与吠陀主神因陀罗一起屈尊为佛陀的胁侍。

拓展阅读：

吠陀教
十八大经
婆罗多舞
摩亨约·达路考古遗址

◎ 关键词：印度文明 雅利安人 世袭制度

吠陀时代的文明

作为古代的四大文明古国之一，古代印度也是人类文明的发祥地，勤劳而勇敢的古印度人民为人类的文明做出了不可磨灭的贡献。印度得名于印度河，古老的印度文明就是在印度河的襁褓中长大成熟的。

公元前2000年左右，属于印欧语系的许多部落纷纷从印度的西北方拥向印度河中游地带，一支自称"雅利安"（意为高贵者）的白种人部落入侵了当地达罗毗荼人的生活圈。雅利安人和达罗毗荼人之间的争斗从此开始了。

征服和扩张是一个漫长的过程，经过几个世纪的战斗，雅利安人终于让达罗毗荼人在自己面前俯首称臣。之后，他们的势力范围波及了整个北印度地区。最初以游牧为生的雅利安人占据印度河以后，逐渐由游牧生活转为定居的农业生活，手工业的发展让他们学会了怎样使用金属工具。这样，大批的雅利安人将部落迁徙到了印度河。到了公元前1000年左右，整个恒河流域几乎成了雅利安人的天下。

初到印度的雅利安人是以部落为单位的社会群体，他们当时还处在氏族部落阶段。但不可避免的是，达罗毗荼人的先进文化不仅瓦解了雅利安人原始社会的公有制度，而且对他们由原始社会过渡到奴隶社会也起到了一定的催生作用，世袭制度由此开始了。

在与当地土著人的频繁摩擦中，战争经久不息，军事首领不仅从战争中捞到了好处，权力和地位也在不断提高，阶级随之出现了，专门侍神的祭司也相伴而生。社会的发展是雅利安人向奴隶社会过渡的必要条件。

被征服的土著人成了他们最早的奴隶，四个完全不同的社会阶层形成了，它们分别是婆罗门、刹帝利、吠舍和首陀罗。处于社会最高地位的是由僧侣和贵族组成的婆罗门；仅次于婆罗门的则是由部落中的军事贵族组成的刹帝利；贫民、手工业者和商人属于吠舍阶层；处于最底层的首陀罗则是那些失去土地的被征服的土著人和达罗毗荼人。

阶级出现后，作为阶级斗争工具的国家替代了原始的部落机构，原来的部落首领则成了世袭的国王，奴隶制城邦国家也在恒河流域上游建立起来。战火仍在燃烧，直到公元前4世纪，逐渐强大起来的摩羯陀统一了恒河流域，但是侵略和争夺的战火还时时被点燃，而后的孔雀帝国就是在这样的战火中诞生的。

雅利安人到达印度，带来了诗歌《吠陀》，因此，他们统治的时代又称吠陀时代。

●阿布萨罗（天女）

>>> 吉祥天女

印度共和国大神毗湿奴之妻，四大天王之一多闻天神之妹，有人认为她是爱神的母亲。佛教护法天神。有"大功德"于众，故旧称功德天。音译勒克希米。象征幸运和财富，被称为财富女神。

关于出生，一说创造世界时，她踞于莲花上，随水漂流，故又名波德玛（意即莲花）；一说她是天神和阿修罗搅乳海时涌现的第三宝，手持莲花，坐在大莲花上，美貌绝伦，天神和阿修罗为占有她发生争执，故称"乳海之女"。她能变化形象伴随毗湿奴下凡。

她的像多为丰满美女，面带慈祥微笑。坐骑为白色猫头鹰、金翅鸟。

拓展阅读：

敦煌菩萨
《圣传》（漫画）
《吠陀本集》（印度）

◎ 关键词：诗歌总集 社会生活 文化遗产

印度诗歌总集《梨俱吠陀》

公元前2000年左右，作为中亚游牧民族的雅利安人迈出了入侵印度的脚步，同时，他们也为印度带来了最早的诗歌。从此以后，他们在印度定居下来，还创造了许多新的作品。后来有人把新、旧作品合编在一起，称为《梨俱吠陀》。

作为世界上最古老的诗歌总集之一，《梨俱吠陀》的成书时间大约在公元前2000年到公元前1500年，它比古希腊著名的《荷马史诗》还要早好几百年。《梨俱吠陀》是一部集体创作的诗歌总集，全书分为10卷，共收入不同时期、不同作者的诗歌1028首，作者都是世袭的婆罗门祭司。

雅利安人在印度历史初期对自然进行的斗争、对异族的入侵和征服，以及关于他们的社会生活和思想形态，都在《梨俱吠陀》中有所反映。那个时期的雅利安人正在由氏族公社向奴隶社会过渡，人们缺乏科学和社会知识，对自然和社会现象的认识也比较片面，在巨大的自然力量面前，他们只好低头屈服。按照自己的想象，他们把可怕的自然现象神秘化，认为是某种神灵对世界起着支配作用，于是他们对神灵顶礼膜拜，祈祷保佑，吠陀神学和宗教就在这样的土壤和环境中产生了。

吠陀诗人猜测宇宙分为天界、空界和地界，每界都有掌管它的神灵。

在这些歌颂神灵的诗歌中，有一首赞美黎明女神乌莎的神曲特别优美，表现出吠陀诗人奇妙的想象力：

辉煌是此光，永恒在东方，
脱离于黑暗，纯洁现本相。
乌莎天之女，逶迤放明光，
愿为黎民利，开路示航向。

美丽司晨女，屹立于东方，
犹如众祭杆，直竖祭坛场。
冲开黑暗闸，两扇障碍门，
霞光从中发，净化尤晶亮。

仙子最慷慨，今日放异彩，
教导乐喜者，施舍物与财。
黑色波尼怪，昏睡在梦乡，
堕入暗渊中，永不觉天亮。

乌莎圣天女，汝今所行道，
是旧还是新，慷慨赏四神：
那伐加瓦仙，莺吉罗斯子，
陀婆伽伐仙，萨波多斯耶。

洁净光仙子，按时套骐骥，
遨游诸世界，一日行程中。
沉睡众生界，二足及四足，
唤醒此类物，起来做活动。

请问于何处，因何古仙姬，
诸天将重任，委托利普神？
乌莎洒银光，漫步银色路，
无异无衰老，同一难分辨。

在《梨俱吠陀》的成书过程中，诗人们的思想发生了重大的变化，他们从赞美诸神逐渐向赞美一两个大神过渡，这表明诗人们对神的概念有了新的认识，他们的描写已不限于具体的神的一般特征，而是把神和时间、空间无限地联系起来。《梨俱吠陀》是献给雅利安诸神的诗歌，它不但用生动而优美的语言描述了因陀罗惊天动地的事迹，而且用率真的圣诗形式祈求神灵保佑。

此外，《梨俱吠陀》中还有很多关于婚礼、葬礼、爱情以及巫术的诗歌，全面反映出吠陀时代雅利安人社会生活的各个方面。《梨俱吠陀》不仅是印度文明的象征，也是世界最宝贵的文化遗产。

●密荼那雕刻群 建于10世纪后期，位于卡朱拉侯村的摩诃提婆神庙内。

◎ 关键词：史诗 百科全书 宗教色彩

《摩诃婆罗多》和《罗摩衍那》

● 居楼王和般度王的鏖战

>>> 印度霍利节

印度最古老的节日，于每年2月底或3月初的某一天举行。

这一天自清晨起，男女老少将各种彩色的粉末或纸屑撒向空中，互相泼洒、涂抹各种颜料。夜晚，燃起篝火，尽情欢乐。

源于《摩诃婆罗多》。传说从前有一位国王暴虐无道，王子反对。暴君怀恨在心，要陷害他。国王有个妹妹叫霍利伽，得神灵保佑不怕火烧。国王就让她抱住王子跳进熊熊燃烧的篝火。不料，王子安然无恙，霍利伽却被烧为灰烬。人们高兴地相互拥抱，向王子撒去七色的彩粉，表达对善良的赞颂和对邪恶的憎恨。

拓展阅读：

印度童婚风俗
《印度史》李树梓
《梵天往世书》（印度）
《婆罗多大战记》（印度戏剧）

古代印度人为了记述他们早期的历史，曾经创作出了令人激动的史诗，其中有人们所熟知的《耶柔吠陀》、《梨俱吠陀》和《阿闼婆吠陀》等，它们都是古代印度文学艺术的瑰宝。吠陀时代之后的几个世纪，雅利安吟游诗人为了歌颂印度的英雄时代，创作了两部伟大的史诗，它们就是《摩诃婆罗多》和《罗摩衍那》。

《摩诃婆罗多》成书的时间比《罗摩衍那》要早，它讲述了俱卢王国皇家的两个支派相互斗争的故事，史诗的情节复杂多变，充满诡异色彩的插曲令人感到振奋。史诗描述了一场战争，那场战争发生在公元前1400年的德里，希腊和其他国家的国王都被卷入其中。战争持续了十几天，所有参战者几乎都阵亡了，只有五位兄弟在克里希那神的帮助下得以幸存，并最终光复了自己的王国。他们共同掌权，让国家度过了数年的和平生活，然后他们带着妻儿老小，登上富有神秘色彩的喜马拉雅山，进入了神的世界。

经过长时间的演变和后人的润色，《摩诃婆罗多》于公元前400年到公元前200年最终定稿成书，它不仅记载了印度的早期神话，而且是一部关于印度历史的百科全书。每逢举行大规模的皇家祭祀仪式，寺庙中的僧侣便在仪式上吟唱《摩诃婆罗多》中记载的内容，从而还使其具有浓厚的宗教色彩。

《罗摩衍那》成书的时间稍晚，它也以诗歌的形式讲述了一个故事。在俱卢王国的东部，有一个名叫罗摩的年轻王子，他娶了悉达为妻。悉达长得美貌绝伦，和罗摩结婚之后，他们过着恩爱的日子。然而没过多久，噩运就降临到他们头上，恶毒的继母对悉达怀恨在心，她设置下圈套，企图将悉达放逐。善良的悉达不知是计，中了继母的圈套，被锡兰的魔王抓走。罗摩失去爱妻，简直痛不欲生，发誓一定要找回妻子。在朋友的帮助下，他最终找到了妻子，并把她救了出来。

然而，幸福的日子没过多久，一个阴谋使悉达再次跌入深渊。有人怀疑悉达被魔王抓走的那段日子里，她的纯洁贞操遭到了魔王的玷污，悉达悲痛欲绝，决定以死来证明自己的清白。她想用火烧死自己，但是善良的火神拒绝伤害她，自焚的火熄灭了，而悉达却还要忍受痛苦的煎熬，她不能忍受人们对她人格的侮辱，最后她在森林里被大地所吞没。长久以来，人们一直把《罗摩衍那》看作理想男人和女人的典范。

作为广泛反映古代印度社会生活和文化背景的诗作，《摩诃婆罗多》和《罗摩衍那》无疑代表了当时诗歌的最高成就，成为世界文学宝库中两颗璀璨的明珠。

● 亚述时期的壁画

>>> 亚述圆盾

圆盾在亚述人中间使用得较为普遍。战车兵多半使用圆盾，步兵矛手和早期帝王的侍从也使用这种盾。

盾牌一般是用金属制成的，因而比较小，其直径很少超过两英尺或两英尺半。圆盾的边缘向内弯曲。圆盾的金属材料，有的是青铜制造的，有的是铁制的，也有少数是用金银制成的。

金盾是为国王和高官显宦等少数上层人物制造的。后来，圆形金属盾为同样形状的圆形柳条盾所代替，盾缘是用硬木或金属材料制成的，有时盾的中央饰以凸出物。

拓展阅读：

塞米拉米丝女王
《人首飞牛》（浮雕）
《垂死的牝狮》（浮雕）

◎ 关键词：野心 大苍蝇 军事强国

鼎盛时期的亚述帝国

公元前3000年左右，亚述国家出现了。

起初，它只是位于底格里斯河中游一个不起眼的小国家，但是经过2000多年的发展，亚述彻底改变了原貌，到了公元前8世纪，亚述进入帝国时期，其军事力量不断得到加强，逐渐膨胀的欲望让亚述帝国的统治者将目光瞄向了自己疆土以外的地方，并付诸行动。公元前732年，亚述帝国攻占了小亚细亚半岛以及周围的其他地区，但其扩张的野心并没有因此得到满足，就在同一年，亚述帝国的军队又包围了大马士革。

大马士革有着极好的防御工事，易守难攻，亚述帝国的军队第一次攻城就遭到了顽强而有力的抵抗。

整整一年时间过去了，亚述帝国的军队仍然没有攻破大马士革。国王心急如焚，他不停地在大营里走来走去，眼前的战事让他一筹莫展。

为了攻破大马士革，他命手下的工匠研制一种叫"大苍蝇"的攻城武器。倚仗手中的"大苍蝇"，亚述帝国的军队再一次向大马士革发起了进攻。

"大苍蝇"被士兵们拉到了前线阵地，双方的士兵正在进行着你死我活的厮杀，而守城的大马士革士兵们还被蒙在鼓里。随着亚述国王的一声令下，亚述帝国的士兵们马上拉动了大转盘上的绳子，"大苍蝇"飞快地转动起来，石块像雨点般地投向大马士革城，驻守的士兵们还没弄明白是怎么回事，就被石块击中倒地身亡了。亚述国王为了鼓舞士气，大声喊道："勇敢的武士们，一旦攻破大马士革，你们每个人都将成为富翁，一辈子有享不完的荣华富贵！"听到国王的鼓舞，士兵愈加勇猛作战，大马士革被攻破了。

亚述的军队冲进城后，和大马士革的守军展开了七天七夜的巷战，并最终取得了胜利。占领大马士革后，亚述国王杀死了大马士革的统治者，然后带着掠夺的财宝胜利而归。

军事力量强大的亚述帝国并没有停下扩张的步伐，公元前729年，亚述帝国吞并了古巴比伦王国；公元前671年，亚述帝国占领了埃及；公元前639年又攻占了伊朗高原。

不过，建立在对外残酷掠夺、对内剥削奴隶劳动基础上的亚述军事强国，它的统治毕竟是不会长久的。在此后的不到100年间，亚述帝国遭到许多被征服国家的反抗。公元前612年，伊朗高原的米堤亚王国和两河流域的新巴比伦王国联手，终于使称雄一时的亚述帝国走上了覆亡的道路。

●埃及法老像

>>> 《入睡的奴隶》

米开朗琪罗为罗马教皇朱理二世陵墓创作的成对雕像之一，藏于法国巴黎卢浮宫博物馆，另一件为《反抗的奴隶》。

米开朗琪罗塑造了一个似乎正在开始动作的奴隶形象。他左手托住后仰的头部，右手似乎想要挣脱身体上的缚带，整个动态呼应自然，表现了奴隶遭受痛苦折磨而奄奄一息、疲惫不堪的形态。

米开朗琪罗以现实主义的手法将奴隶的形体塑造得优美而典雅，刀法细腻而流畅，线条起伏分明，这件作品蕴藏着作者本人对苦难深重的奴隶的同情，是米开朗琪罗的代表作之一。

拓展阅读：

非洲奴隶贸易
《解放奴隶宣言》
《奴隶苦难史》（电影）

◎ 关键词：奴隶主 私人财产 买卖 暴动

最早的奴隶抗争

古埃及的法老们登上王位之后，总是以神来标榜自己，他们高高在上，以自己无限的权力对国家实行专制统治。

在古埃及的行政机构里，宰相的权力仅次于法老，他几乎包揽了一切朝政大权，国家的司法、行政以及经济事务，都必须经过他应允才能行事。奴隶主阶级担当了各州的州长、祭司等职务，他们衣食无忧，过着富足的生活。处在社会中间阶层的是自由民，其中包括商人、富裕的手工业者以及中小官吏。

奴隶和被奴役的贫民则处在社会的最底层，他们几乎没有人身自由可言，完全处于被压迫的地位。奴隶只不过是奴隶主的私人财产，可以任意买卖，奴隶主不高兴的时候，就可以把奴隶处死。奴隶主看待奴隶就像看待牲口一样，就连他们所生的子女，同样也是奴隶主的私人财产。

作为古代埃及的主要劳动者，贫民和奴隶是真正的无产者，他们没有牲口，没有土地，却还要忍受着奴隶主的盘剥和压榨。金字塔时代到来之后，繁重的劳役对广大劳动者来说，无疑是雪上加霜。

在这样的社会背景下，奴隶的反抗一浪高过一浪，阶级矛盾也变得十分尖锐，已经到了不可调和的地步。公元前1750年左右，不堪重负的奴隶终于发动了有史以来的第一次大起义。《伊浦咪箴言》和《聂非尔列胡箴言》两本书中记述了这起事件的始末：

"突然间，大地像陶轮一样地转动起来，京城很快就陷入暴动者的手里，国王被穷人捉去；王宫在大火中付之一炬，成了一堆焦土，昔日富丽堂皇的宫殿只剩下断壁残垣……

平日作威作福的官吏们，瞬间逃得无影无踪；高大威严的行政机构成了穷人任意出入的场所；神圣而严酷的法令条文被远远地甩在十字路口，在穷人的脚下痛苦地呻吟，显得苍白而无力……"

起义的结果再简单不过了，一向受压迫的奴隶取得了胜利，堆积如山的粮食和成群的牛羊都分到了奴隶手中……不管走到哪里，总能听到奴隶起义的呼声："把富人赶出去，我们要过好日子！"

起义结束后，受尽压迫的奴隶们终于可以扬眉吐气了，生活安逸的达官显贵们变成了奴隶的阶下囚。奴隶起义不仅推翻了压在头上的大山，还给宗教信仰带来了毁灭性的打击。

公元前1750年左右的奴隶暴动，几乎摧毁了以法老为首的奴隶主统治。尽管不久之后，奴隶主阶级又卷土重来，重新恢复了统治地位，但是脆弱的埃及王朝在内外交困下已经风雨飘摇。

人类历史的黎明

● 赫梯的战神像

>>> 双头鹰

双头鹰是一个常见于欧洲各国徽章和旗帜的图案。

根据考古学家研究，双头鹰的原型应为土耳其古城卡滔侯羽克的一幅画于公元前6000年左右的双头女子像壁画。而现今发现最早的双头鹰像，出现在土耳其博阿兹柯伊附近，它在一枚于公元前1750年或公元前1715年雕成的古赫梯泥章上。在其他赫梯遗址上，都可以找到较后时期的双头鹰图案。但在公元前9世纪开始的赫梯后期的各个遗址中，至今都没有发现双头鹰图案的踪影。

拓展阅读：

银板文书
《赫梯法典》（古埃及）

◎ 关键词：战争 扩张 掠夺

赫梯帝国称雄一时

公元前3000年，在中亚的茫茫大草原上，生活着一群操印欧语的赫梯人。随着原始社会的逐渐瓦解，亚述的商人开始在赫梯人生活的区域建立商业殖民地，他们的到来迅速分化了处于原始社会末期的赫梯人。奴隶社会到来后，一部分部落首领在与亚述人的贸易活动中囤积了大量的财富，成了真正的奴隶主，而更多的平民则因为生活所迫而沦为奴隶。

在公元前19世纪和公元前18世纪的时间交会点上，赫梯人的第一批部落联盟成立了。没过多久，商业贸易促进了城市的出现，其中重要的城市有库萨尔、涅萨和察尔帕。此后的很多年里，部落联盟之间的战争接连不断，直到公元前16世纪，穆尔西里一世统一了各个部落，建立赫梯帝国，将都城迁往哈图沙，部落之间的战火才逐渐平息。

赫梯帝国在形成过程中，一直奉行不断向外扩张的政策。当时生活在北方的喜克索斯人，势力在一天天削弱，穆尔西里一世趁机攻占了他们的北方据点哈尔帕；此时，古巴比伦王国也在饱受内部争权、外敌入侵的煎熬，穆尔西里一世随即率领大军直逼巴比伦，将巴比伦城践踏在铁骑之下。

赫梯帝国虽然不断对外发动战争、掠夺地盘，但是内部的争斗却时刻困扰着这个庞大的帝国。到了穆尔西里一世统治的晚期，王室贵族之间的矛盾纷争一度将帝国推向了崩溃的边缘，穆尔西里一世本人也在一次王室斗争中，遭到密谋，被人暗害而死，成了政治斗争的牺牲品。穆尔西里一世死后，曾被征服的地区重新建立起了政权，成了赫梯帝国的死敌，而王室的派系斗争始终没有结束。公元前1535年，铁列平当上赫梯国王，对国家制度进行了一系列的重大改革，这种内忧外患的局面才算有了改观。

铁列平当政后，力图使国家变得稳定。为了杜绝王室和贵族之间的王位之争，铁列平制定了王位继承人制度，规定国王的嫡长子是优先考虑的人选，如果国王没有儿子，那么就由国王的嫡长女婿接替王位，统治集团内部因争夺王位的斗争就此消除了。王族之间的仇杀也是赫梯帝国的一大隐患，由此，铁列平规定，如果国王犯法，也要交由贵族会议审理，罪责严重者可以判处死刑。贵族会议的权力大大加强。

一贯奉行的扩张政策使赫梯帝国无法停下侵略的步伐，公元前1450年至公元前1300年，赫梯帝国的疆域随着王位的更替一点点扩大，经济也达到了极盛时期。

到了公元前13世纪，由于不断向外扩张，赫梯帝国树敌太多。元气大伤的赫梯帝国虽然成功阻止了强大的埃及和美索不达米亚的一次次进攻，但终于被战争的过量消耗拖垮，成为异族蚕食和宰割的对象。

●三个女乐师 第十八王朝

>>> 第十八王朝

第十八王朝是古埃及新王国时期的第一个王朝，也是古埃及历史上最强盛的王朝。

第十八王朝所处的时间大致是公元前16世纪至公元前13世纪（约公元前1575年—约公元前1308年），由阿赫摩斯继位开始，到哈伦海布死后传位给拉美西斯一世结束，共经历了近300年和14位法老。

拓展阅读：

胡格诺战争
《王权与神祇》
　　[美] 亨利·富兰克弗特

◎ 关键词：异族统治 法老 神庙

宗教与王权的争斗

奴隶起义大大削弱了埃及王国的力量，来自西亚的喜克索斯人趁火打劫，一举摧毁了法老的统治，从此，埃及人成了异族统治的对象。其间，埃及人从没有放弃过驱逐异族的斗争，直到公元前1570年，埃及人终于将喜克索斯人从国土上赶了出去，建立了第十八王朝。

此时的埃及再一次进入了鼎盛期，生产力得到了飞速发展，青铜器获得了普遍应用，手工业的发展促使手工作坊的规模不断壮大，工人人数超过150人的作坊比比皆是。他们能生产出锋利的斧子、锯子等日常用具，更能生产出战斧、长矛、弓箭以及长剑等战争用的武器，这给埃及的对外侵略奠定了良好的基础。由于生产力的发展和国内奴隶主贵族的无限欲望，埃及再次抬起侵略的脚步，由此建立了一个连接西亚和北非的庞大帝国，数不尽的战俘成了奴隶，别国的巨额财富填饱了埃及奴隶主的私囊。

第十八王朝统治时期，政治、经济和军事大权都掌握在法老一个人手中，但是法老的统治离不开神庙的支持。为了加强专制统治，证明自己统治的合法性，埃及法老不得不依靠宗教的力量来麻痹民众。法老借助神庙，将自己说成是神的后裔。在一定程度上，神庙里的祭司和僧侣们成了最大的受惠者，因为每逢战争取得胜利，或者赶上国家的庆典，神庙就会得到极其丰厚的赏赐。其中，底比斯的阿蒙神庙在众多神庙中居于举足轻重的地位。

欲壑难填的僧侣和祭司们并不满足于物质财富，他们开始觊觎国家的权位，打算在权力上分得一杯羹。于是，阿蒙神庙里的高级僧侣有意掌握了某些官方机构的行政大权，同时，僧侣集团随着经济的增长和政治地位的抬高，队伍也在不断壮大，这些都成了他们和法老争权夺势的资本。另外，他们抬高阿蒙神的地位，以此来强调自己的重要性。这样的结果使得僧侣的权力一天比一天大，而法老的王权却被一点点蚕食。

在法老的扶植下，阿蒙神成了全国最高的神，阿蒙神庙里的僧侣们成了穿着僧袍的大奴隶主，其富有的程度绝对不亚于一般的奴隶主，甚至高于其他贵族。他们不仅拥有数目可观的财富，还在政治上取得了一席之地。事实上，他们的实力足以和当时的法老分庭抗礼，他们和地方旧贵族势力联合，对法老的权位构成了严重的威胁，从而使埃及内部的阶级斗争变得异常尖锐。鉴于这种情况，埃及势必要进行一场彻底的宗教改革。

公元前1379年，阿蒙霍特普继承王位，成为埃及第十八王朝的法老，他在埃及发动了一场声势浩大的宗教改革，将阿蒙神庙的地位一降再降，宗教和王权之间的斗争开始了。

●阿蒙神庙的多柱室

>>> 埃赫那吞遇刺

　　埃赫那吞抵制阿蒙神后，引起那些虔诚僧侣们的仇恨，一直找机会刺杀他。

　　一天，埃赫那吞和老太后同坐一车去阿吞庙祭神。他一路对母亲介绍街边的景物。突然马车停了下来，一个青年拦住了车队。卫士长上前询问，这个人说有冤状上告。埃赫那吞让其到车边来，由麻伊代收。他跪行到国王所坐的马车轮下。麻伊从马上俯身刚要去接状纸，青年一跃而起，从纸卷中抽出一把锋利的青铜短刀，向车上的法老胸部猛刺过去。埃赫那吞本能地向后闪去，老太后吓昏过去。卫士后用青铜矛将青年刺死。

拓展阅读：

罗得岛太阳神铜像
《阿吞神颂歌》

[古埃及] 埃赫那吞

◎ 关键词：太阳神 改革 阿蒙神

埃赫那吞的宗教改革

　　埃及是一个多神教的国家，在美尼斯统一之前，埃及一共有40多个大大小小的州，每个州都有自己崇拜的神。以阿蒙神为代表的诸神一直在埃及的宗教信仰中占据统治地位，受到埃及人的顶礼膜拜。然而法老阿蒙霍特普执政之后，这种宗教信仰的局面被打破了，他在埃及进行了一场宗教改革，废除了埃及的多神崇拜传统，提倡崇拜太阳神，他还改名为埃赫那吞，这是埃及历史上一次伟大的宗教改革，史称埃赫那吞宗教改革。

　　埃赫那吞是埃及国王图特摩斯三世的小儿子。小时候，性格孤僻的埃赫那吞并没有得到过父亲多少宠爱，而平民出身的母亲泰伊王后却对他疼爱有加，泰伊王后很有政治手腕，一心想让埃赫那吞当上埃及的统治者。后来在母亲的鼎力支持下，埃赫那吞于公元前1380年登上埃及法老之位。

　　埃赫那吞掌权之后，修建了自己的神庙，并且开始排斥曾孤立他的底比斯的阿蒙诸神，赶走其他神庙中的僧侣，封闭神庙，打算彻底清除人们心目中的阿蒙神的影响。他宣布太阳神——阿吞神为全国最高神，命令全体臣民一律供奉新神。

　　埃赫那吞执政的第五年，有一次旅行去了距离国都底比斯大约90千米的荒芜沙漠，他看见太阳自地平线升起，而且似乎停在邻近山脉的凹处，埃赫那吞宣称得到了神的晓谕。回到底比斯后，他动员数十万劳力过去建造新国都。新国都有可与底比斯阿蒙神庙媲美的阿吞神庙和豪华的王宫，以及国家的行政机关和贵族的官邸，就连军队营房、手工业作坊和商人居住区也一应俱全，埃赫那吞率领文武百官和忠实信徒浩浩荡荡地迁往新都，开始了他的新世界。

　　起初，埃赫那吞的宗教改革，在埃及造成了很大的声势。但是根深蒂固的阿蒙神的旧势力不是那么容易清除的，埃赫那吞迁都的举动反而使底比斯的旧势力死灰复燃，阿蒙神的旧势力和地方的世袭贵族奴隶主对宗教改革产生了强烈的不满，他们企图杀死埃赫那吞，恢复旧势力。而埃赫那吞沉湎于宗教的冥想之中，不再过问朝政，改革的气势变得大不如前了。

　　大肆兴建宗教设施使得老百姓的负担日益加重，埃及的经济发展出现了衰退的迹象，国力削弱，埃及帝国危机四伏。

　　公元前1362年埃赫那吞去世后，在阿蒙祭司的压力下，埃赫那吞的宗教改革被彻底终止，国都也被迁回底比斯，一切恢复到改革前的状态。

　　埃赫那吞的宗教改革虽然以失败而告终，但改革超越了原始的图腾崇拜和多神教崇拜，使宗教信仰进入了一个高级阶段。同时，这次改革不仅沉重打击了崇拜阿蒙神的势力，而且超越了宗教范围，具有积极的政治意义。

人类历史的黎明

● 图特摩斯三世像

>>> 人类第一个和平条约

公元前1275年，赫梯老国王驾崩。新国王哈吐什尔为了全力稳定内部，树立政绩，便主动派出友好使团去埃及讲和。这自然正中拉美西斯二世的下怀，双方在卡叠什签署了人类历史上有文字记载的最早的和平条约。

和约刻于一块银板，上书"伟大而勇敢的赫梯国王哈吐什尔和伟大而勇敢的埃及法老拉美西斯共同宣誓：从此，双方互相信任，永不交战。一国若受他国欺凌，另一国应出兵支援……"

拓展阅读：
《世界远古之谜》王春来
《拉美西斯五部曲之一》[法]
克里斯蒂安·贾克

◎ 关键词：野心 侵略 争夺霸权

埃及和赫梯帝国争霸

古埃及在美尼斯统一后，逐渐强盛起来。统治者为了掠夺更多的财富，满足奢靡的生活及扩张的野心，发动侵略战争是唯一的途径。自公元前2800年起，古埃及就对叙利亚和巴勒斯坦地区发动了多次侵略战争，每次战争结束后，奴隶主都可以掠走当地大批的居民充当奴隶。此外，被征服地区还是他们获取高额赋税的重要来源。

公元前1580年左右，埃及对外扩张的规模达到了空前的程度。图特摩斯三世登上埃及法老的宝座后，随即发动了一系列的侵略战争，把叙利亚和巴勒斯坦地区重新纳入埃及的统治区域内。

强大的赫梯帝国和埃及帝国遥相呼应，也将侵略的魔爪伸向西亚诸国。赫梯帝国的严重威胁迫使这些国家和埃及订下盟约，赫梯帝国慑于埃及的势力，不敢对其轻举妄动，还向埃及交纳一些贡赋以示友好。进入公元前14世纪，埃赫那吞在埃及即位，这种貌似友好的关系发生了剧烈的突变，两大帝国争夺霸权的战争开始了。

埃赫那吞的宗教改革使埃及的国力锐减。赫梯人不失时机地吞掉了埃及的占领地叙利亚、巴勒斯坦以及周边地区。遭到侵略的地方官吏纷纷向埃赫那吞发出求救的信号，但埃赫那吞始终音信杳无。同时，他在国内发动的宗教改革也随之失败，只能眼睁睁看着自己的占领地沦入赫梯人之手。

埃赫那吞死后，旧势力重新恢复了对阿蒙神的崇拜，他们也曾向叙利亚和巴勒斯坦派过兵，但收效甚微。

此后，埃赫那吞的寡后曾要求赫梯的一位王子到埃及和她完婚，并且继承法老的王位，结果未能遂愿。该王子在完婚的途中遭到杀害，从而两国之间引发了新一轮的战争。埃及在战争中失去了很多领地，许多士兵成了俘虏。

虽然取得了一些胜利，但赫梯帝国的处境并不乐观，一方面埃及的大军压境，另一方面东方崛起的亚述帝国也虎视眈眈。埃及的进攻让赫梯有些顾此失彼，到手的一部分土地得而复失。从此以后，继任的每一位埃及法老都会对赫梯用兵，拉美西斯二世当上法老后，将两国的战争推向了高潮。他把首都迁到了尼罗河三角洲，并且建立了新城，那里距离叙利亚和巴勒斯坦地区更近，而且便于出兵。

为了达到长期占领叙利亚和巴勒斯坦地区的目的，执政赫梯帝国的穆瓦塔鲁将都城迁到了距离叙利亚较近的达坦萨，双方已经准备好进行一场惨烈的激战，卡叠什之战迫在眉睫。

人类历史的黎明

◎ 关键词：卡叠什 间谍 战争

埃及和赫梯的卡叠什之战

● 拉美西斯二世坐像

>>> 阿布新伯尔大神殿

阿布新伯尔大神殿是拉美西斯二世为自己建造的象征他神性神权地位的祭祀场所，大殿内最神秘的地方是主祭坛。

主祭坛室内并排坐着日神、拉美西斯二世、风神和菩他神四尊石雕神像。在每年冬至和夏至两天，太阳光能从神殿入口穿透整个65米大殿斜射入主祭坛室，照亮四尊神像中的日、风、拉美西斯三尊神像。一般持续照亮5分钟后，阳光消失。

在整个一年两次各5分钟内，没有一丝光线会落在古埃及神话中主管黑夜的菩他神身上。

拓展阅读：

《玛塔·哈里》（电影）
《间谍与战争》于彦周
《寻找消失的文明》苏梦薇

埃及和赫梯帝国两个大国，为了能够进一步控制叙利亚和巴勒斯坦地区，两国之间曾经发生了多次战争，均没有分出大的胜负。经过一番精心的酝酿，公元前1312年，势均力敌的双方在卡叠什摆开阵势，进行了一场惨烈的大规模战争，这是双方在长期的争霸战中展开的一场著名的战役。

年轻气盛的拉美西斯二世求胜心切，将埃及的兵力组建成四个军团，每个军团有5000名士兵，包括战车兵、弓箭手和投枪手，此外，大量的雇佣兵也加入了作战。拉美西斯二世打算首先占领叙利亚和巴勒斯坦的沿海地带，取得战略据点，建立海上交通线，然后步步为营，配合陆地上的军队，由海上向内陆渗透，取得埃及本土的支持。

战争迫在眉睫，赫梯帝国的穆瓦塔鲁当然不会坐以待毙，他做好了充分迎击埃及大军的准备，庞大的赫梯帝国共有20000名平民因为这次战争而应征入伍，仅仅战车兵就超过了全军人数的一半，每辆战车上都配备有两名士兵和一名驾驶战车的好手。穆瓦塔鲁深谙行兵作战的韬略，他打算将自己的亲兵集结在卡叠什附近，然后请君入瓮，发动突然袭击，打埃及人一个措手不及。为了打赢这场战争，穆瓦塔鲁可谓煞费苦心，他派人四处打探埃及军队的动向，还利用间谍向埃及军队提供大量的假情报，将埃及军队一点点引向事先设置好的埋伏圈。

间谍的谎言的确蛊惑了埃及军队，拉美西斯二世错误地以为赫梯帝国的大军远在遥远的北方，认为此时正是向赫梯军队发动大规模进攻的好时机，于是将大部队远远抛在了后面，只带领少量的军队进驻卡叠什。

拉美西斯二世陷入重重包围之中，几次试图突围，均以失败告终，队伍被冲散了，士兵们丢盔弃甲，几乎丧失了战斗力，逃跑是唯一的出路。但是穆瓦塔鲁不知埃及的主帅就在包围圈中，因此没有乘胜追击，拉美西斯二世毫发无伤，并且得到了一个喘息的机会。

埃及援军的到来给了拉美西斯二世反攻的机会，他把失散的士兵重新召集到卡叠什，并且取得了反攻的胜利。穆瓦塔鲁虽然又发动了几次进攻，但都没有取得理想的战绩，加上一个兵团尚且还在支援的途中，很快，他就提出了停战的请求。拉美西斯二世求之不得，马上答应了请求，并下达了迅速撤军的命令，将大片的占领地留给了赫梯人。

卡叠什一战，赫梯人成了大赢家，拉美西斯二世几乎折戟沉沙，削弱了军队和国家的力量。卡叠什大战并没有解决叙利亚和巴勒斯坦地区的归属问题，此后的16年中，两国之间的战争摩擦时有发生，但都有些力不从心。

人类历史的黎明

●拉美西斯三世陵庙

>>> 《圣经》中的伯拉河

中东名河，与位于其东面的底格里斯河共同界定美索不达米亚，西亚最长的河流，人类最早的发源地。

在《圣经》中幼发拉底河称为伯拉河。《圣经》最早提到幼发拉底河是在创世纪第二章——它是继比逊河、基训河及底格里斯河之后，第四条从伊甸园流出来的河流。幼发拉底河亦是上帝允诺赐予亚伯拉罕及其后人的土地（迦南）的边界之一。

根据圣经启示录所指，当到了世界末日，幼发拉底河将会干涸，为哈米吉多顿（末日之战）做准备。

拓展阅读：

阿克兴海战
《古埃及的咒语》
[英] 沃利斯·巴奇

◎ 关键词：内忧外患 新王朝 侵略

岌岌可危的埃及帝国

埃及被美尼斯统一后，又经过几个朝代的更替，进入了中王国时期。内部贵族的派系纷争和外部敌人的入侵使埃及变得混乱不堪，岌岌可危，法老的权力逐渐被贵族瓜分，内忧外患困扰着埃及。

喜克索斯人是起源于西亚的一个混合游牧部落，他们英勇善战，拥有肥壮的马匹和杀伤力极强的战车。公元前1750年左右，逐渐强大起来的喜克索斯人看到埃及的内部争斗日渐激烈，于是就不失时机地向埃及发动了进攻，并最终统治了埃及。他们的到来对埃及的历史产生了深远的影响，埃及人停止内战，共同抗击喜克索斯人。

公元前17世纪末，埃及人终于掀起了一场反对喜克索斯人统治的运动。到了公元前1560年左右，运动达到了高潮，雅赫摩斯就是其中的一位倡导者。经过多年的抗争，埃及人终于赶走了异族入侵者，雅赫摩斯也在这场运动中崛起。随着反抗运动的胜利，埃及人的爱国情绪高涨了，贵族的势力也随之削弱，雅赫摩斯顺利登上了法老的宝座，建立了埃及王朝，这一时期被称为新王国时期。

埃及又进入了暂时的稳定期，经历了第十八、十九和二十王朝的更替，埃及人经过喜克索斯人入侵的洗礼，学会了新的作战方法，意识里逐渐产生了向外扩张的欲望。随着欲望的膨胀，战争不可避免地发生了。

埃及人占领了巴勒斯坦，宣称是那里的新主人，并且一再强调对叙利亚拥有不可争议的主权，他们依靠庞大的军事力量消灭了叙利亚的抵抗，尼罗河南部到幼发拉底河之间的大片土地从此易主了。

叙利亚没有在强大的埃及面前低头，而是一次又一次地发动大规模的暴动，尽管每一次都被埃及人所平定，但是埃及人却无法对吞并的土地进行有效的管理。虽然在入侵时，大量的财富源源不断地涌向埃及，但是腐败的政权却在财富面前日渐衰落，暴动最终耗尽了埃及的国力，埃及人对既得的领土越来越没有控制力了，到了公元前12世纪，到手的土地一点点丧失掉了。

埃及最后一位拥有实权的法老是拉美西斯三世，其后的法老都是只有名号而没有实权的统治者。相反，祭司的势力却在不断加强，他们剥夺了法老的特权，成了真正的发号施令者。上层人士过着非常奢靡的生活，不再关心国家大事，而是纷纷去寻找长生不老的法门。埃及的强盛彻底成为了历史，并到了无可挽回的地步。

这样，外族的入侵就在所难免了，此后的埃及成了亚述、波斯、希腊以及罗马的侵略对象。

◎ 关键词:《圣经》 沙漠 奴隶 逃亡

希伯来人的漫漫迁徙路

● 米开朗琪罗雕刻的摩西

>>> 塔罗牌

"塔罗"一词,取自埃及语的 tar(道)和 ro(王)两词,含有"王道"的意思。因此,"塔罗"本身也就是指身为王者,他应该具备正确的决断力,这也是这种占卜方式的起源。

塔罗牌是由 22 张图画牌(大阿尔克那)与 56 张数字牌(小阿尔克那)所组合而成,共有 78 张,每张精致的纸牌都有它独特的图案和意义。占卜的方法是以某种形式将牌展开,然后再以牌的所在位置来做判断。可针对恋爱、健康、财运、婚姻等不同的需求来做占卜。

据说塔罗牌源于古犹太人。

拓展阅读:

原罪说
橄榄油
《死海古卷》(希伯来文圣经)

《圣经》中记载的古代闪米特人是诺亚长子的后裔。

古闪米特人生活在撒哈拉的北部地区,大约在公元前 5000 年时,气候的变迁促使古闪米特人陆续东迁,他们曾过过两河流域和叙利亚草原。公元前 4000 年左右,该游牧民族的后裔塞姆人为了寻找水草,不得不赶着羊群,在非洲和亚洲之间的阿拉伯沙漠中穿梭,以寻找他们赖以生存的牧场。

在沙漠的北方,有一片水草肥美的新月形沃土,塞姆人的到来扰乱了这里的原有秩序,他们把这片新月形的沃土看作生存的天堂。但是生活在这里的迦南人极力保卫自己的家园,屡次把他们赶出去。塞姆人没有气馁,他们经历了无数次战争和失败,终于占领了该地区。

塞姆人中有一支希伯来人的部落,他们想占有新月形沃土中的一条狭长地带,那是"流着奶和蜜的地方",该地带就是今天的巴勒斯坦,但是早已捷足先登的迦南人不肯相让,看来只能通过战争来解决了。事实上,他们根本就不是迦南人的对手。战败后的希伯来人几乎到了举步维艰的境地,全族的人聚集在一起,商议如何才能找到一条出路。一位老人说,在一个遥远的地方,有一块遍地羊群,年年五谷丰登的好地方,那就是埃及,如果能够顺利到达那里,全族人从此就不用再忍受饥饿和寒冷。老人的意见得到了赞同,希伯来人离开巴勒斯坦,踏上了前往埃及的漫漫征途。

大约在公元前 1700 年,在族长以色列的带领下,希伯来人经过千辛万苦,赶着羊群,带着妻儿老小,终于到达梦寐以求的地方——埃及,然后在尼罗河三角洲东部的草原上安顿下来,过上了好几百年的安定生活。但是公元前 1300 年左右,他们的命运发生了变化,埃及的法老拉美西斯二世要建造两座宫殿,希伯来人就变成了他的奴隶,去服各种各样的苦役。拉美西斯二世死后,四方的蛮夷和海盗入侵了埃及,希伯来人的首领摩西乘机带领全族人越过红海,逃出了埃及。在逃亡的过程中,他们缺水少食,风餐露宿,每天行走在大沙漠中,甚至有不少人想返回埃及,宁可重新当奴隶,也不愿再受逃亡之苦。摩西看到族人对前途失去了信心,于是就声称见到了上帝耶和华,并得到他的圣谕。凭借上帝的圣谕,他们最终逃回了迦南,但是强悍的迦南人和他们水火不容,摩西只好带着族人到处流浪。

摩西死后,年轻勇敢的约书亚当上了希伯来人的首领。他带着族人经过无数次的战斗,终于渡过约旦河,在迦南定居下来。之后,力士参孙和扫罗先后当上了希伯来人的首领。到了大卫统治希伯来人时,他带领军队攻下了迦南人统治的耶路撒冷,建立了犹太王国。大卫死后,他的儿子所罗门继承了王位,至此,希伯来人的漫漫迁徙路终于走到了终点。

人类历史的黎明

◎关键词：争夺 流浪 分裂

争夺迦南

●参孙被刺瞎 林布兰特

>>> 天使

古希伯来人创建的70个国家中，每一个国家都认为有一位自己的守护天使，管理国家的领域和人民的大小事物。

圣经中，这么多守护天使的名字都没有被留下来，只有在马太福音中留下四个国家的四位守护天使，分别为：波斯——德别尔；罗马——萨麦尔；埃及——拉哈伯；以色列——米迦勒。

19世纪美国诗人朗费罗又添了两位天使，分别代表生命和死亡，之后大多的基督教皆以为人的两侧各有一位天使，右为生命天使引导人类向善，而左为死亡天使引导人类向恶。

拓展阅读：

《迦南诗选》
"安息年"的来历
《雅歌》以色列国王所罗门

希伯来人流浪到遥远的尼罗河三角洲，但是他们心中仍然念念不忘那片"流着奶和蜜的地方"。流浪到埃及后，因为不堪忍受被奴役的屈辱，他们在首领摩西的带领下，又一次回到了那片久违的土地，但从此，争夺迦南的战争开始了。

多数希伯来人因为以前连吃败仗，根本就没有勇气同勇猛强悍的迦南人进行战斗，他们在摩西的带领下四处流浪，却从来没有放弃进攻迦南的打算。经过努力，他们获得了迦南的一些丘陵地带和为数不多的河谷，可是那些河谷产出的食物根本无法供养他们日渐庞大的人口，战斗仍然要继续下去。40多年过去了，随着一次又一次进攻的失利，逐渐衰老的摩西再也承受不了失败的打击，没有完成自己的宏愿就含恨而去。

新一代年轻的希伯来人逐渐成长起来，经过长期艰苦生活的磨炼，他们个个都成了剽悍惯战的勇士，约书亚当上首领后，带领他们多次进攻迦南，迦南人被这种不屈不挠的精神所折服，最后只好将那片充满生机的土地拱手让给希伯来人。从此以后，约旦河不再是阻隔希伯来人去往迦南的屏障，"流着奶和蜜的地方"成了他们的天堂。

参孙是一名勇敢的战士，他是继约书亚之后的首领。参孙力大无比，能空手撕裂一头发怒的雄狮，曾经在一次战斗中，参孙用一块驴的肋骨打死了1000多个敌人。但是参孙在一次中计后双目失明，希伯来人又失去了一个勇敢的首领，此后的生活仍旧在动荡中度过。由于没有一个好的首领出现，希伯来人分裂成了许多部落，以色列和犹太是其中较大的两个。

此时，地中海沿岸岛屿的一个腓力斯丁人的强大部落，向希伯来人发动了进攻。处于分裂状态的希伯来人无法抵挡腓力斯丁人的强大攻势，本族的圣物"约柜"也被腓力斯丁人抢走了。在这种情况下，希伯来人坚决拿起武器进行抗争。在一次迎击敌人的战斗中，一个名叫扫罗的年轻人凭着机智和果断，率领族人打退了敌人的进攻，成了受人尊敬的英雄，全希伯来人都一致推选他为希伯来的新王，并为他举行了最隆重的涂油圣礼，但是非常不幸的是，扫罗在一次败战后自杀了。

扫罗死后，强盗出身的大卫登上了王位，他率领族人打败了腓力斯丁人，夺回了圣物"约柜"。不久，大卫的军队攻占了耶路撒冷，并将圣物"约柜"供奉在耶路撒冷的神殿中。大卫在耶路撒冷大兴土木，修建宫殿和神庙，自己也过上了豪华的帝王生活。

大卫死后，他的儿子所罗门继承了王位，希伯来人和迦南人的争斗开始告一段落。

●所罗门审判 杰鲁爵内

>>> 纳粹为何杀害犹太人

希特勒是个极端的种族主义者和反犹主义者。他在《我的奋斗》中写道："雅利安人的最大对立面就是犹太人。"犹太人是出卖耶稣的那个犹大的后裔,因而被认为是一个罪恶的民族,希特勒对此深信不疑。他把犹太人看作世界的敌人,一切邪恶事物的根源,一切灾祸的根子,人类生活秩序的破坏者。

在人类历史上,反犹主义是所有人类仇恨中持续时间最长、散布范围最广、手段最为暴虐的一种以一个民族为其对象的仇恨。世界上最少有30个国家不止一次地排犹。

拓展阅读:

罗雅达节
《埃及王子》(电影)
《摩西五经》
　　(希伯来法律汇编)

◎ 关键词:犹太人 迦南人 耶路撒冷 所罗门

希伯来王国灭亡

巴勒斯坦位于亚洲西部的地中海岸边,和埃及、叙利亚以及美索不达米亚相邻,是亚洲、非洲和欧洲的交通枢纽。公元前3000年左右,犹太人的祖先希伯来人和定居在那里的迦南人曾因为争夺巴勒斯坦而展开了多次斗争。公元前11世纪,从希伯来分裂出来的以色列部落进入了黄金时代,首领扫罗建立了强大的以色列王国,希伯来民族得到了统一,但扫罗在一次作战中因身负重伤而自杀身亡。

扫罗入土后不久,大卫统一了犹太部落,继之为王。大卫掌权后,上帝耶和华的地位不断提高,成了众神之王。大卫同时掌管着犹太和以色列部落,并且彻底打垮了腓力斯丁人,在耶路撒冷建立了宗教和政治中心,从而揭开了希伯来政治史上最辉煌的一页。

大卫去世后,继承王位的是他的儿子所罗门,此后的100多年间,希伯来君主国进入最鼎盛的时期。所罗门是希伯来君主国中的最后一位国王,为了秉承大卫的遗志,将圣物"约柜"放在一座宏伟庙堂的最深处,他建造了气势恢宏的圣殿,并且不遗余力地建造首都。这种奢华的建筑工程引来了极大麻烦,因为巴勒斯坦的建筑原材料少之又少,所以所罗门不得不在税收上广列名目,大肆进行横征暴敛,但这对于庞大的建筑款项来说,无疑是杯水车薪,广大的希伯来人被迫到邻国腓尼基的森林和矿山里服劳役。

在所罗门统治的时代,耶路撒冷的确建成了一个真正意义上的都城。庄严巍峨的圣殿,不仅是希伯来人的宗教中心,而且还陈列着无数的稀世珍宝,吸引着各地的朝圣者来此瞻仰和观光。但是,所罗门大肆兴建都城的专断行为,引起了人们的强烈反抗,况且耶路撒冷在希伯来王国靠南部的地方,而生活在北方的人对上帝耶和华的崇拜并不像南方人那么狂热,他们不愿意为此做出太多的牺牲。

所罗门在位的时候,表面上看来,希伯来王国是一派繁荣昌盛的和平景象,但是所罗门一死,情况就发生了很大的变化。希伯来王国很快就瓦解了,居住在北方的部落迅速从统一的希伯来王国中分离出来,建立了自己的王国,北方王国后来称以色列王国,定都在撒马利亚;而其余的南方地区,包括所罗门的后人,仍然以耶路撒冷为中心,建立了犹太王国。

本来并不强大的希伯来王国一分为二后,国力更是大大削弱了。公元前722年,以色列王国被亚述人消灭;犹太王国也没能幸免,公元前586年,尼布甲尼撒率领的巴比伦人将战火烧到了耶路撒冷,犹太王国也随之灭亡了。

人类历史的黎明

●腓尼基船 浮雕

>>> 法老

法老是古埃及君主的尊称，本意为"大宫殿"。新王国第十八王朝起，开始用于国王自身，并逐渐演变成对国王的一种尊称，如同中国古代称皇帝为"陛下"。

法老自称是太阳神之子，是神在地上的代理人和化身，令臣民将其当作神一样来崇拜。法老站在权力金字塔的顶端，具有绝对的权威。

古埃及人对法老的崇拜近乎疯狂，仅仅是法老的名字就具有不可抗拒的魔力，官员们以亲吻法老的脚而感到自豪。

拓展阅读：

太阳崇拜
哥伦布开辟新航路
《郑和航海图》（明）

◎ 关键词：地中海 航海 环球航行

腓尼基人的海上航行

腓尼基人在公元前3000年左右就开始在地中海一带活动。由于商业贸易的发达，腓尼基人掌握了娴熟的航海技能，他们驾驶着商船到过很多地方，航海技术成了他们赖以生存的基本技能之一。公元前7世纪，处于埃及统治下的腓尼基人进行了一次环非洲航行。

当时的埃及法老为了显示帝国的强大力量，就把善于航海的腓尼基人召到王宫，命令他们进行一次远程的航行，并告诉他们，航行时海岸一定要在航船的右边。

勇敢的腓尼基人接受了这次冒险活动，他们很快就准备好了三艘双层的划桨船，这种船有尖尖的船头和上翘的船尾，船的周身漆成了光艳的红色。船上有足够的水手，并备齐了粮食、水和其他必需的物品，然后他们从埃及的港口出发了。

航海队伍首先沿着运河进入了阿拉伯海，40多天后，他们到达了一个生机盎然的小村庄。当地居民吃惊地睁大眼睛看着这些不速之客，然后热情地把他们请上岸，拿出最好的食物招待他们。腓尼基人也拿出随船携带的物品。看到琳琅满目的物品，当地人个个欢呼雀跃，纷纷从家里拿出物品和他们交换。精明的腓尼基商人对他们别的东西不怎么感兴趣，只愿意跟他们交换那些奇香无比的香料。

腓尼基人在海上漂泊一年多，他们惊奇地发现正午的太阳竟然从北方照射下来，一直生活在北半球的腓尼基人尚不知道，他们已经越过赤道进入了南半球。怀着忐忑不安的心情，他们等待着灾难的降临，然而时间一天天过去了，灾难并没有发生，他们也逐渐习惯了这种怪现象。

当船上所有的粮食和水都耗尽后，腓尼基人的生命受到了严重的威胁，他们不得不和眼前恶劣的现状做斗争，最后，他们只好在一个地方停下来，靠打猎来维持生命。当食物再一次备齐后，他们继续去完成埃及法老的使命。两年多过去了，不尽的航海旅程仍然遥不可及，很多船员都开始想家了，此时他们已经到达了非洲的最南端。

当正午的太阳再次趋回南边时，他们离家乡越来越近了，旅途也要结束了。终于有一天，航海的船队穿过直布罗陀海峡，进入久违的地中海，他们已经在海上漂泊了足足三年。

埃及法老早将航海的事远远抛在了脑后。当看到腓尼基人平安归航，法老怀着激动的心情赏赐了他们很多丰厚的礼物。

腓尼基人完成了海上航行的壮举，他们为以后达·伽马、哥伦布和麦哲伦等航海家开辟了远航的先例。

●巴比伦城的伊会塔尔城门

>>> 《流浪之歌》

　　"巴比伦之囚"的苦难成了犹太人永远挥之不去的惨痛记忆。《圣经·诗篇》中吟唱的一支《流浪之歌》仿佛又让我们见到了当时的情景：

　　在巴比伦河畔，我们坐着哭泣，思念着锡安山（巴勒斯坦）。在市中心，柳树下，我们已把齐特拉琴悬挂。在那儿，战胜者要求我们唱歌，掠夺者带着快乐的神情说：

　　"给我们唱几首锡安山的歌。"

　　但是，在外国的土地上怎能唱耶和华的歌？

拓展阅读：

柏林犹太人历史博物馆
《所罗门的智慧》
　　[美] 雷·普理查德
《东方际遇》蔡桂林

◎ 关键词：希伯来　衰亡　巴比伦之囚　复国

犹太王国的劫难

　　希伯来王国在所罗门统治时期，潜伏的危机为辉煌和昌盛的假象所掩盖，事实上，希伯来王国衰亡的迹象已经显露了。果然，所罗门死后，以色列王国和犹太王国各执半壁江山，将希伯来王国一分为二，但是分裂并没能让战火熄灭，两个国家的内外矛盾都在加剧，国力也大打折扣。

　　公元前722年，亚述帝国扩张的脚步踏上以色列国土，他们占领了撒马利亚城，国王和贵族被当作战俘流放，以色列王国就此灭亡了。

　　当亚述帝国的军队兵临城下，犹太国王寝食难安，为了保全国土，便向亚述帝国投降，大量的黄金流向了亚述帝国。

　　公元前583年，尼布甲尼撒二世建立了新巴比伦王国，随后灭顶之灾降临到犹太王国。尼布甲尼撒二世率领大军占领了犹太王国的大部分国土，都城耶路撒冷危在旦夕，犹太人决定孤注一掷，坚守耶路撒冷，顽强的抵抗令新巴比伦军队暂时却步，尼布甲尼撒二世一时难以得手，于是陈兵耶路撒冷。整整三年，耶路撒冷都在巴比伦军队的重重包围之中。

　　公元前580年，耶路撒冷再也抵挡不住巴比伦军队的强大攻势，尼布甲尼撒二世终于如愿以偿地占领了耶路撒冷。

　　巴比伦军队血洗了耶路撒冷，王室化为灰烬，圣殿付诸一炬，民居成了焦土，城中的财物被洗劫一空，犹太人的圣物"约柜"也不知去向，犹太国王被刺瞎了双眼，圣城变得面目全非，犹太王国彻底成为了历史。

　　巴比伦军队将犹太国王、全城的居民以及如山的财宝，一同运回巴比伦城，犹太国王和他的臣民在巴比伦度过了半个世纪的阶下囚生活，犹太国王最后客死他乡，这就是著名的"巴比伦之囚"。

　　犹太人在巴比伦过着非人的生活，面对繁重的劳役，他们只能逆来顺受、苦度时光。直到尼布甲尼撒二世去世后，犹太人才重新获得了人身自由，但国已不国，家也非家，重归故里已是无望，他们只好在巴比伦谋生，但复兴犹太王国始终是他们的梦想。

　　作为重要的贸易中心，巴比伦城的繁荣成全了一批犹太人，通过经商、放高利贷，他们中的一些人有的成了富有阶层，有的还获得了一定的社会地位，然而更多的人对故国、家乡仍是念念不忘，而且思乡之心越来越重，复国的梦一直做了几十年。

　　公元前539年，新兴的波斯帝国征服了新巴比伦王国，犹太人重返家园的夙愿终于实现了。由于波斯人要进军埃及，出于战略考虑，犹太人被送回了巴勒斯坦，并且得到重建家园、修复圣殿的许可，上帝的确眷顾了这个多灾多难的民族，让他们最终实现了复国的梦想。

◎关键词：释迦牟尼 出家修道 佛教

佛教鼻祖释迦牟尼

●摩尼光佛

>>> 腊八粥

腊八粥是一种在腊八节用多种食材熬制的粥。

据说，释迦牟尼成佛之前，曾修苦行多年，饿得骨瘦如柴，决定不再苦行。这时遇见一个牧女，送他乳糜食用。他吃了乳糜，恢复了体力，便端坐在菩提树下入定，于十二月八日成道。夏历以十二月为腊月，所以十二月八日称作腊八。

中国汉族地区，将这一天作为释迦牟尼的成道日，于是腊八成了佛教节日。寺院在这天举行诵经，并效法佛成道前牧女献乳糜的传说故事，用香谷和果实等造粥供佛，名为腊八粥。

拓展阅读：

舍利子
韦驮菩萨
布达拉宫跳神节
《佛祖统纪》宋志磐

大约在公元前565年的一天，古印度的迦毗罗卫国举国欢腾，人们沉浸在欢乐的海洋里，他们为一件高兴的事互相奔走相告：膝下无子的净饭王终于在不惑之年喜得太子！净饭王的脸上乐开了花。太子姓乔达摩，净饭王为他取名悉达多，他就是佛教的创始人释迦牟尼。

净饭王为了让儿子将来继承王位，在悉达多身上花了很多工夫，悉达多因此得到了接受良好教育的机会。他天资聪颖，无论什么事情一学就会，因此非常讨人喜欢，对什么事情都充满好奇的他，脑子里总是装着很多问题。净饭王为儿子的聪明感到高兴，同时又有几分惆怅，悉达多经常思考一些看似荒唐的问题。

悉达多一天天长大了，他的性格也发生了变化，年少时的不安分已经荡然无存，他经常独自一个人冥思苦想。19岁那年，悉达多娶了年轻貌美的表妹为妻，但他仍然不能从那些问题中解脱出来。

随着年龄增长，悉达多逐渐摆脱了宫廷中的生活，有机会接触到外面的残酷社会，现实生活给了他很大触动。如何解脱众生的痛苦成了他百思不得其解的一个问题。

29岁那年，悉达多的儿子出生了，全城的人都在为小王子的出生而载歌载舞，唯独悉达多闷闷不乐，儿子出生的当天晚上，他一夜未眠，终于做出了出家修道的决定。

当时印度的修道者普遍认为，生前让自己的身体受苦，死后就能升天，悉达多也加入了他们的行列，用火烧自己的身体，每天只吃少量的饭。就这样，悉达多苦修了六年，结果对解脱之道一无所获。

悉达多毫不气馁，始终认为一定能够顿悟。一天，他来到尼罗河边的一棵菩提树下，发下重誓，如果不能领悟到人生的真谛，从此再也不站起来。一直到第四十九日清晨，闪烁着清冷光辉的启明星冉冉升起，悉达多终于豁然开朗，悟出了解脱痛苦的法门，佛教从此创立了，悉达多也被尊称为释迦牟尼。

佛教主张人人生而平等，同情不幸的受苦人；宣扬只要今世做了善事，来世就有好报；今世做了坏事，来世就有恶报。释迦牟尼的这些主张，有逃避严酷现实的消极的一面。他还主张用自我解脱的办法来消除烦恼，否定斗争，所以历代统治阶级往往都利用它来麻痹人民。

80岁那年，释迦牟尼在娑罗双树间涅槃。后来他的弟子继续弘扬佛法，将佛教传入中国、日本、朝鲜和越南等国，佛教成了亚洲东部最主要的宗教。

● 阿育王石柱 公元前 3 世纪

>>> 阿育王与恒河的故事

有一次，阿育王去释迦牟尼佛前求法。佛给他举了一个例子：

佛问：你第一次看到恒河是什么时候？

王答：三岁时就见过恒河。

佛问：那你今年多大年纪？

王答：六十二岁！

佛说：你现在看恒河与你三岁时看恒河有区别吗？

王答：没有区别。

佛说：变了的是你的年龄，没有变的是你的心！

阿育王大悟。

有一首诗描述这件事：

生死无端别恨深，

浪花流到去来今。

白头雾里观河现，

尤是童年别后心。

拓展阅读：

鉴真东渡

《阿育王》（电影）

阿育王障日造塔的故事

◎ 关键词：孔雀王朝 阿育王 佛教

阿育王统治孔雀帝国

马其顿国王亚历山大推翻波斯帝国后，挥师东进，横扫了印度，并在旁遮普设置了马其顿官员。公元前325年，亚历山大从印度河流域撤军，给旃陀罗笈多留下了可乘之机，他率领当地人民揭竿而起，推翻了难陀王朝，建立了新王朝。因其出生在一个养孔雀的家族，后人称其建立的王朝为"孔雀王朝"，他是该王朝的第一位国王。

阿育王（公元前304—公元前232年），意为"无忧王"，佛教护法名王，作为孔雀王朝的第三代国王，他是第二代国王宾头沙罗王众多王子中的一个。从小时候起，阿育王就对佛教始祖释迦牟尼产生了浓厚的兴趣。虽然如此，他还是被卷进了残酷的王室内战。

公元前273年，阿育王的父亲宾头沙罗王病逝，王位之争拉开了帷幕。作为王位之争的两大中坚力量，阿育王和长兄之间的争斗最为惨烈，他的长兄最后因败北而惨遭杀害。阿育王登上了用99位兄弟姐妹的鲜血染红了的王位，最终在这场王权的角逐中胜出，但是亲人的离丧给他的心灵造成了极大的创伤，直到称王四年后，阿育王才举行了正式的加冕典礼。

阿育王奉行祖父旃陀罗笈多的遗志，不断向外扩张，即位后不久，他就将湿婆萨国纳入了自己国家的版图。之后，他盯上了孟加拉湾的羯陵伽国，并且进行了一次大规模的远征。羯陵伽国是孟加拉湾沿岸的一个强国，不仅有步兵和骑兵，还有训练有素的战象，发达的海外贸易也使其非常富足，这吸引了阿育王贪婪的眼光。公元前262年前后，阿育王对羯陵伽国大举进犯，羯陵伽国几乎遭到了灭顶之灾，国土沦丧，15万人成了俘虏，另外有10万人在战争中丧生。

入侵羯陵伽国对所向无敌的阿育王产生了很大影响，他无法摆脱战场上的血腥场面，在战争结束后不久，他找到了佛教高僧优波毱多进行多次长谈，希望洗脱战争的罪责。在优波毱多的感召下，阿育王彻底悔悟，最后皈依了佛教，成为一名虔诚的佛教徒。他颁布了一道敕令，声称对羯陵伽国人民在战争中所遭受的苦难感到深切的忧虑和不安，接着，再一次向全国宣布停战，并不遗余力地宣扬佛法，不再向邻国派军。阿育王将佛教定为印度的国教，并广修佛塔和寺庙，还派王子和僧侣到其他国家和地区宣扬佛法。

印度在阿育王的统治下，建立了印度历史上第一个强大的帝国——孔雀帝国，印度进入了鼎盛期，他也被称为"伟大的阿育王"，但是在他死后，被征服的国家纷纷建立了新的政权，印度半岛又重新回到了分裂的状态中。

No.2
希腊与罗马的嬗变

—— 西方文明的发祥地希腊，创造了灿烂的古代文化。

—— 走过黑暗的世纪，城邦的嬗变创造了斯巴达文明和雅典的黄金时代，扩张舞台上的强悍角色，让古希腊从鼎盛走到最终的覆亡。

—— 《荷马史诗》揭开希腊历史黑暗的冰山一角，音乐、数学、哲学、文学、建筑、雕刻各领风骚，悠久的文明成为古希腊命运的注脚。

—— 母狼哺育的帝国，动荡时代满带狂野，从战火硝烟中跋涉，篆刻权力和威信的印记。

—— 高卢惨败，迦太基魂断，蓄势待发的奴隶起义，敲响罗马贵族统治的丧钟，一生征战的恺撒大帝，将辉煌演绎成传奇。

◎ 关键词：迈锡尼文明 黑暗期 文明 销声匿迹

黑暗时代的希腊

● 宙斯神像 法国 安格尔

>>> 古希腊神话十二主神

宙斯（Zeus）：掌管天界。

赫拉（Hera）：天后；婚姻的保护神。

波塞冬（Poseidon）：掌管大海。

哈得斯（Hades）：掌管冥府。

德墨忒耳（Demeter）：农业女神。

阿瑞斯（Ares）：战争之神。

雅典娜（Athena）：智慧女神。

阿波罗（Apollo）：太阳神。

阿佛洛狄忒（Aphrodite）：爱神。

赫尔墨斯（Hermes）：商业之神。

阿耳忒弥斯（Artemis）：女猎神和月神。

赫淮斯托斯（Hephaestus）：工匠神。

拓展阅读：

希腊火
奥林匹斯山

希腊人在古代世界所有的民族中，可谓西方社会精神的典范。之所以这样说，是因为希腊人能够淋漓尽致地将古代的西方社会反映出来。他们不屈不挠地专注于追求自由，专注于坚定自己的信仰，并且敢和以暴君为首的统治阶级相对抗，然后将自己的文化在古代世界里发展到最高阶段。

强盛于公元前1500年时的迈锡尼人，创建了统治爱琴海地区的迈锡尼文明，促使希腊的早期文明达到了顶峰。但是迈锡尼人统治爱琴海地区一个世纪之后，逐渐走上了下坡路，它的衰落对希腊乃至整个爱琴海地区来说，无疑是一场无法逆转的灾祸。从公元前1000年到公元前800年，是希腊文明的黑暗期。

这个时期，文明似乎销声匿迹，有文字记载的事件几乎少得可怜，能够给现代历史学者和考古学家提供一些帮助的东西，不过是一些制作还算精巧的陶器和金属器皿。这段时间的文化停滞不前，只有文字向前迈出了微小的一步。一些名不见经传的吟游诗人，在走村串巷的漫游途中吟唱的一些民歌和短诗，在公元前9世纪，经过整理和汇编（很多学者认为作者是荷马），结成一种大部头的书籍，出人意料地流传了下来。这部书籍就是《荷马史诗》。

从《荷马史诗》和其他一些相关的资料中我们可以了解到，处在黑暗时期的希腊，政治制度竟然惊人的原始。国家完全成了一个虚设的概念和象征，虚弱的政治力量甚至不能对独立的小农村公社发号施令；法律在统治者的手里没有任何的约束力，政治几乎完全在这个国家里终止了。

简朴的社会生活和经济生活决定了希腊人根本不可能进行商业活动，每个家庭都过着自给自足而不富裕的生活，产品与产品、物与物是他们进行交换的唯一方式。

希腊是一个信仰多神教的国家，其中最主要的神就有十几个之多。但希腊人并没有因为神的神秘而感到恐惧，因为他们对神灵的虔诚程度是根据自己的意愿决定的。虽然他们确实设想过，人死后，神灵会继续存在一段时间，但他们对死后的归宿和生活几乎漠不关心。

希腊人十分崇尚现实的自然世界，相反，对轮回说和来世说简直嗤之以鼻。在几个所谓"黑暗"的世纪里，希腊人始终是为实现自我而努力奋斗的利己主义者。直到公元前800年，希腊人才从黑暗的时代里走出来，踏入城邦的嬗变和扩张时代。

● 雅典的卫城

>>> 《希腊游记》

在旅行家沙尼亚斯巴的《希腊游记》一书中,曾对宙斯神像做了详细的描述,书中记载:"宙斯神主体为木制,身体裸露在外的部分贴上象牙,衣服则覆以黄金。头顶戴着橄榄枝编织的皇冠,右手握着象牙及黄金制成的胜利女神像,左手则拿着一把镶有各种金属打造的权杖,杖顶停留着一只鹫。"

宝座的神像头上与头后,雕着"典雅三女神"和"季节三女神"(春、夏、冬)雕像;腿和脚饰有舞动中的胜利女神与人头狮身司芬克斯。

拓展阅读:

希腊水瓮
希腊旋转岛
希腊独立战争

◎ 关键词:城邦 鼎盛 政治制度 动乱

希腊城邦的起源

公元前800年左右,希腊终于从几乎丧失政治的黑暗时代里走出来,人们的社会生活也发生了不小的变化,建立在氏族和部落基础上的小农村公社被更大的社会单位取代。贸易随着社会的进步开始向前发展,市场出现了,军事设施也发挥了正常的作用,城市需要的所有条件全部齐备了,作为最重要的社会和政治组织——城邦在希腊出现了。

希腊进入城邦时代后,境内出现了规模不等的若干个城邦,小亚细亚沿岸和爱琴海的诸多岛屿上,也先后出现了城邦。雅典和斯巴达是这些城邦中最大的两个,它们的出现将希腊的鼎盛推向了极致。

文化的演变推动着城邦的迅速嬗变,城邦之间的文化也在互相传承,伯罗奔尼撒的科林斯在嬗变中脱颖而出,一跃成为文学和艺术的领头羊。而到了公元前7世纪,斯巴达后来居上。到公元前6世纪,小亚细亚的米利都则以辉煌的哲学独领风骚,让其他的城邦黯然失色。

希腊漫长的政治制度的演进几乎决定了城邦的一举一动,先以君主制为开端,既而转变为寡头制,之后,寡头制又被独裁制所取代。不管那些独裁者是残暴还是温和,希腊人统统将他们称之为"僭主",意思是没有经过合法的授权而超越自己本分行使权力的人。

此后的一两个世纪,因为对财产多寡的要求限制了普通民众行使政治权利,同时,少数人成了地产的所有者,所以民主的呼声也越来越高,一种希腊式的民主出现了,民主制终于建立起来。随后,国王的权力被剥夺,政治大权移交到议事会手中,王政被完全废除了,经济上的变革和政权的移交使得希腊又进入了动乱时期。

土地逐渐被一些人牢牢控制在手中,变得非常稀缺,整个地中海地区都受到这种情况的影响,所以,大规模的海外扩张成为希腊人获取土地的唯一途径。西西里岛、埃及和巴比伦也被希腊人纳入扩张的范围之内,那里的一些大的贸易中心就是扩张导致的产物。

商业和手工业迅速发展,成为占主导地位的行业,大量的人口因为贸易和交流纷纷拥向这些工商业中心,结果导致城市人口不断向上攀升。扩张还使破产的平民越来越多,有的平民甚至连吃饭都成了问题,因此,激烈的阶级冲突是不可避免的。

作为最大的两个城邦斯巴达和雅典,在希腊的民主制改革中脱颖而出,它们都没有遵循旧辙,而是各自另辟蹊径,朝着适合自己的方向发展。

希腊与罗马的嬗变

◎ 关键词：扩张 起义 等级制度 奴隶

斯巴达的文明

●掷铁饼者

>>> 斯巴达的军事化

斯巴达人崇尚武力精神，整个斯巴达社会等于是个管理严格的大军营。

婴儿呱呱落地时要接受检查，如果被认为不健康，就抛到荒山野外的弃婴场去；母亲用烈酒给婴儿洗澡，如果他抽风或失去知觉，这就证明体质不强，任他死去。

男孩子七岁前，由双亲抚养。父母从小就注意培养他们不哭、不挑食、不吵闹、不怕黑暗、不怕孤独的习惯。七岁后的男孩，被编入团队过集体的军事生活，每天练习跑步、掷铁饼、拳击、击剑和殴斗等。

拓展阅读：

色诺芬
《斯巴达300勇士》（漫画）
［美］弗兰克·米勒

公元前9世纪末，斯巴达已显露出了一丝强盛的端倪，统治拉哥尼亚的所有地区就是一个最好的证据。公元前7世纪，斯巴达在文学和艺术上大放异彩，但到了公元前6世纪以后，斯巴达的文化逐渐没落，最终停滞不前了。由于群山环绕，缺乏良好的港口进行贸易，外部世界几乎将斯巴达遗忘掉了，它罕有机会从中获得益处。尽管如此，斯巴达的发展和强盛还是在不断的扩张中找到了突破口。斯巴达最早的扩张行动是将军队开到了伯罗奔尼撒东部，品尝到扩张的甜头后，斯巴达并没有因此而得到满足。美西尼亚平原作为泰格托斯山脉西部最肥美的地区，是斯巴达人扩张的首选对象，于是，斯巴达人对该地区进行了一次冒险的扩张和征服，将美西尼亚平原据为己有。

公元前640年，不堪忍受压迫的美西尼亚人举行了一次大规模的起义，和斯巴达人展开了一场殊死的战争，最后以起义首领阿哥斯之死而告终，起义被镇压下去。美西尼亚人起义的结果导致土地全部被没收，起义的首领或者惨遭杀害，或者被远远地流放，大批的平民变成了奴隶。

经过那场大伤元气的美西尼亚战争，斯巴达人一改往日的扩张政策，转攻为守，将所有的精力都放在保护既得的领土上。此后很长一段时间内，斯巴达人都奉行着这种保守主义，他们专注于稳定国内的局势，对外来文化一再加以排斥，自我封闭严重阻碍了文化的发展。

黑暗时代残留的古老政治制度，在斯巴达的法律中几乎是一道抹不去的阴影。享有极少权力的贵族，被挑选出两个人担负国王的职责，国王有两个，而不是一个。实际上，政府的最高权力掌握在由五人组成的监察院手里，他们随时都可以将国王废黜掉。

斯巴达存在着森严的等级制度。斯巴达人永远居于统治地位，而通过扩张和战争俘虏的人则是最低等级的人，他们唯一的权利就是每天在农田里劳作，生活极度悲惨。土地获得的大部分财富都归了奴隶主，其中的极小一部分才是奴隶赖以生活的保障，他们的劳动供养了整个国家。上好的土地永远归国家所有，那是斯巴达统治阶级的不动产。

奴隶在斯巴达人的统治下，处于低劣的地位，享受着不公正的待遇，并且不断地遭受着凌辱，所以，他们便不断地反抗，企图获得自由，但是他们非但没有获得解放，有很多人反而被卖到了国外。

由于斯巴达人的谨小慎微，害怕奴隶反抗，政治上几乎是半封闭的状态。虽然奴隶们为斯巴达人创造了不少财富，但总的来说，以农业为主的斯巴达，缺乏商业和贸易，经济基本上是原地踏步，没有多少起色。

希腊与罗马的嬗变

●雅典卫城遗址

城邦是理解古希腊文明的基础。它决定了希腊政治、经济、军事的方方面面。在政治上，希腊人开创了多种多样的政体，有民主制、贵族制、君主制和僭主制。在经济上，古典时代的雅典代表着古代较高的文明水平，对后世起着深远影响。在军事上，它之所以战胜了强大的波斯帝国，正是由于它有那些为"自由而战"的公民战士。

● 诱拐海伦 法国 让·塔塞尔

拓展阅读：

《特洛伊》（电影）
《寻找特洛伊》（纪录片）
《帕里斯选美》
 [佛兰德斯] 鲁本斯

◎ 关键词：人类文明 木马 屠城

特洛伊木马计

位于欧洲南部的希腊，是地中海上的一个半岛，大约在公元前4000年，灿烂的人类文明就在这里发迹了，而作为欧洲文明源头的古希腊，在发展和演变的过程中，曾经给后人留下了许多历史故事和传说，其中"特洛伊木马"流传最为广泛。

公元前13世纪左右，斯巴达有一位绝世美女海伦，相貌倾国倾城，早就对她情有独钟的斯巴达国王墨涅依斯仰仗着近水楼台，把海伦纳为了王妃。

结婚后不久，特洛伊国王子帕里斯来到了墨涅依斯的王宫，墨涅依斯盛情款待。酒宴上，年轻的王子帕里斯看到了款款入座的王妃，竟然被她的容貌惊呆了，他凭借翩翩的风度向海伦大献殷勤。海伦被深深打动了，于是携带王宫中的珍宝，和帕里斯私奔了。

海伦的私奔让墨涅依斯蒙受了奇耻大辱，他连夜赶到迈锡尼，请求做国王的哥哥阿伽门农替自己做主，阿伽门农将所有城邦的国王召集到一起，商讨索回海伦的事宜。慑于威严，其他城邦的国王都一致同意，决定联合起来，用武力征服特洛伊城。不久，一支由10万人马、1000多条战船组成的庞大队伍，在统帅阿伽门农的率领下，浩浩荡荡地开往特洛伊城。

此后，攻打特洛伊城的战争进行了10年，希腊主将阿喀琉斯遭暗算而死。机智多谋的希腊将领奥德修斯命令全部撤军，在海滩上留下了一只巨大的木马，还在离木马不远的地方留下一个希腊人，被特洛伊人带去见特洛伊国王。被俘房的希腊人告诉国王，木马是希腊人祭祀雅典娜女神的，如果把它烧掉，就会引起天神愤怒，如果把木马拉到城里，特洛伊人就会得到神的福佑。特洛伊人听了之后深信不疑，决定把木马拉到城里去。正是那匹木马让特洛伊人一败涂地，因为木马里藏着希腊作战能力最强的士兵。

希腊人做的木马实在太大了，城门根本容纳不下，特洛伊人只好拆了一段城墙，费了九牛二虎之力才把木马弄到城里。当天晚上，特洛伊人欢天喜地，庆祝胜利，个个喝得酩酊大醉，直到后半夜才回家休息。等到守城的士兵都睡着了，藏在木马中的希腊士兵个个全副武装地从木马里跳出来，悄悄摸向城门，将守城的士兵杀死，打开城门，并在城里到处放火。

看到火光后，隐蔽在城外的希腊大军如潮水般涌入特洛伊城，特洛伊人几乎遭到屠城之灾，风流倜傥的王子帕里斯也在战争中命丧黄泉，海伦最终被带回了斯巴达。弥漫在特洛伊城上空达10年之久的战争阴霾终于烟消云散了。

●神格化的荷马

>>> 中国的荷马史诗

《黑暗传》是流传民间的一种丧鼓歌，作为民间祭祀活动中的仪式歌，至今仍活在民间。

这部神话史诗唱本分为《先天》《后天》《翻天》《治世》四大部分，内容包括了宇宙和地球的形成，人类的起源，社会的进化，三皇五帝的来历一直到清代各个历史时期的人物和事件，被称为"中国的荷马史诗"和"汉民族的神话史诗"。

《黑暗传》的发现，是中国古神话的发现，打破了汉民族没有神话史诗的定论，对于中国神话学和楚文化的研究，具有非常重要的价值。

拓展阅读：
《格萨尔》（藏族英雄史诗）
《希腊的神话和传说》
　［德］斯威布

◎ 关键词：史诗 荷马 特洛伊战争

荷马与《荷马史诗》

希腊文化有200多年的时间是在"黑暗"中度过的，可供参考的资料极为鲜见，那段时期对希腊历史来说，无疑是一个漫长的黑夜，《荷马史诗》就像黑夜中的一颗闪亮星辰，撕开了黑暗夜幕的一角，烛照了那段低迷的历史。

《荷马史诗》包括《伊利亚特》和《奥德赛》两部史诗，它的作者至今仍然没有确切的定论，很多学者都认为是公元前8世纪时一位名叫荷马的盲人，根据希腊的民间传说，以及一些吟游诗人的诗歌整理汇编成书的。最早关于荷马的记载，见于公元前6世纪克塞诺芬尼的讽刺诗残篇，是否真有荷马其人，尚且不得而知。

相传荷马双目失明，过着居无定所的生活，靠吟唱一些民歌和短小的叙事诗博得众人的欢心，以此换取糊口的钱财。即便如此，他只能勉强填饱肚皮，精神生活成了荷马赖以生活的唯一支柱，他背着一把陈旧的乐器，在各个村社中穿梭，将有关希腊的历史事迹、神话传说通过优美的歌声表达出来，那些珠圆玉润的诗句就此流传了下来。

史诗叙述了特洛伊十年战争中的传奇故事，塑造了希腊英雄阿喀琉斯的伟大形象。

作为一部极具价值的历史文献和文学著作，《荷马史诗》是希腊黑暗时代的一缕曙光，以后的研究者正是根据《荷马史诗》，才揭开了希腊历史黑暗时期的冰山一角。

●荷马正在一边演奏竖琴，一边吟唱歌颂特洛伊英雄的史诗

希腊与罗马的嬗变

◎ 关键词：雅典 斯巴达 僭主统治 波斯战争

雅典的崛起与衰落

● 农业女神德墨忒耳

>>> 厄琉息斯秘仪

古希腊时期位于厄琉息斯的一个秘密教派的年度入会仪式，这个教派崇拜德墨忒耳和珀耳塞福涅。

厄琉息斯秘仪被认为是在古代所有的秘密崇拜中最为重要的。这些崇拜和仪式处于严格的保密之中，而全体信徒都参加的入会仪式则是一个信众与神直接沟通的重要渠道，以获得神力的佑护及来世的回报。后来这些神话和仪式也传到了古罗马。

拓展阅读：

《雅典的泰门》莎士比亚
《雅典学院》（油画）
[意] 拉斐尔

地处阿提卡地区的雅典有着独特的发展历程，在发展前期，它没有入侵异族的历史，也没有将自己的强权统治强加给任何民族。雅典有着丰富的农业资源，充足的矿藏被开采出来之后，可以通过吞吐量极大的港口运送出去，这些先决条件决定了雅典最终走向繁荣。

和斯巴达以及其他城邦相比，当初的雅典也是一个君主制的城邦，虚设的政府同样在雅典存在，国王只是一个没有权力的虚设头衔。即便如此，那个不名一文的头衔还是成了贵族争权夺利的众矢之的，国王的权力被剥夺了，贵族议会掌管了国家的所有权力，普通民众根本没有资格参政。结果少数人成了雅典的当权者，国家的财富也日益集中。如果说斯巴达为了控制国内的局势而行使保守主义的话，那么雅典在其逐渐发展中却是相对开放的。葡萄和橄榄的栽培技术相继被引进，农业的发展向前迈出了一步，这就是一个相当有说服力的证明。

农业的发展也带来了一些弊端，因为只有一小部分人才有足够的资本来运营这项种植事业，普通的小农是不可能将那些微薄的收入投入耗资巨大的种植上面的，在别无选择的情况下，他们只好将所有的土地甚至身家性命作为抵押。但是种植葡萄和橄榄，需要很长的时间才能见到成效，当生存都成了问题时，那些抵押自然是无法收回的，而没有土地可作抵押的那些人，最终的归宿就是沦为奴隶，这就是他们最终的命运，没有几个人能够侥幸逃脱。

于是，人们开始怨声载道，谤言四起，政府的压力越来越大，要求改革的呼声也随之日益高涨。公元前594年，执政官梭伦终于得到了改革的绝对权力，对现存的经济进行了一些调整。经过改革，握在贵族手中的土地契约成了一纸空文，债务关系也被取消，农奴和奴隶又得到了赖以活命的土地。

改革触动了贵族的利益，引起了他们的强烈不满，接下来，雅典度过了一段相对骚乱的僭主统治时期。公元前510年，斯巴达对雅典的改革进行了插手和干涉，一些贵族在斯巴达人的支持下，推翻了僭主统治。

公元前461年到公元前429年，雅典进入了全盛时期，这个时期称为伯里克利时代。普通的公民在伯里克利时代又获得了立法权，通过公民大会，他们选出了将军。这些经过民众选举出来的将军不仅掌管着军队，而且将国家的主要司法和行政权力也牢牢控制在手中，雅典在这样的选举下，将立法系统逐步完善。

随着波斯帝国吞并巴比伦，统治了小亚细亚，雅典人震怒了，他们支

希腊与罗马的嬗变

●三女神 现藏于伦敦大英博物馆

●垂死的高卢人 原作于公元前230年，罗马时代复制

持那些被征服的国家，这一举动的后果遭到波斯人的报复。肩负着抗击侵略的重任，雅典人最终击溃了波斯的入侵，结束了战争。

经过波斯战争之后，雅典人开始变得谨小慎微，它试图削弱其他成员国的地位，结果遭到斯巴达的猜忌。公元前431年爆发的与斯巴达人在伯罗奔尼撒的战争，雅典人以悲剧而告终，雅典由此踏上了亡国的道路，雅典国内的贸易和民主制度被战争完全摧毁，恰在此时，一场灾难性的瘟疫使雅典的居民人数降到了历史最低点。雅典已经别无选择，只好向斯巴达投降，屈膝成为斯巴达的属国。

◎ 关键词：贫寒 自学 唯心主义哲学

伟大的先哲苏格拉底

●苏格拉底像

>>> 苏格拉底教授快乐

一群学生在到处寻找快乐，却遇到许多烦恼、忧愁和痛苦。他们向苏格拉底请教："老师，快乐到底在哪里？"苏格拉底说："你们还是先帮我造一条船吧！"

这群学生暂时把寻找快乐的事儿放在一边，找来造船的工具，用了七七四十九天，造出一条独木船。独木船下水了，他们把苏格拉底请上船，一边合力划桨，一边齐声唱起歌来。

苏格拉底问："孩子们，你们快乐吗？"他们齐声回答："快乐极了！"苏格拉底说："快乐就是这样，它往往在你为着一个明确的目的忙得无暇顾及其他的时候突然来访。"

拓展阅读：

《回忆苏格拉底》
　[古希腊] 色诺芬
《苏格拉底之道》
　[美] 罗纳德·格罗斯

公元前399年6月的一个傍晚，雅典监狱将要处决一位年近七旬的老人，他衣衫褴褛，披头散发，脚上连鞋子都没穿。他面容镇定自若，双眸炯炯有神，透着深邃的光芒。他步履蹒跚地拖着脚镣从监狱里走出来，向前来道别的朋友侃侃而谈，却对即将到来的处决毫不挂怀。时间到了，狱卒送来一杯毒药，意犹未尽的他停止说话，从狱卒手中接过杯子一饮而尽。他微笑着躺下来，对前来告别的一个朋友说："我曾经吃过邻人一只鸡，直到现在还没有给钱，你替我还上好了。谢谢！"毒药发挥了作用，老人神色安详地闭上了双眼。从此，一颗闪光的哲学之星陨落了，他就是古希腊伟大的先哲苏格拉底。

公元前469年，苏格拉底生于雅典的一个普通民众家庭，由于家境贫寒，做石匠的父亲只有拼命工作，才能维持艰难的家庭生活。

青少年时代，苏格拉底曾跟着父亲学过一段时间雕塑，由于家里没有钱，苏格拉底无法满足求学的愿望。那时候，他就开始熟读《荷马史诗》以及其他著名诗人的著作，完全依靠自学，苏格拉底获得了丰富的学识。

苏格拉底的一生都过着吃糠咽菜的苦日子，无论酷暑严寒，他都穿着一件普通的单衣，经常不穿鞋，对吃饭也不讲究，只是专心致志地做学问。

苏格拉底喜欢讨论政治、战争、友谊、艺术和伦理道德方面的问题。他曾参加过三次战争，到了40岁的时候，他就成了雅典的著名人物。他的学说充满神秘色彩，他认为世界万物的生存和灭亡都是由神来安排的，神是世界的主宰。同时，他认为研究自然界是亵渎神灵，因此，他的这些思想经常遭到一些人的反对。

公元前404年，雅典在战争中失败，"三十僭主"执掌了国家大权，其领袖之一就是苏格拉底的学生克利提阿斯，他让苏格拉底带人去逮捕一位富人并将其财产瓜分，苏格拉底拒不从命，还公开揭露了克利提阿斯的阴谋和暴行。"三十僭主"的统治被推翻后，苏格拉底却因反对民主政治、用邪说毒害青年的罪名被捕。按照雅典的法律，被告有权提出一种不同于原告所要求的刑罚，以便法庭二者选其一。但苏格拉底却自称无罪，在法庭上发表了慷慨激昂的演说，这一举动激怒了法官，苏格拉底最终获死罪。

在监狱里，苏格拉底坚持自己有功于国家，放弃了唯一一次逃跑的机会。

苏格拉底的唯心主义哲学思想对西方哲学产生了很大影响，他的哲学学说被誉为古希腊哲学发展史的分水岭。

希腊与罗马的嬗变

● 苏格拉底之死

图中描绘了哲学家苏格拉底死时的情景。被囚于狱中的苏格拉底，被判刑后饮鸩自杀，在这惊心动魄的瞬间，苏格拉底镇定自若，左手高举，表明信仰不变

●柏拉图像

>>> 苏格拉底的爱情

柏拉图有一天问老师苏格拉底什么是爱情，苏格拉底叫他到麦田走一次，要不回头地走，在途中要摘一株最大最好的麦穗，但只可以摘一次。柏拉图觉得很容易，充满信心地出去，谁知过了半天他仍没有回来。

最后，他垂头丧气地出现在老师跟前，诉说空手而回的原因："很难得看见一株看似不错的，却不知道是不是最好，不得已，因为只可以摘一株，只好放弃。再看看有没有更好的，到发现已经走到尽头时，才发觉手上一株麦穗也没有……"

这时，苏格拉底告诉他："那就是爱情！"

拓展阅读：

柏拉图式爱情
《斐多柏拉图对话录之一》
　[古希腊] 柏拉图

◎ 关键词：哲学家 毕达哥拉斯学派 理想王国

柏拉图与乌托邦理想

古希腊作为西方哲学的发源地，曾经出现过很多著名的哲学家，最杰出的人物除了苏格拉底，柏拉图的影响也是比较大的。

柏拉图是苏格拉底学生中最出色的一个，公元前429年，他出生在雅典的一个贵族家庭。20岁时，柏拉图成为苏格拉底的学生，直到苏格拉底遇害身亡。

柏拉图生活时期的雅典，已经度过了黄金时代，长时间的征战使雅典举国上下变得一片混乱，当时柏拉图也曾有过从戎的经历，但雅典最终面临的仍是惨败的结局，柏拉图感到无比的沮丧和失望。苏格拉底的死给了他很大打击，从此以后，他离开了希腊，开始出国云游，曾先后到过意大利南部，接触了毕达哥拉斯学派的思想。公元前388年，柏拉图又回到雅典，创办了自己的学园，继承和发展了毕达哥拉斯学派的思想，并在学园的门口挂上"不懂数学者免进"的牌子。

苏格拉底在世时，经常和学生一起探讨一些问题。他认为雅典衰落最大的祸根就是雅典的民主政体，结果他就成了反对民主制的战士。

柏拉图的思想和苏格拉底十分相似，他将宇宙看作一切精神的本原，而无规则的、不断变化的理论是荒谬的。他认为在人们可以用感官感知的世界之外，存在着另一个永恒的世界，那就是精神的王国，它是由理念构成的，只有精神可以想象得到，它们既不是客观存在物，也不是精神世界的纯粹抽象物，但它来源于精神。在柏拉图看来，任何事物都是某些特殊种类的对象，是与现实世界客观存在的事物之间关系的范型，从而就有了人、客观的事物、国家等理念。但是，柏拉图的思想受到了这种理念的严重支配，将宇宙和现实世界假设为精神的存在物。

柏拉图为自己构筑了一个理想的王国，这个国家不受任何阶级的干扰，但他追求的不是民主，而是一种人与人之间生活的和谐。从著作《理想国》中可以看到柏拉图的社会理想，他将所有人划分为三个阶级，最低阶级的人由普通的民众组成，军队由处于中间阶层的人组成，而理智的贵族居于最高阶层。柏拉图认为，理想的国家必须有理想的人，因为每个人都有欲望、感情和知识，但由于人们获得的知识有多有少，占有欲也不尽相同，出现这种情况，国家就必须由有知识的人来领导，哲学家是最合适的人选。但这种乌托邦式的理想是不可能实现的。

和苏格拉底不同的是，柏拉图一生著作颇为丰富，其中最著名的著作有《申辩篇》《斐多篇》和《理想国》等。81岁那年，当他正忙于写作《法律篇》时，却突然猝死。他的死是哲学领域的一大损失。

◎ 关键词：哲学 科学 莱森学园 最博学的人

"学园的精英"亚里士多德

● 亚里士多德像

>>> 亚里士多德的郊外课堂

公元前 320 多年前的雅典城城外，常常可以看到一位 60 多岁的老人，身边跟随着十多位青年，他们或是在树林中逍遥自在地漫步交谈，或是坐在山谷溪旁的大石块上，热烈地讨论着。

"老师，您再讲讲'三段论'的大前提、小前提、结论吧。"

老人捋了捋胡须，缓缓地说道："我们希腊人有个很有趣的谚语：如果你的钱包在你的口袋里，而你的钱又在你的钱包里，那么，你的钱肯定在你的口袋里，这不正是一个非常完整的'三段论'吗？"

雅典人都知道，那是亚里士多德正在给他吕克昂学园高级班的学生上课呢。

拓展阅读：

逍遥学派
《形而上学》
[古希腊] 亚里士多德

古希腊的哲学之所以能够在西方独放异彩，主导因素是因为出现了一批伟大的哲学家，他们一生都致力于哲学和科学研究。作为希腊哲学和科学的集大成者，亚里士多德不仅倡导了先哲的光辉思想，还独辟蹊径，拓宽了研究领域，在其他科学方面获得了卓越的成就。

亚里士多德于公元前 384 年生于希腊北部的斯塔吉拉城，他出身贵族，父亲是马其顿国王的御医。17 岁那年，亚里士多德来到雅典，成为柏拉图的得意门生，在柏拉图学园学习。度过 20 年的学习生涯后，博学强识的亚里士多德被柏拉图称赞为"学园的精英"。公元前 343 年，学业有成的亚里士多德应马其顿国王腓力二世的盛情邀请，担任了腓力二世的儿子的老师，他的这个学生就是后来的亚历山大大帝。之后，亚里士多德返回雅典，创办了自己的学校——莱森学园。

虽然师从柏拉图，但他对老师的一些哲学观点却不赞同，并提出了反对的观点。他认为来源于感官的知识是有限的，而客观存在的世界万物却是无穷无尽的，他经常说的一句话就是："吾爱吾师，吾更爱真理。"

希腊化时代到来之后，希腊诸城邦发生了巨大的变化，小的城邦逐渐被大城邦所兼并，地产者控制了国家大部分土地，亚里士多德仍然坚持旧有的思想，认为国家可以使人们最终走向完美生活，因此，他非常关心国家的起源和嬗变。在亚里士多德的《政治学》一书中，他道出了自己的观点，认为国家的形式不应该是君主制的，也不应该是贵族掌管政权，国家应该由处于中间阶层的人士来掌权，那样可以防止财富集中。实际上，这种近似于"小国寡民"的思想和希腊当时的政治体制简直格格不入。

亚里士多德在天文学方面取得了不小的成就，他认为各个天体都是由物质构成的实体，地球是由水、气、火和土组成的。此外，他曾致力于生物学研究，考察了很多动物和植物，并将它们细细分类。亚里士多德还对天文学和物理学方面颇有研究，他给后人留下了卷帙浩繁的著作，如《伦理学》《政治学》《植物学》《动物学》以及《诗论》等。

作为古代思想和哲学史上一个举足轻重的人物，亚里士多德集各种知识于一体，他是形式逻辑学的创始人，又是第一个系统地将思维及其规律提上研究日程的人，马克思和恩格斯称赞他为"最博学的人""古代最伟大的思想家"。

公元前 323 年，马其顿国王亚历山大病逝，历来和马其顿王室有过节的亚里士多德，只好离开自己精心经营多年的莱森学园，逃到优卑亚岛上避难。第二年，亚里士多德带着凄凉的心情在异乡阒然长逝，享年 63 岁。

◎ 关键词：改革 政治家 指挥官 民主化

执政官梭伦的改革

●荷犊的青年　雅典

>>> 梭伦的幸福哲理

有一次，小亚细亚一个名叫克洛伊索斯的国王慕名邀梭伦前去访问。这位国王穿着华贵，向梭伦炫耀，梭伦投以鄙夷的目光。

国王问他世界上是否还有比自己更幸福的人。梭伦回答：有，雅典的特洛斯，为祖国献身疆场，备受哀荣。

国王又问他，此外还有谁是最幸福的呢？梭伦回答，阿尔哥斯的克列奥比斯和比顿兄弟，他们都在运动会上得过奖，又都孝顺母亲，得到了巨大的光荣。接着，梭伦详细讲述了关于幸福的哲理，国王一脸怒色。这位国王后来果真成了波斯国王的阶下囚，在受刑前才想起梭伦的话。

拓展阅读：

希腊"七贤"
《正义》[古雅典] 梭伦

葡萄和橄榄等种植技术的引进给雅典的农业发展带来了新的契机，但也使普通的民众陷入了生存的困境，很多人不甘沦为奴隶，强烈要求改革。有人身自由的公民选举出执政官，让他发布改革的政令。公元前594年，执政官梭伦为了维护普通民众的利益，在雅典进行了一场改革。

梭伦（公元前638—公元前559年）出身于没落的贵族家庭。年轻的时候，他一面经商，一面到各个地方游历，这让他有机会接触到很多事物，尤其是对生活在底层的民众，梭伦有着非常深刻的了解。梭伦不仅是古代雅典的一位出色的政治家，同时，他还是非常有才华的诗人，他的诗歌中带有训诫的味道，对以后希腊悲剧的发展产生了一定的影响，他因此被誉为古希腊"七贤"之一。梭伦在游历和经商的生涯中写过许多诗篇，这些诗歌对他以后的改革产生了深远的影响，其中一首诗让他赢得了"雅典第一位诗人"的美誉。

萨拉米斯岛地处雅典的出海口，对雅典的海外贸易起着至关重要的作用，公元前5世纪，雅典与邻邦墨加拉因为萨拉米斯岛引起争端，结果雅典惨败，当局竟颁布了一条屈辱的法令：任何人都不得提议去争夺萨拉米斯岛，违者必处死刑。

梭伦震怒了，他来到雅典的中心广场上，佯装疯癫，怀着愤怒的心情向人群大声朗读他的诗篇，激起了雅典民众的爱国热情和民族尊严，迫于民众的压力，政府废除了禁令，雅典与墨加拉之间再起战事，年仅30岁的梭伦被任命为指挥官，统率部队，一举夺回了萨拉米斯岛。

梭伦成了雅典最负盛名的人物。公元前594年，他被民众选举为执政官，颁布了改革雅典政治和经济的政令，建立了新的议事会，普通的民众也获得了参政权和公民权。国家的最高刑事法庭也在改革中成立了，行政官员由民众集体投票选举产生。梭伦恢复了公民大会，使它成为最高权力机关，决定城邦大事，一切公民，不管是穷是富，都有权参加公民大会；在梭伦的主持下，雅典还设立了新的议事会——四百人会议，这一切，都为雅典政治制度的民主化开辟了道路。

贫苦的下层民众是这场改革的最大受益者，梭伦在改革中废除了雅典公民以人身作抵押的一切债务，欠债而卖身为奴的人一律恢复公民的身份，债务和债契全部废除；被抵押的土地归还原主；因欠债而被卖到外邦做奴隶的公民，由城邦拨款赎回。梭伦的改革使一些贵族丧失了特权，而贵族议事会的权力依然在握，鉴于这种情况，僭主不可避免地出现了。派系之间的冲突使雅典产生了一场不小的动荡，改革的一些法令也被废除了。

希腊与罗马的嬗变

◎ 关键词：希波战争 马拉松战役 激战

以少胜多的马拉松战役

●今日马拉松

>>> 马拉松运动

为了纪念斐里庇底斯，1896年第一届奥运会举行了从马拉松跑到雅典的比赛，当时的路程约为40.2千米。

马拉松跑的距离起初各自不一，直到1908年伦敦举办第四届奥运会时，为了方便英国皇族观看马拉松比赛，主办者把起点设在温莎宫广场，终点设在伦敦白城运动场的皇家看台前，经测量距离为42.195千米。

此后，国际奥委会为了标准距离不断争吵，直到1924年，国际田径联合会正式将马拉松跑的距离确定为42.195千米。

拓展阅读：

雅典奥运会
《希波战争史》
[古希腊] 希罗多德

波斯帝国在居鲁士统治时期和冈比西斯时代日益强盛，征服了巴比伦，统治了小亚细亚。波斯帝国的版图不断扩大，到了大流士成为"万王之王"时，波斯帝国已经发展成横跨亚、非、欧的庞大帝国。

公元前5世纪上半叶，欣欣向荣的雅典城已经发展成希腊众城邦中的佼佼者，波斯帝国便将侵略的矛头指向了雅典，从此，希波战争开始了。马拉松战役是其中最著名的一场战役。

公元前492年春天，波斯帝国派出大批战船入侵隔海相望的希腊，没想到海军在海上遭到飓风袭击，300艘战船和2万多名海军官兵全部葬身海底。没有海军呼应的陆军遭到色雷斯人的袭击，统帅在袭击中身负重伤，致使波斯帝国入侵希腊的军事行动以失败告终，波斯人无功而返。

大流士不肯善罢甘休，他幻想着不通过战争就把希腊降服，于是派出使者到希腊各城邦游说，企图使希腊人臣服。一些小的城邦由于惧怕波斯帝国的威力，只好投降了，但是雅典和斯巴达却没有低下高傲的头，雅典人把波斯使者抛入大海，斯巴达人则把使者丢到了井里。大流士感觉遭受了莫大的耻辱，他决定再次征服希腊。

公元前490年，波斯帝国再次集结大军，横渡爱琴海，在雅典郊外的马拉松平原登陆，马拉松战役由此拉开了帷幕。

处境险恶的雅典人，一面加强戒备，一面派当时的长跑能手斐里庇底斯日夜兼程向斯巴达求助，没想到斯巴达人却以祖宗规定，月不圆不能出兵为由拒绝了雅典的请求。斯巴达人的抽身自保并没有让雅典人气馁，他们立即把全体公民组织起来，就连奴隶也被编入了作战的行列，赶往马拉松占据有利地形。波斯帝国有10万大军，而雅典的军队只有1万人，加上1000余名援兵，总共不过11000人。双方力量悬殊，雅典指挥官米太亚得决定避开波斯的主力，将战线拉长，把精锐步兵安排在两侧，正面则以比较弱的兵力应敌。

激战开始了，波斯军队中计陷入雅典人包围之中。由于战线拉得太长，不能首尾相顾，结果大败，波斯军队慌忙跑向海边，企图上船逃跑。雅典军队穷追不舍，在海边和波斯军队展开了争夺战船的战斗。在这场战斗中，波斯军队损失了6400名士兵和7条战船，铩羽而归。雅典人也在狙击中伤亡192人，执政官卡利乌斯和几位将军死在了马拉松战场上。雅典人终于取得了胜利。

希波战争又持续了很久，波斯帝国入侵希腊的野心从未泯灭，10年后，他们又在温泉关和雅典人进行了一场角逐。

●征途中的薛西斯

>>> 斯巴达英雄

据说，波斯人在打扫战场时只找到了298具斯巴达人的尸体。原来，有两个斯巴达人没有参加战斗。一个是因为害眼病，另一个是因为奉命外出。

战后，他俩回到斯巴达时，家乡的人都非常鄙视他们，谁也不理他们。其中一个人受不了这种屈辱，自杀了。另一个在后来的战斗中牺牲，但斯巴达人还是拒绝把他安葬在光荣战死者的墓地中。

拓展阅读：

古希腊式搏击
《斯巴达之魂》鲁迅

◎ 关键词：入侵希腊 温泉关 失守

温泉关之战

波斯帝国经过马拉松战役的惨败，并没有放弃侵略希腊。10年过去了，波斯王大流士一世带着马拉松战役失败的耻辱和未完成的心愿离开了人世，他的儿子薛西斯登上王位。为了完成大流士的遗志，经过四年的精心准备，薛西斯几乎动员了整个波斯帝国的力量，于公元前480年，再一次挑起了入侵希腊的战事，在温泉关和雅典人展开了一场激烈的战斗。

波斯帝国拥有庞大的军事力量，参战的士兵来自臣服波斯的46个国家和100多个民族，波斯帝国仰仗各色人等组成的50万大军，分海、陆两路向希腊进发。

雅典虽然经过了一些民主改革，但贵族之间的纷争从没有停止过。面对来势汹汹的波斯军队，雅典人只好停下内部的争斗，30多个城邦结成同盟，共同抗击来犯的波斯军队，由斯巴达国王列奥尼达担任统帅。

波斯大军渡过赫勒斯滂海峡，横扫了希腊的北部国家，直逼德摩比勒隘口。作为希腊的战略门户，德摩比勒隘口依山傍海，地势险要，仅能通过一辆战车，是希腊南北之间的唯一通途，因为隘口前有两个硫黄温泉，所以又称温泉关。当波斯人大军压境的时候，希腊正在举行奥林匹克运动会，在希腊人看来，奥林匹克盛会高于一切，在盛会期间，他

们将停止一切战事，因此，温泉关只有几千人镇守，波斯兵临温泉关的时候，斯巴达国王列奥尼达仅带了300人前来增援。

安营扎寨后，薛西斯对希腊人采用种种计策都未奏效。四天后，薛西斯下令攻打温泉关，但是狭窄的山道阻止了部队前进的步伐，骑兵和战车根本就派不上用场，薛西斯派步兵进行强攻，企图以人数的优势击垮斯巴达人，但是遭到希腊人的猛烈回击，波斯军队止步不前。

这时，一个名叫埃彼阿提斯的当地人给他献上了计谋，原来有条小路直接通往温泉关后边。薛西斯大喜过望，于是率领部队穿过峡谷，攀上陡峭的山崖，终于在黎明的时候到达了山顶，将驻守在那里的1000余名士兵击溃，斯巴达国王列奥尼达得知波斯军迂回到背后时，知道大势已去，只留下300名士兵在关前迎战。

波斯大军潮水般地扑向关口，希腊人腹背受敌，他们凭借勇敢打退了波斯人的四次进攻，最终没有守住温泉关。波斯人以2万名士兵的生命占领了温泉关。

温泉关失守的消息传到了希腊海军那里，他们的战斗意志被摧垮了，于是就将部队向南撤到阿提卡附近的萨拉米斯海湾。古希腊中部的陆海门户都被打开了，波斯帝国的军队开始向雅典进发。

●萨拉米斯海战

>>> 贝希斯顿铭文

贝希斯顿铭文在今伊朗克尔曼沙阿以东的贝希斯顿村附近，刻于山崖上。为大流士一世在位时（公元前522—公元前486年）所刻。

铭文以古波斯文、埃兰文和巴比伦文三种文字刻写，主要记述冈比西斯二世死后到大流士一世重新统一帝国期间的史事。

上面写着："我，大流士，伟大的王，万邦之王，波斯之王，诸省之王，叙斯塔斯帕之子，阿尔沙马之孙，阿黑门尼德……按阿胡拉·马兹达的意旨，我是国王。"

拓展阅读：
《希腊人》[英] 基托
《世界文明史·希腊的生活》
　　[美] 威尔·杜兰

◎ 关键词：萨拉米斯海峡 诱敌深入 反攻

萨拉米斯大海战

　　温泉关失陷后，波斯军队占领了希腊北部的一些城邦，既而向希腊中部挺进。

　　此时，泰米斯托克利已将所有的海军力量都集中在萨拉米斯海峡，作为雅典的执政官，他十分了解希腊的处境，萨拉米斯海峡对希腊的前景举足轻重。于是，雅典的政治代表齐聚一堂，展开了一场激烈的辩论，有人认为应该放弃海上的抵抗，将军事力量集中在陆地上，和波斯军队决一死战。泰米斯托克利在会上分析了波斯海军的形势，他们虽然拥有数目可观的战船，但大都是庞然大物，掉转航向迟缓，如果把他们引诱进浅水湾，波斯的战船就毫无用武之地，根本无法发挥出应有的威力。何况，萨拉米斯海峡的水情和航路，跨海远征的波斯舰队基本一无所知。

　　和波斯的庞大舰队相比，希腊只有小的战船，但在萨拉米斯海峡狭窄的水道上，这种战船凭借体积小、适于掉转航向等优点，加上希腊人在本土作战，熟悉萨拉米斯海峡的水情，更能充分发挥作战的优势。泰米斯托克利还告诉与会的将领，如果不在萨拉米斯海峡击溃波斯军队，整个希腊就会被波斯吞掉。

　　泰米斯托克利终于说服其他城邦的将领，他们决定与泰米斯托克利并肩作战，一起在萨拉米斯海峡迎敌。

　　薛西斯十分清楚希腊内部的矛盾，部队到达萨拉米斯海峡后，他并不着急出兵，期望希腊内部出现分歧，引起纷争，然后坐收渔利，将分裂的希腊军队各个击破。他的希望没能实现，因为他的强大对手是指挥有素的泰米斯托克利。

　　泰米斯托克利采用了诱敌深入的策略，他命令奴隶西京假降波斯。西京欺骗薛西斯，告诉他如果将军队开到萨拉米斯海峡，早就丧失斗志的泰米斯托克利一定会弃船逃跑，薛西斯当然不会放弃进攻的好机会，将舰队开向萨拉米斯海峡，他中计了。

　　起初，波斯舰队控制了海上的局势，将希腊舰队包围得严严实实，但是海上多变的天气帮助了希腊人，飓风肆虐了没有航海经验的波斯舰队，结果600艘战舰沉入海底，威胁希腊人的波斯海上力量大大削弱，处于劣势的希腊舰队在泰米斯托克利的率领下很快就改变了战局，将不可一世的波斯人打得落花流水。

　　薛西斯率领残损的舰队惨败而归。萨拉米斯海战扭转了希腊的被动局面，从此以后，希腊对波斯展开了强劲的反攻。

●帕提农神庙的雅典娜像

>>> 帕提农神庙

古希腊雅典卫城中祀奉雅典护神雅典娜的神庙。建于公元前447—公元前432年，是古希腊多立克式建筑的最高成就，古代建筑艺术杰作。建筑师为伊克蒂诺和卡利克拉特，主要雕塑师为菲迪亚斯。

处于卫城最高点，东西端各有8根多立克式柱，两侧另有17根柱，立于三级无柱础台基上。东端为主要入口，经前廊入神殿。殿内供奉雅典娜立像，环像三面沿墙建有两层多立克式回廊。神庙以西为帕提农（圣女宫），曾用于存放财宝和档案。它历尽沧桑，仅剩残垣断壁。

帕提农神庙是古希腊文明的重要见证之一。

拓展阅读：

《伯里克利胸像》
[古希腊] 克雷西勒斯
《伯罗奔尼撒战争史》
[古希腊] 修昔底德

◎ 关键词：黄金时代 民主政治家 廉洁执政

雅典的伯里克利时代

公元前461年，雅典强盛民主制进入了黄金时代，公民大会在这个时期选出了十将军委员会，雅典的司法系统也逐渐臻于完善。因这个时代由首席将军伯里克利执政，所以又称"伯里克利时代"。

伯里克利是古希腊时期最著名的民主政治家，他出身贵族，在奴隶主阶级中是一个比较有才干和见识的人。公元前444年，雅典通过公民大会选举，伯里克利当选为十将军委员会成员，并且是首席将军。他不仅掌握着国家的军事大权，而且对司法和行政起着支配作用，成为雅典的实际统治者，稳坐首席将军一位达数十年之久。

作为民主大会选举出来的官员，伯里克利为了接触广大的民众，经常走到百姓中间和他们交谈，听取普通民众的意见，以便随时对政治和经济进行调整。有时候，伯里克利会遭到一些反对者的当场辱骂，但他从不为此动怒，更不随意抓人。

伯里克利因此赢得了雅典民众的称赞和支持，最终，那些反对伯里克利的贵族，或者被雅典民众放逐到国外，或者从执政的位置上被赶下台。

廉洁执政的伯里克利对自己要求十分严格，他从不参加别人举行的宴会，唯独例外的一次是接受邀请参加侄子的婚礼，结果宴席还没开始，伯里克利就离开了。

伯里克利在执政雅典期间做了一件非比寻常的大事，在他的主持下，公元前480年毁于波斯军队的雅典城得以重建，一批出色的雕塑家、建筑师和工艺家云集雅典，将雅典城恢复了旧貌。经过重建，雅典古城被装饰得雄伟壮丽，许多闻名于世的建筑物陆续屹立于雅典，其中包括可容纳14000名观众的露天剧场，那里经常上演一些著名剧作家的悲、喜剧，不少剧作正是在这里上演后，才对以后欧洲的戏剧产生了极大影响。而专门用于演唱诗歌的音乐堂，经过匠人的精心设计，使得诗歌得以广泛的传播。

卫城是位于雅典中心广场的建筑群，它修建在150米高的陡峭山巅之上，整个建筑群所使用的材料都是大理石，著名的帕提农神庙和智慧女神雅典娜的塑像是该建筑群中两个闪光点。

伯里克利为雅典的强盛与繁荣做出了不可磨灭的贡献，但是晚年的他却历经变故，饱经坎坷，沉重的打击接踵而至，在反对者的毁谤下，伯里克利最终被撤职。恢复职位后不久，他的两个儿子先后死于鼠疫，伯里克利本人也没有逃掉这种噩运。

伯里克利死后不到20年，雅典就成了斯巴达的属国，雅典的黄金时代也随之结束。

希腊与罗马的嬗变

●伯罗奔尼撒战争绘画

>>> 雅典鼠疫

"身强体健的人们突然被剧烈的高烧所袭击，眼睛发红仿佛喷射出火焰，喉咙或舌头开始充血并散发出不自然的恶臭，伴随呕吐和腹泻而来的是可怕的干渴。

这时患病者的身体疼痛发炎并转成溃疡，无法入睡或忍受床榻的触碰，有些病人赤身裸体在街上游荡，寻找水喝直到倒地而死……存活下来的人不是没了指头、脚趾、眼睛，就是丧失了记忆。"

这种惨景是希腊史学家修昔底德对公元前430年左右毁灭雅典的鼠疫的描述。

拓展阅读：

《瘟疫与文明》欣正人
《卡桑德拉大桥》（电影）
《鼠疫》[法] 阿尔贝·加缪

◎ 关键词：战争 两败俱伤 城下之盟

伯罗奔尼撒战争

伯里克利统治雅典时期，希腊半岛上的城邦国家主要由两个大的集团组成，以斯巴达为首的城邦组成伯罗奔尼撒同盟，以雅典为首的集团组成提洛同盟。雅典人试图削弱其他成员国地位的意图惹怒了斯巴达。

为了争夺利益，两个同盟之间进行了一场长达27年的战争，这就是伯罗奔尼撒战争。公元前432年，伯罗奔尼撒同盟要求解散雅典的提洛同盟，并且希望伯里克利下台，雅典断然拒绝。斯巴达诸城邦于公元前431年对雅典发动了伯罗奔尼撒战争，大举进攻阿提卡半岛，到处攻城占地，抢掠财物。此时，从埃及传来的鼠疫正困扰着雅典民众，大批的士兵被吞噬掉性命，伯里克利和他的两个儿子也没能幸免。

伯里克利死后，雅典分成了以克里昂为首的主战派和尼西亚斯为首的主和派，最后主战派占了上风。公元前422年，克里昂担任雅典主帅，率兵抵达爱琴海北岸的安菲波里，迎战斯巴达主将伯拉西斯带领的军队。两军在海滩前摆开阵势，进行了一场激烈的厮杀，直到黄昏，两军才各自收兵，斯巴达军队伤亡惨重，硬拼的双方谁也没有占便宜。雅典人决定采用水战，打算在海上击败斯巴达人。

克里昂改变了战术，他下令烧毁所有的战船，将部队全都开到海岸上，准备与斯巴达人血战到底。接下来的厮杀，双方的士兵都损失惨重，双方的主将克里昂与伯拉西斯都死于乱军之中，大权落在了主和派领袖尼西亚斯手中。公元前421年，尼西亚斯和斯巴达人签订了《尼西亚斯和约》，规定双方罢战50年。

六年后，贵族出身的阿尔西比阿德成为主战派的领袖，他统率大军远征西西里岛上的叙拉古，部队尚未到达叙拉古，阿尔西比阿德就被以毁坏旅游之神赫尔墨斯像之名要求回国受审。阿尔西比阿德无路可退，只好扔下军队，投降了斯巴达，并鼓动斯巴达人援助叙拉古，结果使雅典在西西里的军队全军覆没。

出征叙拉古惨败后，雅典的提洛同盟陷入危机。一些城邦国家纷纷摆脱雅典的控制，加上内部统治集团争权夺利，雅典的力量很快就削弱了，它无力再发动战争，只好将所有的力量用在统治的领土上。

正当雅典顾此失彼的时候，斯巴达人与波斯缔结了同盟。公元前405年，斯巴达舰队在羊河大败雅典军队。公元前404年，斯巴达大胜，解散提洛同盟，雅典成为斯巴达的属国。

经过这场旷日持久的战争，希腊城邦国家的力量也由盛转衰。公元前336年，马其顿王国吞并了希腊。

●埃斯库罗斯像

>>> 古希腊喜剧

起源于祭祀酒神的狂欢歌舞和民间滑稽戏。产生于墨加拉城邦民主制建立时代（公元前600年左右），后来流传到阿提刻，具有了诗的形式，成为喜剧。公元前487年，雅典正式确定在春季酒神节庆中增加喜剧竞赛项目。

其中大半是政治讽刺剧和社会讽刺剧，产生于言论比较自由的民主政治繁荣时代。早期批判性较强，称为"旧喜剧"，讽刺的对象是社会的著名人物，特别是当权人物。

喜剧作家善于利用日常生活中的琐事和滑稽、偶然的事件，通过夸大来表现生活的本质。

拓展阅读：

《雷雨》曹禺
《悲剧的诞生》[德]尼采
《爱情不能承受之重》王麒

◎ 关键词：社会变革 宗教 悲剧

希腊时期的悲歌

文学和历史价值极高的《荷马史诗》，对后来的希腊人产生了不可估量的影响，从而也为以后伟大的悲剧家提供了创作的不朽源泉。

从黑暗时代走出来的希腊，在此后长达三个世纪的时间里，都在进行着巨大的社会变革。以乡村生活为主导的希腊逐渐让位给城市生活，通过扩张，希腊建立了大片的殖民地，城邦的出现和商业的发展彻底改变了希腊人的生活，旧有的文学形式已经不能适应新的社会形式。不可否认，紧随时代步伐的文艺也在变革中的希腊找到了适于生存的土壤，民间和集体的口头传唱形式逐渐被具有个人风格的文学样式所取代，用来朗诵的哀歌首先在这样的社会土壤中得以萌生。由于创作者来自不同的社会阶层，创作的作品也良莠不齐，他们中有一般的平民百姓，通过哀歌的形式将爱情反映出来；也有出色的政治家，在哀歌中展现自己的政治抱负，被誉为古希腊"七贤"的执政官梭伦就是最出色的一个。与哀歌相伴而生的是抒情诗，这种诗歌随着七弦琴的伴奏，能够表达出激越的感情和对阶级斗争的强烈憎恶。

但是，代表希腊人最高文学成就的，不是哀歌，也不是抒情诗，根源于宗教的悲剧才是古希腊人最值得骄傲的文学成就。希腊悲剧没有太多的舞台动作，演员们所做的事情就是将流传的神话传说背诵给观众。在希腊悲剧中，主人公的性格基本上是单纯的，人物的命运是和宇宙之间的矛盾，他们大都是因为触犯了天神，最后通过惩罚来揭示正义的力量。

古希腊的重要悲剧作家有埃斯库罗斯、索福克勒斯和欧里庇得斯。

埃斯库罗斯是"希腊悲剧第一人"，他的悲剧中反映的主题大致是罪和罚，但最终正义能够得到伸张，其代表作是《被缚的普罗米修斯》。索福克勒斯是希腊最伟大的悲剧作家，他的悲剧里往往蕴含着丰富的哲理，透露着对和平的热切向往，并且憧憬社会民主，因此，他的作品的风格比埃斯库罗斯细腻，《俄狄浦斯王》和《安提戈涅》是最能代表其成就的两部作品。和前两位悲剧作家不同的是，欧里庇得斯的作品里反映着不同的精神，他曾经历经苦难，经常遭受别人的批判，但他始终保持着乐观主义的态度。在他的作品中，地位卑下的人往往被抬得高高的，乞丐、农民和普通人是他剧作中经常出现的人物，但是他的作品个人性格的展示不够明显，冲突也不够强烈。他先后创作了《阿尔克斯提斯》、《美狄亚》和《特洛伊妇女》等悲剧作品。

以上三位悲剧作家为希腊悲剧的发展做出了不可磨灭的贡献，他们取得的骄人成就将希腊悲剧推向了成熟阶段。

希腊与罗马的嬗变

◎ 关键词：黄金时代 宗教信仰 家庭生活

雅典的黄金时代

● 维纳斯 希腊 米洛斯

>>> 俄尔浦斯

俄尔浦斯深爱着欧律狄克并要娶她为妻，然而，就在结婚庆典开始的时候，欧律狄克死去了。

俄尔浦斯拒绝接受这一结局。他在地狱之门前忘情地歌唱，死亡之神被他那优美的音乐感动了，同意释放美丽的欧律狄克。但条件是在回到上面的世界之前，俄尔浦斯不能回头看她一眼。俄尔浦斯欣喜若狂。

就在他们将要走出地狱之门的时候，俄尔浦斯听到欧律狄克跌倒的声音。他转身想去帮她，却使欧律狄克变成了石头。他伤心不已，怀着不尽的忧伤唱起了挽歌："她死了——所有的快乐一去不回头。"

拓展阅读：

《民主的曙光》
美国时代-生活图书公司
《雅典的黄金时代》
威尔·杜兰特

公元前5世纪到公元前4世纪，雅典历经了马拉松战役、温泉关战役、希波战争以及旷日持久的伯罗奔尼撒战争，也经过了梭伦、克利斯梯尼改革和伯里克利的全盛时期，终于从黑暗时代走入了黄金时代，该时期的雅典人口主要由当地的雅典人、定居雅典的异邦人和通过扩张俘虏的奴隶组成。当地的雅典人有合法的公民权，根据身份的不同而拥有自己的田产；生活在这里的异邦男性公民和当地公民享有同样的权利，他们在雅典从事各种各样的职业，甚至愿意参加一些社会和文化活动；相对占人口少数的奴隶是雅典的最底层人，他们中的男性，通过劳动可以获得养家糊口的资本，甚至可以占有少量的土地。但是有一点是无可置疑的，奴隶的身份成了他们生活的严重桎梏，他们没有体面的工作，大部分人只能去干那些又脏又累的活，比如去开采矿石、下井淘金等，因此，受到盘剥和压榨的往往也是他们。

该时代的雅典人几乎过着原始社会大同时代的生活，无论等级高低，他们吃的食物和穿的衣服，基本上没有太大的差别。和原始社会所不同的是，雅典拥有国家行政机构和军队，存在着阶级，有富人和穷人、贵族和平民之分，但是富人的一部分资产要用来资助国家建设和军队开支。

由于普通民众获得的生活来源只够维持日常的开销，他们的吃食主要是一些粗糙的农作物，酒对他们来说简直是一种奢侈品，他们穿的衣服勉强可以遮挡风寒，所以，雅典人很少追求奢华的生活。但是，雅典人并不是终日碌碌无为，他们闲暇的时间大都从事政治活动，甚至用来闲聊，如此一来，他们拥有了享受文学和艺术的可能。

即便是在伯里克利执政的黄金时代，雅典的宗教还是发生了一些变化，这从信仰上就可以看出，公元前6世纪以后，生活的失落使雅典人希望通过一种精神方式来补偿，他们开始将现实生活中不能实现的希望寄托于宗教信仰，包括崇拜俄尔浦斯和依洛西斯。从这些信仰中，他们可以获得精神上的满足。

黄金时代的雅典，家庭生活观念也发生了重大的变化。女人的地位一再被贬低，渐渐转向生儿育女和收拾家务，她们整天待在家里，基本上不参加什么社会活动。比较有身份和地位的男子，已经不愿意将大部分时间花在家里，他们更乐意走出去，寻找异邦的女子作为女伴，婚姻对他们来说，已经不具有任何浪漫的成分，或者可以这样说，婚姻对他们来说，只是一种政治和经济的需要，某些贵族结婚只是为了获取一笔不菲的陪嫁财产。此外，他们从不带自己的妻子去公共场所，任由她们充当家庭主妇的角色。

希腊与罗马的嬗变

◎关键词：军事冲突 野心 停战和约

马其顿王国入侵希腊

●手持矛和盾的马其顿步兵

>>> 德摩斯提尼雄辩

在对待马其顿的态度上，希腊内部分为两派，一派是亲近马其顿派，一派是以德摩斯提尼为主要代表的反对马其顿的扩张派。

德摩斯提尼多次发表演说，声讨腓力二世。他大声疾呼："当雅典的船尚未覆没之时，舟中的人无论大小都应动手救亡。一旦巨浪翻上船舷，那就一切都会同归于尽，一切努力都是枉然。"

据说，当腓力读到他的演说词时，竟然说："如果我自己听德摩斯提尼的演说，我自己也会投票赞成选举他当我的反对者的领袖。"

拓展阅读：

马其顿方阵
《历史上最伟大的演说辞》
王杭等选编

在希腊本土的最北端，有覆盖着茂密森林的山区，也有邻近沿海的广阔平原，强盛的马其顿王国就发端于此。公元前5世纪时，马其顿还处在军事民主制时期，到公元前4世纪初，马其顿才建立起国家，并逐步走向强盛。公元前359年，腓力二世将马其顿的王权高度集中化，国家综合实力也有了长足的进步。腓力二世加强了国家管理，进行了一系列的政治、经济和军事改革，为马其顿的日渐强盛奠定了良好的基础。

马其顿的强盛对希腊构成了很大威胁，希腊各城邦的统治阶级对此持不同的意见。腓力二世一方面对希腊进行军事威胁，一方面努力瓦解希腊各城邦之间的联盟。在此期间，双方时有摩擦。

公元前352年，大规模的军事冲突终于在马其顿和希腊两国之间爆发了。腓力二世派出精锐之师打败了希腊联军，侵占了希腊北部的大片国土。公元前349年，两国再次发生摩擦，腓力二世把矛头指向了哈尔基迪凯半岛的重要城镇奥林托斯，得到求援后，雅典派出了一支军队前去抗敌。雅典的小规模狙击简直是螳臂当车，根本不能对马其顿的来犯大军构成威胁，公元前348年，奥林托斯失陷。此外，马其顿人又一鼓作气，拿下了与奥林托斯结盟的其他城市，无能为力的雅典人只能眼睁睁地看着马其顿的铁骑在奥林托斯地区横行。

腓力二世恩威并重，除了开展军事外交，攻打与雅典联盟的城邦使雅典丧失支援外，另一方面，他又对雅典人摆出一副友好的姿态，使雅典疏于防范，雅典人信以为真。

公元前346年，马其顿军队出其不意地进攻温泉关，暴露了腓力二世意欲鲸吞雅典的野心。温泉关陷落后，肆无忌惮的马其顿人开始干预希腊诸城邦之间的事务，希腊各城邦之间的矛盾也充分暴露出来。腓力二世开始不遗余力地煽风点火，将各城邦之间的矛盾进一步加剧，雅典和斯巴达变得孤立无援，与此同时，雅典的殖民地正被马其顿一点点蚕食掉。雅典人召集军队向马其顿宣战，公元前339年，马其顿军队被逐出雅典。

第二年春天，马其顿军队再次踏过温泉关，占领了埃拉特亚。希腊诸城邦终于惊醒，他们与雅典结成联盟，共同抗击马其顿的入侵。但此时的雅典已经处于穷途末路，最终只能低头认输，签订了停战和约。

丧失了全部属地的斯巴达人也失去了出兵抗击的能力，处于孤立无援的境地。公元前338年，希腊诸城邦参加了腓力二世召开的大会，并订立了盟约，斯巴达被排除在外，马其顿统治希腊已经为时不远了。

● 亚历山大开始远征东方

>>> "泛希腊主义"

　　雅典著名学者、演说家伊索克拉底对希腊城邦无休无止的内战纷争深感失望，在公元前380年提出"泛希腊主义"理念。

　　他号召希腊人停止自相残杀，团结在一位强有力的统帅周围，同仇敌忾向波斯帝国开战，征服亚洲以后大量殖民，以解决希腊贫民没有出路的社会问题。

◎ 关键词：泱泱大国　亚历山大　征服东方

格拉尼库河鏖兵

　　腓力二世统治之初的马其顿，没有城市，没有稳定的政局，只有落后的农业伴随着各部落的连年征战，呈现在眼前的是不尽的荒凉。登上王位后，腓力二世用了20年时间，将马其顿从一个默默无闻的边远小国治理成泱泱大国，一跃而为希腊的盟主。公元前336年，尚未完成统一希腊霸业的腓力二世遇刺身亡，扩张的重任落在了他的儿子亚历山大身上。

　　亚历山大出生于公元前356年，在所有的王子当中，亚历山大最受腓力二世宠爱，为此，腓力二世特意请了伟大的哲学家亚里士多德做他的老师。连年的战争给了亚历山大很好的锻炼机会，12岁那年，他驯服了一匹无人敢靠近的烈马，然后就开始了漫长的军旅生涯。16岁时，他已经身居要职，担任军中的副统帅，辅佐父亲完成入侵希腊的霸业，丰富的阅历历练了亚历山大，他不仅有坚强的意志，还有临危不乱的气魄。

　　登上王位之初，亚历山大先发制人，将王位竞争者和异己全部铲除。他趁希腊各城邦还没有联合起来之前，迅速出兵，将它们逐一吞并，在希腊确立了霸主地位。之后，亚历山大将扩张的矛头指向了遥远的东方。

　　出征前，亚历山大将所有的田产、奴隶和财富全部赠予他人，这一举动令手下的将军非常不解，亚历山大说："我只把希望留给自己，希望东征能给我带来无尽的财富！"他的话鼓舞了士气，士兵们个个跃跃欲试。

　　公元前334年，一支由3万步兵、5000骑兵和160艘战舰组成的庞大军队集结起来，在亚历山大的亲自率领下，开始了漫长的东方远征。

　　当时的波斯帝国已经是危机四伏，波斯帝国虽然拥有大片领土，但徒有其表，其统治下的各民族，经济的发展极不协调，并缺乏必要的联系，大帝国只是一个拼凑起来的集团。被征服地区的民众，不满情绪日渐高涨，并且大有愈演愈烈之势。波斯军队也是士气涣散，纪律松弛。

　　经过精心准备的亚历山大，带着征服东方的愿望和精锐之师，于公元前334年5月，将军队开到了波斯的格拉尼库河。

　　波斯军队首先占领了河岸的高地，列好队形，居高临下，严阵以待。长途跋涉的马其顿军队没有经过休整就开始了战斗，亚历山大亲自率领一支骁勇的骑兵，不顾波斯人的猛烈狙击，与之展开了一场你死我活的厮杀。波斯人的标枪如漫天花雨，铺天盖地而来，马其顿军队全然不顾，士兵成片地倒下去，又一批后继者顽强地冲上去。终于，马其顿军取得了战争的主动权，将波斯人压制下去，控制了河岸的高地，波斯人除了2000人被俘外，其余的全部阵亡。

　　波斯帝国战败后，亚历山大将小亚细亚并入马其顿王国的统治之下。

拓展阅读：

《亚历山大大帝》（电影）

《亚历山大的将道》[英]富勒

希腊与罗马的嬗变

●进入巴比伦的亚历山大大帝

>>> 亚历山大港大灯塔

世界上共有34个城市被冠以亚历山大的名字，但埃及的亚历山大市是其中最美丽、最负盛名的一个，它是埃及第二大城市，埃及最大的海港。

亚历山大港大灯塔就位于亚历山大港，因建于法罗斯岛，故又称"法罗斯岛灯塔"，是当时世界上最大的灯塔，也是现代灯塔的鼻祖。

它以其宏伟、精美、光芒远照作为亚历山大港的标志而文明于世，被誉为世界七大奇迹之一。1326年这座大灯塔因地震倒塌。

拓展阅读：

亚历山大陵墓
《亚历山大大帝》
　[英] 理查德·史东曼
《亚历山大东征传奇》
　[英] 迈克·伍德

◎ 关键词：东征 扩张 野心 帝国

马其顿王国的东征

马其顿征服了希腊的大部分城邦之后，颇具威胁力的波斯就成了下一个被征服的目标。马其顿王国的统治者亚历山大开始去实现另一个伟大的目标——东征。

波斯帝国败北，令亚历山大的扩张野心得到了一丝满足，带着希望，他又率军北上，进军叙利亚，在伊苏城大败波斯国王大流士三世，俘虏了他的母亲、妻子和两个女儿。又掉转方向，带着获得的财富，开始马不停蹄地向南进发，进攻叙利亚和腓尼基。相继得手后，亚历山大手下的大将也攻下了大马士革，经过短暂的休整，推罗城成为下一个被攻击的目标。

正在攻城时，大流士三世派使者求见亚历山大，表示愿意用巨款赎回母亲和妻女，并且将大半个波斯帝国拱手让给亚历山大。但亚历山大却不为所动，用行动证明了东征的决心。公元前331年，亚历山大率领大军穿越美索不达米亚平原，在高拉米加平原和波斯军队展开了一场生死角逐，这一场战争，令大流士三世一败涂地，在败退的路上，手下反叛的士兵将他杀死，亚历山大得到了波斯一望无垠的国土。巴比伦、苏萨、波斯波利斯，还有埃克巴坦等各波斯王宫，无尽的财宝被马其顿人洗劫一空。公元前330年，大流士三世的继任者带领残余部队

抵抗时，被亚历山大镇压，至此，整个波斯帝国被征服了。

埃及也没能幸免于亚历山大东征的铁骑。公元前332年，波斯海军与陆军之间的联系被马其顿军队切断后，亚历山大率领军队长驱直入，进入埃及的腹地，在尼罗河三角洲，他下令建造了亚历山大城，以便使自己的战功彪炳史册。此外，亚历山大自称是太阳神阿蒙的儿子。

带着卓越的战功，亚历山大的军队来到印度，在印度河谷建立了两座亚历山大城，这样，西北印度的广袤土地成了亚历山大的囊中之物。亚历山大决定再接再厉，一举拿下整个印度，统治恒河流域，他仿佛听到印度腹地大量财富的召唤声。但是令亚历山大始料不及的是，经过连年征战，士兵们早已厌恶了战争，他们已经多年没有回家了，再加上印度炎热的天气、连日的暴雨和疾病的困扰，士兵们拒绝前进，哗变时有发生。印度当地的土著人纷纷拿起武器，骚扰这些不速的入侵者。

万般无奈之下，亚历山大只好下令将部队撤出印度，10年的远征终于结束了。亚历山大建立了一个庞大的帝国，定都巴比伦，此时，马其顿王国已经囊括了希腊、东印度河流、波斯帝国、埃及等国家和地区。

希腊与罗马的嬗变

◎ 关键词：母狼 起义 罗马

母狼哺育的帝国

● 埃特鲁斯坎母狼青铜雕像

>>> 条条大路通罗马

罗马的道路建设非常发达，素有"条条大路通罗马"之称。

公元前312年，阿庇乌斯路建成，这是罗马第一条高水平的道路，全长212公里，从罗马直通坎佩尼亚首都者卡普亚。路面以沙石铺就，上下四层。同时，罗马人还修筑了一条北上的弗拉米尼乌斯路，全长368公里，直达北意重镇阿里米昂。从这条大道可入波河流域，与今天的法国、瑞士、奥地利等地相连。

拓展阅读：

维爱战争
古罗马圆形大剧场

在罗马博物馆里，有一尊制作独特的青铜像：一只母狼双目怒视，露出尖利的牙齿，警觉地盯着前方，一副凛然不可侵犯的样子。在母狼的腹下，两个不谙世事的男婴正贪婪地吮吸着母狼的奶头，他们就是传说中罗马人的祖先，这个有趣的故事几乎每个罗马人都耳熟能详。

希腊人攻破特洛伊城后，对那里的人展开了一场大屠杀。有些特洛伊人侥幸逃脱出来，他们坐船漂流到意大利半岛上，那里有茂密的森林、灿烂的阳光和肥沃的土地，特洛伊人就在中部台伯河出海口附近定居下来，并建立了亚尔尼龙伽王国。

侥幸逃生的这些人，内部并不太平，亚尔尼龙伽国王有个生性残暴而又野心很大的弟弟，他的名字叫阿穆留斯，他一直想篡夺王位，最终，他的阴谋得逞了。亚尔尼龙伽国王被赶下台，他的孩子全被杀死，只有一个女儿没有遭到毒手，但是凶狠的阿穆留斯强迫她去做不许结婚的女祭司，这意味着亚尔尼龙伽国王永远不会有后代复仇。

战神玛尔斯却使阿穆留斯的侄女怀孕了，并且生下一对孪生男孩。阿穆留斯对这个消息又惊又怒，他下令处死了侄女，将两个刚出生的孩子扔到台伯河里，永绝复仇的后患。

泛滥的台伯河并没有将两个孩子淹死，反而把他们冲到了岸边。由于饥饿和寒冷，两个孩子哭得很厉害，一只在河边喝水的母狼循声而至，它把两个孩子衔到山洞里，用自己的乳汁喂养他们。后来一位牧羊人发现了孩子，将他们带回家抚养，并给他们取了名字，哥哥叫罗慕路斯，弟弟叫勒莫斯。牧羊人保守着这个秘密。罗慕路斯和勒莫斯在牧羊人的抚养下逐渐长成了健硕的青年。

在一次偶然的冲突中，勒莫斯发现了被赶下台的外公，从外公口中，兄弟两人终于知道了自己的身世，怀着血海深仇，兄弟两人齐心协力，举行了推翻阿穆留斯的大规模起义。

随着队伍不断壮大，他们攻克了亚尔尼龙伽，亲手杀死了仇人阿穆留斯，为外公夺回了王位。他们不想依靠外公的庇护，于是将国王的位置还给了外公，然后带领自己的人马建立了一座新城市，新城的地点就是他们出生时被抛弃的地点——帕拉丁山冈。

为争做新城的统治者，兄弟二人反目成仇，罗慕路斯杀死了弟弟勒莫斯，成为最高统治者，将城市命名为罗马。据说，此事发生在公元前753年4月21日，这一天也就成了古罗马人的开国纪念日。

希腊与罗马的嬗变

●罗马共和国市民像

>>> 古罗马与中国建交

公元166年，罗马皇帝马可·奥理略（161—180年）派遣使者从埃及出发，渡过印度洋，到达汉朝统辖下的日南郡，登陆后北赴洛阳，开创了中国、罗马两大国直接通使的纪录。罗马不仅成批将货物出口中国，也大量进口中国的衣料、皮货和铁器。

拓展阅读：

塞尔维乌斯·图利乌斯改革
《古罗马政体与官制》
杨共乐

◎ 关键词：征服战争 公民大会 王政时代 共和国

罗马的王政时代

当希腊在地中海地区走向衰落的时候，庞大的罗马帝国逐渐在意大利半岛上成为主宰者。随着势力不断增强，罗马不仅将西欧的大部分土地并为自己的国土，就连希腊化地区也成了罗马的囊中之物。尚武的罗马人培养了好战的作风，并通过强大的军事威力不断发动征服战争。

罗马的崛起和意大利的地形有着密不可分的关系，意大利除了铜、铁和黄金等矿藏外，其他的矿产资源用贫乏来形容一点都不为过，但意大利土地肥美，适合发展农业。以农业为主的罗马，虽然拥有意大利漫长的海岸线，却不能像希腊那样拥有良好的港口，这种自然条件最终决定罗马与发达的海外贸易无缘。外族的侵入和征服不断将矛头指向罗马，为了保全既得的土地，罗马人只有通过军事行动来解决。公元前9世纪左右，已经熟练掌握冶铁技术的罗马人，不得不将这种技术用到制造武器上。

公元前8世纪，意大利半岛来了两个不速之客，他们是伊达拉里亚人和希腊人。伊达拉里亚人不仅在冶金方面取得了很高的成就，在艺术方面，他们也具有一定的才能，他们占领了意大利北部和中部地区；而意大利南部、西南部的沿海地区以及西西里岛则是希腊人的

领地，他们在那里建立了独立的城邦。发源于台伯河地区的罗马人建立了自己的政权后，向周围地区展开了接连不断的征服行动，到了公元前6世纪，周边的地区都掌握在罗马人的控制下。

早期的罗马为了实现安定，出现了一种类似于家长制的制度，国王就像是一个家长，而所有的国民就像家庭成员，国王对这些成员享有司法权，包括指挥军队打仗、行使国家权力等，但是国王的权力是受到显贵们的制约的，因为立法权掌握在他们手里。

罗马体制不仅包括王权，公民大会和元老院也是其重要组成部分。公民大会成员是由成年的男子组成，他们有权否决国王的提议，至于是否对外发动战争，也不是国王说了算，而最终是由他们来宣布，元老院又称长老议事会，它是由各氏族的首领组成的，国王也是其中的一员，假如国王去世或战死，元老院就暂时行使国王的权力发布政令，直到新君登基。此外，国王向公民大会递交的提案，经公民大会批准后，还要经过元老院的审查，否则提议将是无效的。

公元前6世纪末，罗马结束了王政时代，罗马帝国被共和国取而代之，但是一直到罗马灭亡，这种制度才随之失去了法律效力。

希腊与罗马的嬗变

●刚刚结束会议的古罗马元老

拓展阅读:

前三头同盟
《罗马共和国的胜利与悲剧》
[英] 汤姆·霍兰

◎ 关键词:战争史 扩张 元老院 十二铜表法

早期的罗马共和国

走向共和制后的罗马历史,可以说是连年不断的战争史。

公元前6世纪末,塔克文王朝走上了灭亡的道路,罗马的政权发生更迭,值此乱世之际,周边的民族趁机向罗马进攻,侵占了罗马的领土。好战的罗马人并没有对此畏惧,他们将来犯的民族一个个打退。但是罗马并没有因此休整,去维持现时的政权和国土,反而进行了大规模的扩张行动,因为迅速增长的人口需要获得更多的土地。

随着政权的巩固,罗马的国土也在一天天扩展,伊达拉里亚人统治的地区成了罗马扩张的首选目标。之后,意大利大陆南部的所有城邦也逐一被罗马吞并。希腊文化在扩张的过程中影响了罗马人。但问题也随之而来了:被征服的民族不满罗马人的统治,骚乱时有发生,罗马不得不抽调相当一部分兵力去镇压。罗马一连串的扩张行动引起了周围国家的猜忌,军事冲突时有发生,但在胜利欲望的驱使下,罗马人从没有放下扩张的武器,占领整个意大利半岛就是不断扩张的结果。

罗马人发动的一系列战争给社会和经济的发展带来了深远的影响,贫苦的平民长期在军队里服兵役,根本没有时间到田里劳作,以至于田地荒芜,负债累累,最后面临的现实是失去赖以生存的土地,大量的土地都集中在地产主手里。失去土地的人们最终沦为奴隶。

在向共和国转变的过程中,罗马的政治体制也发生了一些变革,国王不存在了,他的位置被民主选举出来的两位执政官所取代,国家的大权被元老院牢牢控制了。元老院成员通常都是一些大的地产主,他们有权力否决公民大会提出的所有措施和提议,有一点需要说明,执政官往往都是元老院成员,事实上,他们拥有的权力比以前的国王还要大。

权力的严重失衡很快就引发了斗争,其中矛盾最尖锐的是贵族和平民这两个对立的阶层。贵族控制着国家的大权,而平民百姓在政治上没有任何地位。

由于权利和地位得不到任何保障,民众的反抗呼声越来越大,保护他们权利的保民官应运而生了。这种官员是由平民自己选出的,旨在保护平民的利益,保民官可对元老院和执政官的法案进行否决,对政治权力起到制衡作用。

最终,平民制定了十二铜表法保护自己的权益,贵族一统国家政权的局面被打破,平民取得了胜利,被允许进入元老院参政。但是,平民那点微不足道的权力,很快就被根深蒂固的贵族统治颠覆了,十二铜表法也变成了一个不被履行的法律形式。

希腊与罗马的嬗变

●狂欢者 壁画 伊特鲁里亚

>>> 什么是"法西斯"

是古罗马权力和威信的标志，是一把被多根绑在一起的木棍围绕的斧头。

在官方场合，高级官员的卫兵在他的前面持法西斯来代表到来的官员的级别和权力。按官员的级别的不同，他们的法西斯的数量也不等。允许持法西斯的官员有最高裁判官、地方长官、最高执政官、总督、独裁者和皇帝。

法西斯的捆在一起的木棍代表团结，而斧头（古代用来砍头的）则代表最高权力。在罗马胜利游行的过程中，特别勇敢的士兵也可以持斧头。在罗马的传统中，只有独裁者才被允许带斧头的头进入罗马城。

拓展阅读：

《法西斯细菌》夏衍
《被法西斯处决的人》(浮雕)

◎ 关键词：执政官 法西斯 贵族专制 国家权力

法西斯的由来

公元前6世纪后半叶，塞维·图里乌登上了罗马的统治地位。塞维·图里乌有个骄横残忍、贪婪成性的女儿，无独有偶，她的丈夫塔克文也是个野心勃勃的人，夫妻两人对国王的权力早就垂涎三尺，于是一拍即合，决定密谋塞维·图里乌的王位。

经过长时间的酝酿，塔克文认为时机已经成熟，于是率领亲兵冲进王宫，杀死了塞维·图里乌，将他的尸体扔到大街上，闻讯赶来的妻子从自己亲生父亲的尸体上踏过去，径直奔向丈夫塔克文，向他表示祝贺，而对躺在地上的父亲却置之不理。

当上国王的塔克文奉行独裁的统治，将国家的一切大权全部揽在手中，然而，他非常害怕别人会用阴谋手段来谋取他的王位。从此以后，塔克文变得猜忌多疑，他采用残忍的手段排除异己，罗马最富有的贵族和塞维·图里乌的大儿子也遭到他的剪除，只有小儿子鲁齐尚在襁褓之中，因此幸免于难。鲁齐长大后，得知杀害父亲和兄长的仇人是塔克文，于是就装成傻子，伺机报仇，塔克文却信以为真。之后，塔克文开始穷兵黩武，并且大兴土木，修建豪华的宫殿和城市，连年的战争和繁重的劳役引起了人们的强烈不满，而塔克文的肆意虐杀，以及其儿子仰仗权势当众侮辱了罗马一位最尊贵的妇女的事件，终于点燃了民众心中的怒火。

人们纷纷拿起武器，反抗塔克文家族的专横和残暴。鲁齐眼看时机已到，就不再装傻了，他在元老院大会上历数塔克文家族的罪状，号召人民推翻塔克文家族的残暴统治。在众人的举荐下，鲁齐被推举为领袖，元老院剥夺了塔克文的权力，决定将他逐出罗马。

正在城外巡视的塔克文得知事变的消息后，马上带兵赶回来，和鲁齐率领的军队迎头相撞。塔克文的士兵趁机倒戈，塔克文只好逃走了。

塔克文倒台后，元老院决定不再新立国王，而是选出了执政官，国家的军政大权都由执政官行使。执政官有12名侍卫官，他们肩膀上扛着一束木棒，上面插着一把斧头，该木棒被称作"法西斯"，象征着国家的权力，从此以后，罗马开始了贵族专制的共和国时代。

遭到放逐的塔克文一直企图夺回丧失的权力，于是就暗中煽动一些贵族青年反对共和国的统治，其中就有鲁齐的两个儿子和另一位执政官的两个外甥。

两位执政官将全城人民召集到中心广场，当众审判参加叛乱的贵族青年，鲁齐不顾儿子的请求，用"法西斯"将两个儿子处死，同时对另一执政官的两个外甥也判了死刑。从此以后，"法西斯"成了罗马国家权力的象征。

● 格拉古兄弟铜像

>>> 十二铜表法

公元前454年，罗马元老院被迫承认人民大会制定法典的决议，设置法典编纂委员10人，并派人赴希腊考察法制，至公元前451年制定法律十表，第二年又补充二表。这就是著名的《十二表法》。据说刻在12块铜牌上，故而叫"十二铜表法"。"十二铜表法"包括债务法、继承法、婚姻法以及诉讼程序等各个方面，基本上是罗马人传统习惯法的汇编，表现出维护贵族和富裕平民利益的倾向。

拓展阅读：

《格拉古兄弟传》
　［古希腊］普鲁塔克
《古罗马改革家格拉古兄弟》
　　　张殿吉

◎ 关键词：保民官 土地改革 一纸空文

保民官格拉古兄弟

罗马统治者在不断扩张中得到了大片土地和财富，平民在扩张中并没有得到任何好处，反而失去了土地，背上了沉重的债务。罗马共和国建立以后，居于统治阶级的贵族和平民之间的鸿沟越来越深。平民为了保护自己的利益进行了抗争，公元前470年，迫于广大民众的压力，贵族统治阶级终于允许他们选拔保民官，来保护平民的权益，平民还制定了十二铜表法，将法律条文刻在12块铜牌上。

公元前133年的一天，罗马城风和日丽，罗马民众都云集在中心广场上，听一位年近30岁的年轻人发表了慷慨激昂的演讲："野兽都有可供自己栖身的巢穴，那些为战斗而不怕牺牲的人却无家可归，他们只能携妻带子到处流浪，作为罗马人，他们的遭遇是不公平的！"这个青年人名叫提比留·格拉古，作为民众选举出来的保民官，他正在公民大会上为土地改革方案获得通过而游说。

公元前4世纪到公元前2世纪，罗马在逐渐扩张的过程中，先后吞并意大利半岛，确立了在地中海的霸权地位。平民作为罗马扩张的工具，连年随军征战，大片土地荒芜，地产主出现，很多平民沦为奴隶。他们强烈要求得到一片赖以生存的土地以维持生计，为了平息国内的动乱，居于统治地位的贵族阶级只

好做出暂时的让步。公元前2世纪下半叶，提比留·格拉古与弟弟盖乌斯·格拉古当选为保民官，负责解决国内因为土地而引起的纷争。

格拉古兄弟出身于罗马贵族家庭，提比留·格拉古早年做过占卜官，曾多次参加罗马的海外扩张行动，在罗马上层阶级，他是个相当有影响力的人物。上任后，格拉古兄弟制定了一项土地改革法案，触动了贵族统治阶级的利益。贵族们一面千方百计地转移财产，一面伺机杀死提比留·格拉古。

一年的任期到了，土地改革还在缓慢地进行着，提比留·格拉古决定竞选下一年的保民官，反对派趁机在选举那天杀死了提比留·格拉古。

提比留·格拉古遭到暗算激起了民愤，元老院为了稳定民心，最终没敢废除土地改革法案，提比留死后6年，先后有8万民众获得了土地。公元前124年，盖乌斯·格拉古当选为保民官，他是提比留·格拉古的弟弟。盖乌斯·格拉古当上保民官后，提出了粮食法案和土地法案，并在公民大会上获得通过。同时，他还提议建立移民地，让没有土地的民众迁移到那里，这一提议导致了强烈的冲突，很多民众在冲突中丧生。

格拉古兄弟的改革失败了，土地改革根本无法动摇根深蒂固的贵族统治，他们制定的改革法案最终成了一纸空文。

希腊与罗马的嬗变

●罗马老城区俯瞰

>>>《垂死的高卢人》

大理石复制品，高约93厘米，现收藏于罗马卡庇托利美术馆，原作为青铜，约创作于公元前2世纪。为纪念阿塔罗斯一世打败高卢人进攻而作。

场面为一个受伤的高卢战士垂头坐在地上，神情中有伤痛带来的痛苦和不屈的坚毅。他身体向右前方倾斜，右手支撑着地面，左膝弯曲，似乎仍想挣扎着站起来。虽然雕像的原意是炫耀帕加马的战功，但作品中的高卢战士形象却被表达成了一个不甘屈服的英雄，他的表情是激愤的，人们似乎能看到他身上流出的鲜血。

拓展阅读：

《高卢战记》[古罗马] 恺撒
《罗马史》[古罗马] 李维乌斯

◎ 关键词：高卢人 出兵罗马 顽强抵抗

高卢人血洗罗马城

公元前4世纪，罗马已经从王政时期进入共和国时期，随着势力的不断壮大，尚武的罗马人征服了周围的很多地区。此时，罗马国内的民众和贵族统治阶级的矛盾在日益加剧，一向不承认罗马统治的高卢人趁机发难，不断向南部入侵，做好了出兵罗马的准备。

分布在阿尔卑斯山附近的部落，就是高卢人的居住地，他们虽然个头矮小，却英勇善战，在战场上，只要还有一口气，他们从不退缩，因此，该部落以英勇著称。罗马统治下的克鲁新城是高卢人进攻的第一个目标，该城距离罗马仅仅200千米，是罗马的前哨，对罗马来说，具有十分重要的战略意义。高卢人以锐不可当之势围困了克鲁新城，守城的将领大惊失色，马上向罗马元老院发出了求救的信号。

战事紧急，元老院赶紧召开会议，商讨作战方案。经过紧急的磋商，元老院决定派出三个使节，恩威并施，力图劝高卢人退兵。高傲的高卢人对使节们的劝说嗤之以鼻，并以冷言相激。遭受到屈辱的使节们一反以往的外交惯例，没有回去复命，径直去了克鲁新城，帮助守城的将士们出谋划策，其中一位使节搭弓射箭，将高卢人的一个酋长射倒在地。

有备而来的高卢人当然不会善罢甘休，立刻从将士中挑选出几个精明强干的人充当使节，去罗马元老院讨个说法，并且提出抗议，要求元老院严惩肇事的使节，结果遭到元老院的当场拒绝，事情僵持下来。

高卢人首先打破了僵局，7万大军潮水般地涌向罗马，凭借骁勇，高卢人一直将军队开到了距离罗马城不远的阿里河，战火已经烧到了罗马人的家门口，出兵迎敌是罗马人的唯一选择。光头的高卢人挥动着手中的长矛、板斧，冲向罗马军队，一向惯战的罗马人失去了以往的士气，被高卢人逼退，狼狈地逃回罗马城。从未遭受过如此惨败的罗马人竟然忘记关上城门。

溃败的军队退回到罗马城后，将城里的大部分居民都撤到了城外，为了保存实力，一部分士兵和元老院成员决定也撤到城后的卡庇托利山上，等待援军到来。卡庇托利山峭壁林立，易守难攻。但是，100多名元老院成员无法接受惨败的事实，不愿意到山上避难，他们穿上盛装，来到罗马的中心广场上，准备和罗马城共存亡。

敞开的城门让高卢人钻了空子，他们冲进罗马城后，将中心广场上的元老院成员悉数杀死，鲜血染红了罗马广场。他们找遍了整个罗马城，除了那些在广场上静坐的元老院成员，罗马城空空如也，民众和军队不知去向。

后来高卢人才从探子那里得知，罗马人都去卡庇托利山上避难了，于

希腊与罗马的嬗变

●古罗马竞技场
该竞技场有四层结构，能容纳五万以上的观众在这里观看惊险刺激的角斗表演。

●庞贝古城遗迹。

是，他们对卡庇托利山发起了多次猛烈攻击，但最终以失败告终，罗马人的顽强抵抗使他们没有得手的机会。在一次半夜偷袭中，罗马人的鹅发现了来犯的敌人，嘎嘎地叫起来，救了罗马人的性命。

此后，卡庇托利山被围困长达七个月，高卢人坚持不住了，打了退堂鼓，要求和罗马人谈判。最终，高卢人得到了100千克黄金的赔偿，战争就此结束了。

◎关键词：战争旋涡 西西里岛 交战

罗马与迦太基之战——布匿战争

●迦太基名将汉尼拔像

>>> 一张牛皮大小的帝国

相传古迦太基的创始人是一位名叫艾丽莎的漂亮公主。为了逃避同胞哥哥的追杀，她带着随从，乘船西渡，来到现称作迦太基的地方，看到这儿地势险要，易守难攻，可控制地中海交通要道，于是决定在此地建城。

然而他们的举动触犯了土著人的习俗，根据当地柏柏尔人的习俗，禁止外来人占有超过一张牛皮大小的地方。聪慧的艾丽莎成功运用这条法律，把牛皮剪成一根根又细又薄的皮条，用皮条围圈，使她得到了所想要的地盘。

拓展阅读：

《迦太基传奇》[法] 贝肖克
《和平之殇》王宇博、张嵩

罗马用自己的强盛征服了整个意大利半岛，但是，扩张没有因为得到整个意大利半岛而终止，因为繁荣的西西里岛尚没有纳入罗马共和国的版图。国内民众的不满和其他民族的猜忌，都对罗马统治者构成了威胁，一有风吹草动，罗马人就通过战争来解决。向外扩张不但扩大了罗马的疆土，使罗马统治者获得了价值不菲的财富；同时也使罗马人滑进了战争的旋涡。西西里岛就是一块战争的滑板，最终将罗马人带入与迦太基人的战争深渊。

海上帝国迦太基位于非洲北部沿岸，它的势力范围一直延伸到直布罗陀海峡。发达的贸易和丰富的自然资源，加上占领地西班牙的矿藏，使迦太基积累了大量财富。在这个商业国度里，商人是真正的统治者，他们组成元老院掌管着国家大权。开战前夕，迦太基的综合国力已经丝毫不逊色于罗马。

公元前264年，迦太基人侵西西里岛惹得罗马人眼馋和嫉恨，因为迦太基人已经威胁到罗马及与其邻近的城市，如果迦太基人巩固了在西西里岛的统治，罗马人占领西西里岛的希望最终会成为泡影。为了将迦太基人赶回非洲，罗马人认为只有通过战争的方式才能解决，并且可以趁机拔掉这颗眼中钉。战争一直持续了23年，迦太基人退却了，西西里岛的土地被罗马占领。

战争并没有因为迦太基退回非洲而终止，公元前218年，两国之间再起争端。迦太基大将汉尼拔率领大军越过阿尔卑斯山，所向无敌，在意大利土地上横行。双方经过16年的鏖战，罗马人再一次取得了战争的胜利，迦太基人比上次失败得更加耻辱，所得的占领地全部归罗马所有，除此之外还要支付巨额的赔款，毫无疑问，战争使迦太基国力大损。这一次，在困境中求胜的罗马人仍然没有任何罢战的迹象，反而滋长了其贪婪的野心，他们要对迦太基人实行疯狂的报复。

战争结束后，迦太基的国力有所恢复，它的复苏基本上是一场灾祸，罗马人对此感到非常不快，决定彻底摧毁迦太基，然后将其占领。于是，罗马人要求迦太基人自动放逐，将城市、土地和财产留下，迦太基人拒不接受，罗马人为再次发动战争找到了借口。从公元前149年开始，罗马人发动了第三次战争，他们所到之处，城市被摧毁，房屋被夷为平地，大批的平民被杀死，迦太基人虚弱的反抗简直不堪一击。到公元前164年战争结束，迦太基人已经所剩无几，即便如此，他们仍然没有逃脱充当罗马人奴隶的噩运，而他们曾经强盛的国家也变成了罗马的一个行省。

罗马与迦太基交战的结果，除了征服西班牙，还控制了整个地中海地区，此外，罗马的社会和经济现状也发生了不小的变革。

●花神芙洛拉 壁画

>>> 西西里黑手党

Mafia（黑手党）一词起源于1282年复活节的西西里起义。当一个巴勒莫少女在结婚当天被法国士兵强奸后，西西里开始了疯狂的报复，他们袭击见到的每一个法国人，并提出"Morto Alla Francica，Italia Anela"（意大利文"消灭法国是意大利的渴求"），而Mafia就是这个口号的字母缩写。这场起义在欧洲史上被称作"西西里晚祷事件"。

同时，Mafia在阿拉伯语中，是"避难地"的意思。即使历史可以推翻重来，流淌着阿拉伯血液的黑手党仍然会在西西里诞生，他们仍然会选择Mafia作为他们的标志。

拓展阅读：

《变形记》[古罗马] 奥维德
《古希腊神话与传说》
　　[德] 古斯塔夫·施瓦布

◎ 关键词：奴隶 起义 新叙利亚王国

西西里岛奴隶起义

西西里岛素有"罗马的粮仓"之称，由于农业发展较早，西西里岛上很快就出现了很多大的庄园，庄园主牢牢控制着庄园里的巨大财富，大批的奴隶只不过是给奴隶主生产财富的机器。奴隶们每天都在庄园里从事艰苦的劳动，却过着衣不蔽体的生活，他们大都来自叙利亚，毫无人身自由。奴隶与奴隶主之间的矛盾日益尖锐，奴隶起义势在必行。

在西西里岛上，有一个名叫达莫披洛斯的大奴隶主，在他庄园上劳动的奴隶，不但得不到衣服和食物，竟然还得在达莫披洛斯的唆使下，去抢劫过往旅客的财物，而抢来的东西大部分都归了奴隶主。公元前137年的夏天，一群赤身裸体的奴隶由于没有抢到东西，达莫披洛斯就用残暴的行径惩罚他们，奴隶们提出发给衣服的请求也遭到了他的蛮横拒绝。

奴隶主残酷的剥削和压迫，让从事繁重劳动的奴隶们忍无可忍，积怨已久，大规模的奴隶起义终于爆发了。

奴隶攸努斯带领20多个奴隶，躲过监视，偷偷在一个牧场上集会，商讨起义的事宜，攸努斯的举动得到了其他奴隶的热烈响应，400多名奴隶加入了起义的行列。他们拿起镰刀、锄头、斧头等农具，将最近的城市占领了，奴隶主达莫披洛斯及其家人在起义中几乎全部被杀。

起义胜利后，奴隶们建立了"新叙利亚王国"，推举攸努斯当国王，他们还组织了议会和法庭等机构。短短的三天时间，一支6000人的军队就在起义的奴隶中建立起来了。

攸努斯起义胜利的消息很快就传遍了西西里岛，于是，岛上的奴隶纷纷揭竿而起，举起起义的大旗。队伍在不断壮大，人数也增加到了20万。奴隶们将拥有大庄园的奴隶主作为重点打击对象，而一些小的庄园主和手工业者得到了保护。

奴隶起义的消息很快就传到了罗马，鲁齐·希庇西率领一支8000人组成的队伍前来镇压奴隶的起义，结果大败。

奴隶起义严重威胁了罗马统治者的政权，镇压是稳固政权的唯一方式，公元前134年和公元前133年，执政官富尔维优斯·拉库斯和卡尔普尔尼乌斯·皮索先后率军队征讨起义的奴隶，但都大败而归。

公元前132年，奴隶起义的据点被执政官乌斯·路庇里乌斯攻占，起义的奴隶遭到了残酷的剿杀，起义领袖攸努斯被俘，最后惨死在狱中。接着，罗马军队又剿灭了残余的起义队伍，奴隶起义彻底遭到了镇压。

奴隶起义虽然失败了，但是他们从没有停止反抗，他们的起义就像一座活火山，随时都有爆发的可能。30年后，大规模的奴隶起义再次爆发。

●苏拉像

>>>《自然史》

普林尼（约23—79年）是罗马科学史上最有代表性的人物。他编纂的《自然史》，共分39卷，内容包括天文、地理、历史、医药学、动物学、植物学、农业知识、工艺、矿产以及绘画、雕刻等。

这是一部百科全书式的巨著，它把当时所知道的各方面的知识都包罗无遗。他主要是辑录前人的著作，将之排比分类，但经他一番整理，有许多古代的科学知识得以保存了下来。

拓展阅读：

苏拉群岛

《世界阴谋家》张秀枫

◎ 关键词：民主派 贵族派 独裁统治 辞职

无期限的独裁官苏拉

位于黑海南岸的本都王国，是一个奴隶制王国，米特拉达梯六世登上国王宝座后，本都王国渐渐强盛起来，此时，罗马的内战正在如火如荼地进行着，虽然本都王国的兴盛让罗马人有所顾忌，但他们已经没有太多的能力去遏制本都王国。米特拉达梯六世趁此机会，将入侵的军队开到了小亚细亚，并怂恿希腊诸城邦国家脱离罗马的统治，各自为政。

罗马元老院决定出兵铲除本都王国的威胁，但是谁是领兵的最佳人选呢？意见相左的民主派和贵族派发生了一场激烈的争论。最终，苏拉（公元前138—公元前78年）在贵族派的举荐下，取得了率军出击的权力，而民主派推荐的马略与统帅一职失之交臂，民主派因此怀恨在心。苏拉刚刚踏上征途，民主派的反对行动就开始了，保民官卢福提出一项新的法案，任命马略为东方的统帅，这项法案最终冲破贵族派的重重阻挠而获得通过。

苏拉闻讯后，马上率领军队返回罗马，杀死卢福，马略被迫逃出罗马。苏拉控制了整个罗马，宣布卢福提出的法案无效，又颁布法令，剥夺了平民在政治上的权利，取消了保民官的否决权，扩大了元老院的权力。

待罗马国内的政局稍微平定以后，苏拉再次踏上了征途。残余的民主派势力又死灰复燃了。公元前87年，在平民和骑士阶层的支持下，苏拉的政敌秦那当上了罗马的保民官。他招募了军队，公开反对苏拉，逃亡国外的马略也趁机回国，加入了反对苏拉的行列。而此时，苏拉正在战场上指挥战斗，对国内的政治局势鞭长莫及。公元前87年，以秦那和马略为首的反对派人主罗马，支持苏拉的贵族派或逃跑或被杀害，贵族元老的权力被剥夺一空，反对派还踏平了苏拉的庄园，没收了他的全部财产。

随着反对派的首领秦那和马略相继去世，苏拉也结束了战争，重新返回罗马。此时，他手中掌握了雄厚的兵力，包括3万步兵、6000骑兵和数不尽的战船，以庞培和克拉苏为首的贵族派成员趁机投奔到苏拉麾下效命，将反对派的继承人小马略一举打败，控制了罗马的局势。

重新获得政治地位后，苏拉宣布了反对派的名单，对马略的残余势力进行了残酷的镇压，5000多人在这场镇压中死去。之后，苏拉总揽了全国的军政大权和司法大权，建立了独裁统治，他将独裁官的任期无限延长，而他本人也成了罗马的无冕之王。

但是无期限的独裁统治招致了反对派的嫉恨，也引起了同僚的不满。公元前79年，权位处于顶峰时期的苏拉突然宣布辞职，然后在一个不起眼的地方隐居起来，第二年，苏拉就病死了。去世的当年，苏拉的同党遭到了残酷的镇压。

●恺撒像

>>> 恺撒的文学创作

恺撒既是一位叱咤风云的政治家、富于才干的军事家，也是一位出众的演说家、优秀的散文学家和卓越的历史学家。

恺撒的创作与他的军政活动息息相关，流传至今的历史著作《高卢战记》和《内战记》分别记载了他征战高卢与庞培的作战始末。恺撒的历史散文创作以简洁明快、文风朴实、明晰易懂为特色，这一特点集中体现在他的《高卢战记》中。

拓展阅读：

《旅人札记》[法] 司汤达
《思想录》[法] 帕斯卡尔
《一个真实的埃及艳后》
　　　[德] 埃米尔·路德维希

◎ 关键词：贵族 声望 三头执政 最高统治者

一生征战的恺撒大帝

在罗马的历史上，恺撒（公元前 102—公元前 44 年）无疑是一位举足轻重的人物，他一生都驰骋在沙场上，终于将罗马建成了一个庞大的帝国。

恺撒出身于罗马的一个贵族家庭，年轻时就对政权产生了强烈的欲望，幻想着有朝一日能统治整个罗马。为此，恺撒闭门在家，努力学习演讲和写作技巧。他指责罗马行省总督贪污枉法，赢得了很高的声望。

罗马多变的政局给了恺撒很深的启示。公元前 60 年，恺撒和罗马的另外两位统帅庞培以及克拉苏结成秘密同盟，反对元老院的贵族统治，从而使罗马历史上第一次出现了"三头执政"的局面。为了巩固辛苦建立起来的同盟，恺撒不惜将亲生女儿嫁给庞培。

之后几年，恺撒征服了剽悍的高卢民族，而且用了不到十年的时间，将高卢人占领的 800 多个城市纳入自己的麾下，200 万高卢人或被歼灭，或成了俘虏，沦为奴隶，而被征服的高卢领地最终成为罗马的一个行省，行省总督就是恺撒本人。

恺撒的赫赫战功和卓越的军事才能让庞培寝食难安，等远征波斯的克拉苏死后，庞培利用自己手中的权力，颁布政令，要求解除恺撒拥有的兵权，并且命令他立即回国。

恺撒看穿了庞培的阴谋。公元前 49 年初，恺撒突然率领军队打回罗马，庞培仓皇逃出了罗马。恺撒成为罗马的最高统治者，统治了整个意大利。

第二年，恺撒就实施了讨伐庞培的行动，大败后的庞培无路可退，只好远逃埃及，恺撒紧追不舍，一直追到埃及。慑于罗马帝国的威严，埃及国王派人将庞培刺死，并且将首级献给恺撒。

结束了对庞培的征讨，恺撒又率领军队进入小亚细亚，将庞培的旧部一网打尽，然后班师回到罗马。罗马民众为恺撒举行了隆重的凯旋仪式，人民大会和元老院授予恺撒"大将军"和"罗马之父"的头衔。

消灭了政治上的对手，恺撒对罗马的共和制度和行省总督的任免制度进行了改革。

但是，恺撒的军事和政治独裁，引起了贵族元老的强烈不满，为了自己的切身利益，他们暗中勾结，组织了一个阴谋集团，企图谋杀恺撒。

公元前 44 年 3 月 15 日，恺撒只身一人到元老院开会，谋反者一拥而上，刀剑如雨点般地落在恺撒身上，其中给了他致命一刀的就是恺撒的义子布鲁图。带着疑惑和惊恐，恺撒最终倒在了宿敌庞培的雕像前，恺撒统治的独裁时代结束了。

◎ 关键词：屋大维 铲除异己 报仇 共和思想

西塞罗之死

● 著名政治家西塞罗像

>>> 死神比我走得更快

卡尼纽斯·莱维鲁斯只当了一天的执政官就逝世了。西塞罗对罗马共和国这一年迈而尊贵的官员的死深有感触，由此而联想到古罗马行政管理的日益衰颓。因而他常就莱维鲁斯的死借题发挥。

有一次，他不无讽刺地说："我们曾有一位始终保持警觉的执政官，在他的任期内连一觉都没睡过。"但有人对西塞罗的态度不满，便反驳说，在莱维鲁斯生前，他连一次礼节性的拜访都不曾有过。西塞罗对这一指责不以为然，他说："谁说我没有拜访过他？我已经上路去拜访他了，不料，死神比我走得更快。"

拓展阅读：
《论共和国》[古罗马]西塞罗
《有节制的生活》
　[古罗马] 西塞罗

恺撒为了巩固统治地位，一生都在铲除异己，但最后还是死在了反对派的手里，倒在旧敌庞培的雕像前身亡是对恺撒最大的讽刺。恺撒死后，他的义子屋大维执掌政权，登上了罗马的历史舞台。屋大维上台后，和恺撒的旧部安东尼、雷必达结成同盟，共同执掌罗马的大权，"三头执政"的政治局面再一次在罗马上演。从此以后，铲除异己、为恺撒报仇成了三人同盟执政的重要事务。三人同盟公然宣称自己的敌人就是人民公敌，并对他们进行大肆的杀戮。在这场政治报复中，有着雄才伟略的西塞罗（公元前106—公元前43年）成了三人同盟重点铲除的对象。

苏拉专制独裁统治将罗马的共和制糟践得一文不名，公民中的冤案都成了无法判决的无头公案，很少有人过问这些案子，以免得罪了当权者。而出生在一般骑士家庭的西塞罗，从小就受到维护共和制的教育，他凭借机警的头脑和雄辩的才干，竟然胆敢开罪苏拉派。公元前70年，因为罗斯塞乌斯的官司，西塞罗开始在罗马崭露头角，成为罗马家喻户晓的人物。为了躲避苏拉派的陷害，他只好逃到雅典等地避难。苏拉死后，西塞罗随之复出。

同一年，西塞罗经过努力，促使元老院通过了一项新的法案，规定一般的公民同样享有审判权，从而打破了元老院贵族独占法官席位的局面。经过这件事后，西塞罗名声大振。此后的四年里，他先后当选高级市政官、司法官和行政长官，入席元老院，与贵族元老共商国是。之后，他又击败对手卡提林，当选为执政官。

公元前48年，恺撒战胜庞培回到罗马后，建立了军事、政治、司法一统的独裁统治。西塞罗对此也无能为力，只得退出政界，潜心著作，从理论上阐述自己的共和思想。恺撒遭到刺杀后，西塞罗再次复出。

之后，恺撒的养子屋大维在恺撒被杀后，匆忙赶到罗马，企图执掌罗马政权，与当时的执政官安东尼分庭抗礼，形成对峙之势。安东尼居心叵测，为了扩大疆域，控制罗马，他不顾元老院的反对，强行令公民大会通过一项决议：由屋大维担任高卢总督。西塞罗看穿了安东尼的伎俩，他是在效仿恺撒。于是，西塞罗便主动接近屋大维，企图让他和元老院联手，共同对付安东尼，以便早日恢复共和制。

但他万万没有想到，屋大维却与安东尼、雷必达结成同盟，夺取了罗马政权，解散了元老院，强迫公民大会通过他们早就拟好的协定。最后，三人同盟将共同的矛头指向反对者，借口为恺撒报仇，拟订公敌名单，准备将名单上的人全

希腊与罗马的嬗变

●加尔桥跨越加尔河,将水引至尼姆,它是罗马人为文明和卫生的生活条件所做的一项贡献。
●君士坦丁凯旋门建于213年,它的入口处已经不是一条门道而是三条门道,柱基上刻着精美的浮雕。

部杀掉。非常不幸的是,西塞罗榜上有名,而且他的名字排在最前面。

　　得知此事后,西塞罗只有再次出逃,先走海路,然后又转走陆路,但是在三人同盟重金悬赏的诱惑下,西塞罗最终难逃魔掌,惨遭杀害。

●奥古斯都·屋大维像

>>> 奥古斯都的和平祭坛

公元前13年，元老院为纪念奥古斯都征服西班牙而建的祭坛。

祭坛四面墙壁以大理石砌成，上面刻满浮雕。内壁下刻栏杆，上刻花环，代表和平，外壁下刻花草纹样，代表和平带来的兴旺，上刻一系列人物浮雕，表现奥古斯都巡视帝国各省之后举行和平大祭。大门两边是神话浮雕和和平寓意浮雕。

和平祭坛的浮雕刻制精美，形象生动，是当时雕刻艺术的最高成就。

拓展阅读：

《中亚通史》王治来
《罗马帝国衰亡史》
　[英] 爱德华·吉本
《奥古斯都时代/名人与时代》
　[美] 威尔·杜兰

◎ 关键词：埃及女王 白刃战 英雄 奥古斯都

屋大维建立元首制

屋大维等人打着"为恺撒报仇"的旗号，将西塞罗送上了黄泉路。而刺杀恺撒的主谋布鲁图等人逃亡到巴尔干半岛，从此与罗马政权无缘，最终在绝望之中自杀身亡。

公元前42年，安东尼奉命出任罗马东部行省总督，埃及也在其管辖之内。此时，一件不可思议的事情发生了，安东尼疯狂地爱上了埃及女王。为了讨女王欢心，安东尼对她唯命是从。在埃及女王的唆使下，安东尼动用罗马大军扫平了埃及女王的敌人，把罗马在东方的领地拱手相让，并且准备将女王的儿子立为继承人。

安东尼的所作所为传到罗马后，元老院一片哗然，举座皆惊，他们认为安东尼的举动简直令罗马人感到耻辱。经过紧张的磋商，元老院一致赞同拥护屋大维。安东尼遭到屋大维的讨伐，埃及女王自然也在被讨伐之列。

公元前31年9月，屋大维身披战袍，腰悬长剑，站在威武的战船上，暗自发誓，不扫平安东尼的势力，决不收兵回罗马。然后，屋大维下达了起航的命令，船队浩浩荡荡地向埃及方向进发了。

在希腊西北部的海域，屋大维和安东尼迎头相遇，双方展开了一场血战。由于势均力敌，两军杀得难解难分，战船纠结在一起，士兵们跳到对方船上，展开了一场白刃战，兵器的撞击声震耳欲聋。经过一番厮杀，双方的士兵死伤无数，鲜血染红了海水，状况之惨烈，泼墨难描。

酣战之际，安东尼忽然接到埃及女王的撤军命令，于是抛下许多战船收兵了。屋大维收缴了被弃的船只，并降服了船上的士兵。第二年夏天，双方进行了一场决定性的战役，安东尼大败而归，在屋大维的步步紧逼下自杀了。不久，埃及女王也步了他的后尘。

屋大维大获全胜，满载胜利和荣耀回到罗马，他成了罗马人心中的英雄。为了表彰屋大维的功绩，元老院授予他至高无上的荣誉。在众星捧月般的簇拥下，屋大维来到神庙前，自豪地大声说："罗马迎来了一片光明与和平！"从此以后，屋大维开始执掌罗马的国家大权。

公元前28年，屋大维改组元老院，自任元首，意思是"第一公民""首席元老"，他将罗马的行政、军事、司法和宗教大权独揽在手，从此，罗马由共和制走向了元首制。

公元前27年，屋大维向元老院宣布，将元首的权力交还给元老院，声称要还政于民，元老院授予他"奥古斯都"的尊称，意思是"伟大和神圣"。虽然如此，屋大维仍然是将大权集于一身的统治者，他既是元老院的执政官，又是终身保民官。

希腊与罗马的嬗变

●角斗场上

<hr>

>>> 斯巴达的奴隶

斯巴达人在征服拉哥尼亚的过程中，把原有的居民变成奴隶，称作希洛人。公元前8世纪，斯巴达人征服了美塞尼亚，将多数美塞尼亚人变成奴隶，并为希洛人。

希洛人被固定在土地上，从事艰苦的农业劳动，每年将一半以上的收获缴给奴隶主，自己过着半饥半饱、牛马不如的生活。有一首诗这样描写希洛人的生活：

像驴子似的背着无可忍受的负担；

他们受着暴力的压迫；

从勤苦耕作中得来的果实，一半要送进主人的仓屋。

<hr>

拓展阅读：

古罗马斗兽场

《角斗士》（电影）

《俄狄浦斯王》（希腊神话）

◎ 关键词：奴隶 竞技场 角斗士 表演

竞技场上的血腥表演

元首制下的罗马社会，妇女的地位极其低下，她们甚至连自己的名字都没有，包括贵族阶级的妇女，一天到晚过着无所事事的生活，这些迫切想走出家门的妇女们，终于在竞技场上找到了消遣的方式，那也是居于统治阶级的贵族们所津津乐道的一件事——充满血腥的角斗士表演。

希腊人有自己的生活方式，他们大都到剧场观看演出，打发无聊的时光。而罗马人和希腊人的生活方式有所不同，随着元首制一统罗马政权，纯粹的体育表演已经不能吸引罗马人的目光，因为那些表演毫无刺激。越来越多的罗马人开始热衷于一项新的表演——走进圆形的竞技场，去观看赤裸裸的血腥残杀。竞技表演的主角是毫无人身自由可言的奴隶，在竞技场上，充当角斗士的奴隶不再是赤手空拳，在众多看客（大都是统治阶级）的强权要求下，他们被迫戴上装有铁块的拳击手套，或者在手上缠上铅块，更甚之，他们手握利器，要将对手杀死在竞技场上。

罗马最著名的大圆形竞技场可容纳上万人观看角斗士的表演，对于贵族阶级来说，角斗士之间在竞技场上的争斗已经不是什么新鲜的事了，有一点需要说明，竞技场往往不是普通人光顾的地方，那是富足的贵族阶级消遣的场所，也是政府首脑频频莅临的地方。

在贵族们的狂呼乱叫和恶毒的诅咒声中，角斗士既让他们赏玩了一番，又让他们得到了感官上的刺激和满足，而表演者往往因此搭上性命。观众有权决定角斗士的生死。他们的生命或是在竞技场上结束，或是成为野兽的腹中物。充当这一角色的往往是被定了死罪的犯人，抑或是从别的国家或民族掠来的奴隶。

在一场又一场的血腥表演中，很多奴隶和角斗士将竞技场当成了最终的归宿，他们流淌的鲜血，一次次刺激了台上的看客，也一次次博得了掌声和近乎疯狂的欢呼。随着角斗士一个个倒下去，竞技场上的土地被鲜血浸透了，对那些贵族看客来说，那是再平常不过的，他们是无所谓的，他们关心的是表演是否精彩，角逐是否激烈，感官上是否获得了刺激。

角斗士的鲜血被一层薄薄的黄沙掩盖之后，令人作呕的表演仍然要继续下去，直到看台上的贵族点头表示满意，表演方可结束。

与其在角斗场上和自己的同族或与自己同身份的犯人、奴隶相厮杀，去取悦无聊的贵族统治者，倒不如豁出性命，和那些倒行逆施的罗马统治者放手一搏，那样或许会改变命运，于是，竞技场上的角斗士将手中的利器指向了贵族统治者，大规模的奴隶起义爆发了，斯巴达克起义就是其中的一次。

希腊与罗马的嬗变

● 斯巴达克率军与罗马军团激战

>>> 对斯巴达克的评价

马克思评价斯巴达克是"整个古代史中最辉煌的人物。一位伟大的统帅,具有高尚的品格,是古代无产阶级的真正代表"。

列宁称赞斯巴达克是"大约两千年前最大一次奴隶起义中的一位最杰出的英雄"。

拓展阅读:

斯巴达克同盟
《斯巴达克》(芭蕾舞)
《斯巴达克斯》
[意]乔万尼奥里

◎ 关键词:角斗士 监狱 死囚 起义

斯巴达克起义

在竞技场上取悦罗马贵族统治者的角斗士们,在不断被赏玩的过程中,终于彻底醒悟过来。"宁为自由而战死,决不为富人的娱乐而丧身!"这句响当当的口号,就是两千多年前奴隶起义的领袖斯巴达克喊出来的铮铮誓言!

公元前73年的一个深夜,在罗马中部城市卡普亚城一座冰冷的监狱里,关押着许多死囚,他们获得的处死方式是在竞技场上由同伴结束自己的生命。斯巴达克就是其中一个,天一亮,他就可能在竞技场上结束生命。斯巴达克不甘就此死去,于是,他带领监狱里的奴隶举行了一场暴动。

经过暗中协商,他们假装奴隶之间发生了冲突,欺骗狱卒将监狱的门打开。不明就里的狱卒刚把门打开,身上的武器就被奴隶抢去。奴隶们杀死狱卒,然后将监狱的门全部打开,在斯巴达克的带领下,拥出监狱,消失在漆黑的夜幕中。

斯巴达克本是希腊东北部的色雷斯人,他长相俊美,机智过人,在罗马入侵战争中,斯巴达克被俘虏,沦为奴隶。富有教养、体魄健壮的斯巴达克被主人送到角斗士学校,准备把他培养成一名一流的角斗士,好在其他贵族面前炫耀。在接受角斗训练的时候,斯巴达克以勇敢和智慧,在角斗士中间树立起威信,最终成为领袖。

逃出监狱后,斯巴达克率领角斗士们在维苏威火山安营扎寨,周围的奴隶听到消息后,纷纷前来投奔,起义队伍迅速扩大,附近奴隶主的财产被他们抢得一干二净,奴隶主们纷纷跑到元老院求救。

公元前72年春天,罗马元老院派出一支3000人的队伍前来镇压,他们将起义的奴隶围困起来,企图把他们饿死在山上。斯巴达克让奴隶们用野藤编织成软梯,顺着悬崖撤退,平安转移到山下的奴隶们进行了反攻,将前来围剿的罗马军队打得落花流水。之后,在斯巴达克的带领下,起义的奴隶又将几支前来围剿的罗马军队打败。

公元前71年,克拉苏和庞培率领大军再一次将起义的队伍团团包围。在这场战斗中,起义军有6万多人被杀,斯巴达克的腿部被刺了一枪,他浑然不顾身上的伤,顽强地和罗马军队战斗。最后,因为寡不敌众,斯巴达克壮烈牺牲,起义的队伍被镇压下去了,被俘的6000多名奴隶被钉死在十字架上。

斯巴达克起义虽然失败了,但却给根深蒂固的罗马贵族统治敲响了丧钟。

●尼禄像

>>> 小阿格里皮娜

小阿格里皮娜，古罗马皇后，暴君尼禄的母亲。她是罗马帝国早期的著名妇女，也是古代世界最有名的投毒者之一。

小阿格里皮娜结婚三次。她与第一个丈夫生育了一个男孩，即尼禄。据信，小阿格里皮娜毒死了她的第二个丈夫。公元49年，罗马皇帝克劳狄一世（他是小阿格里皮娜的舅父）成为她的第三任丈夫。克劳狄一世把尼禄收为养子。

公元54年克劳狄一世被毒杀身亡，大多数历史学家认为这肯定是小阿格里皮娜干的。

拓展阅读：

《尼禄王》（四幕歌剧）
《尼禄》[英] 戴维·肖特
拉娜瓦罗娜一世
　　（马达加斯加皇后）

◎ 关键词：政治傀儡 弑母 荒淫统治

倒行逆施的暴君尼禄

在不断爆发的奴隶起义中，尼禄登上了罗马帝国的王位。

尼禄是皇后小阿格里皮娜和第一个丈夫生的儿子。当上皇后之前的小阿格里皮娜一心想出人头地。有了这个想法之后，小阿格里皮娜就以自己的美貌做资本，嫁给了一个富有的贵族，这使她拥有了实现野心的资本，在这种情况下，尼禄出生了。小阿格里皮娜把他送进最好的学校，接受上等人的教育，但她却没有满足，一直在伺机向上攀爬。

机会终于来了，当政的国王死去了妻子，小阿格里皮娜便趁机用美色引诱国王。公元49年，她终于将前夫一脚踢开，如愿以偿地当上了皇后。第二年，国王被小阿格里皮娜的甜言蜜语所迷惑，答应收尼禄为养子，将女儿嫁给了尼禄，并将尼禄立为王位继承人。

三年后，国王突然死去。在小阿格里皮娜的斡旋下，年仅17岁的尼禄当上了罗马帝国的皇帝，事实上，国王是遭到了小阿格里皮娜的毒手。

当上国王的尼禄其实是母亲小阿格里皮娜的一个政治傀儡，她对所有的事都横加干涉，并且亲自给尼禄物色了皇后。而残忍专横的尼禄，对权力有很强的欲望，小阿格里皮娜的横加干涉令尼禄大为光火，因此，母子之间时常发生摩擦。小阿格里皮娜杀死了尼禄心爱的女奴，这大大刺痛了尼禄的心，他终于忍无可忍，对小阿格里皮娜暴跳如雷，却受到小阿格里皮娜的威胁，于是就产生了弑母的念头。在一个月光明净的夜晚，尼禄将小阿格里皮娜骗到一艘三层的豪华游船上，摆上丰盛的酒席向母亲谢罪，并亲自为母亲斟酒，等小阿格里皮娜酒意渐浓的时候，尼禄亲吻了母亲的眼睛后告辞了。不知是计的小阿格里皮娜百感交集，以为尼禄理解了自己的一番苦心。

突然，一块巨大的铅锭砸向船顶，船身立刻倾斜，小阿格里皮娜被抛入水中。她挣扎着死里逃生，去找尼禄算账，却被迎面而来的刽子手杀死。

此后，没有了小阿格里皮娜的威胁，尼禄开始为所欲为，他逼死了自己的老师，将怀孕的妻子活活打死，对别人提出的忠告更是毫无顾忌。

公元64年夏天，一场罕见的大火在罗马城连续烧了39天，空前的灾难令无数的民众流离失所，尼禄却不为之所动，将所有的心思放在修建自己的王宫上。他把罗马所有的珍宝搜刮一空，全部用来装饰王宫。

王宫建成后，自认为多才多艺的尼禄亲自登台，和朗诵者、演奏师甚至角斗士同台演出，倒行逆施的尼禄终于激怒了罗马民众。公元68年，西班牙和高卢总督首先举起讨伐的义旗，元老院也趁机发难，废除了尼禄。荒淫无度的尼禄只好逃跑，但他很快就被抓了回来。年仅32岁的尼禄只好自杀身亡，结束了自己的荒淫统治。

希腊与罗马的嬗变

● 意大利中部的伊格维姆剧场

>>> 罗马帝国与汉帝国

罗马帝国与汉帝国虽然距离遥远,两大帝国之间隔着贵霜帝国和安息帝国,但却彼此仰慕,渴望接触的罗马人将中国称作"赛勒斯(Seres)",汉朝人把罗马称作"大秦"。

汉班超出使西域曾派副使甘英出使大秦,罗马帝国也欲通使汉朝,但皆因安息国的阻碍未能成行。

直到汉桓帝延熹九年(166年),"大秦王安敦"遣使至汉,向汉桓帝进献象牙等礼品,两国才开始通过丝绸之路实现直接交流,共同推动了世界文明历史的进程。

拓展阅读:

罗马数字
官渡之战曹操统一北方

◎ 关键词:罗马 战争 意大利半岛

罗马统一意大利半岛

公元前3世纪,英勇善战的罗马人几乎横扫意大利半岛,除了北方的高卢人和南方的一些移民城市没有被彻底降服外,意大利半岛已经基本上在罗马人的掌控之中了。罗马人决定寻找一切机会扩张,妄图统一整个意大利。

机会终于来了,公元前282年,意大利半岛南部的卢卡尼亚部落和图里依发生火并,力单势薄的图里依不是卢卡尼亚人的对手,便向罗马请求援助,这正合罗马人的心意,于是,元老院很快就通过了战争的决议,由执政官率领军队镇压了卢卡尼亚人,并且趁机在图里依留下驻军。

这一举动引起了其他部落的强烈不满,塔林敦部落悍然出兵,袭击了罗马军队。仰仗人多势重,罗马人没有将塔林敦人放在眼里,结果却损兵折将,很多士兵被俘虏,并沦为奴隶。于是,罗马人想以和谈来解决争端,可惜塔林敦人不吃这一套,看来战争势必要爆发了。

公元前281年,罗马向塔林敦正式宣战,然后将军队开到了塔林敦部落所在地。形势非常危急,塔林敦只好向希腊的伊庇鲁斯国国王皮洛斯求救。

皮洛斯是个勇敢的将领,他能征惯战,凭借自己的势力在希腊诸城邦中稳中求胜。在他的心里,早就勾画了一幅美丽的蓝图,他要建立地中海帝国,塔林敦部落的求救正是他求之不得的。第二年春天,2万多名步兵、3000多名骑兵和200头战象在皮洛斯的率领下,前去援助塔林敦。当队伍走到赫拉克里亚城附近时,遭遇了罗马军队,战争的号角吹响了。皮洛斯凭借临危不乱的大将风范,打败了骄横的罗马军队,然后乘胜追击,将大军开到了罗马城下。

公元前279年,皮洛斯再次遭遇罗马军队,在阿斯库伦城展开了一场恶战,双方的损失都非常惨重,这次交锋,仍是皮洛斯占上风。阿斯库伦战争结束了,罗马人仍然吃了败仗,皮洛斯认为和谈的机会到了。可罗马元老院的所有成员强烈抗议和谈,皮洛斯只好索然地离开了罗马。与迦太基军队进行了一场长达三年的战争,结果胜负未分,皮洛斯没有取得任何战果。公元前275年,皮洛斯再次将进攻的矛头指向意大利半岛南部的诸多城市,但被罗马人派出的大军彻底击败。罗马人战胜皮洛斯之后,全力以赴,对意大利半岛南部地区进行了征讨,并最终控制了整个意大利半岛。

● 庞贝的末日
画中描绘了火山爆发的瞬间,天崩地裂,火山灰夹着岩浆如倾盆大雨一般从天而降,宏伟的建筑即将溃崩,雕像将从屋顶倾落,丧魂落魄的人群忙于逃命,整个画面呈现出一种动感效果,给人以强烈的艺术震撼。

●庞贝的发掘 法国 塞思

>>> 楼兰古城

西域三十六国之一的楼兰在历史舞台上只活跃了四五百年便在公元4世纪神秘消亡。过了1500多年，瑞典探险家斯文·赫定和中国罗布人向导奥尔德克于1900年3月28日又将它重新发现，因而轰动世界，被称为"东方庞贝城"。

百年来，楼兰一直是中国乃至世界各地探险家、史学家、旅行家研究考察的热点。楼兰美女、楼兰古墓、楼兰彩棺……一个又一个楼兰之谜诱惑着所有的人们。

早在2世纪以前，楼兰就是西域一个著名的"城廓之国"，泱泱大国是古丝路上西出阳关的第一站，城市经济繁荣。

拓展阅读：

维苏威火山
《庞贝的末日》(电影)
《庞贝城危机》
　[德]法比安·棱克

◎ 关键词：维苏威火山 火山喷发 庞贝古城 原貌

千年古城庞贝惊现

意大利的西南海岸，横亘着巍峨峻峭的高山，碧波荡漾的那不勒斯海湾穿山而过，著名的维苏威火山就在这里。大约在260年前，一群意大利农民在维苏威火山开凿水渠的时候，突然从泥土中挖出了金光闪闪的东西，那是一些埋在泥土中的金币，人们被惊得目瞪口呆。

消息传开后，附近的民众蜂拥而至，都到这里来寻找宝藏。他们不放过任何一片泥土，企图从里面找到值钱的东西。该地带几乎被他们翻了个底朝天，大量的陶器、精心雕琢的大理石碎片展现在人们面前。随着一块雕刻着"庞贝"字样的石头出土，人们才彻底了解该地带的真实面貌，它就是被维苏威火山爆发的熔岩吞没的罗马庞贝古城。

时光追溯到1900多年前的某一天早上，庞贝城像往常一样，迎来了新的一天。等到太阳出来的时候，大街上已经是车水马龙，叫卖声此起彼伏了，谁也不曾想到，一场灭顶之灾即将到来。

刚过中午，维苏威火山上空出现了大片颜色奇特的云团，像一根巨大的烟柱冉冉升起，阴霾渐渐遮挡住天空，全城的人都睁大了好奇的眼睛。

突然，一条赤红色的火舌穿透云层，映红了天上的云彩，四周的天空也被染成了红色。生活在城里的人从来没有见过这么奇特的景观，几个大胆的年轻人鼓起勇气，朝维苏威火山走去，但是还没走到近前，一股灼热的浪潮几乎让他们窒息，大地强烈地抖动起来，房子在震颤的地上摇晃着。

到了晚上，火舌猛烈地燃烧起来，维苏威上空亮如白昼，火山喷发了。巨大的熔岩奔流而至，在庞贝城肆虐。所有的一切转瞬间就被吞噬掉了。城里的居民大都被埋在了地下，只有极少数人幸存下来。

维苏威火山连续咆哮了七个昼夜，将海里的生物和幸存下来的东西全部吞没了。此后的1900多年，庞贝古城成了一个不解的谜团。

直到后来，人们在不经意间发现了它，这座沉睡了千年的古城才得以重现。庞贝古城的占地面积大约为1.8平方千米，四周环绕着4800多米长的石砌城墙。城里被横贯的大街分成九个街区，各街区之间由小街纵横相连，街道两旁商铺林立，其中最宏伟的建筑物集中在城西南的一个长方形广场四周，作为庞贝城政治、经济和宗教中心的议会厅、法院和牢房等都集中在那里。

历史并没有真正将庞贝古城遗忘，经过发掘，它的原貌终于在世人面前重现了。

●朝拜圣婴 李比

>>> 世界三大宗教

基督教、伊斯兰教与佛教被称为世界三大宗教。

基督教崇奉耶稣为救世主。分为许多派系，包括天主教、东正教、新教三大派系和其他一些较小派系。

伊斯兰教，7世纪初产生于阿拉伯半岛。主要传播于西亚、北非、中亚、南亚、东南亚等。

佛教，公元前6世纪时释迦牟尼创建于古印度。就其传播的路线而言，它可以分为北传佛教和南传佛教。

拓展阅读：

原罪说
圣诞节的由来
《耶稣诞生》（电影）

◎ 关键词：基督教 犹太教 耶稣

基督教的诞生

公元前1世纪，罗马人的铁骑横扫了巴勒斯坦地区，在该地区生活的民众处在罗马人的统治之下，他们不满罗马人的专横跋扈和横征暴敛，多次举行起义，但都被强大的罗马帝国镇压了下去。于是，巴勒斯坦地区民众的思想开始变得极为悲观和苦闷，他们试图从宗教中得到解脱，希望得到救世主的拯救，基督教就在这样的社会环境中产生了。

基督教是从犹太教中发展和演化而来的。犹太教是一神教信仰，其教徒普遍认为救世主是上帝的儿子，他降临到人间就是为了拯救苦难的世人，并指引他们摆脱苦难的困扰。在漫长的演变过程中，犹太教的某些教义逐渐被基督教所吸收，在巴勒斯坦地区的民众中获得了独立的发展空间，于是，基督教诞生了。

说到基督教的创始人耶稣，我们不得不提及一段充满神秘色彩的传说。据说，一个名叫约瑟的青年要娶耶稣的母亲玛利亚，但玛利亚却未婚先孕，这让约瑟感到非常苦恼，经常为此事失眠。有一天晚上，约瑟终于在梦中得知了玛利亚未婚先孕的秘密，原来这是神的旨意，而玛利亚所怀的孩子就是神指派来拯救世人的，于是，约瑟只好按照神的意思娶了玛利亚。公元元年，玛利亚在耶路撒冷城的一个马棚里产下了耶稣。

耶稣是一个无所不能的人，不仅会治病，还会驱除灾祸，甚至能使死人复生。年轻时候的耶稣过着隐居的生活，直到30岁时，他才开始外出向世人传教。在传教的过程中，他先后收了12个门徒，从此以后，他就带着12个门徒到处讲授基督教的教义。

传说有一天，带着门徒传教的耶稣来到一座城里，城里的境况非常悲惨，很多人正忍受着饥饿和疾病的折磨，出于善心，耶稣治好了每一个患者，然后吩咐门徒将仅有的吃食拿出来给他们。但是僧多粥少，门徒们只有五个饼子和两条鱼，而面前有5000多个人正等待在那里，都希望分到一些饼子或鱼吃。门徒们为此犯难了，不知道该怎么去分。耶稣从门徒手中接过饼子和鱼，挨个分发下去，奇迹出现了，耶稣手中的饼子和鱼不但没有分完，反而越来越多，等那5000多个挨饿的人都吃饱了，剩下的食物又足足装了12个篮子。

从此以后，耶稣走到哪里，生活在那里的人总能逢凶化吉。

基督教的信徒一天比一天多，惹怒了信奉犹太教的官吏和祭司。在他们的利诱下，耶稣的门徒犹大背叛师门，投靠了犹太教。在他的带领下，耶稣在逾越节前被捕，最后惨遭杀害。

耶稣虽然遇害了，他的门徒们却秉承传教的遗志，最终将基督教传播出去。

● 君士坦丁一世像

>>> 伯利恒圣诞教堂

伯利恒圣诞教堂位于耶稣出生的马棚所在地伯利恒之星洞遗址之上，其使用权主要归属罗马天主教、希腊东正教和亚美尼亚东正教等基督教派。圣诞教堂始建于公元4世纪，公元529年毁于撒马利亚人起义。

现在的圣诞教堂是在原址基础上重建的，并部分保持了原来的建筑风格。在过去的1000多年间，重建后的圣诞教堂屡遭战火洗劫，伤痕累累。后来教堂周围又增添了几个小教堂和修道院，建筑规模逐步扩大。

拓展阅读：
《基督教简史》陈钦庄
《耶稣和中国》
[加拿大] 陈蔚中

◎ 关键词：君士坦丁一世 宗教改革 基督教教义

基督教在罗马确立统治地位

4世纪，罗马帝国经历了19年内战，君士坦丁一世终于脱颖而出，登上罗马帝国的宝座，基督教在这场内战中起到了不可替代的作用。公元323年，罗马帝国在君士坦丁一世治理下，又逐渐走向了辉煌。

基督教和君士坦丁一世颇有渊源。早先，他的父亲特别推崇基督教，等到君士坦丁一世登上王位后，他就以基督教庇护人的身份出现在各种宗教场合。313年，君士坦丁一世进行了一场宗教改革，他颁布了"宗教信仰自由"的法令，并赐给基督教会很多特权，免除了基督教僧侣的赋税。此外，君士坦丁一世经常参与一些教会活动，力图帮助宗教建立相对统一的秩序，他甚至认为教会统一是罗马帝国统一的基础。基于这种社会和政治环境，基督教很快后来居上，超过了犹太教的势力。而那个时代的基督教众，对罗马帝国现有的秩序已经适应，他们非常乐意为统治阶级的当政者服务。

但是，教会派系之间的斗争异常激烈，主教们经常因为一些教义问题而争得不可开交，因此，通过皇权解决纷争是唯一的途径。从此以后，教会的一切事务就成了国家的事务。

313年，主教们围绕非洲多拉图斯教派是否居于正统地位而展开了一场争端，君士坦丁一世也被牵扯进去，非洲基督教的代表人物请他裁决多拉图斯和凯基里亚努斯谁有资格做主教。君士坦丁一世最终承认了凯基里亚努斯享有正统主教的权力。

325年，君士坦丁一世将罗马基督教的所有主教召集到尼西亚，亲自主持召开了一场会议，旨在讨论阿里乌斯提出的教义。阿里乌斯遭到批驳，他的理论也遭到大多数与会者的强烈反对，原因是很多人认为圣父和圣子是同一的。于是，会议制定了正统的基督教教义——《尼西亚信条》，将其他的理论排挤在外。

阿里乌斯在会后几乎遭到灭顶之灾，他被放逐到伊利里库姆，他的拥护者被放逐到高卢。令君士坦丁一世和其他反对者难以置信的是，放逐反而催生了阿里乌斯学派。事实上，阿里乌斯的不少拥护者都是罗马的执政者，就连君士坦丁一世本人也对他有好感，因为阿里乌斯从来就不提倡教会组织独立于国家权力之外。于是，遭到流放不久的阿里乌斯被戏剧性地召回，而他的强烈反对者却被放逐了。虽然尼西亚教派在381年再次占得上风，但阿里乌斯的理论已经在日耳曼部落中得到了广泛传播。从此，基督教获得了统治地位。

● 创世纪 青铜器 欧洲中世纪

>>> **小孩的智慧**

圣奥古斯丁看到一个小孩在沙滩上挖了个小洞,又提了个小木桶来回从大海提水,然后把水灌到洞中。

奥古斯丁感到好奇,于是问:"你在做什么?"

"我要用小洞来盛满大海。"

"这怎么可能,洞如此之小,海如此之大,你如何能盛满大海?"

小孩回答:"宇宙如此之大,你头脑如此之小,你又如何能理解这个大千世界?"

拓展阅读:

《忏悔录》
　　[古罗马] 圣奥古斯丁
《圣奥古斯丁》
　　[法] 弗朗西斯·费里埃

◎ 关键词:教父 基督教 圣奥古斯丁 神学理论

教父圣奥古斯丁

圣奥古斯丁(354—430年)是一位出类拔萃的教父,也是基督教历史上最有影响力的思想家。欧洲中世纪的思想,就是在圣奥古斯丁的影响下才产生了不可磨灭的影响。中世纪以后产生的新教,从其教派思想中仍然可以找到圣奥古斯丁的神学理论。

圣奥古斯丁是米兰大主教圣哲罗姆的得意门生。为了追求基督教的真谛,圣奥古斯丁几乎倾尽了一生,但他却直到33岁才接受基督教的洗礼。直到387年,圣奥古斯丁才完全接受了基督教。此后他的生活发生了很大变化,圣奥古斯丁很快在基督教会平步青云。395年,圣奥古斯丁出任了北非希波城的主教,从此,他的大部分时间都被繁忙的教务占据了。但他并没有因此而放下一直孜孜追求的学说,而是抽时间写下了大量晦涩难懂的论文,在基督教产生了很大的影响。在那些论文中,圣奥古斯丁表明了自己对基督教的坚定信念。

神学理论是圣奥古斯丁的主要学说,他认为人天生就是有罪的,而神是万能的。上帝之所以没有把亚当和夏娃打入地狱,是因为慈悲的上帝有选择地拯救了一部分人,让他们免遭劫难。但是上帝终究无法拯救所有人,他只能允许一部分人进入天堂,而其余的人都要进入地狱。圣奥古斯丁并不认为上帝这样做不公平,如果所有的人都可以进入天堂,那么天堂就会成为万劫不复的地狱,上帝之所以这样选择,自有他的道理。

圣奥古斯丁的某些基督教教条充满宿命论,他认为人要是想被上帝选中进入天堂,就一定要积德行善,如果未被上帝选中,那么也一定要努力,虔诚地期盼自己一定会进入上帝的备选之列。圣奥古斯丁认为,"博爱"是行善的核心原则,人应该为主献身,热爱主,把目光投向遥远的天堂,那里才是作为一个"有罪"的人所终极的目标,不应该因自己一时的欲念而生出贪婪之心,更不应该受到物质条件的诱惑。

在圣奥古斯丁的神学理论中,人类永远都是由两个敌对的集团构成的:一个集团是由自私自利的人组成的,他们死后不但不会进入天堂,反而会受到上帝的惩罚;另一个集团则完全是按照上帝要求的标准生活的,末日来临的时候,他们会逃过劫难,长生不老。至于世界末日什么时候来临,圣奥古斯丁认为没有人知道它的确切时间,可能会随时到来,也可能需要很长一段时间。因此,他在自己的著作《上帝之城》一书中教导人们努力去过一种公正的生活,以便在世界末日来临时接受公正的审判。

圣奥古斯丁认为《圣经》是人类全部智慧的结晶。因此,一生中他都在阐述基督教的神学理论。

希腊与罗马的嬗变

◎ 关键词：游牧民族 扩张事业 阿提拉帝国

欧洲的"不期来客"

●匈奴国王阿提拉

>>> 和亲

和亲指中原王朝与少数民族或两个政权之间修好亲善的政治活动，也特指中原王朝与少数民族首领，以及少数民族首领之间具有一定政治目的的联姻。

早在周代，即有此种和亲实例，但取得明显政治效果的和亲当自汉代始。汉高祖刘邦曾以宗室女为长公主入嫁匈奴单于为妻，缓和了匈奴的袭扰。自魏、晋、南北朝至清，和亲之事不断出现。

历史上的和亲总是与战争相辅相成，和亲之策不但促进了民族间的友好，同时亦加强了相互的经济和文化交流。

拓展阅读：

《最后一个匈奴》高建群
《史记·匈奴列传》
汉·司马迁
《匈奴大帝》
[美]杰拉德·巴特勒

匈奴原来是生活在中国北方的一支游牧民族，在战国和秦汉时期，北匈奴人对中原地带构成了很大威胁，时常骚扰边境，掠夺财物。1世纪末，逐渐崛起的鲜卑人将北匈奴人打败。无处立足的北匈奴人开始向西方迁移，寻找适合他们生存的土地，从而进入了欧洲，一些匈奴人充当了西进的先遣队，他们在欧洲找到了立足点。到3世纪，整个亚洲已经没有北匈奴人的立足之地，于是他们开始大举向西部的欧洲进发，经黑海北岸继续向西前进，进入俄罗斯的伏尔加河和顿河一带，结成了匈奴联盟。这期间，他们一直过着游牧生活，从没有停止西进的步伐。之后，他们进入了富饶的东哥特王国，那里的富有是他们以前闻所未闻的，他们为此激动不已。于是，北匈奴人的首领将部落的全部男子召集在一起，召开部落会议，商讨如何占领那片富饶的土地。经过讨论，全部落的人一致认为应该使用武力夺取。

身材短小粗壮、圆脸扁鼻、胡须稀疏而又剽悍善战的北匈奴人对东哥特人发动了进攻。东哥特人对这些不速之客感到陌生而惶恐。匈奴人的射箭技能让东哥特人望尘莫及，他们战马的奔跑速度也十分快。两军展开了一场厮杀。从没见过如此战术的东哥特人被打得落花流水，无力招架，最后以惨败而告终，东哥特国王在绝望中自杀，其部落成员只好向西逃走。

征服东哥特人之后，北匈奴人又迈开了征服西哥特人的步伐，经过激烈的角逐，西哥特人也一败涂地，无路可退的西哥特人只好向西罗马帝国求救。西罗马帝国的皇帝对此别有用心，他打算让一部分西哥特人充当自己的军队，而其他西哥特人还可以为西罗马帝国提供一笔不小的税收，于是答应了他们的请求。大批的西哥特人开始拥入西罗马帝国。西罗马帝国的皇帝打错了算盘，不久以后，西哥特人就消灭了西罗马帝国。

击溃西哥特人之后，北匈奴人沿多瑙河流域继续南下，向东罗马帝国挺进。他们将大军开到君士坦丁堡城下，东罗马帝国也屈服了。通过谈判，东罗马帝国答应每年向北匈奴人进贡950千克黄金，并把巴尔干半岛割让给北匈奴。

公元444年，北匈奴人在多瑙河流域正式建立了自己的国家，它的疆域横跨欧、亚两大洲，欧洲的很多国家和地区先后被征服，被迫向北匈奴缴纳贡赋。

阿提拉建立帝国之后，北匈奴人的扩张事业如日中天，不仅席卷了高卢地区，打败了法兰克人、西哥特人和西罗马帝国的联军，还一路势如破竹，将军队开到了意大利，逼迫教皇签订了和约。阿提拉帝国时代开始了。

希腊与罗马的嬗变

● 公元 451 年，匈奴帝国君主阿提拉率部侵入意大利北部，占领多处地方。后经教皇利奥一世调解，才与西罗马议和撤军，而且临走还敲上西罗马一笔。图为利奥一世劝阿提拉撤军。

● 君士坦丁大帝宫殿的内部

>>>《罗马假日》

奥黛丽·赫本一鸣惊人的处女作，为此当选金像奖影后，并且以其清秀典雅的气质在20世纪50年代掀起了"赫本热"。

《罗马假日》是流传至今的经典之作，剧情描述英国公主到古都罗马访问，对繁文缛节视为苦事，晚上偷溜到市区欣赏夜色，巧遇善心的美国记者，两人把臂同游，暗生情愫。但英国访问团发现公主失踪，都捏了一把冷汗。最后公主为了本身的职责而忍痛牺牲爱情，令人黯然神伤。

拓展阅读：

尼西亚会议
圣索菲亚大教堂

◎ 关键词：经济衰退 农民起义 分裂 灭亡

罗马帝国的分裂

3世纪，庞大的罗马帝国已经四面楚歌，政治和经济爆发了全面危机，奴隶制生产关系也一度陷入困境，成为社会发展的桎梏。当时的罗马帝国，奴隶和统治阶级的矛盾日益尖锐，他们不堪忍受摧残和凌虐，纷纷以逃亡、怠工和破坏劳动工具进行抗争，甚至发动起义。而作为统治阶级的贵族们，则过着养尊处优、骄奢淫逸的生活，他们对劳动嗤之以鼻，受到他们的影响，自由平民对劳动的看法也有所改变，认为从事生产劳动是一件非常耻辱的事情。基于这种情况，罗马帝国出现危机是在所难免的。

由于劳动不被重视，罗马首先出现了经济衰退，帝国西部地区表现得尤为明显。为了支付庞大的军队和国家开支，统治者不得不加重赋税，滥发货币，结果物价暴涨，货币贬值，致使举国上下民不聊生。罗马的政治也是危机重重，掌管着军政大权的统治者们频频发动内战，中央政权一度成为摆设，皇帝的废立完全掌握在军队手里。

极其尖锐的阶级矛盾不仅引发了大规模的农民起义，内部政权的剧烈震荡还给外敌带来了可乘之机，日耳曼部落和萨珊波斯分别在罗马的东部和北部建立政权，罗马帝国面临着分裂和灭亡的危险。

3世纪末，为了挽救罗马江河日下的局面，戴克里先尝试了各种各样的改革，他竭力强化皇权的作用，要求罗马民众将其奉为神明。此外，他还将自己的称号由元首改为君主，从此以后，罗马君主的专制统治开始了。戴克里先为了稳固皇权，先后将帝国分成四个部分，分别派人治理，这样做虽然巩固了边防，却严重影响了罗马帝国的统一。到君士坦丁一世执政时，专制的君主统治已经走向成熟，军政大权牢牢掌握在他一个人的手里。他废除了戴克里先的一些制度，任命自己的子侄担任地方的统治者。此外，君士坦丁一世还对罗马的宗教进行了改革。

3世纪以来，农业生产遭到轻视，帝国西部的经济急剧衰落，罗马也失去了昔日的繁荣。随着重心东移，君士坦丁一世于330年将都城迁到拜占庭，并将其改名为君士坦丁堡。

多次改革虽然延长了罗马帝国的寿命，但最终不能避免分裂的命运。东西部的战争时常发生，虽然狄奥多西于394年统一了罗马，但是好景不长，395年，狄奥多西在米兰猝然离世，消息很快就传遍了整个罗马，这成为罗马帝国分裂的前兆。没过多久，帝国当局根据狄奥多西的遗嘱作出了一个重大决定：将罗马帝国一分为二，分别由狄奥多西的两个儿子执掌政权，东罗马帝国由长子阿卡丢执掌，定都君士坦丁堡；西罗马帝国由年仅11岁的次子霍诺留掌权，将都城定在拉文娜。至此，罗马帝国的分治局面形成了。

◎ 关键词：蛮族 部落联盟 饥荒 民族融合

西罗马帝国灭亡

● 讨伐哥特人的战斗 浮雕

>>> 多瑙河三角洲"浮岛"

多瑙河三角洲是欧洲现存最大的湿地。这里风光旖旎，是世界上罕见的自然风景区，"浮岛"是三角洲最为著名的自然景观之一。

"浮岛"上面长着茂盛的植物，与陆地无异，但下面却是一片湖泊，湖面碧波荡漾，湖水清澈无比。"浮岛"在风浪中漂游，不停地改变着三角洲的自然面貌。"浮岛"占地10万公顷左右，厚约一米。

春天，当多瑙河泛滥时，"浮岛"就成了各类飞禽走兽的避难所。因此三角洲有"鸟和动物的天堂"的称谓。

拓展阅读：

《蓝色多瑙河》（圆舞曲）
《疯子、傻子、色情狂》
[美] 迈克尔·法夸尔

晚期的罗马帝国失去了昔日的强盛，经常遭到其他民族的侵扰，莱茵河和多瑙河就是受侵袭最严重的地区。罗马统治者虽然派兵去征讨过，但没有收到大的成效，随着国力渐衰，外族的入侵也越来越频繁。

这些外族人统统被罗马人称为蛮族，因为他们的社会发展没有罗马发达。这些民族种类繁多，其中日耳曼人是最强盛的一支，他们联合其他部族，很快就形成了部落联盟。此外，东哥特人、西哥特人、汪达尔人、法兰克人等，都是著名的部落联盟。日耳曼人开始和罗马人交往的时间可追溯到公元元年前后，到了4世纪左右，大批的匈奴人侵入了他们的领地，迫于压力，日耳曼人开始拥入罗马帝国。

公元376年，罗马允许西哥特人入境，企图让这些人充当廉价的雇佣兵，并且想从他们身上榨取巨额的赋税。此后不久，西哥特人居住的地区发生大饥荒，罗马的官吏便不失时机地敲诈他们，生活了无着落的西哥特人只好卖儿鬻女，甚至无家可归，在不堪忍受的情况下，西哥特人拉起队伍进行反抗。罗马立即成立了一支由皇帝瓦伦斯为首的镇压队伍，于378年在阿德里亚堡与西哥特人展开了一场血战，结果4万人马全军覆没，皇帝瓦伦斯也死在了战场上。战败令罗马感到震惊，新继位的皇帝狄奥多西被迫与西哥特人签订了和约，承认西哥特人在罗马拥有部分权利。

其后，年轻有为的阿拉里克当选为西哥特人的首领，他审时度势，不失时机地攻占了巴尔干半岛，并且得到了广大奴隶的热烈拥护，随后占据了罗马西部和北部的大片土地和城市。罗马当局无力镇压，只能和谈。罗马除了拿出1400千克黄金、14000千克白银以及大量的绸缎和皮货外，又无条件释放了所有的蛮族奴隶。此外，一部分贵族被西哥特人扣押为人质。

两年后，阿拉里克违约，再度围困罗马城，罗马帝国的统治岌岌可危。西哥特人绕过罗马城，从意大利半岛南下，雄心勃勃的阿拉里克打算远征西西里，然后侵占北非，由于途中遇到风暴阻截，阿拉里克只好转而北上，不料在途中不幸身亡。西哥特人在阿拉里克死后继续前进，于419年在西班牙建立了西哥特王国。

西哥特人的远征促进了民族融合，他们占领西班牙，迫使那里的汪达尔人南移，穿过直布罗陀海峡进入北非，将罗马在北非的统治推翻。后来，逐渐崛起的法兰克人占领了高卢，取代了西哥特人的地位。

在这一系列的民族融合中，罗马帝国更是危在旦夕。476年，奥多亚克率领日耳曼雇佣军攻入罗马，将年仅六岁的罗慕洛拉下皇帝宝座。从此，西罗马帝国灭亡了。

中世纪的鼎盛与衰落

—— 克洛维从"蛮族"首领到"圣徒"国王，一统法兰克。最伟大的统治者查理大帝，子女演绎三足鼎立。

—— 迁徙的日尔曼部落，让英国经历了七国时代。征服者威廉以武力夺取英王之位，建立诺曼底王朝。法国腹背受敌，百年战争蓄势待发。

—— 十字军以反对"异教徒"为借口，贪婪掠夺土地和财富，发起八次宗教性军事行动。

—— 东罗马大战波斯，两败俱伤。拜占庭点燃"希腊火"；农家子弟篡夺东罗马大权，建立马其顿王朝；查士丁尼带着帝国梦，征服汪达尔。

—— 法国两王并峙；米兰一战，国人受难；阿维农之囚让罗马教廷一蹶不振。

—— 巴黎大学让宗教压制下的文明吹响了进步的号角。中世纪最后一位诗人但丁，留下久唱不衰的《神曲》。

●克洛维的儿子的幼年教育 英国

>>> "斯瓦松的花瓶"事件

"斯瓦松的花瓶"事件发生在西欧氏族社会解体和封建政体的建立过程中。

在一次战斗胜利后，在斯瓦松这个地方分配战利品时，克洛维希望得到一个精美的花瓶，但是有一个战士认为这样违反了部落分配战利品的习俗，提出反对。克洛维当时不好说什么，但是之后却在一次检阅中借口这个战士的武器整理得不好，抽出利斧劈开了他的脑壳。

"斯瓦松的花瓶"事件是西欧氏族社会解体和封建政体建立的标志性事件，它说明部落首领已经逐渐转变成封建政体下的统治者。

拓展阅读：

鸢尾花
《法兰克人史》格雷戈里

◎ 关键词：掠夺行动 领袖 基督教 统一法兰克

克洛维统一法兰克

公元476年，西罗马帝国灭亡，都城罗马留给后人一片废墟。在这片废墟上，日耳曼人逐渐强大起来，并且建立了很多国家，法兰克就是其中最强大的一个。

从3世纪开始，法兰克人就开始了频繁的掠夺活动。西罗马帝国灭亡后，法兰克人分成了两大支系，活动在莱茵河中部的称为"河滨法兰克人"，而居住在莱茵河三角洲一带的人被称为"海滨法兰克人"。很多年过去了，从来没有人将居住在两地的法兰克人统一起来。

486年，年仅21岁的克洛维在莱茵河三角洲继承了父亲的王位，成为"海滨法兰克人"的领袖。克洛维胸怀大志，他发誓要壮大海滨法兰克人的力量，完成统一整个法兰克的大业。继位当年，克洛维就从高卢北部动身，向残留在那里的罗马部队发起了进攻，一场激战在苏瓦松展开。结果罗马军队惨败，克洛维取得了胜利，趁势将军队开到了塞纳河与卢瓦尔河流域，夺取了两河之间的大片土地。

克洛维虽然年轻有为，但有些跟随他的人认为跟着一个年轻人无法看到自己民族的命运。恰恰这时，西哥特国王的长子贡多巴德将其三弟戈迪吉塞尔打伤，并将他的两个女儿流放，克洛维早就听说戈迪吉塞尔的一个女儿长得如花似玉，于是就把她娶了过来。该女子是个虔诚的基督教徒，结婚第一天，她就劝说克洛维受洗，克洛维对妻子的话嗤之以鼻。

后来，因为一次败仗，克洛维改变了对基督教的态度。496年，在与阿勒曼人的战斗中，克洛维损兵折将，大败而归。撤军的途中，克洛维再三思忖，决定皈依基督教。一直以来，法兰克人都被欧洲人看作外来的入侵者，如果皈依了基督教，就会得到罗马教会的支持。

在教会的支持下，克洛维在法兰克人心目中的地位渐渐提高，克洛维的岳父更是乐不可支。他派人找到克洛维并许诺，如果他愿意带着部队去攻打贡多巴德，就会得到一大片土地。克洛维毫不犹豫地答应了。

500年，克洛维率军攻打了贡多巴德，贡多巴德大败，答应每年缴纳大量的贡赋。

扫平外敌后，克洛维将矛头对准了河滨法兰克人。但是河滨法兰克国王有勇有谋，克洛维就派人找到了河滨法兰克国王的儿子小克洛德里克，对他进行威逼利诱。结果，小克洛德里克杀害了自己的父亲，将大片的国土拱手让给克洛维，但最后还是没有逃脱一死。

就这样，克洛维理所当然地成了河滨法兰克人的统治者，完成了统一法兰克的大业。

●西哥特人反抗罗马统治者

>>> 墨洛温家族的传说

　　墨洛温家族在公元5—7世纪统治着当今法国和德国的大部，是法兰克人当之无愧的统治者。他们不是"拥举推立"的国王。合法继位的王储们，在他们12岁生日的那天将自行成为国王。

　　传奇中说，墨洛温有两个生身之父。他的母亲怀孕后到海里游泳，海中的生物诱她生情并使她再次受孕。因此，墨洛温降生时身上流淌着两种血液：一种来自他的法兰克父亲，一个统治者；一种来自"海里的生灵"。

　　据说，墨洛温族的国王身上都有胎记，形如圣殿骑士佩戴的红十字，位置在心脏上方或肩胛中间。

拓展阅读：

盂平献土（典故）
《日耳曼角斗士》（电影）
《日耳曼尼亚志》
　　　　[罗马] 塔西陀

◎ 关键词：日耳曼人 迁移 阿尔卑斯山 掠夺

迁徙的日耳曼部落

　　波罗的海南岸和斯堪的纳维亚半岛南部，最早是日耳曼人的居住地。公元前10世纪，随着实力不断壮大，日耳曼迈出了扩张的步伐，其人口随着扩张向四处迁移，以便占领新的领地。

　　日耳曼人向罗马迁移的时间可以追溯到公元前2世纪，他们越过高高的阿尔卑斯山脉，和罗马人进行过几次交战，结果被罗马人打败。公元前1世纪左右，多瑙河、莱茵河和维斯瓦河之间的广大地区，接纳了大量的日耳曼人，他们纷纷在那里定居下来，过着半牧半农的生活。300年后，当强大的日耳曼人再次向罗马进攻时，罗马帝国已经没有足够的兵力和财力将他们一举打退。罗马方面不得不作出妥协，允许一部分日耳曼人在多瑙河以南的地区定居，并且试图让日耳曼人去对付其他蛮族的入侵。

　　从此以后，越来越多的日耳曼人越过阿尔卑斯山，侵占了多瑙河地区，并拥向罗马城，他们有的在罗马经商；有的在大庄园里劳作；有的则成了罗马的侵略工具，甘愿充当雇佣军；只有极少数人凭借机灵的头脑在罗马政府里谋取了不错的差事。这些先来的抢滩者为以后日耳曼人的大迁移开辟了道路，并成为日耳曼人进攻罗马的盟军。

　　3世纪到4世纪，日耳曼人出于战争的需要，将各个部落进行组合，结成很多部落联盟，其中著名的部落有东哥特、西哥特、法兰克和汪达尔等。在与罗马的长期接触中，日耳曼人逐渐掌握了制造先进劳动工具和武器的技术，随着生产力的提高和人口的增长，扩张是日耳曼人继续发展的突破口，一些部落联盟的首领和氏族酋长，经常带着大批人到多瑙河地带掠夺土地和财富，骚扰罗马的北方行省。

　　4世纪后半期，由于受到匈奴人西迁的影响，日耳曼人开始了迁徙行动。原来生活在中国北方的匈奴人，在长期与汉王朝的抗争中，经常遭到汉朝军队的打击，到了东汉末年，匈奴分裂为南、北两部分，南部的匈奴投降了东汉，而北匈奴则不屈不挠地和东汉王朝相对抗。遭到一连串沉重的打击后，北匈奴迁移到中亚一带定居，并且逐渐壮大起来，建立了匈奴帝国，占领了匈牙利平原，开始向欧洲进军。

　　东哥特人、西哥特人、汪达尔人以及法兰克人在匈奴人步步紧逼的驱赶下，只好进行大规模的迁徙。西哥特人请求到罗马避难，罗马人趁机大肆盘剥西哥特人，最终被西哥特人所灭。

　　其他几个部族的人也在匈奴人的扩张下纷纷迁移：汪达尔人去了北非；法兰克人建立了法兰克王国，定都巴黎，并占领了高卢全境；东哥特人投降了匈奴，最后被东罗马所灭。

●查士丁尼像

>>> 狄奥多拉

狄奥多拉（500—548年），查士丁尼一世的妻子和皇后。和丈夫一起被东正教教会封为圣人，纪念日为11月14日。

她天生智慧过人。532年的尼卡暴动中，城堡大火，乱军逼近皇宫之际，查士丁尼差点要弃皇宫逃命，狄奥多拉令他恢复勇气。她拒绝逃命——宣布准备殉身与皇宫共存亡。因为她的坚定，暴乱终结，查士丁尼的政权得以保存。狄奥多拉因此事正式被封为皇后。

548年狄奥多拉死后，查士丁尼失去贤内助，变得意气全失、优柔寡断。而查士丁尼晚年的政策转变也颇有可能跟狄奥多拉之死有关。

拓展阅读：

《查士丁尼法典》
　[拜占庭] 查士丁尼
《查士丁尼战争史》
　[拜占庭] 普罗科匹厄斯

◎ 关键词：罗马帝国 查士丁尼 复辟 君主专制

查士丁尼的帝国梦

罗马帝国土崩瓦解后，分裂为东罗马帝国和西罗马帝国。西罗马帝国的政权一直危如累卵，随时都有走向覆亡的可能；而东罗马帝国的政权却保存了下来，并且日益强大。公元527年，查士丁尼登上了梦寐以求的皇帝宝座，野心勃勃的他一心想重现罗马帝国的大一统局面。等到西罗马帝国灭亡之后，查士丁尼便自命为罗马的继承者。抱着复辟的渴望，带着狂热的宗教色彩，查士丁尼开始了东罗马帝国的执政生涯。

罗马帝国存在时，皇帝是正统的基督教保护者，这一点是得到基督教认可的，但是到了查士丁尼执政时，情况就大大不同了。查士丁尼本人固执地认为，罗马的大片土地是哥特人用暴力夺走的，而且丝毫没有交还的迹象。同时，这些来自蛮族的统治者大都信奉阿利乌斯教，他们和基督教势不两立，他们认为上帝创造的是人而不是神。另外，基督教会拥有大量的地产，这也遭到了阿利乌斯教的强烈不满。

自诩为强硬的政治派的正统教徒，查士丁尼立志要将入侵罗马的蛮族赶出去，打算将政治和宗教大权牢牢掌握在手中。国库充足，经济形势看好，使查士丁尼变得有恃无恐，因为他实行的经济政策和宗教政策都是为其统一罗马服务的。他不惜任用一些贪官污吏，以苛政进行横征暴敛，作为国家扩张的开支。此外，查士丁尼还控制了国家的丝绸专卖权，实行专卖制度，将其他小经营者一举挤垮。

在宗教方面，查士丁尼认为国家的统治者就是宗教的统治者，两者是合二为一的，这样做，查士丁尼不仅拥有了对国家发号施令的权力，还将世俗权力和神权也掌握在手里。等王权和神权牢牢控制在手中之后，查士丁尼又将眼睛盯上了新柏拉图学派设立在雅典的学园，并下令将其关闭。从此以后，古希腊、古罗马时期的古典文化被以查士丁尼为首的基督教文化所取代了。但是查士丁尼并不像古罗马时期的统治者那样，将宗教的力量看得至高无上，他认为宗教是为政治服务的工具，基督教的信徒和主教、祭司等都是他的仆人。

在这样的社会和政治背景下，以罗马教皇为首的西部教会逐渐得到查士丁尼的青睐，查士丁尼有自己的想法，他打算在收复罗马帝国西部的领土时，让教皇助自己一臂之力。

为了使东罗马帝国的政权更加稳固，528年，查士丁尼一共颁布了《查士丁尼法》、《法理汇要》、《法学总纲》和《法令新编》四部法典。这四部法典中不仅对昔日罗马帝国的辉煌进行了追思，也对旧的罗马法有了一定的承袭，专制的皇权由此可见一斑，皇帝永远都是至高无上的。

中世纪的鼎盛与衰落

●早期基督教徒墓窟

●牧羊图 普拉西迪亚陵庙入口上部

　　查士丁尼的君主专制确实让东罗马帝国稳定了一个时期,但查士丁尼没有能力去对付东方崛起的萨珊波斯的威胁。532年,为了解除后顾之忧,查士丁尼先后和萨珊波斯王国、汪达尔王国订立了永久性和约。

　　此后,查士丁尼随着东罗马帝国的不断壮大,不仅撕毁了和约,而且发动了多次战争,目的就是为了实现恢复罗马帝国的美梦。

◎ 关键词：有备而来 德拉城 和平协议

东罗马大战萨珊波斯

●贝利撒留像

>>> 罗马"许愿喷泉"

罗马多喷泉，有"喷泉之城"的雅号，各种喷泉有3000多个，其中最负盛名的当属特莱维喷泉，也就是"许愿喷泉"。

传说过去有一位少女曾为口渴难耐的罗马战士指点此泉，故亦称为"少女泉"。罗马人相信只要背对喷泉将一枚硬币由左心房丢过左肩，让它以优美的抛物线沉入水底，就可以心想事成。

所以在清澈的池底，可见各国钱币。罗马政府定期收集这些硬币，充作慈善基金。

拓展阅读：

罗马帝国五贤帝

《世界名城之旅——罗马》

马本华

萨珊波斯兴起的过程就是和东罗马帝国结下矛盾的过程，双方你争我夺，胜负难分，矛盾日增，大战一触即发。

查士丁尼继位后，爆发战争的可能变成了现实。为了统治小亚细亚地区，查士丁尼将自己的得力良将、22岁的贝利撒留派往东方的战线上担当统帅。贝利撒留储备军需，加紧练兵，提高军队的整体作战能力。此外，贝利撒留还在险要的地方构筑要塞，加强军事的防务能力。他的所作所为，无疑为即将到来的战争做好了充分的准备。

贝利撒留做军事准备的消息很快就传到了萨珊波斯，皇帝科巴德一世认为当前的局势对自己很不利。公元528年，扎基西斯被科巴德一世任命为大将，指挥3万人马，向贝利撒留的军队发起了猛攻。

波斯人的贸然出击，令贝利撒留陷入尴尬的境地，战斗刚刚开始，有备而来的波斯人就取得了主动，而贝利撒留率领的25000混编军处于劣势，惨败是不可逆转的命运。

失利后的贝利撒留，经过思考后，果断地作出了撤退的决定，然后将波斯人的战线拉长，等他们分散力量之后，再调集主力，一举将敌人打败。于是，贝利撒留的军队全线撤退到德拉城。

作为美索不达米亚平原上的战略要点，德拉城的城防工事十分坚固，贝利撒留在城里布置了大量的军队，在城外挖掘了纵横交错的壕沟，准备突袭敌人，起到掩护骑兵的作用。

波斯大将扎基西斯根本没把贝利撒留的部署看在眼里。两年后，轻敌的扎基西斯率领40000精锐之师大举进攻德拉城。猛烈的攻击果然非常奏效，贝利撒留的人马不断向后撤退，德拉城危在旦夕，眼看就要陷落。

在这紧急的关头，贝利撒留率领骑兵从两翼杀出，扎基西斯面对眼前突变的战局，顿时目瞪口呆，丢下军队独自一个人逃跑了。波斯军伤亡无数，很多人在战争中被俘虏，最后成了东罗马人的奴隶。

打了胜仗的士兵情绪高涨，不服管制，再加上贝利撒留手下急于立功的将领不听命令而擅自出击，结果800名英勇善战的士兵被波斯人消灭，贝利撒留也差点命丧战场。

在幼发拉底河，贝利撒留背水一战，将进攻的波斯人打退，并且趁着夜色渡河，这才摆脱了追兵。

随着波斯国王科巴德一世去世，两国之间的第一次战争走向了尾声，532年，双方达成和平协议，东罗马的军队撤回德拉城，而波斯人则得到了450千克黄金的赔偿。

● 查士丁尼的皇后狄奥多拉

>>> 查士丁尼二世

拜占庭军官列昂提在695年推翻了查士丁尼二世，并且割掉了他的鼻子。于是查士丁尼二世就得到"被劓鼻者"的绰号。

列昂提将查士丁尼二世流放到克里米亚。没鼻子的查士丁尼在克里米亚度过了九年流放生涯后，幸运逃脱并跑到了多瑙河流域的保加尔人那里，在那里得到了保加尔人的帮助，704年，他率领15000名保加尔骑兵，深夜突袭君士坦丁堡，成功杀死篡位者后复位。

711年，帝国将领菲利皮卡·巴尔登发动政变，查士丁尼二世与家人均遭杀害。

拓展阅读：

汪达尔主义
大莱波蒂斯遗址
《君士坦丁堡陷落记》陈志强

◎ 关键词：汪达尔国 积怨 海上激战

查士丁尼征服汪达尔

公元439年，汪达尔人敲开了北非的大门，建立了汪达尔王国。西罗马帝国灭亡后，东罗马帝国（拜占庭帝国）非但没有重蹈西罗马帝国的覆辙，反而越来越强盛。等到查士丁尼登位后，和周边的汪达尔、萨珊波斯签订了永久和约，此后的数年间，各个国家都相安无事。

然而汪达尔的军队就像一座活火山，随时都有可能爆发，随时都想和东罗马发生战争，原因是历史的积怨没有得到彻底解决。查士丁尼一上台，就竭力以正统宗教徒的身份来决定基督教的事务，将信奉阿利乌斯教的汪达尔人排挤在外。这大大惹怒了汪达尔人，他们不能容忍罗马人信奉正统的基督教，于是，迫害活动时有发生，罗马元老院的成员们有的被关进监狱，有的沦为奴隶，他们的土地也随之被没收。

当时执政汪达尔的国王希尔得利克和查士丁尼私交很好，他主张与东罗马交好，但是反罗马的汪达尔贵族势力，因不满希尔得利克的亲善政策，于530年发动政变，将希尔得利克赶下台，拥护盖利麦为新国王。

查士丁尼得知政变，要求将希尔得利克送到东罗马的首都君士坦丁堡，遭到了严词拒绝，查士丁尼在宗教的支持下，主张发动战争，遭到元老院成员的极力反对。

但是查士丁尼从登上皇帝宝座那一天起，就怀着收复失地的伟大梦想。他对元老院的劝阻置若罔闻，将守候在东方的大将贝利撒留召回，让他率军攻打汪达尔。533年，贝利撒留率领大批战船、16000名普通士兵和5000名骑兵出发，一场惨烈的海上激战就此拉开了帷幕。

为了防止汪达尔的海军偷袭，贝利撒留命令战船多次停留，直到9月底才到达北非海岸，在迦太基以南登陆。

新任汪达尔国王一直没有得到东罗马出兵的消息，等敌军压境时，他才匆忙应战，临出发前，他处死了前任国王希尔得利克。在突尼斯城附近的阿得齐姆一战中，汪达尔人凭借训练有素的海军，在战争刚开始时占了上风，但是不幸的事情很快就发生了，国王盖利麦的弟弟在战争中死去。盖利麦已经无心再战，丧失主帅让汪达尔人军心大乱，在没有人指挥的情况下，汪达尔军队瞬间就败退如潮。

贝利撒留趁机将战队调整好，向汪达尔人发起了暴风骤雨般的进攻，准备和汪达尔人再次决一死战。

当年12月，盖利麦召集了一批人马进行反扑，结果惨败而归，盖利麦本人也仓皇地逃到了努米底亚，投靠了当地的柏柏尔人。贝利撒留于534年荡平了汪达尔，将北非的土地收复，汪达尔王国随之灭亡了。

●拜占庭武士像

拓展阅读:

霍雷祖修道院
《拜占庭文明》徐家玲
《罗地海法》
(海商法典)[拜占庭]

◎ 关键词:和平协议 扩张 久攻未果

第二次拜占庭战争

东罗马和萨珊波斯之间的军事冲突一度升温,但是波斯国王科巴德一世的死对战争产生了很大影响,正在进行的战争也停止下来,双方派代表走到谈判桌前,以和平协议结束了两国的争端,然而这一纸协议并没有约束以后的战争。

科巴德一世死后,库鲁斯一世掌管了波斯的大权。他不失时机地发展波斯的政治、经济和军事,大力发展农业生产,修整道路,并且改革了税制和军队的一些制度,以便巩固刚刚到手的政权。库鲁斯一世的所作所为无非是出于一个目的,就是要对外扩张,将波斯帝国的版图扩大。

东罗马征服了北非的汪达尔王国后,接着长途奔袭东哥特人。库鲁斯一世对此忧心忡忡,因为东罗马征服东哥特人后,就会毫不犹豫地将矛头指向波斯。

公元539年,遭到袭击的东哥特人已经没有多少能力抵抗贝利撒留的大军,于是请求波斯帝国出兵君士坦丁堡,以缓解东哥特人的压力。库鲁斯一世认为此时正是发动突然袭击的好机会,于是接受了请求,将和平的协议撕毁,向东罗马人宣战了。

540年春天,库鲁斯一世亲率大军,沿着幼发拉底河西岸进军,猝不及防的东罗马人无法抵挡来势凶猛的波斯军队,库鲁斯很快就将军队开到了叙利亚首府安条克城。该城是东罗马帝国的第二大城市,人口稠密,经济发达,围城四周有坚固的堡垒,守将是查士丁尼的外甥,一个毫无指挥才能的庸人。波斯军队的强攻,使东罗马人死伤无数,很多士兵纷纷突围逃走了,安条克城变得孤立无援,被波斯大军强行攻下。

情况万分危急,查士丁尼只好将正在意大利作战的贝利撒留召回国内,任命他为征讨波斯的统帅。541年,风尘仆仆的贝利撒留从意大利战场上撤下来,没有经过休整,就带领一支6000人的铁甲骑兵奔赴战场。

一年后,贝利撒留在幼发拉底河建立了新的防线,打算用骑兵和步兵相配合,夹击波斯军队。库鲁斯一世没有上当,他避免与贝利撒留正面接触,反而去进攻黑海北岸地区。

东罗马军队在贝利撒留的指挥下起死回生,然而就在此时,东罗马军队中风传皇帝查士丁尼因为黑死病暴毙,一些将领也开始向查士丁尼煽风点火,声称贝利撒留有谋反之心,本就担心贝利撒留功高盖主的查士丁尼,不问青红皂白就把贝利撒留召回君士坦丁堡,撤了他的职。

波斯军队趁机大举进攻君士坦丁堡,但是久攻未果,无奈之下只好自己撤军。545年,一纸和平协议将两国的战争再度终止。

◎ 关键词：波斯帝国 东罗马军队 国库亏空 元气大伤

科尔奇斯争夺战

科尔奇斯是位于黑海东岸的一个小国，它毗邻高加索通道的上路，临近法西斯河，河运发达，地理位置优越，而且有极大的黄金储备量，这些优越条件使其成为各个大国争相蚕食的目标。

先前，科尔奇斯属波斯帝国管辖，随着波斯帝国的瓦解，崛起的本都王国将这里据为己有，后来本都王国为罗马所灭，经过几易其主，该地区又成了东罗马的领地，但由于路途遥远，罗马基本上放任它自己发展。

后来，基督教的教义不断在这片土地上散播，科尔奇斯人受到影响，开始信奉基督教，于是，掌管着教会权力的东罗马帝国便以教会的名义向这里渗透。公元522年，为了免遭其他国家的入侵，科尔奇斯主动和东罗马帝国签订了盟约，成为东罗马的附属国。

科尔奇斯人民满怀希望，热烈欢迎东罗马帝国的军队来到自己的国家。可东罗马帝国的军队没有严明的军纪，无端骚扰当地人，有时候还会进行掠夺。科尔奇斯人的民族自尊心受到了大大的伤害，终于有一天，他们忍无可忍了，决定向波斯帝国求救。

在波斯国王库鲁斯一世看来，科尔奇斯就是一块香甜的蛋糕，他早就对此地垂涎三尺了，良机天降，他当然不会放过。

547年，由8万人组成的波斯大军在库鲁斯一世的率领下，偷偷向科尔奇斯进发。科尔奇斯把波斯人当成了救世主，他们主动给波斯人当向导，将东罗马军队的部署情况向库鲁斯一世和盘托出，掌握主动权的库鲁斯一世很快就荡平了东罗马驻守的军队。

科尔奇斯人天真的想法大错特错了，波斯人根本不拿他们当人看，强迫他们信奉拜火教，那些习俗是科尔奇斯人无法接受的。库鲁斯一世为了永绝后患，打算将科尔奇斯人迁往遥远的沙漠地带，对波斯人产生敌意的科尔奇斯人，再次将求救的手伸向了东罗马帝国。

查士丁尼派重兵攻打科尔奇斯，双方在庇特拉展开了一场生死决战，双方各占优势，未分胜负。

两年后，东罗马的5万精锐之师浩浩荡荡地从君士坦丁堡出发，再次大举进攻科尔奇斯。负隅顽抗的波斯人付出几千人的伤亡代价后，还是将要塞庇特拉失守。

之后的六年间，两国又在高加索一带屡次交兵，但波斯军队基本上没捞到什么好处，双方于562年再一次回到谈判桌前，以协议结束了战争。

经过与波斯帝国的三次交锋，东罗马帝国虽然保住了东方的领土，但沉重的代价让查士丁尼有苦难言，国库亏空，东罗马帝国因此元气大伤。

● 在圣徒和天使中的圣母子

>>> 祆教

祆教，即拜火教，就是中国人定义的"琐罗亚斯德教"。

琐罗亚斯德教既崇拜火，也崇拜日月星辰。中国人认为该教是拜天，故称为"祆教"。"祆"是天神的省义字，不称"天"而称"祆"，说明这是外国的天神，和中国自有的本土天神是有区别的。

隋唐之后，中国的史书逐渐将"琐罗亚斯德教"统称为"祆教"。现存的祆教经文，是用一种非常古老的波斯文字写成的，说明了其发源地及主要的传播区域。

拓展阅读：

《波斯人信札》[法] 孟德斯鸠
《科尔奇斯》
[苏] 蒲思托夫斯基著

●波斯帝国萨珊王朝遗迹

>>> 中国和波斯友好往来

魏晋南北朝时期，中国和波斯间的友好往来较频繁，《魏书》记载，波斯使臣来中国交聘达数十次之多，给北魏皇帝带来的各种礼品，有珍物、训象等。

隋唐时期，中国和波斯间的友好往来更为频繁，从初唐时期的金银器造型到随葬的丝绸织锦纹饰，均呈现出浓郁的波斯风格和前所未有的多样性。

1970年，在张掖大佛寺内金塔殿基下舍利石函内出土的波斯萨珊王朝银币，就是与波斯经济、文化交流的珍贵历史物证。

拓展阅读：
《波斯拜火教与古代中国》
　　　　林悟殊
《波斯帝国》于卫青

◎ 关键词：和平协定 帝国内乱 决战 日渐衰落

波斯帝国寿终正寝

波斯帝国和东罗马帝国经过三次大的战争之后，库鲁斯二世开始执政波斯帝国。库鲁斯二世具有敏锐的才智，他借助东罗马帝国的势力，在东罗马皇帝莫里斯的支持下登上了王位，并与东罗马帝国签订了"永久的和平协定"，他这样做的目的是为了给波斯帝国西部边境营造一个稳定的局面，以便集中精力稳固刚刚到手的政权。此外，库鲁斯二世还派兵攻打突厥人，稳定东部边境。此后的一段时间，由于没有战事，波斯帝国的国力得到了增强，这给库鲁斯二世扩张提供了充足的条件。

公元602年，东罗马帝国政局动荡，百夫长福卡斯发动兵变，率领士兵攻进了君士坦丁堡。在平民的支持下，兵变取得了成功，东罗马帝国的政权被推翻了，皇帝莫里斯被处死，福卡斯在兵变士兵和平民的拥护下一跃成为东罗马帝国的皇帝。但他万万没有想到，登基之初，他就遭到元老院、大地产者、高级官吏和军队将领的强烈反对，一时间，东罗马帝国陷入内战的泥淖，国内的行政机构完全成了摆设。

东罗马帝国的内乱给了库鲁斯二世可乘之机，他以给莫里斯报仇为名，于606年公然率军西征，进攻君士坦丁堡。经过两年的混战，波斯帝国的军队和阿瓦尔人以及斯拉夫人联手，占领了东罗马帝国的大片土地。

战事日紧，君士坦丁堡陷入一片混乱之中，皇帝福卡斯焦头烂额，对眼前的战局手足无措。610年，非洲行省长官希拉克略在反对派的支持下，

●波斯国王居鲁士朴实无华的陵墓

●大流士一世的宫殿遗址

●波斯市场遗址

率领军队攻克了君士坦丁堡，杀死福卡斯，成为东罗马帝国的最高统治者，从此东罗马帝国进入了希拉克略时代。

此时，波斯帝国已经征服了小亚细亚，将军队开到了叙利亚，处在东罗马帝国统治下的广大下层人民，尤其是犹太人，早已不堪忍受东罗马帝国的统治，他们在波斯帝国军队到来时倒戈一击，甘愿接受波斯人的统治。

613年，波斯大将夏尔·巴尔兹占领大马士革后，又将圣城耶路撒冷洗劫一空。波斯军队势如破竹，埃及、阿拉伯、巴比伦先后失陷，美索不达米亚等地也被迫臣服，波斯帝国的版图扩大到了极点，君士坦丁堡再次受到威胁。

617年，波斯军队再次进攻君士坦丁堡。此时，君士坦丁堡已经内外交困，遭到波斯大军的围困，东罗马帝国粮草断绝，军需匮乏，士气低落，城内混乱不堪，皇帝希拉克略经过权衡，决定和波斯军队进行一场决战。

为了争取更多的准备时间，希拉克略接受了波斯帝国的屈辱条件，被迫与之签订了和约。正是利用这一短暂的时间，东罗马帝国的元气才有所恢复，到公元622年，希拉克略已经做好了充分的准备，开始向波斯帝国反击。

库鲁斯二世在毫无准备的情况下，被迫和东罗马帝国决战，他将国内所有的士兵都集结起来，于627年12月12日，在尼尼微和东罗马帝国展开大战。希拉克略避开波斯军队的主力，将军队直接开到了波斯首都，并且将其攻破，库鲁斯二世弃城而逃，波斯贵族趁机将他抓回来，囚禁起来。节节败退的波斯帝国只好和东罗马帝国议和，并支付了大量的赔款。

从此以后，波斯帝国日渐衰微，再无力发动战争。651年，逐渐强大的阿拉伯帝国将其吞并，波斯帝国就此灭亡了。

●查理大帝像

>>> 十二圣骑士

在查里曼大帝的征战历程中，有十二个侍卫立下汗马功劳，他们便是最早的十二圣骑士，象征着基督教中耶稣的十二位门徒。

1.最伟大的骑士罗兰德，查理曼大帝的远亲；2.名声仅次于罗兰德的蒙特班的野蛮人李拿度，罗兰德的远亲；3.大主教托宾，仅次于梅林的魔法师；4.魔法师和妖人马拉吉吉；5.被六仙女祝福的丹麦王子奥吉尔；6.不列坦尼国王，所罗门；7.英格兰美男子艾斯伦弗；8.那墨的法华利亚公爵；9.撒克森人斐劳巴拉斯；10.森林之塔的领主，最伟大的骑士之一，弗罗雷斯马特；11.罗兰特从小玩到大的朋友，奥利弗；12.背叛者加尼隆。

拓展阅读：

扑克牌文化
《罗兰之歌》[法]（英雄史诗）
《查理大帝传》
　　[法兰克]艾因哈德

◎ 关键词：查理曼帝国　西班牙　查理帝国　三分天下

查理大帝加冕

海滨法兰克人在克洛维的率领下，荡平了外敌的侵扰，最后又用计谋将河滨法兰克人纳入麾下，建立了强盛的法兰克帝国。等到查理大帝登上王位后，法兰克王国变成了查理曼帝国，这就是德国、法国和意大利的雏形。

公元768年，查理（742—814年）登上法兰克王国的王位，凭借强盛的国势，他开始发动战争，而首先遭殃的是伦巴德王国，不可思议的是，该国国王竟然是查理从未谋面的岳父，查理却置之不顾。

法兰克的大军在查理的率领下越过阿尔卑斯山，直接将军队开到了伦巴德的都城。伦巴德国王得知后，带着惴惴不安的心情登上城楼观望，陪同伦巴德国王的是一位来自法兰克的贵族，他因为冒犯了查理才投奔伦巴德的。

伦巴德国王远远看见有一队人马，于是就问身边陪同的贵族，查理是否在那群人里。贵族摇了摇头，告诉他那些马车只是用来拉战利品的，对打仗毫无用处。

过不多时，又一队人马气势汹汹地冲过来，惊愕不已的国王以一种很有把握的口气说："查理一定在这支人马中！"贵族仍然摇了摇头，国王大惊失色。

正在这时，查理率领大军出现了，映入国王眼帘的是密集而又整齐的大队人马，明晃晃的兵器在太阳的照耀下显得异常刺眼。"查理就在这队人马里！"贵族边说边拉着失魂落魄的国王走下城楼。守城的将士得到了国王的命令："关紧城门，别让查理攻进来了。"

查理看见敌军关紧了城门，不以为然地笑了笑，然后转身命令随从在第二天天亮之前修建一座礼拜堂。

第二天一大早，伦巴德国王登上城楼查看查理军队的情况，当他看到那座礼拜堂时，只好向查理投降。查理让自己的一个儿子做了伦巴德的总督。

778年，查理的军队越过比利牛斯山脉，进军西班牙，遭到顽强抵抗后，查理只好撤退，但是在回师的途中遭到当地人的伏击。在这次奇袭中，查理丢失了很多辎重，并且损失了一名得力的将官罗兰侯爵。23年后，查理终于报了一箭之仇，征服了西班牙，派自己的另一个儿子做那里的总督。

800年，教皇利奥三世在罗马的圣彼得大教堂为查理举行加冕仪式，从那天开始，法兰克帝国改为查理帝国，也称查理曼帝国，国王查理也改称查理大帝。

查理死后，查理帝国开始走向衰落，他的三个孙子为了争夺国土而打得不可开交，最后把查理帝国一分为三。

●法兰克国王查理二世

>>> "三国鼎立"

从公元 220 年起，在我国历史上先后建立了魏、蜀、吴三个国家，它们三分东汉州郡之地，各霸一方，称王称霸，互相对峙，这种政治局面被称为"三国鼎立"。

魏、蜀、吴三国鼎立期间，虽然兼并战争仍旧继续进行，但是，由于三国的统治者为了巩固和发展自己的势力，都比较重视社会生产的发展和社会秩序的安定。客观上对全国的统一起着有益的作用。

拓展阅读：

《三国演义》明·罗贯中
《查理大帝》[英] P.D.金

◎ 关键词：不理朝政 土地纷争 查理曼帝国 三足鼎立

查理帝国三足鼎立

查理大帝在位时期的查理曼帝国，仰仗着强大的武力征服了西欧很多地方，到了公元 814 年，查理大帝撒手人寰，查理曼帝国渐渐没有了昔日的辉煌，但它仍然是欧洲最强大的国家。

一生征战的查理死后，王位由他的儿子路易继任。路易是个虔诚的教徒，一天到晚只知道诵经祷告，沉迷于宗教，对政治丝毫不感兴趣。如此不理朝政的君王，遭到众多臣民的蔑视，他的三个儿子也不把他放在眼里，有时候甚至拿父王取乐。

就这样过了三年不理朝政的生活后，路易对国家和政治简直厌恶透了，他不想再去面对那些大臣，整天为一些国务争论得面红耳赤，一切都显得那么索然无味。于是，路易就将查理曼帝国的国土分成三份，分别交给三个儿子来管理，自己退位了。长子罗退尔获得了帝国东部的土地，次子丕平获得了亚奎丹地区的统治权，三儿子小路易获得了日耳曼南部巴伐利亚及其他附近地区的领地。此外，老路易还把长子罗退尔立为王位继承人。

但是不谙朝政的老路易忽略了一个问题。没过几年，他的第四个儿子秃头查理长大成人了，秃头查理向路易提出请求，希望分得一块土地的统治权。此时，老路易手中已经空空如也，仅有的土地全都分出去了，但是小儿子却不依不饶，对分封土地的事纠缠不放。万般无奈之下，老路易就想办法将秃头查理的纠缠转嫁到另外三个儿子身上，但是秃头查理根本不吃这一套，依然我行我素，缠着路易要封地。

838 年，路易家族发生了一起不小的摩擦，老路易的次子丕平去世了，而那块封地仍然还在，其余的三个儿子都对那块土地虎视眈眈，争吵时有发生，但是一直没有商量出好的解决办法。

两年后，老路易就在这样的争吵中过世了，关于土地的纷争依然没有解决。

老路易死后，其他三个儿子认为机会终于来了。842 年，小路易和秃头查理联手，首先对老大罗退尔发难，公开反对他，并出兵进攻了罗退尔的封地。罗退尔抵挡不住兄弟二人的联手进攻，只好和两个弟弟讲和，843 年，罗退尔在凡尔登被迫签订了《凡尔登条约》。条约规定：帝国中部的土地归罗退尔所有，包括莱茵河下游以南地区以及尼罗河流域，称为中法兰克王国；莱茵河以东地区称东法兰克王国，该地区是小路易的辖区；而柴尔德河和缪斯河以西的地方归秃头查理所有，号称西法兰克王国。

从此以后，查理曼帝国三足鼎立的局面正式形成了。

◎ 关键词：世袭王朝 希腊火 兵戎相见

拜占庭点燃"希腊火"

● "希腊火"大败阿拉伯舰队

>>> "希腊火"

"希腊火"是一个名叫卡里尼克斯的叙利亚人发明的液体燃料，可以在水上燃烧，这种燃料被装在一种特制的容器中，等到作战时将它投掷出去，撞上敌人的舰船后，这种燃料就会起火，令敌人措手不及。

拜占庭研制和生产"希腊火"都在皇宫深处进行。拜占庭人不仅对"希腊火"的配方极端保密，而且为了防止敌人窥探到相关的秘密，甚至很少在战争中应用它，除非到了紧急关头，否则宁可牺牲将士，不可示人武器。

不过，拜占庭的敌人们，特别是曾深受其害的阿拉伯人，通过多种途径对之加以了解，最终掌握了"希腊火"的技术秘密。

拓展阅读：

《激战地中海》唐复全等

《俄罗斯文化史》

[俄] T.C.格奥尔吉耶娃

公元 661 年，穆阿威叶在国内的王权斗争中获胜，出任阿拉伯的哈里发，他将都城定在大马士革，建立了伍麦家族的世袭王朝，穆阿威叶本人也被奉为穆阿威叶一世。此前，阿拉伯国家一直都在对东罗马帝国用兵，穆阿威叶即位后，等到统治地位稳定下来，继续对东罗马帝国用兵，虽然两次兵临君士坦丁堡，但是都无功而返。

随着王权的更迭，苏莱曼一世于 715 年登上哈里发之位，又一次开始筹备进攻君士坦丁堡。苏莱曼一世命令自己的弟弟麦斯莱麦为统帅，率领水、陆两路大军向君士坦丁堡进发。陆上的大军由骑兵和骆驼兵组成，总数超过了十万人；水上的军队包括 1800 艘战船，运载着 8 万步兵，另外还有 20 艘大型战船，运载着重装步兵，以备后用。

当时的东罗马帝国刚刚从内乱的困境中走出来，利奥三世登上了皇帝宝座。他是一个有充分作战才能的人，面对来犯大军，利奥三世临危不乱，他巧妙地利用了地理上的优势，借用金角湾的海湾强流，向阿拉伯军队发动突然袭击，摧毁了阿拉伯军队 20 艘战船。接着，他将拦截在金角湾的防卫铁索放开，将阿拉伯舰队引入港口，然后出其不意地放出"希腊火"，阿拉伯舰队再次遭受重创。

陆上的作战方案也被利奥三世布置得井井有条，他收买了巴尔干半岛上的保加利亚人，让他们一同参与作战，共同对付阿拉伯人。

此时，来犯的阿拉伯人陷入了感染瘟疫的困境，而且粮草供应不足。利奥三世抓住这次难逢的战机，率领保加利亚人，对阿拉伯军队发动了一次突然袭击，毫无准备的阿拉伯人又一次遭受重创，只好仓促撤军。在撤退的途中，祸不单行的阿拉伯人遭遇到强烈风暴，结果全军覆没。

到 750 年，阿拉伯王朝发生了嬗变，阿拔斯王朝建立了。该王朝的哈里发阿拔斯于 762 年登上了王位，将首都迁到了巴格达。为了巩固统治地位，阿拔斯平息了国内的纷争，接着就萌生了进军东罗马帝国的念头。

在阿拔斯统治时期，阿拉伯与东罗马多次发生小规模战争，但都以失败告终。随后两国战事不断，未分胜负。到 9 世纪，双方国力衰弱，无力再战，直到 863 年，两国再一次兵戎相见。

●四骑士 约 1091—1109 年

>>> "马其顿" 名称之争

马其顿是位于欧洲东南部巴尔干半岛的一个地区。马其顿地区包括从前南斯拉夫独立出来的马其顿共和国、希腊北部的马其顿地区，以及保加利亚的西南角。

马其顿共和国自立国以来，一般简称为"马其顿"。但马其顿共和国和马其顿地区是两个不同的概念，希腊方面认为"马其顿"是希腊历史的一个概念，反对马其顿共和国使用"马其顿"的名称。

拓展阅读

"圣战"的含义

《帝国军团》金铁木

《世界史·古代史编》
吴于廑等

◎ 关键词：统治东方 "光复"行动 圣战

鼎盛时期的马其顿王朝

东罗马帝国和阿拉伯的阿拔斯王朝进行了几场战争之后，两国的局势随着战争发生了不同的变化，阿拉伯帝国四分五裂，逐渐走向了衰落，而东罗马帝国则建立了强有力的马其顿王朝。

公元867年，出生在马其顿山区农家的瓦西里成功篡夺了东罗马帝国的大权，他杀死了迈克尔三世，成立了马其顿王朝，阿莫里亚王朝就此覆灭了，而东罗马帝国却再一次出现辉煌的局面。与此同时，阿拔斯王朝由于国内的阶级、政治和教派斗争日益激化，先前庞大的阿拉伯帝国版图上，出现了无数相对独立的小王朝，他们各自为政，哈里发形同虚设。这样的局势对马其顿王朝统治东方极其有利，于是，东罗马帝国开始了对小亚细亚和叙利亚地区的"光复"行动。

872年，东罗马帝国的皇帝瓦西里一世成功镇压了发生在小亚细亚的农民起义，解除了统治东方的后顾之忧。之后，瓦西里一世马不停蹄地向幼发拉底河进军，从阿拉伯人手中夺回了萨摩萨塔和兹巴特拉。

瓦西里一世想从阿拉伯人手中夺取地中海的制海权。于是积极向海上发展。875年，意大利南部的巴里被瓦西里一世占领，成为其在地中海的一个军事立足点。不久，瓦西里一世又制造事端，趁机打败了穆斯林军队，占领了达尔马提亚、希腊和伯罗奔尼撒的沿海地带，并攻占了塔兰托和卡拉布里亚。

尼斯福斯二世统治东罗马帝国后，便在对穆斯林的战争中披上了圣战的外衣。在圣战外衣的包裹下，尼斯福斯二世对小亚细亚和叙利亚发动了战争。

为了攻克塔尔苏斯和麦绥塞要塞，东罗马帝国动用大军在西里西亚山区进行了一场艰苦的战斗，终于将两个要塞拿下。同时，海上的舰队也夺取了塞浦路斯，为进军叙利亚扫除了障碍。966年，尼斯福斯二世围困了安条克，阿拉伯方面只好议和，承认叙利亚归东罗马帝国所有。

995年，登上东罗马帝国王位的瓦西里二世再次进军叙利亚。此后，阿拉伯海军和东罗马帝国在地中海进行了最后的较量，阿拉伯军队在战争中败北。随着阿拉伯国家的瓦解，海盗开始在地中海横行。之后，东罗马帝国开始了与阿拉伯海盗的长期战争。1032年，和拉古萨人联手的东罗马帝国军队终于将海盗逐出了亚得里亚海，阿拉伯人从此退出了地中海。

11世纪，突厥人在东方建立了庞大的塞尔柱帝国，对东罗马帝国构成了极大威胁，东罗马帝国不得不去对付逐渐强盛的塞尔柱帝国，与阿拉伯之间的冲突随之越来越少了。

● 神圣罗马帝国皇帝西吉斯孟德

>>> 布拉格的传说

传说，布拉格的创建者是莉布丝公主和她的丈夫，农夫培密索尔，并以培密索尔的名字命名，建立了霍什米索尔王朝。传说公主在她位于中波希米亚的莉布新城堡中说了许多预言。其中一个预言说，她预见到了布拉格的荣耀。

一天，她在异象中"看见一个伟大的城市，它的荣耀能达到天上的繁星！我看见它在森林中伏尔塔瓦河畔陡峭的悬崖之上，一个男人正在为房屋凿出门槛，在那里要建起一座名叫布拉格的城堡。王子和公爵们都要向城堡和环绕它的城市低头。它将得到尊敬，得到人所共知的荣誉，整个世界都要赞美它"。

拓展阅读：

大同盟战争

《神圣罗马帝国》

[英] 詹姆斯·布赖斯

◎ 关键词：德意志人 罗马帝国 奥托大帝 神圣罗马帝国

德意志人建立神圣罗马帝国

德意志人是神圣罗马帝国的主体，他们是中欧日耳曼各部落的总称。德意志人居住在莱茵河两岸，由萨克森、巴伐利亚、士瓦本和法兰克尼亚四个部落组成。9世纪后半期，四个部落纷纷发展成公爵领地，成为加洛林帝国的重要组成部分。

公元888年以后，加洛林帝国分裂成法兰克德意志、意大利、勃艮第和洛林等独立地区，但是在民众的传统观念中，建立庞大的帝国，保持皇帝称号的想法依然根深蒂固。911年，法兰克尼亚公爵康拉德一世登上王位，称德意志王，但他的势力范围仍在公爵的领地内。而高明的萨克森公爵却与图林根部落结盟，壮大了自己的力量，然后迫使康拉德一世屈服，并自任萨克森和法兰克尼亚的国王，由美因兹大主教加冕，成为亨利一世，萨克森王朝由此开始了。

此后的六年间，亨利一世先后迫使士瓦本、巴伐利亚等公爵承认自己为全德意志国王，他还将法兰克国王打败，迫使洛林公爵归顺。之后，他又将斯拉夫人征服，建立了梅泽堡等前哨阵地，至此，德意志国家的疆域基本确定下来。

928年，亨利一世把伯爵的称号和领地授予了洛林主教，将教会置于自己的统治之下，开创了控制王权、利用教权的先例。从此以后，作为德意志国家的奠基者，亨利一世为后代开辟了通往帝国的道路。亨利去世后，他的儿子奥托继承王位，在原加洛林帝国的皇宫中加冕称帝。

奥托继位伊始，政权是极不稳固的，各大公爵相继反叛。面对这种情况，奥托决定征讨和联姻双管齐下，将反叛的公爵逐一制服，然后任命他们为大臣，这就等于将他们变相地变成下属。从这一点上来讲，奥托是中世纪欧洲第一位真正意义上的国王。

奥托还从父亲那里继承了"利用并控制教会"的政策，亲自任命一名巴伐利亚主教，开创了主教由世俗君主授职的先河。此时，奥托在东方已经占领了易北河与奥德河之间的地区，将斯拉夫人的领地侵占了一大半。此外，奥托还加强了对波希米亚的控制，居住在匈牙利的马扎人对此产生了强烈的不满，战争一触即发。955年，奥托率领大军在奥格斯堡附近将马扎人击溃，彻底消除了马扎人对德国的威胁，并且为日后占领匈牙利打开了大门。战争结束后，奥托在马格德堡建立了大主教区，加强了对易北河以东地区斯拉夫人的统治。从此以后，基督教的势力开始向东欧渗透。

面对强盛的德意志王国，此时的意大利南部已经四分五裂，很多地方被东罗马帝国控制，而意大利北部则群雄并起，战乱频繁，这种局面对刚

●建于796年的德国亚琛教堂，法兰克国王和神圣罗马帝国皇帝加冕仪式都在此举行。
●神圣罗马帝国皇帝奥托一世。

　　登上王位不久的奥托非常有利。951年，奥托自称意大利王，恰好与地方豪强争权夺势的罗马教皇失败后请求奥托庇护，奥托便趁此良机，借助罗马教皇一举荡平了意大利南部。962年12月，奥托在罗马圣彼得大教堂加冕称帝，称号为奥托大帝。

　　奥托死后，康拉德二世将帝国定名为"罗马帝国"。1157年，腓特烈一世又把帝国尊称为"神圣帝国"。到了1250年，两个称呼合并，称为"神圣罗马帝国"。在奥托之后，神圣罗马帝国先后有八位皇帝在罗马加冕。

●巴约挂毯上的画面

>>> 巴约挂毯

　　70米长，0.5米宽，现存62米。共623个人物，55只狗，202只战马，49棵树，41艘船，约2000个拉丁文字，约500只鸟和龙等不知名生物。此文物饱受英法战役之苦，多次辗转英法，最近两次是拿破仑从巴约把它拿到法国大教堂，"二战"后英国从德国拿回。

　　诺曼底的织毯女工们为了纪念威廉统治英格兰的胜利，以讲故事的叙述方法织成了伟大的艺术品——巴约挂毯，至今仍保存在法国小城巴约的圣母院里，供后人瞻仰。

拓展阅读：

吻脚礼
诺曼底群岛
《自由大宪章》[英]

◎ 关键词：封建庄园　阶级矛盾　诺曼底王朝

诺曼底公爵执政英国

　　11世纪的英国，正处在封建化的激荡风云中，土地所有者趁机掠夺了农民的大量田地，农民的身份转为农奴。吞并大量土地的地主不仅拥有巨额财富，而且在政治上谋得一席之地，大规模的封建庄园出现了，阶级矛盾在不断加剧。

　　1042年，爱德华登上英格兰王位，他任命了一批诺曼人在朝廷和教会中担任要职，以便和国内的贵族势力相抗衡。1066年，没有子嗣的爱德华去世了，贵族们便推选哥德温家族的威塞克斯伯爵哈罗德继位。刚刚继位的哈罗德就遭到了两个人的强烈不满：一个是他的兄弟陶斯提格，此人得到了挪威国王的支持；另一个反对者就是诺曼底的公爵威廉。

　　威廉是诺曼底公国的第七位公爵。1063年，威廉征服了缅因，接着又控制了布列塔尼，将英吉利海峡和多佛尔海峡南岸一线控制在手中。这为他入侵英国夺取王位创造了极好的条件。

　　威廉争夺王位的行动开始了。他下令伐木造船，招募水手，并且征集了很多骑士，在准备战争的同时，威廉还展开了外交手段，取得了教皇、法德以及丹麦王储的支持。

　　得知威廉前来夺取王位，哈罗德只好准备应战，他组织了一支庞大的舰队，并且招集许多农民充当士兵。一切准备妥当的哈罗德就等威廉来犯，但是很多天过去了，威廉却没有丝毫进攻的迹象。哈罗德手下的士兵以为威廉不过是说说而已，并不会真的发动战争，于是军队的士气涣散下来。

　　哈罗德哪里知道，威廉随时都有出兵的准备，只不过一直没有合适的机会，他一直在等待顺风，好让舰队顺利渡过英吉利海峡。

　　1066年9月，机会终于来了，一股强烈的海风吹过英吉利海峡，威廉抓住战机，率领舰队穿过海峡，直奔对面的英格兰。9月28日，威廉率领的军队顺利在伯文西登陆。为了吸引哈罗德前来决战，威廉的军队在伯文西周围烧杀抢掠。这一招果然奏效了，哈罗德的军队闻讯而出。10月14日，双方在哈斯丁激战了整整一天。哈罗德率领的军队伤亡惨重，哈罗德本人也战死在沙场上。主帅阵亡，英国军队无心再战，残余军队在对手的强大攻势下四散奔逃，威廉取得了胜利。

　　威廉再接再厉，一举攻下了伦敦，并于12月25日加冕英国皇帝。从此，诺曼底王朝开始了对英格兰的统治。

●骆驼兵一部

◎ 关键词：游牧民族 突厥 扩张

塞尔柱帝国的兴盛

　　在很早的时候，就有一支游牧民族在中国的天山山脉至中亚一带活动，他们被称为突厥人。6世纪时，突厥人建立了东突厥和西突厥两个国家，占领了辽河下游、里海、贝加尔和青海等地区，对中国的北疆威胁极大。

　　强盛的唐王朝是不允许他们肆虐的。公元630年，东突厥被唐王朝所灭，659年，西突厥也被唐王朝一举摧垮。但是顽强的突厥人百足不僵，此时，外蒙古仍然保留着一个独立的突厥人建立的国家，该国家是由组织松弛的部落联盟组成的。8世纪，阿拉伯伍麦王朝侵占了突厥的西部地区，将大量的突厥人赶到阿拉伯国家充当奴隶，并且把那里伊斯兰化。

　　970年，突厥人的乌古思部族在酋长塞尔柱的带领下，将部落迁移到锡尔河下游，接受了逊尼派伊斯兰教。到了1037年，塞尔柱的孙子图格里尔·贝格·穆罕默德开始将突厥人的势力向中亚扩展，一举将印度伽色尼王朝的军队打垮，趁机占领了中亚的很多地区。扩张开始后，塞尔柱人又盯上了东罗马帝国统治下的亚美尼亚，和东罗马帝国发生了频繁的冲突。

　　1055年，图格里尔·贝格·穆罕默德率领塞尔柱人进入阿拉伯世界，占领了巴格达，迫使阿拔斯王朝的哈里发封他为阿拉伯国家的摄政，赐号苏丹，意为"权威"。随后，塞尔柱人在中亚的伊斯法罕建立基地，向东罗马帝国统治下的亚美尼亚和安纳托利亚发动进攻。

　　突厥人很快就占领了亚美尼亚。他们以猛烈的攻势，席卷了自陶鲁斯山脉到狄奥多西城之间的300千米长的边界，将这片土地上的800多所教堂摧毁，13万基督教徒成了这次入侵的牺牲品。1064年，图格里尔的儿子阿尔普·阿尔斯兰率领一支骑兵为先锋，先后攻占了亚美尼亚和格鲁吉亚，之后又渡过幼发拉底河，将叙利亚、西里西亚和卡帕多细亚据为己有。

　　1068年，罗曼努斯四世亲自率领军队进入亚美尼亚，打算将入侵的突厥人赶出去。

　　罗曼努斯四世率领的军队来自各个部族和地区，成员十分复杂，因此军心不整，很难协调作战。在战斗刚开始的时候，东罗马军队取得了一些胜利，将突厥人打得节节败退，屡次胜利让罗曼努斯四世感到有诈，于是便下令撤退。此时，突厥人见时机已到，马上向东罗马军队反扑，并且散布东罗马帝国战败的谣言，动摇了东罗马的军心。战争结果是罗曼努斯四世成了俘虏，被迫与突厥人签订和约，无条件地释放了突厥战俘，并向突厥人缴纳了大量的贡赋。

　　这次战争令东罗马帝国丧失了对亚美尼亚和小亚细亚的统治，这两个地区迅速被突厥化。

◎ 关键词：诺曼底公国 冒险者 教皇

诺曼人建立阿普利亚公国

"诺曼"的意思是指北方人，诺曼人的祖先最早居住在北海、波罗的海以及北欧的一些岛屿上。9世纪到10世纪间，尚处于阶级分化和国家建立前夕的诺曼人，迫于人口压力和对当地一些新兴国家政权的厌恶，成群结队地向外进犯。其中的一支于841年进入法国西海岸，迫使法国皇帝将其占领的土地分给他们作为封地，之后他们建立了诺曼底公国。

11世纪初，法国诺曼底公国的一些诺曼人，到达意大利著名的圣地加尔诺山的圣迈克尔朝圣，从此，他们介入了意大利南部各派政治势力斗争的旋涡之中。当时意大利南部正处于极度的混乱之中，阿拉伯人控制了西西里地区，而卡拉布里亚和阿普利亚则处在东罗马帝国的统治之下，加埃塔、那不勒斯和本尼凡托、卡普亚以及萨勒塔等城市则牢牢掌握在伦巴德贵族手中，他们各不相让，斗争异常激烈。

意大利南部的贵族梅洛是反对东罗马帝国的中坚，诺曼人的到来让他灵机一动。他企图借助诺曼人的力量摆脱东罗马帝国的统治，于是开出非常具有诱惑力的条件煽动诺曼人到意大利南部冒险。由于受到极力的怂恿，前来朝圣的诺曼人回到诺曼底公国后，便开始招兵买马，然后打着朝圣的旗号越过阿尔卑斯山，染指意大利南部的政治斗争。

但是情况并非诺曼人想象的那样简单，1018年，这支冒险的队伍在巴里被东罗马帝国的强大军队击溃。两年后，引诱他们到此的梅洛也死了，诺曼人只好四处流浪，靠掠夺为生。生活在意大利南部的贵族们，争相利用这支队伍，企图在内战中称雄。贵族们认为，在适当的时候给诺曼人一些好处是非常必要的。1029年，诺曼人从那不勒斯公爵手中得到了一块永久的居住地——富饶的阿韦尔萨。在这块土地上品尝到甜头后，越来越多的诺曼人由于不堪忍受诺曼底公国封建主的盘剥，纷纷来到阿韦尔萨，于是，那里很快就成了诺曼人的侨居地。

作为这批冒险者中的佼佼者，罗伯特·吉斯卡尔于1095年率众夺取了东罗马帝国控制下的阿普利亚和卡拉布里亚，并且以燎原之势，逐步将东罗马帝国的势力排挤出去。之后，罗伯特又胁迫教皇尼古拉二世承认他为卡拉布里亚和阿普利亚公爵，罗伯特向教皇许诺，如果得到教皇的支持，那么他从东罗马帝国和阿拉伯人手中夺取的领土，全部由教皇管辖。

最终罗伯特得到教皇的支持，在意大利南部建立了强大的阿普利亚公国。

1071年，罗伯特率领诺曼人将东罗马帝国坚守了四年的巴比伦城攻破。从此，东罗马帝国丧失了在意大利南部的最后一个立足点，其统治随之结束了。诺曼人成了那里真正的统治者。

● 用船来运送诺曼骑士

>>> 普利亚

意大利东南部区名。古称"阿普利亚"。濒亚得里亚海，北起加尔加诺岬，南至圣玛丽亚迪莱乌卡角，包括巴里、布林迪西、福贾、塔兰托与莱切等省。

面积1.93万平方千米。首府塔兰托。以石灰岩台地为主。最高点科尔纳基亚山，海拔1151米。沿海平原狭窄，唯南北两端稍宽。气候干燥，主要靠灌溉。奥凡托为本区重要河流。农业居重要地位，主产小麦、燕麦、油橄榄、葡萄与烟草，有养羊业、铝土矿，沿海湖泊产盐与硝石。主要城市为巴里、塔兰托和福贾。

拓展阅读：

圣旗

坎尼会战

中世纪的鼎盛与衰落

● 罗伯特像

>>> 中国的东罗马遗物

395年，以拜占庭为中心的东罗马和东晋南北朝以来的中国交往逐渐频繁。在中国境内陆续发现的东罗马遗物，虽不都是从东罗马直接传入的，但仍可作为中西交通日益发展的实物证据。

中国境内的东罗马遗物，以通行在当时中西交通路线上的东罗马金币及其仿制品为多。重要的发现地点有新疆、陕西、内蒙古和河北。

经由上述河套地区的北方路线上，还发现了罗马风格的玻璃器。南京地区的东晋墓中，多出土饰以磨出长条花纹的直壁玻璃杯，其形制也和罗马玻璃器相似。

拓展阅读：

安卡拉战役
《驶向拜占庭》
[英] 威廉·巴特勒·叶芝

◎ 关键词：罗伯特 东罗马帝国 巴尔干半岛

罗伯特进军拜占庭

罗伯特在意大利建立了强大的阿普利亚公国，将东罗马帝国驱逐了出去。在罗伯特的治理下，阿普利亚公国迅速崛起，东罗马帝国对此感到十分不安。况且，占领意大利南部的诺曼人，并不满足于当前的现状，他们想向亚得里亚海和巴尔干半岛扩张领土，这自然又和东罗马帝国结下怨仇，随着矛盾的激化，战争就不可避免地发生了。

1081年，罗伯特首先向东罗马帝国发难。他将国家的政务全部交给小儿子罗杰掌管，自己则和长子博希蒙得率领着一支庞大的舰队向亚得里亚海进发。

此时的东罗马帝国正面临着一个百废待兴的局面，马其顿王朝的统治已经结束，新的王朝科穆宁在阿列克修斯的统治下刚刚兴起。1054年，东西两派教会的分裂无疑是雪上加霜，这说明东罗马帝国已为西方基督教会所不容。意大利南部虽沦入诺曼人手中，而东罗马帝国对此却无能为力，在外部的重压下，东罗马帝国已经没有足够的经济能力支持军事开销来和诺曼人抗衡。这种情况下，通过外交手段避免战祸是唯一的途径。于是，东罗马帝国的统治者先后向威尼斯人和德意志民族的神圣罗马帝国伸出求援之手。

神圣罗马帝国对此爱莫能助，而威尼斯人出于自身利益趁机成了东罗马帝国的盟友。

罗伯特在东罗马帝国四处求援的时候，悍然拿下了科孚岛，然后向都拉索进发。都拉索是东罗马帝国的西方门户，它有着非常坚固的城池，守城的将领是出身贵族世家的乔治，他手下的士兵个个能征善战。

战争还没开始，罗伯特率领的军队就遭到了一场劫难，一场突如其来的风暴让罗伯特损失惨重。正在这时，支援东罗马帝国的威尼斯舰队恰恰赶来了，和罗伯特的军队展开了一场生死大战，双方都有很大的死伤，但战争并没有分出胜负。

随后，阿列克修斯集结了一支庞大的军队，和威尼斯人联合起来，将罗伯特的军队团团包围起来。在生死存亡的紧要关头，诺曼人凭着超常的战斗力，这才突围出来。

几个月后，诺曼人终于叩开了久攻不下的都拉索城门，打开了东罗马帝国的西方门户。之后，罗伯特挥师东进，准备进一步扩大战果。但是意大利内部的突发变故迫使罗伯特撤军，以便应付国内的局面。

1084年，罗伯特再次征讨巴尔干半岛，正当节节胜利时，罗伯特却染病身亡，出征的行动也就不了了之了。

◎关键词：宗教圣地 十字军 屠杀

十字军东征

●十字军在攻城

>>> 宽容的萨拉丁

1187年，萨拉丁集结力量进攻十字军中最强的耶路撒冷王国，并最终光复了耶路撒冷。

在十字军占领期间，基督徒们已经玷污和亵渎了伊斯兰教最神圣的场所，阿克萨清真寺被当作了马厩，穆罕默德升天时站过的石头也被带到君士坦丁堡出售。不过，胜利的萨拉丁没有实施报复，城内数千居民以微薄的赎金获救。萨拉丁和他的兄弟还亲自用自己的钱为一些最穷的居民支付了赎金，并为难民安排卫兵。

萨拉丁在基督教徒们的侵略和仇恨面前的大度和宽容，一直被穆斯林引以为傲。

拓展阅读：

《十字军骑士》[波] 显克微奇
《十字军东征》
[法] 乔治·泰特

耶路撒冷是世界上最有名的宗教圣地，犹太教、基督教和伊斯兰教都在此诞生。所罗门王曾经在耶路撒冷建造了圣殿，所有犹太人都把那里看作"流着奶和蜜的地方"；创建伊斯兰教的穆罕默德在耶路撒冷升天，所有伊斯兰教徒自然把那里作为心灵中的圣土；同时，基督教的创始人耶稣在那里被钉死在十字架上，此地在基督教徒心目中自然也是朝拜的圣地。于是，这片充满神秘色彩的圣地在各个教派的争夺中变成了一个随时都会爆炸的火药桶。

为了争夺这片肥沃的土地，古巴比伦人和古罗马人，都曾在耶路撒冷留下了征服的脚印。到了11世纪，西欧逐渐强盛，随着城市的兴起，商业和贸易得到长足的发展，封建贵族对城市商品和东方商品的需求日渐增加，单单从领地上的剥夺已经不能满足。此外，当时的西欧实行的是长子继承制，封建领地由长子来继承，其余的诸子只能作为骑士，他们的日常开销大都靠服兵役和掠夺过往的商旅为生。因此，封建主们强烈渴望向外掠夺财富，富庶的地中海各国便成为他们的首选目标。于是，大封建主和罗马教廷联手，打着拯救圣地的旗号，号召基督教徒东征，去夺回伊斯兰教控制下的耶路撒冷。因为每个东征的战士都在衣服上缝上十字，所以这支军队又称十字军。

从表面上看来，十字军东征是一场宗教之间的争夺，实际上，社会和经济因素才是导致战争爆发的深层原因。基督教徒在当时的西欧是最大的封建领主，如果利用他们发动战争，教皇便可以从中渔利，为争夺封建霸权，进一步凌驾于西欧各国君主之上做好准备，并且有希望重新建立统一的基督教世界，将势力范围扩展到伊斯兰教区域。

十字军东征的兵源除了骑士外，城市商人是出征的主要支柱，威尼斯、热那亚和比萨的商人，企图从阿拉伯和东罗马帝国手中夺地中海东部的贸易港口和市场。农民受到封建主繁重的盘剥，加上连年饥荒，于是梦想通过东征摆脱饥饿和封建枷锁的桎梏。

东方的情形也不容乐观，当时的塞尔柱王国已经由盛转衰，与东罗马帝国的连年征战导致他们无力阻止西方的入侵者。1095年11月，罗马教皇乌尔班二世在法国中部的克勒芒召开宗教会议，西欧的几个重要国家派出各个阶层的数千名代表参加了会议。教皇在会议上发表了慷慨激昂的演说，鼓动封建主、骑士和农民到东方去清除异教徒，拯救耶路撒冷。

于是，受到鼓动的各阶层人士迅速集结起来。1096年，法国和德国的农民在僧侣彼得和骑士华尔特

●十字军攻击安条克城

●十字军首领眺望圣城

的领导下向东方进发,这批乌合之众刚到小亚细亚就遭到塞尔柱人的全力一击,结果全军覆没。1096年秋,法国、意大利与德国的封建主和骑士开始了第一次真正意义上的东征,这支队伍组织严密,装备精良,人数众多,有着极强的战斗力。

1097年春,十字军进入亚洲,由于遥远的东征之路缺少给养,士兵们的生活非常艰苦;加上塞尔柱人又趁机发动袭击,所以虽然十字军一路攻占了很多重要城市,但兵员锐减,战斗力急剧下降。

1099年,十字军终于攻占了圣城耶路撒冷,巨大的代价让他们对耶路撒冷展开了疯狂的屠杀,耶路撒冷在他们的手下几乎毁灭了。

这就是十字军的第一次东征。

中世纪的鼎盛与衰落

●纪念米兰市民重回家园的浮雕

>>> 美泉宫

美泉宫是坐落在奥地利首都维也纳西南部的巴洛克艺术建筑，曾是神圣罗马帝国、奥地利帝国、奥匈帝国和哈布斯堡王朝家族的皇宫，如今是维也纳最负盛名的旅游景点。

美泉宫的名字来源于神圣罗马帝国皇帝马蒂亚斯（1612—1619年在位），传说1612年他狩猎至此，饮用此处泉水，清爽甘洌，遂命名此泉为"美泉"，此后"美泉"成为这一地区的名称。1743年，奥地利女皇玛丽亚·特蕾西亚下令在此营建气势磅礴的美泉宫和巴洛克式花园，总面积2.6万平方米，仅次于法国的凡尔赛宫。

拓展阅读：

霍夫堡皇宫
卡斯蒂利亚女王胡安娜

◎ 关键词：罗马帝国 强盛 分裂势力 威胁

神圣罗马帝国的衰落

德意志在亨利一世统一之后，奥托、康拉德等人先后统治了这个帝国。随着王权的更迭，萨克森王朝的罗退尔登上了王位。罗退尔在临死之前，将王位传给了自己的女婿，但是这一举动引起了各公爵和主教的极大恐慌，他们害怕王权会就此延续下去，于是就另外选举他们认为势力最小而且性格懦弱的士瓦本的霍亨斯家族的康拉德三世为王。

康拉德三世登上王位之后，就和德意志最强大的威尔夫家族展开了长期而又激烈的斗争。康拉德因此失去了到罗马加冕皇帝的机会，成为第一个神圣罗马帝国没有去罗马加冕的皇帝。

1152年3月4日，康拉德三世的侄子腓特烈一世称帝，尊称为腓特烈大帝。在他的统治下，神圣罗马帝国一度恢复了奥托大帝时代的强盛与繁荣。腓特烈称帝时，国内的形势非常混乱，教皇拥有了庞大的权势，国内的教会贵族全部听命于教皇，形成了新的分裂势力。在神圣罗马帝国的外部，英国和法国的国力一天比一天强大，也对帝国构成了很大威胁。

1153年，腓特烈一世率领军队攻入罗马，扫平了贵族的势力，缓解了国内的压力。不甘失势的教皇对腓特烈一世百般刁难，想借助加冕问题恢复自己的势力，并且对此有恃无恐。一直到1155年6月，腓特烈一世才在罗马加冕皇帝。

1157年，腓特烈一世在罗马帝国的国名上冠以"神圣"二字，与教皇自命的"神圣教廷"相抗衡。腓特烈一世还拥立了一位新教皇，与旧有的教皇形成对峙的局面，但腓特烈一世仍然无力控制意大利。1177年，腓特烈一世被迫承认教会选举的教皇是唯一合法的，在与教皇的斗争中，腓特烈一世完全败北。

腓特烈一世在国内公爵们的强烈反对下结束了对意大利的征讨，宿敌威尔夫家族的亨利公爵趁机向东扩张，占领了莱茵河下游的广大地区，成为腓特烈一世的心腹大患。1180年，腓特烈一世强行将亨利的领地分封给自己的亲信，国内的王权暂时得到了巩固。

1190年，腓特烈一世死于十字军东征途中，神圣罗马帝国再次陷入权力纷争的旋涡中，继位的腓特烈二世由于没有足够的力量打败竞争对手，只好委曲求全，屈膝向教皇讨好。1250年，腓特烈二世死于意大利，通往罗马的道路从此断绝了。

神圣罗马帝国在欧洲丧失了势力，也结束了对意大利的统治。1268年8月23日，霍亨斯陶芬家族的最后一个男丁在征讨意大利时被杀，该家族从此灭绝。

中世纪的鼎盛与衰落

● 法兰西诺曼底公爵威廉像

>>> 英国的弓箭文化

英国人拥有独一无二的弓箭文化。1066年，来自诺曼底的征服者规定臣服的盎格鲁—撒克逊有产者不得拥有骑士的装备，但弓箭不在禁止之列。很快，前朝遗老遗少们纷纷装备了这种"合法"的武器，而普通老百姓及农奴等"下等人"则连这种不够"高贵"的武器都不得拥有。弓箭之于英国仅次于骑士佩剑、马枪的地位，是一种身份的象征。

那个时期英格兰政权统一，政治相对稳定，政策连续性强，保证了长弓的推广，使得长弓称雄了200年之久。

拓展阅读：
《海盗地图》秀城、张翅
《"诺曼底"号遇难记》
　[法] 雨果

◎ 关键词：诺曼底 分裂局面 法国 腹背受敌

不平静的诺曼底公国

法国诺曼底公国的威廉征服英国后称为威廉一世，称帝后的威廉仍然拥有诺曼底公国的领地。威廉加冕英国国王以后，诺曼底地区将意味着成为英国领土的一部分，不再受到法国的管辖。法国国王试图挽回，但非常困难。

自从卡佩家族于公元987年统治法兰西之后，日子一直不好过。法国封建割据严重，掌握在国王手中的权力非常有限，王室的领地仅限于巴黎和奥尔良两大城市。

虽然如此，法国国王仍然拥有相当大的优势，他是全国的军事首领，全国的封建主都必须向他行君臣之礼，并承认土地是国王恩赐的；其次，每一任国王即位时都由主教涂饰圣油，国王也由此被视为超自然力量的化身，卡佩王朝的历代君主正是利用这样的方式扩张王室领地的。

作为威廉的根据地，诺曼底距离巴黎仅仅十余千米，法国国王想尽快削弱诺曼底的势力，并将它吞并。

有了这样的打算，法国国王支持威廉一世的长子罗伯特向威廉提出要求，继任诺曼底公爵之位。在法国国王的极力怂恿下，继位心切的罗伯特竟然与威廉在战场上兵戎相见，罗伯特不顾父子之间的亲情，差一点将威廉刺死在自己的长矛之下，从此以后，父子二人反目成仇。

1087年，威廉在英国去世，他的另一个儿子卢弗斯继承了英国王位，称威廉二世，而长子罗伯特也最终获得了诺曼底公爵的头衔。英国和诺曼底的分治局面为法国国王插手诺曼底和英国之间的事务提供了便利。

在法国国王的调唆下，英国国内的贵族叛乱时有发生。1100年，威廉二世在打猎时被人暗杀。之后威廉的弟弟亨利登上王位，称亨利一世。初登王位的亨利十分明白动乱的根源在于诺曼底没有控制在国王手中，他决定征讨罗伯特。

1105年，亨利一世率领军队渡过英吉利海峡，彻底征服了诺曼底，将罗伯特公爵押回英国永远囚禁。安瑟伦大主教是亨利一世的宿敌，他1109年的去世使诺曼底的分裂局面结束了，亨利将英格兰和诺曼底彻底统治在自己的王权之下。

公元1109年，亨利一世为了稳固统治，让自己唯一的女儿与神圣罗马帝国皇帝亨利五世订立婚约，法国陷入腹背受敌的尴尬境地。在万不得已的情况下，法国国王于同一年向英国宣战，挑起了一场长达两个世纪的战争。

●萨拉丁像

>>> 耶路撒冷哭墙

耶路撒冷犹太教圣迹哭墙又称西墙，是耶路撒冷旧城第二圣殿护墙的一段，是第二圣殿护墙的仅存遗址，也有"叹息之壁"之称。为古代犹太国第二神庙的唯一残余部分，长约50米，高约18米，由大石块筑成。

犹太人认为哭墙是当年圣殿留下的唯一遗迹，是犹太教最神圣的祈祷之地。许多世纪以来，犹太教徒都到这里来面壁祈祷，每当追忆历史上圣殿被毁的情景，便不禁号啕大哭一场，哭墙因此而得名。以色列人发誓决不废弃"哭墙"。

拓展阅读：

蔷薇十字军
《十字军东征图集》[法]陀莱

◎ 关键词：东征 阿优布王朝 穆斯林世界

埃及攻占耶路撒冷

十字军第一次东征，虽然饱经挫折，但最终还是从侵略中尝到了甜头。公元1144年，塞尔柱帝国的总督马德·丁·赞吉攻占了埃德萨，罗马教廷便趁此机会煽动再次东征。1147年，法国和德国各组织了一支7万人的大军，开始了第二次东征。农民经历了第一次十字军东征，但并没有从中得到任何好处，有了上一次的教训，第二次东征的人数锐减，仅仅有1000余人参加，其中多为骑士阶层。

德国皇帝康拉德三世亲自率领德国的十字军，穿过匈牙利，经色雷斯进入都城君士坦丁堡。10月底，德国十字军在多里利昂附近遭遇到突厥人，德国十字军大败，康拉德三世只好率领着一些残兵败将等待法国十字军的到来。不料法国十字军也伤亡过半，东征再次失利。

1148年，康拉德和路易各自率领残余的部队与耶路撒冷王国的军队会合，联手围攻了大马士革，驻守的总督使用一条离间计，大败了前来围攻的联军，十字军全线溃退，康拉德与路易只好狼狈回国。第二次十字军东征以失败告终，从此以后，东征的事宜一度被搁置。

他们没有想到，阻止东征的不仅有剽悍的突厥人，随着埃及军事长官萨拉丁·优素福·伊本·阿优布发动政变，推翻法蒂玛王朝，建立阿优布王朝，埃及也成了十字军东征的一大劲敌。建立王朝之后的萨拉丁，以迅雷不及掩耳之势征服了十字军久攻不下的大马士革，占领了阿勒颇纳，并且将美索不达米亚和北叙利亚统一在自己的王朝之下，从此以后，穆斯林世界再次强大起来。

1187年7月，萨拉丁全歼耶路撒冷守敌，随后，又连续攻占了阿克、贝鲁特、西顿、雅法、恺撒利亚和阿斯卡伦等沿海城市，彻底切断了耶路撒冷通往欧洲的交通线，使耶路撒冷陷入孤立无援的境地。9月20日，萨拉丁开始以重兵围攻耶路撒冷城，圣城岌岌可危。10月2日，耶路撒冷失守。

耶路撒冷被萨拉丁攻破的消息在西欧各国引起极大震惊，于是一支由英、法、德三国封建主和骑士组成的十字军开始了第三次东征。德国皇帝腓特烈一世率领德国十字军，打算吞并拜占庭。为了对付德国十字军，拜占庭与萨拉丁结盟。1190年6月，出师不利的腓特烈一世率领3万十字军进入小亚细亚后，不幸在一条小河上落水淹死，德国十字军只好退回国内。

英、法两国的十字军在各自国王的率领下，于1191年到达叙利亚，马上参与了围攻阿克城的战斗，在付出沉重代价后，十字军终于在1191年7月将阿克城攻破。但是此后，法国十字军很快就撤军回国了，只有英国十字军还留在东方，因此，十字军进攻耶路撒冷的计划再次落空。

● 公元 1187 年，萨拉丁率领阿拉伯联军在海廷之战中大败十字军，俘虏耶路撒冷国王并从其手中夺回基督教圣物——耶稣受难时的十字架。

●今日的巴黎大学

>>> 香槟地区

"香槟"是法文 Champagne 的音译，因为香槟的存在，法国北部巴黎以东、兰斯市周围，包括马恩、奥布和埃纳省的一部分现在被统称为香槟地区。

香槟地区是香槟酒的产地，根据法国法律只有香槟地区出产的香槟酒才能称为香槟酒，其他地区出产的同类酒只能称为"发泡葡萄酒"。

在香槟地区中部，马恩河蜿蜒流经此地，绵延100千米。法国小城沙隆也坐落在香槟地区。

拓展阅读：

京师大学堂
中国古代太学
《法国通史》吕一民

◎ 关键词：封建统治 宗教精神 精神文化 巴黎大学

巴黎大学成立

中世纪，欧洲封建教会的统治是根深蒂固的，它几乎可以和王权分庭抗礼，成为文化发展的主要障碍。

教会为了加强封建统治，控制人们心中的反抗意识，达到长期麻痹人们的目的，便禁止一切与宗教精神相违背的精神文化的滋生。于是，古代羊皮纸上的学术著作被教士们篡改，代之的是文意不通的宗教神话，教会还罗列大批禁书，封锁文化传播。亚历山大图书馆藏有几十万册图书，可以称得上是一座古典文化的宝库，它囊括了古代希腊、罗马学者多年积累下来的智慧和心血，这样的一座知识殿堂，却被基督教徒们付之一炬。391年，阿非罗主教下令将其焚毁，文化的禁锢程度由此可见一斑。

从此以后，中世纪初期的普通百姓，不仅不能得到任何先进的文化知识，而且被教会思想锁闭了眼界，就连出身高贵的王公们也是粗鲁无知，社会上只有极少数高级教士掌握拉丁文，但那也是为了阅读《圣经》和宣传教义的需要。

教会学校里培养出来的学生，仅仅是为教会提供服务的工具。那时候的教会学校，教科书只有一本《圣经》，人们只一味地信奉上帝。

阿拉伯人的入侵和十字军东征后，东方文明冲击了基督教统治的世界，教会垄断文化的缺口从此被打开了。

市民们越来越不满足于当前的社会生活，他们迫切地想接触一些新的思想和事物。于是，西欧的一些城市中开始出现学校，大学就是在此基础上诞生的。11世纪末，中世纪欧洲的第一所大学波伦亚大学在意大利成立。12世纪，法国的巴黎大学、英国的牛津大学相继出现。到了15世纪，欧洲已经出现了40余所大学，在这些大学中，法国的巴黎大学最为典型。

1200年，经过法兰西国王腓力二世批准，巴黎大学正式成立，来自欧洲各地的求学者迅速云集于此，他们渴求从这里获得新知。新成立的巴黎大学设有四个学科，包括文艺、医学、法律和神学，学生学习的主要方法是听讲、做笔记和参加辩论会，他们所学的教材大都是古代流传下来的一些名著，教师一边诵读教材，一边对各种疑点进行解释。由于当时条件的限制，学生们很少做实验，就连医学教学也不能进行活体解剖，人体解剖更是不可能的。这样，辩论就成了学生生活的重要组成部分。

巴黎以及西欧大学在中世纪的出现，是世界教育史上具有划时代意义的事件。从此宗教文化的一统局面被打破了。

● 正在向群众鼓动远征的教士

>>> 水城威尼斯

威尼斯是一个美丽的水上城市，它建筑在水上，蜿蜒的水巷，流动的清波，她就好像一个漂浮在碧波上的浪漫的梦，诗情画意久久挥之不去。这个城市，曾一度握有全欧最强大的人力、物力和权势。

威尼斯的历史相传开始于453年，当时威尼斯地方的农民和渔民为逃避酷嗜刀兵的游牧民族，转而避往亚德里亚海中的这个小岛。威尼斯外形像海豚，城市面积不到7.8平方千米，却由118个小岛组成，177条运河蛛网一样密布其间，这些小岛和运河由大约350座桥相连。整个城市只靠一条长堤与意大利半岛连接。

拓展阅读：

韦泽莱大教堂 [法]
《十字军》（电影）
《威尼斯之死》
[德] 托马斯·曼

◎ 关键词：威尼斯 瓜分 拜占庭 拉丁帝国

十字军建立拉丁帝国

十字军东征除了第一次取得胜利外，第二次和第三次都惨败而归，此后经过一段时间的酝酿，教皇英诺森三世发动了第四次十字军东征，此次东征的主要参与者包括法国、德国和意大利的贵族，而起支配作用的则是意大利的城市威尼斯。

1201年，十字军的使者到达威尼斯，和驻守在那里的总督恩里科·丹多罗商谈运载十字军前往东方的条件。当时的威尼斯和埃及的商业关系十分密切，双方的贸易十分频繁，威尼斯向埃及输出大量的木材、铁和尖端的武器，从埃及人手中换取大量的奴隶。鉴于这种情况，丹多罗极不愿意十字军攻打埃及，而希望去攻打拜占庭，因为它是威尼斯商业上的劲敌。

为此，丹多罗向前来游说的使者开出了非常苛刻的条件，想让十字军知难而退，以便维持与埃及的贸易关系，他答应可以给十字军提供运载的船只，但他提出运送一名士兵需要2马克，运送一匹马则需要4马克，如果把十字军全部运送完，共需要运费85000马克，东方的诱惑迫使使者答应了丹多罗的要求。

1202年，十字军集结在威尼斯等待运送，由于人数比预定的要少，十字军未能交纳够原定的款项，丹多罗便以此为借口，不失时机地向十字军提出不要再去攻打埃及，而应该进攻威尼斯的商业竞争对手——信奉基督教的扎拉城，等攻打下扎拉城后，用掠夺的财产和战俘补充十字军所欠的款项。

万般无奈之下，十字军只好同意了丹多罗的要求，率军攻打扎拉城。1202年11月，扎拉城被攻破，十字军将那里洗劫一空，所得的财产和俘虏全部给丹多罗充当运费。接下来，拜占庭帝国的皇帝伊萨克二世在政变中被赶下台，十字军以此为借口，派兵攻打君士坦丁堡。此时已经十分虚弱的拜占庭帝国因为对付突厥人和诺曼人而耗费了大量的开支，国库已经虚空，连年战争使经济发展受到了很大的破坏。在这种情况下，十字军攻打君士坦丁堡是极易得手的。

不堪一击的君士坦丁堡很快被攻破，十字军在城中纵火焚烧，大火一直燃烧了三天三夜，图书馆也在大火中焚毁，大量的金银、宝石、绸缎和皮货被十字军运回国内。

在这次远征中，获利最大的是威尼斯，它瓜分了拜占庭帝国八分之三的领土。随着拜占庭帝国陷落，十字军在巴尔干半岛建立了拉丁帝国，但是当地人们不堪忍受压迫，纷纷起来反抗。1261年，刚刚建立不久的拉丁帝国就宣告灭亡了，拜占庭随之复国。

中世纪的鼎盛与衰落

●德皇腓特烈二世及其妻

◎ 关键词：宗教狂潮 儿童 政治手腕 胜利

腓特烈二世东征

　　十字军第四次东征后，建立了拉丁帝国，圣地耶路撒冷被糟践得面目全非，当地的民众纷纷起来反抗，十字军在东方的根据地陷入重重危机之中，尽管教会一再呼吁发动新的东征，但响应者寥寥无几。为了掀起新的宗教狂潮，在教会的操纵下，一场残酷的闹剧上演了，教会声称只有"纯洁无瑕"的儿童，才能获得神的保佑，儿童可以凭借奇迹从穆斯林手中解放圣地耶路撒冷。于是，1212年，几万名儿童在这场闹剧下踏上了东征之路。这些可怜的孩子由于路上不能照顾自己，很多人因为忍受不了风餐露宿而惨死于东征的途中，侥幸生存下来的则被黑心的商人卖为奴隶，十字军东征再度被搁置。

　　后来，匈牙利国王安德鲁二世、奥地利公爵波尔德六世，以及德国南部的一些大封建主，为了各自的利益而表示愿意再度出征。1217年，这些以各自利益为出发点的寡头们组成十字军，从达尔马提亚港出发了。但是，十字军的残暴行径遭到了东方人的强烈反抗，一向支持东征的叙利亚基督教徒已经不再欢迎十字军，十字军发动的战争破坏了他们的商业利益，他们更愿意与当地的穆斯林和平相处，进行平等交易。所以，十字军到达东方后，遭到了前所未有的冷遇，在那里毫无意义地度过了一年。安德鲁二世知道此次东征又要无功而返了，于是便将军队撤回了匈牙利。

　　滞留在那里的十字军不想再次空手而归，他们准备进攻埃及的商业城市达密伊塔，该城市位于尼罗河三角洲的一条支流上，那里不仅商业发达，并且有三道城墙和异常坚固的城防设施。十字军虽然对达密伊塔围攻了数月，但是毫无进展，一些对战争感到失望的人便趁机偷偷回国了。由于长时间的围攻，达密伊塔城发生了严重的饥荒，守城的士兵面临着严峻的生命考验，只好主动撤出了达密伊塔，十字军进城后，进行了一场肆无忌惮的烧杀抢掠。

　　攻克达密伊塔城后，十字军开始转攻曼苏拉，结果出师不利，营地被暴涨的尼罗河水淹没，一直伺机发动进攻的穆斯林士兵切断了他们的退路，粮草短缺、士气低下的十字军被迫与穆斯林士兵议和，将军队撤出了达密伊塔，狼狈地逃回欧洲。

　　这次失败在德国引起了一场激烈的争斗，教皇格列高里九世将失败归咎于德国皇帝腓特烈二世（1194—1250年），因为腓特烈二世在即位时曾向教皇许诺，一定会参加十字军东征，但他登上皇帝的宝座后，却迟迟不肯履行诺言，因此恼羞成怒的格列高里九世便把腓特烈二世驱逐出教门，说他是基督教最狡猾的敌人。

　　为了争夺耶路撒冷的王位继承权，腓特烈二世于1128年主动率领十字军出征，第六次十字军东征开始了。即便如此，腓特烈二世并没有得到教皇格列高里的谅解，教皇格列高里根本就不承认腓特烈二世是十字军成员，并且侮辱他是贪得无厌的海盗和想窃取耶路撒冷的野心家。

　　腓特烈二世对教皇的谴责抱着置之不理的态度，他到达阿克后，就开始和埃及的苏丹进行谈判。为了争夺叙利亚和巴勒斯坦的统治权，当时埃及的苏丹正和大马士革总督进行激烈的斗争，无法抽出兵力和时间对付腓特烈二世的进攻。在此情况下，双方于1229年3月缔结了为期10年的条约，规定苏丹将耶路撒冷和巴勒斯坦的伯利恒、拿沙勒、提尔、西顿等城

●东征途中的十字军队伍

　　市让给腓特烈二世。得到好处的腓特烈二世则许诺支持苏丹对敌人的斗争，以及尊重穆斯林的宗教信仰。

　　腓特烈二世通过政治手腕斡旋，不费一兵一卒，就顺利捞到了好处，第六次十字军东征以胜利而告终。

●教皇英诺森三世像

◎ 关键词：王权 英法战争 《巴黎和约》

争夺诺曼底公国

威廉入主英国后，和法国的关系一度紧张，战争不可避免地爆发了，此后的战争局势一直控制在英国人手中。1154年，亨利二世作为王位继承人登上皇帝宝座后，不仅拥有英格兰的国土，而且占据着法国的安茹、诺曼底、曼恩、屠棱、普瓦都和阿奎那等地，这些地方几乎占法国领土的三分之二，其面积相当于法国王室领地的六倍还要多，法国面临着非常严峻的形势。

亨利二世虽然控制着大片的土地，却没有能力对它们加以治理。亨利二世和法国国王路易七世不断产生纠葛，两国互动干戈。亨利二世决定积聚力量，和法国打一场持久的战争，于是便在表面上和法国媾和，让自己年仅5岁的王子和法国国王路易七世的女儿订立婚约。等到王子长到15岁时，亨利二世按照英国的传统习惯，立其为英国及诺曼底公国的继承人。第二年，应路易七世的邀请，亨利二世给王子在诺曼底举行了加冕大典，然后路易七世把王子接入了法国王宫，调唆他和亨利二世的关系。

在路易的频繁调唆下，王子回国后便向亨利二世摊牌，要么马上将王位传给他，要么将诺曼底公国赏赐给他，这种非分的要求遭到了亨利二世的严词拒绝，王子就回到法国，公然反对亨利二世。

1179年，腓力二世加冕皇帝后，趁英国国内矛盾四起，向贝里地区发动进攻。鉴于国内的形势，亨利二世只好让出伊苏曼和弗雷特伐尔，想就此结束战争，但是腓力二世丝毫没有停战的迹象。1189年7月，亨利二世去世，他的儿子理查一世继承了王位。

后来，理查一世在参加十字军的东征途中被奥地利公爵俘虏，然后被卖给了德国皇帝亨利六世，腓力二世本想利用这一机会置理查于死地，夺取英国在法国的领地，但是他的计谋没有得逞，理查一世向德国交纳了大量的赎金后返回了英国。重新即位的理查一世开始招兵买马，与法国展开战争，英国一度取得了主动权。但是，理查一世于1199年阵亡，使英国的局势再度发生动荡，刚刚即位的约翰和教皇英诺森三世反目成仇，绝处逢生的腓力二世趁机和英诺森三世结成了联盟，占领了英国在法国的大部分领土，从此声威大震。而约翰为了摆脱困境则和神圣罗马帝国结成同盟，共同对付法国。

随着两国王权的更迭，国内矛盾加剧，英被迫对法休战。

1303年，英法两国签订了《巴黎条约》，延续近两个世纪的英法战争就此宣告结束了。

◎ 关键词：轻敌 复仇 瘟疫 全军覆没

十字军北非惨败

● 路易九世登陆达米埃塔

>>> 土马鬃

　　土马鬃是纪念圣尤亚马瑞斯的花朵。圣尤亚马瑞斯创立了三圣一体修道会。主要的使命是把十字军东征时被伊斯兰教徒逮捕的基督教徒买回来，就是所谓的救济团体。因此它的花语是救济。

拓展阅读：

圣比兹木乃伊
《耶路撒冷3000年：石与灵》
　　[以] 巴哈特、萨巴尔

　　腓特烈二世没费一兵一卒就取得了十字军第六次东征的胜利，但是他在耶路撒冷的统治并没有维持多久。1244年，原本居住在里海附近的花剌子模人开始向西迁移，他们击败法兰克人后，以锐不可当之势入侵了叙利亚，埃及苏丹趁机攻占了耶路撒冷，圣城又重新回到了穆斯林手中，腓特烈二世在那里的统治也随之结束了。

　　1245年，罗马教廷在里昂召开了一次规模庞大的宗教会议，在教皇英诺森四世的支持下，通过了第七次十字军东征的决议，法国国王路易九世为了巩固法国在地中海的地位，表示愿意再次出兵。1248年，路易九世率领十字军从法国本土出发，到塞浦路斯集结，此次东征，攻击的主要目标仍然是埃及。第二年6月，法国十字军由热那亚船队送到尼罗河的达密伊塔，由于当地人备战不足，十字军很快就攻占了这个城市，但是泛滥的尼罗河水阻挡住了十字军前进的步伐，一直到深秋，尼罗河水才渐渐退去，十字军开始进攻曼苏拉。

　　暂时的胜利令法国十字军冲昏了头脑，轻敌的情绪开始在士兵中间滋生，他们认为敌人不堪一击，致使十字军损失惨重。路易九世带领的部队陷入孤立无援的境地，在粮食和军需断绝的情况下，路易九世只好下令撤军，结果遭到埃及军队的追击，十字军溃不成军，很多人成为埃及人的俘虏，路易九世的两个兄弟也没能幸免。路易九世用了大量的赎金和以十字军退兵为条件，才从埃及人那里换回两个兄弟。从此以后，路易九世一直对战败耿耿于怀。

　　1256年，十字军的东方殖民地遭到穆斯林的蚕食，路易九世认为复仇的机会到了，于是在巴黎召开贵族会议，并主动请命再次东征。1270年，路易九世把国家事务交给手下的重臣管理，然后亲自带领3个王子、6000名骑兵和3万名步兵，再次踏上了东征之路。

　　此次东征，路易九世既没有明确的进军目标，也没有制定作战计划，他只是为了复仇。一直到大军抵达撒丁岛后，路易九世才决定攻打北非的突尼斯，然后再向埃及进发。在北非登陆后，路易九世发现，当地人不但不欢迎十字军，反而严阵以待，怒不可遏的路易九世下达了攻城的命令。已经和埃及取得联系的突尼斯，很快就得到了埃及的增援，十字军腹背受敌，伤亡十分惨重。由于水土不服，瘟疫开始在士兵中间流行，路易九世也被瘟疫夺去了性命，十字军几乎全军覆没。

　　从此以后，十字军在东方的殖民地逐渐被蚕食掉。1291年，埃及苏丹攻占了阿克城，十字军彻底丧失了在东方的殖民地，历时近两个世纪的十字军东征就此结束了。

●阿维农的少女们 西班牙 毕加索

◎ 关键词：国王 权利 教会 阿维农之囚

阿维农之囚

中世纪的欧洲，国王的权力相当有限，教皇是他们行使专制统治的最大绊脚石，德意志的亨利四世就曾哭哭啼啼地去卡诺莎向教皇请罪，所以，皇帝和教皇之间的摩擦时有发生。13世纪末，法国国王腓力四世就曾和天主教教皇发生了激烈的冲突。

这场矛盾缘起于双方对法国财政大权的争夺，腓力四世为了支付在战争方面的巨额费用，突然向一直享有免税特权的法国神职人员征起税来。罗马教皇卜尼法斯八世对此无法容忍，向外界宣布，教会拥有的特权是神圣而不可侵犯的，如果没有他的特许，国王没有向教士征税的权力，教士自然可以不向国王纳税。

教皇的我行我素惹得握有军权的腓力四世咬牙切齿，他立即签发了一道公文，规定很多事情如果不经过自己特批，就不准再向教皇提供，这样做事实上就是规定法国人不再向教皇纳贡，断了教皇的财政来源。

丧失经济来源的教皇对腓力四世的做法感到目瞪口呆，在利益的驱使下，卜尼法斯八世只好低头服输，但纳税的事情一直让他耿耿于怀。

1301年，卜尼法斯八世听说腓力四世拟订了一个限制教皇权力的条款，他认为报复的机会终于到了，于是便让法国巴米叶地区的大主教进行干预，腓力四世一气之下将大主教送交给世俗法庭进行审判。

忍无可忍的卜尼法斯八世一连发出三道通谕，指责腓力四世在教会问题上犯有严重的罪行，并声称国王没有权力对大主教进行审判，如果大主教犯了罪，也只能由教廷来审理。与此同时，卜尼法斯八世还宣布取消以前在财政上对腓力四世作出的让步。

腓力四世对教皇采取的行动置之不理，他不仅当众撕毁了教皇的通谕，并且积极考虑应对的策略，在法国召开了一次由贵族、教士和平民三个等级的会议，一再申明国王不再服从于教会，而只服从于上帝，并且警告罗马教皇从此不得再干涉法国的内政。卜尼法斯八世气得开除了腓力四世的教籍。被激怒了的腓力四世于1303年9月的一天，将正在阿南尼宫召开秘密会议的卜尼法斯八世抓获，然后囚禁在阿维农，不可一世的卜尼法斯八世丧失了抵抗的能力。

腓力四世在与卜尼法斯八世的斗争中取得了全面的胜利，不久后，卜尼法斯八世便在郁闷中死去了。1305年，腓力四世授意法国波尔多大主教为新一任教皇。此后的70多年里，法国国王的权力一直大于罗马教皇，那些曾经不可一世的天主教廷被迫屈尊于法国的阿维农，因此这一时期的教皇也被称为"阿维农之囚"。

● 但丁像

>>> 但丁问鱼的故事

　　一次，但丁出席威尼斯执政官举行的宴会。听差捧给各邦使节的是一条条肥大的煎鱼，给但丁的却很小。但丁没有抗议，只是把盘里的小鱼一条条拿起来，凑近自己的耳朵听。

　　执政官问他在做什么。但丁大声说："几年前，我的一位朋友逝世，举行的是海葬，不知他的遗体是否已埋入海底，我就挨个问这些小鱼，知不知道情况。"

　　"小鱼说什么？""它们对我说，它们很幼小，不知道过去的事，让我向同桌的大鱼打听一下。"

　　执政官哈哈大笑，吩咐听差给诗人端上一条最大的煎鱼。

拓展阅读：

《但丁的陷阱》
　　[法]阿尔诺·德拉朗德
《但丁的渡舟》（油画）
　　[法]德拉克洛瓦

◎ 关键词：封建社会 罪恶 诗歌创作

伟大的诗人但丁

　　但丁是中世纪早期最杰出的诗人，他创作的长诗无情地鞭挞了中世纪封建社会的种种罪恶，表达了对人类智慧和理想的追求，从而为中世纪的思想和文化带来了一缕曙光。

　　但丁于1265年出生于意大利佛罗伦萨一个没落的贵族家庭。少年时代的但丁是在故乡度过的，从那时候起，但丁就开始学习拉丁文、诗学和修辞学，并且阅读了大量古典文学作品。到了青年时期，但丁更是博览群书，对各门学科都有了较深的研究和广泛的接触，他特别推崇古罗马诗人维吉尔，并把他当作自己的精神导师。

　　有一次，在佛罗伦萨的一个晚宴上，年轻的但丁遇见了美丽清秀的姑娘贝亚德丽齐，对她产生了爱慕之情，并且与日俱增，正是爱情的神奇力量，促使但丁为这位早逝的姑娘写下了一篇篇优美的抒情诗以及悼念诗，后来但丁把这些诗歌收集在一起，用散文串联起来，说明每首诗的写作动因，取名《新生》。

　　除了诗歌创作之外，但丁还积极参加佛罗伦萨的政治活动，并于1300年当选为佛罗伦萨六大执政官之一。当时的意大利正处于分裂状态，而佛罗伦萨是政治斗争的焦点地带，但丁所在的白党在斗争中败下阵来。

　　1301年，在政治上受到挫折的但丁被流放了，在长期的流放生涯中，但丁广泛地接触了意大利社会的各层人士，不仅开阔了视野，丰富了人生阅历，也加深了对国家政治问题的深刻认识。从此，但丁逐渐放弃了重新返回家乡的愿望，并于1304年开始著书立说。晚年时期，但丁拒绝了佛罗伦萨统治者的特赦，定居在古城拉文纳，在拉文纳统治者基独·诺勿罗的精心安排下，但丁得以与妻儿团聚。从此以后，但丁的绝大部分时间都用在了《神曲》的创作上。

　　《神曲》是用托斯坎那地区的方言写成的，"神曲"的意大利文原意是"神圣的喜剧"，但丁原来只给自己的作品起名为《喜剧》，后人为了表示对他的崇敬而加上了"神圣"一词。《神曲》全长一万四千多行，分为《地狱篇》、《炼狱篇》和《天堂篇》三部分，每篇33首歌，加上序曲，共100首歌。全诗以中古文学特有的梦幻形式开始，叙述了但丁在"人生的中途"所做的一个迷梦，最后在群星的指引下，由地狱升入天堂。

　　非常不幸的是，《神曲》刚刚杀青，但丁就去了威尼斯谈判，因身染疟疾，于1321年9月14日在拉文纳逝世。拉文纳人民以最隆重的葬礼厚葬了但丁。几百年过去了，佛罗伦萨终于想起了这位伟大的诗人，打算将但丁的遗骨迁回去，但遭到拉文纳人民的强烈反对。时至今日，但丁仍然埋葬在拉文纳。

●百年战争中的海战

>>> 卢瓦尔河畔香波堡

卢瓦尔河，被称为法国的母亲河。河谷两岸，遍布着郁郁葱葱的葡萄树，香艳或朴素的古镇，还有星辰般璀璨的城堡。

香波堡被称为卢瓦尔城堡中的"钻石"。古堡长宽各有100多米，气势磅礴。中间是正方形的主堡，两侧为六个圆锥形的巨大角楼。城河环绕四周，背靠大森林，面朝大花园，绿树、鲜花、雕塑和清澈的湖水，给人以极佳的视觉享受。

香波堡的第一任主人是弗朗索瓦一世。而城堡总设计师的名声甚至超越了这位国王，他的名字是达·芬奇。

拓展阅读：

中国火炮
克雷西之战
圣·米歇尔山

◎ 关键词：王位继承权 政治 停战和约

英法百年之战

1328年，法国国王查理四世寿终正寝，将王位传给了侄子腓力六世。与此同时，英国当政的是爱德华三世，他是法国国王查理四世的外甥，贪欲很强的爱德华三世想以外甥的身份争取到法国的王位继承权，但这一企图遭到法国贵族的强烈反对。贵族们声称《沙立克法典》中有禁止女子继承土地和王位的规定。而爱德华三世下定决心，甚至不惜发动战争，也要夺取王位。

英法两国的战争起因源于对佛兰德尔的争执，佛兰德尔是法国西北的一个手工业中心，羊毛纺织业十分发达，而羊毛的原料却主要来自英国。英国当时的羊毛出口额在全国的经济中占有很大比重，但主要是销往佛兰德尔。从政治上讲，佛兰德尔属于法国的领土，这自然引发了政治和经济的不协调，英法两国对这一地区的争夺日益激烈。14世纪20年代，佛兰德尔发生了农民起义，佛兰德尔伯爵向法国国王伸出了求救之手，起义很快被腓力六世镇压下去，腓力六世同时也加强了对该地区的直接统治。但是许多市民和贵族因不堪忍受腓力六世的暴政，纷纷逃往英国，腓力六世便把很多和英国有关系的商人抓了起来。英国的羊毛断绝销路后，英国国王爱德华三世下令禁止向该地区出口羊毛，以此报复法国。

随着矛盾的激化，腓力六世于1337年宣称收回爱德华在法国的领地基恩，爱德华三世自然无法接受，战争一触即发。1340年，英国海军在爱克留斯港附近击溃法国海军，控制了英吉利海峡，获得制海权，然后向法国本土进发。英军凭借严明的纪律、强大的战斗力和高昂的士气，于1346年在法国北部与法国军队展开了一场大会战，将法国军队打得落花流水。

第二年，爱德华三世夺取了加来港，把它改造成英国在欧洲大陆的统治据点。接下来的普瓦提埃城之战，法国军队不仅元气大伤，国王也成了英国人的俘虏。之后，英国军队占领了法国西部和北部的大片领土，直接威胁首都巴黎。接连失利，法国国内出现了严重的政治危机，阶级矛盾被进一步激化，1358年，法国爆发了扎克雷起义，起义削弱了法军的力量，法国彻底丧失了与英军作战的能力。1360年5月30日，节节败退的法国只好和英国缔结了停战和约，除了赔款之外，大片的土地也被迫割让给英国。百年之战由此告一段落。

● 1356年9月，英、法在普瓦提埃城激战。英军由爱德华三世之子"黑太子"率领，击溃由法王约翰二世率领的法军。几千名法国士兵，其中包括1500名骑士和贵族横尸战场，法王和许多贵族大臣被俘。这是当时战斗时的场景。

● 骑士宣誓效忠君主的装饰画

>>> 挺身抵抗条顿骑士团

哥白尼于1473年2月19日出生在波兰西部维斯杜拉河畔托伦城的一个商人家庭。家里兄妹四个，哥白尼是最小的一个。在他10岁时，父亲去世，舅父卢卡斯承担起了抚育他的责任。

哥白尼是一位伟大的爱国主义者，当条顿骑士团疯狂侵略波兰时，他挺身而出，起来保卫自己的祖国。1519年，条顿骑士团来犯，埃尔门兰德地区的僧侣全被吓跑了，而他却勇敢地组织和领导奥尔兹丁城的人民奋勇反击侵略者，经过五天五夜的激战，终于打退了敌人的进攻。

拓展阅读：

《达·芬奇密码》［美］布朗
《最后的圣殿骑士》
　　［美］雷蒙德·库利

◎ 关键词：天主教 宗教骑士 政治势力 骑士国

条顿骑士团入侵波兰

12世纪末，十字军东征期间在巴勒斯坦组建了天主教宗教骑士组织，其成员大都是来自德意志的骑士，他们身穿白衣，脖子上戴着黑色的十字，该组织被称为条顿骑士团。

13世纪初，条顿骑士团在团长玛·萨尔扎的带领下，将活动中心从中东地区转移到了东欧。1226年，波兰公爵康拉德邀请条顿骑士团前往波兰攻打普鲁士人，条件是将得到一块不小的领地。在这样具有诱惑力的条件驱使下，条顿骑士团在1237年与驻扎在波罗的海东岸的圣剑骑士团会合，之后，势力大增的骑士团成为东欧土地上一股强大的政治势力。此后的50多年，骑士团牢牢控制了普鲁士，并威胁到波兰的国家安全。

1307年，勃兰登堡诸侯占领了东波莫瑞的格但斯克地区，波兰公爵弗拉迪斯拉夫请求条顿骑士团帮助收复失地，这为条顿骑士团入侵波兰创造了一个良机。条顿骑士团于1308年夺回失地后背信弃义，大肆屠杀波兰在该地的驻军。1309年，条顿骑士团在新占领的格但斯克地区建立强大的骑士团国家，将首都迁到维斯杜拉河下游的马林堡，切断了波兰通往波罗的海的出海口，波兰与条顿骑士团之间的战争由此拉开帷幕。

当时波兰国内的局势非常混乱，几乎处于分裂状态，根本没有能力对付强大的条顿骑士团，波兰封建主们都渴望国家统一，他们支持弗拉迪斯拉夫对条顿骑士团展开战争。在这样的背景下，弗拉迪斯拉夫首先镇压了克拉科夫德国贵族的起义，然后又平息了以波兹南为首的波兰贵族的反抗，1321年，波兰终于得到统一，弗拉迪斯拉夫登上了王位，被称为弗拉迪斯拉夫一世。

统一后的波兰马上投入了对条顿骑士团的战争。1321年，弗拉迪斯拉夫向教皇呼吁，要求收回被条顿骑士团占领的土地，条顿骑士团对此置之不理。战争终于在1326年爆发了，在激战中，波兰很多地方沦陷了。

1333年，弗拉迪斯拉夫的儿子卡西米尔三世继承王位，他凭借自己的机敏和谨慎，冷静地分析了当前的形势，认为波兰战胜条顿骑士团的希望很小，于是就改变了父亲的策略，转而积极和骑士团国家缓和矛盾。第二年，双方缔结了永久和平条约，骑士团答应将一些占领地归还给波兰，但拒不交出格但斯克地区。

此后，波兰又和立陶宛缔结了合作协定，极大地改善了波兰的外部环境，扭转了孤立的战局。条顿骑士团逐渐失去了昔日的辉煌。

◎ 关键词：罗马帝国 领地 奥斯曼帝国 土耳其

奥斯曼帝国成立

● 奥斯曼帝国的土耳其亲兵

>>> 明五彩缠枝莲文具盒

长椭圆形，长27.4厘米、宽7.7厘米，通体饰缠枝莲纹，盖边饰锦地纹，盒底边饰卷草纹。曾由土耳其工匠在文具盒上嵌入双股绞纽的金丝，又在番莲花心部位镶入红、绿宝石，盒与盖之间安了金链、合页，使两者连为了一体。可谓是"中西合璧"。

土耳其托普卡帕皇宫博物院中，收藏有一万多件中国瓷器，这件文具盒是其中的一件。它们大多是奥斯曼帝国时期留下的文物。

奥斯曼帝国寿终正寝后，这些精美的瓷器成了1923年成立的土耳其共和国博物馆引以为豪的藏品。

拓展阅读：

奥斯曼帝国妖后
亚美尼亚大屠杀
《奥斯曼帝国》
[美] 斯坦福·肖

属于黄色人种的土耳其人本是突厥人的一个分支，当初他们是为了躲避蒙古人的铁骑才来到小亚细亚半岛的，在这里，他们依附于塞尔柱人建立的鲁姆苏丹国，信奉了伊斯兰教。14世纪初，鲁姆苏丹国分裂为10个酋长国，埃尔托格鲁尔领导的土耳其部落便是其中的一支。1288年，奥斯曼继承了酋长的职位，土耳其从此掀开了新的一页。

奥斯曼不仅有满腹的作战韬略，而且有雄心勃勃的野心。他继任酋长的职位后，马上开始向东扩张，使土耳其迅速崛起。

奥斯曼把邻近的部落接二连三地吞并，然后把首都定在卡加希沙尔，1300年，拥有相当势力的奥斯曼自称苏丹，宣布自己的领地为独立的公国。善于用兵的奥斯曼把部落成员训练成一支组织严密、战斗力极强的军队，所向无敌地向外扩张，将掠夺的土地分封给有功劳的将士，以此鼓励他们继续勇敢战斗。此外，奥斯曼以古老的伊斯兰"圣战"思想武装战士的头脑，并积极吸收各地的圣战者及其他突厥部落的成员，他的队伍很快就壮大起来了。

在"圣战"思想的鼓舞下，那些以半宗教性质组织起来的商人、牧民以及手工业者都纷纷响应，"圣战"思想也成为奥斯曼发展壮大、开拓基业的重要精神力量。1301年，奥斯曼带领军队蚕食了东罗马帝国在小亚细亚的领地，五年后，东罗马帝国在小亚细亚西北部的重要城市布鲁沙城沦陷。此后不久，奥斯曼没有完成扩张大业便病逝了，他的遗体安葬在布鲁沙城的一座教堂里。土耳其人也将都城迁移到布鲁沙城，控制了通往欧洲的咽喉要道达达尼尔海峡。

奥斯曼死后，他的儿子吴尔汗继任，在不到10年的时间里，就将东罗马帝国在小亚细亚的领地完全占领，纳入奥斯曼帝国的版图。吴尔汗一边对外用兵，开拓疆土，一边对政治体制进行一系列改革，大大加强了帝国的综合国力。吴尔汗还利用塞尔维亚和东罗马帝国的矛盾，趁机插手欧洲的事务。1354年，土耳其人占领了加里波里岛，把它变成了进军欧洲的桥头堡。

1359年，穆拉德一世苏丹即位后，将东罗马帝国境内的城池相继攻陷，东罗马帝国仅仅剩下首都君士坦丁堡一座城池。1363年，东罗马帝国丧失了所有的抵抗能力，被迫向奥斯曼帝国求和，自贬为奥斯曼的一个属国。

但是，土耳其人的无限扩张遭到了巴尔干各国人民的强烈反抗，双方进行了长达数十年的战争。奥斯曼帝国在耗费了大量的人力和财力后，最终控制了巴尔干半岛。

●英国国王亨利五世像

>>> **法国酒乡——勃艮第**

位于法国中部，面积31582平方千米，占法国国土面积的5.7%；有具有浓郁地方特色的葡萄酒文化。

对于勃艮第人来说，葡萄酒不仅仅是一种文化，而且是一个优秀的"大使"。他们十分注意自己葡萄酒的形象。他们的酒至少要在橡树酒桶里装16个月才会拿出来让人品尝。勃艮第酒远销世界各地。人们通过香醇味浓的勃艮第葡萄酒认识了勃艮第。意大利、智利、英国等国都在不同程度上仿制勃艮第酒。当然，这也更加提高了勃艮第在国际上的知名度。

拓展阅读：

《法兰克人史》

[法兰克] 格雷戈里

《白天与夜晚——勃艮第》

[法] 多米尼克·奥齐亚

◎ 关键词：亨利五世 查理 法国 领地 勃艮第

法国两王并峙

在英国和法国的百年战争中，法国国王被俘，王子查理登上了王位，史称查理五世。即位后的查理利用与英国签订和约的喘息之机，在国内进行了一系列卓有成效的改革，他不仅在财政上征收"烟税"，还在军事上征集了大规模的雇佣军，加强炮兵建设，修建防御工事，并且建立了一支拥有120艘军舰的海军。

查理的改革很快就看到了成效。1369年，英、法两国再次兵戎相见，法国军队一改往日的战术，竭力避免和英国军队打阵地战，采用小股机动部队出其不意地对英国军队进行打击，从而分批各个击破，结果取得了压倒性的胜利。英国节节败退，占领的土地也大都得而复失，到1380年，只有几个沿海城市还在英国的控制之下，其余的都被法国人收回了。

战争失利导致了英国国内动荡不安，统治者的穷兵黩武给普通民众带来了深重的苦难。1381年爆发的瓦特·泰勒起义严重动摇了英国的封建统治，英国的统治者们不得不撤出战争，把注意力放到国内。值此焦头烂额之际，英国被迫和法国签订了一个为期28年的停战协定。

同英国一样，法国内部也并非风平浪静，统治者内部的争权夺利随着战争的胜利也在一天天加剧。查理五世死后，年仅12岁的王子查理六世继承了王位，不谙世事的查理六世即位之初，只好由几位叔叔摄政。1388年，查理六世走上亲政的道路。但是好景不长，四年后，他突然精神紊乱，举止失常，看来与亲政无缘了，从此以后，他成了名义上的统治者，国家所有的大小事务全部由几个叔叔打理。

当时宫廷中两大封建集团为了争权出现了内讧，一派以奥尔良公爵为首，另一派则以勃艮第公爵为首，双方竞相掠夺国王的领地，窃取国家的财产，并且希望能将对方彻底消灭。

他们的一举一动都被英国国王亨利五世看在眼里，亨利五世决定趁此机会对法国用兵，企图夺回失去的领地。1415年，亨利五世亲自率领6万大军渡过英吉利海峡，在诺曼底登陆，再次挑起了战争。当年的10月下旬，两军在阿舍库尔展开了一场会战，英国的弓箭手让法国军队饱尝了苦头，6000名士兵被射死，法军只好全线溃退。英军乘胜追击，重新占领了法国北部的大片领地，与此同时，法国重臣勃艮第大公公然反叛法国，投降了英国。在英国人的支持下，勃艮第大公成了巴黎的新主人。

情况对法国很不利，1420年，在勃艮第大公的协助下，英国强迫法国签订了一份和约，按照和约规定，英国国王亨利五世在查理六世在世的时候就已经是法国的统治者了，查理六世死后，他将是王位的唯一合法继承人。如此一来，查理六世的儿子小查理就被剥夺了王位继承权，小查理只好从巴黎逃到法国南部的封建主那里。

1422年8月末，英国国王亨利五世突然暴病身亡，他刚满10个月的小儿子亨利六世继承了王位，同时，作为法国王位的合法继承人，他顺理成章地当上了法国国王。同年10月，法国国王查理六世的儿子小查理在南方封建主的支持下继承王位，并宣称自己才是王位的合法继承人，这样，法国就出现了两王并峙的局面。

●阿舍库尔之战的情景。
●在1346年克雷西战役中英国大弓手正在与石弩对手对射。使用大弓须花费很长的时间训练，才会具有娴熟的射箭技巧。

中世纪的鼎盛与衰落

◎ 关键词：胡斯 神圣罗马帝国 宗教 矛盾 改革

胡斯的宗教改革

● 被判受火刑的宗教改革者胡斯

>>> "百塔之城" 布拉格

　　布拉格是捷克的首都，是全世界第一个整座城市被指定为"世界遗产"的城市，有着包括布拉格城堡在内的无数历史遗产。

　　布拉格历史悠久，古迹众多，国家重点保护的历史文物有2000多处，在旧城区几乎每条大街小巷都能找到13世纪以来的古老建筑，保持着中世纪的模样。

　　市内有很多塔式古老建筑，因此被称为"百塔之城"，罗马式、哥德式、巴洛克式、文艺复兴式等各种建筑类型都给布拉格增添了文艺气质。

拓展阅读：

《宗教改革》[法] 克利斯坦
《生命不能承受之轻》
　　　[捷克] 米兰·昆德拉

　　从10世纪开始，捷克就是神圣罗马帝国统辖下的一个王国，捷克国王和贵族之间进行着长期斗争，双方都想寻求神圣罗马帝国的支持。在此期间，大批的日耳曼人潮水般地涌向捷克，控制了捷克的经济和政治命脉，捷克国王和贵族只能眼睁睁看着他们壮大起来，长期的争斗令他们没有能力对日耳曼人加以控制。相反，他们为了自己的利益，不顾国内民众的强烈反对，反而去讨好神圣罗马帝国的皇帝和日耳曼诸侯，捷克民族和日耳曼人的矛盾日渐激化。

　　在捷克国内，阶级矛盾、民族矛盾和宗教矛盾交织在一起，呈现出错综复杂的局势。教会在捷克享有特殊的地位，从而也成为各种矛盾的聚焦点。于是，一场反宗教的斗争在捷克展开了，由杨·胡斯领导捷克民众进行了一次宗教改革活动。

　　胡斯大约于1370年出生于捷克南部胡西茨村的一个贫苦农民家庭。1396年，胡斯毕业于布拉格大学，经过两年的实习，胡斯成为该校的正式教授。1400年，胡斯被任命为神甫，他受到英国宗教改革家约翰·威克里夫著作的深刻影响，立志在捷克进行一场宗教改革。

　　从1402年起，胡斯开始在布拉格的伯利恒教堂担任传教士。在与现实的密切接触中，他了解到当时的社会状况——普通民众是深受教会压迫的。于是，他开始反对德国封建主和天主教会对捷克民众的剥削与压迫，将教会的种种丑行揭露出来，无情地谴责他们榨取穷人的残暴行径。

　　1409年，胡斯当选为布拉格大学的校长，因此，布拉格大学也成为这次宗教改革的发源地。从最早抨击教会的奢侈堕落，到最后强烈要求进行宗教改革，胡斯一点点看清了宗教的本来面目，他主张废除烦琐奢华的宗教仪式，要求传教士服从世俗的政权，他认为教会占有大量土地是一切罪恶的根源，并且认为教会应该将占有的财产退还出来。胡斯的言论和思想，反映了捷克民众的心声，得到了热烈的响应。

　　1412年，教皇约翰三十三世为了筹集钱财，对那不勒斯发动战争，派人到捷克兜售赎罪券，借此骗取民众的钱财，胡斯看穿了他的伎俩，对他的无耻举动进行了抨击，他号召人们抵制这种无耻的行径。布拉格民众进行了反对教皇的示威游行，但这次活动遭到了捷克政府的镇压，胡斯也被迫离开布拉格来到农村。

　　在农村，胡斯继续宣传宗教改革主张，并利用乡下幽静的环境，完成了一些重要的著作，如《布道论》和《论买卖宗教职位》等。他的这些改革言论最终引起了罗马教廷、德国贵族和传教士的敌视，反对者们在康士

●位于捷克拉德西密烈地区的波格米勒派信徒之墓。
●胡斯关于宗教的一系列言论和思想，反映了捷克民众的心声，得到了热烈响应。

坦斯召开了一次全欧洲的宗教会议，会议的主题就是如何遏制胡斯的反教会活动，他们要求胡斯无条件放弃自己的学说，但遭到胡斯的严词拒绝。

反对派由此怀恨在心，1415年7月，宗教会议与西吉斯孟皇帝相勾结，以"不思悔改的异教徒"为罪名，将胡斯处死。胡斯殉难的消息传开后，捷克民众表示了极大的愤慨，由此，他们掀起了一场宗教战争的狂潮。

● 爱德华四世像

>>> 玫瑰花

玫瑰花,又叫刺玫花、徘徊花、穿心玫瑰。属蔷薇科,是落叶灌木。玫瑰的茎密布着绒毛和像针状的细硬刺。

玫瑰因其形状、颜色、香味俱佳,被人们冠以美玉之名——"玫瑰"。玫瑰因茎秆多刺,故有"刺玫花"之称。诗人白居易有"菡萏泥连萼,玫瑰刺绕枝"之句。玫瑰花可提取比黄金还要昂贵的高级香料玫瑰油,所以玫瑰也被人们称作"金花"。

玫瑰、月季和蔷薇都属蔷薇科,在英语中它们都称为rose,所以玫瑰战争,也常译作蔷薇战争。

拓展阅读:

《英国王室》王忠和
《红玫瑰与白玫瑰》张爱玲
《玫瑰花飘香的国度:英国》
若谷

◎ 关键词:封建内战 红玫瑰 白玫瑰 玛格丽特

红玫瑰与白玫瑰之争

15世纪,英国国内爆发了一场封建内战。战争是由兰开斯特家族和约克家族为了争夺王位而引发的,约克家族以白玫瑰为标志,兰开斯特家族则以红玫瑰为标志,因此这场战争又称红玫瑰与白玫瑰之战。

1422年,尚在襁褓中的亨利六世登上了王位,此时正值国内大乱,不懂得政治斗争利害关系的亨利六世,成了政治的傀儡,大大小小的军事集团趁机割据一方,拥兵自重,公然和朝廷分庭抗礼。

在长期的斗争中,西北部和东南部的两个大贵族势力集团脱颖而出,西北部的贵族们支持兰开斯特家族,而约克家族得到东南部贵族的支持。后者认为,亨利六世不享有充分的王位继承权,于是积极地准备夺取王位。1455年5月,亨利六世在莱斯特召开会议,约克公爵以人身安全没有保证为由,带兵赴会,亨利六世在王后玛格丽特和萨姆塞公爵的支持下,也带领队伍赴会。5月22日清晨,亨利六世得知约克公爵的军队就在附近,便抢占了阿尔朋斯镇,前来赴会的约克公爵到达阿尔朋斯镇后,提出惩治萨姆塞特的要求,但是遭到了拒绝,玫瑰战争由此爆发了。

在这次战斗中,亨利六世的军队有100多人或伤或亡,萨姆塞特公爵战死,亨利六世也成了俘虏,但约克公爵知道夺取王位的时机远远未到,于是就假意释放了亨利六世,企图以此夺取朝政大权。

1460年7月10日,亨利六世的军队再次被约克公爵打败。约克公爵在伦敦提出了称王的要求,未得到响应,便迫使亨利六世宣布他为摄政王和王位继承人。

王后玛格丽特见事情不妙,于是便逃到了北方并进行招兵买马,准备伺机而动。约克公爵派兵追剿,结果遭到惨败,自己也战死在战场上。兰开斯特家族获胜后,士气大振,马上向伦敦进发,但是军队的纪律十分松散,士兵一路烧杀抢掠,激起了英国民众的强烈反感。伦敦市政府声明,如果玛格丽特的军队不加以约束,就不许他们入城,无奈之下,玛格丽特只好停止了进兵。

约克公爵死后,他19岁的儿子爱德华借兰开斯特家族休整军队的机会,挥师向伦敦疾进,在沃里克伯爵和伦敦市民的支持下自立为王,称爱德华四世,开始了约克王朝的统治。

爱德华四世登基后,马上组建军队,并于1461年3月13日向北进发。28日,在约克附近的艾尔河畔和玛格丽特的军队激战,爱德华四世大获全胜,玛格丽特的军队逃往苏格兰。

此后,两个家族之间的战争不断,直到1485年才正式结束。

●条顿骑士团遭到重创

>>> 骑士战马

战马是骑士的战斗伙伴，必不可缺。

优良的战马在外观上，胸部宽厚，背至臀部宽且平实。头骨前面窄，侧面骨骼棱角分明，腭骨削瘦。耳朵小，鼻孔大，鼻翼扩张幅度宽阔。眼睛清亮，有神，眼睛与眼窝的大小与整个头部的比例匀称。脖子像"弯弓"一样昂起。四腿季健壮，长短适中，膝盖处平直。马蹄边缘整齐清晰且呈圆形，马蹄大小与腿的粗细、长短以及马的重量都要比例适度，不能过大或过小。

骑士极为看重战马的载重能力、奔跑速度以及品种和家族。中世纪西欧声誉最高的是西班牙种战马。

拓展阅读：

《无头骑士》[英]里德
《德国简史》
[英]富尔布鲁克

◎ 关键词：条顿骑士团 波兰 立陶宛 联军

条顿骑士团的衰落

14世纪末到15世纪初的条顿骑士团，正处在军政势力的鼎盛期。占领了波兰的大片国土后，趁着波兰离乱之际，条顿骑士团将侵略之手伸向了立陶宛，那里包括波罗的海到黑海之间的巨大区域。1346年，丹麦人控制下的爱沙尼亚成为条顿骑士团的囊中之物，从此以后，波兰、立陶宛和罗斯通往波罗的海的出海口被堵塞了。于是，这些国家和地区的民族力量纷纷联合起来，对付条顿骑士团这个共同的敌人。

1410年，波兰和立陶宛组成联军，向条顿骑士团在波兰的驻军发起了猛攻，这支联军除了波兰和立陶宛人外，罗斯和捷克的志愿部队也加入了此行列。同年7月，波兰联军和条顿骑士团在格林瓦尔德相遇，双方马上占据有利地形，做好了战斗的准备。

这一战，波兰联军凭借英勇和战略有方，将条顿骑士团的主力部队全部歼灭，取得了战争的胜利。但是在这紧要关头，波兰统治集团内部出现了尖锐的矛盾，封臣们不再遵守秩序，波兰统治者对此无能为力。尽管取得了辉煌的战果，波兰联军却无法乘胜追击，和谈成了必然的趋势。1411年，波兰与条顿骑士团签订了《托尔恩和约》，该和约没有改变波兰和条顿骑士团的对峙局面，除了日穆德地区归还给立陶宛，波兰仅仅收回了库雅维亚边境上的一些地区，通往波罗的海的出海口仍然没有打开。

此后的40余年，条顿骑士团仍然作为一个国家在波兰的国土上存在，但条顿骑士团实行的高压政策，引起了辖区内普鲁士人的强烈不满。1454年，普鲁士人举行了一场大规模的起义，起义军向波兰求援，要求波兰将普鲁士和波美拉尼亚合并，这一要求马上得到波兰的认可，于是向条顿骑士团宣战。

战争爆发后，由于战局变化无常，一些封建势力和雇佣兵开始见风使舵，在交战的双方之间摇摆不定。1462年，经过帕克会战，战局逐渐明朗，条顿骑士团惨败，波兰取得了胜利。

大势已去，条顿骑士团只好向波兰求和，于是两国第二次签订了《托尔恩和约》。波兰收复了失地，并且将普鲁士的一部分并入了自己的国土，切断了东普鲁士与德国的联系，同时获得了波罗的海的出海口。

随着第二次和约的签订，条顿骑士团已经没有能力东进了，与波兰的战争就此宣告结束。

中世纪的鼎盛与衰落

● 一身戎装的贞德像

◎ 关键词：贞德 奥尔良 军队 法国 英军

法国女英雄贞德

　　经过一个世纪的战争，英国虽然占领了法国北部的广大地区，但并没有因此而满足，为了达到占领法国全境的目的，英国将军队开到了法国南部，双方由封建主之间的混战转变为英国向法国发动侵略战争。1428年10月，英国将所有的兵力调集到法国南部，围困了奥尔良城。

　　作为通往南方的门户，奥尔良城的战略地位举足轻重，一旦奥尔良失守，英国军队就可以长驱直入，将军队开到法国的心脏，那样的话，法国将陷入绝境。情况万分危急，偏安南方的法国国王查理七世面对英国大军压境，感到如坐针毡。就在此时，一位名叫贞德（1412—1431）的女子主动求见查理七世，请求率领军队抗击英军。

　　贞德出生于法国杜列米村的一个普通农民家庭，从小受到家庭的影响，信奉天主教。童年时代的贞德曾亲眼看到英国军队将战火烧到自己的家乡，那些如狼似虎的英国士兵不仅洗劫了那里的财物，还踏坏良田，焚烧居民的房屋，然后将土地据为己有。从那时起，贞德幼小的心灵里就种下了仇恨的种子，她发誓一定要将英国人从法国的土地上赶出去。之后，她参加了家乡人民抗击英国入侵行动的斗争，在战火的洗礼中，贞德逐渐开阔了视野，增长了才干，成为一名出色的战场指挥员。

　　和许多普通民众一样，贞德把国王看成国家的象征，当国家垂危之际，她勇敢地站出来，请求带兵抵抗英国。

　　许多大臣对这个不速的弱小女子嗤之以鼻，不肯让她见国王，贞德只好女扮男装，向大臣们慷慨陈词，大臣们终于被她的举动打动了，带她面见了查理七世。贞德以自己坚决的态度说服了国王，这样，年仅18岁的贞德获得了军事指挥权，奉命率领6000大军去保卫奥尔良城。一路上，随着贫苦农民自带武器加入抗击英国的队伍，贞德的力量在不断壮大。

　　已经被围困半年之久的奥尔良城急切盼望援军能够早日到来，贞德的队伍于1429年4月29日到达奥尔良城后，冲破英军的重重围困，进入奥尔良城，和城里的队伍会合了。

　　经过深思熟虑，贞德认为如果要解除奥尔良城的压力，就必须攻下土尔斯堡。5月7日凌晨，贞德率众向土尔斯堡发起猛攻，贞德身先士卒，不畏艰险，在受伤的情况下仍然坚持指挥战斗。士兵们被深深鼓舞了，以排山倒海之势，一举拿下了土尔斯堡。英国军队只好放弃围困奥尔良城，引兵北去，奥尔良城化险为夷。

　　奥尔良城解困后，贞德主张马上收复巴黎，但是胆小如鼠的查理七世

●贞德入城时的情形。

●贞德从奥尔良战场凯旋后，由于她的勇敢无畏，人们都称她为"奥尔良姑娘"。

害怕贞德功高盖主，表面上支持贞德，而实际上却不提供任何援助，贞德攻打巴黎的计划成了泡影。

1430年5月，毫无支援的贞德在康边城和英军作战时，因寡不敌众而败北，驻守在康边城的法国军队竟然关闭城门，切断了贞德的退路，结果贞德被英国军队俘虏。1431年5月30日，贞德被英军活活烧死。

贞德成了法国的民族英雄，她的英雄事迹鼓舞了法国民众的士气，他们纷纷拿起武器，加入到抗击英军的行列，将英国军队从国土上赶了出去，收复了被英军占领的土地。

中世纪的鼎盛与衰落

●灭掉拜占庭帝国的穆罕默德

>>> 穆罕默德的劝告

穆罕默德曾经很穷，他有一个独生女儿，后来人都叫她法托买太祖。她出嫁的时候，穆罕默德给她陪嫁的一件衣裳，补了 24 块补丁。

有一次，法托买太祖和丈夫尔里巴巴圣人吵架跑回了娘家，对着穆罕默德哭。穆罕默德劝说法托买太祖，又用大麦面包加黑糖做成了点心，外表就像癞蛤蟆的样子。然后把尔里巴巴圣人召来让他吃下去，尔里巴巴圣人不好反驳就硬是吞到了肚里，一回味儿却是甜甜的。尔里巴巴圣人的眼睛亮了。

圣人穆罕默德用这个法子教育人：遇事要学会忍耐。

拓展阅读：

洋芋的来历
《穆罕默德的故事》李树江

◎ 关键词：穆罕默德 君士坦丁堡 皇冠 帝国 士兵

拜占庭帝国覆灭

奥斯曼帝国经过连年的侵略扩张，逐渐控制了巴尔干半岛，1451年，21岁的穆罕默德成为该帝国的最高统治者。穆罕默德有着非凡的军事和外交才能，他既是一个虔诚的信徒，又是一个残忍的统治者，他对权位有着狂热的激情，是一个为了排除异己而不惜使用阴险手段的人；他既是一位学识渊博、对艺术有着执着追求的人，又是一个杀人不眨眼的魔王。在穆罕默德的心目中，最大的追求莫过于征服拜占庭帝国，攻破君士坦丁堡。

此时的拜占庭帝国，已经是风雨飘摇了，大部分城池已经易主，仅剩下首都君士坦丁堡还在苟延残喘。君士坦丁十三世登上了摇摇欲坠的皇帝宝座后，拜占庭帝国敲响了亡国的丧钟。

在还没有做好进攻君士坦丁堡的准备之前，穆罕默德极力散布和平的论调。等到一切准备就绪，穆罕默德撕下往日虚伪的面具，于1452年8月公开宣布进军拜占庭帝国的意图，开始了大规模的征兵活动。1453年4月5日，奥斯曼帝国大军潮水般地涌向了君士坦丁堡城外的平原上，并列开阵势。为了攻破君士坦丁堡坚固的城墙，穆罕默德用了几个月时间造了一种威力极大的火炮。在火炮的巨大威力下，君士坦丁堡的城墙不再是坚不可摧，每一发炮弹都可以将城墙轰开一个巨大的缺口，但顽强的拜占庭人总是趁晚上把城墙的缺口堵住。

在炮轰城墙的同时，穆罕默德正在酝酿另一个大胆的计划，他想从海路攻击君士坦丁堡的左翼，但君士坦丁堡的航线上横着一条粗大的铁链，战船根本无法直接进入海湾。穆罕默德便命令士兵运来许多圆木，让工匠们制成巨大的滑板，将战舰固定在上面，通过狭窄的山道，骗过拜占庭士兵的眼睛，偷偷运到了阵前。这样，一支庞大的舰队不声不响地翻过了山岭。

为了鼓舞士气，穆罕默德向士兵做出了一个惊人的许诺，一旦城池被攻破，士兵们可以尽情地抢掠三天，并且得来的东西全部归自己所有。穆罕默德要的不是财物，他要的是征服东罗马帝国最后一个堡垒的荣誉。5月29日，穆罕默德下令水、陆两路大军同时向君士坦丁堡发起总攻，顷刻之间，历史名城君士坦丁堡陷落了。

奥斯曼帝国的士兵彻底摧毁了守军的抵抗，将整个城市洗劫一空。东罗马帝国的最后一位皇帝也在战斗中被杀，东罗马帝国彻底成为了历史。

●与鞑靼作战的俄罗斯人

>>> 克里姆林宫

克里姆林宫这一世界闻名的建筑群，享有"世界第八奇景"的美誉，是旅游者必到之处。

12世纪上叶，多尔戈鲁基大公在波罗维茨低丘上修筑了一个木结构的城堡，莫斯科就是从这个城堡逐步发展起来的。现在的克里姆林宫是1485年至1495年兴建的，大致呈三角形，宫墙全长2235米，高5到19米不等，厚3.5至6.5米，共4座城门和19个尖耸的楼塔。

著名的"克里姆林宫的钟声"，源于斯巴斯克塔楼上的自鸣钟，是1851年至1852年安装的。与天文台的校时钟相连，报时最准。

拓展阅读：

《狂吻俄罗斯》（电影）
《伊戈尔远征记》魏荒弩 译

◎ 关键词：莫斯科公国 俄罗斯 统一 中央集权

俄罗斯建立国家

莫斯科的旧址是在涅格林纳河与莫斯科河之间的一个高地上。11世纪，苏兹达尔王公尤利夺取了这片土地，莫斯科的历史由此发端了。

13世纪中叶，莫斯科公国兴起。经过短短几十年的发展，到了14世纪初，莫斯科公国的领土比原来扩张了整整一倍，但是此后的很长一段时间，这里都是蒙古人的属地。1325年，伊凡·达尼洛维奇继承了莫斯科公国的王位。善于利用各种外交手段的伊凡·达尼洛维奇窃取了大汗的权力，制服了其他竞争者，莫斯科公国的领土也在一点点扩大，到伊凡·达尼洛维奇去世时，领土的面积已经是原来的好几倍了。底米特里·伊凡诺维奇统治莫斯科公国后，开始统一东北俄罗斯。

1380年，底米特里·伊凡诺维奇击败蒙古人，保住了莫斯科大公国的称号，同时，他也稳固了对公国的统治地位。底米特里·伊凡诺维奇死后，莫斯科公国的权力移交给了他的儿子瓦西里一世。到了15世纪中叶，瓦西里二世统治时期，莫斯科公国在政治上控制着好几个大大小小的公国。在此期间，莫斯科公国还打败了鞑靼人的进犯和分裂，控制了东北俄罗斯大半的土地。此时，莫斯科公国已经具备统一东北俄罗斯和独立建国的条件。

对莫斯科公国来说，统一之路并不是一帆风顺的。诺夫哥罗德波雅尔就是统一大业中的一大障碍，但是尖锐的内部阶级矛盾使它在与莫斯科的竞争中明显处于劣势。1478年，迫于内部的纷争和莫斯科公国施加的压力，诺夫哥罗德开始向莫斯科公国求和，完全接受了莫斯科公国提出的条件，取消了诺夫哥罗德的独立，将政权移交给莫斯科公国的大公。

至此，统一的俄罗斯国家已经初具雏形，为摆脱蒙古的统治创造了极为有利的条件。而此时的蒙古已经分裂。

摆脱了蒙古统治的莫斯科公国从此迈开了扩张的步伐，在不到半个世纪的时间里，莫斯科公国的领土就从原来的43万平方千米扩展到280万平方千米，形成了一个幅员辽阔的大国。

统一的国家形成以后，中央集权的政治制度也随之出台了。到16世纪初，俄罗斯开始出现新的国家管理机构，有了统一的政权和行政组织，国家大权全部集中在大公手里，军队的体制也走向了统一。此外，税收、铸币和邮政也都趋于统一。1497年，俄罗斯颁布了全国统一的法典，规定由国家杜马和大公在一起商讨国是。

俄罗斯建立统一的中央集权国家后，为国内经济和文化发展创造了有利的条件，同时也为抵御外来侵略和争取民族独立提供了必要的保证。

●查理八世率军开进佛罗伦萨

>>> "大使"的起源

"大使"为一国派往他国或国际组织办理外交事务的正式代表。"大使"一词最早出现于恺撒所著的《高卢战记》中。

最早的常驻大使出现在14世纪的欧洲，1341年，意大利的曼图亚城邦向巴伐利亚王国宫廷派遣大使，被认为是现代意义上大使的起源。此后威尼斯、佛罗伦萨、西班牙、法国、英格兰、神圣罗马帝国等纷纷互派大使。

1559年法国国王和西班牙国王签订《卡托－康布雷齐和约》时，首次出现向国际会议派遣的大使。

拓展阅读：

《世纪战争》
　　[意] 加里巴尔迪
《俄尔浦斯》（意大利戏剧）
　　[意] P.波利齐亚诺

◎ 关键词：那不勒斯 路易十二 威尼斯同盟

意大利战争爆发

15世纪末的欧洲，法国和西班牙两个大国为了争夺在亚平宁半岛的统治权，矛盾不断恶化，结果殃及邻国意大利，导致了持续数十年的意大利战争。

1494年，法国国王查理八世将布列塔尼公国并入了法兰西的版图，但这并没有满足查理八世的欲望，他想通过发动战争，以赢得赫赫战功并一举成名。于是，他将侵略的眼光放在东方遥远的圣城耶路撒冷上。

1494年1月，那不勒斯国王费迪南一世去世，由于查理八世的父亲曾于1480年继承了安茹国对那不勒斯的统治权，所以，一直虎视眈眈的查理八世便迫不及待地宣布，作为安茹王朝的合法继承人，他有权占有费迪南一世的领地。于是，查理八世于1494年底，率领军队，向那不勒斯王国进发，意大利战争由此爆发了。

在占领那不勒斯的过程中，查理八世基本上没有遇到什么抵抗，于是他就堂而皇之地称为那不勒斯国王。1495年1月，查理八世接受了罗马教皇任命他为那不勒斯国王的授职书，同年2月，他又自称是"法兰西、那不勒斯和君士坦丁堡的国王"。

令查理八世始料不及的是，由于法国军队的掠夺和暴行，以及政府征收新的捐税，已经引起了意大利人民的极大愤慨。意大利各国的执政者们害怕法国的势力会逐渐加强，同时也害怕意大利爆发大规模的起义，于是在1495年3月结成了"威尼斯同盟"，以便将法国军队驱逐出去。

孤军深入的查理八世感到陷入了缺乏后援的境地，只好于当年5月撤出那不勒斯。"威尼斯同盟"趁机将军队集结在亚平宁山，切断了查理八世的后路，两军于7月6日在塔霍河谷相遇，展开了一场激战。法国骑士保护着查理八世，在弗尔诺沃杀开一条血路，成功突围。

1496年12月，法国军队撤出了那不勒斯，少数没有来得及撤退的法国士兵遭到那不勒斯居民的屠杀，查理八世入侵那不勒斯的冒险行动以失败而告终了。两年后，没等到雪洗耻辱的查理八世去世了，路易十二继承了王位，同时也承袭了查理八世对那不勒斯的野心。此外，他还想把米兰纳入自己的管辖之下。

1498年，路易十二和西班牙国王经过事先约定，准备合伙瓜分那不勒斯，于是就悍然出兵。1501年，法国和西班牙以重兵占领了那不勒斯，但两国因分赃引起争议，继而爆发了战争。西班牙军队在战争中获胜，法国在不得已的情况下放弃了那不勒斯，那不勒斯沦为西班牙的领地。

●身着多彩军服的雇佣步兵

>>> 圣西罗体育场

　　圣西罗——正式名称是梅阿查体育场——是蓝黑球队（国际米兰）和红黑球队（AC米兰）都引以为豪的足球圣殿。

　　圣西罗是一个叫佩特罗·皮雷利的富商（1909—1929 年任米兰俱乐部总裁）慷慨解囊，为他所爱的米兰队修建的一个大型足球场。

　　球场位于城市西部，是意大利米兰城的标志性建筑，也是世界著名的体育场之一，更是米兰足球的象征，容量为 85700 人。陡峭的入口斜坡和分为三层的看台都使体育场看起来像是无法攻克的堡垒。

拓展阅读：

国际米兰
《米兰的奇迹》（电影）
《失去的爱》（电影）

◎ 关键词：反对威尼斯 康布雷联盟 神圣同盟 统治权

法国占领米兰

　　法国入侵那不勒斯，意大利战争爆发，威尼斯便趁机大肆扩张领土，这一举动惹怒了邻近的强国，矛盾随之迅速升温，威尼斯成了众矢之的。1508年春，一股反对威尼斯的强大势力联合起来，建立起“康布雷联盟”，准备对威尼斯采取必要的军事行动。不久，佛罗伦萨、费拉拉、曼图亚以及其他意大利国家也都先后加入了康布雷联盟，战争一触即发。

　　1509 年，双方僵持了一年之后，在米兰附近开战，威尼斯一败涂地。初战告捷之际，康布雷联盟却因为法国军队再次入侵意大利而瓦解。为对付法国，意大利重新组合军事力量。两年后，罗马教廷和西班牙、威尼斯、瑞士以及英国联合，结成“神圣同盟”，旨在将法国军队驱逐出意大利。

　　这一举动惹怒了法国国王路易十二，他向驻扎在意大利的法军统帅富瓦·加斯东·德下达命令，进攻神圣同盟，于是，25000 名法国士兵转而向拉韦纳推进，企图一举将该城拿下。一支前来支援该城的西班牙军队和法国军队遭遇，双方展开了一场大战，结果西班牙军队遭到惨败，而法国军队的统帅加斯东在战争中阵亡。

　　神圣同盟的军队陆续赶来支援，前来支援的瑞士军队已经越过了汝拉山。大军即将压境，路易十二只好作出撤军的决定，并于1513年和威尼斯军队签订了停战协定，将占领的土地归还给威尼斯。第二年，路易十二被迫放弃米兰，将其割让给奥地利。为了达到使英国撤军的目的，法国又向英国提供了大量赔款。至此，路易十二在意大利的冒险行动再次败北，他也于1515年去世。但他的后继者弗朗西斯一世当政后，马上集结了一支大军，又一次开始了在意大利的冒险行动。精于用炮的法国军队在米兰附近一举击溃了米兰公爵和瑞士雇佣兵的联军，重新夺回了米兰公国。

　　迫于战争失败的压力，瑞士被迫和法国签订《万年和约》，认同法国有在瑞士招募雇佣兵的权力。1516 年 8 月，西班牙和法国签订了《怒瓦永和约》。出于政治目的，年轻的西班牙国王还和弗朗西斯一世的女儿订立了婚约。

　　面对法国的强大攻势，教皇也显得无能为力。他于 1516 年底在波伦亚与弗朗西斯一世会晤，签订了教务条约，被迫承认法国拥有米兰公国、帕尔玛以及波亚琴察，而弗朗西斯一世也承认教皇家族对佛罗伦萨拥有统治权。

　　1517 年，西班牙和神圣罗马帝国也被迫与法国缔结了康布雷条约，肯定法国在意大利的既得利益和对占有土地的统治权。

亚非拉的文明

——— 鼎盛时期的墨西哥上古文明瞬间被熔岩吞噬，玛雅文明成为美洲人的骄傲，非洲文明向着古老的沙漠蔓延。

——— 印加帝国兴盛，西班牙海盗肆意掠夺；波斯帝国，扩张无法延续繁荣；海地第一个吹响独立的号角。

——— 日本文明迅速发端；"大化革新"改变日本历史；武士道闻名于世；幕府强权；明治维新；忠贞的信仰和狂热的野心使日本的铁蹄踏向远方。

——— 笈多王朝统一北印度；穆斯林王国建立，印度从多神崇拜到一神崇拜；德里民族大起义，英殖民者疯狂镇压，勇敢女王演绎壮美篇章。

——— 基督教成为民族的中流砥柱；伊斯兰教诞生，先知统一阿拉伯半岛；指向同胞的屠刀，让穆斯林世界几经起落，真主也难以挽救帝国的衰亡。

亚非拉的文明

●墨西哥的扎尔蒂克武士雕像

>>> 龙舌兰酒

印第安人有种传说，说天上的神以雷电打中生长在山坡上的龙舌兰，而创造出龙舌兰酒。龙舌兰早在古印第安文明的时代，就被视为一种非常有神性的植物，是天上的神给予人们的恩赐。龙舌兰对于墨西哥而言，具有十分重要的意义。

龙舌兰叶可以造纸，龙舌兰的花朵十分尖锐，据说可以当作武器。如今，龙舌兰最重要的作用是制造龙舌兰酒（Tequila），用龙舌兰叶酿制成的龙舌兰酒是墨西哥一大特产。龙舌兰酒的度数比较高，喝起来会有一些辣辣的并带着香甜的感觉，绕于舌尖，缠绵于喉。

拓展阅读：

《寻梦墨西哥》邢啸声
《墨西哥——文明的进程》
　　[美]萨普利斯
《狂暴易怒的阿兹特克人》
　　[英]狄利

◎ 关键词：奥尔梅克 托尔蒂克 日暮途穷

墨西哥的上古文明

在距今7000年前，在墨西哥的高原上就有人开始了频繁的活动。他们分布的面积很广，几乎整个墨西哥高原都留下了他们的踪迹。这些散落的部落，发展程度参差不齐，如先后出现的奥尔梅克和托尔蒂克就是其中两个比较大的部族，他们的发展代表了墨西哥上古时期的文明。

大约在公元前1000年，奥尔梅克人居住在墨西哥湾的沿海地带，潮湿而多雨的气候使这里成了橡胶树的乐园，当地人称那里为奥尔梅克，意为"橡胶林中的居民"。在当时的印第安文化中，奥尔梅克人的石雕技术是其他部族所望尘莫及的。公元前1200年到公元前500年这段时间，是奥尔梅克文化的昌盛时期，人口已发展到35万多。丝毫没有农业生产经验的奥尔梅克人，以一种极为简陋的农具开垦贫瘠的土地，撒上种子，期待着收获季节的来临。他们完全不懂得去管理和浇灌，结果，得到的粮食少之又少，不出几年，土地就彻底荒芜了。之后他们会另外找一片土地，再次种下微薄的希望，就这样周而复始下去。事实上，他们每年的收成都不够填饱肚子，饥饿时时刻刻困扰着他们。

奥尔梅克人在人口集中的地方建起城市，城市中有井然有序的大路，房屋、庙宇以及其他建筑物都规整地立在大路两旁，他们的房屋和庙宇都是用黏土砌成的，外面涂满了各种各样的颜色，但是过量的大雨经常冲毁他们的房屋，居住是他们非常头疼的问题。

公元前500年左右，奥尔梅克部族已经走过了鼎盛期，代之而起的托尔蒂克部族，一跃成为墨西哥高原上最昌盛的部族。托尔蒂克人在墨西哥峡谷和普埃布拉峡谷之间的地带散居。到了公元前200年，超过1万人的大部落出现了，一个叫古依尔哥的城市随之崛起。但是，无情的希特列火山喷发出的烈烈熔岩将这个城市吞没了。

托尔蒂克人只好再次寻找适合生存的栖息地，他们沿着特斯科湖逐渐向北岸移动。特斯科湖地区地势平坦，充足的水源是农业生产的必要条件，他们便在特斯科湖地区定居下来。不久后，德奥蒂华坎新城在众人的努力下建成了，受奥尔梅克部族的影响，城市的建筑格局保留了原来的遗风。公元前1世纪，德奥蒂华坎城成了该地区最大的宗教活动中心，附近的部族纷纷到这里朝圣。随着城市规模的发展，人口也在逐渐增多，350年到650年间，德奥蒂华坎城的人口规模已经达到了20万。

人口的剧增使得粮食变得供不应求，资源匮乏成了社会组织失衡的重要因素，德奥蒂华坎城已经敲响了衰亡的警钟。等到乔卢拉城和索契卡尔戈城迅速在墨西哥高原上崛起时，托尔蒂克文化也到了日暮途穷的地步。

●印第安部落首领

>>> 印第安玉米

据考证，玉米原产于南美洲。7000年前美洲的印第安人就已经开始种植玉米。由于玉米适合旱地种植，因此西欧殖民者侵入美洲后将玉米种子带回欧洲，之后在亚洲和欧洲被广泛种植。

大约在16世纪中期，中国开始引进玉米，18世纪又传到印度。到目前为止，世界各大洲均有玉米种植，其中北美洲和中美洲的玉米种植面积最大。玉米是美国最重要的粮食作物，产量约占世界产量的一半。中国年产玉米量占世界第二位，再次是巴西、墨西哥、阿根廷。

拓展阅读：

《图说美洲图腾》
王大有／宋宝忠
《丛林秘境》白献竞、高晶

◎ 关键词：亚洲民族 印第安文明 蒂亚瓦纳科文明

美洲的早期文明

在公元前5000年至公元前2000年时，一些亚洲民族由于种种原因，穿过白令海峡进入北美洲，开始了异地的生活。随着人口的不断增长，他们散居在北美洲的各个陆地上，并向中美洲和南美洲涉足，他们就是现在的印第安人。

印第安人在美洲大陆形成了诸多的印第安社会组织，产生了色彩纷呈的文化。他们通过狩猎、打鱼和采集植物的果实维持生计，他们用制作精良的石刀等武器猎取大象、马和美洲野牛等野生动物。虽然如此，他们在有些时候仍然要忍受冻饿，在此情况下，他们开始发展农业，因为这是维持定居生活的关键所在。在公元前5000年前，玉米已经完全培育成功，很快就得到印第安人的青睐。于是，南美洲和北美洲出现了大面积的玉米种植，并逐渐向外蔓延。到公元前1500年，生活在美洲西南部平原地带的印第安人不但学会了玉米种植技术，还具有高超的手工技能，许多带着花纹和图案的陶器就是出自他们之手。为了能使农业有好的收成，他们构筑了堤坝，将运河里的水引入良田，建立了一套复杂的灌溉体系，保证了农业的丰收。

美洲除了印第安文明之外，安第斯人也创造了相当辉煌的文明和文化。安第斯人主要以捕捞大海中的鱼类为生，同时也从事农业生产活动。公元前2000年时，他们从靠海的地方迁移到适合农作物生长的山坡地带，开始专门从事农业生产活动，并建立了庞大的宗教和社会组织。安第斯人文明的标志是建立了一个高达10层的U形神庙。后来经过考古学家的考证，该神庙建于公元前3000年左右。安第斯人的文化为后来的印加文化以及其他文化提供了借鉴，他们在农业、建筑、艺术图案以及宗教信仰等方面都作出了不可磨灭的贡献。

在印第安文化后期，安第斯地区的北部出现了蒂亚瓦纳科文化。该文化是因为居住在玛利维亚西部喀湖沿岸的蒂亚瓦纳科人而得名，他们在那片土地上的统治长达400年之久。蒂亚瓦纳科人以自己的智慧和才干建造了规模庞大的神庙，和金字塔一样，神庙有许多谜团困扰着现在的人们。在没有现代工具的情况下，当时的蒂亚瓦纳科人是怎么把巨大的石块堆砌起来的呢？但是有一点可以肯定，蒂亚瓦纳科人凭借出众的才能将蒂亚瓦纳科文化渗透到了整个安第斯高原的中部。

除了印第安文明和蒂亚瓦纳科文明之外，生活在南美洲的印加人也不容忽视。他们通过向外扩张，建立了庞大的帝国，缔造了美洲的另一个文明。

●迄今在玛雅发现的最大纪念碑

>>> 中国最古老的文字

甲骨文又称契文、龟甲文或龟甲兽骨文，主要指殷墟甲骨文，是中国商代后期（公元前14—公元前11世纪）王室用于占卜记事而刻（或写）在龟甲和兽骨上的文字。它是中国已发现的古代文字中时代最早、体系较为完整的文字。

殷墟甲骨文是殷王朝占卜的记录。目前发现的有大约15万片甲骨，4500多个单字。这些甲骨文所记载的内容极为丰富，涉及商代社会生活的诸多方面，从甲骨文已识别的约1500个单字来看，它已具备了"象形、会意、形声、指事、转注、假借"的造字方法，展现了中国文字的独特魅力。

拓展阅读：

阿拉伯数字的发明

《玛雅艺术：石雕》赵建东

◎ 关键词：玛雅文化 美洲人 阿拉斯加 瞬间消亡

璀璨的玛雅文明

辉煌的玛雅文化是美洲人的骄傲，它像一颗璀璨的明珠照耀着美洲的文明史，与古老的埃及和印度文明相比，玛雅文明自有其独特之处。

几万年前，一支亚洲人到达美洲的阿拉斯加，以燎原之势遍布了美洲全境，玛雅文明由此发端了。

公元前1000年左右，一批玛雅人来到墨西哥、危地马拉和洪都拉斯一带定居下来。起初，他们过着原始公有制的生活，以特有的智慧和勤劳的双手创造了灿烂的玛雅文化。高超的建筑艺术是玛雅人出色的技能之一，到公元元年前后，他们已经在中美洲建造了100多座城市，每座城市里都建有金碧辉煌的庙宇和雄伟壮丽的宫殿，城市被分为各个城区，城区之间有宽阔的道路相连。

玛雅人还在农业方面展现了自己的天赋，出于农业生产的需要，玛雅人在各个城市都建造了许多不同形状的天文台，精确地计算出日食和月食的时间，由此推算出太阳历。玛雅人的计算法则非常奇特，他们根据手指和脚趾而发明了20进制，此外，他们用小圆点表示1，画一道横杠表示5，画一个贝壳表示0。值得一提的是，玛雅人使用0这个符号的时间比欧洲早了整整800年。

玛雅人的杰作不仅仅限于上述几点。按照精确的天象观测和日历法则而建造的神殿是玛雅人的又一杰作，其中奇伊图亚神殿最为著名。它是一个底边长55米、高23米的金字塔，塔顶设有祭坛，四面各有91级台阶通往塔顶，另外加上一层环形的平台，共计365级台阶，和一年的天数相等；每侧通往塔顶的台阶除了中间部分，共有18层，这恰恰和太阳历的月份相等，令人叹为观止的是，每年春分、秋分两天午后，太阳斜射的光芒在北侧的台阶上会映现出翻腾起伏的蛇神幻影。

玛雅人还创造了自己的文字。从现今的考古发现看，那些刻在祭坛、陶器和石柱上的铭文共有八百多个书写符号和三万多个词汇。按照玛雅人的习俗，每隔20年，他们就会在城市中竖立起一些石柱，石柱上记载着玛雅人在20年之内发生的重大事件，并且标明发生的时间和地点。此外，玛雅人还把自己的文化和发展史记录在鹿皮上，由专职的祭司用不同的颜色编写成书，这种书不仅色彩绚丽，而且图文并茂。

令人百思不得其解的是，9世纪末，玛雅文化突然在瞬间消亡了，那些辛苦建造的建筑物被毁掉了，古城失去了原有的风采，一切都改变了旧貌，岁月的流逝将当年见证玛雅文化的事物或淹没或遭到风雨的侵袭，文明变成了一片废墟。

亚非拉的文明

●早在公元前9世纪，当时的蒂卡尔已经形成村落。直到公元前3世纪，这里一直是玛雅人重要的祭祀中心。在蒂卡尔的中心广场上，竖立着几十块被学者称为"石碑仪仗"的纪念碑。

●印加王头像

>>> **印加藏金之谜**

15世纪中叶，秘鲁利马附近的一个土著印第安人部落，通过不断兼并邻近部落，建立起了一个奴隶制国家——印加帝国。

据说，印加人非常崇拜太阳神，他们看到黄金发出的光泽与太阳的光辉同样璀璨，因此特别钟爱黄金，千方百计地聚敛黄金。印加国的黄金多极了！他们国内所有神庙和宫殿，都使用了大量的黄金，大多数印加人都佩戴黄金制品和收藏着黄金。

有关印加国黄金的传说，在当时引起了一些殖民主义者的占有欲望，纷纷前往寻找，但都是徒劳，印加的藏金情况至今仍是个难解的谜团。

拓展阅读：

空中之城——马丘比丘
《印加帝国三部曲》
[法]安东尼·B.丹尼尔

◎ 关键词：印加帝国 私有制 阶级 农业文明 结绳记事

印加帝国的兴盛

在南美安第斯山区，生活着一个古老的民族——克丘亚族，他们的后裔逐渐分化成多个部族，印加部族就是克丘亚族的一个分支，在他们部族的语言里，印加的意思就是"太阳的儿子"。

关于印加部族的起源，有一个传说：在库斯科东部的帕卡里坦普，太阳神创造了一男一女，并让他们结为夫妇，他们就是该部族的第一位国王和王后。国王芒科·卡帕克依照太阳神的旨意，率领部族的成员来到库斯科，将其他的部族统一在自己麾下，建立了印加帝国。他的人民从他那里学到农耕和手工业技术，在那片土地上过着衣食无忧的生活。

在逐渐发展的过程中，印加帝国以库斯科为中心，建立起四个大的行政区，每个大的行政区又由若干个省组成，省以下又由小的行政机构组成。名义上，国王拥有所有的土地，事实上土地的一部分收入供养了神殿里的僧侣和女巫，另一部分用作王室和日常行政的开支，其他公田的收入则是普通百姓赖以生活的基础。部族的每一位男性成员都可以分得一块土地耕种，而女性成员则只能得到男性土地的一半。

私有制的出现明显地加剧了阶级的分化，官员们通过行政手段，将大片的土地据为己有，他们有权驱使其他普通劳动者为自己进行无偿劳动。普通的部族成员除了分得的公田之外，还拥有少量的私田，私有土地可以世代相传，但他们必须缴纳一定的赋税。

日渐壮大的国土是和不断征服成正比的，地位低下的奴隶不断增多就是征服异族的最好证明。

作为古代农业文明的摇篮，印加帝国的农业非常发达。他们在安第斯山上修建有层层的梯田，并修建了长长的水渠，青铜制造的斧、镰刀和锄头等农具得到了广泛应用。当时印加人种植的农作物已经有40余种。此时的手工业得到了一定发展，家庭妇女定期修剪羊毛，制成毛纺织品，但这些东西都归帝国所有。

太阳神是印加人唯一供奉的神灵，他们认为自己是太阳的儿女，于是建造了巨大的太阳神庙。

他们在库斯科太阳神庙广场上修建了一个天文仪表。以此来确定时间和季节。

此外，结绳记事是印加人对文字的最早尝试，这种文字被称为结绳文字。

印加人在与大自然的不断斗争中充分显示了不尽的智慧和才能，为人类发展创造了光辉灿烂的文化。

●太阳神庙被认为是马丘比丘的宗教中心，其建筑风格表明这里是印加晚期所建，如今，神庙已部分修复，再现了原始时代的辉煌。

●尚未破译的麦罗埃语碑铭

>>> 东非大裂谷

世界最大的大陆断裂带，位于非洲东部，南起赞比西河口一带，向北经希雷河谷至马拉维湖北部后分为东西两支。

东支裂谷带沿维多利亚湖东侧入红海，延抵约旦谷地，全长近6000千米。此处裂谷带宽度较大，谷底大多较平坦。两侧为断崖，谷底与断崖顶部的高差从几百米到2000米不等。

西支裂谷带大致沿维多利亚湖西侧由南向北穿过一串湖泊，向北逐渐消失，规模较小。

东非裂谷带两侧的高原上分布有众多的火山，谷底有呈串珠状的湖泊30多个。其中坦噶尼喀湖是世界上最狭长的湖泊，为世界第二深湖。

拓展阅读：

《撒哈拉奇兵》（电影）
《撒哈拉的故事》三毛
《失落的文明》
　[美] 戴尔·布朗

◎ 关键词：撒哈拉沙漠 宗教崇拜 文化

非洲文明的发端

位于撒哈拉沙漠南端的非洲，一直是一个被遗忘的地方。随着铁器在农业中的广泛应用，新的农作物开始出现在这片土地上，动物的驯化也随之达到了一个新的水平，这些条件促进了人口的增长和流动。

生活在那里的人们手拿铁制的锄头和砍刀，组成密集的村落，过着集体农业的生活。他们的资源非常有限，良田更是少之又少，因此，他们生活的社会状态一直维持在村庄的水平上，分化似乎与他们无缘。但是在一些土地肥沃、铁、铜和黄金等矿藏丰富的地方，不同的阶层已经形成了，阶级的出现成为必然的趋势。

为了维护社会现状，宗教崇拜出现了，并且成为控制新社会秩序的主要工具，具有强烈的排他性。在这样的情况下，部族的成员被同化了，邻近不太发达的部落也逐渐受到宗教崇拜的影响，女性的地位遭到贬斥，而年龄较大的老人则掌握着巨大的权力，对整个部族发号施令。

当人口的增长成为社会发展的主要障碍时，部族成员就沿着河流向外扩散，在地势较高、土地相对干燥的地方进行耕种；而靠近海、河流和湖泊以捕捞为生的部族，则通过捕捞所得的海产品和从事耕种的部族进行交换，并受到了对方文化和习俗的影响。随着交往的深入，游牧民族逐渐在政治上取得相对的优势，他们编造了一些离奇的神话故事，打着神灵的幌子，以便在政治上控制其他部族。在这样的情况下，非洲传统的宗教体系形成了，万灵论和对自然的崇拜以不可动摇的地位普遍存在于人们的观念中。

由于所处地域气候、土壤和地形的不同，各地区的文化发展也存在很大差异，但是有一点是共同的，那就是劳动和性别的分工。男人继承了以往的传统，除了从事狩猎、捕捞和耕种土地外，还承担着维护社会安全和进行远距离贸易的角色。采矿、冶炼业和养牛业也是男人的事情，因为那是掌管权力的关键所在。男人一旦拥有这些，就可以娶更多的妻子、生更多的孩子，等到孩子长大后，就可以扩大家庭的劳动力规模。相反，妇女的地位却大不如前，她们主要从事耕种和收割等农业劳动。

在以男性为主导的社会里，采矿业得到了长足的发展，矿脉成为他们的主要开采对象，矿产量大大增加了。商业贸易和交往开始变得异常频繁，种种依附形式也随着商业的发展而发展，一个奇特的现象出现了，少数奴隶变得异常富有，并且享有一定的权势，甚至可以拥有自己的少量奴隶，但大多数奴隶还是奴隶主的财产，没有人身自由可言。

综上所述，男人社会地位的提高，养牛业和采矿业的发展，促使了阶级的产生，同时也催生了国家和王朝的出现。

亚非拉的文明

● 曾经守护着居鲁士宫殿的浮雕

>>> 居鲁士计陷巴比伦城

公元前 539 年，居鲁士下令进攻新巴比伦王国的首都巴比伦城。巴比伦国王那波尼德听到居鲁士前来进攻的消息时，哈哈大笑说："让他在巴比伦城下大哭吧，也许能把城墙哭倒。"

因为巴比伦城异常坚固，城外有宽阔的护城河。城墙是用掘护城河时取出的土烧成的大砖砌成的，砖和砖之间还涂上沥青，宽厚的城墙呈四方形，所有的城门连门柱都是青铜铸造的。然而，居鲁士率大军来到巴比伦城下，并没有立刻攻城，而是利用城内反对国王的巴比伦贵族掌握的军队，打开了城门，使巴比伦城很快落入他的手中。

拓展阅读：
《波斯之父居鲁士》晓林
《居鲁士》[古希腊] 色诺芬

◎ 关键词：米底 波斯 居鲁士 贵族 波斯国王

居鲁士建立波斯帝国

公元前 10 世纪，伊朗高原上迎来了两个新的部落——米底和波斯，他们即将成为伊朗高原的新主人。米底人居住在里海以南，波斯人则在米底人居住的南边定居下来，强大的亚述帝国将侵略之火烧到伊朗高原后，米底和波斯先后被征服。直到公元前 7 世纪，米底人才摆脱了亚述帝国的统治，建立了自己的王国，将都城定在爱克巴坦那。逐渐强大起来的米底人迅速组建起庞大的军队，将居住在南端的波斯人征服。之后，米底人又联合两河流域的迦勒底人，将称雄西亚和北非的亚述帝国一举吞并，米底人名声大噪。此后，米底的王位经过四代的更迭，传到了阿斯提亚格斯手中。但是一件不可思议的事情发生了，之后不久，米底走上了灭国之路。

一天深夜，米底国王阿斯提亚格斯梦见自己女儿曼丹尼撒的尿变成了滚滚洪流，淹没了都城爱克巴坦那，泛滥了整个国家。僧侣声称那是不祥之兆，他的女儿可能会危及国家的安全。从此以后，阿斯提亚格斯便对曼丹尼公主怀有戒心，等公主长大后，把她嫁给了温顺老实的波斯贵族冈比西斯。

公主出嫁不到一年，阿斯提亚格斯又梦见她的肚子里长出一根枝繁叶茂的葡萄藤，遮住了整个国家。僧侣预言，公主的后裔将取代王位。阿斯提亚格斯马上派人接回已经怀孕的公主，严加看管。

不久，公主果然产下一个男婴，他就是居鲁士。得到消息的阿斯提亚格斯命令王室总管哈尔帕哥斯马上把孩子杀掉。哈尔帕哥斯将孩子送给了一个牧人，恰逢牧人的孩子夭折，牧人偷梁换柱，居鲁士才逃过一劫。后来阿斯提亚格斯知道了此事，惩罚了哈尔帕哥斯，并杀死了他的一个儿子，但是占梦的僧侣却改口说居鲁士已经不能构成威胁了，国王信以为真，将居鲁士送回公主家中。

居鲁士长大后，凭借自己的贵族身份，与波斯 10 个部落的青壮年贵族共同讨伐阿斯提亚格斯。阿斯提亚格斯命令哈尔帕哥斯带兵镇压，但是，怀着杀子之恨的哈尔帕哥斯却倒戈一击，率领军队投降了居鲁士。怒不可遏的阿斯提亚格斯下令将占梦的僧侣处死，然后亲自上阵迎战。面对强悍的波斯士兵，阿斯提亚格斯的军队一败涂地，他本人也成了俘虏，米底王国灭亡了，居鲁士成为了波斯国王。之后的十几年间，居鲁士率领大军先后灭掉了吕底亚王国和新巴比伦王国，降服了犹太王国和腓尼基，统治了地中海东岸到中亚的广袤地区和多个民族。完成统一霸业后，居鲁士将都城迁到了巴比伦。

亚非拉的文明

●人物仕女图

◎ 关键词：依赖性 岛屿 热带海洋气候 神武天皇

日本文明的发端

日本的文明虽然不像澳大利亚那样与世隔绝，但在亚洲所有的文明中，日本文明是发端最晚的。由于受到中国和印度等大国文明的影响，落后的日本岛国居民对外来文化产生了强烈的依赖性。但是日本人在消化吸收外来文化的同时，又不乏天才的创造力。

特殊的地理位置使日本失去了与亚洲大陆交往的机会，航海事业的不发达遏制了日本与国外世界的过多接触。日本有3000多个岛屿，但是大都没人居住，仅仅有600多个岛屿上有人生活，大部分人口都集中在北海道、本州等几个主要岛屿上。处于温带气候下的日本群岛，本州是最大的岛屿，在该岛屿上生活的人数超过了其他所有岛屿，占所有岛屿人口的一半还要多。热带海洋气候消解了寒冷的冬季，但是强烈的飓风经常在日本群岛登陆，给生产发展带来灾难性的破坏。靠海而居的渔民在与海洋的搏斗中发展了航海事业。

日本虽然有雄伟的火山和终年积雪的山峰，但矿产资源严重匮乏。除了煤炭的储藏量还算丰富外，日本几乎一无所有。在日本历史上，虽然以农业发展为主，但是能耕种的土地简直少得可怜，除了不到百分之二十的地区适于发展农业外，其他地区都被坚硬的石头覆盖，日本居民只能在有限的土地上耕种，勉强度日。

日本的种族构成并不复杂。大约在新石器时代，一些蒙古人越过海洋来到日本，开始了在那里的生活，并且和朝鲜有了频繁的接触。他们于公元前1世纪末学会使用铁器和青铜器。当时的日本，文字还没有产生，他们以氏族为单位居住在一起，穿着用树皮做的衣服，进行物物交换的简单贸易，氏族的首领既是军事首领，也是祭祀神灵的祭司，在那个时候，妇女的地位要高于男性。

日本的宗教非常原始，他们是多神教信仰，在他们的心目中，并没有确切的神的概念，自然界的万物，都有可能成为他们崇拜的对象。他们把自己的祖先说成神，一个自称是天照大神后裔的家族逐渐在其他家族中脱颖而出。为了扩展政治势力、令其他氏族承认它的地位，天照大神的后裔竭力宣扬本家族的事迹。大和氏族的酋长统治日本的传说就是由该神话派生出来的；传说中，天照大神的孙子琼琼杵尊奉命降临到九州岛上，之后他的孙子来到大和地区，开始了对日本的统治。从此，日本出现了第一个天皇"神武天皇"，天照大神也成为所有日本人心目中的神灵。

●盛装的女子 印度 公元前2世纪

>>> 法显印度求经

法显（约337—422年），东晋僧人、旅行家、翻译家。本姓龚，平阳武阳（今山西襄垣县）人。

东晋隆安三年(399年)，63岁的法显踏上了西行取经的征途。途经西域和中亚31国，徒步跋涉，历时四年到达印度，踏遍印度名山古寺，到处拜求佛经，终于得到了重要的中国没有的佛经，约百万言。后刻苦学习梵语梵文，以惊人毅力，用梵文将六部经书全部抄录下来，历经八个春秋，声震佛教。

回国后经历写成《法显传》，是一部集地理、历史、社会、宗教的大成之作。

拓展阅读：

《大般涅经》
《马土腊佛陀立像》

◎ 关键词：潜心向佛 笈多王朝 北印度 野心

笈多王朝统一北印度

一向潜心向佛的印度，在阿育王的努力下建立了孔雀王朝，将印度的大部分地区纳入其统治之下。但是到了公元前2世纪，随着孔雀王朝的倾覆，庞大的帝国很快就瓦解了，政治纷争也由此开始。

几百年过去了，恒河和印度河不再是印度的政治中心，德干高原上迅速崛起的势力集团将其取代。之后，一向平静的德干高原成了权势争斗的场所，一个又一个王朝在那里诞生了。其间，一些大国控制着大片肥沃土地，拥有雄厚的自然资源，在纷争中抢占了先机。德干高原代替恒河和印度河流域成为权力的中心，很大原因是它不但没有受到外族的入侵，反而和邻邦进行了比较频繁的商业往来，经济得到了长足的发展。

此后的很长一段时间，突厥斯坦的游牧部落将矛头指向了北印度，并最终将它纳入自己的统治之下，等到笈多王朝接管了这片土地，北印度再次实现了统一。

笈多王朝的奠基人旃陀罗笈多一世在华氏城起家，之后将政权逐渐扩大到北印度地区。此人有很大的野心，一心想吞并整个印度，然后再向外扩张。他去世时，告诫自己的儿子沙摩陀罗一定要"统治整个世界"。但是，沙摩陀罗没有实现父亲的宏愿就撒手人寰了，他的儿子旃陀罗笈多二世却野心勃勃，他不仅控制了阿拉伯海沿岸的通商口岸，切断了通往西方的海路，还把整个印度斯坦攫取了。后来，印度的另一个政治中心——德干高原的大部分地区也都成了笈多王朝的领地。这个被称为"超日王"的印度君主在统治时期不仅发展了笈多王朝的经济，还将文化的发展水平提高到一个新的高度。

超日王控制了整个国家的政治和经济，他将金银加工业、盐业、矿物的开采、国家的铸币机构，甚至关于武器的制造，都纳入政府的掌控之下。税收成为国家的主要支柱，但超日王并没有让农民全部缴纳，农民除了缴纳一定的谷物，其余的税款就以参加国家的公共工程来顶替。

这一时期，北印度大量的奢侈品包括象牙、名贵的香料、珠宝以及制作精良的丝织品等通过海路输送到国外，然后再进口亚麻布、玻璃器皿和葡萄酒等。罗马帝国是与北印度商业往来最频繁的国家，但是钱币源源不断地外流，几乎掏空了罗马帝国的国库，罗马的经济也随之受到了严重影响。等到罗马统治者发现这一弊端时，局面几乎已经无法挽回了，他们只好下达禁穿丝织品的命令，以尽量减少从北印度的商品输入量。

印度除了和罗马的商业贸易比较频繁外，和中国也曾有过密切的贸易往来。

● 陶塑头像 伯利兹玛雅遗址出土

>>> 羽蛇神

羽蛇神的名字叫库库尔坎，是玛雅人心目中带来雨季，与播种、收获、五谷丰登有关的神祇。事实上，它是一个舶来品，是在托尔特克人统治玛雅城时带来的北方神祇。中美洲各民族普遍信奉羽蛇神。

羽蛇神在中部美洲文明中得到普遍信奉，一般被描绘为长羽毛的蛇形象。最早见于奥尔梅克文明，后来被阿兹特克人称为"奎兹尔科亚特尔"，玛雅人称作"库库尔坎"。按照传说，羽蛇神主宰着晨星、发明了书籍、立法，并且给人类带来了玉米。羽蛇神还代表着死亡和重生，是祭司们的保护神。

拓展阅读：

墨西哥客店节
墨西哥太阳历石

◎ 关键词：神灵 墨西哥城 务农 纺织

阿兹特克的文明

作为托尔特克人的一个分支，阿兹特克人因为先前居住在阿兹特克地区而得名。传说中，阿兹特克部族信奉的神灵威齐洛坡奇特里曾经示意阿兹特克人，如果在什么地方看见一只鹰叼着一条蛇站在仙人掌上，那个地方就是他们的居住地。

在神灵的指引下，阿兹特克人在酋长塔诺奇的带领下到达特斯科科湖的一个岛上，果然看见一只雄鹰叼着一条蛇站在仙人掌上，神灵的预示应验了，深信不疑的阿兹特克人就在那里定居下来，开始建造新的城市。为了纪念已故的首领，他们将新建造的城市命名为墨西哥城，他们也自称是墨西哥人。

1426年，阿兹特克人与特斯科科部落以及特拉科潘结成联盟，开始奉行向外扩张的政策。之后，其他部落先后被征服。到蒙特祖马二世掌权时，阿兹特克已经成为墨西哥各地的盟主，人口达到了600多万，鼎盛的时代到来了。

以务农为主的阿兹特克人种植的农作物包括玉米、豆类、蔬菜以及棉花，主要的经济作物是烟草。为了扩大种植面积，阿兹特克农民在湖面上打下木桩，扎起木筏，铺上湖泥，然后用尖木棒翻土耕地，把农作物种植在上面，虽然农具简陋，但因为懂得施肥和灌溉，所以仍然能使他们获得好收成。

在社会的逐渐发展过程中，一部分人开始从农业生产中脱离出来，专门从事手工业劳动。他们已经掌握了较高的纺织技能，将羽毛镶嵌在布匹上，使这一劳动产品成为美洲最著名的工艺品之一。

阿兹特克地处墨西哥盆地，首都周围有星罗棋布的湖泊，为了发展交通，阿兹特克人开凿了大量的运河，使紧密相连的湖泊息息相通，部落之间的沟通就以大大小小的船只作为代步工具。此外，他们在陆地上的交通也十分发达，阿兹特克人还在主要大道上修建了驿站，并指派专职信使传递邮件。由此，阿兹特克凭借发达的水陆交通逐渐走向了繁荣和鼎盛。

阿兹特克人具有高超的建筑技能，他们以自己的聪明才智建造了繁华的墨西哥城。在墨西哥定居不久，阿兹特克人就开始建造该城，他们建造了庙宇，然后以庙宇为中心构建起庞大的建筑群，国王和贵族居住的宫殿就是该建筑群的重要组成部分，宫殿上还装饰着栩栩如生的羽蛇浮雕。

为了防止雨季来临时洪水淹没城市和田地，阿兹特克人在城市东部修建了长达11千米的大堤。在这样的环境下，阿兹特克很快就发展壮大了。

●玛雅古城废墟

●塞罗斯第一神庙石造底座

到西班牙殖民者占领该城时，全城的面积已达13万平方千米，居民的房屋达6万幢，人口超过了8万。

在阿兹特克人的日常生活中，宗教活动占有重要地位。仅仅首都的中心地区就有大的神庙40余所，部落保护神威齐洛坡奇特里是所有阿兹特克人心目中的神灵，他是战神和狩猎之神。此外，阿兹特克人还信仰掌管雨、雷和电的特拉德洛克神。阿兹特克人以十字架作为宗教的象征，将国王当作神的化身。每次出征前和凯旋后，阿兹特克人还会把活人押上祭坛充当祭品。

在托尔特克文化的基础上，阿兹特克人吸收了墨西哥其他部落的文化，并将其逐渐发展成为自己独特的文明。

亚非拉的文明

● 阿提拉听探子报告军情

>>> 阿提拉与七岁使节

451年，匈奴人入侵高卢。有一天，被日耳曼主教家收养的孤女——七岁的日内瓦正在教堂里参加弥撒，吃惊地听到，日耳曼主教正在对信众们说，即将到来的全体死亡出自上帝的意志，用以惩罚罪恶的人类……日内瓦无法接受这一切。她提出要去见阿提拉，阻止这一切的发生。有几十人受她的感染，主动要求陪同她前往。

这个年仅七岁的外交使节让阿提拉受到震撼，也因此挽救了这个叫巴黎的城市。由于阿提拉的入侵，高卢东北部诸城都遭到沉重的打击，而完好无损的巴黎则迅速崛起，直至成为法国首都。

拓展阅读：

《阿提拉》（威尔第歌剧）
《阿提拉的传奇》
[德] 艾克·施米茨

◎ 关键词：匈奴帝国 君主 智勇双全

阿提拉建立帝国

5世纪20年代，奥克塔尔领导的匈奴部落逐渐强盛，对周围的其他帝国构成了极大威胁，而奥克塔尔也在不断的扩张行动中将领地逐渐扩大。在与勃艮第人的战斗中，奥克塔尔不幸身亡，他的兄弟卢加继承了王位。之后，卢加于公元422年和426年两次进攻东罗马帝国，迫使东罗马帝国交纳大量的黄金，以换取边境的安宁。

434年，卢加去世了，王位的继承权落到了他的两个侄子布列达和阿提拉手中。掌握权力后，兄弟两人齐心协力，再次对东罗马帝国用兵，战争胜利，财富滚滚而入，双方都觊觎王位，都想置对方于死地。445年，阿提拉抢占先机，派人谋杀了布列达，独掌王位大权，成为匈奴帝国唯一的君主，建立了阿提拉帝国。

阿提拉智勇双全，即位后并不满足于帝国当前的现状，于是就开始向北欧、东欧扩张，将日耳曼人和斯拉夫人统治的许多部落征服。447年，阿提拉再次兵犯罗马，他亲自率领部队，所向披靡，一直打到达达尼尔海峡附近和希腊的温泉关。东罗马帝国的皇帝提奥乌斯二世对此无能为力，只好和阿提拉帝国签订了和约，除了立刻交付2700千克黄金之外，此后每年还要向阿提拉帝国交纳950千克黄金。至此，阿提拉已经建立了一个西到莱茵河、南至阿尔卑斯山、北达波罗的海、东到里海的庞大帝国。

阿提拉并没有因此而满足，450年，阿提拉又将侵略的目标对准西罗马帝国，他打算从西罗马帝国获得更多的财富。入侵之前，阿提拉先派使者去西罗马帝国，声称皇帝瓦连提尼安努斯三世的妹妹荷诺莉公主曾向阿提拉赠送订婚戒指，现在完婚的时候到了，并且要求西罗马帝国拿出一半的领土作为嫁妆，这一无理要求遭到了断然拒绝。阿提拉终于找到了发动战争的借口，于是组成一支庞大的军队，渡过莱茵河，直逼高卢。

阿提拉帝国进攻的消息传到西罗马帝国，瓦连提尼安努斯马上派大将阿提乌斯联合西哥特人赶去救援。451年6月20日，双方的军队在巴黎东南郊外进行了一场大厮杀，战争十分惨烈，一日之内便有15万人阵亡，西哥特国王狄奥多利克战死在疆场上。双方未决胜负，纷纷撤军。

第二年，阿提拉重整旗鼓向意大利进军，拿下东北部的重镇阿奎莱亚，眼看罗马就要尽收囊中，阿提拉大军却被一场突如其来的瘟疫搅乱了计划，无奈接受和谈。

回国后的第二天，阿提拉便病死了。他的儿子们为了瓜分帝国的领地而爆发了一场罕见的内战，周围其他部族见有机可乘，便联合军队发起了猛烈攻击，盛极一时的阿提拉帝国就此土崩瓦解了。

亚非拉的文明

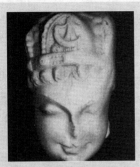

● 湿婆的头像 印度 8 世纪

>>> 毁灭之神——湿婆

　　前身是印度河文明时代的生殖之神"兽主"和吠陀风暴之神鲁陀罗，兼具生殖与毁灭、创造与破坏双重性格，呈现各种奇诡怪诞的不同相貌。

　　在印度教造像中，湿婆通常是瑜伽苦行者打扮，遍身涂灰，缠发椎髻，头戴一弯新月，颈绕一条长蛇，胸饰一根骷髅璎珞，腰间围着一张虎皮，四臂手持三叉戟、斧头、手鼓、棍棒或母鹿。他额头上长着第三只眼睛，可以喷射神火。

　　当恒河女神从雪山天国降凡之际，湿婆为避免水势过猛淹没众生，他以头承接水，让恒河在他的发绺间流转千年缓冲后再流到人间。

拓展阅读：

玄奘西天取经
《妙容传》[古印度] 戒日王
《龙喜记》[古印度] 戒日王

◎ 关键词：白匈奴人 戒日王朝 信奉多神

戒日王时期的统治

　　北印度在超日王统治时期，政治地位得到了巩固，德干高原的大部分地区都成为北印度的国土。通过与罗马帝国和中国的贸易往来，北印度的经济得到了长足的发展，农业发展向前迈出了一大步，笈多王朝一度出现了繁荣的局面。

　　此后的几百年间，北印度一直处于繁荣之中。但是到了 5 世纪时，北印度再次遭到劫难。以往外族的入侵似乎遗忘了德干高原，但这一次没能幸免，笈多被颠覆了，动荡的局面又一次在北印度重演。100 多年后，直到白匈奴的游牧民族扫荡了笈多王朝的军队以及整个北印度，成为这片土地的新主人，动荡的局面才宣告结束。6 世纪初，白匈奴人在建立了象征自己强大势力的国家后，继续向外扩展势力，将孟加拉、阿富汗和中亚地区纳入国家的版图，野蛮的匈奴人不仅建立了政权，还将以往的管理体制击得粉碎，笈多王朝因此荡然无存了。

　　由于种种原因，白匈奴人建立的国家没有维持多久就垮掉了，代之而起的戒日王建立了新的国家，对北印度的土地拳拳在握。戒日王凭借自己拥有的一支庞大军队，重新统一了北印度，建立了政权。他的军队不仅有骑兵和步兵，还拥有作战能力极强的战象，令其他军队望风而逃。

　　登上国王的宝座后，戒日王以超人的治国方略将北印度治理得井井有条。作为一位贤明的君主，戒日王非常热衷于文学和艺术，为了能使北印度的文学、艺术和宗教事业得到发展，戒日王曾不止一次地慷慨解囊。

　　建立国家后，戒日王将都城定在了恒河中游谷地的曲女城，都城巍峨壮观，除了富丽堂皇的王宫，还有几百座大大小小的庙宇。

　　虽然戒日王资助了宗教和文化的建设，但他并不是一个真正仁慈的君主。他当政期间，印度惩罚犯人的酷刑依然存在，其中包括断肢和将人活活饿死。

　　当时的税收主要是通过把王室占领的土地租种出去，将收成的六分之一算作税收。这些收入大多用在国家修建道路、建造桥梁和开凿运河以及疏通航道上，国家的统治所需只占到税收的四分之一。

　　戒日王统治时期，宗教的发展异常迅速，印度也打破了以往信奉多神的传统，其中毗湿奴和湿婆从诸多的神灵中脱颖而出，以仁慈为主的毗湿奴被印度人称为"保护之神"。印度民众对"毁灭之神"湿婆敬畏有加，其中不乏恐惧的成分，因为他们认为湿婆不仅可以将整个世界毁灭掉，而且还可以将它再次复原；但湿婆也有仁慈的一面，他是一位清修的禁欲主义者。

亚非拉的文明

●鉴真和尚像

>>> 鉴真东渡

鉴真，俗姓淳于，生于688年，扬州人。

日本大力提倡佛教时期，日本政府派来中国学习佛法的荣睿和普照邀请鉴真到日本传授佛教。

鉴真六次东渡，导致双目失明，终于在753年抵达日本九州岛。到达日本国的时候，鉴真已经66岁了。

鉴真在日本10年，除了宣传佛学外，还把中国的医学、建筑、绘画、雕塑等知识带到了日本。为中日两国的友谊和两国科技文化的交流做出了杰出的贡献。公元763年，76岁的鉴真在奈良病逝。日本朋友将他葬在唐招提寺，并且世世代代纪念他。

拓展阅读：

鉴真素宴
《鉴真东渡》韩素真
《鉴真登岸》(群雕)

◎ 关键词：菩提树 佛教 苏我氏家族

佛教传入日本

乔达摩·悉达多在菩提树下顿悟之后，创立了佛教，宣扬人人平等，相信因果报应，教导人们做善事，这种思想在印度产生了深刻影响，并迅速由印度向全世界蔓延，中国、朝鲜和越南等国的民众都开始信奉佛教，佛教的影响力很快席卷了亚洲东部国家。

中国盛唐时代，疆域辽阔，文学水平达到了空前的高度，佛教开始被中国人接受，唐太宗李世民还特意派高僧玄奘到印度寻求佛法，大唐帝国深深影响了周边的国家和地区。由于中国的影响，佛教思想于6世纪中期开始在日本登陆。当时的日本紧随中国的步伐，将中国的各种文化搬回国内，其中就有影响深远的佛教思想。

在此之前，日本人对佛教基本上是一无所知的，更不知道佛教思想中宣扬的"来生"为何物，佛教之所以能在日本产生巨大影响，很大程度上是因为它新奇的思想和神秘的概念。对他们来说，那是一个闻所未闻的问题，佛经中的灵魂和因果报应很长一段时间内都没能让日本人信服，于是，关于是否接受这个新奇的信仰，日本曾发生了尖锐的辩论。然而，日本的贵族阶层中有一批较早接受佛教思想的人，他们和日本的传统宗教和信仰相抗衡。

日本有一个非常显赫的家族对佛教思想深信不疑，该家族就是苏我氏家族。在这个家族的斡旋下，天皇被有力地说服后，佛教也就在日本的土地上生根发芽了。于是，日本人建立了寺院，里面供奉了神龛，并在寺院的墙壁上涂上佛教的绘画，塑造了神像。

佛教在日本立足，其中政治因素占很大成分。苏我氏家族利用佛教超自然的力量，不仅抬高了家族地位，还将与之敌对的家族打压下去，从而铲除了自己政治上的竞争对手。

经过苏我氏家族和其他最早信奉佛教的贵族的大力提倡，佛教开始在日本广泛传播，大批的平民和贵族都迅速皈依了佛教，成了虔诚的教徒。从此以后，佛教在日本得到了稳固的发展，无论日本各贵族之间争夺权势的斗争多么激烈，佛教的地位始终没有动摇过。佛教思想令日本人深信不疑，他们把佛祖解释成神奇的保护者，它远远超出了人的力量范围，变得无所不能，他们还宣扬信奉佛教不仅可以使人消除灾祸，还可以在来世得到好报。

就这样，通过中国这个有力的文化传播媒介，佛教在日本取得了根深蒂固的地位。

亚非拉的文明

● 日本圣德太子画像

>>> 小野妹子

小野妹子（中国史书称"苏因高"），日本飞鸟时代推古朝的外交官。

607年作为第一次遣隋使携带国书来中国，受到隋炀帝接见。608年由文林郎裴世清为使，陪送回国。归国途中，因隋帝国书被百济人所夺，被处流刑，后得推古天皇赦免。同年裴世清回国时，又作为陪送使，再度来中国，携有《东天皇敬白西皇帝》的国书。

同行者有高向玄理、南渊请安等人，前来考察中国文物制度。609年归国。对大化改新起到了重要的促进作用。

拓展阅读：

白江口水战
《日本简史》王新生
《伊豆的舞女》[日] 川端康成

◎ 关键词：大化改新 新政权 《改新诏书》

日本的"大化改新"

日本的行政机构，基本上照搬了唐朝的模式，然后将政府的机构进行改组，为我所用。但是在公元645年，日本宫廷发生了一场政变，致使日本的国情发生了巨大的变化，日本也由奴隶社会向封建社会过渡，该政变就是"大化改新"。

这一年的6月12日早上，日本天皇在早朝时准备接见来自新罗、百济和高句丽的三位使者。天皇十分清楚同三个邻国保持友好关系的重要性，于是别有用心地安排了乐队，热烈欢迎到访的使者，隆重的接见礼节过后，还要举行宴会进行招待。

一切准备完毕，满廷朝臣就等着使者们的到来。这时，站在另一侧的苏我虾夷开口说话了，语气咄咄逼人地询问天皇："接见使臣这么重要的事情，怎么不见中大兄皇子过来呢？"天皇听到询问，显得一脸无奈，只好闪烁其词，没有说出个所以然来。苏我虾夷生气离开。当时的日本，苏我虾夷位高权重，和儿子苏我入鹿一起把持着日本的朝政大权，控制着日本的命脉，成为日本的幕后主宰。而中大兄皇子不满苏我虾夷父子的专横跋扈，对他们独揽朝政大权早就心存不满。机警的苏我入鹿父子也看透了这一点，他们手下的人早就探听出中大兄皇子在一个秘密的地方训练军队，打算伺机将他们除掉。因此，中大兄皇子成了他们的心腹大患。

不久，三个国家的使臣到来了，皇宫里顿时鼓乐喧天，两旁站立的大臣也都面带微笑，互相和使臣们说一些客套的外交辞令，欢乐的气氛笼罩着皇宫的每一个角落。就在这时，一个人突然从外面闯进来，径直奔向天皇耳语了几句，天皇登时惊恐万状。原来中大兄皇子率领一队人马杀进了皇宫，苏我入鹿见势不妙，想趁混乱离开，被中大兄刺死。

三个使臣被眼前的变故惊得呆若木鸡，浑身不停地颤抖，中大兄走上前去，好生对他们安抚了一番，才消除了他们的顾虑。

接着苏我虾夷家族的亲信全部被带走了，中大兄带人占领了皇宫，又包围了苏我虾夷的府邸，走投无路的苏我虾夷在家中自杀了。发动政变的第二天，中大兄废黜了皇极天皇，拥护孝德做了天皇，自己则担任摄政，改年号为"大化"。

646年元月一日，日本的新政权颁布了《改新诏书》，在全国登记人口、检查田产，建立了封建土地国有制，废除了贵族的世袭特权，建立起以皇权为中心的中央集权国家，并成立了由中央统一指挥的军队。从此以后，日本进入了封建社会。

亚非拉的文明

● 武人埴轮 日本 6—7世纪

>>> 封建武士制度

日本的封建武士不仅要具备娴熟的"弓马之道",而且应该具有勇于为主君卖命的思想,要以为主君献出生命而感到光荣。

武士必须常年佩带军刀,他们追求杀人时刀不见血,因此,很多无辜的人成了他们杀戮的对象。

在战争中,如果主君战死或者吃了败仗,为了挽回耻辱,保持武士的体面,表现自己的忠节和义烈,武士应当毫不畏惧地剖腹自杀,以殉武道。

在森严的武士等级制度下,武士道还要求武士们毫无条件地遵守"礼仪""礼法",为了维护严格的纪律,武士可以随时献出生命。

拓展阅读:

《七武士》(电影)

《武士道》[日]新渡户稻造

《黄金武士》

[美]斯特林·西格雷夫

◎ 关键词:武士 贵族 盗贼 军制改革

日本的武士制度

在日本的发展历史上,武士是其独有的社会现象。武士的出现对日本当时的社会和政治产生了很大影响,武士在8世纪左右就出现了。当时的日本混乱不堪,贵族们为了争夺更多的土地,相互之间经常发生火并,甚至将天皇置于不顾,建立起独立的小国家。大量的农民因此无家可归,生活了无着落,于是,他们纷纷沦落为盗贼,以打家劫舍为生。

令人难以置信的是,盗贼最猖獗的地方不是人烟稀少的地方,而恰恰是繁华的京师,生活在那里的豪强和权贵经常遭到抢劫,他们的生活被搅得一团糟。国家的军队松散得如同虚设,对盗贼的猖獗表现得无能为力。公元792年,天皇曾经下令,除了几个特殊区域外,全国范围内的旧军制被废除,将各郡司中熟悉武艺的人选拔为兵,这些人从此成了专业的武人。

军制改革后,地方豪强为了保卫庄园、扩充势力,就把本家族的人武装起来,同时还出资雇佣练武的人组成一种血缘关系和主从关系相结合的军事集团,该集团的成员被称作武士。他们不仅负责保护庄园,而且还是镇压人民起义和地方贵族叛乱的中坚力量,也是贵族们与天皇争夺权力的重要依靠力量。因此,武士势力迅速在日本增长,并且在社会上取得了重要的地位。地方豪强在武士的发展演变中扩充了军事实力,逐渐发展为军事贵族,而武士的来源也变得越来越复杂,他们有的充当贵族的护卫,有的则发展成武士化的地主。

武士兴起之初,中央管辖不到的边境地区和东日本是他们活动的主要场所;其次,远离京师的九州、四国以及日本的中部地区也是他们的活动范围。随着发展,武士势力逐渐强大起来,武士阶层的地位得到了提高,甚至可以和天皇相抗衡。11世纪,日本出现了两大武士集团,一个是控制了京都、大阪和神户的关西平氏集团,另一个则是控制了东京及其周围各县郡的关东源氏集团,他们都是皇室的远亲。

两大武士集团的首领仰仗手中的实权,管理着地方行政,就连皇室对他们也礼让三分。他们往往是皇室和贵族斗争的主要力量,一旦获胜,势力也就随之大增,关西平氏就是在保元、平治两次动乱中获胜的,之后该集团在朝野有了20年的辉煌。平氏执政后,以宗族为中心,实行独裁统治,任人唯亲,遭到其他异族武士集团的强烈反对。1185年,平氏集团被关东武士集团击败。后者的首领源赖夺得了政权,逐渐在军事上统一了日本,并且在关东的镰仓设立幕府。1192年,日本天皇封源赖为征夷大将军,同意幕府派武士掌管各地的军事和行政。从此以后,武士作为日本统治阶级的中坚力量,登上了日本的政治舞台,日本开始了武家政治时期。

●日本奈良的东大寺是一座雄伟壮观的佛教寺院，始建于公元8世纪，后不断重建。唐代和尚鉴真曾在这里设坛授戒。1998年，东大寺作为奈良的古代文化结晶而入选世界文化遗产。

亚非拉的文明

●宣礼员呼唤穆斯林来做礼拜

>>> 穆斯林朝觐

"朝觐"是伊斯兰教为信徒所规定的必须遵守的基本制度之一，每一位有经济和有体力的成年穆斯林都负有朝拜麦加的宗教义务。

所有穆斯林，无论是男是女，都会尽最大努力争取一生至少要前往麦加朝觐一次。

1932年沙特阿拉伯王国建立后，麦加被称为"宗教之都"，来此朝觐的人更加摩肩接踵，目前已经有70多个国家说着不同语言的穆斯林来到此地朝觐。

每年在伊斯兰教历的第12个月，数以百万计的穆斯林都会聚集在沙特的麦加，"麦加朝圣"是每年伊斯兰教最盛大的宗教活动。

拓展阅读：
《伊斯兰和穆斯林》潘梦阳
《唐代中国与大食穆斯林》
[法] 张日铭

◎ 关键词：伊斯兰教 印度教 穆罕默德 苏丹王国

印度建立穆斯林王国

中世纪后期，教会的一统局面被打破后，欧洲各国出现了大学。随之，文艺复兴掀起的狂潮席卷了整个欧洲，一场重大的经济和思想文化变革开始了，变革的浪潮波及远在东方的印度，使得这个东方古国也发生了重大的变化。

当欧洲的变革开始后，印度遭到了一系列外族的入侵，伊斯兰教开始在该国产生普遍影响。随着信奉伊斯兰教的人越来越多，这种影响也进一步扩大。来自东亚突厥王朝的统治者穆罕默德于公元997年至1030年间，曾经对印度西北部地区进行了多达17次的掠夺活动。被称颂为"伊斯兰教之剑"的穆罕默德在历次侵略活动中，将几百所印度教庙宇付之一炬，就连印度最重要的崇奉湿婆的中心和古吉拉特沿海地区的索姆纳特寺庙也未能幸免。穆罕默德之所以对印度如此感兴趣，是因为印度可以为他提供丰厚的战利品。

1193年，位于阿富汗古尔城的穆罕默德占领了德里，之后的几年间，又占领了整个孟加拉，这样，印度就被突厥人所控制。

突厥人成功入侵印度，有一个不可忽视的原因：自7世纪以后，戒日王统治的印度帝国开始走下坡路，印度国内的政治一直处于分崩离析的状态，无法团结起来共同抵御外来的入侵。在此期间，曾经有一个拉杰普特人的军事贵族集团对外来入侵进行了殊死抵抗，他们在印度组建了四个王朝，但是仍然无法阻挡突厥人的铁骑和快箭，被突厥人运用战术打垮，抵抗以失败而告终了。

从此以后，多神崇拜的印度教被一神崇拜的伊斯兰教猛烈冲击，普通民众对于政治斗争漠不关心，即便是异族的人执政印度，他们也不会觉得生活会真正有所改变。于是，穆罕默德攫取了北印度的大量财富，并在印度建立了伊斯兰文化中心。

此后的两个世纪，穆斯林世界一直在向印度渗透，并在德里建立了固定的政治中心，苏丹王国由此建立了。等到残忍而强干的阿拉乌德丁登上王位，建立了卡尔吉王朝后，苏丹王国逐渐走向了兴盛，疆域也扩大到德干高原。但是阿拉乌德丁一直奉行苛政。

此后，图格鲁克王朝取代了卡尔吉王朝，穆罕默德·图格鲁克登上了王位，但严重的经济危机和旷日持久的灾荒令他毫无应对之策。虽然他的继任者菲鲁斯执政时有所缓和，但是王朝却受到不小的冲击，孟加拉省也于1338年分离出去。14世纪末，突厥人的后裔帖木儿扫荡了整个印度，德里苏丹国元气大伤，再也没能恢复过来。

● 澳洲土地上的牧羊者

>>> 澳大利亚日

1788年1月26日，亚瑟·菲力浦率载满犯人的11只小船驶抵悉尼市的杰克森港下锚。

在随后的80年间，总共有15.9万英国犯人被流放澳大利亚，而1月26日也成了澳大利亚建国纪念日，被人们称作"澳大利亚日"。

每年1月26日这天是澳大利亚人最重要的节日，各大城市都会举行各种大型的庆祝活动和庄严的入籍仪式。悉尼市杰克森海港的渡船竞赛也是每年都有的保留节目，象征着第一批英国囚犯的到来。

拓展阅读：

《澳大利亚简史》
[澳] 麦森塔尔
《当代澳大利亚》
韩锋、刘樊德

◎ 关键词：风景优美 与世隔绝 土著

与世隔绝的澳大利亚

而今的澳大利亚是一个风景优美的国家，它有众多的港口、发达的交通和频繁的贸易，但是在以前，澳大利亚却是个与世隔绝的地方。令人难以置信的是，它的隔绝程度超过了南美洲南部的一些地方和非洲的南端。正是这种隔绝，才使很多物种（包括动物和植物）得以保存下来，高大的桉树、欢蹦乱跳的袋鼠便是最好的明证。

18世纪后期，当第一批英国人涉足澳大利亚时，当地居民仍处于旧石器时代。在那片土地上，3100多年前就有土著人生活了，他们身材修长，四肢发达，皮肤是棕色的，有着波浪似的胡须和头发，由于受到白人的排斥，他们只好生活在沙漠地带。另一个土著部落相对来说要幸运得多，他们有粗壮的身体和浓密的胡须，并且身上长着很多毛，这些人居住在澳大利亚的东南部，那里气候凉爽，土地肥沃，非常适合生存。同时，在澳大利亚的东北海岸边，有一片茂密的热带雨林，那里居住着第三个部族，作为黑人民族的一个分支，他们的身材非常矮小，有黑黝黝的皮肤和蓬松的卷发。

上述三个部族散居在澳大利亚，由于所处的环境不同，他们之间的文化也存在着很大差异。居住在东南部的部族文化最为先进，因为那里有充沛的水分，非常适合长期生存。但是不管先进或落后，他们都是与外界长期隔绝的，当时他们还没有学会种植庄稼，驯养牲畜。除了一些装饰性的东西，他们的身体基本上是赤裸着的，事实上，那个时候他们根本没有衣服可穿。他们的住房再简单不过了，生活在干燥地区的人们，住房其实就是一道天然的防风林；而生活在潮湿多雨地带的人们，住房则是用各种材料拼凑起来的圆顶小棚子。

生活在那片野兽出没的土地上，随时都得做好战斗的准备，于是他们发明了武器。那是一些木制的梭镖和飞镖，非常锋利，可以穿透动物的身体。他们偶尔还会使用一些木头或者树皮制成的餐具，但那都是极其粗糙的。

生活在澳大利亚这片土地上的人，和当时其他发达国家的人相比，几乎与政治无缘。他们通常是一个集体或一个家族集团共同生活在一起，假如该地区已经不能再给他们提供足够生存的食物，他们就会向另外一个地方转移。他们将采集到的食物公平地分给每一个成员，在他们的心目中，根本没有自私可言。

如此广袤的土地，土著人却没有很好地加以利用。英国人于1803年将一批残忍的罪犯流放到澳大利亚。这些罪犯登陆后，就开始大肆屠杀当地土著人，抵抗是软弱无力的，土著人很快就在澳大利亚灭绝了。

亚非拉的文明

●麦加禁寺及天房

>>> 穆斯林斋月

斋月是指伊斯兰历的9月。按照伊斯兰教教义，斋月是伟大、喜庆、吉祥和尊贵的月份。因为安拉是在这个月把《古兰经》降给穆斯林的。

斋月的开始和结束都以新月牙的出现为准，伊斯兰教长在清真寺的宣礼楼上遥望天空，如果看到了纤细的新月，斋月即开始。

在斋月里，每天日出至日落期间，所有条件具备的穆斯林必须严格把斋，不吃不喝、不抽烟不饮酒。直到太阳西沉，人们才能进餐，随后或消遣娱乐，或走亲访友，欢天喜地如同过年。

拓展阅读：

《当代伊斯兰教》金宜久
《古兰经》

◎ 关键词：伊斯兰教 凝聚力 穆罕默德

伊斯兰教的诞生

世界上有三大宗教并驾齐驱，它们分别是佛教、基督教和伊斯兰教，每一个宗教都对世界历史的发展产生了深远的影响，时至今日，它们各自在世界上仍然拥有广泛的信徒。

相对来说，伊斯兰教产生的时间稍晚。该教的教义认为，四海之内，所有信奉伊斯兰教的信徒都是兄弟，这也使得伊斯兰教具有强大的凝聚力，他们的精神领袖就是该教的创始人穆罕默德。

穆罕默德于公元570年出生于阿拉伯半岛的麦加，他的身世十分悲惨。穆罕默德出生两个月，他的父亲就撒手人寰了。六岁的时候，母亲也离他而去，年幼的穆罕默德只好由祖父抚养。两年后，年迈的祖父也去世了，穆罕默德被寄养在伯父家中，但是伯父几乎一贫如洗，无法供养他，只好让他放羊来养活自己。25岁那年，年轻的穆罕默德迫于生计，外出经商。就在这时，他遇见了一个40多岁的富有的寡妇，寡妇见他聪明能干，就委身下嫁给他，他的漂泊生活才就此告一段落。这为穆罕默德创立伊斯兰教奠定了物质基础。

生活上稍微安逸的穆罕默德并没有安于眼前的现状。在当时的阿拉伯半岛，由于各个部落信奉的神不一样，因此常常引发战争，连年战乱使得像穆罕默德这样的普通民众饱受摧残，很多人因为战争而破产，最后走上居无定所的道路。穆罕默德看到这些后，内心非常难过，他终日苦思冥想，想从这种痛苦中解脱出来。他待在一个山洞里，对其他的事情不闻不问，日子一天天过去了，穆罕默德的额头上爬满了皱纹。终于有一天，他悟出了真正的道理。于是，他自称是真主的使者，创立了信仰一神的伊斯兰教，号召大家如亲兄弟般团结起来，共同信奉真主安拉，而他自己则是真主安拉派到人间的使者和伟大的先知。从此以后，穆罕默德踏上了传教的漫漫征途。

穆罕默德传教的过程分为麦加时期和麦地那时期。在麦加传教是秘密进行的。三年的时间内，穆罕默德和信徒都是以不公开的形式进行活动，在此期间，少数古来什上层人物成了教会的信徒，逐渐地，商人贵族和下层的普通民众也都成了伊斯兰教徒。当时，很多麦加人都把穆罕默德看成疯子。622年的一个深夜，麦加贵族组织了一支500人的队伍前来捉拿穆罕默德，但穆罕默德成功地躲过了这一劫难。他徒步行走12天，最后到达雅特里布，这段步行后来被称为"徒志"，而这一年也被定为伊斯兰教的纪元，雅特里布则被伊斯兰教徒称为"先知之城"。

随着势力的增大，穆罕默德开始公开反对麦加的宗教，这一举动严重

●麦地那先知寺。

●先知穆罕默德的出生地麦加，在伊斯兰世界中是最神圣的都市。伊斯兰教徒一生中至少一次到卡巴神殿做礼拜，且巡视麦加，这就是朝圣。图为朝圣途中的穆斯林队伍。

影响了贵族的利益，穆罕默德又招致了迫害，只好从麦加逃到塔伊府。由于当地贵族也把他当作铲除的对象，穆罕默德又辗转回到麦加，结果仍然没有容身之所，于是就连夜去了麦地那，与那里众多的伊斯兰教徒会合。

到达麦地那后，穆罕默德开始创建自己的军队，然后亲自带领军队与麦地那贵族进行了三次斗争，并把趁机起哄的犹太部落驱逐出麦地那。从此以后，穆罕默德巩固了在麦地那的统治，也为征服麦加解除了后顾之忧。

●穆罕默德迎战麦加军队

>>> 安拉的使者

一天夜间，穆罕默德在希拉山洞冥想，突然听见一个洪大的声音：

"披大衣的人哪！起来去警告世人吧！"

声音久久在山洞内回荡。这明明是真主在命令他承担起宣传伊斯兰教的使命。他不能再等待了，也不能再犹豫不决了。既然真主发出命令，就应立即行动起来。

第二天，穆罕默德走出山洞，以安拉使者的身份开始了传播伊斯兰教的活动。

拓展阅读：

"圣纪节"的由来
《穆罕默德——最后的使者》
（电影）

◎ 关键词：朝觐 《古兰经》 圣寺 政教合一

穆罕默德统一阿拉伯半岛

公元 628 年，穆罕默德带领 1400 多名穆斯林到麦加朝觐，在走到距离麦加城还有 15 千米的地方，当地的古来什人却阻止他们进城。由于穆罕默德不愿意爆发大规模的流血冲突，双方经过谈判，签订了为期 10 年的和约。和约规定，古来什人允许第二年让穆斯林到麦加朝圣，阿拉伯各部落可以自由选择参加麦加或麦地那任何一方的联盟。

这次休战给穆罕默德提供了一个良机，他借机派使者携带《古兰经》，前往东罗马帝国、波斯帝国以及埃及等国家，向各国君主及民众宣传伊斯兰教，虽然不乏反对者，但还是有很多人接受了伊斯兰教。

630 年，古来什人撕毁和约，拒绝穆罕默德到麦加朝圣并帮助伯克尔族袭击了穆斯林的同盟赫札尔族，忍无可忍的穆罕默德于是组织起大军向麦加进发。自知不敌的古来什人派出使者前来求和，受到伊斯兰教义的影响后，使者归顺了伊斯兰教。古来什人只好投降，穆罕默德也答应保证他们的人身安全。这样，在没动刀枪的情况下，穆罕默德叩开了麦加的城门。

穆斯林大军进入麦加城后，马上捣毁了古庙中的所有神像，只以克尔白庙为圣殿，因为那里面放着被阿拉伯人奉为圣物的黑色陨石，穆罕默德接管了整个麦加城，仍然让以前的神职人员管理神庙。接着，穆罕默德宣布大赦，对以前的冲突既往不咎，全城的民众大都归附了伊斯兰教，就连以前曾经激烈反对伊斯兰教的人也加入了穆斯林的行列。麦加贵族只好承认穆罕默德是他们的宗教领袖，而穆罕默德也承认麦加城内克尔白庙中的陨石是伊斯兰教的圣物。为了表示虔诚，他带领穆斯林军队骑着骆驼绕克尔白庙走了七周，并立它为"圣寺"，作为伊斯兰教的朝拜中心。和平解放麦加城，穆罕默德征服的不仅是一个城市，还征服了城里民众的心，从而为他进一步统一阿拉伯半岛创造了必备条件。之后，穆罕默德决定以麦地那作为国家的首都，实行政教合一的政策，而麦加则成为阿拉伯世界的宗教中心。

632 年，阿拉伯半岛上的所有部族都归顺了伊斯兰教，穆罕默德完成了阿拉伯半岛的统一大业。第二年 3 月，11 万穆斯林在穆罕默德的率领下到麦加朝圣。

当年 6 月 8 日，穆罕默德在麦加与世长辞，他的信徒将他的言论和陆续颁布的经文整理成伊斯兰教的经典，奉为《古兰经》。《古兰经》一问世，便成为穆斯林生活中的最高准则和伊斯兰国家立法的最高依据，成了一切信仰和法律的源泉。在阿拉伯历史、文学和文化史上，《古兰经》都有着举足轻重的地位。

亚非拉的文明

●阿拉伯帝国的摩尔人士兵

>>> 阿拉伯数字的来历

古代印度人发明了包括"0"在内的十个数字符号，还发明了现在一般通用的定位计数的十进位法。

由于定位计数，同一个数字符号因其所在位置不同，就可以表示不同数值。如果某一位没有数字，则在该位上写上"0"。"0"的应用，使十进位法臻于完善，意义重大。

十个数字符号后来由阿拉伯人传入欧洲，被欧洲人误称为阿拉伯数字。由于采用计数的十进位法，加上阿拉伯数字本身笔画简单，方便清楚，演算便利。因此随着历史的发展，阿拉伯数字逐渐在各国流行起来，成为世界各国通用的数字。

拓展阅读：

阿拉伯腹舞
《阿拉伯史纲》郭应德

◎ 关键词：内战 扩张 阿拉伯人

阿拉伯人的扩张

穆罕默德经过抗争，历经千辛万苦，终于创立了伊斯兰教，使伊斯兰教在阿拉伯世界得以立足，并获得统治地位。穆罕默德去世后，伊斯兰教在阿拉伯世界产生的影响逐渐发挥出来。穆罕默德生前有一大批忠实的追随者，其中有他的岳父阿布·巴克尔，另一个狂热的信徒就是欧麦尔。在这两个人的领导下，伊斯兰信徒的队伍不但没有缩小，反而越来越壮大了。

在欧麦尔的鼓动下，阿布·巴克尔被提名为"哈里发"，全权掌管伊斯兰教务，"哈里发"的意思是"先知的代理人"。自从阿布·巴克尔开了先河之后，以后的三个多世纪，在阿拉伯世界里，穆斯林的最高宗教代理人和政治领导人就是哈里发。但是，阿布·巴克尔当上哈里发之后，很多以前追随穆罕默德的人与之分道扬镳，各自经营自己的宗教事业，他们不承认阿布·巴克尔的继承权。在这种情况下，阿布·巴克尔果断地采取了一系列军事行动，将分离出去的伊斯兰领袖或者收为麾下，或者将他们剪除掉。

扫平内部的纷争后，阿布·巴克尔开始放眼阿拉伯半岛以外的世界，并且将阿拉伯世界的疆土向北部扩张，深入东罗马帝国和波斯帝国统治的领地，长期征战使这两个国家抽调不出兵力来对付阿布·巴克尔，他的扩张几乎没有遇到任何抵抗。

阿布·巴克尔的扩张行动没有进行多久，就带着未完成的遗愿离开了人世，狂热的宗教徒欧麦尔当上了哈里发，继续奉行向邻近帝国扩张的政策。欧麦尔急切地希望走出茫茫沙漠，到达富裕的地区，获得更多的战利品，他带着这种寻求财富的热望，率领阿拉伯人穿过沙漠，在异国的领地上实施扩张政策。由于波斯帝国和东罗马帝国连年用兵，再加上突厥人对东罗马帝国构成了严重威胁，波斯帝国和东罗马帝国根本无法顾及欧麦尔的入侵。另外，被波斯帝国和东罗马帝国统治的民族，因为要缴纳繁重的赋税而对其产生了强烈的憎恶，况且，宗教也是他们不可调和的矛盾。东罗马帝国一贯奉行信仰正统的基督教，并且为此还发动了一次宗教大辩论。但埃及和叙利亚等地区的人民并不热衷于正统的基督教，因此矛盾是在所难免的。而阿拉伯人到来后，并不强迫他们信仰伊斯兰教，所收的赋税也比较低，所以，相对来说，阿拉伯人还是比较受欢迎的。

此后，阿拉伯人在扩张行动中赢得了一个又一个胜利。不仅于公元636年，在叙利亚将东罗马帝国的军队打败，将叙利亚纳为自己的领地，而且攻占了安条克、耶路撒冷和大马士革等城市。第二年，波斯军队的主力被消灭，首都泰西封被占领。接下来的一个多世纪，阿拉伯人占领了埃及、北非，穿过直布罗陀海峡，将军队开到了西班牙。

亚非拉的文明

◎ 关键词：政治危机 阿里 乌斯曼 什叶派 逊尼派

什叶派和逊尼派的斗争

●圣索菲亚大教堂远景

>>> 一夫多妻制

伊斯兰法允许和鼓励一夫多妻制，对于能公平对待众多妻子的男子，允许其娶四妻。

这种有限的一夫多妻改变了"蒙昧时代"男子可以娶无限多妻的制度。

事实上，当时流行的是对偶婚，即两性的结合并非像通常意义上的婚姻那样紧密，而是比较松散，表现为夫妻不是独占的同居。

伊斯兰法规定该制度，其主要目的是要用比较开明、进步、文明的婚姻制度，代替"蒙昧时代"杂居环境下的"滥交"的旧俗，同时严厉谴责"陷于奸淫"的"恶劣"男女。这种制度在一定程度上遏制了通奸现象的发生。

拓展阅读：

《回回天文书》

[波斯]阔识牙耳(明译)

《阿里巴巴与四十大盗》

(芭蕾舞剧)

阿拉伯世界虽然没有建立统一的国家，但是自从阿布·巴克尔被提名为哈里发之后，扩张就没有终止过。之后，欧麦尔继任哈里发，他带领阿拉伯人走出沙漠，到别国富饶的领土上掠夺战利品。紧要关头，阿拉伯世界却发生了严重的政治危机，政权变得四分五裂。

公元644年，还没来得及平定本土的政治纷争和分裂，哈里发欧麦尔就步了阿布·巴克尔的后尘，乌斯曼登上了哈里发之位。乌斯曼虽然出身于富有的倭马亚家族，但是当初穆罕默德宣传穆斯林教义时，他的家族始终无动于衷，根本没有任何响应。乌斯曼本人的性格就像他的家族一样，没有多少活力，缺乏对宗教的狂热激情，遇到事情不能果断处理。他登上哈里发之位，自然招致了很多反对者的强烈不满。

与乌斯曼相比，穆罕默德的女婿阿里无论在血统、背景和好战精神以及对宗教的狂热激情上，都胜乌斯曼一筹，适合担当伊斯兰教的领袖，那些对乌斯曼不满的人都去拥护阿里。于是，一向宣扬"四海之内皆为亲兄弟"的穆斯林，因为争夺权位而向自己人举起了屠刀。656年，反对乌斯曼的人将其暗杀了，支持阿里的人趁机将阿里拥上了哈里发之位。而拥护乌斯曼的人和势力强大的倭马亚家族无法接受

乌斯曼被暗杀的事实，他们拒不承认阿里哈里发的合法性，并伺机向反对派进行报复。

双方就这样为哈里发的合法性争论不休。倭马亚家族及其拥护者还一直念念不忘杀死阿里，为乌斯曼报仇，因此双方并不仅仅限于唇枪舌剑，有时候还会大动干戈。661年，拥护乌斯曼的人终于暗杀了阿里，并且在争斗中取得了胜利。暗杀阿里之后，倭马亚家族的一个成员被拥护为哈里发，掌管着穆斯林社会的统治。此后的一个多世纪，倭马亚家族一直控制着穆斯林社会的统治权。

时间虽然在推移，但是不甘失败的阿里的拥护者仍然在寻找机会，打算夺回哈里发之位。但是他们的势力逐渐变得弱小，无法和庞大的倭马亚家族相抗衡，于是就发展成为一个伊斯兰教派，称作"什叶派"，而另一些拥护倭马亚家族的教徒则发展成为"逊尼派"。事实上，两个派别之间的斗争从没有停止过，并且形成了一道难以愈合的裂痕。经常受到挤压和迫害的"什叶派"成员，为了保全自己，逐渐发展成一个好斗的团体，他们一直深信自己的团体才是真正的穆斯林，但他们的势力一直没有得到壮大。直到今天，除了伊朗被他们统治以外，伊拉克也有不少他们的信徒，但他们的人数只占伊斯兰教徒总人数的十分之一。

●清真寺里穆斯林进行祈祷。

●耶路撒冷：山丘上的城市。

亚非拉的文明

●阿拔斯王朝的哈里发卫队

>>>《一千零一夜》的由来

相传古时候，萨桑王国的国王和他的弟弟在一片紧邻大海的草原上休息时，突然海中间走出个女郎，告诉他们天下所有的妇女都是不可信赖的。

回国后，他们杀死王后和宫女、奴仆。从此，国王厌恶妇女，他每天娶一个女子来过一夜，次日便杀掉再娶。这样持续了三个年头。

宰相的大女儿主动嫁给了国王。进宫后她每天晚上都给国王讲一个故事，一直讲到第一千零一夜，终于感动了国王，国王决定不杀她，并将这些故事记录下来。于是就有了《一千零一夜》。

拓展阅读：

怛罗斯之战
《灿烂的阿拔斯文化》蔡伟良

◎ 关键词：倭马亚王朝 阿拉伯世界 阿拔斯王朝

阿拔斯王朝的统治

在与什叶派的斗争中，倭马亚王朝的拥护者不仅暗杀了反对派的哈里发阿里，还使本家族的一个成员当上了哈里发。从此以后，该家族开始了对阿拉伯世界的统治，这一段时期，阿拉伯相对安定。

倭马亚王朝的政治和经济中心建立在先前东罗马帝国统治的叙利亚地区。为了能够达到继续扩张的目的，该王朝没有让穆斯林成员担当政府的官员，而是留用了以往的官吏，在行政管理上也沿袭了东罗马帝国的管理制度。公元717年，倭马亚王朝为了控制地中海、征服东罗马帝国的都城君士坦丁堡，不惜集结所有的兵力向东罗马帝国进军，但是遭到东罗马帝国的有力回击，结果惨败而归，倭马亚王朝的力量大大受损，再也无力对东罗马帝国发动战争了。之后，阿拔斯王朝将其取代。

阿拔斯王朝统治穆斯林世界后，将政治中心迁移到巴格达，建立了新的都城。和倭马亚王朝不同的是，阿拔斯王朝没有沿用东罗马帝国的管理方式，而是借鉴了波斯帝国。随之，伊斯兰统治在阿拉伯世界崛起，一个庞大的帝国出现了。

为了稳固自己的统治地位，阿拔斯王朝的哈里发不惜使用凶残的手段，将异己全部铲除，阿拉伯世界由此获得了统一。阿拔斯的哈里发建立王朝之后，对繁缛的宫廷礼节非常感兴趣，并且乐此不疲。同时，他非常注重文学的发展，曾为此投入了大量的钱财。就在这一时期，一部阿拉伯人耳熟能详的作品诞生了，它就是几乎可以和《古兰经》相媲美的《一千零一夜》。当时的王朝统治正像《一千零一夜》中描述的那样，国王为了赏赐自己的宠臣，不惜挥金如土，甚至连眉头都不皱一下。虽然如此，阿拔斯王朝并非一无是处，它在当时世界占有重要的地位，这并不仅仅因为该时期出现了璀璨的文化，还在于它的出现缓解了地中海的压力，使一向疲于用兵的东罗马帝国得以缓和将近衰竭的国力，同时也给生活在西方的法兰克人一个崛起的机会。

从10世纪开始，由于农业生产不能满足王朝的需求，作为王朝生存支柱的两河流域，在农业上也没有什么起色，于是，阿拔斯王朝走向衰落，政权处于分裂的状态并一直持续了很久。后来，土耳其人操纵了国家大权，加速了帝国的衰亡。945年，王朝的都城被一个什叶派部落占领，帝国的分裂进一步加剧。等到蒙古的铁骑踏上巴格达这片土地时，阿拔斯王朝的统治结束了。直到后来，新兴的伊斯兰势力崛起，建立了奥斯曼帝国，穆斯林才再度出现辉煌。

●伊斯兰教第三大圣寺

又名阿克萨清真寺，位于巴勒斯坦耶路撒冷城内。相传在圣人穆罕默德复兴伊斯兰教前，由先知苏莱曼始建。穆罕默德传播伊斯兰教初期将其确定为穆斯林礼拜朝向。圣寺殿高88米，长90米，宽36米，有大理石圆柱53根，方柱49根。圣寺曾因战争屡遭破坏，又几经重建。

●正在进行贸易的阿拉伯人

>>> 柏柏尔族"婚市"

在摩洛哥的阿特拉斯山地，有一个名叫艾莫契尔的村庄，居住着古老的柏柏尔族。那里每年都要举办被称为"新娘集市"的婚市，又叫穆塞姆节。

穆塞姆节每年9月举行，为期三天。柏柏尔族姑娘年满12岁，即可参加这样的婚市，如果一位姑娘能在婚市上吸引住某个男性求婚者的目光，得到父母的同意后，他们便可以开始颇为漫长的恋爱时光了。

在这个"集市"上，离过婚的妇女和寡妇最受欢迎，人们认为这样的妇女最会持家。

拓展阅读：

牛街礼拜寺
《诗歌集成》
　　（阿拉伯古典诗歌汇集）

◎ 关键词：伊斯兰教 扩张 非洲 商路

伊斯兰教传入北非

发端于欧亚大陆的伊斯兰教，随着扩张行动而迅速传入了非洲。阿拉伯人的扩张没有遭到东罗马帝国的抵抗，但是他们到达北非后，却遭到当地柏柏尔人的强烈反抗。最终，强悍的阿拉伯人凭借手中锐利的武器和逐渐壮大的势力令柏柏尔人屈服了。之后，柏柏尔人顺从地跟随阿拉伯人穿过浩瀚的撒哈拉沙漠，将不可一世的西班牙人征服，他们也逐渐被穆斯林所同化。

在黑人生活的非洲社会里，柏柏尔人不仅有充分的宗教信仰自由，还可以进行宗教宣传活动，正是因为如此，伊斯兰教在非洲的一些商业中心迅速崛起了。13世纪，伊斯兰教一跃成为大马里帝国的国教，其教义思想也得到了很好的传播。不仅如此，东非的一些地方也受到伊斯兰教的影响，其实很久以前，那里就有伊斯兰教存在了。

在伊斯兰教的影响下，非洲发生了不小的变化，不仅使当地居民改变了以往的姓名、宗教，而且使当地的外交范围扩大了，商业贸易往来频繁了，农业和手工业技术也随之得到了提高，东方的甘蔗和水稻种植技术很快就传入了非洲。

入侵非洲后，阿拉伯人控制了欧亚大陆的所有商路，并且将它们联系起来以促进贸易发展，就连不毛之地的撒哈拉沙漠中，也有几条阿拉伯人开辟的商路。他们把北非产出的布匹、珠宝以及食盐运往苏丹，从苏丹人手中换取大量的象牙、香料、黄金甚至奴隶。此外，靠近沿海地带的阿拉伯人已经将贸易活动延伸到西亚，他们不仅能够从那里购买到紧缺的象牙、黄金和铜，并且能够源源不断地输入大量的劳动力——奴隶。

这些贸易活动为城市的出现打下了良好的基础，13世纪时，东非的沿海地带出现了两座比较大的城市：基卢瓦岛和桑给巴尔。由于铜的大量输入，城市中还建造了大型的铸币厂，所铸的铜币在该贸易领域内流通。

与此同时，阿拉伯人还同中国和印度有着频繁的商业交易。中国的陶瓷和豪华的丝织品以及印度的布匹被运往非洲，成为那里的紧俏货。

阿拉伯人入侵非洲，对北非产生了不可估量的影响，苏丹文化得到了进一步发展。穆斯林的渗透，使那里建立了《古兰经》学校，掌握知识的人越来越多，人口的综合素质有了进一步的提高，学者也由此出现了。苏丹各王国因为信奉伊斯兰教，统治者的政治地位得到了巩固。在以往，随着帝国的扩大，国王与大臣之间的关系越来越不融洽，是伊斯兰教的传入帮助他们解决了这一问题。穆斯林学校培养出来的大批知识分子，成为帝国稳固的中流砥柱。

亚非拉的文明

●人像陶塑 拉各斯 诺克文化

>>> 尼日尔河

"尼日尔"是法语"nigerR"的音译，但它并非出自法语本身。

远古时代，尼日尔河的名称很多。河源地区的居民称之为迪奥利巴，意为"大量的血液"。上游一带的居民曼德人称之为"baba"（巴巴），意为"河流之王"。中游的哲尔马人则称之为"Issa beri"（伊萨·贝里），意为"伟大的河流"。

尼日尔河是西非最大河流，全长4200公里，也是仅次于尼罗河和刚果河的非洲第三长河。

拓展阅读：

《马里/列国志》张忠祥
《十五至十九世纪的西苏丹》
[苏]奥涅达罗格

◎ 关键词：桑海王朝 马里王朝 称霸西非 欧洲殖民主义

桑海王朝的兴衰

非洲西部的尼日尔河和提累姆河的交汇处，坐落着一座古城，该古城曾经是西非强国桑海王朝的首都加奥古城。

桑海在7世纪时不过是非洲一个不起眼的小国家，11世纪将首都迁移到加奥，但于1325年被西非的马里王国攻占，成为了马里王国的附属国。但是，马里国王曼萨·穆萨对臣服的桑海仍然满怀戒心，他担心桑海国王那两个聪明机智的儿子会起兵造反。为了杜绝后患，同时又不至于挑起战争，曼萨·穆萨终于在1135年找到一个合适的借口，将桑海国王的两个儿子阿里和塞尔马带到马里，当作人质扣押起来，并打算找机会将他们除掉，桑海国王对此却无计可施。

身陷囹圄的阿里和塞尔马对曼萨·穆萨十分恭顺，不失时机地向他表达敬意和忠诚，并且贪图享乐，整天推杯换盏，贪恋酒色，总是表现得无忧无虑，曼萨·穆萨于是就放松了戒备。

阿里和塞尔马遭囚禁期间，正是强大的马里王国对外用兵的时候，他们为曼萨·穆萨屡立战功，博得了曼萨·穆萨的信任与好感，而此时他们的父亲桑海国王却因为儿子遭到囚禁郁郁而终了。

1337年，威震西非的曼萨·穆萨去世了，马里国内发生了一场争夺权力的斗争，阿里和塞尔马趁混乱之机逃回国内，恢复了桑海的独立。阿里做了国王，不断向马里王国发动战争。阿里死后，弟弟塞尔马继承王位，将战争推向了高潮。

桑海帝国的继任者桑尼·阿里登上王位后，经过无数次的战争，终于在1468年攻克了马里的都城廷巴克图，实现了称霸西非的夙愿。

1492年，桑尼·阿里在追击莫西国军队时不幸落水淹死，国内大将穆罕默德·杜尔乘机发动军事政变，夺取了王位，自称阿斯基亚·穆罕默德一世，阿斯基亚王朝开始了。执政后，穆罕默德·杜尔进行了一系列改革，使王朝进入了鼎盛期，疆土也随之扩大。

1517年，凯比国国王康塔发动起义。同时，穆罕默德·杜尔的三个儿子都背叛了他，并公然向他宣战，这场持续了11年的混战使国内经济严重受损。1528年，穆罕默德·杜尔被儿子们剜去双眼，流放到尼日尔河的一个荒岛上。战争并没有因此而终止，三个王子为争夺王位再次大动干戈，国力几乎被耗尽。1590年，北非的强国摩洛哥派别军队攻占了廷巴克图等其他重要城市，与此同时，欧洲殖民主义的扩张也加剧了桑海的衰亡。桑海从此一蹶不振，并最终被外来的入侵者所蚕食。

亚非拉的文明

●西班牙人弗朗西斯科·皮萨罗

>>> 金耗子

金耗子，又名毛丝鼠。500多克重，长满蓬松平齐而又柔软细密的绒毛。它的头部有几分像老鼠，但胡须坚挺而长，眼睛大而明亮，耳廓向前，直立于上。身体有些像兔，但却拖着一个长而蓬松的尾巴，并习惯把尾巴翘起来搭在背上。

它脾气温顺，若真是发怒了，它会使出绝招——脱毛。

原产南美的安第斯山区。很早以前，印加人在节日服装中使用毛丝鼠皮做装饰品。西班牙人征服了印加人后，毛丝鼠被传到欧洲，立即获得了宫廷小姐们的宠爱，登上了观赏动物的舞台。

拓展阅读：

印加太阳贞女

《印加人：黄金和荣耀的主人》

[美] 戴尔·布朗

◎ 关键词：西班牙海盗 印加帝国 耶稣

印加人的血与泪

在美洲中南部有两个古老的印第安国家：阿兹特克和印加，哥伦布发现美洲大陆之前，那里几乎是一片不为人知的地方。但是西班牙强盗的到来打乱了那里的秩序。1519年，剽悍的西班牙强盗占领了阿兹特克，将国王囚禁起来，把那里的珠宝和黄金掠夺一空。不甘忍受压迫的阿兹特克人纷纷拿起反抗的武器，但是他们遭到了西班牙强盗的野蛮镇压，几乎被种族灭绝。之后，西班牙海盗又将入侵的目标对准了印加帝国。

生活在南美洲安第斯地区的印加人，在1571年遭到了入侵。国王图帕克·阿马鲁惊恐万状，马上派出将领刺探军情，自己则乘坐着黄金做的轿子，在300名士兵的护送下出城察看。当路过一片小树林时，里面走出一个西班牙神甫，他手中捧着一本厚厚的书，缓慢地走到图帕克·阿马鲁面前说："上帝派耶稣拯救苦难的民众，作为耶稣的代表，教皇把这块土地赐予了西班牙国王，西班牙国王又将这片土地赐予了毕萨罗总督，请你接受上帝的旨意，听从总督的命令，否则他将用大炮惩罚你。"

不明就里的图帕克·阿马鲁一头雾水。一直以来，他都认为自己统治的土地是祖辈传下来的，他信奉的神是太阳神，对上帝了解甚少，更不知道毕萨罗总督是何许人也，于是对神甫的话嗤之以鼻，把他手里的《圣经》狠狠地摔在地上。愤怒的神甫转身跑向树林，并高声喊道："杀死他们，他们是异教徒！"

一直找不到侵略借口的西班牙人，听到神甫的喊声，全副武装地从树林里冲出来，杀向印加人。火炮所到之处，印加人成片地倒下，被炸得血肉横飞。前来支援的印加士兵从城里冲出来，手持弓箭、斧头和棍棒，与西班牙人展开了一场殊死搏斗，接连伤了十几名西班牙士兵。趁着混战，西班牙总督毕萨罗擒住了印加国王图帕克·阿马鲁，砸碎了他的黄金轿，然后以图帕克·阿马鲁做人质，强迫印加人交出大量的黄金和白银。

为了救回国王图帕克·阿马鲁，印加人被迫交出大量的黄金和白银，等金银堆积得如小山时，毕萨罗却食言了，他残忍地杀死了印加国王图帕克·阿马鲁，然后将印加人沦为奴隶，把他们赶到矿山里挖掘金银。从此，大批的印加人被折磨致死，中南美洲的土地几乎渗透了印加人的血和泪，而他们以生命为代价挖掘出来的金银却源源不断地流向了西班牙统治者的金库。

亚非拉的文明

◎ 关键词：室町幕府 幕府将军 长治久安

日本幕府制度的形成

● 丰臣秀吉像

>>> **丰臣秀吉墨俣一夜城**

丰臣秀吉的一生充满了传奇色彩，相传1566年他曾一夜间筑成墨俣城。

墨俣城又名"一夜城"，在美浓国长良川右岸堤防下流的犀川一端，是一座典型的平城。

1566年9月，当织田信长攻打美浓的斋藤氏时，丰臣秀吉负责在墨俣建筑堡垒。秀吉先将建筑堡垒的木材运往木曾川的上游，然后用木筏沿着河流运送下来。秀吉率领亲信、士兵，一夜之间在尾张国和美浓国的边缘，造就了一座墨俣城，号称"墨俣一夜城"。

拓展阅读：

《日本论》戴季陶
《日本战国名将风云录》古木

在16世纪以前将近一个世纪的时间里，日本都处于动荡不安的状态。各个大名（领主）都拥有自己的军队，他们之间曾展开了一些争权夺利的混战，这些大的大名们各自统治着自己所管辖的领地。随着不断的争夺，三位武将出身的大名脱颖而出，他们残酷地对异己力量进行杀戮，而后共同建立了一个稳定的中央政府，这为日本的真正统一扫除了障碍，日本也由此进入了一个相对和平的时期，长达一个世纪的割据局面从此结束了。

作为一个小国的大名，织田信长凭借自己的才智和勇气，向其他大的大名发起了挑战。经过多次厮杀和争斗之后，他终于控制了象征皇权的都城，天皇成了他的傀儡。于是，织田信长假借天皇的威严，向其他大名发号施令，掌管国家实权的室町幕府也被他纳入了麾下。

佛教思想传入日本之后，宗教集团俨然形成了气候，但寺院的僧侣并没有像西方国家的僧侣那样干预政治。织田信长害怕日渐壮大的大寺院势力会危及自己，于是不失时机地采取了行动，强行攻占了寺院，将成千上万的僧侣送上了黄泉路。另外，大批的妇女和儿童也遭到了近乎疯狂的屠戮，日本的大部分土地逐渐并入织田信长统治的版图之内。织田信长的举动遭到了部将的强烈不满，1582年，他遭到部将的袭击，走投无路而自杀身亡。

织田信长死后，丰臣秀吉掌管了大权，并继承了织田信长未完成的事业。丰臣秀吉出生于普通农民的家庭，但他却攫取了日本的最高统治权，因此被日本人看作日本历史上最伟大的人物。丰臣秀吉凭借卓越的军事才能于1590年完成了统一日本的大业，将所有的反对者全部镇压。并于1592年和1597年两次对朝鲜发动战争，但都以失败而告终。

丰臣秀吉去世后，曾经任织田信长陪臣的德川家康逐渐成为日本最大的大名。他将所有反叛的大名征服后，出任已经空缺近30年的幕府将军一职。为了能让这一职位永远掌握在德川家族手中，德川家康将幕府建在了江户，并且修建了一座坚固的城堡作为幕府所在地。德川家康将日本中部和东部的土地分封给其家族成员，但却雇佣了大批的密探随时对他们进行监视。此时的日本皇族俨然成了摆设，虽然皇室成员住着豪华的宫殿，吃着山珍海味，但他们没有任何实权。德川家康向日本民众宣扬天皇是神圣不可侵犯的，以此来维护自己的统治。

德川幕府统治日本达两个世纪之久，给日本带来了长治久安的局面，但社会等级也在这段时期形成了。直到"明治维新"，幕府统治日本的局面才宣告结束。

●李舜臣将军雕像

>>> 邓子龙与努尔哈赤

据《清史稿》记载，爱国名将邓子龙居然是清朝开国皇帝努尔哈赤的救命恩人。

据考证，努尔哈赤欲起兵攻明，经常微服到辽东一带侦察，在一次偶然的情况下，努尔哈赤被一支派往朝鲜的过路明军抓获，交给了开赴抗倭前线的副总兵邓子龙。邓子龙与努尔哈赤一见投缘，便放走了他。

为了报恩，努尔哈赤为在朝鲜阵亡的邓子龙立了庙，并把邓子龙的神位放入了清室最重要的殿"堂子"中祭祀，所以堂子又称"邓将军庙"。

拓展阅读：

《战争借口》张学林
《明朝抗倭二百年》纪红建

◎ 关键词：日本 朝鲜 中国 掠夺

朝鲜"壬辰卫国战争"

1592年春，攫取日本统治权的丰臣秀吉以朝鲜拒绝帮日攻打中国为由，调集20万大军和700艘战船，发动了对朝鲜的战争。

朝鲜无法抵抗日本的大军，接连吃了很多败仗，不到三个月的时间就被日本占领了汉城、开城和平壤等重要城市，朝鲜当政者已经退到鸭绿江边的义州。丰臣秀吉的野心得到了暂时的满足，而进军中国的计划也正在一步一步地实施，因为朝鲜陷落就是进军中国的开始之日。

日本军队在朝鲜的土地上大肆掠夺，朝鲜人民对此恨之入骨，甘愿听从水师将领李舜臣的调遣，拿起武器抗击来犯的日本侵略者。

1592年5月1日，李舜臣得知50余艘日本战船停靠在玉浦港，居住在岸边的朝鲜民众遭到了疯狂的抢劫，于是，李舜臣决定痛击日本人。当日本人得知朝鲜舰队抵达时，已经无法纠集集军队，只好仓促应战。朝鲜的龟船充分发挥了作战优势，将日本军队打得大败而归，伤亡惨重。

丰臣秀吉无法接受失败的事实，于当年5月29日再次入侵朝鲜，将十多艘战船停泊在泗水岸边，企图引诱李舜臣上当，但日本人的意图被李舜臣识破了，结果日本再次船毁人亡。两个月后，李舜臣同日本军队在闲山岛附近展开大战，一举歼灭了日本水师的主力，控制了制海权。因战功卓著，李舜臣被晋升为三道水军统制使。

李舜臣成了丰臣秀吉进军朝鲜的绊脚石，为了除掉李舜臣，他派出间谍，买通了朝鲜国王身边的一些大臣，四处散布谣言，声称李舜臣里通外国。他的阴谋得逞了，李舜臣很快被一个名叫元均的将领顶替。之后，日本对朝鲜发动了大规模的进攻，丝毫没有作战经验的元均只能眼睁睁看着朝鲜的国土大片沦落在日本人手中。在此万分危急的情况下，朝鲜国王重新起用李舜臣，并向中国请求援助。

李舜臣重整水师，吸收了很多忠勇的农民参加水师，不到一个月的时间，一支作战能力极强的海上力量被重建起来了。他利用有利地势，巧布铁索阵，在鸣梁海，以12艘龟船击沉日本30多艘战船，击毙击伤日军士兵4000多人，使日军惨败而逃。

1597年，在中国将领邓子龙和李舜臣的共同指挥下，两国联军和日军在露梁海进行了一场激烈的海战。经过一天一夜的战斗，日军有450艘战船被击沉，1万多名士兵葬身海底。但李舜臣也因炮弹击中左胸而壮烈殉国。至此，持续六年之久的朝鲜卫国战争胜利结束了。因为战争开始于1592年，按农历属壬辰年，所以又称"壬辰卫国战争"。

亚非拉的文明

●莫卧儿帝国国王沙杰罕

>>> 泰姬陵

泰姬陵，莫卧儿帝国著名建筑，在今印度北方邦的阿格拉。泰姬陵是莫卧儿帝国国王沙杰汗为他死去的皇妃泰姬修建的陵墓。公元1630年始建，1653年建成。

泰姬陵最引人瞩目的是用纯白大理石砌建而成的主体建筑，凡是见过泰姬陵的人，都被它那洁白晶莹、玲珑剔透的身影所倾倒。泰戈尔说，泰姬陵是"永恒面颊上的一滴眼泪"。

泰姬陵是印度穆斯林艺术最完美的瑰宝，是世界遗产中令世人赞叹的经典杰作之一。被列为世界七大奇迹之一。

拓展阅读：
《莫卧儿帝国》尚劝余
《莫卧儿统治下的印度帝国》
[法] 贝兰斯坦

◎ 关键词：莫卧儿王朝 危机四伏 争夺王位

印度莫卧儿王朝的衰落

突厥人强大起来之后，频繁地向外扩张，其中的一支在中亚定居下来后，开始了对印度的入侵。他们对印度当地居民实行统治，建立了伊斯兰教政权，该政权就是莫卧儿王朝。在此后长达两个世纪的统治里，印度经济得到了快速发展，手工业和商业中心不断涌现，对外贸易也较以前有了很大的改观。

在危机四伏中建立起来的莫卧儿王朝，从一开始就存在重重矛盾。大批的封建势力纷纷割据一方，各自为政，拼命搜刮平民百姓的钱财，使得不满的农民爆发了一次又一次起义。印度教和伊斯兰教以浩大的声势发动了改革，势力在一天天壮大，对莫卧儿王朝构成了很大威胁。莫卧儿王朝的第二代君主阿克巴登上王位后，将几十年的时间都花在了征战和改革上，才逐渐平定了社会的动荡局面。等到王位传到沙杰罕手中时，社会的激荡风云再次席卷了莫卧儿王朝的统治区域。政令不通，捐税奇重，官吏贪赃枉法，无家可归的民众成了打家劫舍的惯匪，而安分守己的百姓都食不果腹。

沙杰罕的四个儿子全部被任命为总督，掌握着大片的土地和财富，雄踞一方。他们都觊觎王位，互相猜忌，发动了一场历时四年的王位争夺战。三儿子奥兰则布想办法除掉了几个兄弟，又将父亲囚禁八年致死。

残酷暴虐、生性多疑的奥兰则布反对印度教，于是就下令拆毁所有的庙宇，禁止印度教徒的节日，并鼓励他们信奉伊斯兰教。在此期间，他还恢复了阿克巴时期废除的人头税。

后来的一段时间，其他部族反对伊斯兰教的呼声日渐高涨，战争连年不断，莫卧儿王朝的经济受到了很大影响，加上连年的大旱和瘟疫，死亡人数超过了200万。战争仍然在继续，奥兰则布如坐针毡，为了筹措军饷，他被迫接受了英国东印度公司的款项，条件是允许他们在西海岸和东海岸一带进行贸易，从此，英国殖民者在此打开了突破口。奥兰则布去世后，他的子孙们为了争夺王位再度挑起战争，从而给了英国长驱直入的机会。莫卧儿王朝沦为英国的附属国，成为一个名存实亡的国家。

亚非拉的文明

◎ 关键词：经济价值 法老运河 屈辱的历史

历经沧桑的苏伊士运河

苏伊士运河位于亚、非、欧三大洲的交界处，连接地中海和红海，具有十分重要的战略和经济价值。历史悠久的苏伊士运河在公元前4000年的古埃及中王国时期就已经初具雏形了，那时，它只是一条小小的运河，流经的地段也和现在的不尽相同。7世纪时，腓尼基航海家首次环非洲航行时，就是从这条运河的克莱斯马港出发的，当时人们称这条运河为"法老运河"。

随后，阿拉伯人入侵到埃及，为了把埃及的谷物运往麦加，曾经疏浚了运河，但到了8世纪，出于军事上的考虑，埃及人却将运河堵塞了，苏伊士运河因此被废弃了千余年。1789年5月，拿破仑率领大军在亚历山大港登陆，打算开通被掩埋掉的苏伊士运河，但是由于工程师的技术太低，加上拿破仑要回国争夺权力，开凿运河的事也就不了了之了。

19世纪上半期，穆罕默德·阿里统治了埃及，很多欧洲人都劝说他开凿苏伊士运河，但阿里担心运河开通以后，会成为欧洲列强争夺利益的工具，所以不为之所动。为了加强在中东的势力，扬威印度洋，法国人一再鼓动埃及统治者开凿运河。

1854年11月，法国人勒塞普受命来到埃及，找到开罗总督赛义德，送上大批的贿赂，想尽一切办法让他同意疏通苏伊士运河。终于，赛义德同意了，但是修建和使用苏伊士运河的特权却归法国所有，双方还签订了《关于修建和使用苏伊士运河的租让合同》。这一合同使埃及的领土完整遭到了严重破坏，埃及也因此陷入了莫大的危机当中。

1854年，"国际苏伊士运河公司"正式挂牌成立。1859年4月破土动工，数十万埃及民众充当了开通运河的主角，他们拿到的工资很低，只能勉强度日，还要忍受酷暑、严寒和饥饿的困扰。在运河的开凿过程中，12万民众为此丢了性命。

经过10年的艰辛，埃及民众终于开通了苏伊士运河，但英国殖民者却试图把它据为己有。机会终于来了，埃及政府因开凿运河而债台高筑，只好卖掉持有的苏伊士运河公司的股票，英国首相狄斯累利违背常规，最终控制了苏伊士运河的大部分股权。1882年，英国武装占领了苏伊士运河，将其完全控制。

但是欧洲各国都非常关注苏伊士运河，1888年10月，英、法、德、奥匈帝国、西班牙、荷兰、俄国和土耳其等国代表，共同在君士坦丁堡签订了《君士坦丁堡公约》，规定无论是战争还是和平时期，苏伊士运河对世界各国的商船和军舰一律自由开放，不得实行封锁，并且禁止任何国家在运河水域内打仗。

● 苏伊士运河的塞德港景观

>>> 京杭大运河

京杭大运河是世界上最长的人工河流，也是最古老的运河之一。它和万里长城并称为我国古代的两项伟大工程，闻名于全世界。

京杭运河北起北京，南至杭州，经北京、天津两市及河北、山东、江苏、浙江四省，沟通海河、黄河、淮河、长江、钱塘江五大水系，终点入钱塘江。全长1794千米，是苏伊士运河的16倍。

京杭大运河的开凿，可追溯到春秋战国时代，是我国仅次于长江的第二条"黄金水道"。

拓展阅读：

新亚欧大陆桥
《跨过苏伊士运河》
[埃及] 萨阿德·沙兹利

亚非拉的文明

● 苏伊士运河处于埃及西奈半岛西侧，横跨苏
伊士海峡，处于地中海侧的塞德港和红海苏
伊士湾侧的苏伊士两座城市之间，全长163千
米，连接地中海与红海，是连通欧亚非三大洲
的主要国际海运航道。
● 1869 年 11 月 17 日，连接地中海和红海的
苏伊士运河开通。

　　　苏伊士运河虽然地处埃及，却被外国人所管理。这种局面持续了一个
世纪，直到1956年，埃及总统纳赛尔下令收回运河的主权，苏伊士运河才
结束了屈辱的历史，回到埃及人手中。

亚非拉的文明

●名所江户百景 日本

>>> 大盐平八郎办学

　　1823年至1824年, 大盐平八郎三十一二岁的时候, 在自己家里开办学塾, 取名为"洗心洞"。还制定入学盟誓八条, 排除空头理论, 严格实行大盐学的宗旨——务实。

　　洗心洞的弟子除武士阶级出身的以外, 还有不少是大坂附近农家出身的。大盐对农民天生有浓厚的感情, 经常访问近郊农村。他对在自然灾害面前无能为力并被封建贡租逼得透不过气来但仍然专心耕种的农民十分尊敬, 同时寄以无限同情:

　　女织男耕淳朴深, 城中妖俗未相侵。

　　若加文教溯三代, 不可使知岂圣心。

拓展阅读:

《幕府大将军》矢川
《武士的一分》(电影)

◎关键词: 大盐平八郎 起义 反封建 幕府官吏

大盐平八郎起义

　　发生在大阪市的大盐平八郎起义, 是日本19世纪30年代最大的一次市民反封建武装起义, 幕府官吏是这场起义的倡导者。这次起义对日本统治阶级产生了很大的震动, 它沉重打击了德川幕府的封建统治, 加速了德川幕府的瓦解。

　　1793年, 大盐平八郎出生于日本大阪市天满区一个下级武士家庭。他自幼孤苦, 7岁时死了父亲, 8岁的时候母亲去世, 幼小的大盐平八郎由祖父养大成人。祖父是大阪市东"町奉行"所的"与力"(一种官职名称), 14岁那年, 大盐平八郎便跟随祖父做了见习"与力", 从而开始了警官生涯。

　　大盐平八郎所处的年代正是德川幕府统治的晚期, 作为日本封建社会的最后一个政权, 德川幕府统治下的日本社会矛盾十分尖锐, 政治和经济都出现了重重危机。天保年间, 日本于1830年发生了一场严重的灾荒, 粮食几乎颗粒无收。普通民众的生活已经到了举步维艰的地步, 一度在死亡线上挣扎, 米价一路向上狂飙, 他们只能走出家庭, 加入沿街乞讨的行列里, 但很多人还是被饥饿夺去了脆弱的生命。

　　曾经繁华的大阪变得满目疮痍, 民不聊生的景况深深触动了大盐平八郎的心。这一年的新春, 当大盐平八郎穿上新装享受佳肴时, 眼前浮现出一幕幕悲惨的景象, 深有感触的他写下了"着得新衣祝新年, 羹饼味浓易下咽。忽思城中多菜色, 一身温饱愧于天"的诗句。面对可口的肴馔, 他再也无法下咽了。

　　这一年, 大盐平八郎辞去了警官的职务, 闭门在家, 专注于教育和著述。但是他无法忘记饥饿的民众, 对他们的艰难处境更是感同身受。于是, 他四处奔走, 希望能帮助穷人度过荒年, 摆脱饥饿的困扰。他向大阪的官商借钱救助灾民, 但饱受了白眼和冷脸, 每一次都遭到了拒绝。官商们还趁灾荒之年, 囤积居奇, 哄抬米价, 以此谋取暴利。官府非但不加以制止, 反而与之相勾结, 从暴涨的米价中分得一杯羹。大盐平八郎意识到, 要想救民于水火, 就必须使用武力推翻暴政, 彻底铲除奸商。1837年, 他写下了"事至于此, 忍无可忍, 不得已敢以天下为己任, 冒灭族之祸患"的檄文后, 带领无家可归的贫苦民众发动了起义。

　　大盐平八郎将起义的时间定在1837年2月19日晚上, 但是内部出现了叛徒, 告密者向西町奉行提供了起义檄文。得知起义的秘密泄露后, 大盐平八郎明白当前的情况刻不容缓, 稍做部署之后, 他果断地在19日早上下达了起义的命令。

　　起义军首先烧毁了大盐平八郎的住宅，以此作为起义的信号，然后高举着"救民"字样的旗帜，兵分三路向前挺进，第一路由大盐平八郎亲自率领，作为先锋；大盐平八郎的养子大盐格之助同大井正一郎指挥第二路军队；第三路军队作为后队，由濑田济之助率领。

　　起义军气势汹汹地向船场进发，因为那里是大阪的经济中心，众多官商都聚集在那里。起义队伍经过时，大批的贫苦百姓加入了起义的行列，他们对船场进行了猛烈的攻击。官商们无不胆战心惊，他们急忙四处调集人马镇压起义。

　　下午4时，起义队伍遭到了幕府军的血腥镇压，一番浴血奋战后，起义军被击溃了，大盐平八郎被迫躲藏起来。3月27日，大盐平八郎遭到幕府军的包围，不甘忍受屈辱的他引火自焚了。

●马厩武士休憩图

　　作为倒幕派的先驱，大盐平八郎领导的起义虽然被镇压了，但幕府的封建统治也被动摇了，随后的"明治维新"一举将幕府制度摧垮，日本的封建社会就此结束，代之而起的是资本主义。

●海地民族英雄杜桑·卢韦杜尔

>>> 蜘蛛帮助了拿破仑

1794年深秋，拿破仑的军队大举进攻荷兰。荷兰人打开各条河流的水闸，用洪水来阻挡法军。法军正准备撤退时，接到了"蜘蛛在大量吐丝结网"的报告，拿破仑立即下令就地待命。

蛛丝含有胶状物，很容易吸收水分而失掉黏性，如果空气潮湿，野外的蜘蛛就会敏感地觉出而停止织网。因此蜘蛛有在气温较低而又干燥的条件下结网的特性。

蜘蛛吐丝结网预示干冷天气即将到来。不久，寒潮果然袭来，河湖冰封，法军踏冰前进，攻陷了荷兰的乌德勒支要塞。

拓展阅读：

《拿破仑》[德] 鲁特维克
《拿破仑情史》
　[法] 马克思·伽罗

◎关键词：拿破仑 军政大权 争取独立 拉丁美洲

海地宣布独立

拿破仑发动政变，掌握了法国的军政大权。当时正忙于巩固国内统治的拿破仑，在1801年下半年得到一份报告，报告称处于法国殖民下的海地人发动了暴动，制定了宪法，并声称要废除奴隶制度，实行民族独立，而一个名叫杜桑·卢韦杜尔的人已于该年6月被选为终身总统。

拿破仑不愿意放弃对海地的殖民统治，但国内局势让他无法亲自带兵去平定，于是他命令妹夫黎克勒率领3万名士兵和一批战舰去平定海地的暴动。黎克勒带队出发后才得知，海地原来是西班牙的殖民地，后来被法国据为己有，那里生活的大都是非洲黑奴的后代，十分之九的居民是黑人，1791年，一个叫布克曼的黑人曾带着大批的奴隶造反，两个月的时间就烧毁了200多个甘蔗园和咖啡种植场，2000多名法国人被打死，剩下的都逃出了海地。黎克勒还了解到，海地此次暴动的领导者杜桑原来是一个种植场的车夫，小时候放过羊，喂过马，但他颇有见识，精通法文，还读过卢梭和孟德斯鸠的书，参加起义后，他领导的那支部队打过很多胜仗，先后将西班牙军队和英国军队从海地赶了出去，在各个起义队伍中很快成为主力，杜桑也因此成了起义的主要领导人，控制了海地的全部领土。

当黎克勒率领军队到达海地的时候，杜桑领导的军队已经做好了战斗的准备，他对手下的战士们说："我们已经取得了自由，法国人没有权力将它抢走，我们要把这群强盗赶出去！"杜桑的话激起了士兵们高涨的情绪，他们在法国军队登陆的地方放火，将粮食烧毁，将道路炸成沟壑，并且在水里投毒。当黎克勒的军队登陆后，士兵们看到的只是一片废墟，连吃水也成了困难，他们还被四处出击的海地起义军打得狼狈不堪。万般无奈之下，黎克勒只好给杜桑写信，要求和谈。杜桑单枪匹马前去法军驻地谈判，却遭到逮捕，被拿破仑关进了监狱。1803年，杜桑病死在监狱里。

杜桑死后，海地的革命烈火并没有因此而平息。起义军团结起来，终于将法国军队赶出了海地：黎克勒因为患黄热病死在海地，剩下的法军被迫投降，8000人的队伍灰溜溜地离开海地。法国殖民者成为英国和西班牙人的后继者，将失败带回了国内。

1804年1月1日，海地人民经过不屈不挠的抗争，终于建立了自己的国家。于是，拉丁美洲出现了第一个独立的国家——海地，这个由奴隶创建的国家赢得了美洲各国人民的尊敬。从此以后，争取独立的呼声响彻了整个拉丁美洲。

●阿根廷革命家圣马丁

>>> 南美的蓓蕾：圣马丁

有位诗人写过这样一首诗，极力赞扬南美解放运动的杰出领导人圣马丁：

圣马丁无私、善良的手，轻轻揩干美洲母亲的泪水，给母亲带来自由与民主、独立与欢乐，消除了母亲300余年的痛苦与伤悲！ 胜利谁能比配？丰功伟绩如激动人心的春雷。何等值得自豪啊，祖国纯洁高尚的儿子！南美永远盛开的蓓蕾—— 圣马丁,最能使你万古不朽的,还是你激流勇退！

拓展阅读：

圣马丁节
《圣马丁的手册》
　［阿根廷］博尔赫斯

◎ 关键词：保皇派 复辟 圣马丁 解放秘鲁

民族英雄圣马丁

位于南美洲南部的阿根廷，在16世纪初就遭到了西班牙殖民者的入侵，16世纪末，阿根廷的大部分地区都被西班牙殖民者征服了。1776年，西班牙殖民者在布宜诺斯艾利斯设置了拉普拉塔总统管辖区，其殖民统治不断激起印第安人的强烈反抗，而土生土长的当地白人由于受到宗主国的歧视和贸易垄断政策的打击和压迫，他们的反抗也加剧了分离的速度。

19世纪初，趁西班牙在欧洲战争中大伤元气，英国殖民者趁机武装占领了拉普拉塔地区，并两次占领了布宜诺斯艾利斯，迫使西班牙总督弃城逃跑。但是不畏强暴的阿根廷人民自发地组织起队伍，将英国入侵者赶了出去。

1810年5月，逐渐强大的法国在拿破仑的率领下入侵了西班牙。消息传到布宜诺斯艾利斯之后，布宜诺斯艾利斯在市政议会举行了公开会议，并于25日举行了大规模的游行，结果总督被迫辞职，西班牙统治被推翻，土生白人组建了临时政府，这就是阿根廷的"五月革命"。

第二年，巴拉圭和乌拉圭也相继爆发武装起义，并成立了临时政府。

不甘就此退出统治舞台的西班牙殖民者，勾结阿根廷各地的地主保皇派势力，打算进行复辟，布宜诺斯艾利斯危在旦夕。正在这时，何赛·德·圣马丁回到了祖国，担当起神圣的使命。

圣马丁出生于1778年2月26日，从学校毕业后，他曾在西班牙军队中服役达22年之久，长期的军旅生涯将他锻炼成一个出色的指挥官。1812年3月9日，回到布宜诺斯艾利斯的圣马丁马上投入了保卫阿根廷的战争洪流之中，并得到委任，组建骑兵团。

1813年2月3日，圣马丁指挥的骑兵团击败了西班牙殖民军的进攻，取得了拉丁美洲爱国军反对西班牙殖民势力复辟的第一次军事胜利。第二年，圣马丁被委任为北方军司令，但是为了解放秘鲁，他辞去了这一职务。

经过两年多的努力，圣马丁以无比的爱国热忱，于1816年底组建了一支精练的安第斯山军。第二年2月12日，圣马丁率领的军队与西班牙殖民军在圣地亚哥展开了一场残酷的激战，西班牙军队被击溃，指挥官被俘虏。不甘失败的西班牙殖民军从智利南部向圣地亚哥反攻，结果全军覆没，在智利的据点也所剩无几了。

1818年2月12日，智利在圣马丁的斡旋下宣布独立。

之后，圣马丁通过购买、俘虏和改装渔船等办法，组建了一支由16艘运输船、8艘战舰组成的舰队，于1821年7月6日解放了秘鲁的首府利马。7月28日，秘鲁宣布独立，圣马丁被奉为秘鲁的"护国公"。同时，他自然也是阿根廷的民族英雄。

亚非拉的文明

● 墨西哥独立之父伊达尔哥

>>> 热闹的墨西哥鬼节

　　11月1日是墨西哥的"幼灵节"——祭奠死去的孩子，11月2日是"成灵节"——祭奠死去的成年人，这两天通称为"鬼节"。

　　墨西哥人认为，鬼魂和人一样需要及时行乐，所以鬼节宛若一场嘉年华会，人们带着面具到处游走，吃骷髅形状的糖，面包上还装饰有鬼的形象。黄昏时刻，全家人一起到墓园清理墓地，妇女们或跪或坐整夜祈祷，男人们交谈或唱歌，在子夜中烛光忽闪忽灭，充满了整个墓园，游唱歌者为已逝亡者的灵魂高歌吟唱。

拓展阅读：

墨西哥太阳金字塔
《墨西哥往事》（电影）

◎ 关键词：墨西哥 侵略 独立战争 复辟 伊拉瓜计划

墨西哥宣布独立

　　16世纪初，西班牙殖民者征服了西印度群岛的圣多明各和古巴岛后，将侵略的矛头指向墨西哥。1521年8月，特诺奇蒂特兰被占领，从此以后，墨西哥沦落为西班牙人的殖民地。1535年，新西班牙总督区成立，墨西哥、中美洲和西印度群岛都是其管辖的范围。

　　新西班牙殖民统治后期，经济有了一定的发展，墨西哥城和其他一些城市都出现了棉织、呢绒和皮革等手工工场，冶铁、酿酒和造船等新兴工业也有了长足的发展，资本主义开始萌芽了。当地的土生白人，尤其是知识分子，不再认为自己是西班牙人，而是美洲人。但是从西班牙来的"半岛人"牢牢占据着殖民地的高级官职，排斥和歧视土生白人。此后的300多年间，墨西哥民众多次举起反抗西班牙殖民统治的大旗。到19世纪初，矛盾进一步被激化。

　　1810年9月16日，伊达尔哥·伊·科斯蒂利亚神甫打着"赶走西班牙人、打倒坏政府、夺回土地归还印第安人"的口号，在多洛雷斯教区发动起义。印第安农民、矿工、手工业者、土生白人自由派地主和下级军官、教士组成了8万多人的队伍，在伊达尔哥·伊·科斯蒂利亚的率领下，起义军占领了瓜那华托和瓜拉拉哈等城市，并宣布废除奴隶制度，取消苛捐杂税，将土地归还给印第安人村社。起义很快遭到了镇压，1811年7月30日，伊达尔哥·伊·科斯蒂利亚牺牲了。墨西哥人为了纪念这位伟大的战士，尊称他为"墨西哥独立之父"。

　　伊达尔哥·伊·科斯蒂利亚死后，起义军在莫雷洛斯·伊·帕冯的领导下继续进行独立战争，并攻占了瓦哈卡和阿卡普尔科等重要城市。1813年，莫雷洛斯·伊·帕冯在奇尔潘辛戈召开国民议会，通过了《独立宣言》。第二年，他又颁布了宪法，宣布墨西哥独立，建立了共和制，将大庄园主的土地归还给农民，废除了农奴制和教会特权。

　　这时，欧洲和宗主国的形势发生了急剧变化。1874年，拿破仑一世战败，同年5月，波旁王朝在西班牙复辟。墨西哥反动当局在宗主国的支持下加强了对革命的镇压，1815年，起义被镇压，莫雷洛斯·伊·帕冯被俘，而后遇害身亡。此时，代表上层土生白人利益的军官伊图尔维德，从殖民统治中获取了极大的财富和特权，被推举为领袖。1821年2月24日，伊图尔维德在伊拉瓜城公布了独立纲领——"伊拉瓜计划"，声称保证实现"宗教、团结和独立"的原则，在不到半年的时间里纠集了一支4万人的部队，攻占了瓜那华托和巴利阿多利德等城市，并于7月逼迫总督阿波达卡辞职。

亚非拉的文明

●墨西哥月亮金字塔高 46 米。塔的正方阶梯陡峻，从底下向高顶仰望，塔顶离耸入云；从顶部往下俯望，视野广阔。塔下面是广场，给人宽广宏伟的感觉。

●下图描述的是墨西哥城的征服者——西班牙人科尔斯来到特奥蒂瓦坎古城时的情景。

1822 年 7 月 25 日，伊图尔维德加冕，称为墨西哥皇帝奥古斯丁一世。但他代表的是上层土生白人的利益，他的做法很不得民心，第二年 3 月 19 日，波及全国的起义迫使伊图尔维德退位，然后流亡到欧洲。墨西哥的制宪大会开幕了，国家从此获得了独立。

●人像 坦桑尼亚

>>> 南非之星

　　重47.55克拉，无色，梨形琢刻形状，原产于南非，是一颗极优质的净水钻。

　　发现于1869年，原石重83.50克拉，是一个牧羊男孩在路上捡到的。当时他只想用这块石头换来一个睡觉的地方或一顿早点，可却屡遭拒绝。后来他找到了修克，当修克看到这块石头，便立刻确信为钻石，他把自己的全部家产都给了牧童。这颗钻石被修克以1120英镑的价格卖出，之后被陈列在南非国会大厦。殖民地大臣们曾预言："各位，这颗钻石将是未来南非的基石"。

　　南非之星的发现在南非掀起了淘钻热潮，使南非一跃成为一个先进的工业国家。

拓展阅读：

《白妇人》（南非岩画）
《大迁徙》
　　　　穆罕默德·阿里·冯福宽

◎ 关键词：迁徙热潮　人口的流动　战火的蔓延

班图人大迁徙

　　1817—1834年的十几年间，非洲南部地区的班图人为了争夺土地，进行了一次次的大厮杀。一时间，生灵涂炭，民不聊生，社会随之引起了一系列复杂的变化，并掀起了一次自南向北的大规模迁徙热潮，班图各族之间进一步分化和融合。

　　1818年，恩德旺德韦人因为战败被逐出了祖鲁兰，成为没有家园的人，他们在三位首领索尚加内、兹旺根达巴和恩哈巴的率领下向北撤离，最后停留在迪拉果阿湾聪加人的分布地区，当时的英国已经将迪拉果阿湾变成了殖民地，恩德旺德韦人的到来受到了阻挠。三位首领休戚与共，终于在迪拉果阿湾站稳了脚根。1830年，部族之间发生了分裂，索尚加内赶走了其他两位首领，将祖鲁人的军事技术用到自己的军队上，逐渐将生活在周围的聪加人征服，使该地区形成了统一的尚加民族。

　　兹旺根达巴和恩哈巴再次遭到驱逐后，分别向北迁移，兹旺根达巴率领部下跨过林波波河，到达卡米地区，将当地人打败后，成为该地区的一支强大军事力量。兹旺根达巴于1845年去世后，其追随者在马拉维湖东北部的菲帕高原定居下来，形成了今天的恩戈尼族。

　　1819年，恩哈巴率领的人马遭到惨败，他的义子姆齐利卡齐为了摆脱敌人的攻击，带领近亲族人逃离家园，越过德拉肯斯堡山脉向西而去，并按照祖鲁人的方式建立了纪律严明的"同龄兵团"，进攻当地的奎纳人和克加特拉人，将战火蔓延到科伊人的支系科拉人的分布地区。

　　1829年，科拉人用牛换来火枪，打算与当地的茨瓦纳人联合，向姆齐利卡齐发动进攻。由于事先得到可靠情报，姆齐利卡齐发动夜间突袭，打败了对手。他还利用当地人的内部纷争，在布拉瓦约设立了新的首府，并与兹旺根达巴部的女酋长尼亚玛扎娜结婚，形成强大的恩德贝莱族。

　　与此同时，一个叫科洛洛的部落开始向西北方向迁徙，他们对沿途地带的小部落进行了疯狂的抢掠，恩瓜凯策人将其打败后，科洛洛人退入了撒哈拉沙漠。但是，没过多久，他们就成功地攻击了恩瓜托人，并且将对方一直追到恩加米湖地区。他们曾一度想在卡富韦河西岸落脚，但由于没能和当地人达成谅解，只好迁移到巴罗策兰，并利用当地人之间的矛盾，将其逐个打垮，最终在林场齐地区定居下来，建立了自己民族的统治。

　　班图人的迁徙不仅是人口的流动和战火的蔓延，他们还为文化的流动和传播做出了一定贡献，战术、畜牧业水平和军事结构都有了很大的提高，这次大迁徙也是班图人的一次大扩张，他们最终占领了南非内陆的广大地区，建立了好几个强大的国家，并且打破了南非的旧有格局。

亚非拉的文明

●荷兰人殖民的写照

>>> "千岛之国"

印度尼西亚是东南亚的群岛国，它横贯赤道，领土有190多万平方千米，人口1400万。面积居亚洲第四位，人口居亚洲第五位，可是，它的岛屿数却名列世界前茅，达13667个，素有"千岛之国"的称号。实际上，它是名副其实的"万岛之国"！

单就它的名字来看，其中"印度"一词，在梵文中意为"海"，"尼西亚"在希腊语中意为"岛屿"，印度尼西亚一名，就是"海"和"岛"的合称。

由于岛多而分散，全国重要的海和海峡就有十多个，因此印尼又被称为世界最大的"海国"。

拓展阅读：

印尼的金字塔
《世界名胜》王鹤啸等

◎ 关键词：印度尼西亚 烈火 起义 失败

"千岛之国"燃战火

当南美洲的革命将太平洋的东岸搅得动荡不安时，太平洋西岸也并不太平，素有"千岛之国"之称的印度尼西亚正在燃烧着一场"烈火"，它就是由蒂博尼哥罗领导的起义。

16世纪，印度尼西亚受到荷兰殖民者的入侵，国家也成了别国的殖民地。人民在入侵者的凌虐下饱受了一切痛苦，忍无可忍的印尼人民终于爆发了，在日惹苏丹的儿子蒂博尼哥罗的带领下，迅速组建了一支队伍，旨在赶走殖民主义者，建立强大的国家。但是起义还没有开始，荷兰殖民者就发觉了这一行动，他们取消了蒂博尼哥罗的王位继承权，蒂博尼哥罗并没有为此屈服，于是荷兰人又对他实施了一个更大的阴谋。

1825年7月的一天，日惹州长派人给蒂博尼哥罗送来一封信，要求蒂博尼哥罗搬回日惹居住。蒂博尼哥罗明白，这是荷兰人的诡计，诱使他去日惹是为了能更好地监视他，同时削弱他的力量。正在看信时，蒂博尼哥罗听到远处传来几声急促的枪声，他马上快步走出门，跨上战马，带领随从，向远处疾驰而去，震动整个印尼的大起义就这样爆发了。

起义的消息瞬间传遍了日惹王国，当起义的队伍转移到卡里梭科地区时，四面八方涌来的民众加入到起义的行列，就连日惹苏丹的后裔也有70多人参加了起义，队伍迅速壮大起来。蒂博尼哥罗审时度势，决定先攻打斯拉朗，然后再向日惹进发。

起义军占领斯拉朗之后，展开了一系列军事行动，荷兰副总督德·科克被起义军搅得日夜不宁，他亲自率领军队向斯拉朗进发，打算先用大炮将斯拉朗轰平，然后再让军队冲进去厮杀。

事先得到消息的蒂博尼哥罗提前转移了队伍。德·科克下令烧毁了斯拉朗，留下将军范·兴带领一支人马驻守，自己先撤回到日惹去了。

德·科克的主力部队刚离开，范·兴带领的驻军就遭到蒂博尼哥罗的猛烈攻击。蒂博尼哥罗带领队伍，采用迂回战术，几个月间占领了爪哇岛的大部分地区，蒂博尼哥罗也被起义军拥立为苏丹。

但是以后的形势却江河日下，荷兰派出重兵前来镇压，起义军内部也出现了叛徒，于是发生了分裂，力量大大削弱了。在一次战斗中，蒂博尼哥罗身受重伤，长子也被荷兰人俘虏。荷兰人想用他的儿子要挟他投降，但是蒂博尼哥罗撕毁了荷兰人送来的要挟信，表示坚决对抗到底。

1830年初，德·科克以谈判为名，将蒂博尼哥罗终身囚禁在远离爪哇的苏拉威西岛的望加锡，起义军解散了。起义虽然失败了，但荷兰人却为此付出了惨重的代价。

●土耳其镇压马木路克

>>> 土耳其帕木克堡

土耳其西部的一处山麓，在古希腊和古罗马旧城废墟下，有一片层层叠起的乳白色梯形阶地，在阳光下熠熠生辉，宛如仙境。这块奇异的坡地被称为帕木克堡，"帕木克"在当地语言中是"棉花垛"的意思。

传说"其为上古神灵收获和曝晒棉花的所在，久之棉花化为玉石而成"。实际上是天然形成的钙华景观。

令人不解的是该城遗留下来的一个耐人寻味的遗址冥王殿。城墙外还有一片有1200个坟墓的墓地。

拓展阅读：
《土耳其浴场》［法］安格尔
《土耳其进行曲》
［莫扎特］莫扎特

◎ 关键词：仁政改革 玫瑰园赦令 新气息

土耳其的"仁政改革"

1839年11月，年轻的阿卜杜拉·梅吉姆登上了土耳其苏丹之位。他颁布了一项赦令，宣布对国家的行政管理体制进行改革，从此以后，土耳其开始了长达37年的改革，因其改革者声称是为民众造福，所以这场改革又称"仁政改革"，苏丹的赦令被称为"玫瑰园赦令"。

"玫瑰园赦令"由序言、正文和结束语三部分组成，序言强调了教法的伟大力量，指出近150年来帝国的衰落是因为教法失去了吸引力，因而进行政治体制改革是非常必要的。"玫瑰园赦令"的基本内容包括：首先，人身和生命财产的安全一定会得到保证，个人的荣誉和尊严也会得到保障，一切审判在作出判决之前，禁止使用毒药或者其他方法将任何人处死。其次，帝国的每个公民都会在同一个标准下缴纳赋税。再次，国家征收兵力，应当根据各地的情况规定所应征召的数额，废除终身兵役制度，并把服役期限缩减为4～5年。最后，帝国的全部臣民，不管他是穆斯林还是非穆斯林，都会毫无例外地享有平等的权利。此外，"玫瑰园赦令"还规定，如果罪犯的合法继承人没有参与犯罪，那么他就有继承财产的权利。在结束语中，苏丹宣布颁布赦令的目的在于使宗教、政府、国家和人民达到繁荣。

赦令的内容适应社会经济发展的要求，人的财产和生命安全得到保障，无疑使土耳其的资本主义得到迅速发展，虽然赦令存在一定的局限性，但作为从封建社会向近代资本主义过渡时期的产物，赦令从维护旧有的封建统治大局出发，适应了形势的发展要求。

赦令颁布后，土耳其国内的民众反映非常积极，他们普遍把赦令看作反对封建专横势力的支柱，只有少数极端保守的官吏和教会人士对赦令公开表示不满。但赦令上的条文都逐一兑现了。

1839年，土耳其政府出台了一项新的法令，规定省督、州长等官员要按照自己所做出的政绩领取薪金，决定升迁，禁止有卖官鬻爵的事情出现。省和州还设立了咨询委员会，代表由穆斯林和非穆斯林共同组成，凡是涉及地方行政以及财政等事务，都应当由委员会讨论决定。

第二年，政府又颁布了一项关于税收的法令，规定什一税只能征收收成的十分之一，同时废除了穆斯林和非穆斯林之间的税额差别。

改革触动了一些人的利益，他们千方百计地对改革进行阻挠，对赦令置若罔闻，许多地方官员还是像原来一样我行我素。由于各种势力的干涉和阻挠，许多新颁布的改革措施还未得到实施就夭折了，但是，改革还是给土耳其带来了新气息，无疑，这次改革是朝着进步的方向发展的。

● 大流士一世宫殿的"万国之门"

>>> 巴布《默示录》

1847年，巴布被伊朗政府逮捕入狱。在狱中写成《默示录》。

该书集中阐述了巴布教的主张。认为人类社会的各个时代依次更替，每一时代都有其特殊的制度和法律；旧的制度和法律应随旧时代的结束而废除，代之以由"先知"制定的新制度和法律；世俗官吏和高级阿訇不愿抛弃旧制度，就是世界充满不平及倾轧的原因；宣扬在人间建立平等正义的王国。

该书反映了伊朗农民、商人对封建统治者的不满和对平等幸福生活的渴望，被教徒们奉为"新古兰经"，成为发动1848—1852年起义的思想武器。

拓展阅读：

《伊朗巴布教徒起义》
张桂枢
《我在伊朗长大》
[伊朗] 玛赞·莎塔碧

◎ 关键词：伊朗 巴布传教 半封建半殖民地 起义

伊朗巴布教徒起义

19世纪中叶的伊朗，正处于卡扎尔王朝统治时期，但这个王朝表现得非常无能，德黑兰虽然存在国王和中央政府，但政令不敏，各封建主雄踞一方，置国王于不顾，为了争夺权势，展开了连年的厮杀。外部的列强趁此机会发动侵略。1828年，俄国强迫伊朗签订了《土库曼彻条约》，不仅将格鲁吉亚、亚美尼亚和北阿塞拜疆据为己有，还向伊朗索取了2000万卢布作为赔偿。英国也不甘落后，1841年，伊朗被迫与之签订了和俄国几乎相同的条约。之后，法国、美国以及奥匈帝国都对伊朗趋之若鹜，迅速将其变成一个半封建半殖民地国家。

列强的瓜分和敲诈导致伊朗人民的生活水平急剧下滑，鼠疫和霍乱也趁机肆虐，走投无路的人民只好团结在一起，以排山倒海之势冲击无能的伊朗政府。1844年，年轻的伊斯兰教徒赛义德·阿里·穆罕默德，迎合伊朗广大民众期望改变现实生活、建立"正义的王国"的心理，自称"巴布"，在伊朗各地传教。巴布用宗教的语言向众人描绘出一幅"正义的王国"的美好蓝图，每个人在这个王国里都是平等自由的，大家在一起过着快乐幸福的生活。

最初，巴布的传教活动是在宫廷中进行的，对象是一群达官显贵，他希望能够借助这些官员的支持，实现自己的理想世界，但他的教义遭到诋毁，巴布以及众多教徒都被抓了起来。

从失败的惨痛教训中，巴布教徒们逐渐醒悟了，他们开始扎根于广大的农村，公开反对封建特权和私有制。从此以后，巴布教运动走向了新的阶段，逐渐发展成为穷苦民众的传声筒。

伊朗政府深深感到了巴布教的威胁，于是急忙调集军队，驱赶教徒。趁1848年9月伊朗国王去世，700名巴布教徒于10月公开举行起义，他们打败当地的驻军后，将队伍转移到巴尔福鲁什市东南20千米处的塞克·塔别尔西陵墓附近的森林里。

新任伊朗国王得到消息后，立即命令他的叔叔马赫迪·古里亲临战场，围剿起义军。但是马赫迪·古里被起义军打得落花流水，他的两个儿子也在战斗中丧生了。

战争的胜利吸纳了更多的信徒，起义的队伍很快达到了十多万人，惶恐不安的王室只好再次派大军征讨。最后起义军弹尽粮绝，队伍只剩下不到200人，处境非常艰难。1849年5月，手捧《古兰经》的马赫迪·古里利用花言巧语欺骗起义军，将走投无路的起义军劝说投降后，将他们全部杀死了。

1850年，新国王下令处死了一直关押在监狱里的巴布。

亚非拉的文明

◎ 关键词：天皇 夺取政权 幕府将军 资本主义社会

日本的明治维新

●明治天皇像

>>> 鹿儿岛上产"唐芋"

鹿儿岛位于日本九州的西南部，北部是山地，南部由萨摩半岛和大隅半岛以及绵延海上的一长串的岛屿组成。两个半岛之间夹着鹿儿岛湾。

鹿儿岛有许多火山，岛上几乎半数土地盖着火山灰。由于火山灰的影响，鹿儿岛相当大的一部分地区只能种植红薯和杂粮作物。

红薯最早从中国传到了鹿儿岛，又由这里传到了日本各地。所以，最初鹿儿岛人把红薯叫"唐芋"。后来，传到各地后，各地把红薯叫"萨摩芋"，因为鹿儿岛的古称之一叫萨摩。

拓展阅读：

《神奇的日本》王文华
《近代日本的历史问题》
[日] 依田熹家

1867年1月30日，年仅36岁的孝明天皇突然辞世，举国上下一片慌乱，阵阵哀哭声从象征皇权的宫殿里飘出来，宫廷内外都忙着为天皇送葬，而天皇的侍从岩仓具视却忙里偷闲，正和一个大臣模样的人窃窃私语，商议如何夺取政权的事情，他们将所有的希望全都寄托在皇子身上，试图通过皇子窃取国家的政权。

当时，天皇虽然是日本的最高统治者，但那基本上只是一个名分，国家的实权掌握在幕府将军德川庆喜手中，以天皇为首的京都朝廷形同虚设，根本没有什么权力，并且受到幕府机构的严格监视和限制。孝明天皇在位时，德川幕府一直掌管着国家大权，孝明天皇只能听之任之，睁一只眼闭一只眼，无奈地充当着幕府将军的政权傀儡，德川庆喜的所作所为遭到了倒幕派的强烈反对，但被德川庆喜残酷镇压。于是，倒幕派就把希望寄托在皇子身上，打算扶他登极后，将德川庆喜铲除。

在天皇即将出殡的日子里，倒幕派和朝廷公卿联合起来，准备在皇子扶正以后，联络朝中大臣，劝说天皇颁布赦令，把因倒幕而被关进监狱的人放出来，以便壮大力量。

14天后，皇子睦仁以明治天皇的称号登上了天皇宝座。他登上天皇宝座后，同样受到德川庆喜的监视，只好在皇宫中打发无聊的时光，不再过问朝政。于是，早就成竹在胸的岩仓具视便让倒幕派的核心人物大久保利通向明治天皇进言："陛下胸怀大志，何不秘密拟一份诏书，讨伐德川庆喜呢？"明治天皇闻言，便在纸上写道："不讨平德川庆喜，无颜以见天皇。"

第二天，德川庆喜就得到了消息，顿时气得暴跳如雷。原来在明治维新前，处于封建社会末期的日本，天皇只是名义上的国家元首，国家的大权实质上被幕府将军德川庆喜一手操纵，德川庆喜家的领地占全国土地的四分之一，江户、大阪、长崎以及其他商业、交通和军事上的重要地区，都被德川庆喜掌控。

得知明治天皇颁布铲除他的密诏，德川庆喜始料不及，他决定先发制人，向天皇提出辞去幕府将军一职，他打算就此免去抵御外敌的麻烦，又不会失去实际的大权。天皇接受了他的辞呈。

第二天凌晨，明治天皇又下了一道命令，解除了德川幕府指派的宫廷侍卫，宫廷的保卫工作由倒幕派的士兵接替。之后，天皇宣布废除幕府制度，颁布了"王政复古大号令"，设立了总裁、议定和参与三种官职。

不甘就死的德川庆喜马上集结军队，打着"清除天皇身边的逆臣"的

亚非拉的文明

●1853年7月14日，美国海军准将佩里与日本天皇代表会谈。

●1877年，曾任日本参议的西乡隆盛纠集各地武士4万人，于同年1月发动叛乱，经过8个月激战，9月24日，叛乱被平定。

大旗，向京都进发，与此同时，天皇颁布了征讨诏书，宣布亲自征讨德川庆喜。两军在京都附近的乌羽和伏见相遇，结果德川庆喜吃了败仗，率领残兵败将逃回了江户。

5月3日，走投无路的德川庆喜只好投降，之后被天皇流放到神户。

解除了幕府的威胁，天皇颁布诏书，宣布将江户改名为东京，将都城定在那里，并且将德川庆喜居住的古堡改作皇宫。

这就是日本近代史上的"明治维新"。从此以后，日本由封建社会步入了资本主义社会，并逐渐变成了亚洲强国。

◎ 关键词：英国入侵者 反抗情绪 镇压 反英大起义

德里人民大起义

●巴哈都尔沙二世

>>> 印度"圣河"——恒河

印度人视恒河为圣河，将恒河看作女神的化身，虔诚地敬仰恒河，据说是起源于一个传说故事：

古时，恒河水流湍急、汹涌澎湃，经常泛滥成灾，毁坏良田，残害生灵，有个国王为了洗刷先辈的罪孽，请求天上的女神帮助驯服恒河，为人类造福。

湿婆神来到喜马拉雅山下，散开头发，让汹涌的河水从自己头上缓缓流过，然后灌溉两岸的田野，两岸的居民得以安居乐业。

从此，印度教便将恒河奉若神明，敬奉湿婆神和洗圣水浴成为印度教徒的两大宗教活动。

拓展阅读：
《印度民族大起义》潘香华
《圣雄甘地》
[法] 米尼克·拉皮埃尔

1856年的印度，农村中流行着一种传递烤烧饼的举动，那是反对英国压迫的起义信号，印度土兵还组织了地下军人委员会，传递荷花，密谋反对英国入侵者。

英国殖民者占领印度后，为了稳固在那里的殖民统治，收买了大量的印度籍雇佣军为其服务，但是自从1794年全面统治印度之后，大批印度土兵被遣散，有的还被取消了免税权，并且被迫与信奉伊斯兰教的国家作战。身穿英国军服的印度人，对英国殖民者的占领早已满腹怨恨；印度各社会阶层的人士以及封建王公大臣，对英国殖民者的残酷剥削、肆意凌虐印度人民也怀着极大的反抗情绪。

但是英国殖民者自恃强大，不仅侮辱印度土兵，还拿印度土兵神圣的宗教信仰开玩笑，广大印度土兵终于忍无可忍了，很快，德里土兵的反抗情绪带动了印度人民反对英国殖民统治的高潮。

当年3月，一个名叫曼加尔·潘迪的印度土兵与英国士兵发生了争执，结果失手打死了三个英国军官，被公开判处死刑，这两件事情成了德里人民大起义的导火索。5月9日，德里附近密拉特城第三骑兵连的85名土兵因听说英殖民当局在子弹上涂了牛油和猪油，而拒绝使用英国殖民者所发的子弹，英国军官一气之下把他们统统捆绑起来，强行将子弹塞入他们口中，之后将他们送进了监狱。

5月10日，印度土兵发动了大起义。下午5时，他们冲进教堂，将正在做祈祷的英国军官们杀了个干干净净，接着，他们冲进英国官署和监狱，救出了关押的同胞，然后将兵工厂和弹药库抢劫一空，向德里进发。5月11日清晨，起义军到达德里城外，遭遇到对方的军队，但军队里全是印度土兵，只有军官是英国人，于是，他们将枪口对准了英国军官，然后将两支部队会合，冲进了德里城，将英国人赶了出去，起义军还组建了自己的政府。全国的民众得知起义胜利后，纷纷前来响应。不久，从英国人控制的加尔各答到白沙瓦的广大地区都重新被印度人夺回。

但是，英国马上调集了几路大军，于9月3日从不同的方向进军印度土兵占领的德里城。起义军与之展开了连续10余日的战斗，仍然牢牢控制着德里。9月14日，英国军队用50门大炮轰击了德里城，城墙坍塌后，英国士兵潮水般地冲进城里，大肆杀戮印度民众，很多穆斯林成了牺牲品。坚持抵抗六天后，起义军只好撤离。之后，英国士兵展开了疯狂的镇压，轰轰烈烈的德里反英大起义就这样失败了。

亚非拉的文明

● 反英大起义中的印度士兵

◎ 关键词：章西女王 英国殖民者 民族大起义

章西女王抗击英国

　　1858年4月，印度的章西城一带被隆隆的炮声和滚滚的硝烟包围着，印度起义军和英国侵略者展开了一场激战，一阵你死我活的拼杀过后，全城渐渐安静下来，一个手执佩刀的青年妇女登上制高点的堡垒，注视着大部分已经毁坏的房屋，她就是章西城的女王拉克希米·拜依。性格刚毅、武艺高超的女王拉克希米·拜依嫁给了章西土王，土王死后，拉克希米·拜依便以养子的监护人身份代行职权，因此被称为"章西女王"。

　　当时的印度正饱受英国殖民者的践踏，英国人在17世纪成立的东印度公司便是专门从事侵略印度的机构，他们组织军队，打着做生意的旗号，攻城略地，杀人放火，无恶不作。到19世纪中期，大部分印度土地和人口都被英国殖民者控制，但他们的野蛮行径遭到印度人民的强烈反抗。

　　1857年4月，印度终于爆发了民族大起义，首都德里的起义之火迅速蔓延了整个印度，人民纷纷拿起武器，和英国侵略者展开了艰苦卓绝的斗争，章西人民也在女王领导下参加了起义。拉克希米·拜依身穿军装，手拿战刀，和手下的士兵一起冲锋陷阵，攻下了一个又一个据点，章西因此获得了独立。

　　英国殖民者当局调集优势兵力进攻章西。当侵略军杀进章西城南门时，女王率领着1000多名士兵迅速冲下堡垒，和英国侵略军展开了一场白刃战。但是和前几次一样，女王率领的军队因为寡不敌众而失败了。拖着疲惫的身体，女王刚回到王宫，就得到了一个坏消息，章西城北门的守将阵亡，北门失守了。第二天，人民点燃了王宫附近的房屋，熊熊的烈火将杀进来的英国士兵挡住了。

　　经过几个月的准备，英国殖民当局又调集了优势兵力，于1858年1月由中印度英军总指挥罗斯亲自率领进攻章西。此时，勇敢的章西女王已经做好了充分的迎敌准备，她命令士兵把城郊地区的粮食和柴草运进城内或者就地烧毁，在城墙上构筑防御工事，架设大炮，严阵以待。

　　英军调集了威力强大的炮火攻城，经过几番较量，终于用大炮将章西城墙再次攻破，章西城危在旦夕。6月8日，英国军队发起总攻。由于内部的叛徒将英国军队从南门引了进来，寡不敌众的起义军无法抵挡强烈的攻势，章西城陷落了，女王也在突围中遇难，那年她才22岁。

　　女王拉克希米·拜依的英雄事迹鼓舞了印度人民，并且成为家喻户晓的传奇故事在民间广泛流传。她的精神鼓舞着印度民众，使印度人民反抗英国殖民侵略的行动一直没有停止过。

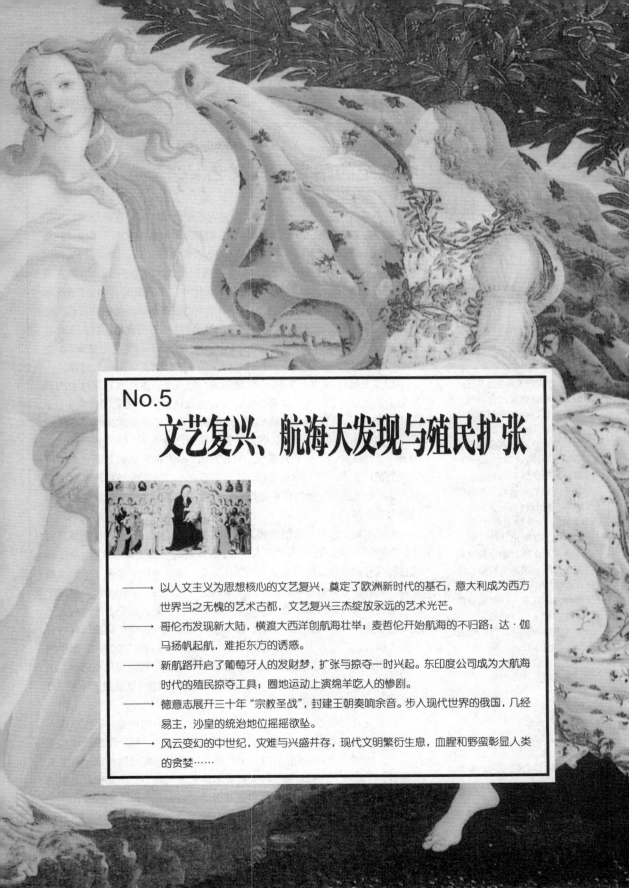

No.5
文艺复兴、航海大发现与殖民扩张

—— 以人文主义为思想核心的文艺复兴，奠定了欧洲新时代的基石，意大利成为西方世界当之无愧的艺术古都，文艺复兴三杰绽放永远的艺术光芒。

—— 哥伦布发现新大陆，横渡大西洋创航海壮举；麦哲伦开始航海的不归路；达·伽马扬帆起航，难拒东方的诱惑。

—— 新航路开启了葡萄牙人的发财梦，扩张与掠夺一时兴起。东印度公司成为大航海时代的殖民掠夺工具；圈地运动上演绵羊吃人的惨剧。

—— 德意志展开三十年"宗教圣战"，封建王朝奏响余音。步入现代世界的俄国，几经易主，沙皇的统治地位摇摇欲坠。

—— 风云变幻的中世纪，灾难与兴盛并存，现代文明繁衍生息，血腥和野蛮彰显人类的贪婪……

文艺复兴、航海大发现与殖民扩张

●圣母和圣子 意大利 皮萨诺

>>> 《堂吉诃德》

《堂吉诃德》是文艺复兴时期西班牙伟大的作家塞万提斯所作的一部讽刺骑士的小说。

主人公堂吉诃德因沉迷于骑士小说，决定外出历险，做一名行侠仗义的骑士。他找来同村的农民桑丘做他的侍从，把邻村的一位农家女杜尔西内娅作为他的意中人。他三次外出历险，做了许多可笑之事，最后被化装成白月骑士的朋友打败，放弃行侠游历，回家不久后就病倒。临死前，他醒悟到自己迷信骑士小说的错误。

作品嘲讽了风行一时的骑士小说，从此以后，骑士小说从西班牙到整个欧洲都一蹶不振。

拓展阅读：
《文艺复兴》[美]威尔·杜兰
《北方文艺复兴艺术》
[奥]本内施

◎ 关键词：欧洲文化 人文主义 文艺复兴运动 成就

中世纪的曙光——文艺复兴

西罗马帝国灭亡后，欧洲的历史进入了中世纪时期。在此期间，连年的征战将许多古老的文化化为乌有，古希腊和罗马时期的文明几乎被一扫而空，一切似乎都需要重新开始。和当初的古希腊时期一样，中世纪的文化也度过了一个相当长的黑暗期，但这段黑暗期却是宗教统治下的时期，是人为造成的。这个时期，封建制度严重窒息了文化和艺术的发展，一切进步的思想都遭到钳制，《圣经》成为所有人必须信奉的信条，那些灿烂的古代文化则被视为异端邪说而遭到封杀。在这样的社会环境下，中世纪的欧洲文化自然是毫无生气的，人们的精神生活也是极为枯燥的，科学文化更是落后，史学家称这段时期为人类历史上最为"野蛮的、愚昧的、黑暗的"时期。

历史发展到14世纪末和15世纪初的交汇点上，西欧的封建社会内部发生了重大变化，资本主义萌芽在商业较为发达的意大利北部产生了，手工业也得到了长足的发展，热那亚、威尼斯和佛罗伦萨等地出现了资本主义性质的手工工场，工场主、商人和银行家随之涌现了，他们构成了社会的另一个新的阶级——资产阶级。与此同时，一大批为之服务的资产阶级知识分子应运而生了，他们年轻，富有进取之心，渴望冲破封建制度的束缚，发展资本主义，他们更希望摆脱封建教会的教义束缚，让社会朝着自己的理想发展。

与此同时，东罗马帝国遭到了土耳其的强烈进攻，君士坦丁堡岌岌可危，学者们成群结队，带着大批古希腊、古罗马时期的书籍逃往意大利。他们在那里开设学校，讲授哲学、文学和历史，为欧洲社会吹来了一股清新的风。生活在中世纪的欧洲人，深深地为这些优美的文学作品和丰富的学术思想所感染，他们纷纷走出家门，前去听讲。于是，社会上渐渐兴起了复兴古希腊、古罗马文化的运动。被湮没千年之久的古典文化被新兴的资产阶级学者们广泛搜罗出来，他们认为古希腊的一切都是美好的，而中世纪的一切都是丑陋和肮脏的，他们迫切要求恢复古希腊的文化和艺术。不久后，这股风吹到了法国、西班牙、尼德兰和英国，西欧也掀起了一股"希腊热"，文艺复兴的时代到来了。

文艺复兴运动以人文主义为思想核心，以"人"为中心，主张尊重人的尊严和价值，肯定人是现实世界的创造者和享受者，神的位置逐渐被人所取代。15世纪末到16世纪初，文艺复兴进入了全盛时期，它冲破了文学领域，在艺术上达到高峰，一大批著名的艺术大师、文学家和思想家就在此时出现了。17世纪，文艺复兴运动席卷了欧洲，成为奠定新时代的基石，在文学、艺术、科学等方面都取得了辉煌的成就。

文艺复兴、航海大发现与殖民扩张

●勃宁谢娜 意大利 杜绰

>>>文艺复兴建筑

15—19 世纪流行于欧洲的建筑风格，有时也包括巴洛克建筑和古典主义建筑。

文艺复兴建筑起源于意大利佛罗伦萨，在理论上以文艺复兴思潮为基础；在造型上排斥象征神权至上的哥特建筑风格，提倡复兴古罗马时期的建筑形式，特别是古典柱式比例，半圆形拱券，以穹隆为中心的建筑形体等。例如，意大利佛罗伦萨美第奇府邸，维琴察圆厅别墅和法国枫丹白露宫等。

拓展阅读：
美国黑人文艺复兴运动
《意大利文艺复兴史》
[瑞士] 布克哈特

◎ 关键词：贵族 封建教会 文化事业

意大利的文艺复兴

中世纪时期的意大利，几乎将欧洲所有先进城市的社会现象都囊括一空。生活在城市中的贵族们，将自己的精力投入城市的公共事务，从事银行业和商业活动，以此获得更多的财富和更高的地位。那些依靠经商和开银行富起来的商人，将贵族的举止模仿得惟妙惟肖，以此来抬高自己的身份，并逐渐上升为身份显赫的贵族。所以，到文艺复兴开始时，真正的贵族阶级和靠经商起家的上层资产阶级之间已经没有什么明显的界限了。打破封建教会的一统局面后，教育在民众中的影响力渐增，许多显赫的家族首先考虑的问题，是将自己的子嗣培养成具备读、写和计算能力的全才。于是，能言善辩、学识渊博的教师成为贵族招贤纳士的目标，他们除了教授贵族学生外，还撰写论文和文学作品。东罗马的嬗变令一大批有学识的知识分子来到意大利，和当地的贵族教师一样，他们开设了学校，教育在上层贵族之间逐渐受到重视，他们不惜慷慨解囊，资助和扶植新思想、新文学和新艺术，从而使意大利成为文艺复兴的最适宜的土壤。

14 世纪末到 15 世纪初的意大利人非常热衷于古典希腊文化，并且普遍产生了反对经院哲学的思想。同样，与希腊古典文化一脉相承的古罗马文化也被意大利人认可，罗马时期的艺术和建筑自然也受到青睐，法国的建筑艺术风格逐渐被古罗马的风格所取代，成为意大利人所津津乐道的艺术选择。

中世纪时期的意大利，由于打破了思想禁锢，教义不再一统天下，商业活动和银行业的发展使得意大利比以前还要富裕，获得财富的人逐渐对城市的荣誉感有所增强，于是，大量的财富被投入到文化建设当中，富人纷纷出资建设一些象征城市辉煌的公共纪念性建筑，并且愿意拿出钱财，让作家尽可能地用华美的辞藻将城市共和国在诸如散文和演讲等文学作品中反映出来，尽可能地进行颂扬和讴歌。他们乐此不疲。

但是，王公家族的世袭统治垄断了文化事业，整个 15 世纪，这种局面都没被打破。很多贵族为了粉面贴金，都对文学和艺术创作下了大手笔，不惜以重金为自己的统治进行粉饰，家族势力稍微小一些的贵族也对这种社会风气趋之若鹜，在自己力所能及的范围内效仿那些王公贵族。

对此，罗马教皇也当仁不让，诸如亚历山大六世、尤利乌斯二世和佛罗伦萨统治者洛伦佐·德·梅迪奇的儿子利奥十世，都招揽了最伟大的艺术家。短短的几十年时间，意大利在这些人的努力下，变成了西方世界当之无愧的艺术之都。

文艺复兴、航海大发现与殖民扩张

◎ 关键词：新大陆 好望角 新航路

哥伦布发现新大陆

●哥伦布 法国 德拉克罗瓦

>>> 关押马可·波罗的地方

热那亚位于亚得里亚海湾，旅行家马可·波罗曾被关押在热那亚。

1271年，马可·波罗随父亲和叔叔前往东方，四年后到达中国，得到元世祖忽必烈的信任。他在中国生活了十几年，遍游全国，直到1295年才回到威尼斯。

马可·波罗后来在威尼斯与热那亚的战争中被俘，就关押在热那亚港附近的监狱里。他在狱中讲述了在中国的所见所闻，被同狱的鲁恩梯谦笔录下来，这就是后来广为流传的《马可·波罗行纪》。

拓展阅读：

郑和下西洋
《我到过天堂的边缘》
[德] 朗格

伟大的航海家赫里斯托弗尔·哥伦布于1451年出生于意大利的热那亚，他从小就对航海有着浓厚的兴趣，带着这样的渴望和理想，成年后的哥伦布终于成为一名出色的水手。一次偶然的机会，哥伦布读到了《马可·波罗行纪》，他对书中描述的东方产生了浓厚的兴趣，渴望有朝一日能够到达东方寻找财富和宝藏。从此以后，他的命运改变了。

为了实现横渡大洋、成功到达亚洲的愿望，哥伦布经常出入各国的王宫，希望能够得到资助。他曾先后请求英国、法国、西班牙和葡萄牙等国的统治者，但那些统治者都众口一词地拒绝了他，并且对他的举动表示怀疑，对他的航海经验也表示不太信任。但哥伦布并没有为此感到气馁。

事情在1487年终于有了转机。那一年，葡萄牙人迪亚士率领船队到达了非洲最南端的好望角，这意味着葡萄牙人成功地开辟了从欧洲到达印度的新航路。新航路开辟后，无休无止的殖民扩张开始了，西班牙统治者迫切希望通过开辟新航路，扩大海外的殖民地。于是，西班牙国王终于同意资助哥伦布，让他实现到达印度的计划。哥伦布为西班牙国王的决定激动不已，马上投入了航海的准备工作。

经过半年的精心准备，哥伦布的航海船队一切都已经就绪了。1492年8月30日清晨，浩浩荡荡的航海队伍在哥伦布的带领下，从西班牙南端的巴罗斯港出发了，这是一支由三条船和90名水手组成的船队。

船队乘风破浪，一路向西进发。当航行进行了一个月的时间后，哥伦布始终没有看到想象中的陆地，这时候，水手们都开始着急了，他们带着强烈的不满情绪找到哥伦布，提出了返航的要求。有些船员甚至威胁哥伦布，如果不下令返航，就把他扔到海里去。

哥伦布为此感到忧心忡忡，但他丝毫没有动摇西行的决心，他始终坚信地球是圆的，一直向西航行，一定能够到达遍地黄金的印度。为了平息船员的激愤情绪，哥伦布再次给他们讲了西行的好处，并且向船员们保证，如果三天后仍然看不到陆地，他就下令返航。

10月12日清晨，一名水手兴奋的喊叫声将大家从沉睡中惊醒，原来，陆地就在不远处出现了。听到这个令人振奋的消息，水手们个个欣喜若狂。船队在一个小岛旁靠岸了，哥伦布带领水手们登上小岛，他们流下了激动的泪水。哥伦布宣布将小岛命名为"救世主岛"，西班牙语为"圣萨尔瓦多"，从此以后，该岛就被称作"圣萨尔瓦多岛"。

哥伦布终于完成了横渡大西洋的航海壮举，为以后发现美洲大陆和麦哲伦环球航行开辟了先河。

●蒙娜丽莎 意大利 达·芬奇

>>> 《岩间圣母》

1482年，达·芬奇已经是大名鼎鼎的画家了，他应米兰市政厅的邀请来到米兰，热情的米兰人迎接了他，于是他决定在米兰定居下来。

此后不久，达·芬奇在一次室外散步时，突然在脑海里勾勒出一幅美丽的画面：在一个鲜花盛开的地方，圣母玛利亚居住在一个光线幽暗的山洞里。回到家后，达·芬奇经过三个星期废寝忘食的努力，终于完成了名画《岩间圣母》，受到教徒们的一致称赞。

拓展阅读：
《达·芬奇宝藏》（电影）
《自画像》[意] 达·芬奇

◎ 关键词：私生子 艺术大师 《蒙娜丽莎》

艺术大师达·芬奇

在世界的绘画史上，曾经涌现出无数的绘画大师，他们以独特之笔勾画出一个个艺术形象，构成绘画的艺术长廊，而他们也成为艺术长廊中一颗颗璀璨夺目的明珠，达·芬奇就是其中最明亮的一颗。

1452年4月15日，一个17岁的农家姑娘被人诱骗后生下了一个孩子，他就是达·芬奇。出身寒微和私生子的名声，让幼小的达·芬奇饱尝了人间冷暖。五岁那年，母亲再也不堪忍受别人的冷言夹击，丢下达·芬奇，和一个外乡人私奔了。达·芬奇无依无靠，后来被别人收养了。慈祥的养母对达·芬奇十分疼爱，经常教他读书，并且给他讲一些做人的道理，但达·芬奇对这些并不感到满足，他总是喜欢一个人跑到田野上，或者躲到山洞里，饶有兴趣地观察大自然的景色，因此，他的脑海里深深印下了各种植物、动物的形态。回到家后，他就认真地将记忆中的形态描绘下来。

有一次，达·芬奇在盾牌上画了一只活灵活现的小动物，养父看到后被深深打动了，于是决定为他找个老师学习画画。就这样，14岁的达·芬奇来到佛罗伦萨，投到画家弗罗基奥门下，开始了绘画生涯。弗罗基奥是一位非常有个性的画家，最初的时候，他每天只让达·芬奇画鸡蛋。画了一段时间之后，达·芬奇对此感到非常不解，于是就提出了异议。弗罗基奥告诉他，画鸡蛋是训练基本功，可以让手和笔熟练地服从大脑的指挥，达·芬奇幡然醒悟了。从此以后，在老师的严格要求下，更加勤奋用功了，画技也因此得到了飞速提高。达·芬奇出师后，强烈的求知欲驱使他对几何、物理、化学和天文学等都产生了浓厚的兴趣，他晚上埋头读书，白天则到野外写生。

1503年，历时三年的名作《蒙娜丽莎》终于完成了，这幅传世力作成为西欧艺术史上第一幅心理肖像画。画面上蒙娜丽莎的表情似笑非笑，意蕴丰富，给人以无限的想象力，这幅画也是达·芬奇最喜爱的画作，他一直都带在身边。在此期间，达·芬奇还创作了《香塔圣母》、《最后的晚餐》和《安加利之战图》，后来这些画都成了不朽的传世珍品。

由于对绘画的执着，达·芬奇总是不分日夜地工作，以至于身体越来越虚弱。左手不听使唤后，达·芬奇就仰卧在床上，但他始终把《蒙娜丽莎》带在身边，也许从蒙娜丽莎的温柔笑容中，他可以减轻一些身体上的痛苦。

1519年5月2日，达·芬奇溘然长逝，在安静中结束了丰富多彩的一生，陪伴在他身边的是永远微笑的《蒙娜丽莎》。

文艺复兴、航海大发现与殖民扩张

●达·伽马雕像

◎ 关键词：葡萄牙　航海家　好望角　殖民掠夺

达·伽马开辟新航路

　　1460 年，一个著名的航海家在葡萄牙诞生了，他就是瓦斯科·达·伽马，他开辟了西欧到印度的新航路。

　　14 世纪到 15 世纪的欧洲，对外贸易发展迅速，迫使一些国家急于谋求航海出路，再加上《马可·波罗行纪》中对中国和印度的精彩描述，使得西方人认为东方遍地都是黄金和财宝，但是原有的商路被后来崛起的阿拉伯人牢牢控制在手中。无奈之下，欧洲的封建主、商人以及航海家们开始冒着生命危险远涉大西洋，开辟通往东方的新航路。

　　这时，哥伦布发现美洲大陆的消息传到了葡萄牙，葡萄牙国王为此感到非常焦虑，他决定立即采取行动，于 1495 年任命达·伽马为航海探险队队长，让他去探寻一条通往印度的新航线。

　　经过一番准备，一支由 4 艘载重量极大的船和 170 名水手组成的船队，于 1497 年 7 月 8 日从里斯本出发了。

　　船队出发后，一直沿着西非海岸向前航行，于 11 月 19 日到达好望角。但是接下来的三天，达·伽马的船队遭到了暴风雨的重创。

　　1498 年春，历经周折的船队到达阿拉伯人统治的莫桑比克，船员们和当地人发生了冲突，没过多久就被迫离开了。4 月上旬，船队到达了蒙巴顿，达·伽马虽有意示好，但却险遭蒙巴顿人的攻击。蒙巴顿非久留之地，达·伽马带着船队又上路了，此时，印度海岸模糊的轮廓已经映入眼帘了。

　　由于和当地的官员产生了矛盾，达·伽马扣押了 10 余名印度官员，于 1499 年率领幸存的两艘船和不到一半的水手回到了里斯本。荣归后的达·伽马成了葡萄牙家喻户晓的名人，国王为他举行了盛大的庆功会，并授予他"印度洋海军上将"和"阁下"的荣誉称号，从此以后，达·伽马跻身葡萄牙贵族行列。

　　1502 年 2 月，达·伽马再次奉命远航，率领由 10 艘船组成的航海队伍第二次渡过印度洋。这次，他带着葡萄牙最先进的武器，一路拦截商船、屠杀船员，并且攻占了印度重镇科泽科德和权钦，将所有的阿拉伯人赶了出去，使这些地方变成葡萄牙在印度的殖民根据地。第二年 9 月，回到葡萄牙后，达·伽马成为全国最富有的贵族。1524 年，年迈的达·伽马被任命为印度总督，第三次到达印度。1524 年 12 月 24 日，已近风烛残年的达·伽马到任不到三个月就死了，他把一生都献给了航海和殖民掠夺。在他开创的新航线上，欧洲各国开始了殖民掠夺的新时代。

◎ 关键词：远洋航海 环球航行 麦哲伦海峡 太平洋

麦哲伦的航海不归路

●麦哲伦像

>>>《1421：中国发现世界》

英国退休海军军官孟席斯花了14年时间来研究郑和率领的中国舰队发现新大陆的那段传奇旅程。他指出，郑和舰队的这些发现远远先于欧洲那些耳熟能详的伟大航海家的发现。

1421年——明成祖永乐十九年：中国发现美洲大陆，早于哥伦布70年；中国人发现澳洲，先于库克船长350年；中国人到达麦哲伦海峡，比麦哲伦的出生还早一个甲子；中国解决计算经度的问题，远远领先欧洲三个世纪。

拓展阅读：

《郑和航海图》明
《麦哲伦航海纪》
　[奥地利] 茨威格

伟大的航海家麦哲伦于1480年出生于葡萄牙北部的一个破落骑士家庭。10岁左右，他就进入王宫服役，充当王后的侍从。16岁那年，麦哲伦进入葡萄牙国家航海事务厅。那时候，麦哲伦还是个默默无闻的航海事务厅办事员，但是哥伦布和达·伽马的航海成就给了麦哲伦很大刺激，他决定率领船队去东方探险，然后带回来滚滚的财富。怀着这样的梦想，麦哲伦于1505年参加了海外远征队，开始了远洋航海生涯。

1513年，麦哲伦回到葡萄牙后，一再请求国王允许他组织船队进行环球航海探险，然而葡萄牙国王对他置之不理，绝望之余，麦哲伦只好于1517年离开葡萄牙，投靠了西班牙塞维利亚城的要塞司令。要塞司令非常欣赏他的才能和魄力，不仅将女儿嫁给他，还向西班牙国王极力举荐了他。西班牙国王对他非常重视，答应了他的环球航行要求。

这次伟大的海上航行就是麦哲伦领导的人类历史上首次环球航行。

1519年9月，麦哲伦率领一支由200多名船员和五艘船只组成的航海队伍，从西班牙塞维利亚城港口出发，开始了环球航行。

经过几个月的海上漂泊，船队越过大西洋来到巴西海岸，然后沿海岸向南继续航行。冬季随之到来了，船队只能艰难地向前航行，月底的时候，船队来到圣胡利安港，并在那里抛锚过冬。

休整几个月后，船队又继续上路了。两个月后，当船队在南纬52度处发现一个海口时，忽窄忽宽的海峡弯弯曲曲，很难向前行进，麦哲伦派出一艘船前去探航，没想到这艘船却掉头逃回了西班牙，另一只船也在此前沉没了。麦哲伦只好带领剩下的三条船，凭借坚忍不拔的意志走到了出海口，后来那条海峡被命名为"麦哲伦海峡"。

随后，他下令船队向西北方向横渡，在无边无际的大洋中航行了两个多月，竟然没有遇到暴风雨和惊涛骇浪，船员们都把这片海洋称为"太平洋"。

两年后的3月，麦哲伦的船队到达富饶的马里亚纳群岛，受到了当地居民的热情款待。通过交流，麦哲伦得知，他从西方绕到东方的设想已经实现了。野心勃勃的麦哲伦想在那里建立殖民地，在菲律宾群岛，他插手了当地两个部落之间的战斗，在帮其中一个部落攻打另一个部落时，麦哲伦不幸被当地人杀死。他的助手烧掉一条破烂不堪的船，驾驶着仅存的两条船，载满香料，穿越马六甲海峡，经印度洋，过好望角，辗转一年有余，终于在1522年9月回到了西班牙。这次航行用了整整三年时间，船队只剩下一条船和18名船员了。

◎ 关键词：人文主义 道德论文 基督教徒

"市民人文主义"的发端

● 圣母子和两圣徒 意大利

>>> 《哈姆雷特》

英国作家威廉·莎士比亚的戏剧《哈姆雷特》是凸显人文主义的代表作，其中有一段对人的精彩赞颂："人是多么了不起的一件作品！理想是多么高贵！力量是多么无穷！仪表和举止是多么端正，多么出色！论行动是多么像天使！论了解是多么像天神！宇宙的精华！万物的灵长！"

人文主义是一种哲学理论和一种世界观。人文主义以人，尤其是个人的兴趣、价值观和尊严作为出发点。对人文主义来说，人与人之间的容忍、无暴力和思想自由是人与人之间相处最重要的原则。

拓展阅读：

《人文主义与民主批评》
　[美] 萨义德
《巨人传》
　[法] 弗朗索瓦·拉伯雷

文艺复兴运动不是简单的复兴古典文化的运动，它被新兴的资产阶级所利用，成为同封建专制和宗教做斗争的工具，在意识形态领域内掀起一场同封建主义的斗争。以人文主义为核心的文艺复兴除了强调人的价值外，还热烈歌颂爱情，要求个性解放，发展个人才智，提倡冒险精神，肯定人有追求幸福和财富的权利。此外，人文主义还宣扬仁慈博爱，提倡友谊、平等和人性，反对神主宰一切，因此，它以摧枯拉朽之势冲击了封建主义的思想和文化，成为欧洲中世纪黑暗时代的一缕曙光。

提到文艺复兴，自然要提到人文主义，提到人文主义，自然要提到人文主义的第一个倡导者——弗朗西斯·彼特拉克。他是一位非常虔诚的基督教徒，对经院哲学抱有强烈的反对态度，但他只关心基督教理论，并认为基督教作家应该写出文字优美的作品，那样才能对教徒进行鼓励。弗朗西斯·彼特拉克提出的理论，在古代的文学经典中比比皆是，并且充满理想和智慧。他认为这对教导人们可以起到意想不到的效果，于是就在一些未被发现的古拉丁文献中另辟蹊径，写下了大量的道德论文，第一次将人文主义者的纲领提上了研究日程，对日后的文学和艺术发展产生了数百年的影响。

作为一位恪守清规的基督教徒，弗朗西斯·彼特拉克认为人类行为的最高理想是没有任何欲念，独自忏悔地离群索居。到了15世纪前半叶，他的思想逐渐被"市民人文主义"所取代。持"市民人文主义"观点的有佛罗伦萨的列奥多·布鲁尼和莱昂·巴蒂斯塔·阿尔贝蒂等人，他们虽然和弗朗西斯·彼特拉克有着相同的见解，但他们认为人活着不仅仅是为了清修和忏悔，还要以自己的行动做对家庭和社会有意义的事情，以自己的行动建立理想的国家，那是一种古典时代的共和制城市国家，因此，那些具有雄心壮志的人心里有了对荣誉的渴求后，不应当受到谴责，而应当受到鼓励，即便是追求物质财富也是应当的。

市民人文主义者没有响应弗朗西斯·彼特拉克潜心苦修的号召，而是在古代文学遗产的研究方面朝着自己的方向发展下去。正是在这样的情况下，许多不为人知的拉丁文献被发现了，从而为古希腊的文学研究开辟出一片新的领域。这一点，东罗马帝国移居意大利的学者们功不可没，他们倡导学习希腊文，让意大利学者了解古希腊、古罗马等先辈的成就，促使很多意大利学者到君士坦丁堡搜寻古典著作，许多经典著作就是在这时候被发现并得到传承的。

●大卫 意大利 米开朗琪罗

>>> 米开朗琪罗改雕像

米开朗琪罗刚雕好大卫像的时候，主管这件事的官员不满意，认为雕像的鼻子太大。

米开朗琪罗立刻拿起工具叮叮当当地修饰起来。随着米开朗琪罗的凿刀，掉下好多大理石粉，那官员不得不躲开。

隔一会儿，米开朗琪罗修好了，请那位官员再去检查："您看，现在可以了吧！"

官员看了看，高兴地说："是啊！现在好极了！这样才对啊！"

送走了官员，米开朗琪罗先去洗手，原来他只是偷偷抓了一小块大理石和一把石粉，到上面做做样子。从头到尾，他根本没有改动原来的雕刻。

拓展阅读

《米开朗琪罗》吴泽义
《哀悼基督》[意]米开朗琪罗

◎ 关键词：文艺复兴 艺术巨匠 雕塑 建筑事业

艺术巨匠米开朗琪罗

出生在意大利的米开朗琪罗，与达·芬奇齐名，同是文艺复兴时期的杰出艺术巨匠。13岁时，米开朗琪罗就开始学习绘画了。年龄再大些时，他又接触了雕塑。当时的意大利出土了许多古希腊时期的艺术雕塑，将人体美淋漓尽致地表现出来，米开朗琪罗从中受到很大启发。

喜欢上雕塑艺术之后，米开朗琪罗决定为自己最喜爱的人物大卫王创作一尊雕塑。他一反宗教上的传统，将大卫雕刻成一个全身肌肉健硕的青年，有着一双炯炯有神的眼睛，里面透着不可战胜的刚毅。雕刻大卫的塑像，花去了米开朗琪罗整整三年的时间，同时也将米开朗琪罗完美的艺术表现力尽情地展现出来，他因此获得了极大的荣誉。完成作品的第二年春天，佛罗伦萨的大艺术家委员会决定将《大卫》树立在一座宫殿前，作为该城市的象征。

从此，米开朗琪罗声名鹊起，他对雕塑的创作激情更加狂热了。随后，他以坚忍不拔的毅力和气魄，耗费了四年的光阴，根据《圣经》中记载的故事，独自完成了罗马西斯廷教堂的巨型天顶画《创世记》。

1516年，米开朗琪罗怀着满腔的激情和对祖国的挚爱，创作出了雕塑《摩西》，用以表示对西班牙军队占领意大利的反抗。几年后，西班牙国王和罗马教皇相勾结，向佛罗伦萨共和国发动了疯狂的进攻。佛罗伦萨最终战败了。负责城市任务的米开朗琪罗被统治者派去雕刻坟墓前的雕像，后来，不堪忍受侮辱的他只好逃亡到国外。

再次回国后，米开朗琪罗在罗马教皇的逼迫下，再一次走进西斯廷教堂，去完成未竟的天顶画《创世记》的下半部分，然后再画一幅大型的壁画。万般无奈之下，米开朗琪罗用了七年时间，终于画出了一幅高10米、宽9米的宏伟巨制——《最后的审判》。壁画完成后，教皇迫不及待地走进教堂，当他看到眼前的巨画时，顿时暴跳如雷，因为画上的200多个人全都赤裸着身子，画中的耶稣表现得很狂躁，而圣母玛利亚则神情木然，教皇明白，画中的耶稣是在影射自己。于是，他命令米开朗琪罗将画全部涂掉，或者做一次彻底的修改，米开朗琪罗断然拒绝了。他已经做好了充分的心理准备，要么被关进监牢，要么被驱逐出境。教皇只好作罢，另外找了一个画家对《最后的审判》进行修改，那位画家用了将近一年的时间，才给画中的每个人穿上遮羞布。

60岁以后，米开朗琪罗将巨大的热情投入到建筑事业中，设计并主持了圣彼得大教堂的建造，他担任建设总监，为大教堂的建设做出了巨大的贡献。1564年2月，89岁的米开朗琪罗在自己的工作室里与世长辞了。

●马基雅维利像

>>> 《战胜比萨的佛罗伦萨》

大理石雕像，高282厘米，波洛尼亚创作于1565—1570年，现收藏于佛罗伦萨国立巴哲罗美术馆。

1406年，比萨城被佛罗伦萨征服，后来比萨又宣告独立，直到1509年再次被佛罗伦萨征服。

作品中丰满优美的女性人体代表取胜的佛罗伦萨，跪在下面的那个被绑缚着的老人形象代表了被征服的比萨。这件作品用人体来象征"正义"与"邪恶"，很明显是为了满足佛罗伦萨大公对权势与统治的欲望而创作的。雕像堪称是样式主义雕塑的"绝技"。

拓展阅读：

《马基雅维利》
[英] 科里·扎拉特
《关于马基雅维利的思考》
[美] 利奥·施特劳斯

◎ 关键词：政治生涯 意大利战争 邪恶 君主论

"政治学之父"马基雅维利

被誉为"政治学之父"的马基雅维利出生于佛罗伦萨的一个没落贵族家庭里，他的父亲是一名贫穷的律师，有时候所得的报酬还不足以养活一家人。在这样的家庭里，马基雅维利自然不能受到系统的教育，他是靠自学成才的，很早的时候，他就接触了人文主义的思想。早些时候，他在佛罗伦萨共和国担任公职，开始了政治生涯。1498年，马基雅维利开始担任共和国领导中心"十人委员会"的秘书，任职长达14年。在此期间，他积极参与军事和外交活动，曾多次以使节的身份出使外国。

历时60年的意大利战争爆发了，马基雅维利因参与反对美第奇政府而于1512年被捕，第二年才获得释放。从此以后，马基雅维利回到佛罗伦萨自己的庄园里居住，不再过问外面的事情，专心致志地从事著述工作。他将自己多年积累的外交和从政经验，总结成系统观点，经过细心整理，于1513年出版了《君主论》一书。该书在欧洲思想界引起了一场轩然大波。神学家和保守党人群起而攻之，强烈反对马基雅维利的观点，他们指责《君主论》是邪恶的"圣经"，并且宣布《君主论》为禁书，马基雅维利也成了他们眼中"邪恶"的代名词。

马基雅维利对于君主个人道德的看法，是建立在对人性本质的分析之上的。他认为人性的本质是恶的和虚伪的。

马基雅维利认为，应该建立统一的中央集权国家，但是由于教皇和教会的存在，才使得各城邦国家之间彼此猜忌，相互蔑视，意大利在中世纪时处于领先地位的商业和贸易也丧失了，由于没有形成统一的国家，才备受西班牙、法国和德国的侵略。他围绕君主问题提出了国家观、军事观、道德观和君主观。他说，君主不应该相信命运，应使自己的做法符合时代的要求，来完成将意大利从蛮族手中解放出来的伟大事业。

但是，马基雅维利的君主观却使他蒙受了多年的不白之冤，原因是法国人简提利特炮制了一个"马基雅维利主义"。由于当时的法国正饱受意大利人的蹂躏和法国王后卡德琳·德·美第奇的暴政，简提利特便将矛头指向了马基雅维利。他不仅攻击《君主论》，还炮制了"马基雅维利主义"这个贬义色彩浓厚的词，此词一出，跟风者趋之若鹜，逐渐将该词演变为政治上尔虞我诈、背信弃义、不择手段的同义词。

马基雅维利对此不闻不问，专心致志地将精力放在建立和巩固统一的中央集权的资产阶级国家上，他的政治学学说经受住了时间的考验，影响了一大批政治学家。除了《君主论》以外，马基雅维利的主要著作还有《佛罗伦萨史》、《论提图斯·李维的前十书》和《战争的艺术》等。

文艺复兴、航海大发现与殖民扩张

◎ 关键词：石器时代　红木期　食糖期　淘金潮

葡萄牙入侵巴西

●巴西工人采集橡胶树液

>>> 葡萄牙"托篮节"

"托篮节"是指葡萄牙女子成人节，历史可以追溯到公元伊始，它是葡萄牙的传统节日之一，每四年举办一次。

节日当天，身穿白衣的年轻女子把巨大的托篮顶在头上，参加游行。每个托篮的高度都和头顶托篮的女子的身高一样。托篮上除了装饰有各种纸花，还有式样不同的面包。头顶托篮的女子以此向世人证明，自己的身体已经发育成熟，足以生养下一代。"托篮节"也因此被认为是当地女子成人的一种仪式。盛大的头顶托篮的游行活动吸引了世界各地的观光者。

拓展阅读：

巴西海神节
《葡萄牙简史》[英]伯明翰

大航海时代到来后，新航路得到开辟，航海事业发达的葡萄牙人带着发财的梦想踏上了巴西的土地，那里人烟稀少，一派荒芜的景象，生活在当地的印第安人还处在石器时代，葡萄牙人不禁大失所望。但是，他们很快就找到了可以发财的东西，高大的树木形成苍苍林莽，覆盖着那里的土地，那些树木既可以提取色泽鲜艳的染料，又是制作上等家具的最佳木料，于是，疯狂的砍伐开始了。

葡萄牙殖民者凭借手中先进的武器，驱使当地的印第安人挥动手中的斧头，经过半个世纪的砍伐，将葱郁的林莽夷为平地。令人感到可悲的是，本是巴西出产的红木，到后来竟然在巴西鲜见了。因此，巴西的这一时期被称为红木期。

一望无垠的红木不见了，贪婪的葡萄牙殖民者又盯上了巴西肥沃的土地。1530年，葡萄牙王室派马丁·索萨带着圣谕，在巴西兴建了一些城市，同时将沿海地带划分为14个封地，分封给12个封建领主，领主们又将土地分给葡萄牙移民，这些人很快就变成了大地主，他们在既得的土地上种植农作物。不久，这些地主们就发现巴西炎热而潮湿的气候非常适合种植甘蔗，而当时的欧洲又将食糖视为极其珍贵的药物与调料。于是，他们便迫使印第安人充当劳动力，大面积地种植甘蔗，建立制糖的作坊，然后将制出的成品糖运往欧洲销售。

巴西的种植园主享有至高无上的特权，他们都是集资本家、封建主和奴隶主于一身的大寡头。奴隶制出现后，他们开始捕捉当地的印第安人充当劳动力。正是这些种植园主的存在，使巴西在16世纪至17世纪成为世界上最大的产糖国，制糖作坊近1000家，每年产糖130多万千克。巴西的这一时期在历史上被称为食糖期。

随后，他们先后又发现了大的金矿和钻石矿，于是引发了一场"淘金潮"。趋之若鹜的淘金者令巴西的人口从二三十万一下子剧增到200万，大批的奴隶在淘金的浪潮中充当着殖民者积累财富的工具。遍地黄金的矿场留下殖民者永远不醒的梦，也成了奴隶们的葬身之地。

葡萄牙王室对矿场主们进行了疯狂的盘剥，他们垄断黄金开采，设立冶炼机构，规定只有带着王室标记的金条才能在市面上流通。

葡萄牙殖民者在巴西掠夺的黄金和钻石的数量非常惊人，1730年运到葡萄牙的钻石，竟然引起市价下跌三分之二，而这些稀有矿藏也成了他们骄奢淫逸的本钱。

文艺复兴、航海大发现与殖民扩张

◎ 关键词：主教 加尔文教派 新教团体 新兴资产阶级

"日内瓦教皇"加尔文

● 加尔文在陈述他的宗教主张

>>> 日内瓦湖

日内瓦湖是阿尔卑斯湖群中最大的一个。湖面面积约为224平方英里，在瑞士境内占140平方英里，法国境内占84平方英里。

日内瓦湖是罗纳冰川形成的。湖身为弓形，湖的凹处朝南。罗纳冰川消溶后，形成罗纳河，它是吐纳日内瓦湖水的主要河流。

日内瓦湖海拔1230英尺，长46英里。湖面最宽处为8.5英里。湖水最深处1017英尺。湖畔和毗邻地域，气候温和，温差变化极小，建有许多游览胜地。湖南是白雪皑皑风光秀丽的山峦，山北广布牧场和葡萄园。湖水以清澈湛蓝而驰名世界。

拓展阅读：

《异端的权利》[奥] 茨威格
《加尔文教》
[美] 茵亚·凡赫尔斯玛

1509年的一天，法国北部的一个主教秘书，正待在家里凝视着襁褓中的儿子，他打算将儿子加尔文培养成全国最有名的法律专家，让儿子进全国最好的学校念书。主教秘书为儿子设计的光辉灿烂的前程并没有遂愿，多年以后，"加尔文教派"却和儿子的名字永远联系在了一起。

在父亲期待的目光中，加尔文逐渐长成了一个出类拔萃的青年，在当时著名的布尔日大学攻读法律。在大学里，路德创立的新教思想对他产生了深远的影响，大学毕业后，他一直设法和新教团体保持着密切的联系。

当时法德战火不断，为了取得信仰新教的贵族的支持，法国只好任由路德传播宗教思想。但是不久后，法国在战争中惨败，国王将失败的原因全部归咎于信仰新教的贵族不合作，于是在1534年开始大规模地屠杀新教徒，加尔文因此受到牵连，只好逃到德国避难，后又辗转到瑞士。

瑞士此时是神圣罗马帝国的属国，但它是由许多独立的州构成的联盟，享有充分的自治权，并且有发达的工商业和公正的市议会，这样的社会条件为宗教改革提供了最适宜的土壤。随着宗教改革的呼声日渐高涨，一个名叫茨温利的苏黎世神父在东北各地开始了宗教改革。茨温利的改革代表了新兴资产阶级的呼声，所以得到市议会的鼎力支持。

改革触动了笃信天主教的封建贵族们的利益，他们想方设法阻挠新教的传播。茨温利动用武力以求加快新教改革的步伐，结果引发了一场内战，他自己也在战斗中丧生。新教失去了领袖，而加尔文恰逢其时地出现了，他苦心孤诣写出来的宗教改革书稿《基督教原理》，担任了新教的领袖。《基督教原理》于1536年出版后，在瑞士引起了极大轰动。同一年，加尔文抵达瑞士宗教改革的中心日内瓦，他的到来无疑为宗教改革起到了推动作用，当时如火如荼的宗教改革一度达到高潮。然而，天主教的势力在日内瓦是根深蒂固的，封建贵族们不甘心放弃手中的神权，于是，新旧两教之间的辩论总是在此消彼长中进行。

瑞士当局对宗教改革派进行了严酷镇压，加尔文被迫逃亡，但是宗教改革烽火四起，瑞士当局已经无法控制了。改革派终于在日内瓦掌握了大权，他们需要加尔文这样的领导人物和宗教理论。于是，日内瓦市政当局于1541年向流亡在外的加尔文发出了正式邀请，加尔文再次戏剧性地回到日内瓦，开始了大刀阔斧的宗教改革。

掌握宗教大权后的加尔文，开始变得自私和残暴，他不惜将异己全部杀掉，以铲除后患，成为日内瓦城权力最大的人物。日内瓦成为新教的大本营，而加尔文也顺理成章地成了日内瓦的"教皇"。

文艺复兴、航海大发现与殖民扩张

◎ 关键词：罗马教皇 赎罪券 神学教授 莱比锡辩论

红衣主教的"赎罪券"

● 德国神学家马丁·路德

>>> 宗教改革与印刷术

印刷术是中国古代四大发明之一。它开始于隋朝的雕版印刷，经宋仁宗时的毕昇发展、完善，产生了活字印刷，后由蒙古人传至欧洲，所以后人称毕昇为印刷术的始祖。中国的印刷术是人类近代文明的先导，为知识的广泛传播、交流创造了条件。

印刷术的传入使欧洲宗教改革的主张广为传播。马丁·路德曾称印刷术为"上帝至高无上的恩赐，使得福音更能传扬"。

自从印刷术应用到大量的印刷赎罪券以后，出售赎罪券成为一种谋利手段。

拓展阅读：

《马丁·路德》（电影）
《马丁·路德文选》
　　［德］马丁·路德
《真理的教师》［英］汤姆凌

1517年10月的某一天，红衣主教特策尔在一群教士的前呼后拥下，一大早就来到德意志维登堡大教堂门前的广场上。特策尔此次来德国，是奉行罗马教皇的旨意，向德国人民兜售"赎罪券"的。红衣主教身后的两名僧侣合力抬着一个募捐箱，表情木然地站着，一句话也不说，所谓的"赎罪券"，只不过是和羊皮书毫无二致的东西。

红衣主教之所以大老远跑到德国兜售"赎罪券"，原因是罗马教皇想以修缮圣彼得大教堂为借口，趁机敛取大量的钱财。于是教皇就派手下的人分赴德意志各国，堂而皇之地宣称：如果想让自己的灵魂得到上帝的拯救，就必须由教会来帮忙，教皇是上帝意志的代表，无论是谁买了赎罪券，教皇将代表上帝免除他的罪过。

为了吸引更多的人，为了多兜售一份赎罪券，特策尔进行了一场煽动性的演说。许多毫无主见的穷教徒情不自禁地从口袋里掏出钱，投入募捐箱。就在特策尔沾沾自喜，以为大功告成的时候，一个人揭穿了特策尔的阴谋，他就是马丁·路德。

马丁·路德是维登堡大学的神学教授。22岁时，他就成为爱尔福特圣奥古斯丁修道院的一名修士。先前，马丁·路德潜心修道，对各种赎罪券都深信不疑，对出售赎罪券的行动也奉行不悖，但是，随着认识的深入，他的思想发生了根本性的变化，因为高级教士的生活奢华而又腐败，兜售赎罪券更是对教徒的欺骗。马丁·路德义愤填膺，思虑再三，决定揭穿那些骗人的玩意儿，于是，他在维登堡大教堂门口张贴了《关于赎罪券的效能》，撕去了红衣主教虚伪的外衣，揭露了他骗人的伎俩。

《关于赎罪券的效能》公之于世以后，购买赎罪券的人明显减少了。人们知道上当后，开始对教会进行反抗。慌了神的教皇想以红衣主教和天主教的神职等条件作为交换，请马丁·路德撤去公告，但遭到了马丁·路德的拒绝。随后他又派教廷驻德意志的特使——红衣主教卡叶坦召见马丁·路德，企图以强硬的态度让马丁·路德屈服，但遭到马丁·路德针锋相对的反驳。

第二年6月，在维登堡大学校长和200多名手持武器的学生的簇拥下，马丁·路德来到莱比锡，与神学家们展开了一场公开大辩论，结果神学家们被马丁·路德辩驳得无言以对。

莱比锡辩论后，德国上下产生了空前的反响。随后，气急败坏的教皇把马丁·路德逐出了教会，但马丁·路德的思想已经深入民心，并且动摇了教皇的权威和教会的一统局面，新兴的资产阶级对民族独立和对教会改革的愿望越来越强烈。

◎ 关键词：马六甲海峡 东印度公司

亦商亦盗的东印度公司

● 东印度公司的纹章

>>> 贵于黄金的胡椒

胡椒这种普通餐桌上常见的调味品，在历史上却曾拥有过令人难以置信的价值，甚至可以与金银相提并论。

英国作家康拉德在其所著的《詹姆斯王》中记叙了人们对胡椒的狂热：

"大约在英王詹姆斯一世的时代，荷兰和英国冒险者对胡椒的特殊兴趣，就像爱情的烈火一样在胸中燃烧。为了把胡椒弄到手，他们还有什么地方不愿去呢？他们会为了一袋胡椒互相残杀，甚至不惜抛弃自己一向珍爱的灵魂。这种强烈的占有欲使他们甘愿赴汤蹈火，将种种生命危险置之度外。"

拓展阅读：

《约翰公司》汪熙
《西班牙、葡萄牙帝国的兴衰》
　王加丰
《危险的味道——香料的历史》
　[英] 多尔比

1519年，航海事业处于领先水平的葡萄牙控制了马六甲海峡，扼断了沟通太平洋和印度洋的天然水道，具有重要经济和战略价值的马六甲海峡被葡萄牙人掌控达一个世纪之久。亚洲的香料运往欧洲，马六甲海峡是必经之路，葡萄牙人趁机垄断了香料市场，从中获取高额利润，惹得英国人和荷兰人对马六甲海峡垂涎三尺。

强盛的西班牙凭借海上力量和葡萄牙为争夺马六甲海峡进行了一场较量，结果葡萄牙人败北，西班牙鲸吞了香料的巨额利润。当时荷兰正和西班牙交战，荷兰商人为香料的利润急红了眼，迫切想找出解决问题的办法。荷兰当局表示，如果能开辟一条通向东方的新航线，找出香料的原产地，政府就会用武力保护他们的安全。这种条件是对投机商人的极大恩惠，商人们各显其能，没过多久，他们中就有人从西班牙人那里骗取了一张通往东印度群岛的航海图。1595年春天，他们推举一个名叫霍特曼的富商做首领，率领四艘帆船按照航海图提供的路线向东印度群岛进发了。

毫无航海经验的霍特曼，在海上颠簸了一年零两个月才到达东印度群岛，在苏门答腊岛的爪哇靠岸，霍特曼吩咐手下人准备好火枪，半买半抢当地的香料。霍特曼的行径激怒了爪哇人，他们袭击了霍特曼的船队，而霍特曼等的恶行也传遍了东印度群岛。

历时一年，无处可去的霍特曼船队回到荷兰。这次远行，虽然霍特曼带回来的香料不多，获利也不大，但荷兰商人却打开了通往香料王国的新航路。

之后，荷兰人一反常态，再次到达东印度群岛，公平买卖香料，还帮助苏丹打败了西班牙的入侵，在东印度群岛站住了脚。而在荷兰国内，一个个香料公司如雨后春笋般地成立了，他们为争夺利益而发生了武力冲突。政府被迫出面调停，经国会批准，成立了一个专门经营香料的东印度公司，并赋予该公司在印度洋和太平洋上的航海权以及贸易权。

从此以后，东印度公司的武装船队开始在荷兰和东印度群岛之间穿梭，将香料源源不断地运回国内。英国人想在香料市场分得一杯羹，结果被荷兰人赶了出去。然后，荷兰将印度变成了不折不扣的殖民地。

葡萄牙人虽然退出了香料市场的竞争，但是仍派重兵扼守马六甲海峡，在利益的驱使下，荷兰人的武装船队炮轰了马六甲海峡，扫除了海路上的障碍。

随着公司规模的扩大，提供给驻军的开支也越来越多，公司内部成员开始中饱私囊，并在暗中搞走私活动，东印度公司逐渐变得徒有虚名了。到18世纪末，东印度公司终因无法继续维持而解体。

文艺复兴、航海大发现与殖民扩张

●赶集 英国 康斯搏罗

>>> 《奇妙新世界》

英国作家阿道司·赫胥黎的《奇妙新世界》，是20世纪最经典的反乌托邦文学之一，与《1984》《我们》并称为"反乌托邦"三书。

书中引用了广博的生物学、心理学知识，为我们描绘了虚构的福特纪元632年即公元2532年的社会。这是一个人从出生到死亡都受着控制的社会。人类经基因控制孵化，分别从事不同性质的社会活动，并且视恶劣的生活和工作环境与极高的工作强度为幸福。

人们没有情感、爱情、痛苦、激情和经历危险的感觉。最可怕的是，人们失去了思考的权利，失去了创造力。

拓展阅读：

《乌托邦诗篇》王安忆
《桃花源记》东晋·陶渊明

◎ 关键词：莫尔 古典文学 空想社会主义 《乌托邦》

莫尔和他的《乌托邦》

英国著名的政治活动家和思想家莫尔于1487年2月出生于一个富有的家庭里，他的父亲是一个精通法律的专家，小时候的莫尔就读于伦敦的圣安托尼学校，掌握了国际语言——拉丁语。1492年，莫尔进入牛津大学攻读古典文学，他深受柏拉图《理想国》的影响，逐渐成为一个著名的人文主义者，但他的政治主张却超出了人文主义的范围，走上了同情劳动人民、力求改变现状的道路。

1494年，莫尔转入法学院学习，毕业后在伦敦法律界成为一名合格的律师，由于为人正直，他在伦敦享有很高的声誉。1504年，年轻有为的莫尔当选为国会议员，他站在封建势力的对立面，抨击英王的无耻勒索，和统治阶级展开了针锋相对的斗争。之后，莫尔的地位逐步提升，到1529年，莫尔一跃成为英国大法官，成为英国仅次于英王的第一号要人。

1534年，英王强迫莫尔承认他是英国教会的最高统治者，但遭到莫尔的严词拒绝，英王怀恨在心，打算将莫尔置于死地。不久之后，英王就以莫尔蔑视王权罪将他逮捕入狱，最后把他处死在监狱里。

莫尔死了，但他却留给后人一部不朽的文献——《乌托邦》。《乌托邦》一书的全名是《关于最完美的国家制度和乌托邦新岛的既有益又有趣的金书》，莫尔在书中采用游记对话的文学体裁，提出了自己的政治主张，阐述了自己的社会观点和改造社会的设想。

作为欧洲第一本空想社会主义著作，《乌托邦》第一次完整地描述了空想社会主义的图景，批判了原始资本积累的罪恶，提出了以组织生产、普遍劳动为基础的公有制平等原则，奠定了空想社会主义的根基，为以后科学社会主义的发展提供了可供借鉴的材料。

莫尔在《乌托邦》一书中，控诉了英国两极分化的局面，其中消灭私有制的思想构成了空想社会主义的核心。事实上，这种思想是不可能实现的。

莫尔对英国当时腐朽的封建专制制度极为不满，所以在《乌托邦》中勾画了一个理想的新社会：新社会的人生活在一个叫作阿布拉克萨的新月形岛屿上。那里有54座城池，个个雄伟壮观，岛国的首府位于中央的亚马乌罗提，生活在岛上的人每天只需要工作六个小时，就可以获得丰富的产品，他们按"需"进行分配，所得的劳动产品归社会所有，每个公民都很自觉，绝对不多占社会的物资。

时代的局限性决定了莫尔不可能找到改变现实社会的正确途径，但他的空想社会主义理论为后来的社会主义思想提供了宝贵的借鉴经验。

●小丘的景色 英国 帕尔默

>>> 日不落帝国

是指照耀在部分领土上的太阳落下而另一部分领土上的太阳仍然高挂的帝国，通常用来形容繁荣强盛、在全世界均有殖民地并掌握当时霸权的帝国。

日不落帝国一词来源于西班牙国王卡洛斯一世（亦即神圣罗马帝国皇帝卡尔五世）的一段论述："在朕的领土上，太阳永不落下。"

在19世纪这一词则被普遍作为大英帝国的别称，特别是在维多利亚时代，那时英国出版的世界地图把大英帝国用粉红色标出，生动地表现出英国在全球范围内的霸权。可英国逐渐发展为日不落帝国，是从"圈地运动"开始的。

拓展阅读：

公地悲剧
《蓝色圈地运动》赵恩波
《李尔王》
　　[英] 威廉·莎士比亚

◎ 关键词：产羊大国 圈地运动 镇压流民

英国的圈地运动

15世纪以后，新航路的开辟扩大了各国之间的贸易往来，位于欧洲大陆西北角的佛兰得尔地区，毛纺织业变得非常繁荣。邻近的英国原本是一个传统的产羊大国，受到影响后，在毛纺织业方面取得了突飞猛进的发展，养羊业显然比农业更有利可图，贵族中的一些人开始投资养羊业。但是，养羊需要大片的土地，于是，贵族们纷纷把原来租种给农民的土地收回来，甚至拆掉他们的房屋，将养羊的土地圈占起来。在不长的时间里，英国随处可见被木栅栏、篱笆、沟渠甚至围墙分割成的一块块草地，那便是英国养羊风潮的最好证明。农民是这场风潮的最大受害者，他们被赶出家园，变成了无家可归的流浪者。

1547年，英国国王爱德华六世登基，社会上的大量流民给新政府带来了巨大的社会压力。第二年，迫于压力的爱德华六世宣布反对圈地运动，但是遭到贵族们的强烈反对，所收到的成效也非常小。为了遏制圈地运动，英国政府采取了镇压流民的手段，政府规定：流民被抓住就鞭打，再度被抓就割去半只耳朵，三度被抓就判死刑。随后，法律又规定：流浪者三天不干活，就在胸前打个"V"（英文"流浪者"的缩写）的烙印，送回原籍，套上锁链强迫劳动；凡拒绝强迫劳动者，即被判为告发者的奴隶；奴隶逃亡超过14天的，就被判为终身奴隶，不允许赎身，并且在前额和后背打上"S"（英文"奴隶"的缩写）的烙印；若三度逃亡，则以叛逆罪被处死。先后被处绞刑的流浪者已近十万。

英国的诺福克郡于1549年初夏又抓到600多名流民，并且准备马上处死，那些流民被关押在四间大石屋中。不甘就死的流民在罗伯特·凯特和康士恩的带领下，砸断手上的铁链，杀死看守，捣毁了诺福克郡兵器库，一举占领了郡政府。

这批流民在罗伯特·凯特的率领下迅速组建成一支队伍，举起印有"V·S"的大旗，浩浩荡荡地向约克郡进发了，一路上，大量流民加入他们的行列。约克郡很快失守了。罗伯特·凯特宣布的"废除圈地，还地于农"的口号，得到了广大农民的拥护，他的队伍很快就扩展到2万多人。随后，他们南下林肯郡，摧毁地主的庄园，占领了大片土地。

受到威胁的爱德华六世调集9万名精兵前来镇压，起义被镇压下去，但反对圈地运动的浪潮仍然没有平息。

圈地运动导致英国的农民越来越少，失去土地的农民只好进入城市，成为城市无产者，迫于生计，他们不得不进入生产羊毛制品的手工工场，成为资本家的廉价劳动力。

文艺复兴、航海大发现与殖民扩张

◎ 关键词：思想家 烧死 布鲁诺 禁书

布鲁诺为真理献身

●教皇朱利斯二世 意大利 拉斐尔

>>> 捍卫真理的殉道者

塞尔维特，16世纪西班牙医学家。在他所写的《基督教徒的复兴》一书中，宣传这样一种观点："心脏是最初的本源，备液从右心室经过肺动脉流向肺部，再经过肺静脉流入左心房……"他的观点为教会所不容，被认为是"邪端异说"。书遭到查封，人被捕后遭到野蛮拷打。但他坚持真理，毫不畏惧。

后来塞尔维特被押到日内瓦郊外的一个广场上。脚下堆满干柴，身上挂着一本《基督教徒的复兴》，头上套着一个浸过硫黄的花环。木柴烧着了，烟雾吞没了这位青年科学家。

拓展阅读：

《甘石星经》
战国·甘德、石申
《论无限性、宇宙和诸世界》
[意] 布鲁诺

1600年，新世纪曙光乍现，罗马鲜花广场上，一位执着追求真理的思想家被活活烧死了，他就是布鲁诺。

布鲁诺于1548年出生在意大利诺拉小镇上一个没落的贵族家庭。由于家境贫寒，15岁那年，布鲁诺就在那不勒斯的一家修道院里当了一名小教士。在修道院里，布鲁诺刻苦学习神学论著和教会的教义，他经常去图书馆借书，于是很快就和图书管理员成为好朋友。但是书读得越多，布鲁诺善于独立思考的思想就越受到束缚，他因此感到非常痛苦。一天，布鲁诺像往常一样早早到了修道院图书馆，管理员看到布鲁诺愁眉紧锁，便拿出一本波兰科学家哥白尼的著作《天体运行论》给他看。布鲁诺仿佛一下子抓住了真理，对《天体运行论》爱不释手，一口气把它读完了。从此以后，布鲁诺就以深造拉丁语和研究神学为借口，翻阅了大量的"禁书"。经过刻苦研究，他坚定地认为：宇宙是无穷无尽的，太阳系只是无限宇宙中的一个天体系统，太阳也在时刻不停地运转着，它并没有改变与其他恒星之间的位置。

1576年，布鲁诺成为修道院的高级讲师，他的人生信念从此更加坚定了，他打算为宣传真理不惜牺牲一切。在一次辩论会上，一个名叫蒙塔尔金诺的阴险僧侣听出了他的异端思想，于是就写信向罗马宗教裁判所告密，布鲁诺因此遭传讯，他的家也被教会搜查了，大量的禁书成了洗不脱的"罪证"。图书管理员赶紧写信通知布鲁诺，要他马上换上世俗的服装逃出罗马，从此以后，布鲁诺开始了漫长的流亡生涯。

布鲁诺首先来到日内瓦，但加尔文教统治下的瑞士根本无法容纳这个外来的异教徒，他们建议宗教法庭开除布鲁诺的教籍，然后给他戴上铁项圈，沿街游行。就在此时，法国图卢兹大学给布鲁诺发来邀请函，他才辗转去了法国的图卢兹大学和巴黎大学教授天文学和哲学。然而，由于布鲁诺每次和那些神学家们论战都大获全胜，令他们狼狈不堪，神学家们对布鲁诺产生了强烈憎恶。在这种情况下，布鲁诺只有离开了。

正当他走投无路之际，德国一位开明的贵族布伦瑞克公爵受到他演讲的感染，把他接到自己的领地上，使他免受教会的迫害。布鲁诺趁此机会大力宣扬自己的学说。殊不知，教会那张阴谋的网正撒向布鲁诺，公爵死后，神职人员利用威尼斯一个名叫乔门尼的贵族，将布鲁诺骗回了意大利。刚踏上意大利的土地，布鲁诺就被宗教裁判所投进了监狱。

在被关押了八年后，1600年2月8日，布鲁诺被罗马宗教裁判所捆绑到鲜花广场活活烧死。鲜花广场上却回荡着他无比坚定的声音："我决不放弃自己的思想！"

◎ 关键词：现代实验科学 哲学 散文家 自然知识

培根与现代实验科学

● 弗兰西斯·培根像

>>> 培根语录

知识就是力量。

重复言说多半是一种时间上的损失。

毫无理想而又优柔寡断是一种可悲的心理。

人生如同道路。最近的捷径通常是最坏的路。

美德有如名香，经燃烧或压榨而其香愈烈，盖幸运最能显露恶德而厄运最能显露美德也。

如果问在人生中最重要的才能是什么？那么回答则是：第一，无所畏惧；第二，无所畏惧；第三，还是无所畏惧。

在人类历史的长河中，真理因为像黄金一样重，总是沉于河底而很难被人发现，相反地，那些牛粪一样轻的谬误倒漂浮在上面到处泛滥。

拓展阅读：

《培根随笔》

[英] 弗兰西斯·培根

《培根论说文集》

[英] 弗兰西斯·培根

被称为现代实验科学鼻祖的弗兰西斯·培根，于1561年出生在英国伦敦的一个贵族家庭，他的父亲是女王的掌玺大臣。小时候的培根就非常热爱学习，他阅读的很多图书，都超出了自己的实际年龄，令人吃惊的是，13岁那年，培根就进入了剑桥大学学习。立志从事实验科学研究的他，在实验室和图书馆里度过了几十年默默无闻的时光后，根据自己的亲身观察和实践，总结出了很多科学论断。1605年，培根写出了自己的第一本科学专著——《学问的促进》。

在这本书中，培根把知识上升到一个新的高度，并且无情地批判了神学理论对人的思想的严重桎梏。培根因为《学问的促进》而声名鹊起，人们对此书好评如潮。但英国的传教士却对这本书深恶痛绝，他们说培根是一个不折不扣的"骗子"。

1620年，培根的又一部著作——《新工具》问世了。在这部书中，培根结合逻辑学和哲学等多种学科知识，用哲学的方式将"知识就是力量"的主题内涵表达出来：经验是知识的源泉；知识是存在的映象，存在的真实和知识的真实是一致的，人的力量和人的知识是一致的。这是培根通过一系列的求证和思考总结出来的"知识和存在"的关系。《新工具》一书出版后，得到了全欧洲学者的极大赞赏。

培根不仅在哲学上颇有建树，他还是一位杰出的散文家。在他的一生中，培根从来没有因为繁杂的事务而懈怠过写作，他的散文著作中最著名的是1624年出版的《论说文集》。该文集最能体现培根的创作风格，优美的文风，凝练的语言，再加上深刻的寓意，论述了他对人与社会、人与自己以及人与自然的关系，其中不乏精辟而独到的见解。

此外，培根还把人们思想上的一些假象和偏见总结为四种"幻象"，即"种族幻象"、"洞穴幻象"、"市场幻象"和"剧场幻象"。培根认为，这四种幻象都是阻止人们获得科学知识的牢笼。

一切自然知识都和感官有着密不可分的联系，但要获得知识，仅仅靠感官还是远远不够的，培根深知这一点，在发现事物奥秘的同时，还应该掌握一套科学的方法。经过努力，培根总结出一套归纳法，包括归纳、分析、比较、观察和实验。英国国王授予培根"子爵"的称号，并封给他大法官的职位，但培根并没有因此停步不前。

1626年的一天，培根带领助手们进行冷冻防腐实验，因为感染了严重的风寒，第二天培根就离开了人世，一位实验科学的巨星就这样陨落了。

文艺复兴、航海大发现与殖民扩张

● 伽利略像

>>> 比萨斜塔

意大利比萨城大教堂的独立式钟楼，位于比萨大教堂的后面，是奇迹广场的三大建筑之一。

钟楼始建于1173年，设计为垂直建造，但是在工程开始后不久便由于地基不均匀和土层松软而倾斜，1372年完工，塔身倾斜向东南。

比萨斜塔是比萨城的标志，1987年它和相邻的大教堂、洗礼堂、墓园一起因对11世纪至14世纪意大利建筑艺术的巨大影响，被联合国教育科学文化组织评选为世界遗产。

拓展阅读：

《伽利略——揭开月亮的面纱》
[法] 莫里
《伽利略和星月传奇》
[意] 卢卡·诺维利

◎ 关键词：科学家 思想家 哥白尼学说 运动

挑战谬论的科学家伽利略

意大利有一位著名的科学家和思想家，他是近代科学的奠基人、哥白尼学说的坚定支持者，他敢于坚持真理，对宗教法庭的审讯毫不畏惧，表现得大义凛然，他就是伽利略。

1564年，伽利略出生于意大利比萨市一个没落的贵族家庭，他的父亲是当时有名的作曲家、演奏家和杰出的数学家。1581年，伽利略考入比萨大学，遵从父亲的意愿学习医学。但是在大学里，伽利略却深深迷上了数学，在宫廷数学家里奇的悉心教导下，伽利略将阿基米德的浮力原理和杠杆原理结合在一起，获得了精密的测量方法，发明了测定合金成分的"液体静力天平"，引起当时学界的轰动。1589年夏天，年仅25岁的伽利略被比萨大学聘为数学教授。

据说1590年，伽利略曾邀请一些知名学者来到比萨斜塔下，观看他完成一项实验，不少人流露出鄙夷的神色。伽利略不卑不亢，和助手分别持一个5千克和0.5千克的铁球登上斜塔，让两个铁球自由落地，结果两个铁球同时落在地上，实验又重复了好几次，结果都是相同的。这次实验动摇了亚里士多德的权威臆断，学界为此引起了极大震动，一向被视若神明的亚里士多德做出的"重物体比轻物体下落速度要快些"的判断从此被推翻了。伽利略的实验触怒了比萨大学里持亚里士多德学派观点的人，他们污蔑伽利略是叛徒，并将他赶出了比萨大学。

离开比萨大学后，学术氛围相对自由的帕图拉大学接纳了伽利略，每逢他讲课时，教室里总是挤得水泄不通，瑞典和苏格兰的学生也慕名而来。1609年，伽利略凭借聪明才智研制出了世界上第一架放大倍数为33倍的天文望远镜，从此以后，伽利略涉足了天文学领域。在不到一年的时间里，伽利略就在天文学上取得了重大成果。

在当时教会反对哥白尼日心说的情况下，伽利略冒险完成了《关于两种世界体系之间的对话》、《星际使者》和《关于太阳黑子的通信》等著作，惹怒了教会人士。1633年6月22日，年近七旬的伽利略被迫承认自己的研究都是谬论，他被判终身监禁，监外执行。但他并没有放弃对真理的追求，经过三年的顽强拼搏，他又完成了另一部举世皆惊的巨著《关于力学和位置运动的两种新科学的对话和数学证明》，大胆阐述了"物体是运动的"观点。此后不久，伽利略就双目失明了。

晚年的伽利略境遇十分凄凉，只有他可爱的女儿在身边照料他，非常不幸的是，他的女儿于1634年先他而去，孤苦无依的伽利略于1642年1月8日离开了人世。

文艺复兴、航海大发现与殖民扩张

●绞刑架下的舞蹈 尼德兰

>>> 血腥敕令

马丁·路德掀起了宗教改革的大潮，导致了一些新的宗教流派的出现，而在尼德兰最为盛行的是加尔文宗教。这在正统天主教国家的西班牙是不可接受的，加尔文教徒被视为异端，西班牙在尼德兰树立了宗教裁判所，并颁布了臭名昭著的"血腥敕令"。

敕令禁止传抄、保藏、散发、买卖路德等改革者的文集。凡散布"异端"学说者，男的杀头，女的活埋。凡异端必须处死并没收财产，而藏匿包庇异端者与异端同罪。

敕令使数不清的尼德兰加尔文教徒被合法地杀害，在加尔文教徒占多数的尼德兰，它显然成了战争的催化剂。

拓展阅读：

尼德兰画派
《尼德兰绘画大师》何政广

◎ 关键词：城市之国 资产阶级 破坏圣像

尼德兰资产阶级革命

尼德兰在荷兰语中是"低地"的意思，它大致包括现在的荷兰、比利时、卢森堡以及法国北部地区。16世纪初，奥地利的哈布斯堡家族统治着那片土地，当时那里的人口已经达到300万，拥有大大小小的城市140多个，是名副其实的"城市之国"。

随着资本主义生产关系的发展，阿姆斯特丹的航运业和捕鱼业逐渐繁荣起来，它和波罗的海沿岸的国家建立了密切的贸易关系；而南部弗兰德尔和不拉奔工业区则和西班牙及其殖民地保持着频繁的经济往来；作为南方最大的城市和港口，安特卫普的经济和贸易水平十分发达。正是这些条件，催生了尼德兰的资产阶级，商业资产阶级的力量很快得到了壮大。

16世纪以来，尼德兰一直在西班牙的控制之下，为了遏制法国，西班牙将尼德兰作为重要的战略基地，对这一地区严密控制。与此同时，西班牙还对所谓的异教徒加以迫害，15世纪中期，暴动事件时有发生。

1566年8月，弗兰德尔地区的一些城市出现了大规模破坏圣像的起义，结果遭到西班牙人的血腥镇压，8000多人在起义中死去。但是尼德兰民众并没有因此而停止起义和暴动，广大的手工业者、工人、农民和一部分新兴的资产阶级联合起来，以游击的形式，推动了尼德兰资产阶级革命的高潮。

随着革命风暴愈演愈烈，起义引起了西班牙政府的极大恐慌。国王任命列克森为尼德兰总督，负责镇压来登起义，却未能取胜。

来登的胜利使南方人民的革命浪潮一天比一天高涨，但是就在此时，与西班牙关系密切的反动贵族认为自己的利益受到了损害，他们趁机发动阴谋叛乱，成立了立拉斯联盟，与北方各省彻底决裂，自己割据一方。

迫于西班牙的压力，北方各省于1579年和南方的部分城市组成了乌特勒支同盟，宣称永不分裂，并且组建了最高权力机关、统一了货币、制定了外交政策。1581年，同盟拒绝承认西班牙腓力二世对尼德兰的统治，宣布成立荷兰共和国。

1585年，在西班牙军队的猛烈攻击下，布鲁塞尔和安特卫普陷落了，西班牙人又恢复了在南方的反动统治。1609年，西班牙和北方势力缔结了停战协定，承认共和国的存在和独立，而尼德兰的南部地区，后来则形成了比利时和卢森堡等国家。

尼德兰资产阶级革命取得了一定的胜利，通过革命，欧洲第一个资本主义共和国建立起来了。

◎ 关键词：西班牙 英国 伊丽莎白 欧洲天主教会 无敌舰队

"无敌舰队"的覆灭

●英国击败西班牙"无敌舰队"

>>> "海上魔王"放火立功

1587年4月末，在女王伊丽莎白的默许下，"海上魔王"德雷克偷袭了西班牙的加的斯港。放火烧毁了西班牙军舰大量的后勤船，这些后勤船是"无敌舰队"为运送制作储存食物的木桶材料而征调的。

此后，西班牙"无敌舰队"只好使用未干燥又未加工的木材制造木桶。这种木桶质量粗劣，容易渗漏，导致食物腐败变质，从而引发传染病，使"无敌舰队"伤病员不断增加，严重影响了它的作战准备行动和士气。

后来，人们戏称这次偷袭为"德雷克火烧腓力二世的胡子"。

拓展阅读：

《海上探险》沈顺根等
《无敌舰队的命运》余晗

西班牙在16世纪凭借强大的海上力量，横行西半球，垄断了许多地区的海上贸易，并且将殖民扩张行动延伸到海外以及世界各地。而英国也当仁不让，它和西班牙一样，有着强烈的扩张欲望，想通过海路打开对外扩张的通道。一场不可避免的海上冲突就此拉开了帷幕。

1568年，苏格兰发生了一场政变，玛丽女王逃亡远房亲戚伊丽莎白女王门下，但没有想到，她一到英国就遭到伊丽莎白的软禁。而西班牙国王腓力二世对玛丽·斯图亚特垂青已久，她遭到囚禁后，腓力二世当然会全力营救。当时的英国由于推行新政，伊丽莎白正遭到英国天主教上层分子的反对，借此机会，腓力二世联合英国国内的天主教上层分子发动了一场声势浩大的武装暴动。暴动遭到了伊丽莎白的残酷镇压，腓力二世企图救出玛丽·斯图亚特的计划也落空了。但他并没有死心，屡次派间谍刺杀伊丽莎白，工于心计的伊丽莎白每次都能逢凶化吉，但她也越来越明白，只要玛丽·斯图亚特不死，腓力二世绝对不会罢手，如果要立即处死玛丽·斯图亚特，腓力二世就会马上挑起战争，她为此举棋不定。

就这样一直过了20年，英国国务大臣终于成功地将间谍安插在玛丽·斯图亚特身边，掌握了她和阴谋分子的秘密信件，伊丽莎白就以玛丽·斯图亚特谋反的罪名，在1587年2月将其处死。

玛丽·斯图亚特的死震惊了欧洲天主教会，教皇马上颁发诏书，号召天主教徒同英国作战，首先响应的就是西班牙国王腓力二世，他用了整整一个夏季集结了一支庞大舰队，号称"无敌舰队"。

1588年7月，"无敌舰队"从西班牙西北的一个港口起航，130艘战舰首尾相连，向英国海域进发。伊丽莎白派舰队迎战。

激烈的战斗刚刚进行了一天，"无敌舰队"就有两艘旗舰遭到火炮重击而退出了战斗，一个分舰队司令也被英国人俘虏了。海上的战斗持续到第七天，渐渐不支的"无敌舰队"躲进多佛尔海峡，焦急万分地等待着援军，但是英军封锁了整个海域，"无敌舰队"根本无法与援军会合。第二天夜间，"无敌舰队"遭到英国舰队的突袭，损失惨重，此时，已经弹尽粮绝的舰队又接连两次遭到风暴袭击，战舰所剩无几了，战斗能力也大打折扣。

1588年10月，"无敌舰队"剩余的43艘残破战舰，带着战败的耻辱返回西班牙。

◎关键词：克伦威尔 新贵族 军事独裁 国会军

"常胜将军"克伦威尔

●克伦威尔像

>>> 《大抗议书》

《大抗议书》是英国国会与专制主义斗争的最重要的文件，形成于1641年。

其主要内容有：列举了查理一世在无议会统治时期的暴政，指出天主教复辟的严重危险，提出了进一步改革的要求，如实行工商业活动自由，建立大臣对国会的负责制度，限制主教的权力，等等。

该抗议书共204条，经过激烈的讨论，议会终于以微弱的多数通过。但是当大抗议书提交给国王时，却遭到了国王的拒绝。大抗议书成为资产阶级与新贵族上层分子长老派的政治纲领。

拓展阅读：

《克伦威尔》
[法]维克多·雨果
《克伦威尔传》
[英]查尔斯·弗思

在克伦威尔领导下，英国资产阶级革命成功推翻了封建统治，将不可一世的国王查理一世送上了断头台。由于克伦威尔代表的是新贵族的利益，他惧怕广大民众要求进一步革命，于是在国内实行了军事独裁，而他本人也成了一个"无冕之王"。

1599年，克伦威尔生于亨丁顿郡一个中等乡绅家庭，17岁那年进入剑桥大学学习，后来又到达伦敦学习法律。1628年，克伦威尔被选为议员，开始了从政生涯。他参加了反对查理一世的战斗，并凭借出色的军事才能，在国会的军队中确立了领导地位。之后，他带领军队冲锋陷阵，将查理一世的军队击溃，因为他的军队所向无敌，故赢得了"铁骑军"的称号。

接连的战斗让克伦威尔看出了国会军症结所在，他强烈要求改革国会军。1645年1月，国会通过了《新军法案》，授权克伦威尔建立一支21000人的部队，改组后的军队称为新模范军，士兵有三分之一来自"铁骑军"。克伦威尔制定了严酷的军纪，禁止士兵骂人、喝酒、盗窃、奸淫，否则将受到最为严厉的惩罚。克伦威尔还打破旧有的观念，大力提拔了一批英勇作战的下层平民。经过改组，军队的力量大大加强了。

国会军将查理一世送上断头台后仅仅一个星期，苏格兰议会就拥立查理一世的儿子查理二世为国王，并加紧备战，准备出兵讨伐英格兰。得到消息后，克伦威尔马上率领军队前去征讨，以锐不可当之势占领了苏格兰首都爱丁堡。到1651年9月3日，克伦威尔全歼了苏格兰军队，并占领了那里的全部土地，查理二世逃到了法国，接连的胜利让克伦威尔获得了"常胜将军"的称号。

军事上的节节胜利滋长了克伦威尔的野心，他已经不满足于一个将军的职位了，他想独揽朝政大权。1653年4月19日，带着逐渐膨胀的野心，克伦威尔在伦敦召开军事会议，要求国会自动解散。国会也不甘示弱，第二天就召开了会议，准备拟定一个新的选举法，和克伦威尔对抗。得知此事后，克伦威尔感到非常恼火，冲进国会，与议员们公开抗议，遭到了议员们的一致指责。

克伦威尔很快就将议员们控制了，他抢夺了议会秘书的选举法草案，强迫伦敦市长宣布他是英格兰、苏格兰和爱尔兰的护国主，同时还宣布了新的英国宪法《统治文件》。《统治文件》规定，护国主为终身制，国家的一切方针政策，都要通过护国主同意才能生效。从此以后，克伦威尔将国家的立法、行政、军事和外交大权独揽在手，成为没有王冠的国王。

文艺复兴、航海大发现与殖民扩张

●英王詹姆士二世像

>>> 杜伦施坦教堂

从梅尔克顺流而下，在多瑙河左侧可以看到一座蓝白相间的尖塔，这就是杜伦施坦教堂。

杜伦施坦之所以吸引游客，是因为山顶上古堡的故事特别富有传奇色彩。相传在第三次十字军东征时，英国的狮心王理查德得罪了奥地利公爵烈奥波特五世。在东征回归的路上，狮心王被烈奥波特抓获，并关在杜伦施坦。1193年，狮心王忠实的宫廷歌手到处漫游，打探主人的消息。皇天不负苦心人，国王终于听到了自己心爱的歌，歌手打听到主人的下落后回英国用重金将国王赎了回来。

拓展阅读：

玄学派诗歌

《查理二世》孙法理

◎ 关键词：报复 天主教 新教徒 君主立宪制

斯图亚特王朝的终结

克伦威尔死后，法国和英国的一些保王派分子将查理一世的儿子查理二世扶正，英国的政权又重新回到了斯图亚特王朝手中。查理二世执掌大权后，对革命派进行了疯狂的报复，他掘开克伦威尔的坟墓，挖出他的尸体，割下他的头颅示众。如此疯狂的虐杀引起了资产阶级新贵族的极度恐慌。令新贵族们不能容忍的是，查理二世还想恢复天主教在英国的地位。

早在16世纪的宗教改革中，天主教在英国就被剥夺了政治权力，英国建立起了自己的国教。而依靠法国人的扶植当上国王的查理二世，也想像法国那样在英国建立天主教的统治地位，保守而反动的天主教不利于资本主义的发展，查理二世的这一决定遭到新贵族们的强烈反对。国教的僧侣们也对这一决定持反对态度。查理二世经历了重重阻挠，带着没能实现的愿望撒手而去了，王位由他的弟弟詹姆士二世继承。

詹姆士二世和查理二世一样，也打算恢复天主教的地位。1688年，他开始明目张胆地着手恢复天主教的计划。同样，他也遭到了阻挠：得到恢复天主教的消息后，国教大主教桑克劳夫特表示强烈反对，他联合了六个主教，马不停蹄地来到宫廷，求见詹姆士二世，声称如果恢复天主教的地位，国教将面临一场不可避免的浩劫，可能会引发大乱，造成民心涣散，给大英帝国带来一场无穷的灾祸。听到桑克劳夫特等人的话后，詹姆斯二世感到非常震怒，将前来劝说的七个主教扭送到法庭进行审问。

第二天清晨，一件意想不到的事情发生了。一位官员惊慌失措地求见正在花园中散步的詹姆士二世，告诉他陪审员违抗了他的命令，将前来劝说的七个主教全部释放了，并宣称他们无罪。民众得知主教们被释放后，纷纷拥到大街上，欢迎他们胜利归来。詹姆士二世听到此事感到气急败坏，他歇斯底里地吼道："我一定要重立天主教！"

就在这时，詹姆士二世喜得贵子，新教徒们各个目瞪口呆，他们觉得不能再拖下去了，因为按照以往的惯例，国王如果没有子嗣，可以由公主继承王位，可是詹姆士二世突然有了儿子，新教徒们的前景就可想而知了，他们决定请玛丽公主的丈夫——执政荷兰的威廉干预詹姆士二世重立天主教的事。对英国王位觊觎已久的威廉接到英国国会的邀请，正中下怀，于11月5日率领大军登陆英国，詹姆士二世命令军队前去抵抗，没想到将士们反而倒戈一击，失去势力的詹姆士二世只好逃往法国。

1688年12月18日，威廉在热烈的欢呼声中开进了伦敦，三天后，他被奉为英国临时元首。从此以后，斯图亚特王朝终结了，英国开始了君主立宪制度。

文艺复兴、航海大发现与殖民扩张

◎关键词：新教同盟 天主教同盟 战争爆发 掷出窗外事件

欧洲的三十年战争

●斐迪南二世像

>>> 掷出窗外事件

1618年5月23日，一群武装群众和新教徒手拿铁棒长矛冲进了王宫，国王吓得仓皇逃窜，愤怒的群众逮住了两个斐迪南国王最忠实的走狗。

突然不知是谁喊了一句："把他们扔到窗外去！""对，扔出去摔死他们！"立时有无数愤怒的声音在响应。在一阵怒吼声中，两条"走狗"被人们按照捷克人的方式，从20多米高的窗台狠狠摔了下去。两条走狗活该命大，竟没有摔死，只是摔晕了而已。

这就是震惊欧洲统治者的"掷出窗外事件"。

拓展阅读：
《布拉格之恋》（电影）
《战争指导》[英] 富勒
《三十年战争终结》
　　[越] 陈文荼

17世纪初期的德意志，分裂成"新教同盟"和"天主教同盟"两个敌对的集团。德意志皇帝鲁道夫二世企图使用武力限制新兴贵族的权力，因此，皇帝、教皇和西班牙都支持"天主教同盟"，而荷兰、瑞典和英国则支持"新教同盟"，公然和德意志分庭抗礼，他们想阻止德意志强大起来，并且希望能趁机捞到一些好处。德意志两大集团的矛盾逐渐尖锐化，而外来压力最终导致了战争的爆发，1618年捷克人民起义是战争爆发的导火索。

1526年，神圣罗马帝国将捷克纳入自己的版图，帝国的皇帝同时也是捷克的国王，捷克仍然保留着宗教自决权和政治自治权。而到了德意志皇帝马提亚登上王位后，他派遣教士进入捷克传教，企图恢复天主教，并指定德意志人斐迪南为捷克国王。这一点遭到捷克人的强烈反对，但捷克国会提出的反对意见被马提亚断然拒绝了，新教教徒在马提亚眼中成了暴徒。忍无可忍的捷克人民于1618年举行了大规模的起义，起义的队伍冲进王宫，将国王的两个大臣从窗口扔了出去，这起"掷出窗外事件"就是捷克人民反对哈布斯堡王朝进行的起义，也是欧洲三十年战争的开端。

事情发生后，斐迪南请求巴伐利亚公爵出兵捷克，得到请求后，公爵当即让手下大将梯里率领

25000人向捷克进发。捷克的新教教徒得到消息后，连忙向德意志的另一派领导者腓特烈求救，腓特烈亲自率领人马前来支援。1620年，两军在布拉格附近的白山相遇，一场激战过后，腓特烈被天主教同盟打败，被迫逃往荷兰，捷克有四分之三的土地转入了德意志人手中。征服者强迫捷克人民信奉天主教，并且焚烧捷克书籍，宣布德语为捷克的官方语言。天主教同盟的胜利，直接威胁到荷兰的安全。

逃往荷兰的腓特烈感到深深的隐忧，他不甘心就此认输，经过深思熟虑后，他到英国请求岳父——英国国王詹姆士一世援助，对德意志早就不满的詹姆士一世答应支持腓特烈。

1621年，荷兰和西班牙刀兵相见，对瑞典和丹麦垂涎已久的詹姆士一世既不愿意看到德意志皇帝统一整个德国，又想改变腓特烈的命运，趁机捞点好处。1625年，法国首相黎世留倡议英国、荷兰和丹麦缔结反哈布斯堡联盟，英国和荷兰则怂恿丹麦出兵，恰好丹麦国王克利斯汀四世想趁机向外扩张，于是就出兵入侵了德意志，战争由国与国之间很快就转变为国际战争。

梯里抵挡不住丹麦人的强烈攻势，接连吃了几次败仗，斐迪南只好起用捷克贵族华伦斯坦担当统帅。华伦斯坦率领军队势如破竹，

一直将丹麦军队赶到日德兰半岛，但他不但没有得到封赏，反而被听信谗言的斐迪南撤了职。

此后，瑞典虽然加入了战团，却步了丹麦人的后尘。德意志在西班牙的支持下，将瑞典军队打败了。

法国国王路易十三对丹麦和瑞典的失败感到无比愤怒，他决定给哈布斯堡王朝以沉重打击。在首相黎世留的斡旋下，法国得到了英国、荷兰、威尼斯和瑞典的支持，于1635年向西班牙宣战，但是遭到西班牙军队的有力回击。

- 1618年在布拉格，两名天主教教徒被扔出王宫窗外，此事件引发了三十年战争。
- 1631年天主教军队攻克并洗劫了马格德堡市。
- 三十年战争时期的士兵。
- 经过三年谈判，1648年10月24日，宣告"三十年战争"结束的《威斯特伐利亚和约》签署。

1643年，法国调集所有优势兵力在洛可瓦和西班牙军队进行了一场血战。法国取得了这次扭转战局的胜利，而西班牙失去了一等强国的地位。德意志失去西班牙的支持后，只好主动求和，三十年战争结束了。

● 查理一世像

>>> 亨莉雅妲·玛利亚

亨莉雅妲·玛利亚（1609—1669年），法国公主，法王亨利四世之女，法王路易十三之妹，1626年嫁给已经继承王位的查理一世为后。

英内战期间，她利用身为法国王妹与天主教徒的身份寻求法王与教皇的支持，并于1642年携带王室珠宝到荷兰典当，以提供国王派在战争中所需的资金，国会派视这些为叛国行为。1643年她带着资金弹药回到英国与查理一世以牛津为基地继续与国会派作战。随着内战渐渐对国王派不利，1644年7月查理将她及两名王子送到法国。查理一世被处死后，她便开始了在法国的流亡生活。

拓展阅读：

海上君王号
巴拿马运河
《罗兰之歌》（英雄史诗）

◎关键词：新贵族 矛盾 克伦威尔 断头台

查理一世被推上断头台

在17世纪的英国，随着资本主义工商业的发展，一大批资产阶级和新贵族应运而生了，他们和以国王查理一世为代表的封建贵族们相对抗。因为旧有的封建贵族仍然想维持专制统治，他们为了和新派贵族相抗争，不惜大肆搜刮民财，和新兴的资产阶级产生了不可调和的矛盾。代表资产阶级利益的国会总想限制国王的权力，但是查理一世不把国会放在眼里，双方的矛盾呈愈演愈烈之势。

随着矛盾的升级，英国国会于1640年10月突然发难，逮捕了国王查理一世的亲信斯特拉福伯爵和洛德大主教，并且宣布将对他们进行审讯。得到消息后，国王查理一世感到无比震怒，事情发生的第二天，查理一世亲自来到国会，以盛气凌人的态度要求国会领导人皮姆和汉普顿放人，对方却丝毫不肯做出让步。此时，成千上万的民众聚集在国会大厦外，挥舞着手中的刀枪和棍棒，支持国会的举动，查理一世愤愤离开，国王和国会之间的关系彻底破裂了。

查理一世并没有善罢甘休，他不仅派人监视国会议员，还派兵征讨了反对他的苏格兰人。但是国会在广大工人、水手、学徒和帮工的支持下，决定处死斯特拉福和洛德，万般无奈之下，查理一世不得不在死刑书上签下自己的名字。如此一来，国王和国会之间的矛盾进一步恶化了。

经过精心策划，查理一世于1642年亲自带领卫队闯进国会，准备逮捕皮姆和汉普顿等五名议员，但五名议员事先已得到消息，躲到伦敦去了。垂头丧气的查理一世准备离开国会，但武装起来的民众却阻挡住他的退路，高喊："打倒特权！"查理一世只好悻悻地从人群中溜走。

第二天，查理一世再一次率领卫队搜捕国会议员，谁知卫队刚进入城区，就被聚集在街道上的民众挡住了去路，从外地赶来的民众也都支持国会，伦敦市长拒绝交出五名议员，查理一世感到在伦敦势单力薄，应该马上采取行动。三天后，查理一世带着卫队和随从离开伦敦去了英格兰北部。同年8月，他率领军队讨伐国会，一路长驱直入，将军队开到离伦敦约80千米的牛津。国会内部一片混乱，新任的国会军统帅克伦威尔于1644年7月大败国王军，查理一世也在部队被击溃后逃出了战场，国王的军队从此一蹶不振。但他并没有从此逃脱噩运，第二年夏天，查理一世被国会军俘虏，关押在赫姆比城堡，虽然成功脱逃，发动了第二次内战，但很快又被俘虏。

1649年1月27日，被民众认为是暴君、叛徒、杀人犯和人民公敌的查理一世被判处死刑，并于1月30日被送上了断头台，英国的封建王朝就此走向了尾声。

●牛顿像

>>> **牛顿的糊涂生活**

在科学上，牛顿从容不迫地观察日常生活中的小事，做出了科学史上一个个重要的发现。然而，在生活中他却马虎拖沓，曾经闹过许多的笑话。

一次，他边读书，边煮鸡蛋，等他揭开锅想吃鸡蛋时，却发现锅里是一只怀表。还有一次，他请朋友吃饭，当饭菜准备好时，牛顿突然想到一个问题，便独自进了内室，朋友等了他好久还是不见他出来，于是朋友就自己动手把那只鸡全吃了，鸡骨头留在盘子里，然后不告而别了。等牛顿想起出来后，发现了盘子里的骨头，以为自己已经吃过了，便转身又进了内室，继续研究他的问题。

拓展阅读：

《牛顿传》［美］格雷克
《漫画牛顿》［日］犬上博史

◎ 关键词：科学家 牛顿运动定律 万有引力定律 天文学

伟大的科学家牛顿

伟大的科学家牛顿为人类做出了卓越的贡献，他在各个学科都取得了不小的建树。研究万有引力定律时，苹果落地的故事更是家喻户晓，为人们所津津乐道。

1642年，牛顿出生在英国林肯郡一个叫沃尔斯索普的小村子里，他的父亲是个地道的农民，在牛顿出生前就去世了，家庭的重担都落在母亲罕娜身上。牛顿两岁的时候，母亲改嫁给邻村的一个牧师，牛顿没有随母亲同去，而是留在沃尔斯索普村，由外祖母和舅舅抚养。他们经常把牛顿一个人关在家里，幼小的牛顿感到非常孤独，经常自己琢磨一些小玩意儿。

小学毕业后，12岁的牛顿进入格兰瑟姆镇的中学读书，离开了祖母和舅舅，母亲罕娜让他寄居在好朋友克拉克夫人家中。克拉克是个药剂师，他总是忙得不亦乐乎，他们夫妻两人都非常善待牛顿，把牛顿当亲生儿子一般对待。相处的时间久了，牛顿逐渐对克拉克的各种化学实验产生了浓厚的兴趣，他经常担当克拉克的助手，为他忙前忙后。

小时候，牛顿曾经亲手做过水车，由于不懂水车的原理，当时牛顿还受到同伴的耻笑。但是后来，他终于根据水车的原理做出了一台漂亮的水车。

想起小时候放风筝，牛顿一鼓作气做了许多大小不等的风筝，然后拿着这些风筝到外边去做飞行实验。他别出心裁地将点燃的蜡烛捆绑在绳子上，风筝腾空而起后，蜡烛也升入了空中。异常安静的格兰瑟姆镇，夜空中被燃烧的蜡烛点缀得非常富有诗意，那些蜡烛像星星一样在穹幕下眨着眼睛，牛顿被眼前的情景陶醉了，出神地望着天空。

这种美景很快就被扰乱了。不知是谁喊了一嗓子："不好了，天空中出现彗星啦！灾难就要降临了！"呼喊声立刻惊动了镇上所有的居民，人们纷纷从家中惊慌失措地跑出来，呆呆地看着天空中的亮光，有的人还跪在地上祈祷。牛顿对周围发生的一切全然不知，他全神贯注地注视着风向，殊不知身边已经站满了人，等他明白过来到底是怎么回事后，望着眼前攒动的人群和天空中的风筝，顿时感到啼笑皆非。

牛顿就是这样一边学习，一边研究各种问题，经过不断的探索和实验，他积累了丰富的知识。从剑桥大学毕业后，牛顿在伽利略等人的研究成果上，经过进一步努力，发现了"牛顿运动定律"，后来通过观察苹果落地，又发现了"万有引力定律"。牛顿在天文学方面的研究有很大突破，他制作了反射望远镜，初步观察到了行星的运动规律。此外，牛顿在数学和哲学等方面也取得了很高的成就。

文艺复兴、航海大发现与殖民扩张

◎ 关键词：俄国 改革 工业基础 军事力量 中央集权

彼得大帝执政俄国

● 彼得一世像

>>> 贪杯的彼得大帝

彼得大帝是一个贪杯恋盏的君主，尤其爱喝英国的一种啤酒。内务部门定期从英国将啤酒兼程运往彼得堡，供彼得大帝及王室享用。

彼得大帝手下有个智囊团，专门组成了一个"饮酒的宗教会"，彼得大帝自任执事。他还积极地为它制定各种典仪。

彼得大帝的皇后，一位金发碧眼的德国女郎，是一位酒商的千金。她既有彼得大帝一样欢快爽朗的性格，也有与彼得大帝一样对酒抒怀的志趣雅量。

拓展阅读：

《彼得一世》
[俄] 尼·伊·帕甫连科
《近卫军临刑的早晨》(历史画)
[俄] 苏里柯夫

彼得·阿列克谢耶维奇·罗曼诺夫是俄国罗曼诺夫王朝的第四代沙皇，历史上称为彼得一世。彼得生于1672年，四岁的时候，父亲阿列可谢沙皇去世，异母兄长费多尔继承了皇位，但费多尔体弱多病，在位10年就去世了，年仅14岁的彼得和另一个20岁的异母兄长伊万同时被立为沙皇，但伊万非常迟钝，而彼得年纪幼小，国家大事就由聪明强干的异母姐姐索菲亚裁决。

索菲亚执政期间，彼得随母亲住在莫斯科近郊。索菲亚害怕彼得长大后影响到自己做女皇的梦想，于是，她在1689年策动射击军叛乱，准备谋害彼得，但彼得事先得到消息，捉住了索菲亚，将她关进了修道院，自己掌握了国家的实权。1692年，痴呆的伊万病死，彼得成为俄国唯一的君主。

掌管大权之后，彼得一世把精力放在了如何提高综合国力上，派遣使团到西欧国家学习治理国家的经验，以便在俄国实行全面改革。

1697年3月2日，彼得一世隐瞒了自己的身份，更名改姓随使团先后去了瑞士、荷兰、英国和奥地利等国，学习造船技术和航海知识。

除此之外，彼得一世改变当初进攻土耳其、争夺黑海出海口的计划，改为进攻瑞典、争夺波罗的海的出海口。如果改革成功，进攻瑞典完全是有可能的。1698年8月19日，考察团结束了一年半的学习，回到俄国。彼得带着学来的先进经验对俄国进行了一系列改革。

彼得一世提倡通过贷款的优惠办法，大力发展俄国的工业，冶金、纺织和造船业是发展的重中之重。在他亲自主持下，乌拉尔建成了俄国第一个冶金工业基地，奠定了俄国的工业基础。

工业得到发展后，俄国实行了征兵制，改组了陆军，建立了庞大的海军队伍。

在政治方面，彼得一世为了加强中央集权，废除了贵族杜马，设立枢密院，下设11个委员会，分管陆军、海军、外交以及财政等事务。把全国划分成50个省，建立起统一的地方行政机构，废除了大教长，设立起宗教院，将宗教大权控制在国家手中，教会与世俗政权分庭抗礼的局面就此结束了。此外，彼得一世还在文化和教育方面进行了改革，兴办了学校，创立了科学院，并且向外派遣留学生，第一份全俄报纸——《新闻报》也在此时诞生了。

彼得一世的改革不仅加强了俄国的军事力量和中央集权，还使俄国发展成了欧洲列强之一。

文艺复兴、航海大发现与殖民扩张

●彼得一世一心要改变俄国的面貌，曾多次匿名微服在西欧造船厂工作，学习西方先进技术。本图描绘的就是彼得一世在船厂打工时的情景。

●杰出的指挥家尤金亲王

>>> 西班牙斗牛

　　起源于西班牙古代宗教活动，西班牙斗牛历史悠久，13世纪开始有斗牛节。

　　现在，西班牙共有大小斗牛场400多个，最大的斗牛场可容纳2万多人。每年斗牛次数达5000场以上。斗牛所用之牛是专门喂养的，放养于农村，尽可能要它们少见人。放养时间是4～6年。

　　一场斗牛表演要有六头公牛出场，它们的体重在370～500公斤。

　　在西班牙，所有的斗牛表演都安排在下午举行。西班牙人有懒散的习惯，较不准时，唯一准时的事情就是观看斗牛比赛。

拓展阅读：

西班牙西红柿节
《西班牙女佣》（电影）
《西班牙斗牛士》
　　[西班牙]玛奎纳

◎ 关键词：王位 遗嘱 海上霸主

遗嘱引发的角逐

　　1700年，西班牙王宫气氛异常，国王查理二世躺在病榻上闭目养神。这时，一个侍从走过来向他耳语了几句，查理二世听后顿时脸色铁青，大口地喘着粗气，侍从说出的消息让他十分震惊。

　　原来法国国王路易十四和英国国王威廉已经偷偷地密谋了两次，路易十四承诺，法国将放弃西班牙的王位，将继承权让给巴伐利亚选帝侯的儿子，此人是奥地利皇帝的外孙。法国是不会白白做出让步的，他以此为条件换取了意大利的属地那不勒斯和西西里岛。其实威廉也自有一套打算，把王位让给一个毫无实力的孩子，将来可以在外交上为所欲为。

　　但是事情并没有按照路易十四和威廉想象的那样发展，巴伐利亚选帝侯的儿子夭折了，他们策划的方案也派不上用场了。于是，他们就进行了第二次密谈，经过再次约定，他们打算将王位让给奥地利皇帝的儿子查理大公，法国得到意大利南部后，德意志境内的洛林公爵的领地也将归其管辖。

　　西班牙国王查理二世与奥地利皇室同宗，属哈布斯堡家族。他虽贵为一国之主，却没有子嗣。在他病入膏肓之际，西班牙广袤的殖民地引起了其他国家的觊觎，意大利境内的一大半领土都是西班牙的领地，和西班牙稍微有点关联的国家，都想得到王位的继承权，其中最迫切的就是法国和奥地利。

　　查理二世曾娶了法国公主为王后，但王后却红颜薄命，很早就离开了人世。不久，他又娶了奥地利皇帝利奥波尔德的姐姐，之后，西班牙的朝政被奥地利派所把持，按当时的规矩来说，奥地利皇帝有权继承西班牙王位。

　　查理二世病重后，路易十四便在西班牙的大臣中大肆行贿，拉拢了一批朝政要员，他们得到好处后，就极力推荐法国国王的儿子为王位继承人。而面对巨大利益，与此事毫无关系的英国也横插一手。

　　得到这个消息后，查理二世草草立了一份遗嘱。遗嘱规定，将西班牙国王之位传给法国国王路易十四的第二个孙子、安茹伯爵菲力普；菲力普继承王位后，永远不能将法国和西班牙合并。

　　查理二世死后，路易十四的孙子菲力普继承了西班牙王位，路易十四变得张狂起来，竟然公开宣称象征法国和西班牙国界的比利牛斯山不复存在了。张狂的路易十四还派兵占领了南尼德兰，这一举动在欧洲引起了轩然大波，英国、荷兰、奥地利、葡萄牙以及撒丁王国纷纷向法国宣战，招架不住的法国大伤元气，只好讲和。

　　此次战争，法国损失最大，英国则是最大的赢家，它打败了自己的劲敌，确立了海上霸主的地位。

● 奴隶贸易据点耶路米纳得

>>> 《汤姆叔叔的小屋》

美国女作家斯陀夫人的小说，又译作《黑奴吁天录》，该书揭发和控诉了黑暗的奴隶制度，在当时的美国社会背景下，不失为引发、推动废奴运动的惊世之作。

故事从一个奴隶主与一个奴隶贩子的讨价还价中开始。美国肯塔基州的奴隶主谢尔比在股票市场上投机失败，为了还债，决定把两个奴隶卖掉。一个是汤姆，逆来顺受，全身心维护主人利益。另一个要卖掉的奴隶是乔治夫妇的儿子哈利。乔治夫妇积极地与命运抗争，最终得到了新生。

拓展阅读：

巴西桑巴舞
《宠儿》[美] 托妮·莫里森

◎ 关键词：奴隶贸易 暴力手段 贩卖奴隶

西方殖民史上的黑奴贸易

在西方的殖民史上，最黑暗、最可耻的就是历时400多年的罪恶的奴隶贸易，那是一种令人发指的罪行。资本主义原始积累时期，奴隶贸易也兴盛起来了。在封建社会末期和资本主义社会早期，资产阶级为了发展资本主义生产，雇用了大批没有任何生产资料的劳动者，积累了大量的财富和货币资本。

通过最为野蛮的暴力手段，西方各国完成了原始资本积累，强行剥夺农民和手工业者的生产资料，将他们变成雇用劳动者，英国的"圈地运动"就是一个最好的例证。在海外殖民地，掠夺、贩卖、奴役和消灭殖民地人民，是殖民者的惯用伎俩，大量的财富就这样集中在这些少数人手中。

随着新航路的开辟，美洲大陆被发现了，西方新兴的资产阶级也找到了更为广阔的殖民场所，他们在美洲大陆大肆开采和掠夺金银矿藏，开垦了大片的种植园，成千上万的印第安人被迫在种植园里从事劳作，他们或者在西方殖民者的皮鞭下活活被累死，或者因为反抗遭到残酷杀害。矿藏的开发和种植园面积的扩大，出现了严重的劳动力短缺，于是，在16世纪，大规模贩卖奴隶的活动开始了，大批的黑奴从非洲被贩运到美洲大陆。

贩运黑奴可以谋取暴利。1730年，在非洲内地，黑奴几乎一文不值，四码白布就可以换取一个黑奴，但是如果把黑奴贩运到牙买加，每个黑奴却可以卖60英镑到100英镑的高价，于是，贩卖黑奴的行业开始迅速风靡。贪婪的殖民者竞相从事这种最有利润的"活商品"交易。

葡萄牙首先垄断了黑奴贸易，接下来，西班牙、荷兰、英国和法国都加入了贩卖黑奴的行列。这些殖民主义国家为了争夺黑奴贸易而进行了激烈的角逐。到了18世纪，英国成为最大的黑奴贩运国。

黑奴的主要来源是非洲西海岸的几内亚湾，那里是距离美洲和西印度群岛最近的地方，贩运黑奴的航程也最短。在最初的贩卖活动中，殖民者往往亲自捕捉黑人，但他们经常会遭到激烈的抵抗，有时候还可能被杀死。后来，他们改变了策略，唆使当地的酋长到内地捕捉奴隶，然后用枪支弹药、廉价的布匹以及一些日用物品从酋长手中换取奴隶，然后再成批地装船运往美洲。由于奴隶的需求量逐渐扩大，西非的奴隶来源逐渐枯竭，收购奴隶的范围逐渐扩大到东非沿岸、莫桑比克以及马达加斯加等地区。

19世纪初，资本主义工业最发达的英国率先掀起了废除奴隶的运动，后来这种运动席卷了其他国家和地区，但直到19世纪末，贩卖奴隶的活动还时有发生。

●莫扎特像

>>> 莫扎特与贝多芬

一次，贝多芬从外地赶来拜见莫扎特，莫扎特让他随便弹一首给他听。

贝多芬尽他最大努力弹奏了一首高难度的曲子。心想，这下一定能得到莫扎特的赞赏了。

莫扎特面部毫无表情，提笔写了几个字，对贝多芬说："请按这个题目构思一首曲子吧！"

贝多芬定了定神，凝思了一会儿，双手就按上琴键。顿时，琴声像潮水般的奔腾而出，奇妙的旋律回响在屋内。

"好！"莫扎特仔细听完了贝多芬的即兴创作，环顾周围的几个音乐家说："请各位注意，这个孩子必将以他的音乐才华震惊全世界。"

拓展阅读：

《C调上的莫扎特》
　[奥] 莫扎特
《莫扎特与狼帮》
　[英] 安东尼·伯吉斯

◎关键词：神童 莫扎特 音乐天才 奇迹

音乐神童莫扎特

18世纪的奥地利，一位伟大的音乐家降生了。他从小就有惊人的作曲天赋，七岁时在巴黎出版了一部模范曲，八岁开始写交响乐，并在伦敦出版了小提琴和竖琴的模范曲，11岁时写出了咏史乐和歌剧，12岁时就已经能够登台担当乐队指挥了。他就是被世人称为"神童"的音乐天才莫扎特。

1756年1月16日，莫扎特出生于奥地利萨尔茨堡的一个音乐世家，他的父亲里奥波德是萨尔茨堡宫廷大主教乐团里的著名小提琴手，同时还创作了很多曲子。莫扎特小时候，经常认真地听父亲教姐姐安娜弹钢琴。一天，父亲发现莫扎特正在聚精会神地写着什么，走近一看，发现莫扎特在写钢琴协奏曲。莫扎特的创作不但符合规则和要求，内容还非常充实，并且运用了很艰深的演奏技巧，父亲感到既惊又喜，从此以后，他便教莫扎特学拉小提琴。

里奥波德家里经常有一些音乐大师出入，他们聚集在一起演奏乐曲。有一次，年幼的莫扎特闹着要拉小提琴，父亲只好允许他小声地跟着拉第二提琴的人一起演奏。忽然，拉第二提琴的人惊讶地停止了演奏，任由小莫扎特一直把六支曲子拉完。在场的人被小莫扎特的成功演奏震惊了。为了更好地培养莫扎特的音乐天赋，里奥波德决定带着安娜和莫扎特进行一次旅游演出。小莫扎特的演出博得了一路喝彩。

回来时路过巴黎，一个歌女的悠扬歌声吸引了莫扎特，在歌女的请求下，莫扎特答应为她伴奏。莫扎特让歌女先唱一遍歌词，在她唱的过程中，就已经把曲子谱写出来了。等歌女再次唱时，莫扎特已经可以轻松自如地给她伴奏了，除此之外，莫扎特还给曲子创作了一个新的和声，歌女一连唱了10遍，莫扎特的伴奏每次都有无穷的变化，在场的人都不由得发出赞叹。1762年，里奥波德带着儿女来到德国的慕尼黑，在那里举行了一次成功的演出。同年9月，他们来到维也纳，结识了音乐家瓦根塞尔，他为莫扎特谱写了很多曲子。

13岁那年，莫扎特旅居维也纳，在那里写下了一部非常著名的歌剧——《拉·芬塔·赛普理渤》。此剧上演后，立刻引起了很多人的嫉恨，莫扎特无奈地离开了意大利。

这位音乐天才的一生是短暂的，莫扎特只活了35岁便离开了人世。在短暂的35年里，莫扎特创作了17部歌剧、49部交响乐以及许多其他类型的曲子。他的曲子轻快活泼，优雅典丽，内涵丰富，给人以无限的遐思和回味，莫扎特也因此被称为"十八世纪的奇迹"。

●叶卡捷琳娜二世像

>>> 俄国悲惨的农奴

叶卡捷琳娜二世执政期间，扩大了贵族特权，促进了农奴制的发展。到19世纪初，俄国农奴超过2000万人，占全国人口的90%以上。

叶卡捷琳娜使农奴制达到了顶峰，她还赐给贵族可以任意放逐农奴去服苦役的权力，而农奴在任何情况下都不得控告贵族地主。农奴"像牲口那样戴着镣铐出售"。出卖农奴的广告同出卖骡马、狗的广告一起刊登在官方的报纸上。

据说，当时的俄国，花10卢布就可以买一名少女，而买一条纯狗则必须花几百甚至上千卢布。

拓展阅读：

《彼得大帝史》［俄］普希金

《风流女皇》

［法］亨利·特罗亚

◎ 关键词：女沙皇 贵族 文字狱 贵族的黄金时代

女沙皇叶卡捷琳娜

1762年6月28日清晨，一辆华贵的马车匆匆驶向彼得堡军营，马车上坐着一位尊贵的德国女人，身边有一名近卫军军官陪伴。马车刚到达营房，数百名士兵就从营房里一拥而出，高喊"女皇"，并宣誓效忠她。女人微微地笑着，脸上露出得意的神色，她就是即将执政俄国的女沙皇叶卡捷琳娜，她命令近卫军冲进皇宫，将俄国沙皇彼得三世抓了起来。7月6日，彼得三世被处死，而下达命令的就是他的妻子叶卡捷琳娜。彼得三世死后，叶卡捷琳娜如愿以偿地登上了沙皇宝座。

彼得三世和叶卡捷琳娜同为德国人，关于他们如何到达俄国还颇有一段渊源：当初彼得大帝为了攫取波罗的海的制海权，就将自己的大女儿嫁给德国的一个亲王，彼得大帝死后，宫廷中为了争夺皇位而发生了5次政变，最后小女儿伊丽莎白做了沙皇，但她后继无人，只好将14岁的彼得从德国接过来，立为皇位继承人，彼得三世的未婚妻也跟着到了俄国。

作为德国的贵族，叶卡捷琳娜从小博览群书，学识渊博。自幼受到熏陶的她，深谙统治阶级内部的明争暗斗，她发誓一定要当女沙皇，于是就废寝忘食地学习俄语和俄国的风俗习惯。她生下一个儿子之后，得到了10万卢布的赏赐，她把这笔钱全部用在拉拢俄国贵族和军官的身上，为自己以后统治俄国打下了基础。

1761年12月，伊丽莎白女皇病故，叶卡捷琳娜的丈夫彼得登上皇位，称彼得三世。但智力低下的彼得三世上台后实行了一系列损害贵族利益的政策，导致贵族们的强烈不满，叶卡捷琳娜便利用贵族阶级和丈夫的矛盾，发动了宫廷政变，窃取了沙皇之位。

即位后的叶卡捷琳娜深知俄国当时的现状，采取了一系列维护贵族特权和利益的措施，加强了贵族专政，巩固了农奴制度。

沉重的盘剥和压迫激起了普通民众的强烈反抗，农奴起义连绵不绝。普加乔夫率领农奴揭竿而起，发动了俄国历史上规模最大的农奴起义，强烈震动了叶卡捷琳娜的封建统治。她亲自参与制订了镇压起义的计划，不仅将起义的农奴杀死，而且将起义的首领普加乔夫处以绞刑。

叶卡捷琳娜在位期间，对外发动了六次大的战争，妄图统治整个欧洲。

叶卡捷琳娜大兴文字狱，仇视进步思想，并且将俄国的权力高度集中在自己一人手中。俄国在她的治理下，经济和军事实力都得到了加强，逐渐步入鼎盛期。贵族是最大的获益者，她统治的这一时期被称为"贵族的黄金时代"，她本人也被称为"贵族的女皇"。

●被捕后的普加乔夫

>>>《上尉的女儿》

俄国伟大诗人普希金发表的一部真实反映普加乔夫农民起义的长篇小说。

小说描写了贵族青年军官格里尼奥夫到边防炮台就职，中途为暴风雪所阻，偶然和普加乔夫结识，并送给他一件兔皮袄。后来，格里尼奥夫爱上了驻地上尉司令米隆诺夫的女儿玛丽亚。普加乔夫起义，攻占炮台，杀死了司令夫妇，格里尼奥夫也被义军俘获。普加乔夫把他释放，并成全了他的婚事。

起义失败后，格里尼奥夫因此事受到怀疑，被政府逮捕。玛丽亚谒见女皇叶卡捷琳娜二世，澄清了怀疑，格里尼奥夫被释放。

拓展阅读：

《普加乔夫起义史》
　　[俄] 普希金
《俄罗斯文化史》
　　[俄] T.C.格奥尔吉耶娃

◎ 关键词：农奴 盘剥 农奴起义 失败

普加乔夫起义

18世纪的俄国，在女沙皇叶卡捷琳娜二世的统治下，人民过着十分悲惨的生活。很多人失去了土地，居无定所的他们被迫沦为农奴，受到贵族们的盘剥。因此，俄国频繁地爆发农奴起义，其中最著名的就是普加乔夫领导的起义。

普加乔夫出生在俄国顿河流域的齐莫维斯克村，他的父亲是一个贫苦的哥萨克人。17岁的时候，普加乔夫就长成了一个体格健壮的青年，和其他哥萨克人一样，他有着黝黑的肤色和深褐色的头发。就在那一年，普加乔夫应征入伍，但是为沙皇当兵是一件很苦的差事，每次打仗，普加乔夫总是冲在最前面，然而，他不但没有任何功劳，反而受到军官的欺压。普加乔夫忍无可忍，就鼓动其他士兵逃跑，事情败露后，普加乔夫被逮捕了。后来，普加乔夫成功逃脱。从此以后，他开始冒充已被叶卡捷琳娜二世杀死的彼得三世，联合四方的农奴，准备发动一次大规模的起义。毫无人身自由可言的农奴们早就恨透了这种残暴的统治，对地主和贵族更是恨之入骨，于是就纷纷响应普加乔夫的起义号召。

1773年9月17日，一支400多人的起义军，在普加乔夫的率领下，一路攻城略地，只用了十几天的时间就打到了奥伦堡城下，并将坚固的奥伦堡城池团团围住，队伍也增到2500人。

奥伦堡被围的消息传到了女沙皇叶卡捷琳娜二世那里，她急忙调集了三路大军，星夜兼程赶去支援奥伦堡。第一批3000多人的支援部队在将军卡尔的率领下，浩浩荡荡地向奥伦堡进发，卡尔根本没将普加乔夫放在眼里，他自认为凭借先进的装备，可以不费吹灰之力将起义军打败，却不想中了起义军的埋伏，结果大败而逃。

之后，普加乔夫亲自率领军队打退了车尔内舍夫上校的第二路援军，将企图混在人群中逃走的车尔内舍夫当场处死。第三路援军听到前两路军队溃败的消息后，不敢和起义军正面交锋，就绕路冲到城边，在守城士兵的接应下逃进了奥伦堡，普加乔夫彻底粉碎了官兵的围剿。从此以后，许多省份都相继爆发了声势浩大的农奴起义。

统治地位受到严重威胁的沙皇政府，再次派出大军，对起义军进行了大规模的血腥镇压。经过半年多的激战，普加乔夫和其他起义队伍都被打败了，一位叛变的哥萨克首领将普加乔夫交给了沙皇政府。1775年1月10日，普加乔夫和其他一些起义领袖在莫斯科被杀害。普加乔夫的起义虽然失败了，但沙皇的统治地位也被动摇了。

◎ 关键词：化学家 炸药大王 黄色炸药 胶质炸药

化学巨匠诺贝尔

●诺贝尔像

>>> 诺贝尔奖的由来

诺贝尔一生共获得 85 项发明的专利权，其中最为主要的是安全炸药。这项发明使他成为百万富翁。他希望他的这项发明能够为促进人类生活的繁荣做出贡献，但事与愿违，炸药被广泛地使用于战争。为此，他深感失望和痛苦。

为此，他于 1895 年写下遗嘱，把遗产的一部分作为基金，每年把利息作为奖金，授予"一年来对人类做出最大贡献的人"。瑞典政府于同年建立"诺贝尔基金会"，负责把基金的年利息均分，奖励物理奖、化学奖、生理学或医学奖、文学奖和和平奖得主。

拓展阅读：

《诺贝尔传》
　[瑞典] 舒克、索尔曼
《诺贝尔的囚徒》
　[美] 卡尔·杰拉西

瑞典著名的化学家诺贝尔素有"炸药大王"之称，他出生于 1833 年 10 月 21 日，家乡在斯德哥尔摩，那里依山傍水，风景如画，诺贝尔一家就住在一条偏僻的小巷里。诺贝尔的父亲伊曼纽尔·诺贝尔是一位机械师，母亲则是一位勤劳的农妇，虽然日子过得并不富裕，但家庭的气氛一直都很融洽。诺贝尔八岁那年，被父亲送到一所小学里上学，他有惊人的接受能力，在同龄人当中，他的学习成绩一直是最好的。

父亲伊曼纽尔从来没有接触过化学，但为了工程的需要，他只好自己摸索着研究，非常不幸的是，在一次实验中，炸药发生了爆炸，将自己和邻居家的房子全烧掉了。一场大火使原本幸福的家变得一无所有了，加上邻居们恶意攻击，无处容身的伊曼纽尔只好只身前往芬兰找事做。他没有放弃这方面的研究，不久后，他发明了一种水雷，俄国公使得知此事后，将他请到了俄国，安顿下来之后，他把一家人全都接到了俄国。

对于年幼的诺贝尔来说，俄国那片新天地让他感到无比的陌生，由于语言不通，他的生活变得非常乏味。为此，父亲特意为他请了一位俄国教师。这位教师除了教授俄语之外，还讲授一些关于科学技术的知识，诺贝尔总是听得兴趣十足。

17 岁那年，诺贝尔离开俄国，去欧洲学习造船工程，之后又留在欧洲考察。四年之后，他才又回到俄国，闲暇时就帮父亲研究炸药。

1847 年，意大利人苏伯诺研制出一种有强烈爆炸性的东西，那种被称为硝化甘油的液体对震动非常敏感，稍有不慎就会发生爆炸。诺贝尔受到启发后，开始在此基础上进行研究，用了将近四年的时间，他研制出了引爆药雷酸汞。接下来的研究让诺贝尔饱尝了一场灾难。实验中，药物突然发生了猛烈爆炸，所有人都以为诺贝尔必死无疑，但满身是血的诺贝尔竟然奇迹般地从破碎的瓦砾堆里爬了出来。

1876 年 9 月 3 日，不幸再次发生，海伦坡实验所突然发生了意外的大爆炸，正在做实验的诺贝尔的弟弟埃密·诺贝尔当场被炸死，他的父亲伊曼纽尔也没能幸免，被炸得半身瘫痪。经历了失去亲人的打击后，诺贝尔带着众人的嘲笑回到了阔别多年的祖国瑞典，开始了新的实验。

经历了无数次失败的打击后，毫不气馁的诺贝尔终于在一次实验后灵光闪现，将硝化甘油和硅藻土结合起来，研制出"黄色炸药"，解决了经常发生爆炸的问题。

此后不久，诺贝尔又发明了胶质炸药，将炸药的研究推向了一个新的高峰。

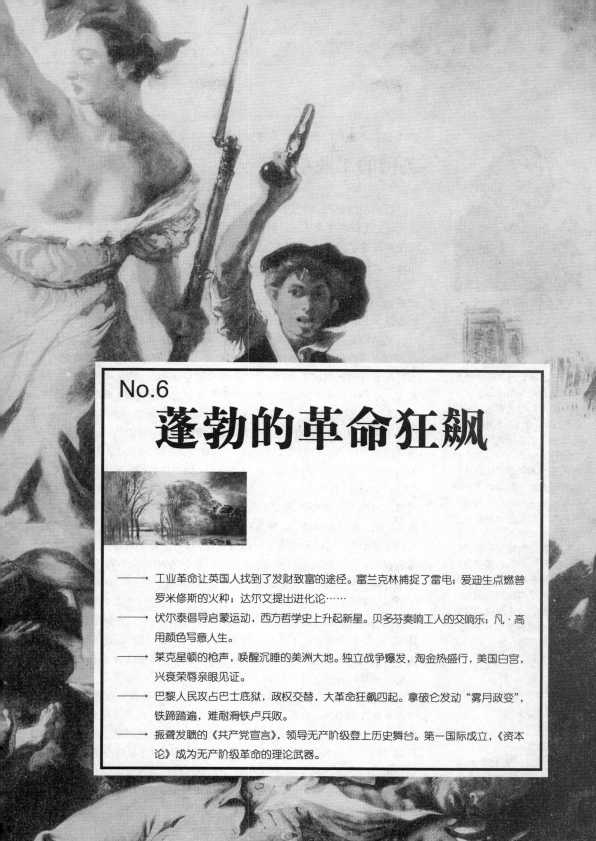

No.6
蓬勃的革命狂飙

—→ 工业革命让英国人找到了发财致富的途径。富兰克林捕捉了雷电；爱迪生点燃普罗米修斯的火种；达尔文提出进化论……

—→ 伏尔泰倡导启蒙运动，西方哲学史上升起新星。贝多芬奏响工人的交响乐；凡·高用颜色写意人生。

—→ 莱克星顿的枪声，唤醒沉睡的美洲大地。独立战争爆发，淘金热盛行，美国白宫，兴衰荣辱亲眼见证。

—→ 巴黎人民攻占巴士底狱，政权交替，大革命狂飙四起。拿破仑发动"雾月政变"，铁蹄踏遍，难耐滑铁卢兵败。

—→ 振聋发聩的《共产党宣言》，领导无产阶级登上历史舞台。第一国际成立，《资本论》成为无产阶级革命的理论武器。

蓬勃的革命狂飙

●发明蒸汽机的瓦特

>>> 鸦片流毒

工业革命后，英国资产阶级竭力向中国推销工业产品，企图用商品贸易打开中国的大门。直到19世纪二三十年代，中国对英贸易每年仍保持出超二三百万两白银的地位。为了改变这种不利的贸易局面，英国资产阶级采取卑劣手段向中国大量走私鸦片，以满足他们追逐利润的无限欲望。

鸦片贸易给英国资产阶级、英印政府、东印度公司和鸦片贩子带来了惊人的暴利。打破了中国对外贸易的长期优势，使中国由200多年来的出超国变成入超国。

鸦烟流毒，为中国3000年未有之祸。

拓展阅读：

伦敦水晶宫
《英国工业革命》林举岱
《维多利亚鼎盛期》
[英] 普利斯雷

◎ 关键词：资产阶级革命 资本主义统治 飞梭 蒸汽机

英国的工业革命

17世纪的英国，爆发了一场资产阶级革命，推翻了统治已久的封建制度，建立了资本主义统治。到了18世纪前期，英国的国王已经形同虚设，国家大权落在国会以及对国会负责的内阁手中，这就是资产阶级国家的内阁制度。英国的圈地运动使很多农民失去土地，走上了背井离乡的道路，大批的流民为工业生产积蓄了富裕劳动力，农场的出现使农产品的产量大大增加，同时也为工业生产提供了原料和生产食粮。这些因素，促使英国原本就有200多年历史的手工工场，开始向专业化的方向发展。

毛纺呢绒行业向来是英国的传统工业，但棉纺业却不是强项，所以一直没有得到长足的发展。但是，棉布的价钱非常低廉，穿着又特别舒适，所以深受普通民众的喜爱，他们竞相购买棉纺织品。一些从事棉纺织业的商人，为了捞取更多的钱财，急于在生产效率上有所突破。那些从事维修的工人，也在棉纺机上动起脑筋来，有的还因为改进机器而成了发明家。织布工人凯伊就是这样的人，他有着聪明的头脑，不但能织得一手好布，还能维修纺织机。1733年，他制造了一种新式的织布梭子，代替了以往的由手传动的传统，效率比以前快了两倍，他将这种梭子命名为"飞梭"。"飞梭"的面世很快就得到了世人的认可，它使棉纱一度出现供不应求的局面。31年后，纺织机再度出现飞跃，一个叫哈格里夫斯的人发明了手摇纺纱机。此后的1769年，钟表匠凯伊在纺纱机的纺锭上安装了滑轮，使其转动灵活，还可以用水流把机器带动运转，称为水力纺纱机。但是他的专利权被一个叫阿克莱特的理发师窃取了，阿克莱特在1771年建立了一座水力纺纱厂，人类历史上出现了第一座使用机器的工厂，阿克莱特也因为可观的利润暴富了。

当初，纺织业的机器曾被视为怪物，因为它们经常出现故障。直到1806年，曼彻斯特建起了世界上第一家由蒸汽机传动的织布厂之后，英国人才真正明白机器生产是发财致富的捷径。因而，真正推进工业革命大发展的还是瓦特发明的蒸汽机。

经过几年努力，瓦特终于在1782年发明了"双动式蒸汽机"，它既可以用于矿井和田间，也可以在工厂中带动机器运转，真正意义上的机器就此诞生了，人类也因此进入了"蒸汽时代"。不久，鼓风机、凿井机、蒸汽抽水机等也相继发明出来，并广泛地应用于车船上。史蒂芬森于1814年制造出第一台蒸汽机车后，铁路铺设与火车运输彻底改变了以往的交通运输方式。1819年，汽船横渡了大西洋，更是被传诵一时。从此以后，工厂中的木制机器被铁制机器所取代。

蓬勃的革命狂飙

●本杰明·富兰克林像

>>> 幽默的富兰克林

富兰克林不仅是一位著名的科学家，还是一位政治活动家。

他曾积极地参与了《独立宣言》的起草，为争取黑人解放发表演说，为建立美国的民主制度进行斗争。

他在指责一项有钱人才有资格当选为议员的法律的时候说："要想当上议员，就得有 30 个美元。这么说吧，我有一头驴，它值 30 个美元，那么我就可以被选为议员了。一年以后，我的驴死了，我这个议员就不能继续当下去了。请问，究竟谁是议员呢？是我，还是驴？"

拓展阅读：

《富兰克林像》[法] 乌东
《富兰克林自传》
[美] 本杰明·富兰克林

◎ 关键词：雷电秘密 手工业者 热爱读书 印刷所

科学家富兰克林

美国伟大的政治家、开国元勋之一富兰克林曾经参与起草了著名的《独立宣言》，此外，他还是一位出色的科学家，是第一个揭开雷电秘密的人，他首次阐明了电的性质，为近代电学的研究奠定了基础。

1706 年，富兰克林生于波士顿一个手工业者家庭，他的父亲是个为人和善的虔诚基督教徒，曾经做过染匠，后来为了逃避宗教迫害，从英格兰远涉重洋移居到北美洲的殖民地，转而以制造蜡烛和肥皂为生。他共有 10 个孩子，富兰克林排行第八，是男孩中最小的一个。

富兰克林小时候就热爱读书，父亲发现了这一点，就把他送到一个印刷所去当学徒。在那里，富兰克林成了廉价的劳动力，虽卖命工作，但还是经常挨打。在这样的环境下，富兰克林接触了很多书籍，他争取一切时间读书，想尽办法满足自己的求知欲。

1729 年，在两位挚友的资助下，富兰克林开始独自经营印刷所。在他的苦心经营下，印刷所办得很红火。第二年，24 岁的富兰克林和丽德结婚了。就在这个时候，他开始对电产生了痴迷，为了集中精力研究电学，富兰克林将经营得非常红火的印刷所转让了。富兰克林在随后的实验中发现，尖头的棍子接近莱顿瓶上的铁杆时，就会产生强烈的电火花，而用方头的棍子接近莱顿瓶上的铁杆时，产生的火花就较为弱小。此外，富兰克林还发现莱顿瓶内外两层所带的电正好极性相反，数量相等，这些发现促使他做了大量的实验。

一天，富兰克林为了加大电的容量，就将几只莱顿瓶连在一起，守候在旁边的妻子丽德不小心碰到了莱顿瓶，结果被击倒在地上。这次惊险的意外事故给富兰克林留下了深刻的印象，他认为莱顿瓶中的电流和空中的雷电应该是一样的。多年以后，富兰克林和儿子一起解开了雷电之谜，打破了当时科学界普遍认为雷电是气体爆炸的观点。

富兰克林和儿子用丝绸做了一只特大号的风筝，然后在风筝的骨架上装上金属丝，另一端拴上一个钥匙。他们在一个雨天前，将风筝放飞到空中，等倾盆大雨落下来的时候，富兰克林和儿子躲进了附近的一所建筑物里。一道闪电划过天空之后，风筝线上松散的纤维直立起来，像是被一种看不见的力量操纵着。富兰克林感到握着风筝线的手有些麻木，当他的手触到钥匙的时候，钥匙上突然蹿起一串火花，富兰克林差点被击倒在地上。富兰克林非但没有惊恐，反而感到特别高兴，因为他证明了雷电的性质和发电机产生的电性质是相同的。富兰克林的这一发现为近代电学研究奠定了基础。

蓬勃的革命狂飙

●贝多芬像

>>>《致爱丽丝》的由来

　　1791年的圣诞夜，21岁的贝多芬当时穷困潦倒。在维也纳著名的斯提芬大教堂门口的楼梯上，贝多芬遇到了一个正在啜泣的小姑娘——爱丽丝。原来，一直照顾这个小姑娘的邻居雷德尔·巴塞特老爹正处于弥留之际，而老人的夙愿是去波利尼西亚的塔西提岛看看森林和大海，否则他就升不到天堂。

　　贝多芬和小女孩来到双目失明的雷德尔老爹的身旁。打开尘封的钢琴，仿佛有天使在指引，瞬间，老人看到了森林、大海，听见了鸟鸣，他挣扎着拥抱了贝多芬，这首《致爱丽丝》也一直流传下来。

拓展阅读：

《贝多芬传》[法]罗曼·罗兰
《伟大的普通人》
　　[日]泷本裕造

◎ 关键词：贝多芬 音乐才华 耳聋症 一贫如洗

音乐家贝多芬

　　1770年12月15日，有"乐圣"之称的路德·维希范·贝多芬在波恩出生了。他的父亲是宫廷里的一个男高音歌手，母亲则是一个女仆。生活条件的拮据，使以唱歌为生的父亲回到家里后就再也唱不起来了，他经常借酗酒来排遣生活中的不愉快，但是酷爱音乐的他总想让儿子继承自己的衣钵。贝多芬从4岁时起，就在父亲的严厉教导下学习弹钢琴了。

　　11岁那年，贝多芬投在大音乐家倪富门下潜心学习音乐，经过一段时间的学习后，就已经小有名气了。1787年春天，贝多芬来到音乐之都维也纳，拜访了音乐大师莫扎特。1791年，贝多芬崇拜的音乐家莫扎特仅35岁就英年早逝了。第二年，贝多芬永远告别了故乡，正式移居音乐之都维也纳，跟随作曲家海顿学习作曲。海顿是一位比较传统的音乐家，他喜欢安分守己的学生，而活泼好动、不拘一格的贝多芬并不怎么讨海顿的喜欢，无奈之下，贝多芬只好终止了跟海顿的学习。之后的那段时间，他凭借自己顽强的意志，不耻下问，终于成为维也纳公认的钢琴家和作曲家。他于1800年在维也纳举办了公开演奏会，首次让人们领略了他卓越的音乐才华，以后每隔上三两年，贝多芬就会给听众带来新的音乐作品。

　　尽管贝多芬在音乐上有不凡的表现，在音乐的领域里取得了累累硕果，但是命运似乎和这个天才音乐家开了个不小的玩笑。年仅27岁的贝多芬竟然患了耳聋症，这对于酷爱音乐的贝多芬来说，不啻是夺命之痛。随着病情的不断恶化，中年时的贝多芬什么也听不到了，他曾痛苦而无奈地发出了这样的呼喊："上帝啊，这究竟是为了什么？"之后的十余年间，贝多芬又创作了许多优秀的作品，如《月光奏鸣曲》、《第二交响乐》、《克莱策奏鸣曲》、《第三交响乐》、《曙光奏鸣曲》和《热情奏鸣曲》等。其中创作于1808年的《第五交响乐》是最受听众欢迎的交响乐。从此以后，贝多芬的创作向交响乐方面发展了。很快，贝多芬就成了工人的交响乐之王。

　　贝多芬一生桀骜不驯，对贵族更是嗤之以鼻。1812年，贝多芬与大作家歌德到著名的避暑胜地波希米亚，恰巧见到了奥地利的太子，歌德连忙整理衣襟，毕恭毕敬地向太子鞠躬，而贝多芬却假装没看见，竟然大摇大摆地走了过去。名声大噪后，很多贵族都希望和贝多芬结交，但贝多芬却不屑一顾，结果遭到了贵族们的冷落。贝多芬虽然是个出色的音乐家，但生活中的他却一贫如洗，他曾经因为没钱更换靴子而减少外出。

　　1827年3月26日，贝多芬带着未完成的作品遗憾地离开了人世。

●美军士兵演练枪法

>>> 美国国鸟

白头海雕（秃鹰）在1782年被设计为美国国家的象征。当时这种鹰大概有9000只。

美国是世界上最先确定国鸟的国家。白头海雕最早出现于美国的旗帜上是在独立战争期间。

1776年7月4日第二次大陆会议发表了《独立宣言》并决定新生的美国必须有一个特殊的国徽。1782年6月20日，美国国会通过决议，把北美洲特有的白头海雕作为美国的国鸟，并把这种鸟作为国徽图案的主体。白头海雕外观美丽、性情凶猛，头上有丰满的羽毛，它的最大特点是两头白，即白头白尾。它代表着勇猛、力量和胜利。

拓展阅读：
《美国独立战争简史》刘祚昌
《美国的独立与南北战争》
[韩] 朴淳和

◎ 关键词：殖民地 印第安人 赋税 独立战争

莱克星顿的枪声

目前的世界强国美国，只有200多年的历史。200多年前的美国是英国的殖民地，地处北美洲，那里生活着印第安人，航海家哥伦布于1492年发现了美洲大陆后，西方人才知道美洲的所在。

1607年初，英国人克里斯托弗·纽波特率领3艘船和120名移民在詹姆士河口建立了第一个英国殖民地，取名弗吉尼亚。13年后，一批流亡荷兰的英国清教徒，以波士顿为中心，建立了另一个殖民地马萨诸塞。此后的100多年间，趋之若鹜的英国人开始在北美洲抢滩，先后在那里建立了13个殖民地，它们分别是弗吉尼亚、马萨诸塞、康涅狄格、罗德艾兰、纽约、新泽西、特拉华、新罕布什尔、宾夕法尼亚、马里兰、北卡罗来纳、南卡罗来纳和佐治亚，这些殖民地都由英国人管理，英国人对这些殖民地的盘剥是相当严重的。

18世纪后半期，繁重的赋税几乎让生活在这些殖民地上的人难以为继。英法战争爆发后，繁重的税收成了军费开支的重要来源。而在此时的殖民地已逐渐形成了一个名为美利坚的新民族，他们拥有自己的民族精神，渴望实现民族的独立和解放，不再甘心充当英国的附属，于是，一些诸如"自由之子社""通讯委员会"的秘密组织在北美大地上相继出现了。他们抵制英国货，赶走了收税的官吏，焚烧了税票，甚至进行武装反抗，莱克星顿的枪声就此打响了。

1775年4月，马萨诸塞总督兼驻军总司令盖奇得知，在波士顿附近的康科德镇上，有一个"通讯委员会"的秘密军需仓库，于是就派军队前去搜查。三天后的凌晨，指挥官史密斯率领着800名英军士兵，来到距离康科德约10千米处一个叫莱克星顿的小村庄，那里是通往康科德的必经之路。在村外的草地上，双方相遇后展开了一场激烈的交火，这是北美反抗英国的第一次武装行动。交战仅仅持续了几分钟，势单力薄的民兵们很快撤离了战场，八名民兵在战斗中牺牲了。史密斯首战告捷后，指挥英军进入村庄进行大肆搜捕，又带队直奔康科德，却都一无所获。返回途中遭到民兵的伏击，措手不及的英军只好向莱克星顿方向撤退。战斗一直持续到下午，最后，从波士顿赶来的一支援军给史密斯解了围。

莱克星顿枪声唤醒了沉睡中的美洲大地，大西洋沿岸的13个殖民地纷纷武装起来，几天之后，波士顿就陷入了民兵的包围之中，纽约等地也成了游击队的天下。在大陆军总司令乔治·华盛顿的率领下，美国掀起了独立战争的狂潮。

蓬勃的革命狂飙

● 19世纪的印第安人

>>> 波士顿感恩墙

波士顿是个既年轻又古老的城市，那里有许多令人着迷的事物。可是最令人着迷的还数一所名不见经传的监狱，因为那所监狱的墙壁上密密麻麻地写满了感恩的文字。虽然现在监狱早已报废，政府几次想将那垛墙拆了，却招来市民的强烈不满，许多市民跑到大街上游行向政府示威。他们希望每个人都能有感恩的权利。最终，那垛墙壁在市民的强烈要求下得以保留下来。

此后，整个美国都掀起了一股感恩的热潮。墙上再也写不下一个字了，人们便直接给值得自己感恩的人写信、写明信片，或者将自己感恩的话语写在日记里。

拓展阅读：
《感恩的心》(歌曲)欧阳菲菲
《感恩节前捉火鸡》
[美] 安娜·玛丽

◎ 关键词：家庭欢宴 印第安人 新教徒 上帝的恩赐

美国感恩节的由来

每年11月的最后一个星期四，是美国人传统的节日——感恩节。所有的美国人在这一天里都感到非常愉快，在举行完家庭欢宴后，他们就赶往祖先曾经居住过的地方，瞻仰和缅怀祖先，感谢他们曾在这片土地上生存，并成为这儿的主人。

实际上，印第安人才是美洲大陆上真正的主人，他们本是美洲土著居民，原来居住在亚洲的东北部，后来不知出于何种原因，他们越过白令海峡到了美洲。勤劳的印第安人为农作物的培植做出了巨大的贡献，他们来到美洲后，历经漫长的岁月，终于培育出了诸如花生、玉米等农作物，还学会了种植烟草。生活在拉丁美洲的玛雅人、阿兹特克人和印加人都将玉米作为主要的种植作物，玉米成了美洲土著民族进步的标志。

17世纪初的北美，还是一片未被开发的处女地，印第安人在那里过着平静的生活，但随后到来的英国人扰乱了他们的清幽。一些英国人因为无法忍受天主教会的盘剥和繁杂的宗教仪式而改信了新教，他们被称为"新教徒"，和旧有的宗教势力水火不容，于是，旧势力教会凭借手中至高无上的权力，对新兴的异己分子毫不留情地加以铲除。人人自危的清教徒为了保全性命，免遭英国政府和旧教会的迫害，被迫登上一艘小船离开生养自己的故乡，漂洋过海去寻找能够继续生存的土地。他们渡过大西洋，在北美洲的马萨诸塞州的一处海岸登陆，开始了异地的新生活。

寒冷的冬天到来了，北美大地被漫天的冰雪所覆盖，凛冽的寒风肆虐着大地，寒气袭人，令人难以忍受。刚刚上岸的外来者们看到的只是无尽的旷野，他们在杳无人烟的地带坚强地忍受着寒冷、饥饿和疾病的困扰，一同前来的100多人中，有一半人在这片土地上失去了性命，剩下来的人则在万分艰苦的条件下顶住困难，挺了过来。他们是最早的欧洲移民，在美洲大地上建立了普利茅斯村。第二年春天，距离普利茅斯村不远的一支印第安人看到这批移民的清苦后，出于同情，给他们送来了食品、衣服和种子，并亲手教他们如何打猎、捕鱼和种植庄稼，让他们在那里扎下了根。

当年秋天，经过艰苦劳动的移民获得了丰收，他们不仅得到了玉米、南瓜等农产品，还猎获了大量水禽和野火鸡。为了庆祝丰收，他们在1621年11月的第四个星期四，举行了一场欢乐的宴会，邀请当地的印第安人一同参加，感谢"上帝的恩赐"。这次长达三天的庆祝活动就是北美大陆上的第一个感恩节。后来经过群众性的自发组织，感恩节逐渐扩展到整个美国，形成了一种风俗。1776年美国独立后，政府宣布感恩节为美国的正式节日，这一传统就此延续下来了。

●1768 年 10 月 1 日，英国同北美洲殖民地关系骤然紧张。由于英国通过的《印花税法案》在马萨诸塞引起强烈反对，英军开进波士顿，妄图以武力来威胁反抗的殖民地居民。英国贵格会信徒彭威廉负责宾夕法尼亚费城的建设工作。图为他正与当地印第安人交涉有关事宜。

蓬勃的革命狂飙

◎ 关键词：独立战争 华盛顿 北美殖民地

美国独立战争爆发

资产阶级启蒙运动思想家托马斯·潘恩于1776年1月发表了名著《常识》，号召北美殖民地人民向英国宣布独立。在不到一个月的时间里，《常识》就传遍了北美的13个殖民地，民众要求独立的呼声日渐高涨，像一股奔腾的洪流涌向了各个殖民地，富兰克林等人起草的《独立宣言》终于在7月4日的大陆会议上获得通过，宣告了美利坚合众国的诞生。从此以后，北美民众为独立展开了一场艰苦卓绝的战争。

战争之初，华盛顿率领的军队，最多的时候只有1.8万人，而且战备物资奇缺，士兵们全凭满腔的热情和装备精良的英军进行对抗。在独立战争爆发的前三年里，大陆军一直处于劣势。1777年9月，华盛顿的军队退到离费城不远的福治河谷，准备进行休整。由于士气低下，很多民兵组成的分队都分散回家了，剩下不足5000人的队伍，华盛顿几乎陷入了进退维谷的地步。此时，英国将领柏高英率领7000名英军已经从加拿大出发，而纽约的英军也向北出击，企图形成两面夹击的态势，消灭华盛顿率领的军队，形势万分危急。

热衷于享乐的柏高英，光自己的生活用品就足足装了30辆大车，行军的速度非常慢，直到9月份才进入新英格兰地区。新英格兰立即组织起20000民兵，以援助华盛顿的大陆军。9月19日，民兵在弗里曼奇农庄和英军打了一场大仗，打败了柏高英的军队，犹豫不决的柏高英率领着军队固守在弗里曼奇农庄里，失去了突围的最佳时机。再次遭到重创后，英军只好退往萨拉托加，陷入了重重包围之中。10月17日，走投无路的柏高英只得率领剩下的5000人投降了。经历了萨拉托加战役之后，英军的攻势越来越弱了。

英国政府在1778年春天撤换了北美英军总司令豪将军，让柯宁顿代替了他的职务，柯宁顿上任后不久，驻扎在费城的英军总部便遭到了海陆两方面的包围。害怕被切断海上退路的柯宁顿慌忙将军队撤出费城，华盛顿立即率领军队驻扎在纽约附近的怀特普莱恩斯，和英军形成对峙的局面。英军集中优势兵力在南方战线展开了攻势，花费了一年多时间后，终于攻下了萨凡纳和查尔斯顿两个重要据点，柯宁顿以为南方的战局已定，就把部下康华利留下指挥战事，自己返回了纽约。

1780年10月7日，在游击队和民兵的帮助下，华盛顿荡平了南卡罗来纳境内金斯山上的英军。康华利低估了大陆军的战斗力，1781年8月1日率领军队攻占约克敦，在那里和华盛顿的军队进行了生死一搏，结果大败投降。

1783年9月，英国承认北美殖民地独立，双方正式签订了和约，历时八年的美国独立战争结束了。1789年3月，华盛顿当选为美国第一任总统。

● 乔治·华盛顿像

>>> 华盛顿找马

有一天，华盛顿的一匹马被人偷走了，他同一位警察一起到偷马人的农场里去索讨，但那人拒绝归还，一口咬定那是他自己的马。

华盛顿用双手蒙住马的两眼，对那个偷马人说："如果这马真是你的，那么，请你告诉我们，马的哪只眼睛是瞎的？"偷马人犹豫地说："右眼。"华盛顿放下蒙眼的右手，马的右眼并不瞎。

"我说错了，马的左眼才是瞎的。"偷马人急着争辩说。

华盛顿又放下蒙眼的左手，马的左眼也不瞎。

偷马人还想狡辩。警官判令他把马还给了华盛顿。

拓展阅读：

《华盛顿》[美]华盛顿·欧文
《为独立与自由而战》
林仁华等

●伏尔泰雕像

>>> 三岁神童

一天，小伏尔泰的父亲从外面回来，看见三岁的小伏尔泰站在床上自言自语地讲故事，还手舞足蹈。时而扬扬得意，时而板着面孔，表情丰富多变。

父亲见了，既觉得好奇，又感到可爱。于是就忍住笑躲在他背后偷偷地看他表演。孩子讲的故事好像是拉·封登的《寓言》上的。父亲悄悄地拿来这本书，经过核对，他惊异地发现，原来儿子讲的故事与《寓言》中的故事居然一字不差。

等儿子讲完故事后，父亲情不自禁地把他抱了起来，高兴地把他举过头顶，连连称赞。

拓展阅读：

《同盟》［法］伏尔泰
《伏尔泰的椰子》
　　［英］伊恩·布鲁玛

◎ 关键词：启蒙大师 等级制度 贵族 巴士底狱

启蒙运动的倡导者伏尔泰

法国著名的启蒙大师伏尔泰于 1694 年出生在巴黎。他的父亲是一个殷实的富人。伏尔泰虽然出生在如此富有的家庭里，但仍和第三等级的平民毫无差别，因为法国有着森严的等级制度。

伏尔泰的父亲对显赫的贵族特别羡慕，并把跻身贵族的愿望寄托在儿子身上。他不惜重金，将伏尔泰送进最负盛名的路易大王学校求学。伏尔泰从小就受到父亲的熏陶，他严格要求自己，在学业上取得了骄人的成绩。他极力想步入贵族子弟的行列，于是凭借伶牙俐齿博得了贵族子弟们的欢心。到 16 岁毕业时，他几乎和那些贵族子弟称兄道弟了。接下来不久，伏尔泰又遵照父亲的意思学习了法律，之后被派到国外，担当驻荷兰大使的秘书，那一年，伏尔泰才 19 岁，但是好景不长，一段恋情断送了他的锦绣前程，伏尔泰被遣送回国。

回到家中后，伏尔泰遭到父亲的严厉斥责，从此以后，他便终日和一些贵族子弟厮混在一起。没想到，因为写了一首嘲笑贵族的讽刺诗，他被关进了巴士底狱。身陷囹圄的伏尔泰仍然坚持创作，并完成了他的第一部悲剧《俄狄浦斯》。1718 年，《俄狄浦斯》在巴黎上演，获得极大的成功，伏尔泰一举成名。出狱后不久，伏尔泰再次因为写诗讽刺法国贵族，又一次被投进巴士底狱。出狱后，他被驱逐出境，流亡到了英国。伏尔泰开始接触到英国的政治制度和经济生活，研究了唯物主义哲学和牛顿的物理学，思想发生了重大变化。他在 1743 年出版的《哲学书简》不仅赞扬了英国革命所取得的成就，还无情地抨击了法国的封建制度，极力宣传唯物主义哲学思想。没想到这本书一出版，就被法国政府列为禁书，并当众烧毁。

《哲学书简》使得伏尔泰在法国与荷兰边境一个偏僻的贵族庄园里隐居了 15 年。在此期间，他创作了悲剧《恺撒之死》和《穆罕默德》、讽刺长诗《奥尔良的少女》、哲理小说《查第格的命运》、历史著作《路易十四时代》以及科学论著《牛顿哲学原理》。直到 1750 年，他才应普鲁士国王腓特烈二世邀请访问柏林，但是普鲁士是一个比法国更黑暗、更残酷的封建专制国家，伏尔泰想实现启蒙主义的理想破灭了。两年后，伏尔泰离开了柏林。1760 年，伏尔泰在法国与瑞士边境的费尔奈庄园定居下来，在此度过了他一生中的最后 20 余年。在这期间，他写下了大量的文学、哲学和政治著作。欧洲的许多哲学家、艺术家以及演员都慕名拜访伏尔泰，小小的费尔奈庄园成为欧洲启蒙运动的中心。

1778 年 2 月，84 岁高龄的伏尔泰重返阔别 28 年的巴黎，受到人们的热烈欢迎，同年 5 月 30 日，伏尔泰在巴黎病逝。

◎关键词：征收地租 常备军 德意志帝国

普鲁士王国建立

●普鲁士国王威廉一世

>>> 勃兰登堡门

勃兰登堡门是位于德国首都柏林的新古典主义风格建筑，由普鲁士国王腓特烈·威廉二世下令于 1788 年至 1791 年间建造，以纪念普鲁士在七年战争中取得的胜利。

勃兰登堡门高 26 米，宽 65.5 米，深 11 米，以雅典卫城的城门作为蓝本，设计者是普鲁士建筑师朗汉斯。

勃兰登堡门门顶中央最高处是一尊高约五米的胜利女神铜制雕塑，雕塑象征着战争的胜利。

勃兰登堡门是柏林的象征，也是德国国家的标志，它见证了柏林、德国、欧洲乃至世界的许多重要历史事件。

拓展阅读：

"中国蓝"的来历
《德国文化》丁建弘、李霞

13 世纪，条顿骑士团曾征服了古普鲁士的居住地，到了 1525 年，那里变成了公国，臣属于波兰。1618 年，霍亨索伦家族的勃兰登堡作为选帝侯，在那里建立了勃兰登堡—普鲁士公国。三十年战争结束后，作为战胜国的瑞典根据 1648 年的《威斯特伐利亚和约》，占领了德国北部的大片领土和重要城市，控制了易北河、奥德河和威悉河的出海口，而维斯瓦河下游地带则控制在波兰人手中，勃兰登堡—普鲁士公国的粮食出口和商业贸易受到了严重损害。政治上处于屈从地位，北方的贸易通道被控制，面对这种状况，弗里德里希·威廉一世决定展开斗争。他打算取消波兰对普鲁士的宗主权，夺取波罗的海南海岸与奥德河下游的控制权，然后在此基础上将分散的领地统一为完整的疆土，与哈布斯堡王朝在德意志分庭抗礼。

为了增强国家的实力，弗里德里希·威廉不惜放弃向农民征收地租的权力而建立了一支常备军，然后向各省派遣军事专员，建立军事行政机构，如此一来，他在本国的统治地位大大巩固了。弗里德里希·威廉十分注重商业的发展，将军需行业、工场手工业和对外贸易作为发展的重中之重，为了保护工商业，以此增加税收、充实国库，弗里德里希·威廉实行了统一的货币制度。在外交上，弗里德里希·威廉不惜背信弃义，使用奸诈的手段，以获取新的领地或高额的补助金为目的。三十年战争结束后，弗里德里希·威廉利用大国之间的矛盾，竟然置德意志民族的利益于不顾，反而支持法国对付德意志皇帝和奥地利的哈布斯堡王朝。在波兰和瑞典开战之际，他时而与波兰结盟，时而又联合瑞典和波兰对抗，并趁机夺取了被瑞典占领的波兰领土，将普鲁士王朝变成和德意志皇帝分庭抗礼的最大诸侯国。一直到去世前，弗里德里希·威廉都对扩张矢志不忘。

弗里德里希三世登上王位后，不仅继承了选帝侯的封号，还继承了弗里德里希·威廉机智善变的外交政策，但他崇尚法国的奢靡，极力模仿路易十四的宫廷生活。他不满足于公侯的地位，而是想将勃兰登堡提到王国的地位。他决心将自己的封地称为普鲁士王国，这意味着将从此摆脱与波兰皇帝的从属关系。1701 年 1 月 28 日，弗里德里希三世在柯尼斯堡举行了隆重的加冕典礼，改号为弗里德里希一世，将都城定在柏林。

1713 年，西班牙正式承认普鲁士的合法地位，从此以后，普鲁士王国的疆土不断扩大，成为与奥地利并列的两大邦国之一。1781 年，普法战争结束后，普鲁士建立了统一的德意志帝国，帝国的皇帝由普鲁士王国的国王兼任。

蓬勃的革命狂飙

●法国国王路易十六

>>> 法国共和历

法国大革命中曾实行的历法。以法兰西第一共和国建立之日（1792年9月22日）为历元，每年分4季，12个月，每月30天，每10天为1旬，每旬第10日为休息日。

共和历借用当时一本小册子里富有诗意的名称，将12个月依次定为葡月、雾月、霜月、雪月、雨月、风月、芽月、花月、牧月、获月（或收月）、热月、果月。

法国大革命中发生的热月政变、芽月起义、牧月起义、葡月暴动、果月政变、雾月政变等事件以及牧月法令、风月法令等，就是按共和历的月份命名的。

拓展阅读：
《法国大革命》[法] 蒂拉尔
《法国大革命史》
[俄] 克鲁泡特金

◎ 关键词：封建王朝 大革命 路易十六 三级会议

巴黎人民攻占巴士底狱

法国巴黎市区东部的巴士底狱，先前曾是一座非常坚固的要塞。查理五世时期，为了阻止英国人的进攻，国王查理五世便下令构筑一座要塞，而且完全是按照12世纪军事城堡的格局建造的。随着巴黎市区的不断扩大，巴士底狱逐渐失去了抵御外敌的作用，到18世纪末，巴士底狱成了控制巴黎的制高点和关押政治犯的监狱。巴士底狱有厚厚的围墙，围墙的高度达到30余米，8个高高耸立的塔楼上架着15门大炮，大炮旁边堆放着几百桶火药和无数炮弹。站在塔楼上，可以俯瞰整个巴黎城，巴士底狱自然也成了法国专制王朝的象征，因此，那些反叛专制王朝的人大都被关押在那里。很多年来，人们都在尝试推倒这座封建王朝的象征，但均以失败而告终。

1789年，法国掀起了大革命的狂飙，工人、手工业者和城市里的贫民，纷纷拥上巴黎街头，他们从封建统治者手中夺取了武器，开始走上武装起义的道路。处于法国封建社会第一等级的僧侣和处于第二等级的贵族，只占全国人口中极小的一部分，但他们却控制了国家的大部分财富，他们仰仗手中的权势，在人民面前作威作福。法国国王路易十六就是这些人中的大寡头，他和僧侣以及贵族们沆瀣一气，置广大民众于不顾，就连新兴的资产阶级因为没有政治权力也同样受到欺压。

路易十六的挥霍无度致使国库亏空，为了能将奢靡的生活继续下去，已经终止了175年的"三级会议"也在他的意愿下召开了，而他的动机就是为了筹集钱款。但是，第三等级的代表识破了路易十六的真正意图，于是趁开会的时机提出了两点要求，制约路易十六的权力。路易十六当然不会接受如此的条件，于是偷偷将效忠自己的军队调遣到巴黎，准备逮捕第三等级的代表，但是消息却不胫而走，巴黎民众为此怒不可遏，一场大革命就此爆发了。

1789年7月13日，手执武器的人群攻占了整个巴黎，只剩下巴士底狱还被国王的军队占领，愤怒的人群拥向路易十六最后的阵地，但遭到强大火力的压制，伤亡的人数也在一点点增多。之后，人们找来了攻击力极强的大炮，终于将坚固的巴士底狱打开了一道缺口，守军们纷纷投降了，巴黎人民攻占了巴士底狱。

巴黎人民胜利的消息很快传开了，其他城市纷纷效仿，以武装夺取了市政管理权，建立起国民自卫军，农民们也纷纷响应，攻打领主的庄园，烧毁地契，加入到斗争的行列。不久，人民组织的制宪会议掌握了大权，颁布了《八月法令》，紧接着又通过了《人权宣言》，为即将爆发的法国大革命准备了充足的实战经验。

蓬勃的革命狂飙

●反对法国革命的欧洲君王

>>> 法国国歌

法国军队在法国大革命中节节败退的危难之际，奋起抗击的法国人民自发地组织了一支支义勇军开赴巴黎，听候政府的调遣。马赛区的义勇军在行军时还高唱着激昂的《莱茵军歌》，这首歌就是后来成为法国国歌的《马赛曲》：

"前进，法兰西祖国的男儿！

光荣的时刻已来临。

专制暴政压迫着我们，祖国大地在痛苦呻吟。

公民武装起来，公民决一死战！

前进！前进！

万众一心，把敌人消灭净！"

拓展阅读：

《思考法国大革命》

[法]弗朗索瓦·傅勒

《姊妹革命》[美]苏珊·邓恩

◎ 关键词：巴士底狱 路易十六 逃跑 君主统治

法国大革命的狂飙

法国大革命的爆发有着深刻的思想渊源。18世纪上半叶，一批著名思想家倡导的启蒙运动，在人们的心目中深深地扎下了根，诸如孟德斯鸠、伏尔泰、卢梭、狄德罗等杰出的思想家和哲学家，提出了一系列资产阶级民主思想，抨击了法国封建专制制度，为大革命的爆发准备了充足的思想条件。

巴黎人民攻占巴士底狱后，巴黎和全国的民众都庆祝这一伟大胜利。路易十六的弟弟亚多瓦伯爵潜逃到了意大利的都灵，之后和贵族们在德国的科布棱茨会合，妄图杀回法国，东山再起。

一败涂地的路易十六表面上极力拥护革命，但是在暗中，却秘密派人通知各国政府不要相信公开的声明。1791年6月20日深夜，一辆布幔低垂的马车悄悄驶出王宫，向巴黎东北方向疾驰。第二天清晨，马车在离边境不远的一个小镇驿站上停下来，打算换下疲惫的马匹继续赶路，一个可疑的人从车窗里探出半个脑袋，焦急地向四面张望了一下，又缩回马车里去了。他的举动引起了驿站站长德鲁埃的怀疑，他挑起马车上的帷幔，发现里面坐着的人竟然是化了装的国王路易十六、王后以及王子，于是就高声喊叫，附近的群众听到喊叫声后，将正要逃跑的路易十六一家抓获。

路易十六逃跑的消息让革命群众感到非常震怒，几千名手持武器的群众走上街头，撕毁了路易十六的画像，近万名巴黎群众在练兵场上集会示威，要求审判路易十六，废除君主制，代表激进力量的雅各宾派和代表中间势力的吉伦特派都主张惩罚国王。但是代表保守力量的君主立宪派却包庇国王，还派兵镇压了示威的群众。与此同时，国外支持路易十六的势力也开始插手了，他们的插手势必引发战争。1792年春天，武装干涉法国革命的战争终于打响了，路易十六设法延误战机，阻止军需品生产，还暗中派人将作战计划告知支持自己的国外势力，不少高级军官在此节骨眼上叛逃了，法国军队因此节节败退，革命出现了空前的危机。

巴黎的革命群众很快发现，前线失利是宫廷的叛变造成的。于是，他们在1792年8月9日和10日发动了第二次起义，起义群众占领了王宫，将国王和王后囚禁起来，君主统治终于被推翻了。在雅各宾派领袖丹东的率领下，一队队义勇军开赴前线，在凡尔登附近的瓦尔密高地将支持路易十六的国外势力打退，革命取得了全面胜利。

● 1821 年的法拉第

>>> 戴维的最大骄傲

相传法拉第的老师戴维，一个誉满全球、世界公认的大化学家在瑞士日内瓦养病时，有人问他一生中最伟大的发现是什么，他绝口不提自己发现的钠、钾、氯、氟等元素，却说："我最伟大的发现是一个人，是法拉第！"

法拉第为了装备自己的小实验室，经常到药房里去捡别人扔掉的瓶子，花半个便士买一点最便宜的药品。他抱着捡来的、买来的东西，回到书店里的阁楼上，心里乐开了花，然后埋头在自己的小实验室里点上一支蜡烛，进行实验。

法拉第的热情和执着成了伟大化学家终生的骄傲。

拓展阅读：

《法拉第传》[美] 阿盖西
《蜡烛的故事》[英] 法拉第

◎ 关键词：物理学家 电动机 电磁感应 电磁学

电磁学的鼻祖法拉第

19世纪英国伟大的物理学家法拉第，将电磁力从实验室里解放出来，发明了电动机，将人类带入了电气时代。1791 年 9 月 23 日，法拉第出生在英国纽因敦城一个普通的铁匠家里，他的父亲法拉第·詹姆士是一位敦厚朴实的铁匠，一家六口人全靠他打铁为生，家里的生活相当艰苦。

童年的法拉第是在饥饿中度过的，那时候，一个面包可以充当一个星期的口粮。鉴于生活所迫，法拉第五岁那年，举家搬迁到了伦敦，租住在一个马车行楼上的两间小房子里，父亲依然以打铁为生。父亲的铁匠铺距离马车行不远，法拉第经常到那里给父亲送饭。为了减轻家里的负担，法拉第在很小的时候就出去谋生了。13 岁时，法拉第到伦敦布兰埠街的一家书店当报童，专门给人家送报纸。书店老板见他踏实肯干，又喜欢动脑筋，就教他学习装订数据，兼管图书的销售工作。装订工作对法拉第产生了很大影响，在那段时间里，他一有时间就抓紧学习，通过刻苦自学，法拉第获得了丰富的知识，那家书店成了他知识的启蒙者。

法拉第每天都从书里获得新知识，但总是不肯轻易相信，如果条件允许，他都要亲自检验一番。在书店里当了八年学徒之后，法拉第出于对科学的热爱，终于离开了那家书店，拜在英国皇家学会会长戴维的门下，做了戴维的助手。

有一天，戴维的老朋友、皇家学院的理事沃拉斯顿前来拜访，他兴冲冲地从口袋里掏出一张纸，上面画着一个草图，沃拉斯顿向戴维解释说，如果照图上画的那样，在一个金属碗中间装一根直导线，通上电流，然后拿一根磁棒移近导线，导线就会绕着自己的轴转起来。戴维马上动手研究，结果屡次失败，导线就是不转，戴维只好搁置了那项研究。在一旁充当助手的法拉第却被那项研究吸引住了，他心中不停地问自己："为什么导线不转呢？"

苦苦思索了好几天之后，法拉第终于找到了一个实验方法。他在一个玻璃缸中央竖立了一根磁棒，磁棒的底部用蜡固定好，然后在缸里倒上适量的水银，将一根粗铜丝扎在一块软木上，让软木浮在水银面上，导线下端通过水银接到伏打堆一极，上端接在伏打堆另一极。接通电源后，奇迹出现了，浮在水银上的软木晃了两下后，像一只小船缓缓起航了，这就是世界上第一台马达，法拉第为此高兴得欢呼雀跃。

在此基础上，法拉第经过探索，终于在 1831 年发现了电磁感应的基本定律，奠定了现代电磁学的理论基础。

蓬勃的革命狂飙

●罗伯斯庇尔像

>>> 吉伦特的无冕之王

罗兰夫人（1754—1793年），法国大革命时期著名的政治家。吉伦特党领导人之一。她的丈夫罗兰也是吉伦特党的领导人之一。罗兰夫人于1793年11月8日被雅各宾派送上断头台。临刑前在自由神像下留下了一句为后人所熟知的名言：

"自由，多少罪恶假汝之名以行！"

她从未担任过任何公职，但巴黎政界送给她的头衔是"吉伦特的无冕女王"。这个39岁的女子拥有不平凡的容貌和超乎常人的智慧，为她倾倒的不仅有她的丈夫，还包括几乎所有的吉伦特派政治家。她的意见左右了吉伦特派的政治走向。

拓展阅读：

《法国大革命讲稿》
[英] 阿克顿
《法国的"文化大革命"》
[法] 若弗兰

◎ 关键词：瓦尔密大捷 吉伦特派 雅各宾派 热月政变

雅各宾派掌权

法国义勇军取得瓦尔密大捷的第二天，代表中间势力的吉伦特派代替君主立宪派掌管了国家的权力，掌权后的吉伦特派不再愿意与激进的雅各宾派合作，试图找到机会将其打垮。1792年10月，吉伦特派声称保卫国民公会，以防止"破坏秩序者"为借口，从外调集了一万多名警卫队员，支使他们走上巴黎接头游行，公开反对雅各宾派，结果事与愿违，警卫队的士兵们在不久后就弄明白了事情的真相，雅各宾派也从对头变成了朋友，他们联合起来，建立了"八十三省联谊社"，支持雅各宾派。

吉伦特派不愿意审判路易十六，于是就故意拖延时间，但是后来他们在王宫的墙壁里找到了路易十六的秘密文件柜，里面确实有他通敌的文件，在如山的铁证面前，吉伦特派只好判了路易十六的罪。1793年1月21日10时，路易十六被押到革命广场，在断头台上被处死。此后的吉伦特派转入了对外的侵略扩张中，不仅攻占了比利时，还将军队开到了德意志和意大利境内，他们的入侵行动在国外树立了很多强敌。国内物价飞涨，财政危机日益严重，吉伦特派却听之任之。

1793年春天，普鲁士、奥匈帝国、英国和西班牙等国家组成了"反法同盟"，大举进犯法国，法国军队节节败退，国内叛乱不断。吉伦特派非但不平息叛乱，反而走向了反对革命的道路，开始残杀雅各宾派。鉴于这种形势，为了挽救革命，巴黎人民举行了第三次武装起义，雅各宾派在起义胜利后掌握了政权。

法国大革命时期重要的政治活动家、雅各宾派的领导人之一罗伯斯庇尔，面对国内外严峻形势，果断地采取了一系列的措施，分配了逃亡贵族的土地，焚烧了封建地契，国民公会还通过了《惩治嫌疑犯条例》，同时对反革命分子展开了无情镇压，王后和吉伦特派的领袖都被处决，并组织年轻有为的武装队伍打退了国内外的多个武装势力。

形势刚刚稳定下来，雅各宾派内部就发生了一场争斗，代表投机商人利益的右派领袖丹东，要求实行宽大政策，而左派的阿贝尔主张实行极端恐怖政策，并攻击罗伯斯庇尔政府的政策不彻底，企图于1794年发动政变，但阿贝尔等人很快就被罗伯斯庇尔送上了断头台，没有参加叛乱的肖美特左派也遭到了镇压。从此以后，罗伯斯庇尔篡改了革命法庭的法律，规定可以随意处死反对派，这种做法无异于自寻绝路。1794年7月27日，阿贝尔派和丹东派联手发动政变，逮捕了罗伯斯庇尔和圣鞠斯特等人，第二天清晨，罗伯斯庇尔等人被处死，这就是法国的"热月政变"。政变发生后，法国资产阶级大革命结束了。

蓬勃的革命狂飙

● 拿破仑像

>>> 拿破仑的家乡

法国的科西嘉岛是世界著名的旅游胜地，它是继西西里岛、撒丁岛、塞浦路斯岛之后的地中海第四大岛。

科西嘉岛的名称出自一个典故，特洛伊王子科尔与提洛王后的孙女西嘉相爱，用意大利语拼读双方名字就是"科西嘉"。

科西嘉岛是拿破仑的故乡。科西嘉人争强好胜的个性，对拿破仑政治个性的形成有潜移默化的影响，以致在他成为欧洲最强者时，人们仍不忘称其为"科西嘉怪物""科西嘉冒险家""科西嘉吃人魔王"。

拓展阅读：
《拿破仑传》田桂军
《拿破仑：王者的荣耀》(电影)

◎ 关键词：法国大革命 封建政权 保王党 雾月政变

拿破仑发动"雾月政变"

雅各宾派的掌权者在"热月政变"中被推上了断头台，宣告了法国大革命的结束。值此乱世之际，拿破仑·波拿巴开始走上法国的政治舞台。在拿破仑统治下，法国大革命的成果得到了真正的巩固，维持了几千年的封建政权已经危如累卵了。

拿破仑于1769年出生于法国科西嘉岛的一个贵族家庭，15岁那年，拿破仑进入巴黎陆军学院，学习结束后成为一名军官，但他在军队中一直是一个默默无闻的角色，才能根本没有机会崭露。1793年，法国保王党人得到英国人的大力支持后，试图消灭革命军，他们一举攻占了法国南部的重镇土伦，拿破仑终于有了表现的机会，他奉命率军赶往土伦，并迅速将其夺回，此次胜利后，拿破仑被破格提升为将军。拿破仑的提升遭到了非议，革命政府中很多青年将军对他的才能表示怀疑，一些人还编造了一些事情诬陷他，拿破仑一度陷入尴尬的境地，过着郁闷的生活，这种状况一直维持了两年。1795年，保王党人收买了巴黎的武装警备司令后，派兵包围了国民议会，此时国民政府中有人想到了拿破仑，被冷落将近两年的拿破仑又被重新起用了，他被任命为法国"内防军"司令。同年10月，拿破仑率领一支6000人的部队，去镇压将近30000人的保王党的部队，保王党的部队几乎还没有做出反击，就被拿破仑的大炮镇压下去了。这次以少胜多的战役使拿破仑名声大噪，法国国民革命政府开始对他委以重任。

1797年，拿破仑越征阿尔卑斯山，率大军铲除了意大利北部的封建势力。之后他又做出了远征埃及的计划，打算将英国的势力赶出埃及，再对俄国和奥匈帝国等反对法国的国家进行打击，最后建立以法国为中心的欧洲秩序。国民政府同意了他的计划。1798年，拿破仑率领大军向埃及进发，然而就在此时，沙皇俄国联合其他国家，结成了第二次"反法同盟"，向法国发动进攻，试图将法国革命彻底摧毁，法国国内的保王党人也趁机而动，妄图从内部推翻资产阶级的统治，恢复旧有的统治秩序。法国督政府内部问题重重，根本无法应对复杂的局面，远在埃及的拿破仑，意识到时机终于来了。

1799年10月，拿破仑抛下远征军，只带领少数随从偷偷离开埃及，星夜兼程赶回巴黎。他回国的消息立刻在人群中传开了，人们奔走相告。11月9日，在得到银行家提供的资金后，拿破仑果断地派军队控制了督政府，接管了革命政府的一切事务，拿破仑在这次被称为"雾月政变"的军事行动中取得了胜利。他解散了议会，成立了新的执政府，控制了法国的军事大权。1804年12月2日，拿破仑在巴黎圣母大教堂加冕称帝，建立了法兰西第一帝国。

蓬勃的革命狂飙

●被美国驱赶的印第安人

>>> 牛仔裤的由来

牛仔裤最早记载于1567年,是对来自意大利港口城市那亚祥的商船水手所穿的裤子的称谓。

1849年美国淘金潮,第一批踏上美国大陆的移民一穷二白,他们不得不拼命工作。强烈的劳动使得衣服极易磨损,人们迫切希望有一种耐穿的衣服,坚实、耐用的牛仔裤应运而生,大受淘金工的欢迎。利维·斯特劳斯被公认为是牛仔裤的发明者。

1871年利维·斯特劳斯申请专利,正式成立"利维·斯特劳斯公司",后发展成为国际性公司,产品遍及世界各地。

拓展阅读:

什么是"羊群效应"
《热爱生命》[美]杰克·伦敦

◎ 关键词:美洲大陆 抢滩 大迁徙 淘金

美国西部的淘金潮

印第安人居住的美洲大陆,曾经是一片与世隔绝的地方。进入16世纪以后,情况发生了迅速的逆转,欧洲殖民者纷纷抢滩,将那里变成互相角逐的舞台。由于当时的美洲大陆太荒凉,殖民者对那里只停留在"政治占领"上,从未进行过大规模的占领与开发,一直到18世纪以前,在密西西比河以西居住的美洲人也不过区区数千人。

18世纪初,一些商人开始通过易洛魁人和北美的西部居民进行皮货贸易,随着贸易的深入和发展,皮货商进入了俄亥俄河流域以及阿利根尼山以西的地方,几乎在同一时间,土地殖民活动开始迅速发展起来,并在18世纪中叶达到了一定的规模。在土地所有者的盘剥和压榨下,一些农民和小商业者们不堪忍受欺压,纷纷来到遥远的西部地区,开垦属于自己的土地,很快就引发了一场开发西部的热潮。北美摆脱英国殖民统治获得独立的政权后,为了将自己变成强国,开展的工业革命不断向西部蔓延,为西部大开发准备了充足的条件。

西部有大片肥沃而又廉价的土地,对生活在底层的美国民众和外来的移民具有强大的吸引力。1775年,丹尼尔·布恩开辟了"荒野之路",在1796年正式成为通往内地的公路,从此之后,又有多条公路和运河沟通了东西部之间的联系。在此情况下,土地投机者、农场主、工人、职员以及各色人等都对西部趋之若鹜,纷纷向那里涌流,出现了一场群众性的大规模移民运动。就在这时,美国国会又通过了"西北条例",决定设立领地制度,公开向移民出售土地。在政府的控制下,土地的价格也一降再降,于是,"西北领地""西南领地"相继建立起来,来自新英格兰、美国中部和南部地区的一些人首先在西南领地抢滩,建立了田纳西州,很多人在那里从事玉米栽培和烟草种植。与此同时,更多的拓荒者源源不断地拥向俄亥俄河以北地区,于1803年建立起西北领地上的第一个州——俄亥俄州。

随着向西扩展的面积越来越大,生活在西部的最原始的主人——印第安人成了向西扩张的主要障碍,于是,美国政府就有计划地将印第安人转移,将他们的家园变成白人的生活区。1830年,美国政府又颁布了"土地交换法令",将东部印第安人的土地交换到密西西比河西岸。在军队的押解下,无辜的印第安人进入印第安纳购买土地,在这场大迁徙中,四分之一的人在路上死于非命,而他们割让给白人的土地达80万平方公里之多。

到了1837年,经济危机席卷整个密西西比河流域时,再次引发了西移的狂潮,先前到达中西部地区的人卖掉开垦的土地,转移掉物资,继续向西进发。1848年萨克拉门托的萨特锯木场发现了金矿,吸引了大批的人

蓬勃的革命狂飙

●印第安人由于美国制定的不平等条约，被强行驱逐到密西西比河以西地区，仅有极少数印第安人被允许留在密西西比河以东。印第安人由于天灾人祸的原因，生活相当悲惨。图为一个印第安部落的议事会。

●在加利福尼亚发生的淘金狂潮，使圣弗朗西斯科的人口急剧增加。来自世界各地的人们来到西海岸的港口城镇，使圣弗朗西斯科充满国际性气氛。

前来淘金，短短七年时间，那里的人口一下子增加到30万。淘金潮冷却后，一部分淘金者转而从事农业生产，另一部分则倒流回去，最后成为征服洛基山脉和大草原的中坚力量。

西进运动持续了将近一个世纪，使西部原本荒凉的土地变成了千顷良田，发生了天翻地覆的变化，不仅使那些淘金者实现了致富的梦想，还使美国的经济获得了空前的发展。

蓬勃的革命狂飙

◎关键词：白宫 国家诞生 华盛顿 总统官邸

美国白宫正式落成

●美国总统办公所在地白宫外景

>>> 罗斯福给信函加点人味

西奥多·罗斯福担任总统后，凡是须经他签名的信函，在打完字后，他总要亲笔更动几个字后才发信。起初秘书认为自己撰写得不够好，所以被总统更改，于是更谨慎用心地去写。后来秘书发现他还是每封信都改，有一天实在忍不住，问总统是否对所有的信都不满意。

罗斯福总统摇头说："我为了怕收信人误认信函全由秘书代写代打，我只不过签个名而已，所以我一定要用笔更动一两个字。这么一来，每封信都增加了'人味'，不再那么冷冰冰了。"

拓展阅读：

《女人的白宫》吕红
《白宫突围》赵峻防
《白宫200年内幕》李胜凯

位于华盛顿宾夕法尼亚大街1600号的白宫，是美国总统的官邸。它的落成已经有200多年的历史，见证了美国的沧桑与兴衰。

华盛顿率领的北美独立战争获得胜利后，召开了一次大陆会议，参加会议的代表纷纷提议，要求建立一个庞大的建筑，作为国家诞生的重要标志。但是，连年战争给北美的经济造成了滑坡，国库严重空虚，根本无法筹措出足够的资金，这一提议也被无限期地搁置了。1789年，美国成立了联邦政府，华盛顿当选为美国第一任总统，宪法也随之修订出来了。国会在纽约召开第一次会议时，提出了建立都城的设想，并为选址问题引发了激烈的争论，双方终于达成协议，授权总统华盛顿选择一块土地作为建都之用。华盛顿经过多次实地考察，听取了很多人的意见，终于将地跨马里兰州和弗吉尼亚州之间的一块16平方千米的土地作为入选地域，两个州又都出让了部分土地，组成华盛顿哥伦比亚特区，然后聘请军事工程设计师皮埃尔·夏尔·朗方为国都的总体规划师和工程设计师。但是没等到迁都，华盛顿就于1799年病逝了，为了表示对他的敬仰和爱戴，国会决定以他的名字为首都命名。1800年，美国的都城由费城迁往华盛顿，建造一座标志性的建筑这一提议终于变成了现实。

作为华盛顿的标志性建筑，白宫是一座白色的庞大楼房，它独特的风格是由建筑大师詹姆斯·霍本从乡间别墅中获得灵感，然后经过精心构思设计出来的，因此，白宫外围虽然有高高的栅栏和外面隔离，但它仍然透露出一股浓重的亲和力。它不仅雍容华贵，而且和别的建筑风格迥然不同，有人甚至说它非常像英国的乡村俱乐部。白宫分为主楼和左右两个配楼，主楼的大厅是总统会见外国首相和使节的地方，左侧楼内的大厅是举行记者招待会的地方，右侧的大厅则是总统办公室、宴会厅和生活区。

1792年，白宫开始破土动工，历经漫长的八年时间，直到1800年，白宫的建造才逐渐接近尾声。但是好景不长，英国军队于1814年攻入了华盛顿，放火焚烧了白宫，曾经彰显尊贵的白宫顿时付诸一炬，变得面目全非了。战争结束后的三年时间里，白宫的修复工作都在进行着，它的外围重被粉刷一新，但看上去，仍然像一座普通的建筑物而已。

1901年，登上总统宝座的西奥多·罗斯福决定以"WHITE HOUSE"为它命名，并作为总统官邸。白宫终于有了特定的含义，从此以后声名鹊起。

● 美国总统杰斐逊

>>> 杰斐逊 "微服出巡"

一次杰斐逊总统穿着一身半旧不新的便服，戴着一顶破草帽，嘴里哼着小调，骑着一匹瘦马来到巴尔的摩市的一家大旅馆，要求住一晚上。

店主见他那穷酸的农民样，粗暴地将他拒之门外。

杰斐逊什么也没有说，骑上马就走了。不一会儿，一个绅士模样的人走进旅馆，告诉店主，刚才那个邂逅的农民是当今合众国的总统。

店主吓坏了，他在附近的一家旅店找到杰斐逊，哀求他到自己旅馆住宿。杰斐逊拒绝了。

据说从那以后美国旅馆的老板们再也不敢怠慢那些穿着随意、看似寒酸的人了。

拓展阅读：

《美国民主的先驱》
[美] 乔伊斯·亚普雷拜
《总统与女奴》[美] 芭芭拉

◎ 关键词：国土面积 路易斯安那 阿拉斯加 便宜

廉价的购地交易

众所周知，美国最初获得独立时仅仅有 13 个州，国土面积并不是很大，但是美国政府通过政治和战争等手段先后又取得了几个州的土地，使美国的国土面积大大增加。

路易斯安那位于密西西比河以西，东面紧挨着洛基山脉，南部抵达墨西哥湾，北部则和英国统治下的加拿大相邻，那里是一片广袤的土地，南北长度达到 5000 多千米，总面积达 82.8 万平方千米。在你争我夺的历史进程中，路易斯安那几易其主。1520 年，西班牙人占领了那片土地；到了 1682 年，法国从西班牙人手中抢夺过去；1762 年，西班牙根据《枫丹白露条约》重新将它划归到自己名下，1800 年 10 月，西班牙和法国签署了《圣伊尔德方案条约》，路易斯安那地区再度转让给法国。一年以后，美国得知路易斯安那转让的消息，时任总统的杰斐逊担心拿破仑会在美洲建立起殖民帝国，那样的话将对美国非常不利，因为密西西比河上的航行权和新奥尔良的出口权，直接影响着美国西部的经济发展。1802 年，驻扎在新奥尔良的西班牙总督违反当初签署的《平克尼条约》，禁止西部人自由使用港口，西部的产品自然难以找到销往国外的市场。

为了解决这一问题，杰斐逊决定采取外交行动，他找到了在法国的火药制造商杜邦，示意他疏通美国与法国的谈判渠道，准备花钱将路易斯安那地区买下来。杜邦利用自己在法国的关系，和法国当局取得了联系，运用手段扫平了谈判的障碍。1802 年 4 月 18 日，在杰斐逊的授权下，美国驻法国的公使罗伯特·利文斯和法国当局进行了一次购地谈判，与此同时，美国国会拿出了 200 万美元专款以备不时之需。第二年 1 月 12 日，杰斐逊任命门罗为全权公使前往法国，协助利文斯进行谈判。

当时的法国，内外交困，因而急需补充国库的拿破仑做出了放弃路易斯安那地区的决定。几经交涉，美国和法国于 4 月 30 日谈妥了条件，签订了购买条约，美国以 1500 万美元的价格购买了整个路易斯安那地区，并于当年 12 月 20 日在新奥尔良举行了盛大的仪式，宣布正式占领该地区。路易斯安那地区到手后，使美国的疆土翻了一番，同时也为美国的西进运动扫除了障碍，美国人开始畅通无阻地跨过密西西比河向西扩张。

美国人在购买土地上尝到甜头后，又将眼睛盯上了俄国统治下的阿拉斯加。经过几十年的谈判努力，美国人终于如愿以偿，1867 年，双方的谈判取得了实质性的进展，3 月 30 日，美国和俄国签署了割让条约，以 720 万美元的价格购买了阿拉斯加，美国的领土也随之成倍的增加了。美国人又捡了一个天大的便宜。

●拿破仑像

>>> 拿破仑语录

——一切都是可以改变的，不可能只有庸人的词典里才有。

——不想当将军的士兵不是好士兵。

——统治世界的是想象力！

——我只有一个忠告给你——做你自己的主人。

——中国是一头睡狮，一旦醒来将震撼世界。

——衡量一支军队的好坏，就看能否打胜仗。

——战士们，在那金字塔的绝顶上，40个世纪在俯视着你们！

——我的勤奋和我的荣誉，在我死后仍将足以鼓舞千秋万代的青年。

——我承认我很矮，但如果你由此而取笑我的话，我将砍下你的脑袋，消除这个差别。

拓展阅读：

《拿破仑》冯广裕
《外国军事名著选粹》彭光谦

◎ 关键词：第一终身执政 世袭皇帝 巴黎圣母院 加冕典礼

拿破仑的加冕典礼

对欧洲乃至所有西方国家来说，连皇帝和国王这些谋权位者，也要对教皇恭敬有加。如果遇到诸如加冕典礼等隆重的事情，他们还要对教皇信誓旦旦。这一传统沿袭了很多年之后，却被法兰西第一帝国的皇帝拿破仑改变了。

拿破仑发动"雾月政变"，成为法国最高的统治者。之后，他致力于巩固统治地位，荡平了国外的敌对势力，加强了中央集权，同时对保王党人的复辟进行了无情的镇压。此外，为了维护农民的土地所有权，他还实行了贸易自由等政策，这些政策都有利于资本主义的发展和政权的巩固。随着威望不断提高，拿破仑再也不满足于"第一终身执政"这个称号了，他萌生了当皇帝的念头。1804年5月，在元老院的授意下，拿破仑被宣布为法兰西人的世袭皇帝，称拿破仑一世，拿破仑的皇帝梦终于变成了现实。

1804年12月，拿破仑在法国最大的教堂巴黎圣母院举行隆重的加冕典礼。举行典礼那天，朝臣们和巴黎的民众一大早就聚集在巴黎圣母院门口，列队迎接拿破仑的到来，等候加冕仪式开始。举行仪式的时间到了，巴黎圣母院的钟声随之敲响了，可等了很久，拿破仑仍然未到。前来恭贺的大臣们感到非常焦急，但他们只有耐心地等待下去，最为不耐烦的要数教皇了。按照以往的惯例，教皇无论主持什么仪式，无论是为谁主持，教皇总是借故姗姗来迟，以示自己的威严。

和以往不同的是，拿破仑不仅有卓越的军事才能，还深得国内民心，教皇对他的加冕典礼当然不可小视，所以很早就到了教堂。但是久久不肯露面的拿破仑让他感到非常尴尬，他强忍心中的怒气，瞪大眼睛和其他人一起等着拿破仑的到来。终于，人群中起了一阵不小的骚动，一个瘦小而又低矮的人，手里牵着一只猎狗，身上穿着狩猎服，大摇大摆地在猎狗的引导下走进了教堂。

教皇万万没有想到，这个牵猎狗的小个子就是赫赫有名的拿破仑，在他还没有缓过神来的时候，拿破仑已经大踏步走到他面前，并称他为"远道而来的客人"。在征得拿破仑的同意后，加冕典礼开始了。教皇小心翼翼地捧着皇冠，准备给拿破仑戴上，却被拿破仑劈手夺过，很随便地戴在头上，然后当众高声宣布："从今以后，教皇必须对我宣誓，必须效忠于我！"

面对拿破仑的蛮横，不可一世的教皇只好无可奈何地摇了摇头，匆匆地举行完加冕典礼后，就灰溜溜地回罗马了。后来，拿破仑蔑视教皇的故事被人们广为流传。

蓬勃的革命狂飙

● 1804 年 12 月 2 日中午时分，拿破仑加冕仪式开始举行。教皇登上祭台，要将皇冠戴在拿破仑的头上，拿破仑却伸手接过皇冠，自己戴在头上。拿破仑在执政期间，改革了法兰西共和国的金融结构和司法制度；创办了法兰西银行和法兰西大学，实行了法兰西共和国行政的中央集权制。每项改革对法兰西共和国都产生了持久的影响。本图描绘的就是拿破仑加冕时的场景。

蓬勃的革命狂飙

◎ 关键词：损兵折将 反法同盟 滑铁卢 流放

拿破仑惨败滑铁卢

● 法国战役时的拿破仑

>>> 拿破仑白兰地

相传拿破仑当年喜欢白兰地，众多酿酒商纷纷用"拿破仑"做商标。

针对这种情况，当时法国的酒法不得不做出一些限制性规定：只有法国干邑地区的酿酒商所酿制的白兰地酒、而且储存期至少在5年以上的才可以称为"拿破仑"。

尽管酒法这样规定，但后来法国的"拿破仑白兰地"酒还是越来越多。面对这种鱼龙混杂的现象，法国人便将正宗的"拿破仑白兰地"称为"常胜将军"，将冒牌的、质量差的"拿破仑白兰地"称为"常败将军"。

拓展阅读：

《如此法国》车耳
《我与拿破仑》（电影）

1812年，拿破仑在远征俄罗斯的战争中损兵折将，遭受了难以弥补的损失，沙皇俄国趁法国军队退出俄国境内的时候，联合奥匈帝国和普鲁士军队进行了猛烈的追击。1813年，双方的军队在德国莱比锡相遇，激烈的角逐后，法国军队再次遭受重创。第二年3月31日，亚历山大和其他国家结成的反法联军，对巴黎展开了强烈的攻势，法国军队抵挡不住，巴黎陷落在"反法同盟"手中，拿破仑失去了所有的支持，被迫退位，并被放逐到厄尔巴岛上。随后，波旁王朝复辟，掌管了法国的政权。

遭到放逐的拿破仑并不甘心就此失败，他对时局的发展仍然十分关注。1815年初，"反法同盟"在维也纳举行的会议上，由于分赃不均而剑拔弩张；同时，波旁王朝的统治令法国民众感到极为不满，他们非常怀念拿破仑时代。眼见时机成熟，拿破仑决定东山再起。1815年2月26日夜，拿破仑率领1050名官兵，分乘六艘小船，巧妙躲过监视厄尔巴岛的波旁王朝皇家军舰，经过三天三夜的航行，于3月1日抵达法国南岸儒昂湾。拿破仑上岸后，立刻发表了极具煽动力的演说，听了这样的演说后，士兵们个个热血沸腾。3月12日，拿破仑率领召集到的旧部，未动一兵一卒就将军队开进了巴黎城，波旁王朝的路易十八看到大势已去，只好仓皇逃出了巴黎。3月19日，拿破仑在巴黎民众的欢呼声中重新登上了王位。

正在维也纳开会的"反法同盟"各国首脑，得到拿破仑重新即位的消息后惊恐万状，他们停止了争吵，迅速集结兵力，组成了由英国、俄国、奥匈帝国、普鲁士、荷兰和比利时等的联合军队，再次结成"反法同盟"，以70万重兵分头进攻巴黎，另外，联军还有一支30万人的预备队以备不时之需。

与此同时，拿破仑也在加紧备战，他只集结了18万兵力，而富有作战经验的将领们已不愿再给他效命，法国的形势变得非常不利。拿破仑审时度势，决定以少量的兵力牵制莱茵河、意大利方面的军队，试图在联军会合之前，打败威灵顿和布吕歇耳率领的英普联军，这样就有望赢得战争的胜利。6月16日，拿破仑将布吕歇耳打败，威灵顿得到消息后，迅速将军队撤退到滑铁卢，拿破仑在后面亦步亦趋，追击到了滑铁卢，双方进行了一场混战。在此紧要关头，被拿破仑击溃的普军重新集结，兵分两路，一路增援滑铁卢附近的英军，一路直接围攻法军右翼。6月18日黄昏，前来支援的普鲁士军队彻底击碎了拿破仑的帝国梦，在腹背受敌的情况下，法国军队全线溃退，拿破仑乘马逃出战场，仓皇而去。

蓬勃的革命狂飙

●滑铁卢战役中，英国骑兵向法军阵地发起猛烈的攻击。

●1815年7月，拿破仑离开法国，被放逐于南大西洋的圣赫勒拿岛。

　　1815年6月21日，拿破仑败归巴黎。7月7日，拿破仑宣布退位，不久后，他被流放到圣赫勒拿岛，那里位于大西洋南部、远离欧洲大陆，又有坚固的防御工事，逃跑的希望几乎为零。拿破仑在该岛上度过了生命中的最后时光，于1821年5月死去。

蓬勃的革命狂飙

◎ 关键词：解放 黑人 奴隶制度 最高领袖

"解放者"玻利瓦尔

● 西蒙·玻利瓦尔像

>>> 瓜亚基尔会晤

1822年7月25日，圣马丁来到瓜亚基尔，与玻利瓦尔会谈。

7月26日，两人就独立战争和未来美洲政治问题举行会谈。会谈是在极端秘密的状况下举行的，没有第三者参加，也没有留下任何记录。

7月27日，圣马丁悄然回到秘鲁。两个月后，圣马丁辞去秘鲁政府首脑，退休到智利，声称已完成军事战斗者的任务，1824年赴欧。

圣马丁和玻利瓦尔直到临终都对这次会见保持缄默。他们会谈的内容和圣马丁引退的原因，至今仍是一个历史之谜。瓜亚基尔会晤，是拉丁美洲史研究中的一个争论课题。

拓展阅读：

《玻利瓦尔》舒凤、文峰
《玻利瓦尔》
[古巴] 何塞·马蒂

1816年1月的一天，一条船从牙买加岛径直驶向了海地，停靠在海地港口，一个风尘仆仆的中年人，在几个随从的陪同下，求见了海地总统佩蒂翁。经过密切的交谈后，中年人面带笑容地向佩蒂翁告别，乘船原路返回了。他叫西蒙·玻利瓦尔，是南美洲的委内瑞拉人，为了能从西班牙殖民者手中夺回自己国家的土地，他来到海地寻求援助，海地总统佩蒂翁被他的诚恳打动了，答应送给他七艘船和大批武器弹药，玻利瓦尔当即向佩蒂翁表示，要像海地解放黑奴那样解放委内瑞拉的黑人。

一支200多人的部队在两个月后乘船渡海，直奔委内瑞拉的北海岸，站在船头的玻利瓦尔不禁心潮澎湃。他出生于一个十分富裕的白人家庭，他本人是一个受过教育的学者，但是为了解放黑人，赶走西班牙殖民者，建立自己的国家，他曾组织军队，两次建立共和国，但都因力量单薄而失败了。之后，他逃到牙买加避难。这次，不甘失败的玻利瓦尔求助于海地总统，准备发动第三次武装斗争，以解放委内瑞拉、新格兰纳达、厄瓜多尔、秘鲁等地。

经过周密的思考和部署，玻利瓦尔组织的爱国军，决定先袭击委内瑞拉的首府加拉加斯，然后再向内地进军。可是他们登陆后，遭到了西班牙军队的火力封锁，经过一场激烈的战斗后，玻利瓦尔率领的军队伤亡惨重，这次军事行动又宣告失败了。半年以后，玻利瓦尔再次从海地渡海南下，他宣布废除奴隶制度，号召黑人奴隶起来斗争，这一次，玻利瓦尔放弃了攻打加拉加斯的计划，而是将军队开到了奥里诺科河流域的东部地区，那里有茂密的森林和纵横交错的河流，既可以袭击敌人，又可以使自己的部队得到很好的隐蔽，更为有利的是，那里和加拉加斯隔着一片大草原，西班牙的军队无法进行增援。接连打了几次胜仗之后，爱国军在该地区站稳了脚跟，玻利瓦尔在第二年颁布了"没收西班牙王室财产、分给爱国军的士兵"的政令，得到黑人、农民、手工业者以及小资产阶级的支持，草原上的牧民也组成队伍，和爱国军共同战斗。

1818年10月，委内瑞拉国会在安哥斯德拉城召开，第三共和国就此成立了。第二年5月，玻利瓦尔率领2000名骑兵和步兵越过安第斯山，来到新格兰纳达的高原谷地，和西班牙军队展开了一场遭遇战，结果西班牙军队遭到惨败，玻利瓦尔乘胜占领了波哥大。从此以后，爱国军捷报频传，南美洲的西北部地区获得了解放，包括新格兰纳达、委内瑞拉和厄瓜多尔的"大哥伦比亚共和国"成立了。玻利瓦尔因为卓著的功绩被推举为最高领袖。

● 英国空想社会主义者欧文

> **>>> 欧文的"新和谐公社"**

村庄地处丘陵起伏、碧水长流的地带。村外的山冈和谷地上，是成片的葡萄园，远处的草场上，牧羊人悠闲地随着雪白的羊群向前走动。村后是茂密的果树园。

通往村子的街道两旁种着白杨、桑树和金雨树。相隔不远是一处处厂房。

村子的中心是崭新而又整齐的住宅和各种公用建筑，还有零星的供临时居住的圆木小屋，房子周围是连成一片的小花园。

在村子中，人人各得其所，和睦相处，生活安逸。

这是欧文创立的位于美国印第安那州南部沃巴什河岸边的"新和谐公社"，可惜只存在了四年。

拓展阅读：

《空想社会主义法学思潮》
刘文
《论空想社会主义》
[俄] 普列汉诺夫

◎ 关键词：世外桃源 理想社会 天方夜谭 空想社会主义

"新和谐公社"的诞生

18世纪末到19世纪初，资本主义社会的生产力虽然得到了长足发展，但欧洲各国的劳动人民不但没有从中得到任何好处，反而遭到残酷的剥削和不平等的待遇，他们为了争取到属于自己的权利，就用各种各样的方法进行斗争和反抗，以期过上和平幸福的生活。经过努力，他们期望的新型村庄诞生了。这个"世外桃源"式的村庄位于美国印第安纳州南部沃巴什河岸边，它的名字叫"新和谐公社"，是由英国人欧文创建的。

英国和法国建立资本主义制度后，资产阶级和无产阶级的矛盾异常尖锐，工人们饱受盘剥和压榨，而资本家们却过着穷奢极欲的生活，两者之间形成了鲜明而强烈的对比。怀有不满情绪的不仅仅是工人，就连一些出身贵族和资产阶级的人也为此愤愤不平，他们纷纷寻找医治这种不平等社会的良方，构想着自己心中理想社会的样子。但是在资本主义社会里，要想用宣传感化和试验的办法来实现这一理想，简直是天方夜谭，这完全是一种不切实际的幻想，因此，这种想法被人们称为空想社会主义，其最著名的代表除了欧文之外，法国的圣西门和傅立叶也是空想社会主义的忠实追随者。

出生在贫苦家庭的欧文，对受到剥削和压迫的劳动人民深表同情。他成年后，和一个工厂主的女儿结了婚，成了工厂的资产者，并积攒了一大笔钱财。为了实现自己的理想，他于1824年带着一批志同道合的人来到美国印第安纳州，以20万美元的价格买下了近3万公顷土地，开始为实现自己的理想而奋斗——着手兴建"新和谐公社"，他的作为无疑给毫无出路的普通民众带来了一线希望。不少人纷纷从美洲赶来，期望在那里建设他们理想中的家园，美国费城科学院院长威廉·麦克留尔、经济学家约西亚·华伦等也来到这里，热情地参加新村的建设。欧文在1825年10月发表的一篇演说中阐明了自己建设"新和谐公社"的目的，是将愚昧而自私的社会制度改变为一种开明的社会制度，并消除人与人之间的纷争。

但是"新和谐公社"的建设者们似乎忽略了一个问题，那就是他们的世界并没有和资本主义世界相隔绝，那些加入公社的人也抱着各自不同的目的而来，他们有着不同的信仰，互相之间存在着民族偏见，公社也不像他们当初想象的那么和谐。如此一来，公社的工厂和作坊经常停产，四年以后，无法继续维持下去的"新和谐公社"只好宣告破产了。几乎与此同时，美国纽约等地的另外几十个欧文式、傅立叶式的公社也都走到了尽头。

空想社会主义的一些想法虽然不可取，但其按劳分配的思想却成了马克思主义产生的重要理论来源。

蓬勃的革命狂飙

●奥尔良公爵路易·菲力浦

>>> 里昂派

16世纪上半叶，在法国上层文化领域里占统治地位的贵族诗人团体。

这一具有浓厚贵族政治倾向的诗歌流派的代表是莫里斯·塞夫（1501—约1560年）和路易丝·拉贝（1526—1565年）。他们与以拉伯雷为代表的反封建反教会的进步团体相对立。作品题材多局限于个人感情的范围，常以爱情为主体，不仅脱离社会现实，而且文风矫揉造作，喜雕琢，求华丽，充满了没落腐朽的贵族情调。

拓展阅读：

《里昂译事》李治华
《里昂》（钢琴曲）
　　［匈牙利］李斯特

◎ 关键词：工人阶级 资产阶级 里昂 罢工运动

法国里昂工人起义

19世纪20年代，正当英国和法国的空想社会主义者为实现理想而四处奔走时，法国的工人阶级经过酝酿，以自己的实际行动向贪得无厌的资产阶级展开了一场斗争，其中里昂的工人站在了这场斗争的最前列。

素有"丝绸之城"称谓的里昂，从16世纪开始，就将出产的丝绸销往欧洲各国，受到王公贵族们的喜爱。里昂城的中心，不仅有整齐的大街和林立的店铺，还有穿着考究的商人，那里充满了资本主义的文明气息。但是到了里昂的工业区，情况就大不相同了，狭窄的街道上垃圾和污秽物随处可见，低矮破旧的作坊鳞次栉比，分布在街道的两旁，在作坊里工作的都是面色苍白、骨瘦如柴的纺织工人，其中不乏妇女和儿童。他们每天的工作时间长达十五六个小时，而得到的报酬仅仅能买到一磅维持生命的面包，每天付出艰辛的劳动后，他们还要拖着极度疲惫的身子回到无以避风挡雨的住所，有些人甚至无家可归，只好露宿街头。忍无可忍的情况下，他们迫切地提出了增加工资的要求，却遭到资本家们的断然拒绝。

1831年10月，工人代表提出了工资标准草案，打算和资本家一起开会讨论。开会当天，资本家想方设法向理直气壮的工人代表讨价还价，丝毫不肯做出让步。资本家的所作所为终于惹怒了工人，6000名纺织工人停下手头的工作，列队来到省政府门前示威，并且高唱着《马赛曲》，雄赳赳地来到会议厅外。迫于压力，资本家们只好同意了工人代表的提议，当天深夜，"工资标准协议"终于获得了通过。

资本家们并没有就此罢休，他们和政府相勾结，否决了新工资标准，撕毁了协议，仍然执行旧有的工资标准，工人们再次表示抗议。

11月21日早晨，里昂工人举行了罢工运动，一支2000人的游行队伍高唱着《马赛曲》直奔市中心。结果，游行的工人遭到军队的袭击，很多人倒在了血泊中。愤怒的工人丝毫没有感到畏惧，他们呼喊着冲向敌人，赤手空拳和武装的军队进行搏斗。其他行业的工人得到动员后，也纷纷赶来支援，政府军遭到重创后，溃不成军，借着夜色偷偷逃出了里昂城。23日清晨，起义队伍占领了整个里昂城，成立了工人委员会，宣布废除捐税，实行"工资标准协议"。

里昂工人的起义成果还是被资产阶级颠覆了，在得到国王的支持后，大批的军队调集到里昂，12月1日，6万名政府军包围了里昂城。第三天，起义队伍遭到了血腥镇压。

里昂工人起义虽然失败了，但无产阶级从此登上了历史舞台。

●尼采像

>>> 挖苦尼采

19世纪德国唯心主义哲学家尼采（1844—1900年）对女性特别仇视，他一生不接触女人，曾经这样说过："男子应受战争的训练，女子则应受再创造战士的训练。"又说："你到女人那里去吗？可别忘了带上你的鞭子！"

英国哲学家罗素（1872—1970年）对尼采的哲学极为不满，挖苦他说"十个女人，有九个女人会使他把鞭子丢掉的，因为他明白了这一点，所以他才要避开女人啊！"

拓展阅读：
《当尼采哭泣》
　[美] 欧文·亚隆
《情遇尼采》
　[俄罗斯] 露·莎乐美

◎ 关键词：圣歌 哲学家 神经衰弱 酒神精神

"诗人哲学家" 尼采

19世纪末，西方哲学界升起了一颗新星，他打破了以往哲学家的神圣偶像，推翻了传统道德的善恶标准，以自己的哲学思想在哲学史上树立起丰碑，对现代西方世界和哲学界都产生了重大的影响，他就是伟大的哲学家尼采。

1844年10月15日，尼采出生于普鲁士王国萨克森省一个叫罗肯的普通小村里。尼采的父亲是一位信奉新教的牧师，曾经教导过几个皇室的子弟，因为教学成绩优异，普鲁士国王对他恩宠有加。他对自己孩子的教育非常严格，尼采就是在他的严厉管教下长大的。非常不幸的是，慈祥的父亲在尼采五岁时就永远离开了。父亲的去世使一家人沉浸在痛苦之中，为了摆脱困境，尼采随母亲来到了诺姆堡，在那里，尼采很难找到小伙伴和他一起玩耍。由于先天不足，尼采生得头大如斗，而身体则矮小羸弱，为此他曾遭到了很多白眼和嘲弄，父亲的死对年幼的尼采有着深深的触动。

诺姆堡住着一位技艺高超的琴师，他是尼采的朋友克鲁格的父亲，每当郁闷的时候，尼采就到克鲁格家里享受音乐。在一个月光朦胧的夜晚，尼采在一曲激越和悲壮的德国古典音乐中，创作了生命中的第一部音乐作品《一支圣歌》。

1863年，19岁的尼采进入波恩大学学习。第二年，他又转入莱比锡大学攻读古典语言学，并在古典语言研究方面表现出惊人的才华。瑞士的巴塞尔大学在尼采尚未获取博士学位时就授予他古典语言学教授的职称，那一年尼采才24岁。此后不久，德国的莱比锡大学在尼采未参加考试和提交学位论文的情况下，授予他博士学位，尼采因此开始涉足教学与研究领域。后来，尼采成为了著名的哲学家。

1882年，尼采的一位朋友介绍了一个名叫莎罗门的俄国少女给他做学生。在教学的过程中尼采不知不觉地爱上了莎罗门，然而在向莎罗门求婚时，却遭到了莎罗门的委婉拒绝。

遭到这次打击后，尼采一病不起，并且患上了严重的神经衰弱，他感到无比的孤独和苦闷。病情痊愈后，尼采以"酒神精神"那样从事写作了，先后出版了《希腊国家制度》《希腊悲剧时代的哲学》《不合时的思想》《悲剧的起源》等书籍。随着这些书籍的出版，一些往日要好的朋友也开始疏远他了。几年以后，尼采患了精神分裂症，疯疯癫癫地活了11年后，永远离开了人世。因为思维敏捷，感情丰富，想象力强，文笔华美，尼采被人们称为"诗人哲学家"。

蓬勃的革命狂飙

●卡尔·马克思像

>>> 恩格斯难忘马克思

1890年11月28日是恩格斯70岁生日，来自世界各地的党组织和朋友纷纷表示要为他祝寿。但恩格斯婉言谢绝了，他认为所有的荣誉都应该归功于马克思。后来，在德国社会民主党人倍倍尔等人的一再要求下，恩格斯勉强同意在家中搞了一个私人宴会。

生日这天，恩格斯家中高朋满座，他高兴地与朋友干杯畅饮。兴致高涨时，他高声唱起《饮酒歌》，随后用俄语背诵了一大段普希金的长诗《叶甫盖尼·奥涅金》。

生日过后，恩格斯给德国、匈牙利等国的媒体去信，答谢朋友并表达对马克思的怀念之情。

拓展阅读：

《卡尔·马克思》恩格斯
《神圣家族》马克思/恩格斯

◎ 关键词：正义者同盟 马克思 恩格斯 《共产党宣言》

振聋发聩的《共产党宣言》

1836年，一部分德意志政治流亡者在巴黎秘密组成了一个"正义者同盟"组织，其成员大都是手工业者，该同盟的主要任务是一方面对组织进行宣传，另一方面进行秘密的革命活动，这个被称为"正义者同盟"的组织就是"共产主义者同盟"的前身。

1847年，"正义者同盟"总部展开了一场激烈的争论，争论的焦点是，对马克思和恩格斯的思想是全盘接受还是全部否决。因为马克思和恩格斯不是该同盟的成员，所以有很多人持"全盘否定"的意见，同盟的高层人士纷纷以严肃的态度表述了自己的观点。

经过激烈的争论，多数人同意接受马克思和恩格斯的思想体系。达成一致的观点后，同盟代表约瑟夫·莫尔被派往布鲁塞尔和巴黎，分别拜访马克思和恩格斯，打算和他们进行面谈，然后邀请他们参加同盟会议。在布鲁塞尔同盟街5号，约瑟夫·莫尔见到了马克思，并且表明了来意。马克思态度坚决地告诉他："我可以接受你们的邀请，并全力配合你们的工作，但你们必须同意我提出的条件，同盟必须摈弃原有章程中一切助长迷信权威的东西，因为这类做法是和科学的世界观、和无产阶级的事业相抵触的。"约瑟夫·莫尔表示同盟将全部采纳马克思提出的意见，然后诚恳地请求马克思为同盟写一个宣言，之后正式将同盟改组。马克思欣然接受了他的请求，并对同盟的信任表示感谢。约瑟夫·莫尔拜别马克思后，又前去巴黎拜访恩格斯。

其实一直以来，马克思和恩格斯都密切关注着"正义者同盟"的活动情况，当时欧洲产生了很多工人团体和共产主义小组，其中"正义者同盟"产生的影响最大，其思想和宗旨也较其他组织和社团进步，但同盟中存在着陈旧的宗派主义传统，要想使该同盟成为国际无产阶级革命斗争的领导组织，让它以科学共产主义的理论引领世界无产阶级改造世界，就必须对它进行彻底的改组。

现在时机终于成熟了。接下来的几个月，马克思和恩格斯经过艰辛的工作，为同盟的全面改组做了充分的准备。1847年6月，正义者同盟在伦敦召开了第一次代表大会。因为经济困难，马克思未能出席。恩格斯根据事先同马克思商量好的计划，与威廉·沃尔佛一起指导了同盟的改组工作。根据马克思、恩格斯的提议，大会将"正义者同盟"改为"共产主义者同盟"，大会还通过了恩格斯为同盟起草的章程。1847年12月29日，共产主义者同盟在伦敦召开第三次代表大会，马克思和恩格斯都出席了会议，并在大会结束后积极投入工作中。很快，《共产党宣言》顺

蓬勃的革命狂飙

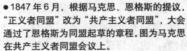
●1847年6月，根据马克思、恩格斯的提议，"正义者同盟"改为"共产主义者同盟"，大会通过了恩格斯为同盟起草的章程。图为马克思在共产主义者同盟会议上。

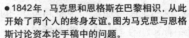
●1842年，马克思和恩格斯在巴黎相识，从此开始了两个人的终身友谊。图为马克思与恩格斯讨论资本论手稿中的问题。

利完成了，并于1848年2月发表。《共产党宣言》是科学社会主义的第一个纲领性文件，它系统地阐述了共产主义理论，并且很快成为全世界无产阶级斗争的总纲领，"全世界无产者联合起来！"的口号更是喊遍了全世界。

蓬勃的革命狂飙

●梅特涅像

>>> 玛丽·路易丝

玛丽·路易丝（1791—1847年），奥地利公主，法国皇后（1810—1814年）。

生于维也纳奥地利宫廷。因奥地利在对法国作战中屡遭失败，根据梅特涅建议，1810年奥皇弗朗西斯二世被迫同意将其嫁与拿破仑为妻，以示法奥亲善。

1811年生一子封为罗马王（即史称拿破仑二世）。1814年拿破仑帝国垮台后，拒绝随同拿破仑去流放地，携子返回维也纳，不久成为奥地利贵族奈珀克伯爵的情妇。

1815年被封为意大利巴玛公国女大公。

拓展阅读：

《梅特涅》
[英]阿尔杰农·塞西尔
《世界智谋全解》万智

◎ 关键词：经济危机 梅特涅 辞职 出逃

梅特涅被迫出逃

1846年到1847年的两年间，一场严重的农业经济危机席卷了整个欧洲，各国的民众都在极为窘迫的情况下艰难地生活着，但情况越来越糟糕，很多人已经到了无以度日的境地。到了1848年，情况仍然不见好转，于是，经济危机演变成了一场强烈的革命风暴，巴黎民众首先举起了革命大旗，点燃了欧洲各国的革命烈火，封建统治者们日益感到岌岌可危。

1848年3月19日，梅特涅看着眼前的一堆卷宗发呆，几天来，他被巴黎的革命搅得心神不宁，奥地利的大街小巷都出现了示威游行队伍，他们高喊着"打倒梅特涅"，要求实行宪政，并且将皇宫包围得水泄不通。梅特涅是奥地利帝国的外交大臣、首相和公爵，他是1814年到1815年维也纳会议的主要参加者和神圣同盟的组织者，一直力图恢复欧洲封建专制的统治，镇压欧洲革命和民族解放运动，并极力主张以武装力量镇压国内的民主运动。但是皇宫前的状况非常不容乐观，示威的人越来越多，喊声越来越大，国王斐迪南一世如坐针毡，为了表示自己顺应民意，唯恐引起大乱的斐迪南一世只好下令让首相梅特涅立刻辞职。

听到这个消息后，梅特涅顿时目瞪口呆，他认为皇帝这样做对自己太不公平了。当年老皇帝临终前一再嘱托现在的皇帝，说梅特涅是最重要的大臣，将来的国家大事如果没有梅特涅的决定，皇帝不能单独决定任何事情。梅特涅没有辜负老皇帝的期望，一心一意地为该家族鞠躬尽瘁，没想到皇帝竟然让他立刻辞职。75岁的梅特涅流下两行浊泪后，知道说什么都无济于事了，只好男扮女装，躲过游行的队伍，连夜狼狈地逃出了奥地利，前往英国避难。

奥地利人民的游行和梅特涅的出逃，让德意志人民受到了很大鼓舞。3月13日，柏林民众举行了声势浩大的游行，并且演变成武装起义。国王腓特烈四世做出让步，下令撤出柏林，并向起义中牺牲的人脱帽致哀。其他城市也先后有游行的队伍走上街头。

早在1847年1月，在西西里岛举行起义的意大利人民就趁机解放了全岛。梅特涅被赶下台的消息给了他们极大鼓舞，米兰人民举行了起义，其他诸如威尼斯、都灵、那不勒斯等地也先后爆发了大规模的群众运动。

一时间，欧洲大陆风起云涌，革命势如破竹，落后的封建制度已不能适应资本主义的发展要求，欧洲掀起了一场革命狂飙。

●路易·波拿巴像

>>> 高卢雄鸡

高卢是古代西欧地名，以阿尔卑斯山为界，分为山内、山外两个高卢，大致就是现代法国及其周边地区。公元前6世纪时居住在高卢的居民主要是凯尔特人，罗马人称他们为高卢人。

公元6世纪左右，法兰克人占领了高卢全境，将之改名为法兰西，因此，可以说高卢就是法国的古称。

法国人一向有"高卢雄鸡"之称，因为在拉丁文里，高卢与雄鸡是一个词，即"GALLUS"，高卢雄鸡便由此得名。

拓展阅读：

《拿破仑：我的雄心壮志》
　　[法] 朗茨
《路易·波拿巴的雾月十八日》
　　马克思

◎ 关键词：野心 见风使舵 恢复帝制 对外扩张

路易·波拿巴建立法兰西第二帝国

1815年6月，拿破仑建立的法兰西第一帝国走上了覆亡的道路，之后的法国又经历了动荡和混乱，复辟与共和在法国的政治舞台上轮流扮演着主角。值此混乱之际，拿破仑的侄子卷土重来，建立了法兰西第二共和国，法国又进入了相对稳定的时期。

拿破仑的侄子叫路易·波拿巴，他是一个在冒险中成长起来的人。波旁王朝复辟时，路易·波拿巴被迫流亡到国外，开始到处流浪；七月王朝时期，路易·波拿巴曾组织了两次暴动，企图夺取法国的政权，结果都以失败而告终。第一次失败，他被流放到国外；第二次失败，他身陷囹圄达六年之久，最后设法从监狱中逃走，辗转到达英国。

路易·波拿巴是个具有很大野心的政客。他善于见风使舵，并且口蜜腹剑。他将自己伪装成劳动人民的朋友，还别有用心地对小资产阶级做出种种颇具蛊惑性的许诺，而暗中却和大银行家勾结起来，得到银行家们的慷慨资助。1848年12月，法国举行总统选举，路易·波拿巴作为六位候选人之一参加了竞选。一些土地所有者和大资产阶级希望复辟君主制，从中得到利益，于是就转而支持路易·波拿巴；城市小资产阶级不满共和国的税收政策，也把希望放在波拿巴身上；而占人口多数的广大农民十分缅怀法国大革命时期取得的成果和拿破仑一世。因此，在其他资产阶级共和派意想不到的情况下，路易·波拿巴当选为法国总统。路易·波拿巴于1948年12月20日就任法兰西第二共和国的总统后，虽然口口声声表示遵守共和国的宪法，但他一刻也没忘记恢复帝制，重建拿破仑帝国。

出于恢复帝制的目的，路易·波拿巴想尽办法夺得了军政大权，强制解散了议会，彻底清除了共和派的威胁。除此之外，他大力扩充警察机构，搜罗一批流氓和无业游民组成社团，进行特务活动，任何抱有不满情绪的人都要遭到残酷的镇压。

扫除一切障碍后，路易·波拿巴于1852年11月21日做出了恢复帝国的决定，13天后，他正式将法国改为帝国，在军队、银行家和土地所有者的支持下登上了王位，号称拿破仑三世，帝国改称为法兰西第二帝国。从此以后，路易·波拿巴走上了对外扩张的道路，频频出兵干涉别国的内政，侵占别国的领土。

1866年，法兰西第二帝国日渐衰亡，路易·波拿巴试图以战争挽救衰亡的局面，于是发动了普法战争，结果惨遭失败。9月2日，路易·波拿巴率众投降，两天后，法兰西第二帝国被推翻，路易·波拿巴对法国长达18年的统治就此结束了。

蓬勃的革命狂飙

●凡·高自画像

>>> 凡·高的耳朵

1888年2月，凡·高离开巴黎来到南方小镇阿尔，在拉马丁广场边租下了"黄房子"的两个房间，一间自己用，一间留给他的好友和老师高更。

为了迎接高更的到来，凡·高满腔热情地在十二块墙壁镶板上画满了各式各样的向日葵，希望得到高更的喜爱，没想到从高更踏进房子的那一刻起，就看这里不顺眼。凡·高的热情遭到了高更的冷嘲热讽，甚至连凡·高视若神明的几位艺术大师也遭到了他的嘲讽。凡·高手提着刮胡刀要割断高更的喉咙，高更逃走。于是，凡·高对着镜子割下自己的右耳，以堵塞倾听"谎言"的通道。

拓展阅读：

《莺尾花》凡·高
《燃烧生命：凡·高》凡·高

◎ 关键词：印象派 绘画大师 追求艺术 自杀

印象派大师凡·高

法国印象派绘画大师凡·高出生于1853年3月30日，他的父亲是荷兰北部布拉邦特州附近一个村镇小教堂的牧师。凡·高16岁的时候，被父亲送到海牙一家美术商店当学徒。后来，凡·高还做过教师和传教士。

凡·高曾在矿区生活了一段时间，在那段时间里，凡·高对原野风光产生了浓厚的感情，于是萌生了绘画的念头，为此，他将菲薄的收入全部投入到绘画上，在饱受冻馁的情况下，到处拜访名师，请求他们赐教。有一次，凡·高因为没钱吃饭而发起了高烧，病倒在矿区内，在生命垂危之际，幸亏在巴黎当画商的弟弟提奥及时赶到，将他接到巴黎，并为他购置了一间宽敞明亮的画室。在巴黎的那段岁月，凡·高见到了很多印象派画家，他每天晚上都参加印象派画家的沙龙，结识了诸如马奈、莫奈、高更、塞海、西涅克等画家，并仔细研究了他们的绘画成果。地处巴黎市中心和塞纳河畔的罗浮宫是绘画和艺术的殿堂，凡·高在那里开阔了眼界，看到了不少稀世珍品，内心激动不已。

冷静下来后，凡·高觉得巴黎的生活越来越不适合自己，在来巴黎之前，虽然孤身一人，饱受困苦，但自己是一个为艺术而奋斗的勇士，画的都是有价值的东西，可是自从到了巴黎之后，他看到有些人为了加入某个艺术团体，不惜拿出一幅丑陋的画作示人，因此感到极为愤慨。于是，在弟弟提奥为生意忙得团团转的时候，急于重返乡间的凡·高只给弟弟留了张便条，就匆匆踏上了追求艺术的征程。

奔驰的列车在法国南部的城市与乡村间穿行，坐在三等车厢里的凡·高睁大充满激情的眼睛，望着外面的美好世界，不禁为美丽的大自然发出了由衷的赞叹。凡·高在法国南部小城阿尔站下了火车，然后漫无目的地沿着一条小路向前走，最后随便在一间廉价的旅馆里住下来。此时，凡·高身上的钱已经所剩无几了，生活又回到了从前的样子。但是，凡·高看到大自然的美妙后，就忘记了生活上的烦恼。他经常扛着画架、颜料和画布，奔向阿尔城山脚下的罗讷河，因为那里是给他灵感的地方。

旅店店主敲诈凡·高，他一次又一次地给他加房租，并且变本加厉，连在房间里放油画也要收费。凡·高一气之下搬了出去，用仅有的钱在乡间租了一间房子。在那间房子里，凡·高创作了很多不朽的画作，包括《向日葵》《农民》《邮递员罗兰》《供应市场之农圃》《囚徒放风》《吃马铃薯的人》等作品；在那间房子里，凡·高做的饭菜没有多少作料的味道，更多的只是颜料的味道，那里成了凡·高生命的最后归宿。1890年6月29日，由于无法排遣内心的痛苦，贫病交加的凡·高自杀了，终年37岁。

●加里波第像

>>> 维也纳金色大厅

金色大厅，是奥地利首都维也纳历史最古老、设施却最为现代化的音乐厅，始建于1867年，1869年竣工，是每年举行"维也纳新年音乐会"的法定场所。

1870年1月6日，音乐厅的金色大演奏厅举行首场演出。1939年开始，每年1月1日在此举行维也纳新年音乐会，后因战争一度中断，1959年又重新恢复。

近年来到金色大厅演出的中国艺术团体逐年增多，中国艺术家宋祖英、谭晶也分别放歌金色大厅，为维也纳这座音乐之都带来独特的东方文化神韵。

拓展阅读：

《你好，奥地利》魏京那
《我在伊朗长大》
[伊朗] 玛赞·莎塔碧

◎ 关键词：加里波第 普奥战争 普法战争 统一

意大利实现统一

19世纪初的意大利，一直处于分裂状态，北部被奥地利统治，南部的西西里王国被西班牙控制，中部地带则归罗马教皇管辖，国家的分裂和外族的入侵无疑严重阻碍了意大利的发展，同时也给民众带来了深重的灾难。一些资产阶级出身的人士和知识分子中的爱国者秘密组成了社团，他们力求意大利获得统一，于是领导人民展开了反抗外族和封建统治的斗争。这一时期，出现了很多著名的领袖，其中被称为民族英雄的加里波第就是一位颇具传奇色彩的人物。

加里波第于1807年出生在意大利北部的威尼斯。1834年，他参加了意大利的海军起义，被镇压后逃亡到拉丁美洲。1848年革命狂飙席卷欧洲的时候，加里波第返回意大利并亲自指挥了罗马共和国的保卫战，革命失败后，他又逃到美国避难，直到1859年才回到意大利参加统一运动。

1860年4月，西西里岛爆发了农民起义。加里波第得到消息后，马上组织起一支由学生、工人、手工业者、渔民和自由职业者组成的"千人远征军"，解放了西西里岛。加里波第于8月挥师北上，在卡拉布利亚登陆，攻占了那不勒斯，并于10月1日成立了临时政府，加里波第被拥立为国家元首。

撒丁尼亚王国是意大利唯一独立的君主立宪制国家，它早就有统一意大利的野心，因此不赞成意大利革命，它主张以撒丁尼亚为中心，通过国与国之间的谈判建立统一的意大利王国。撒丁尼亚王国的首相加富尔表面上答应和起义军联合，但暗中采取欺骗的办法，从加里波第手中骗去了西西里王国的舰队，轻而易举地吞掉了起义军用鲜血换来的果实。1861年3月，意大利王国宣告成立，定都佛罗伦萨，国王的宝座落入了撒丁尼亚萨伏伊王朝的手中。王国政府军和加里波第的志愿军都参加了爆发于1866年6月的普奥战争。主力部队被消灭后，奥地利宣布投降。这时候，意大利统一道路上的绊脚石只剩下法国军队和教皇雇佣军了。教皇顽固地反对将罗马并入统一的意大利。加里波第于1867年远征罗马，但受到法国军队和教皇雇佣军的夹击，加里波第只好将军队退回到南方。

1870年，普法战争爆发了，法国被迫撤回驻扎在罗马的军队。意大利王国的军队和加里波第的志愿军趁机长驱直入，于9月26日占领了罗马，教皇国并入了统一的意大利王国，但意大利王国同意将梵蒂冈作为教皇的避居地，每年向教皇提供12.9万英镑的经费。意大利就这样实现了统一，并于1871年1月将都城由佛罗伦萨迁到罗马。

●林肯像

>>> 再见，上校

青年时代的林肯在伊利诺斯州的圣加蒙加入民兵。

上校指挥官是个矮个子，训练时，身材高大的林肯需要弯下腰，以便注意上校发出的号令。上校看见他那弯腰曲背的姿势十分生气，常要矫正林肯的姿势，让他挺胸抬头。

"是不是要我永远这个样子？"林肯问道。

"当然啦，你这个家伙，这还用问吗？"上校恼火地回答。

"对不起，上校，"林肯面带愁容地说："那么只好与你说声再见，因为我永远看不见你了！"

拓展阅读：

《飘》[美] 玛格丽特·米切尔
《伊甸之东》
　　[美] 约翰·斯坦贝克
《你所不知道的林肯》
　　[美] 戴尔·卡耐基

◎ 关键词：林肯 美国总统 南方种植园主 黑奴

林肯废除农奴制度

1809 年 2 月 12 日，美国历史上最伟大的总统之一林肯在一个贫苦的农民家庭出生了，小时候因为家里穷，林肯失去了上学的机会，每天都跟着父亲在西部荒原上开垦土地。林肯勤奋好学，遇到不懂的问题，总是虚心求教，没有钱买纸和笔，林肯就在沙地上和木板上写字，即便是在放牛、砍柴和挖地的时候，林肯也不忘学习，总是在怀里揣着一本书。等年龄稍微大一些的时候，林肯离开家乡，独自一个人出外谋生，他当过短工、水手、商店的店员、乡村邮递员、土地测量员，还当过伐木工。在那段时间里，林肯挤时间学习了历史、文学、哲学和法学等方面的知识，并对政治产生了浓厚的兴趣。

1831 年 6 月的一天，当时从事水手工作的林肯在新奥尔良的奴隶拍卖市场上，看见黑人奴隶一排排地站在那里，戴着脚镣和手铐，被粗壮的绳子拴在一起，并被奴隶主们像买卖牲口那样交易掉。林肯被眼前的一幕惊呆了，发誓要废除奴隶制度。三年后，25 岁的林肯当选为伊利诺斯州议员，从此走上了政治道路。1836 年，林肯凭借自学积累的知识，考取了律师，当上议员之后，林肯经常发表演说，抨击买卖奴隶的残暴行径，在群众中产生了深刻影响。1854 年，因为新成立的共和党主张废除奴隶制度，林肯就加入了该党。两年后，林肯第一次在全国代表大会上被提名为副总统候选人。

1860 年，林肯成功当选为美国总统。他的当选对南方种植园主的利益构成了很大威胁。在林肯就职之前，南方种植园主们发动了叛乱，首先是南卡罗来纳州宣布脱离联邦而独立，接着密西西比、佛罗里达等蓄奴州也相继脱离联邦。第二年 2 月，他们宣布成立"美利坚邦联"，大种植园主杰弗逊·戴维斯被推举为总统，制定了黑人不能和白人平等的宪法，并在 1861 年 4 月不宣而战，攻占了萨姆特要塞。林肯意识到，要想打赢南北战争，必须调动农民的积极性，废除农奴制，彻底解放黑人奴隶。1862 年，林肯签署了《宅地法》，消除了南方种植园主夺回西部土地的可能性，激发了农民参战的积极性。第二年 1 月 1 日，林肯颁布了亲自起草的《解放黑奴宣言》，宣布废除奴隶制，得到了黑人的广泛响应，并于当年取得了南北战争的胜利。

黑人的胜利激怒了南方种植园主，他们万分痛恨林肯，总想伺机将他除掉。1865 年 4 月 14 日晚上，在华盛顿的福特剧院看戏时，林肯遭到南方种植园主收买的暴徒刺杀，结果不幸身亡。

林肯为解放黑人、促进南北统一，做出了很大贡献。

蓬勃的革命狂飙

● 美国独立战争后，南部诸州的大种植园主仍然顽固地维护和扩展
黑奴制，对黑奴进行残酷迫害，成为南北战争的导火索。美国内战
为美国资本主义经济的飞速发展铺平了道路。图为南方种植园主正
在进行黑奴交易。

蓬勃的革命狂飙

●南方军统帅罗伯特·李

>>> 波托马克河

波托马克河是美国中东部最重要的河流。源自阿巴拉契亚山脉西麓，由北布朗奇河同南布朗奇河汇合而成。先向东然后向东南流，注入大西洋的切萨皮克湾。

由南布朗奇河源头算起，长590公里，连同三角港为780公里，流域面积3.7万平方公里。靠雪雨补给，冬、春高水位，穿越蓝岭山脉形成许多瀑布和壮丽的峡谷。

首都华盛顿在河的东北岸，距河口约200公里，中型海轮可达。美国国防部所在地五角大楼和华盛顿众多纪念建筑都建在波托马克河畔。

拓展阅读：
《葛底斯堡演说》[美] 林肯
《关于时间：历史有多长》
[美] 麦克·弗拉纳根

◎ 关键词：葛底斯堡 埋伏 全面胜利 南北统一

葛底斯堡之战

葛底斯堡是位于华盛顿以北200千米的一个小镇，美国南北战争打响后，双方的军队于1863年7月1日至3日在此展开了一场规模空前的战斗，双方激战了三天三夜，结果北方军队重创了南方军队，种植园主率领的南方军损失了3.6万人，从而丧失了进军北方的机会。葛底斯堡之战是美国南北战争的转折点，从此以后，北方军开始由防守进入了全面进攻。

南北战争爆发之初，由于北方军准备不够充分和指挥官的失误，北方军连连失利，首都华盛顿曾两次告急，北方政府军司令麦克米伦畏敌不前贻误了战机，结果遭到惨败。身为总统的林肯在战事日紧的情况下感到心急如焚，苦苦思索良策，希望能尽快扭转战局。1863年6月，林肯召见了米德将军，给他调遣一支8万人的军队，并让库奇将军指挥宾夕法尼亚州的30个民团和纽约州的19个团协同作战，寻找有利战机，向罗伯特·李率领的南方主力军队发起进攻。米德和库奇对战局进行了周密的研究，得知罗伯特·李的军队远离南方后，由于缺乏给养，作战能力大大下降；而北方军队在华盛顿北部的重镇费城有军需仓库，可以随时向军队提供补给。葛底斯堡是通往费城的必经之地，于是米德和库奇在葛底斯堡设下埋伏，等候罗伯特·李进入圈套。

不知是计的罗伯特·李率领10万大军和250门大炮，由南向北杀来，一路势如破竹，以锐不可当之势向前推进。1863年7月1日，他的3000人先头部队带着几门大炮进入了葛底斯堡，却被埋伏在那里的北方军打得人仰马翻。

远在10千米之外的罗伯特·李听到前方传来的炮声，知道先头部队和北方军交上了火，立即督促部队加速前进，并命令1.5万名士兵向北方军的左翼发起猛攻。处在左翼的北方军在库奇的率领下，以20门重炮轰击了对方，南方军队伤亡惨重，罗伯特·李只好下令撤退。进攻失利后，罗伯特·李将主力部队悄悄调到了右翼，然后出其不意地发动了进攻，北方军凭借有利地形再次将南方军击退，双方的损失都非常惨重。接连受挫后，罗伯特·李命令200门大炮同时向右翼开火，接着以5000骑兵、3万步兵横扫北方军的阵地，付出了惨重的代价后，终于占领了右翼阵地。当天夜里，北方军发动了突然袭击，一举将丢失的阵地夺了回来。

7月3日，接连遭到打击的罗伯特·李决定孤注一掷，再次发动猛烈攻击，阵地几次易手后，终于支持不住的南方军队只好于当晚10时撤退了。7月4日夜间，罗伯特·李率残部连夜渡过波托马克河仓皇退却，北方军取得了葛底斯堡之战的全面胜利，为以后美国的南北统一铺平了道路。

蓬勃的革命狂飙

● "铁血宰相"俾斯麦

>>> 李鸿章和俾斯麦

1894年中日甲午战争以后，由于李鸿章代表清政府签订了丧权辱国的《马关条约》，遭到了全国人民的强烈抗议和反对，被解除职务。清朝统治者慈禧和恭亲王奕䜣念他过去的功劳，决定让他出访欧美。

1896年6月13日，进行环球考察的李鸿章乘火车自俄国前往德国。6月27日，李鸿章专门赶到汉堡附近拜访了俾斯麦，以求强国之道。

俾斯麦设家宴招待李鸿章。李鸿章笑着对俾斯麦说，有人称自己为"东方的俾斯麦"，俾斯麦则笑着说，没有人称自己为"欧洲的李鸿章"。

拓展阅读：

《李鸿章出使欧美真相》
　　王培垠
《思考与回忆》[德] 俾斯麦

◎ 关键词：政治家 外交家 铁血宰相 统一

"铁血宰相"俾斯麦

普鲁士著名的政治家和外交家俾斯麦曾经说过这样的话："当代的重大政治问题不是用说空话和多数派决议所能决定的，而必须用铁和血来解决！"他因此被称为"铁血宰相"，他为德国的统一做出了不可磨灭的贡献。

1815年4月1日，俾斯麦出生在普鲁士一个大贵族地主家庭，他的童年是在父亲的庄园里度过的。上大学期间，强暴蛮横的俾斯麦曾和同学发生过27次决斗，大学毕业后，他回到家乡经营自己的两处领地。德国在1848年爆发革命时，俾斯麦曾以自己组织的军队对革命进行武力镇压。1851年到1861年的10年间，他曾先后担任了普鲁士邦驻德意志联邦代表会的代表、驻俄大使和驻法大使。1962年，官运亨通的俾斯麦出任普鲁士宰相兼外交大臣，"铁血政策"就此出台了。

当时的德国四分五裂，一直处于群龙无首的状态。1815年，各封建国家在维也纳召开会议，建立了"德意志邦联"，但各国仍然保留着独立自主权，并且拥有自己的军队和政府，所谓的联邦不过是形式而已。19世纪五六十年代，统一问题再次提上议事日程，形势对奥地利和普鲁士两个较为强大的国家非常有利，奥地利想以自己为中心统一整个德国，而普鲁士则在统一的计划中排除了奥地利，双方因此展开了一场战争。1850年春，奥地利主动发起攻势。当年5月，奥地利在法兰克福召开全德代表会议，决定恢复全德会议并由奥、普轮流担任主席，但遭到普鲁士的断然拒绝，双方的谈判破裂了。19世纪50年代末，普鲁士与许多德意志小国发展了经济联系，还利用1859年法、意与奥地利打仗的机会，迫使全德议会交出领导权，然后通过军事改革大大加强了军事力量。

俾斯麦于1862年9月出任宰相时，普鲁士的军事力量正处于上升时期，为他日后实行"铁血政策"打下了良好的基础。俾斯麦上任后，一脚踢开了议会。在议会指控政府"违背宪法"的情况下，悍然实行了"铁血政策"。1863年末，丹麦合并了属德意志联邦的施勒斯维希小公国，这让普鲁士找到了出兵的机会。俾斯麦为了解除后顾之忧，就和奥地利联手共同攻打丹麦，丹麦以4万人的军队和普奥联军的6万人进行对抗，结果惨遭失败，普鲁士得到了施勒斯维希，奥地利也得到了另一小公国何尔斯泰因。打败丹麦后，俾斯麦发动普奥战争，结果大获全胜。

经过精心的准备，俾斯麦于1870年挑起了和法国的战争，并于第二年获得胜利，将军队开到巴黎附近的凡尔赛宫，在那里宣布以普鲁士为首的德意志帝国成立了，普鲁士国王威廉一世为德意志帝国皇帝，俾斯麦为首相。至此，德意志实现了完全统一。

●正在激战的三国同盟士兵

>>> 南美马黛茶

马黛茶是一种常绿灌木叶子，主要产自巴拉圭、乌拉圭、巴西和阿根廷等南美洲国家。马黛茶味道颇苦，具有提神醒脑的功效，喝了使人顿感神清气爽。

在乌拉圭，喝马黛茶最早是土著印第安人的传统习惯。乌拉圭人讲究用茶水的火候来表达自己对客人的态度。倘若客人接到一壶滚烫的马黛茶，意味着他在主人心目中是贵宾；假如茶水不但滚烫而且还加蜜加糖，意味着客人备受主人欣赏；但如果茶水冰凉，则说明来访者是不速之客，主人在提醒他趁早打道回府。

拓展阅读：

《巴拉圭消息》
　　[美] 莉莉·塔克
《走进南美洲》
　　[美] 普鲁简、沙因克

◎ 关键词：反对西班牙 独立运动 巴拉圭 打击

三国同盟战争

1864年至1872年，巴拉圭和巴西、阿根廷与乌拉圭展开了一场战争，战争的起因是巴拉圭和巴西、阿根廷以及乌拉圭之间因为领土存在长期的分歧，并且在拉普拉塔水系问题上也有着长期的争执。19世纪初，拉丁美洲开展了蓬勃的革命运动，巴拉圭也和其他国家一样，酝酿着一场反对西班牙统治的独立运动。

1811年6月，通过武装起义，巴拉圭脱离了西班牙的统治，建立了独立的政权。1814年，巴拉圭的统治者卡洛斯做出表示，要求阿根廷的统治者罗萨斯承认巴拉圭的独立，遭到拒绝。卡洛斯趁机和阿根廷的分裂主义者控制下的科连特斯省订立了条约，阿根廷以封锁航路表示对抗。双方的摩擦一直持续了几十年，到了1845年，卡洛斯得到巴西的支持后，于12月4日向阿根廷宣战，结果遭到惨败，并于第二年接受了美国的调停。

巴拉圭和巴西之间也并非风平浪静，巴西为了通航到马托格罗，提出了在巴拉圭河自由通航的要求，又多次就巴拉圭北部地区的领地提出过分要求，妄图两国以拉帕河为边界，结果都遭到拒绝。摩擦也时有发生。

英国希望巴拉那河和巴拉圭河实现完全自由的通航，并希望同阿根廷和巴拉圭进行无税贸易，结果未能如愿，就千方百计地想摧毁巴拉圭的反抗。一直以来，巴拉圭政局的动荡给了英国可乘之机。

在英国作梗和各国矛盾频仍的情况下，巴拉圭于1864年11月12日向巴西宣战。巴西扶植的乌拉圭红党掌握政权后，也加入了反抗巴拉圭的战争。同年12月，卡洛斯派两支军队进攻了巴西防守薄弱的南马托格罗索州，巴西军队仓皇撤退，巴拉圭军队于1865年4月13日占领了科连特斯省。1865年5月，巴西、阿根廷和乌拉圭签署了秘密盟约，私自将巴拉圭北部的地区划归到巴西名下，东部和西部则归属阿根廷管辖。

巴西、阿根廷和乌拉圭的结盟没能阻止巴拉圭的进攻，6月11日，巴拉圭舰队在里亚丘埃洛河袭击巴西舰队，结果被巴西舰队打败。之后，盟国开始了反攻。1866年4月，同盟军收复了科连特斯，将军队开到了巴拉圭本土。5月20日，双方在图尤蒂展开了一场生死大战，由于缺乏后备军，巴拉圭再次遭到惨败。之后的战争打打停停，双方一度走到了谈判桌前，但由于无法达成一致的协议，就再次兵戎相见，盟国仰仗强大的势力，于1870年3月1日击毙巴拉圭的首领卡洛斯，战争宣告结束了。

在这次漫长的战争中，巴拉圭遭到了毁灭性的打击，人口由133万锐减到22万，并且支付了巨额的赔款。这次战争使英国在南美的势力进一步扩大，并加深了对该地区的控制和影响。

蓬勃的革命狂飙

●恩格斯像

>>> 马克思教女之道

马克思是一位非常慈祥的父亲。

在女儿爱琳娜很小的时候，马克思就给她读完了荷马的全部作品以及莎士比亚的许多剧作。有一次，爱琳娜被马利亚特航海故事中船长的事迹所感动，尽管当时她还不懂船长是怎么回事。她说，她也要去做一名"船长"。她问父亲，自己是否也可以"扮一个男孩子"，并"偷偷逃走了去租一艘军舰"。父亲告诉她说，这当然是完全可以的，不过在计划还没有完全成熟之前，不应该把这件事告诉任何人。

对于女儿提出的问题，无论多忙，马克思总是给予具体又透彻易懂的解答。

拓展阅读：

《新资本论》张国
《资本论脉络》张熏华

◎ 关键词：马克思 恩格斯 资本论

第一国际与《资本论》

欧洲各国革命最终以失败而结束了，欧洲各国又处于封建专制的统治下。统治者不仅对工人运动进行了残酷的镇压，还将许多共产主义者同盟的成员逮捕了。马克思一家也被迫迁居到英国伦敦。

生活在英国的马克思一家几乎一无所有。1851年夏天，马克思开始为《纽约每日论坛报》写稿，但所得的报酬往往人不敷出，衣食都成了问题。由于不能适应英国潮湿的天气，缺吃少穿的马克思一家频频遭遇厄运，儿子小亨利·吉多刚满一岁就被肺炎夺去了生命。一年后，厄运再次降临，小女儿弗兰契斯卡死了，爱子埃德加尔（马克思叫他"穆希"）也在三年后死去，接二连三地遭到失去亲人的打击，马克思悲痛欲绝。而恩格斯，成了他最忠实的倾听者。

恩格斯十分清楚马克思的处境，为了能从经济上资助马克思，让他有足够的时间撰写理论著作，恩格斯毅然在1850年重返曼彻斯特，从事十分厌恶的经商工作，将赚取的钱财寄给马克思，并且经常替马克思还债。马克思对此非常感动，他在给恩格斯的信中曾经这样写道："我的良心经常像被梦魇压着一样感到沉重，因为你的卓越才能是为了我才浪费在经商上面，才让它们荒废，而且还要分担我的一切琐碎的忧患。"得到恩格斯的慷慨相助后，马克思没有了后顾之忧，不再三餐不继的他在伦敦不列颠博物馆里，为撰写《资本论》，收集了大量的资料。

马克思和恩格斯对各国的工人运动十分关注，共产主义者同盟的自动解散，让他们认真总结了1848年革命的经验教训，指出必须加强各国之间的团结，建立无产阶级政党。各国新成立的组织都采纳了他们的理论，并且喊出了"全世界无产者联合起来！"的口号。

1864年9月，在伦敦圣马丁教堂里，各国工人代表齐聚一堂，商讨如何支持波兰人民反对俄国沙皇的统治。在马克思的指导下，大会成立了"国际工人协会"，即后来的"第一国际"，当选为委员的马克思接受了修改大会章程和宣言的委托。马克思在宣言中指出，无产阶级只有组织起来，才能战胜资产阶级。此后不久，在第一国际的领导和支持下，英、法、瑞士等国工人纷纷罢工，并取得了胜利。与此同时，马克思加紧了《资本论》的写作，恩格斯也常把有关资料寄给马克思，并且不断提出自己的意见和建议。1867年，《资本论》第一卷出版，它阐述了剩余价值学说，揭示了近代社会的经济法则，并成为无产阶级革命运动强有力的理论武器。

蓬勃的革命狂飙

● 建立奥匈帝国的弗朗茨·约瑟夫

>>> 《茜茜公主》

这部影片由德国和奥地利1957年合拍，著名的导演恩斯特·马利斯卡执导，影星罗密·施奈德主演，演绎了弗朗茨皇帝和茜茜公主之间的凄美故事，一推出就轰动了世界。

《茜茜公主》分《茜茜公主》、《年轻的皇后》和《皇后的命运》三部，都获得了巨大的成功。影片中，罗密扮演的少女茜茜清新活泼，皇后茜茜高贵典雅，气质宛若天成。特别是她那迷人的微笑，驱散了"二战"后奥地利人民心中的阴霾，带给了人们重建家园的信心。

茜茜公主至今仍受到德国和奥地利人民乃至全世界人民的喜爱。

拓展阅读：

《奥匈帝国》何蓉
《帝国的末日》陈学振

◎ 关键词：七星旗战争 布拉格条约 《奥匈协定》 十二月宪法

奥匈帝国成立

在1866年爆发的"七星旗战争"中，奥地利被普鲁士打败，接着被赶出了德意志联邦。战争的失败，导致奥地利国内的民主解放运动出现新的高潮，哈布斯堡王朝的统治者被迫改变了统治形式，《布拉格条约》也限制了对德意志统一的干涉，奥地利被彻底排挤出意大利，匈牙利开始发挥举足轻重的作用。即便如此，匈牙利并不希望奥地利因为战争失败而解体，果真那样的话，匈牙利很难在强大的俄国和德意志帝国之间求得生存，因为它们不允许统一的匈牙利存在。

鉴于这种原因，奥地利和匈牙利在不想被瓦解和消灭的基础上达成了一致协议，双方于1867年春天签订了《奥匈协定》，将奥地利帝国改组为二元制的奥匈帝国，双方以莱塔河为界线分为外莱塔尼和内莱塔尼。奥地利皇帝既是奥匈帝国的元首，同时也是匈牙利的国王，奥匈帝国还建立了共同的外交部、陆海军部和财政部，除此之外，其余的各部都由奥地利和匈牙利各自独自成立。在共同的事务中，财政支出由双方按照一定的比例进行分配，而立法权力则是由两个国家的国会各选举出60名代表，组成代表团共同行使，例行会议在维也纳和布达佩斯轮流召开。如此一来，匈牙利不但拥有自己的议会和内阁，还享有政治和行政的自治权，成为在君主国内受到一定限制的"独立国家"。

奥匈帝国是奥地利和匈牙利统治阶级之间的联盟，是两国大地主、大资产阶级相互勾结、置广大劳动人民的利益于不顾而结合在一起的产物。匈牙利的科苏特十分反对成立奥匈帝国，而当时的执政者弗朗茨·约瑟夫获得地主阶级的鼎力支持后，坚决成立奥匈帝国，并且辩称"在毫无把握的情况下等待着令人怀疑的未来是错误的"。

1867年初，奥地利的政权发生了更迭，斐迪南·冯·博伊斯特男爵取代了毕尔克列基。同年5月，他代表奥地利政府和弗朗茨·约瑟夫在协定上签了字，并获得国会批准。

奥匈帝国成立后，匈牙利的资本主义经济得到了长足发展，铁路建设也异常迅速，并且加紧了对居住在匈牙利的南斯拉夫人的盘剥。而奥地利在建立奥匈帝国之后，不仅消除了匈牙利完全独立的可能性，还在1867年12月制定出有利于资本主义发展的"十二月宪法"，满足了资产阶级自由派参与内阁的要求。

蓬勃的革命狂飙

● 普法战争中的法国骑兵

>>> 《最后一课》

法国19世纪后半期的小说家都德，写作了很多以普法战争为题材的爱国主义短篇小说，《最后一课》就是其中的代表作之一。

1870年9月，法军在色当大败，普鲁士军队长驱直入，占领了阿尔萨斯、洛林等法国三分之一以上的土地。

写于1873年的短篇小说《最后一课》，就以沦陷了的阿尔萨斯的一个小学校被迫改学德文的事为题材，通过描写最后一堂法文课的情景，刻画了小学生小弗朗士和乡村教师韩麦尔的典型形象，反映了法国人民深厚的爱国感情。

拓展阅读：

《最后一课》[法] 都德
《群雄争斗智者胜》林仁华

◎ 关键词：威廉一世 拿破仑三世 德意志 统一

普法战争

拿破仑建立法兰西第一帝国后，经历了莫斯科远征和滑铁卢之战的惨败，被放逐到圣赫勒拿岛度过了余生，法兰西第一帝国就此结束。之后，拿破仑一世的弟弟路易·波拿巴的第三子路易·拿破仑·波拿巴，建立了法兰西第二帝国，并任第二帝国的皇帝。在波拿巴政权的统治下，皇帝拿破仑三世拥有至高无上的权力，他将一些政治冒险家组织起来，依靠庞大的军事官僚机构实行独裁统治。

1870年7月的一天，天空万里无云，爱姆斯温泉疗养地清澈如镜，正在温泉边散步的普鲁士国王威廉一世，突然接到手下的报告，法国驻普鲁士大使贝涅德蒂求见。贝涅德蒂见到威廉一世后，声称自己是受到法国皇帝拿破仑三世的派遣，要求威廉一世发表声明，公开赞同利奥波德亲王放弃西班牙王位，还须声明霍亨索伦家族永不继承西班牙王位，威廉一世拒绝了法国的要求。

法国的要求是事出有因的：当时法国的邻国巴登、卢森堡、巴伐利亚和黑森—达姆施塔特仍然保持着独立的地位，而普鲁士宰相俾斯麦意欲吞并这四个邦国，法国当然不会听之任之，拿破仑三世不愿意出现一个强大的德国，于是决心阻挠德意志的统一。当时的法国国内一直不太安宁，共和运动和工人运动蜂起，并且呈日渐高涨的态势，当局为之忧心忡忡，拿破仑三世妄图以军事胜利来转移国内矛盾，维护统治地位，加上普鲁士的宰相俾斯麦早有开战之意，普法战争爆发是难以避免的，只不过是时间的问题。俾斯麦希望法国挑起这场战争，那样的话，普鲁士可以利用法国的入侵，刺激德意志的民族运动，完成德意志最后的统一。机会终于来了，西班牙在1870年发生了革命，伊莎贝拉二世女王被推翻了，夺得大权的革命领袖决定由普鲁士王室霍亨索伦家族中的一位亲王利奥波德来做国王，但利奥波德亲王没有荣登王位之意，而俾斯麦得到消息后，竭尽全力要促成此事。法国人知道此事后，马上挫败了俾斯麦的计谋。

俾斯麦并没有善罢甘休，从陆军大臣卢思和参谋总长毛奇那里得知兵力超过法国后，俾斯麦立即给法国发出了一封羞辱性的电文，拿破仑三世看到电文后气冲斗牛，在7月19日正式对普鲁士宣战。不堪一击的法国军队节节败退，战场很快就转移到了法国境内。在法国的要塞色当，毛奇调动24万大军围困了拿破仑三世率领的11万军队，并以500门大炮展开强攻，法国主帅受伤。

大势已去，投降后的拿破仑三世成了阶下囚，被押进了威廉堡大牢。巴黎革命爆发后，法兰西第二帝国垮台了，普法战争也宣告结束。

●爱迪生于1877年发明了留声机

>>> 不讲究衣着的爱迪生

一天，这位科学家在纽约遇到一位老朋友。

"爱迪生先生，"那位朋友说道，"看您身上这件大衣已经破得不像样了，您应该换一件新的。""用得着吗？在纽约没有人认识我。"爱迪生毫不在乎地答道。

几年以后，爱迪生在纽约街上又碰见了那个朋友，这位大发明家还是穿着那件破大衣。

"哎呀，爱迪生，"那位朋友惊叫了起来，"您怎么还穿这件破大衣呀？这回，您无论如何要换一件新的了！"

"用得着吗？"爱迪生仍然毫不在乎地回答，"反正这儿人人都认识我了。"

拓展阅读：

《低能儿爱迪生》曾明奇
《科学家的故事：爱迪生》
徐榕

◎ 关键词：普罗米修斯 泰坦巨人 火种 希腊神话

普罗米修斯的火种

普罗米修斯是泰坦巨人之一，专横的宙斯将火种从他手中夺走后，普罗米修斯又设法窃取了天火，偷偷地带给人间，宙斯为此大发雷霆，他命令众神将普罗米修斯用锁链绑在高加索山脉的一块岩石上。为了惩罚他，宙斯命令一只饥饿的老鹰每天来啄食他的肝脏，这种惩罚要持续三万年。普罗米修斯从没有在宙斯面前气馁过，坚强地面对痛苦，后来在海格拉斯的帮助下，普罗米修斯恢复了和宙斯的友谊，找到金苹果，杀死了老鹰。这是希腊神话中的故事。

人类在电灯问世之前，煤油灯和煤气灯一直是人们普遍使用的照明工具，但以燃料获得光亮的方式，不仅有浓烈烟味，而且还有经常添加燃料的麻烦，因此给生活带来了诸多不便。1879年10月21日，爱迪生经过长期实验，终于使世界上第一盏有实用价值的电灯发出了光亮。从此以后，爱迪生的名字也像他发明的电灯一样走进了千家万户，他被人民誉为"新时代的普罗米修斯"。

但爱迪生并不是第一个研究电灯的人，俄国科学家得罗夫是首开先河者，他曾经发明了电弧灯。19世纪初，法拉第的老师戴维在做化学实验的时候，曾经发现两根碳棒中间通过电流，会发出强烈的弧光，于是他就发明了弧光灯。19世纪下半叶，发动机问世后，电弧灯广泛应用于灯塔、剧院和广场上的照明，但是巨大的耗电量和刺眼的灯光不适合在家庭中使用。

1873年，俄国有个叫罗德金的青年工程师，用细碳条做灯丝，装在密闭的玻璃泡里，研究出了白炽灯，这是世界上最原始的电灯，但是由于无法解决寿命短的弱点，他的研究在没有突破的情况下终止了。1878年初秋，爱迪生经过反复比较，决定研究白炽灯，通过研究，他得知白炽灯成本低，耗电量小，如果解决了寿命问题，就有希望获得成功。一年过去了，爱迪生尝试了1000多种材料后，花光了所有的经费，仍然没有能在电灯的寿命上取得突破，但是爱迪生并没有放弃研究。

有一天，他的目光偶然落在一个助手的粗线外套上，突然眼前一亮，爱迪生将找来的棉线放在密闭的坩埚里，再将坩埚放在火炉里高温处理，等棉线完全炭化后，然后用镊子将冷却的棉线取出来，由于爱迪生过于紧张，炭化棉线被碰断了好几次。直到第三天傍晚，爱迪生才成功将炭化棉线装进灯泡内，然后将灯泡抽去空气，做完了最后一道工序，爱迪生接通电流，灯泡发出了橘红色的光亮！爱迪生和助手们的脸上都露出了欣喜的笑容。

那盏电灯连续工作了45个小时才熄灭，人类历史上第一盏有实用价值的电灯终于诞生了。

蓬勃的革命狂飙

●被苏丹马赫迪起义军击毙的戈登

>>> 戈登在中国

命亡苏丹的戈登，曾在1860年，第二次鸦片战争爆发之时，随英法联军来到中国。他参与八国联军进攻北京并直接指挥了圆明园的大烧杀、大抢掠。

后来他因率领洋枪队镇压太平天国革命"有功"，被同治皇帝赐赏提督衔，戴孔雀花翎，还特赏了一件黄丝绸马褂。同治皇帝赏的这件马褂现在还陈列在苏丹哈里发博物馆里。

1964年1月，周恩来总理访问苏丹时说："曾经镇压过中国太平天国革命运动和苏丹民族革命运动的帝国主义者戈登，最终受到了苏丹人民的惩罚。"

拓展阅读：
《苏丹马赫迪起义》赵淑慧
《非洲民族主义研究》李安山

◎关键词：苏丹 反英武装起义 安萨教 马赫迪

苏丹民族英雄马赫迪

马赫迪，一个在苏丹响当当的名字，他原名穆罕默德·艾哈迈德，出生于栋古拉的船工家庭。1881年6月艾哈迈德自称马赫迪（救世主），声称受命于神，于同年8月在阿巴岛宣布"圣战"，发动起义，提出国家独立、反对异教徒和英埃统治的主张，从而成为苏丹反英武装起义的领袖和民族英雄。

1881年8月的一天，在苏丹白尼罗河阿巴岛的一座寺院里，伊斯兰斋期的宗教仪式就要举行了，很多人怀着十分虔诚的心情从四面八方会聚到寺院里，一位年近40的阿訇，穿着长袍，系着白头巾，出现在礼拜堂的台阶上，他就是创立安萨教被称为马赫迪的穆罕默德·艾哈迈德。此前不久，马赫迪率领200多名信徒，在阿巴岛上和英国殖民者展开了一场激战，打死了100多名英国人，随后，他率领起义军进入山区，建立了根据地。马赫迪不断宣传自己的主张，为广大苦难民众谋取利益，因此得到了广泛的拥护。他的起义队伍不断得到壮大，大批逃亡奴隶和农奴都赶来参加，马赫迪很快就拥有了一支10万人的队伍。

马赫迪和英国人交了好几次手，将英国人的援军接连打败，三年后攻占了苏丹的大部分土地，还将通往红海的重要据点一举拿下，英国殖民军节节败退，陷入起义军的重重包围之中，首府喀土穆也几乎成了一座孤城。英国殖民者在接连败退的情况下，任命臭名昭著的刽子手戈登为苏丹总督，戈登以凶狠残暴著称，他曾参加镇压了太平天国起义。1884年2月，戈登到达喀土穆城，但是他看到的英国士兵个个垂头丧气，士气十分低下，部队缺乏补给，戈登的脸上也露出了沮丧的神情。他打算坚守喀土穆，于是就命令士兵没日没夜地修建城墙，挖掘战壕，想以此抵挡起义军的进攻，与此同时，他还向伦敦发出了多封告急电报，要求英国当局马上进行紧急支援。此时，马赫迪的大军分三路向喀土穆挺进，3月中旬，10万大军将喀土穆城团团包围。马赫迪采用围而不战的方法，打算将城里的英军困死，城里的英军很快就弹尽粮绝了，很多忍受不了饥饿的士兵投降了起义军。

毫无良策的戈登已经到了穷途末路的地步，他派出50名士兵，打算借助夜幕的掩护，乘汽船突围求救，但试图突围的士兵被马赫迪的军队全部俘虏了，戈登为此一筹莫展。1885年1月26日凌晨，马赫迪率领起义军发起总攻，炮火为起义军打开了一条通向城内的缺口，起义军争先恐后地拥进城内，在黎明前夕就占领了城头。气急败坏的戈登被起义军的士兵们杀死在总督府的台阶上。历经四年武装斗争，马赫迪的起义取得了胜利，他建立了统一的马赫迪王国。但是不久后，苏丹再次被卷土重来的英国殖民者占领，苏丹人民又展开了长期的斗争。

●杰出的生物学家达尔文

>>> 达尔文跌落的瞬间

有一天，达尔文在一个城堡的墙上穿行，像往常一样，他一边走一边陷入了对自然的沉思，突然一脚踩空，达尔文从城墙上跌落下来，出乎意料的是，他竟然安然无恙。

经过这场虚惊，达尔文悟出了一个科学道理：在突如其来、毫无预料地跌落下去的一瞬间，他的头脑中闪现的念头却惊人的多，而生理学家们却认为每个念头都需要可观的时间，这显然和他们的想法是不相符的。他为此曾经困惑了很久。

拓展阅读：

《达尔文的阴谋》
[美] 约翰·丹顿
《达尔文和赫胥黎自传》
[英] 加文·德比尔

◎ 关键词：生物学家 环球考察 《物种起源》

达尔文与进化论

生物学家查理·达尔文（1809—1882年）出生在距离西海岸100千米处的古城施鲁斯伯里，他的父亲罗伯特·瓦尔宁·达尔文在当地是一个非常有名望的医生，达尔文有一个哥哥和四个姐姐。八岁那年，他被送到学校读书，但学习成绩一直不是很好。在所有的课程里，达尔文最喜欢自然史，他能记住所学的所有植物的名称。达尔文对学校的教学方法十分反感，反而对校外活动特别感兴趣。他对地方动物志相当熟悉，精心阅读过很多关于鸟类的书籍，对鸟的活动和习性进行了细致的观察，并做了很多鸟类标本。除此之外，达尔文对化学实验和打猎非常迷恋。

达尔文在学校里从没有好好学习过，他不仅打猎、养狗和猫、捉老鼠、抓虫子，还念念不忘那些鸟类标本，校长对这个不认真学习的孩子感到非常头疼，他将达尔文的父亲叫到学校，强烈要求将达尔文领回家。在校长的一再坚持下，父亲罗伯特·瓦尔宁·达尔文不得不把这个淘气的孩子领回了家，并且狠狠斥责了他一顿，可达尔文只是淡淡一笑。

1825年，达尔文和哥哥都被父亲送进了苏格兰的爱丁堡大学，但那里的授课情况同样让达尔文大失所望，几乎所有的课程都是枯燥而乏味的，达尔文唯独喜欢生物课和自然史。

经过朋友汉斯教授的推荐，达尔文登上了"贝格尔"号科考船，以生物学家的身份开始了对自然界的考察。"贝格尔"号科考船以每小时几海里的速度向前航行，达尔文被颠得晕头转向，为了减轻晕船反应，他只好阅读一些描写热带自然界的著作来转移注意力。"贝格尔"号到达热带后，达尔文捕捞了很多浮游生物，满满地堆了一甲板，船上的其他人对此非常反感，声称达尔文捕捞了一堆垃圾，而达尔文却如获至宝，终日和那些"垃圾"打交道。之后，达尔文又随"贝格尔"号到达佛得角群岛的普科亚港、巴西的巴伊亚市等地进行考察。

历时五年的环球考察结束后，达尔文积累了大量的研究资料。回国后，他经过整理、查阅大量资料，于1842年写出了《物种起源》的简要提纲。1859年11月，经过20多年的研究，达尔文的科学巨著《物种起源》终于出版了，达尔文在书中旗帜鲜明地提出了"进化论"的观点，阐明物种是不断变化的，是由低级到高级、由简单到复杂的演变过程，该著作的问世，给神权统治的世界造成了强烈的震撼。之后，达尔文又出版了《动物和植物在家养下的变异》和《人类的由来》等著作。1882年4月19日，达尔文因病不治身亡。

●航行途中的"贝格尔"号科考船

事实上,"贝格尔"号科考船肩负起了两次环球航海旅行的使命。第一次是 1826 年到 1830 年,曾深入巴塔歌尼亚高原和火地岛进行探测。第二次就是载有达尔文航行的这一次,从 1831 年到 1836 年,"贝格尔"号除完成上次未完成的探测任务外,还完成了其他多项任务。正是这次科考使达尔文积累了大量的研究资料,为撰写《物种起源》奠定了坚实的基础。

蓬勃的革命狂飙

●工人举行劳动节庆祝活动

◎ 关键词：剩余价值　剥削　资本家　罢工

国际劳动节的由来

　　19世纪80年代，在美国和西欧的许多国家，资本主义发展刺激了经济的高速增长，为了榨取更多的剩余价值，维护高速运转的资本主义机器，资本家采取增加劳动时间和劳动强度的办法，对工人进行残酷的剥削。

　　在美国，工人们每天都要劳动14个到16个小时，有的甚至劳动18个小时，但他们得到的报酬却少之又少，马萨诸塞州一个鞋厂的监工曾经说过这样的话："让一个身强体壮的18岁小伙子，在任何一台机器旁工作，我能让他在22岁时头发变成灰白。"由此可见资本家对工人的剥削程度之深。沉重的阶级压迫终于激起了无产者的极大愤怒，他们团结起来，通过罢工和资本家做斗争，并且喊出"实行八小时工作制"的罢工口号。

　　1877年，美国历史上举行了第一次全国罢工，工人们纷纷走上街头进行示威，向政府提出改善劳动和生活条件，缩短工时，实行八小时工作制的要求。这场席卷全国的罢工给政府造成了很大压力，国会被迫制定了八小时工作制的法律。但法律不过是一纸空文，狠毒的资本家并没有按照法律行事，工人们仍然生活在水深火热之中，饱受着资本家的折磨。

　　在劳动条件没有得到任何改变的情况下，忍无可忍的工人们为了争取生存的权利，打算举行更大规模的罢工运动，将斗争推向新的高潮。美国和加拿大的八个国际性和全国性的工人团体，在芝加哥举行了一次集会，决定在1886年5月1日行动起来，迫使资本家实行八小时工作制。5月1日那天，美国2万多个企业的35万名工人集体罢工，举行了声势浩大的示威游行活动，仅芝加哥就有4.5万人参加了罢工，罢工行动致使美国的工业部门陷入瘫痪状态。

　　罢工运动令政府和资本家极度恐慌，他们不甘心答应工人提出的条件，露出了本来的丑恶嘴脸。5月3日，芝加哥当局以暴力镇压工人，故意制造混乱，并以此为借口，开枪打死了六名工人。这一残暴行径激起了全市工人的极大愤慨，第二天晚上，3000多名工人聚集在一起，怀着沉痛的心情为死难的工友举行追悼会，声讨政府的暴行。结果警察冲进集会的队伍，抢起手中的棍子，想将他们驱散，就在此时，资本家指使手下人向人群投掷了一颗炸弹，四名工人被炸死，几名警察也被炸伤了。政府以制造混乱为借口，马上调动了大批军警，向工人队伍开枪，造成200多名工人死伤，还逮捕了很多工人。在工贼的指证下，8名工人领袖有7人被判绞刑，1人被判处15年徒刑，不服判决的工人提出了上诉，结果被联邦最高法院驳回。在工人们的强烈抗议下，当局仍然于第二年11月杀害了其中四名工人领袖，除一名在狱中被迫害致死外，其余的三名被改判无期徒

蓬勃的革命狂飙

●1910年，美国一砖厂出卖苦力的孩子们。

刑。义愤填膺的芝加哥工人点燃了全国工人斗争的烈火，全世界的工人阶级也都纷纷以罢工响应，和资本家们做斗争。在全世界工人的声援下，美国政府只好宣布实施八小时工作制，美国工人运动取得了初步的胜利。

　　1889年7月14日，在法国巴黎召开了世界性的社会主义者代表大会，法国代表拉文在会上提出，将1886年5月1日美国工人争取八小时工作制的斗争日，定为国际无产阶级的共同节日。他的提议得到了与会者的一致赞同，从此以后，"五一"国际劳动节诞生了。

●1877年美国国会迫于工人压力制定了八小时工作制的法律，但许多资本家并未按法律行事，工人们仍生活在水深火热之中。图为1911年，美国宾夕法尼亚的矿工。

蓬勃的革命狂飙

●德国化学家伦琴

>>> 甘于奉献的伦琴

伦琴一生献身科学，对物质利益十分淡薄，他不仅将自己的发现无私地奉献给了社会，还将自己所获诺贝尔奖金全部献给维尔茨堡大学以促进科学的发展。

他的一个终生好友鲍维利写道："他的突出性格是绝对的正直。我们大概可以这样说，无论从哪种意义上讲，他都是19世纪理想的化身：坚强、诚实而有魄力，献身科学，从不怀疑科学的价值；尽管他有自我批评精神并富有幽默感，但他也许被赋予了某种不自觉的同情心；……但在接受新思想上，他却胸襟宽大……"

拓展阅读：

伽马射线
《伦琴》韩钢
X线对人体的危害

◎关键词：荧光 伦琴 阴影 X射线

洞穿人体的 X 射线

1895年11月，在一个寒冷的夜里，沃兹堡大学的校长、著名的物理学家伦琴教授，又一次走进学校的实验室，他脱下厚厚的外衣，换上工作服，端坐在实验台旁边，小心翼翼地用黑纸将一个真空放电管严密地包裹起来，以免散发出任何可见的光线，然后，他站起身来，仔细关闭所有的门窗，拉上窗帘，最后，他才接通电源，弯腰检查黑纸是否漏光。他惊奇地发现了一个从未见过的现象，在距离真空管不到一米的实验台上，有一道绿色的荧光。

光是从哪儿来的呢？伦琴感到非常纳闷，他奇怪地向四下里看了看，并没有发现可疑的事情，于是他切断电源，绿光也随之消失了。接下来，他又连续实验了好几次，只要电源一接通，绿光就会出现，于是他划了一根火柴，想看看实验台上到底有什么东西。那里放着一块硬纸板，上面镀着一层氰亚铂酸钡的晶体材料，神秘的绿光就是从那里发出来的。伦琴拿起一本书挡在放电管和纸板之间，结果他惊奇地发现，神秘的绿光是从放电管内射出的，他将纸板挪远一些，然而上面仍然有光线存在。伦琴欣喜若狂，抑制不住内心的激动，他用木头和橡胶作为障碍物，又进行了反复的实验，结果发现射线能将那些物体洞穿。

接下来的一段时间，伦琴如痴如醉地进行着射线的研究，他废寝忘食地实验一个经过改良的阴极射线管，又用各种金属做了实验，结果除了铅和铂以外，无名射线可以将其他的任何物质穿透。有一天，他在无意中将手挡在了光电管和纸板之间，顿时被眼前看到的情景惊呆了，他不仅清楚地看到了每个手指的轮廓，还隐约看到了骨骼的阴影，"天哪，这恐怕是人类第一次看到活人身体内的骨骼！"伦琴暗自惊叹道。冷静下来后，他决定从理论上将这一现象弄清楚，再向外界公布，他经常一言不发地一个人呆坐着，设法解决碰上的难题。伦琴的反常举止引起了妻子的注意，于是就一再追问他到底在干什么。无奈之下，伦琴只好将妻子带到实验室，并相机行事，让妻子充当实验对象。按照伦琴的指示，妻子小心翼翼地将手放在装有底片的暗盒上，伦琴接通了电源。15分钟后，当妻子看到伦琴手中的照片时，顿时瞠目结舌，她不敢相信照片上的骨骼就是自己的。伦琴给这种射线取名为X射线。

彻底弄明白了射线后，伦琴发表了一篇名为《一种新的射线》的文章。这一伟大发现轰动了全世界，很多人为此表示了祝贺，但是持怀疑态度的人则对伦琴表示强烈的谴责，认为这是对人体的亵渎，伦琴以科学的态度给了他们有力的回击。

● "缅因"号军舰舰长萨格斯比

>>> 天使岛

天使岛位于美国梯布伦小城渡口附近，面积不大，约1.88平方千米。花木葱茏的小岛，犹如一颗硕大的祖母绿镶嵌在旧金山湾水面。

1775年，一位西班牙航海者阿雅拉在湾区停泊，发现并命名了"天使岛"。美国内战时期，军队曾在这里安营扎寨，保护旧金山湾。到1900年这里成了陆军"麦多维尔要塞"，有不少从美西战场归来的士兵曾在这里滞留。1910年"天使岛"上移民营设立，企望从这里进入美国的人，大多来自亚洲，华人居多。

拓展阅读：
《世界大海战》宋元苑
《战舰缅因号的爆炸》(电影)
《文化与帝国主义》
　[美] 萨义德

◎ 关键词：军舰 爆炸 投降 煤堆自燃

"缅因"号军舰爆炸事件

1898年2月15日晚上，在西班牙殖民地古巴哈瓦那港口的不远处，矗立着西班牙人修建的莫罗城堡。近处的古老灯塔默默守望着喧闹了一天的海面，美国的"缅因"号军舰静静地停靠在港口里，劳碌了一天的海军将士们在甲板上欣赏着晚霞下的海滨风景。夜幕渐渐降临，一声巨响过后，美国的"缅因"号军舰发生了爆炸，舰上升腾起的滚滚浓烟，刺破重重夜幕，冲天的火光随之而起，舰上的官兵还没明白发生了什么事，就丢掉了性命。164人在这起爆炸事件中死去，100多人受到不同程度的灼伤。

"缅因"号爆炸的消息传到美国后，举国上下一片哗然，各大报纸争相报道了此事，美国官方断定爆炸事件是西班牙人干的，声称西班牙人用水雷偷袭了"缅因"号军舰。美国在紧锣密鼓地调集军队，打算和西班牙展开战斗。西班牙政府一再声明和"缅因"号爆炸事件无关，两国因为此事争执不休，最后成立了调查团。但是美国人拒绝西班牙调查人员登上"缅因"号军舰，此后不久，美国人将"缅因"号拖到大西洋，让它永远沉入了深海，调查工作无法继续进行下去了。美国人反对西班牙的情绪并没有丝毫减弱，"缅因"号爆炸事件

发生不到三个月，美国总统麦金莱就对西班牙宣战了。战争在西班牙的殖民地古巴和菲律宾同时展开。

1898年5月1日清晨，美国舰队的一个中队从香港海域驶出后，不顾西班牙鱼雷和大炮的轰击，闯进了马尼拉湾，凭借先进的武器装备，在不到中午的时候，就将西班牙舰队击溃，为登陆扫除了障碍。几个月后，美国顺利占领了马尼拉城，西班牙在菲律宾的统治就此结束了。

几乎与此同时，美国舰队封锁了通往古巴的狭窄航道，将西班牙舰队困在港湾内，并用远程火炮将西班牙军舰击沉于深海之中。在这次海战中，美军只有一个士兵死亡，一个人受重伤，所有的军舰都毫发无伤，而西班牙舰队除了军舰全部沉没外，还有500多人被打死，1.7万人被俘虏，舰队司令也没能幸免。接着，美国以强大的攻势占领了圣地亚哥城的埃尔卡内山和圣胡安山上的阵地，寡不敌众的西班牙军队只好投降了。

1898年12月，美国和西班牙在巴黎签署和约，西班牙被迫承认古巴独立，并将菲律宾群岛转让给美国。处心积虑的美国人终于得手了，而"缅因"号军舰爆炸的真正原因则是煤堆自燃引起的。

蓬勃的革命狂飙

●居里夫人像

>>> 淡泊名利的居里夫人

居里夫人天下闻名，但她既不求名也不求利。她一生获得各种奖金10次，各种奖章16枚，各种名誉头衔117个，却全不在意。

有一天，她的一位朋友来她家做客，忽然看见她的小女儿正在玩英国皇家学会刚刚颁发给她的金制奖章，于是惊讶地说："居里夫人，得到一枚英国皇家学会的奖章，是极高的荣誉，你怎么能给孩子玩呢？"居里夫人笑了笑说"我是想让孩子从小就知道，荣誉就像玩具，只能玩玩而已，绝不能看得太重，否则就将一事无成。"

拓展阅读：
《居里夫人》[法] 纪荷
《镭元素之母居里夫人》张颜
《当代"居里夫人"的故事》
庞瑞垠

◎ 关键词：镭 居里夫人 放射性物质 白血病

科学家居里夫人

镭的发现者玛妮娅·居里（1867—1934年）出生于波兰，在她出生后不久，她的母亲就因病去世了，父亲的副学监头衔也被免除了。在那段祸不单行的日子里，父亲带着她和另外四个孩子在生命线上苦苦地挣扎着，唯一让父亲感到欣慰的是，孩子们个个都很有出息，儿子考上了大学，女儿玛妮娅也中学毕业了，并以优异的成绩获得了金奖章，另一个女儿布罗妮雅去法国留学了。

中学毕业后，玛妮娅经人介绍，在一个律师家里做家庭教师，一年的薪水仅仅400卢布。律师是个非常吝啬的家伙，他不肯多出一分钱，还经常指使玛妮娅干一些繁重的家务，这些玛妮娅都默默忍受了，因为她要用全年的收入资助在法国念书的姐姐，那些钱资助姐姐后，玛妮娅就所剩无几了。即便如此，玛妮娅的家境还是一天天恶化了，年迈的父亲已经到了退休的年龄，逐渐丧失了自食其力的能力，为了能增加家里的收入，玛妮娅毅然去农村当了家庭教师，因为那样每年可以多挣到100卢布，此后漫长的五年时间，玛妮娅都是在农村度过的。

姐姐布罗妮雅从巴黎医科大学毕业后，就写信要玛妮娅马上去巴黎求学。玛妮娅不忍心丢下无人照料的父亲，但父亲极力主张她去法国学习，经过一番思想上的斗争，24岁的玛妮娅终于在1891年踏上了通往巴黎的路途，进入法兰西共和国大学理学院学习，晚上就住在姐姐家里。为了能有一个更为安静的学习环境，玛妮娅搬离了姐姐家，以低廉的价格在外面租了一间小阁楼。玛妮娅当时每个月的生活费用只有40卢布，为了节减开支，她每天都步行去学校，总是在图书馆待到很晚才回家，因为那样可以节省一些灯油。两年后，玛妮娅以第一名的成绩获得了物理学学士学位。之后，她又克服重重困难攻读数学，并于1894年获得数学学士学位。接下来的一段时间，雄心勃勃的她受人之托，从事钢铁的磁性研究，但实验条件太差，研究一度被搁置。就在这时，旅居瑞士的波兰籍物理学家科瓦尔斯基夫妇来到巴黎旅行，玛妮娅向他们诉说了苦衷，他们便给玛妮娅介绍了一位在理学方面颇有成就的青年才俊，他就是比埃尔·居里，玛妮娅和他一见钟情，并且很快结婚了。婚后不久，玛妮娅生了个女儿，她只好一边工作，一边照顾孩子，在孩子出生三个月后，她发表了钢铁磁性的研究报告，从此以后，她就被人称为居里夫人。

之后，在没有实验室和实验仪器的情况下，玛妮娅和丈夫在理化学校的一间仓库里开始了镭的研究，但是提炼一克镭，至少需要两吨矿石，含有镭的沥青油也非常昂贵，他们就用矿渣代替，因为他们知道，矿渣里镭

蓬勃的革命狂飙

●居里夫人在实验室里。

●1935年居里夫妇的女儿和女婿约里奥·居里夫妇接受瑞典国王授予的诺贝尔奖金。

的含量应该是原封未动的。1902年5月的一个晚上，经历了45个月的辛勤研究，他们终于提炼出了纯镭，那是一种放射着淡蓝色荧光的新元素。第二年，镭的发现使居里夫妇获得了诺贝尔物理学奖。1906年，彼埃尔·居里在一场车祸中意外丧生。居里夫人仍然坚持研究工作，于1910年成功分离出金属镭，并精确地测定了它的原子量。

由于长期受到放射性物质的损害，居里夫人患上了严重的白血病，于1934年7月4日与世长辞，为科学事业贡献了毕生的力量。

No.7
20 世纪初的世界

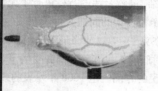

⟶ 弗洛伊德创立精神分析学；巴甫洛夫成为生理学无冕之王；卢瑟福开启人类探索原子结构的大门；爱因斯坦提出相对论；遗传学首被摩尔根发现；青霉素的发现成为战争中的亮点。

⟶ 航空母舰称霸海洋；莱特兄弟实现人类的飞天梦想；阿蒙森进行人类史上第一次极地探险。

⟶ 萨拉热窝事件，让第一次世界大战在所难免；专制魔王乱世崛起，主宰战争的法西斯，成为全世界人反抗的焦点。

⟶ 现代武器坦克的加入，让战争变得更为凶残；残暴的铁蹄，无情地踏入中国的土地。

⟶ 十月社会主义革命，开辟人类历史新纪元；红色风暴席卷欧洲，淹没"一战"的狂潮。

⟶ 改革四起，经济复苏成为战后国家的发展主题。

●美国作家马克·吐温

◎ 关键词：清粪夫 资本主义制度 黑幕揭发 民主化进程

美国的"黑幕揭发"运动

　　20世纪初的美国，一大批著名的小说家、政治家和新闻记者涌现文坛，他们自称"清粪夫"，写出了大量的作品，对资本主义制度进行了无情的揭露和讽刺，这就是轰动一时的"黑幕揭发"运动。

　　美国垄断资本主义在其发展的过程中充满着欺诈和暴力，国家的经济命脉控制在少数人手中，他们垄断了全国的金融及加工业、运输业和农业，他们在攫取国家财富的同时，还大肆挥霍资源。由于不择手段，他们控制了国家的权力机构，政府官员和国会议员成了与他们沆瀣一气的傀儡，收贿受贿的现象非常普遍，就连选举也被金钱操纵和收买了。

　　生活在底层的普通民众遭到奴役和欺压，处于中产阶级的小知识分子也未能幸免于难。忍无可忍之际，他们终于拿起手中的笔，揭穿垄断者一统天下的黑幕。于是，政治小说和问题小说大量涌现，杰出的现实主义作家马克·吐温成为该揭发运动的佼佼者。他历时十余年，于1900年写成了中篇小说《败坏了赫德莱堡的人》，有力地鞭挞和讽刺了美国资产阶级的贪婪和残暴。之后，他又相继发表了《镀金时代》和《哈克贝利·费恩历险记》，对垄断者和政府相互勾结、同流合污的行径进行了无情的揭露，作品同时还对处于底层的人民表示了深切的同情。

　　与马克·吐温齐名的作家杰克·伦敦以冲锋陷阵的精神揭露了垄断的黑幕。他出身于社会的底层，对底层人民有着感同身受的了解，因此，他的笔下涌现了一批描写下层人民的作品。他1908年发表的政治幻想小说《铁蹄》，就是在工人运动的影响下写成的。小说中的"铁蹄"指的是美国资产阶级专政，以此表明垄断资本主义已经达到了登峰造极的程度。

　　文坛上掀起揭露之风后，作家爱达·塔贝尔女士根据国会辩论和法庭的诉讼材料，撰写了一系列讽刺性极强的作品，抖出了美孚石油公司窃取国家资源、收买法院的内幕，谴责该公司与政府狼狈为奸的欺诈行为。

　　小说家弗兰克·诺里斯在西部农场采访时，对垄断资本主义的铁路资本与农场经营者之间的尖锐矛盾有了深刻的了解，于是便创作了名著《章鱼》，并于1901年发表。小说以鲜明的爱憎感情控诉了垄断资本对农村的强取豪夺，被美国文学界公认为是一部现实主义的巨著。

　　此外，欧·亨利、雅各布·瑞斯、罗生等作家纷纷发表作品响应，使得"黑幕揭发"运动在美国引起了强烈反响。美国当局迫于社会的呼声和压力，答应了改革者的部分要求，国会还被迫通过了几项宪法修正案，促进了民主化进程。

● 弗洛伊德像

>>> 西格大叔的理论

弗洛伊德70岁生日宴会上，一位亲戚问弗洛伊德，他是否能把自己的工作做个概括。教授想了想说："我们领着病人走出精神烦恼，使他们恢复共同的痛苦。"

弗洛伊德有三个姊妹。她们终身不嫁，各住一栋小公寓，生活费均由弗洛伊德和他弟弟支付。三姊妹生活俭朴。他弟弟问西格大叔（因为全家人都这样称弗洛伊德）是否能让三姊妹住在一起。"这样既合理，又省钱。"弟弟说。

弗洛伊德说："不错，这很合理。但是，这样不符合心理学。"于是三姊妹仍然各居一地。

拓展阅读：

《弗洛伊德传》
　[美] 彼得·盖伊
《少女杜拉的故事》
　[捷克] 弗洛伊德

◎ 关键词：医生 心理分析 梦的解析 潜意识

心理学家弗洛伊德

1856年，在捷克的摩拉维亚省，一个伟大的生命降生了，他就是著名的心理学家弗洛伊德。

1881年，弗洛伊德修完了医科，获得了医师资格，成为一名医生，但他对实际的医疗工作并不感兴趣。从1882年开始，他来到维也纳全科医院，在神经病理科工作，通过接触，他逐渐对歇斯底里症和神经官能症产生了浓厚兴趣。

随后的10年里，弗洛伊德一直致力于心理学研究，将心理分析发展为临床治疗，他的兴趣也从观察神经过敏症状发展转移到检验人类一般心理活动和更深层次的文化问题上。到了19世纪下半叶，解剖学和器官生理学得到很大发展，结果导致了一种医学唯物主义的形成，大多数心理学家将肉体和灵魂截然分开，而弗洛伊德则认为它们之间有着密不可分的内在联系，它们是相辅相成的，因此，心理学研究不能单从治疗肉体上的病症入手，有时还要从心理治疗入手。于是，他于1900年出版了《梦的解析》一书，在心理学界引起了极大轰动。弗洛伊德发现了潜意识和"俄狄浦斯情结"，这些发现对理解人的心理结构和情欲起到很大的作用。

1885年到1886年，著名心理学家夏尔科在给歇斯底里症患者治疗时发现，病人在被催眠的状态下，

症状就会消失，但是心理健康的人在催眠的状态下，则会出现歇斯底里的症状，夏尔科进一步研究发现，引起病人行动或精神障碍的并不是器质性的病变。从此，弗洛伊德开始相信精神病是由深藏的记忆引起的，直到后来，他才认定歇斯底里症状是儿童时代受到精神震荡引起的，随着时间的流逝，病人虽然忘掉了当初的精神刺激，但精神创伤并没有因此而愈合，而是牢牢存在于潜意识之中；通过心理分析，这些受损的部位可以被准确地找出来，并得到有效的治疗。

弗洛伊德认为，梦的解析是认识通向心灵里潜意识的康庄大道。如果能够解开梦的密码，病症也就有望治愈。

通过研究，弗洛伊德还发现，"性"在人的一生中占有举足轻重的地位。人的意识，尤其是潜意识，大都是来自"性"的刺激，其中童年受到的"性"刺激对日后产生的影响最大。性欲是人格的基础，它意味着爱慕、慈爱、恋情和好色，这就是弗洛伊德所谓的"力必多"。

弗洛伊德开创了潜意识和心理治疗的新天地，为人类的医学和心理学研究做出了不可磨灭的贡献。但是由于太过偏激，他后来的研究走向了极端，从而逐渐迷失了研究方向。

● 巴甫洛夫像

>>>《巴甫洛夫很忙》节选

……

"巴甫洛夫很忙……"是巴甫洛夫在生命的最后一刻说的，当时有人敲门，想进来看看他。

巴甫洛夫将自己关在屋子里忙什么呢？忙着写遗嘱、分遗产、交代后事吗？忙着向万能的主祈祷吗？忙着过电影一样回顾一生中那些精彩的瞬间吗？忙着哀求医生不惜一切代价用最好的药吗？

都不是。在生命的最后一刻，巴甫洛夫一直密切注视着越来越糟糕的身体状况，不断地向坐在身边的助手口授生命衰变的感觉，他要为一生挚爱的科学事业留下更多的感性材料。

……

拓展阅读：

《巴甫洛夫的故事》白易
《巴甫洛夫》陈舜萍、金宵

◎ 关键词：条件反射 小狗 实验 石灰

"全世界生物元老"巴甫洛夫

巴甫洛夫（1849—1936年）是举世闻名的生物学家，他一生中曾经做过很多次实验，其中最有名的就是"条件反射"实验。为此，巴甫洛夫在实验室里养了很多狗，并给它们起了好听的名字，有叫茹其卡的，也有叫利斯卡的，这些不会说话的小东西都是巴甫洛夫的朋友，它们见到别人就放声狂叫，见到巴甫洛夫不但不叫，反而表现得非常亲昵。

一天，巴甫洛夫用几只狗做实验，在它们身上各打开一个创口，创口的位置在狗的胃上，并在胃上安装上导管，那样可以通过创口看到狗进食时的状况。但是情况远非他预料的那样，没过几天，那些小狗就死了，不用说，实验是失败的，因为胃里流出的胃液里有一种酸性物质，对皮肤及周围的组织造成了很大的腐蚀性。

巴甫洛夫丝毫没有气馁，他选择了聪明伶俐的小狗茹其卡作为再一次的实验对象。这一次，奇迹出现了，茹其卡一连四天都活得很好，丝毫没有要死去的迹象。第五天早晨，当巴甫洛夫走进实验室时，发现茹其卡把墙壁上的石灰抓下不少，它就睡在石灰上面。巴甫洛夫赶紧走过去，仔细查看了茹其卡的创口，发现它一切正常。巴甫洛夫非常得意，但也为一个问题感到百思不得其解，为什么茹其卡要抓墙壁上的石灰呢？难道石灰对它恢复创口有什么帮助？他把全实验室的人都召集过来，让他们猜测有什么奥妙在里头，大家都纷纷摇头，表示看不出茹其卡有什么异常。巴甫洛夫吩咐手下将茹其卡放到另一个墙角，同时让大家注意，第二天茹其卡会有什么反应。

第二天，那条叫茹其卡的小狗又将墙壁上的石灰抓下很多，并且将石灰铺垫在肚子底下，它的创口也基本上愈合了。巴甫洛夫明白了，小狗是有意为之的，困扰他的谜团也因此被解开了。巴甫洛夫指着茹其卡的腹部兴奋地告诉大家："你们看，它的腹部在石灰的作用下基本上全好了，它之所以抓墙壁上的石灰，是为了防止胃液对皮肤的腐蚀，那样的话，从胃里流出的胃液就会被石灰吸收，从而不会对皮肤造成多少腐蚀，茹其卡用石灰为自己做了一条褥子，这真是条聪明的小狗！"

解决了胃液对皮肤的腐蚀问题，人们就可以借助插在狗胃上的导管进行跟踪观察了，但是新的问题也随之而来了，狗在进食时，将胃液和食物混合在一起，流进导管里的成分也复杂了，这样就给进一步研究狗的消化作用带来了很大的麻烦和困难。

巴甫洛夫下决心找出一个解决办法，他打算将狗的胃分成一大一小，大胃继续担任消化食物的功能，小胃不再进入食物，只让它分泌胃液，而

●巴甫洛夫因以狗进食为实验对象，研究出神经的条件反射活动而获诺贝尔奖。图为巴甫洛夫的晚年形象。

安插在小胃上的导管就可以进行实验了。这个主意虽好，但是真正去做却是很困难的，狗胃上的神经星罗棋布，如果一不小心割断一条，就会导致实验失败。

经过无数次的实验，巴甫洛夫终于成功将狗胃分成了一大一小两个，被成功地分离出来的小胃被称为"巴甫洛夫小胃"。巴甫洛夫在此基础上经过不断探索，终于发现了"条件反射"原理。

1901 年 10 月，巴甫洛夫获得了诺贝尔奖，并且以 86 岁高龄主持了第十五届生物学大会，荣获了"全世界生物元老"的称号。

●卢瑟福像

>>> 卢瑟福与卡皮查

　　有一位对卢瑟福慕名已久的苏联年轻人，申请加入到卢瑟福主持下的实验室来，但卢瑟福认为实验室里的研究人员已经够多了，以此为理由打算拒绝他的申请。

　　年轻人情急之下问了卢瑟福这样一个问题："卢瑟福教授，请问在您的实验中误差通常是多少？"卢瑟福回答道："大约百分之二至百分之三。"年轻人马上指出，实验室现在有 30 个人，再多一个人也没有关系，因为这是在误差允许范围之内。卢瑟福被他的机智问答逗乐了，同意了他的申请。这个年轻人就是苏联杰出的低温物理学家——卡皮查。

拓展阅读：

《欧内斯特·卢瑟福》
　　[新西兰] 罗兰
《物质的最深处》
　　[德] 罗特莱因

◎ 关键词：核物理学 发愤读书 奖学金

核物理学的奠基人卢瑟福

　　核物理学的奠基人卢瑟福，于 1871 年出生在新西兰一个叫泉林的小村里。在家里 12 个孩子当中，卢瑟福排行第四，他的父母都是苏格兰移民，父亲从事制造马车的工作，母亲是一名普通的农村教师。在这样的家庭环境里，从小就习惯吃苦的卢瑟福，养成了热爱劳动、勤劳简朴的生活作风。

　　虽然家境贫寒，童年时代的卢瑟福却是幸福的，聪明好动的他总喜欢搞些小发明。但是厄运降临了，他的两个弟弟遇上海难，葬身海底。事隔不久，他的父亲在制作马车时不幸摔断了五根肋骨。两次意外的打击是两次莫大的悲恸，从那时候起，卢瑟福就立志发愤读书，替家人分担痛苦和忧愁。

　　1887 年，15 岁的卢瑟福考取了莫尔伯勒省奖学金，并于当年 2 月进入纳尔逊中学学习。两年后，他又考取了初级大学的奖学金，第二年就进入了新西兰大学坎特伯雷学院学习。23 岁那年，卢瑟福获得硕士学位，开始在科学界崭露头角。

　　此后不久，一封电报改变了卢瑟福的命运。卢瑟福获得了"1851 年博览会科学奖学金"，卡文迪许实验室正等着他去进一步深造。

　　1895 年，作为第一批来到卡文迪许实验室的研究生，卢瑟福和其他学生受到物理学家汤姆逊的热烈欢迎。在汤姆逊的指导下，卢瑟福对检波器进行了系统的研究和改进。他从卡文迪许实验室发出电磁波信号，远在 3200 米的剑桥大学天文台成功检测到了电磁波。

　　1898 年 9 月，应加拿大蒙特利尔麦吉尔大学的邀请，卢瑟福前去担任该大学的物理学教授，此后，卢瑟福将研究领域扩展到铀和镭，确定了 α 射线的质量和能量，第一次发现原子内部蕴藏着巨大的能量。1903 年 5 月，卢瑟福发表了《放射性变化》的论文，将铀、钍和镭的衰变过程分为几个阶段，并画出了衰变元素家族的早期图谱，提出了放射现象是原子自行蜕变的理论。

　　1906 年，已经蜚声物理界的卢瑟福接到物理学家舒斯特的邀请，前去英国曼彻斯特大学讲学。1911 年，卢瑟福提出了原子有核结构理论，他发现原子中央是个体积小而质量大的带有正电荷的硬核，大量带有负电的电子围绕着这个硬核旋转，就像行星绕着太阳旋转一般；原子越重，正电荷就越大，电子数也就越多。这一发现是物理学史上的划时代贡献，原子物理学从此诞生了。作为原子物理学的奠基人，卢瑟福为人类探索原子结构打开了大门。

●爱因斯坦像

>>> 拒绝出任第二任总统

1948年5月14日,以色列国诞生,但不久以色列便与周围阿拉伯国家爆发了战争。已经定居在美国十多年的爱因斯坦立即向媒体宣称:"现在,以色列人再不能后退了,我们应该战斗。犹太人只有依靠自己,才能在一个对他们存有敌对情绪的世界上生存下去。"

1952年11月9日,爱因斯坦的老朋友以色列首任总统魏茨曼逝世。在此前一天,就有以色列驻美国大使向爱因斯坦转达了以色列总理本·古里安的信,正式提请爱因斯坦为以色列共和国总统候选人。可是爱因斯坦断然拒绝了。

拓展阅读:

《我的世界观》[德]爱因斯坦
《漫画爱因斯坦》
　　[日]犬上博史
《窥见上帝秘密的人》杨建邺

◎ 关键词:相对论 量子力学 狭义相对论 广义相对论

爱因斯坦与相对论

20世纪初,相对论和量子力学引发了两场物理学革命,一批优秀的物理学大师为此做出了杰出的贡献,其中爱因斯坦取得的成果最引人注目。

1879年3月14日,爱因斯坦出生在德国的一个犹太人家庭里,他的父亲是一个从事电器业务的小作坊主,15岁那年,爱因斯坦的父亲因为生意不景气而被迫关闭了作坊,全家迁到意大利去另谋生路。

1896年秋天,爱因斯坦进入瑞士联邦高等工业学校就读,他对所学课程丝毫不感兴趣,老师的讲解让他感到枯燥和乏味,在所有的课程当中,他唯一感兴趣的就是数学。同时,他对探索自然界的奥秘产生了浓厚的兴趣,于是,他将所有的课余时间都用在了阅读大量的哲学和自然科学书籍上。四年后,爱因斯坦毕业并加入了瑞士国籍,但毕业后的他一直处于失业状态,直到1902年,他才在瑞士联邦专利局谋得一份差事,那份工作也与科学研究毫无关系。爱因斯坦并没有安于现状,他依靠微薄的工资继续进行科学研究,而且取得了不错的成果。1905年,26岁的爱因斯坦创立了狭义相对论,这一新的理论最早是他在《论动体的电动力学》中提出的,狭义相对论打破了传统物理学中的时空静止观。传统物理学理论认为,时空是静止的、机械的、绝对的,空间和时间、物质和物质之间的运动是相互独立的,不存在任何内在的联系;物质只是孤独地处于空间的某个点上,它所做的运动是虚无的、绝对的位置移动;同样,时间也是绝对的,它独立于空间之中,是不断流逝的。

爱因斯坦以非凡的胆识冲击了传统物理学理论,对以往形而上学的自然观发出了挑战。他认为空间与时间、物质与物质的运动都是密切相关、紧密联系在一起而不可分割的;空间和时间是物质的基本存在方式,它们在本质上是一个统一体,随着物质的运动而发生变化。爱因斯坦狭义相对论的观点在物理学界引起了强烈震撼。

1911年,32岁的爱因斯坦成为布拉格大学的教授。两年后,他又返回德国,到柏林大学任教,并被选为普鲁士皇家科学院院士。第一次世界大战爆发后,痛恨战争的爱因斯坦只好躲在家里,潜心于科学研究。他在狭义相对论的基础上埋头工作了10年,终于在1915年创立了广义相对论。

1933年,希特勒执政德国后,推行侵略扩张政策,并且大肆屠杀犹太人,爱因斯坦被迫移居美国,成为普林斯顿大学的教授。1940年,几经周折的他取得了美国国籍。1955年,爱因斯坦在美国病逝,他将一生都献给了科学事业。

●飞机从航空母舰上起飞

>>> 戴高乐号航空母舰

　　戴高乐号航空母舰是一艘隶属于法国海军的核动力航空母舰，除了是法国目前正在服役中的唯一一艘航空母舰外，也是法国海军的旗舰。

　　正式成军于2001年5月18日，戴高乐号是法国史上拥有的第十艘航空母舰，其命名源自法国著名的军事将领与政治家夏尔·戴高乐。

　　戴高乐号不只是法国第一艘核动力航空母舰，事实上，它是有史以来第一艘也是唯一一艘不属于美国海军的核动力航空母舰。

拓展阅读：

《航空母舰》
[英] 安东尼·普雷斯顿
《航空母舰》[英] 多伊尔

◎ 关键词：飞机 航空母舰 皇家海军舰队 丘吉尔

航空母舰称霸海洋

　　美国的莱特兄弟制造了第一架飞机，将人类"展翅"飞天的梦想带上了蔚蓝的天空，它使人类向前迈进了一大步。之后，不断爆发的战争和侵略迫使美国人将飞机转变为可以冲锋陷阵的战争武器，因为它在侦察、空中扫射和投弹方面都显示了不可替代的优越性，于是，在战场上表现得锋芒毕露的飞机，让具有战略眼光的军事家们产生了无限遐想。经过紧锣密鼓的筹备和研究，当特技飞行员尤金·伊利按照美国海军部的要求，于1910年驾驶着飞机从蔚蓝的天空中成功降落在战舰的甲板上时，一个主宰未来海上世界的武器就此诞生了，它就是有"海上钢铁堡垒"之称的航空母舰。

　　最初的航空母舰用途非常有限，它只搭载水上飞机，基本上没有其他用处，这种航空母舰被称为水上飞机搭载舰。最早涉足航空母舰研究的国家是英国，当时的皇家海军舰队是世界上第一个拥有航空母舰的舰队。然而，问题也随之而来了，海军和空军之间一再因为领导权的问题发生争执，军事将领们总是在召开军事会议时互相指责对方越权行事，争得面红耳赤仍然没有解决问题。在航空母舰问世之初，皇家海军并没有意识到飞机对舰队的作用到底有多大，那时的飞机所起的作用只不过是帮助己方的舰队侦察敌人的目标，协助己方的舰队攻击对手，因此，当时的战舰上并没有配备多少飞机。

　　但是航空母舰的产生，让一些想在新技术方面一显身手的人越过"雷池"，积极探寻其价值所在。皇家海军的查尔斯·桑普森中尉于1912年1月驾驶飞机成功地在战舰上降落，给支持发展航空母舰的人以莫大的鼓舞，全英国人也因此增添了很大信心。海军飞行队和陆军飞行队很快在国防委员会的支持下成立了，海军飞行队于两年后更名为"皇家海军航空兵"，第一次世界大战爆发期间，这支飞行队得到了迅速发展。

　　1912年，一艘老式的巡洋舰在海军大臣丘吉尔的指示下被改造成搭载飞机的航空母舰，舰首被改造为飞行甲板，舰尾则是停放飞机的处所。此时，其他国家也不甘在海上输于对方，纷纷开始了航空母舰的研究，日本、法国和意大利等国都在这方面做出过努力，并且取得了不错的成果。

　　经过"一战"的炮火洗礼，受许多国家青睐的战列舰、重型巡洋舰和驱逐舰已经不能适应新的海上战争，飞机在海上战争中越来越重要，航空母舰的发展势在必行。日军偷袭珍珠港就是航空母舰的最好杰作。之后经过了珊瑚海、中途岛和莱特湾的争锋后，航空母舰逐渐取代了其他战舰，一跃成为新的海上霸主，承担起新的战争使命。

●美国"小鹰"号航空母舰于1956年12月开工，1961年4月建成服役。主要任务是用舰载机对水面、空中和陆上目标进行攻击作战。"小鹰"号航空母舰由四台蒸汽轮机驱动，总计28万马力，最高航速可达32节。舰上的电力系统可提供14000千瓦的电力，燃油储量为7800吨，航空油储量为5800吨。

●飞天梦想的实现

>>> 热气球

18世纪，法国造纸商蒙戈菲尔兄弟因受碎纸屑在火炉中不断升起的启发，用纸袋聚热气做实验，使纸袋能够随着气流不断上升。

1783 年 6 月 4 日，二人在里昂安诺内广场做公开表演获得成功。

同年 9 月 19 日，在巴黎凡尔赛宫前，他们为国王、王后、宫廷大臣及13万巴黎市民进行了热气球的升空表演。

同年 11 月 21 日下午，蒙戈菲尔兄弟又在巴黎穆埃特堡进行了世界上第一次载人空中航行，热气球飞行了 25 分钟，在飞越半个巴黎之后降落在意大利广场附近。这次飞行比莱特兄弟的飞机飞行早了 120 年。

拓展阅读：

降落伞的由来
《飞上天空的人》罗琪

◎ 关键词：飞天梦想 滑翔机 发动机 飞机

莱特兄弟的飞天梦想

人类的飞天梦想由来已久。人类为了完成这个夙愿，进行了各种各样的飞行尝试，结果都以失败而告终。

和其他渴望飞天的人一样，莱特兄弟也有这样的梦想，他们希望制造出一种能够飞上蓝天的东西，但是由于种种原因，他们的愿望一直没能实现。1896年，莱特兄弟在报纸上得知，德国的李林塔尔驾驶滑翔机失事死亡。这则消息对兄弟两人的刺激很大，他们决定尽早实现飞天的梦想。

于是，开自行车商店的莱特兄弟一边干活挣钱，一边研究飞行所需要的资料。三年后，他们终于掌握了大量的航空知识。他们模仿老鹰在空中的飞行动作，并一张一张地画下来，之后，兄弟两人开始着手设计滑翔机。功夫不负有心人，1900 年 10 月，莱特兄弟终于成功研制出他们的第一架滑翔机。他们带着滑翔机，来到吉蒂霍克海边，那里十分偏僻，周围没有树木，也没有民居，是放飞滑翔机的最佳场所。莱特兄弟用了一个星期的时间，将滑翔机装好，系上绳索，像放风筝那样将滑翔机放飞，虽然滑翔机被成功放飞了，但飞行的高度只有一米多。

莱特兄弟并没有因此而放弃，他们在原有滑翔机的基础上进行了多次改进，于第二年秋天再次来到吉蒂霍克海边试飞，没想到飞行高度一下子达到 180 米。这次试飞后，莱特兄弟开始考虑，是否能研究出一种不用风力也能飞行的机器。兄弟两人将所有的飞行资料收集起来，反复考虑研究，但始终没有想到用什么动力可以将庞大的滑翔机和人运往空中。有一天，一辆汽车因为发动机故障停在莱特兄弟的自行车商店门口，司机下来向他们借修理工具，莱特兄弟突然被触发了灵感，找到了解决问题的方法：用发动机推动飞机飞行。

经过废寝忘食的研究，兄弟两人又进行了无数次实验，终于将发动机安装在滑翔机上，并在滑翔机上安上螺旋桨，用发动机推动螺旋桨旋转，带动滑翔机飞翔。1903 年 9 月，莱特兄弟带着新研制的滑翔机再次来到吉蒂霍克海边试飞，结果再次遭到失败的打击。莱特兄弟毫不气馁，于 12 月 17 日上午 10 时，又进行了一次试飞，结果，飞机飞出 30 米后稳稳着陆了。接着，兄弟两人又进行了两次试飞，飞行距离达到 255 米，这是人类历史上第一次驾驶飞机飞行成功。

1908 年 9 月 10 日，天气格外晴朗，碧空万里无云，一群人聚集在吉蒂霍克海边的空地上，等待莱特兄弟的飞行表演。在一片欢呼声中，莱特兄弟研制的飞机再次飞上蓝天。从此，人类的梦想终于变成了现实，航天时代随之到来了。

● 日俄战争中日本海军旗舰

>>> 倭寇的甲午兽行

1894年11月21日，甲午战争，日军攻陷旅顺口，开始了震惊世界的旅顺大屠杀。

日军不论男女老幼，见中国人就杀，一时间旅顺尸横遍地，血流成河。大屠杀整整持续了四天三夜，近2万名旅顺同胞惨死在日军屠刀之下，旅顺市区内仅存36人，留作抬尸之用。

1895年在旅顺建立"万忠墓"，碑文记下了日军的这场暴行："光绪甲午十月（1894年11月）日本败盟，旅顺不守，官兵商民男妇被难者计10800余名，忠骸火化，骨灰丛葬于此。"

拓展阅读：

《旅顺大屠杀》[日]井上晴树
《掠食者》（纪录片）

◎ 关键词：世界强国 侵略中国 日俄战争 旅顺失守

日俄争夺远东利益

"明治维新"以后的日本，经济和政治都得到了发展，这使得日本逐渐跻身于世界强国的行列，但是极度匮乏的资源是日本发展的严重障碍，无限膨胀的侵略欲望让日本统治者将贪婪的眼光瞄向中国。当时的中国是列强瓜分的对象。

日本自从奉行侵略扩张政策后，先后发动了侵略中国和朝鲜的战争，威逼清政府签订了《马关条约》，意欲夺取中国的台湾和辽东半岛。日本的举动触动了俄国人的利益，因为俄国已经将辽东半岛辟为租界，将东北看成了自己的势力范围，鉴于此，俄国就联合德国和法国进行干预。日本迫于压力，只好暂时作罢，但一直没有放弃占领辽东半岛的念头，和俄国的矛盾也越来越尖锐了。

1904年2月8日夜晚，借助夜幕的掩护，日本海军中将东乡率领的联合舰队，突然向停泊在旅顺港外的俄国舰队发起进攻，俄国士兵对此感到手足无措，急忙掉转船头逃往港口内，但是早就埋伏在那里的日本鱼雷舰，准确地向他们发射了鱼雷，俄国两艘战斗力极强的军舰和一艘巡洋舰当时就被击毁了。日军的这次偷袭，拉开了日俄战争的序幕。

为了保证陆军在朝鲜和辽东半岛登陆，消灭在南满的俄军主力，日军决定先夺取旅顺。于是在旅顺港口外的海面上设置了层层封锁，用沉船堵住出口的航道，布设大量水雷，并派军舰在港口外日夜巡逻，伺机和俄国人作战。俄国舰队遭袭后，不敢再战，因此，制海权被日本完全掌握了。在封锁旅顺港的时候，日本另一支部队在朝鲜和辽东半岛强行登陆，攻占了大连，切断了旅顺通向内陆的后路，使旅顺陷入孤立无援的境地。

随后，俄军在旅顺港遭到日军5万人的埋伏，一场海上激战不可避免地爆发了。日本船坚炮利，将俄国舰队打得毫无还手之力，俄军舰队司令维特格甫梯只好下令突围，没想到日本舰队在后面紧追不舍，维特格甫梯只好下令再次迎战。一排排炮弹射中了维特格甫梯的旗舰，维特格甫梯被击中后身亡，失去指挥的俄国舰队顿时大乱，有的退回了旅顺港，有的逃向了烟台、青岛等地。

8月19日，日军指挥乃木希典调遣300门大炮，向旅顺发起总攻，并顺利占领了旅顺的制高点，接着又从各师抽调了3000多人组成敢死队，向旅顺发起了夜袭，终于成功攻下旅顺。

旅顺失守后，俄国国内发生了一场革命，沙皇的地位岌岌可危，俄国当局只好和日本进行谈判，将中国的辽东半岛转让给了日本。

●俄国沙皇尼古拉二世与皇后

>>> 列夫·托尔斯泰

　　1828 年生于土拉省雅斯内纳雅·波良纳一个伯爵家庭，长大后继承了伯爵爵位。1844 年进喀山大学学习，1852 年到高加索从军，1857 年和 1860 年先后两次去欧洲探求如何解决俄国问题的途径。此后的大部分时间在自己的庄园中从事写作。晚年时放弃私有财产，于 1910 年 10 月 28 日夜离家出走，11 月 7 日病死在一个小火车站上。

　　托尔斯泰一生著作丰富，代表作有《战争与和平》、《安娜·卡列尼娜》与《复活》。

　　列宁称他是一个"强烈的抗议者、激愤的揭发者和伟大的批评家"，是"俄国革命的镜子"。

拓展阅读：

《国家与革命》[俄] 列宁
《列宁与俄国革命》
　　　　[意] 萨洛莫尼

◎ 关键词：沙皇 专制统治 白色恐怖 布尔什维克

1905 年的俄国革命

　　沙皇俄国的首都彼得堡是一座美丽的千岛之城，在这个美丽如画的地方，生活在沙皇专制统治下的俄国人民，却过着悲惨的生活。

　　沙皇尼古拉二世掌管着庞大的军队和宪兵警察，控制着整个俄国的官僚机构，稍大一些的工厂和商店都会有宪兵警察涉足，在如此的白色恐怖下，胆小的人甚至不敢上街。

　　1905 年，情况发生了变化。在大街上、工厂里，经常有一些人聚集在一起谈论着什么，只要沙皇的宪兵警察一出现，他们就马上警觉地散去，经过巧妙伪装的警察也很难混到他们中去。这些聚会的人都是彼得堡的工人，他们无法忍受经济危机带来的饥饿和生命威胁，同时，沙皇政府又将在日俄战争中造成的损失全部转嫁到国内民众身上，这激起了工人们的强烈不满，他们组织起来，展开了一场反对政府的斗争。以列宁为首的布尔什维克在工人中间积极展开活动，他们的理论得到了工人们的热烈拥护。在列宁的领导下，工人们接连不断地进行罢工，破坏机器，惹得沙皇政府和工厂主非常懊恼。

　　1905 年初，凛冽的寒风肆虐着大地，彼得堡完全处在寒流的包围之中，位于彼得堡郊区的普梯洛夫工厂，里面气氛却显得非常活跃。在堆放废品的车间角落里，十几个工人正在商量事情，他们是罢工的策划者，约定好罢工的日期后，他们便分头离开了。

　　1 月 3 日，普梯洛夫工厂里汽笛长鸣，12000 名工人听到汽笛声后，扔下手中的活计，举行了罢工。彼得堡其他工厂的工人纷纷响应他们，短短几天时间，罢工人数就达到 15 万。

　　罢工的浪潮震惊了沙皇政府，军政要人齐集一堂，秘密商量着对策，每个人脸上都露出焦虑的神色，会上的气氛非常凝重。宪兵司令祖巴托夫的嘴角露出一丝奸诈的笑容，提出使用计谋杀害一批工人，得到在场人的赞同。

　　1 月 8 日，一个名叫格奥尔塞·加邦的牧师受到沙皇的鼓动后，带领一批亲信，开始在工人中鼓噪，声称如果沙皇第二天看见工人们上街游行，一定会满足他们的要求的，很多工人都受到格奥尔塞·加邦的蛊惑，在请愿书上签下自己的名字。但布尔什维克党人拒绝这么做，他们印发了很多传单，号召工人不要在请愿书上签字，那样可能会招致巨大的危险，工人们不再理会布尔什维克党人散发的传单，他们完全被牧师的花言巧语迷惑住了。他们更不知道，牧师是祖巴托夫派来的密探，他们马上要变成被屠杀的对象了。当天晚上，沙皇的叔父弗拉基米尔召开了秘密军事会议，准备屠杀罢工的工人。

●1905 年 1 月 22 日，由年轻牧师加邦神父率领的一批群众向沙皇尼古拉二世递交请愿书，遭到军队枪击，造成数百人丧生。

第二天清晨，10 万多工人带着家属，排着长长的队伍，拥向冬宫，结果遭到沙皇政府的残酷镇压，3000 多人惨遭杀害。工人们"打倒专制制度和向沙皇讨还血债"的口号迅速传遍了全国，农民也加入了游行的行列，俄国 1905 年革命的火种就这样被点燃了，虽然起义最终以失败而告终，但却为 1917 年的"十月革命"吹响了号角。

●成功到达北极极点的皮尔里

>>> 中山站

简称南极中山站或中山站，是中国在南极洲建立的科学考察站之一，建立于1989年1月26日，以孙中山先生的名字命名。

中山站位于东南极大陆伊丽莎白公主地拉斯曼丘陵的维斯托登半岛上，其地理坐标为南纬69度22分24秒、东经76度22分40秒，距离北京12553.160千米，与北京的方位角为32度30分50秒。中山站所在的拉斯曼丘陵，地处南极圈之内，位于普里兹湾东南沿岸，西南距艾默里冰架和查尔斯王子山脉几百千米，是进行南极海洋和大陆科学考察的理想区域。

拓展阅读：

霍尔门考伦山
南极大冒险（电影）

◎ 关键词：探险 阿蒙森 爱斯基摩狗 南极极点

阿蒙森的极地探险

1909年夏季的一天，炎炎烈日炙烤着大地，路上行人稀少，挪威探险家阿蒙森（1872—1928年）却满头大汗地奔忙着，直到太阳落山，他才拖着疲惫的身子回到家中。他顾不得休息，就在地图旁仔细地查看起来，因为他正酝酿着一个宏伟的北极探险计划，打算率领自己的探险队到达人类未曾涉足的极点。

正当阿蒙森冥思苦想的时候，助手惊慌失措地跑过来，递给他一张报纸，一行醒目的大字映入了阿蒙森的眼帘：1909年4月6日，美国海军军官罗伯特·皮尔里到达北极极点。这对想去北极探险的阿蒙森来说是一个难以承受的打击——北极已经让别人捷足先登了。助手又说出了另一个坏消息，英国的一支探险队在斯科特队长的率领下，正在向南极进发，他们的目标是征服无人到达的南极。

整整一个晚上，阿蒙森坐在灯下苦苦思索着，当他的头脑渐渐冷静下来的时候，脑海里已经萌生了一个大胆而奇特的想法。他顾不得多做准备，马上带领探险队实施了计划。他命令队员们以最快的速度向前行进，而队员们却被蒙在鼓里，他们不知道要去哪儿，只好跟着阿蒙森没日没夜地向前赶路，阿蒙森对计划秘而不宣。

半年过后，当阿蒙森的"符拉姆"号探险船来到南极罗斯海东面的鲸湾时，队员们才如梦方醒。不久后，斯科特率领的探险队也到达了鲸湾。竞争对手潜在的威胁刺激着阿蒙森的每一根神经，他绞尽脑汁，终于选好了一条到达南极的线路，这条线路的艰险程度极大，但却比其他线路要短得多。阿蒙森还从爱斯基摩人那里带了52只爱斯基摩狗，这种狗有很强的耐力，并且适应高寒气候，能长时间不间断地拉着雪橇奔跑。然后，阿蒙森挑了四个伙伴组成先锋队，义无反顾地向南极进发了。

随着深入南极腹地，阿蒙森及其队员携带的粮食已经所剩无几了，如果再往前走，就可能有生命危险。不忍半途而废的阿蒙森只好含泪杀掉了多余的狗，然后开始向极点冲刺。12月14日，阿蒙森和队员历尽千辛万苦，终于到达了南极极点，他们都激动得流下了热泪。阿蒙森拿出温度计，指针赫然指向零下94.5℃，他命令队员支起帐篷，在极点停留了三天，然后将挪威的国旗插在帐篷上，踏上了荣归的路途。1912年1月25日，阿蒙森率领的先锋队终于返回"符拉姆"号，顺利回到了挪威。而英国的探险队虽然登上了南极的极点，却在回来的路上被活活冻死了。

◎ 关键词：摩尔根 遗传基因理论 细胞遗传学 生物学

摩尔根与基因论

● 美国遗传学家摩尔根

>>> 袁隆平与杂交水稻

1960年袁隆平从一些学报上获悉杂交高粱、杂交玉米、无籽西瓜等，都已广泛应用于国内外生产中。这使袁隆平认识到：遗传学家孟德尔、摩尔根及其追随者们提出的基因分离、自由组合和连锁互换等规律对作物育种有着非常重要的意义。于是，袁隆平跳出了无性杂交学说圈，开始进行水稻的有性杂交试验。

1973年10月，袁隆平发表了题为《利用野败选育三系的进展》的论文，正式宣告我国籼型杂交水稻"三系"配套成功。这是我国水稻育种的一个重大突破。

拓展阅读：

《基因论》[美]摩尔根
《摩尔根——遗传学的冒险者》
[美]加兰·艾伦

美国生物学家摩尔根于1910年创立了遗传基因理论，为细胞遗传学的研究和探索打下了坚实的基础。摩尔根出生于1866年，他的父亲是美国驻外国的领事，小时候的摩尔根过着十分优越的生活。在学生时代，摩尔根不仅对各门学科都感兴趣，还非常喜欢观赏自然风光，表现出对大自然的无限眷恋和热爱。1886年，摩尔根进入霍普金斯大学研究院，从事生物形态学研究。他通过对四种水生无脊椎动物形态变化的研究，准确地确定了他们的种类，由此写出了《论海蜂蛛》的论文，获得了博士学位。

从此以后，摩尔根就一心扑在生物学的研究上，他废寝忘食的研究作风令其他研究者望尘莫及，同时，他也成了别人眼里的怪人。摩尔根在自己的实验室里养着成千上万只果蝇，这些东西虽然对人有害，但在生物遗传领域，却是不可多得的材料。果蝇的身体小，占用面积相对比其他材料少，另外，果蝇的成本很低，饲养起来也比较方便，并且繁殖速度是其他生物无法比拟的。在果蝇的身体内，有很多容易观察的特征，它的每个细胞中只有四对染色体，因此摩尔根选择了果蝇作为研究材料。

1906年，摩尔根经过不懈的努力，终于从果蝇身上发现了性别遗传机理的重要事实。通过这个研究，摩尔根得知生物性别的遗传是由性染色体决定的。摩尔根对这一生物学上的重大发现并没有大张旗鼓，他要进一步确定染色体就是遗传因子。

1910年，摩尔根对一群野种果蝇进行了放射性实验，结果在第二代果蝇中发现了一只白眼雄果蝇。他用这只白眼雄果蝇和一群正常的雌果蝇交配，所产的第一代都是红眼果蝇，再让那只白眼果蝇和第一代果蝇杂交，结果第二代出现了白眼雄性果蝇。这到底是为什么呢？为了揭开其中的秘密，摩尔根想到果蝇的性别遗传机理，从而得出了"伴性遗传"理论，因为遗传因子是和决定性别的染色体联系在一起的。取得这一突破性的研究后，摩尔根又利用数学方法，和学生斯特蒂文特成功绘出了果蝇遗传基因在染色体上的排列图，从而为遗传基因理论提供了科学依据。

1928年，摩尔根在总结对果蝇20余年研究成果的基础上，写出了遗传学专著《基因论》，为人类杂交育种、疾病遗传和医学研究做出了不可磨灭的贡献。

●斐迪南大公在萨拉热窝被刺杀

>>> 超级杀手——芥子气

芥子气是糜烂性毒剂，它能直接损伤组织细胞，引起局部炎症，可以使皮肤红肿、起疱、溃烂，吸收后能导致全身中毒。正常气候条件下，仅0.2毫克/升的浓度就可使人受到毒害，是化学武器中的超级杀手。

在"一战"中，各交战国共生产芥子气13500吨，其中12000吨用于实战。据统计，"一战"因毒气伤亡人数达130万人，88.9%是因芥子气中毒。

当时身为巴伐利亚步兵班长，后来成为德国法西斯头子的阿道夫·希特勒被英军的芥子气炮弹毒伤，眼睛曾一度失明。

拓展阅读：

《生化武器与秘密战争》
马继东
《中国劳工》王梦岩

◎ 关键词：南斯拉夫 巴尔干地区 萨拉热窝 第一次世界大战

第一次世界大战的导火索

一直以来，巴尔干地区都在土耳其人的控制之下，然而到了20世纪初，生活在那里的塞尔维亚人逐渐摆脱了土耳其人的统治，成为南部斯拉夫人反对外国统治、争取民族统一的核心。而生活在波斯尼亚和黑塞哥维那的斯拉夫人，正处在奥匈帝国的统治之下，他们受到塞尔维亚民族斗争的影响，强烈要求摆脱奥匈帝国的统治，与塞尔维亚人合并，建立起统一的南斯拉夫国家。

奥匈帝国不甘心放弃既得利益，竭力阻挠塞尔维亚建国。由于沙俄早想插手这片土地，于是就鼎力支持塞尔维亚人和奥匈帝国对抗。塞奥两国之间产生了不可调和的矛盾，巴尔干地区成了第一次世界大战的导火索。

1914年5月，德、奥两国的参谋长举行了一次会谈，商讨对塞尔维亚的战争事宜。得到德国的大力支持后，奥匈帝国决定于6月28日在塞尔维亚边境的波斯尼亚首府萨拉热窝举行大规模的军事演习，因为这一天是土耳其征服塞尔维亚的纪念日。这次演习共出动了两个兵团的兵力，奥匈帝国的皇太子斐迪南偕妻子前往萨拉热窝巡视。

1914年6月28日早晨，奥地利皇太子斐迪南大公及其夫人索菲亚坐在敞篷汽车中，在保镖的簇拥下巡视。斐迪南丝毫没有预料到，攒动的人群中，波斯尼亚当地秘密民族主义团体"青年波斯尼亚"的七个爱国青年，正伺机实施刺杀他的计划。

斐迪南的车队行驶到阿佩尔码头时，埋伏在那里的第一个杀手因为身边有警察而无法下手，不远处的另一个暗杀者察布里诺维奇突然从人群中冲出来，向斐迪南夫妇乘坐的汽车掷出一枚炸弹，但炸弹被车篷弹到地上，在第三辆车到达时爆炸了，弹片只击伤了公爵夫人的女侍。斐迪南故作镇定地从车上走下来，然后表示无关痛痒，继续进行巡视。

斐迪南参加完市政厅举行的欢迎仪式后，打算去医院看望受伤的随从。但司机偏偏转错了方向，汽车在一个街道拐角处停了下来，守候在那里的杀手普林西波见有机可乘，于是就毫不犹豫地拔出了手枪。愤怒的子弹射向了斐迪南夫妇，两人当场死亡。杀手普林西波当场被捕，在与警察的挣扎中，他趁机服下早已准备好的毒药，最后在监狱中死去。

斐迪南夫妇遭到刺杀后，对塞尔维亚垂涎已久的奥匈帝国立即就此事大做文章，德国也趁火打劫。1914年7月28日，奥匈帝国对塞尔维亚正式宣战，德国、俄国、法国和英国也在不久后卷入了战争，第一次世界大战的战火就这样在欧洲大陆上燃烧起来了。

● 1914 年冬天的维也纳城，在群众的欢呼中和军乐团的伴奏下，奥地利军队开拔出维也纳。原以为战争会在很短的时间内结束，但是却持续了四年，战争导致双方 900 万人命丧疆场。

20 世纪初的世界

●史里芬像

>>> 德国国花——矢车菊

传说普鲁士皇帝威廉一世的母亲路易斯王后，在一次内战中被迫离开柏林。途中车子坏了，她和两个孩子停在路边等待之时，发现路边盛开着蓝色的矢车菊，她就用这种花编成花环，戴在九岁的威廉胸前。后来威廉一世加冕成了德意志皇帝，仍然十分喜爱矢车菊，认为它是吉祥之花。

矢车菊那淡紫色、淡红色及白色的素雅花朵，时时散发出阵阵清幽的香气，表现出少女般的贤淑品质，博得德国人民的赞美，被誉为德国的国花。地处中欧的德国，在山坡、田野、房前屋后、路边和水畔都有矢车菊的踪迹。

拓展阅读：

阿拉斯战役
《战争论》[德] 克劳塞维茨

◎ 关键词：作战计划 纲领 臭名昭著 史里芬计划

"史里芬计划"的破产

第一次世界大战虽然在 1914 年爆发，但是在此之前，德国就已经着手准备了。1905 年，一份详细的作战计划经当时德国的参谋总长史里芬之手出台了。该计划受到德国皇帝的重视，后来经过反复论证和补充，成为德国发动世界大战的作战纲领，由新继任的参谋总长毛奇负责部署整个战争。

1914 年 8 月 4 日清晨，埃米蒂将军率领德国第一、第二集团军，迅速越过一向和平的比利时边境，向列日要塞进发。列日要塞有险要的地势，易守难攻，具有非常重要的战略地位。比利时王国的勒芒将军率领 4 万兵力守候在那里，打算只等法国援军一到，就向德国军队发起猛攻。

与此同时，德国参谋总长毛奇在左翼的阿尔萨斯和洛林地区布置了少数兵力，打算凭借坚固的战略工事以逸待劳，吸引法国军队上当，从而避免东、西两线同时受敌，该计划就是臭名昭著的"史里芬计划"。

法国统帅霞飞率领军队一味强攻阿尔萨斯和洛林，对固守严密的列日要塞不闻不问。埃米蒂将军率领大军来到列日要塞，看到法国的援军虽然到达，却没有前来支援，他感到无比高兴，以为"史里芬计划"已经奏效。因此，埃米蒂将军便不再把比利时军队放在眼里，他打算凭借军队的优势迫使比利时军队不战而降，同时，他还派出使者，前往列日要塞劝说勒芒将军投降。使者到达要塞后，以无比傲慢的语气命令勒芒将军放下手中的武器，让德国军队顺利通过要塞，并以个人的名誉保证勒芒的人身安全。没想到勒芒对此岿然不动，使者见劝说无效，只好灰溜溜地回去复命。

埃米蒂得知后，气得七窍生烟，命令士兵用大炮轰击列日要塞的炮台，但遭到比利时大炮的有力回击，双方伤亡惨重。没有讨到任何便宜的德国人只好动用飞机对列日炮台轮番轰炸，虽然有些炮台被轰得七零八落，但比利时军队誓死顽抗，德国军队仍然没能扩大战果。

但最终，按照"史里芬计划"，德军只用了四天时间就占领了比利时的首都布鲁塞尔，然后兵分五路扑向法国。等到德国军队进攻法国时，霞飞才如梦方醒，他马上调集部队，重新配备兵力，从左翼进攻德军。

此时，得意忘形的德军参谋总长毛奇正率领部队逼近巴黎，以为"史里芬计划"马上就能实现了，于是就抽调两个军的力量到东线对付俄国人。结果遭到俄法两国军队的两面夹击。双方共投入 150 多万兵力，在马恩河展开了一场遭遇战。经过五天的激战，德国被打得溃不成军。

9 月 14 日，德国皇帝撤了毛奇的参谋总长职务，"史里芬计划"流产了。

20 世纪初的世界

● 早在1905年，当时的德国参谋总长史里芬就制订了详细的作战计划，并得到皇帝的首肯，成为发动世界大战的纲领。图为德国皇帝威廉二世与他的将军们。

●英法联军遭到德国毒气攻击

>>> 氯气为何可用于武器

　　氯气是一种黄绿色有毒气体，它主要通过呼吸道侵入人体。氯气对上呼吸道黏膜会造成有害的影响，它会溶解在黏膜所含的水分里，生成次氯酸和盐酸。次氯酸使组织受到强烈的氧化；盐酸刺激黏膜发生炎性肿胀，使呼吸道黏膜浮肿，大量分泌黏液，造成呼吸困难。由食道进入人体的氯气会使人恶心、呕吐、胸口疼痛和腹泻。

　　1 升空气中最多可允许含 Cl_2 0.001 毫克，超过这个量就会引起人体中毒。所以，氯气曾被用作强杀伤性武器。

拓展阅读：

《毒气战——追寻恶魔的踪迹》
　　　　步平
《太阳旗下的毒魔》张海泉

◎ 关键词：马恩河惨败 法尔根汉 爆炸物 氯气弹

法尔根汉的秘密武器

　　德国在马恩河战役中遭到惨败，被迫退守到安讷河一带，参谋总长毛奇也被法尔根汉顶替，从此以后，东、西两线战场上的双方形成了对峙局面。但是俄国迫于国内的压力由进攻转入了防守，最后退出了战争。德国便把注意力集中在西线，准备在依普尔运河一带和法国及英国大战一场，以雪洗马恩河惨败之耻。

　　德国皇帝马上召见了新上任的参谋总长法尔根汉，希望他能想出战胜英法联军的策略。露出诡秘的笑容后，法尔根汉信心十足地告诉德国皇帝，他要把依普尔运河变成英法联军的坟墓。不明就里的皇帝露出了怀疑的神色，法尔根汉却手拍胸脯，表示用行动证明给他看。

　　不久，德皇随法尔根汉去了实验场，亲自观看实验。法尔根汉命令手下的一位将军挥动手中的旗帜，实验场上突然出现两个士兵，赶着一群羊在山坡上溜达，这时，一门巨大的海军火炮和一门三英寸口径的野战炮对准实验场，看到旗语后，士兵跑下了山坡，只剩下羊群在山坡上吃草。指挥官下达了发射炮弹的命令，一枚炮弹在离羊群不远的地方爆炸了，一团黄绿色的烟雾徐徐升起，随风飘向羊群，所有的羊全部倒在地上。看到这些，德皇欣喜若狂，马上命令法尔根汉进军依普尔运河。

　　1915 年 4 月 21 日，德国军队开始进攻依普尔运河，沉寂多日的西线战场又重新点燃了战火。德军用 16 英寸口径的榴弹炮对英法联军的阵地进行了近乎疯狂的轰炸，好在英法联军早有准备，他们凭借坚固的防御工事，不但秋毫未伤，还向德军进行了还击，双方对峙了一个晚上，战斗终于停了下来。

　　天黑不久，英法联军阵地上空突然响起了隆隆的飞机声，十几架飞机从德国阵地上俯冲过来，沿着依普尔运河一掠而过，既没有向联军投弹，也没有进行机枪扫射，只是远远地画了一个弧形就离去了。英法联军虚惊一场，嘲笑德军飞行员胆小如鼠，他们哪里知道，那些飞机是德军参谋总长法尔根汉派来的侦察机。

　　法尔根汉得到侦察员的报告，英法联军的战线拉得很长，阵地崎岖不平，掩体和碉堡参差错落，无法正确估计出具体兵力，听到报告后，一个诱敌的计划已经在法尔根汉脑海中形成了。他打算将英法联军引到平地上，然后释放致命武器，打联军一个措手不及。

　　第二天深夜，天空阴云密布，吹着微微的东北风，法尔根汉命令德军各部立即准备好防毒面具，使部队处于待战状态，准备在黎明时分发动进攻。

　　天刚黎明，德军就将 100 多辆战车开到了联军的阵地上，遭到联军的

●被炮火损坏的依普尔市。
●依普尔会战中的德军炮兵阵营。

有力回击。德军似乎招架不住，仓皇向后撤退，不知是计的英法联军冲出战壕，向德军发动了猛烈的进攻，结果被德军渐渐引到空旷地带。

突然，螺旋桨的轰鸣声响彻云霄，几十架德军飞机突然出现在天空中，投射了大量的爆炸物，在地上腾起团团烟雾，而此时的德军早就戴上了防毒面具。这就是法尔根汉向德皇夸口的秘密武器——氯气弹，这种气体是空气重量的 1.5 倍，人一旦吸入了这种气体，马上就会窒息而死。因此，英法联军的 1 万多名官兵几乎无一幸免，10 多千米的战线已经无人防守，德军轻松地占领了依普尔运河。

●凡尔登法军指挥官贝当

>>> 鸡蛋里的秘密情报

"一战"中，协约国与德国两军对峙于索姆河畔。协约国军队经常遭到德军的精确打击，显然是其情报已被德军窃取。这使法军情报人员既震惊又迷惑不解。

一天，法军哨兵在盘查一位要求通过岗哨的德国农妇时，意外发现她携带的煮熟的鸡蛋蛋清上，密密麻麻写画着法军的详细布防图和各师旅的番号。法国情报人员恍然大悟。

原来德国人先用醋酸将情报写在鸡蛋壳上，等到醋酸干后将鸡蛋煮熟。这样，醋酸写的字迹便透过蛋壳印到蛋清上，而蛋壳外面却一点痕迹也没有。

拓展阅读：

《永别了，武器》[美]海明威
《西线无战事》[德]雷马克

◎ 关键词：僵局 无休无止 凡尔登 决定性战役

"一战"的转折点——凡尔登战役

第一次世界大战爆发一年后，交战双方进入了僵局。自从开战以来，德国的军队已经在疆场上苦战了17个月，近百万兵力折于阵前，经济上的损失根本无法计算，虽然取得了不少胜利，占领了大片土地，但已被战争拖得筋疲力尽，德国皇帝威廉二世迫切希望速战速决，赶紧结束无休无止的战争。

威廉二世面对眼前的战事一筹莫展。这时，参谋总长法尔根汉将军向他建议，将战略重心移回到西线，集中所有兵力将法国军队一举打垮，而作为连接法军东线和中线战场的凡尔登，是法国的要塞和掩护巴黎的必争之地，德国如果能够顺利攻下凡尔登，法国军队必然全线溃退，那时候法国将不战而败。急于求成的威廉二世立即采纳了法尔根汉的建议。

1870 年，普法战争结束，法国战败。从此以后，法国就精心构筑凡尔登的防务，在此修建了巨大的要塞。要塞构筑成以后，法国人称那里是"欧洲的第一要塞"。因为那里毗邻德国，直接威胁到德军莱茵河西岸的交通线，距离巴黎仅200千米的路程，又是法军防线的中枢，战略位置十分重要。

1916年，双方的交战陷入僵局后，法国将军霞飞经过实地考察后，发现凡尔登并非想象中的那样坚固。霞飞命令士兵拆除了凡尔登的大部分炮台，将里面的大炮用于野战，借炮台之地构筑了三处野战阵地，使炮台和阵地相互照应和支援，大大提高了凡尔登的防御功效。

1916 年 2 月 21 日清晨，德国动用了 1000 多门大炮轰击凡尔登，法国所有的工事全部被炸。

霞飞得知德军进攻凡尔登的消息后，马上派参谋卡斯特尔诺将军亲自督战，命令第二集团军司令贝当为凡尔登地区司令官，死守凡尔登。贝当到达凡尔登后，马上派工兵和当地的百姓修建了一条65千米长的公路，法国军队的后备物资和弹药就从那条公路上源源不断地运送过来。

接下来，双方经过积蓄力量后，共投入100多个师的兵力，展开了一场空前的大战，伤亡人数直线上升，突破了70万。在这场战斗中，法尔根汉和法国人斗了个两败俱伤，不久便被撤去了参谋总长的职务。从此以后，德国由进攻转入了防御，国内也爆发了反战的浪潮，并且使原本存在的阶级矛盾日益尖锐化。

凡尔登之战是"一战"中期的决定性战役，也是"一战"的转折点，从此德国开始在战争中走下坡路了。

● "一战"时德军参谋总长法尔根汉

>>> 潜艇

　　一种能潜入水下活动和作战的舰艇，也称潜水艇，是海军的主要舰种之一。

　　主要作用是：对陆上战略目标实施袭击，摧毁敌方军事、政治、经济中心；消灭运输舰船、破坏敌方海上交通线；攻击大中型水面舰艇和水下潜艇；执行布雷、侦察、救援和遣送特种人员登陆等。

　　按作战使命分为攻击潜艇与战略导弹潜艇；按动力分为常规动力潜艇与核潜艇；按排水量分为常规动力潜艇有大、中、小和袖珍潜艇，核动力潜艇一般在3000吨以上；按艇体结构分为双壳潜艇、单壳潜艇和半壳潜艇。

拓展阅读：

《世界海军潜艇》汪玉
《超级潜艇》
　　[英] 戴维·杰夫里

◎ 关键词：潜艇 神秘之船 措手不及 贡献

令德国潜艇上当的"神秘之船"

　　第一次世界大战开战以来，德国发明了一种可以在水下航行的船——潜艇。德国将领韦迪根指挥的潜艇，曾先后击沉三艘英国巡洋舰。之后，德国派出大批潜艇控制了英吉利海峡，将过往的英国船只击沉很多，英国的海上生命线受到很大威胁。为了摆脱窘境，英国人经过冥思苦想，终于想出了一条对付德国潜艇的妙计。

　　1916年春季的一天，一艘破旧的英国货船在波涛汹涌的海浪上颠簸，缓慢地沿着英国航道向前行驶，船上不时发出沉闷的声音，仿佛是不堪重负，要被滔滔海水吞没。突然，货船上的水手发现一艘潜艇，马上向船长坎贝尔报告。听到汇报后，坎贝尔不动声色地命令手下各就各位。

　　几分钟后，德国潜艇以为英国人粗心大意，没有发现自己，于是从水中突然冒出来，向英国货船发射炮弹。炮弹在货船上引起了熊熊大火，正在工作的水手被突如其来的袭击吓得四处奔逃，他们的举动惹得德国人哈哈大笑。德国指挥官下令停止炮击，让潜艇向货船靠去。就在潜艇快靠近货船的时候，货船上的挡板忽然被掀掉，躲藏在里面的水手严阵以待，将几门黑洞洞的大炮对准德国潜艇，英国皇家海军的旗帜也徐徐升起了。

　　德国潜艇还未来得及反应，已被炮弹击沉，指挥官也被炮弹炸死。击沉德国潜艇的货船，是一艘经过改装的英国"Q船"，意思是"神秘之船"。它经过巧妙的伪装，在外面装上挡板，从外表上看和普通的货船没有什么区别。但是在挡板后面，大口径的火炮和深水炸弹装置一应俱全，有的还配备了鱼雷发射器，它们伪装成普通的货船，在英吉利海峡来回游弋，引诱潜伏在深水中的德国潜艇。

　　屡屡遭到神秘之船的诱袭，德国人开始对行驶在海上的商船十分谨慎，再也不敢轻举妄动了，只好潜伏在深水中，依靠装置在潜艇上的鱼雷攻击对方，与此同时，德国还派出了大量间谍收集有关神秘之船的资料。

　　不久后，一个名叫西伯尔的间谍在不经意间探听到神秘之船的秘密，德国人这才明白，那些神秘之船原是不定期货轮和帆船伪装成的，船上有威力极强的大炮和鱼雷发射装置，所有的船员都是海军，他们通过秘密的"Q"号来辨认。有关情报马上被送到柏林，德国海军司令部下达了命令，凡是可疑的船只，一律击沉。鉴于这种情况，英国人只好改变战术，在船上装满了软木，即便遭到攻击，也不会下沉，躲藏在掩体中的士兵等德国人失去警惕，就可以打对方一个措手不及，然后反败为胜。

　　英国的神秘之船有效地遏制了德国的潜艇战术，为第一次世界大战的胜利做出了很大贡献。

● 德国海军中将弗朗兹·冯·舍尔

>>> 哈拉尔蓝牙王

丹麦国王，940—986年在位，高姆老国王的儿子。据说他有一颗蓝色的牙齿。

在丹麦日德兰半岛中部耶林城教堂门口，有一大一小两块石头，大石头上刻有头上围着光环的基督像和古北欧文，这是哈拉尔在他父母亲的坟墓上立的墓碑，丹麦人称这两块石头为"耶林石"，并将其看成是丹麦王国诞生的证明。

蓝牙王继位后，统一丹麦，臣服挪威，引入基督教，使海盗时代逐渐终结，在世界上有重大影响。

拓展阅读：

《北海狂涛——日德兰海战》元佑

《爱尔兰航空母舰》陈书海等

◎ 关键词：日德兰 "留佐"号 各怀鬼胎 大规模海战

日德兰海战

"神秘之船"挫败了德国的潜艇战术，令德国人损失惨重。德国海军司令部认为和英国的争夺不应该在这些，而应该展开一场空前的海上大战，以彻底打垮英国的海上力量。

1916年5月30日，德国以"留佐"号为首的巡洋舰队沿着日德兰海岸向北海方向航行，沿途一路向德国的军港汇报军情，并且清晰地报告出航线和位置。这些信号已经被英国人悉数截获，英国海军司令杰立克知道"留佐"号是德国公海舰队中一个舰队的旗舰，该舰是一艘排水量为2600吨的重型巡洋舰，由德国海军中将希佩尔指挥，舰上配备着12英寸口径的火炮，威力非常凶猛，该舰管辖下的其他舰艇也都具有很强的作战能力，因此，德国公海舰队才敢明目张胆地驶向北海。很明显，德国舰队想吸引英国舰队出港，然后伺机消灭英国舰队。

经过再三权衡，杰立克命令贝蒂中将率领一支作战能力较弱的舰队去迎战公海舰队，自己则亲率主力舰队断后，等贝蒂的舰队和公海舰队交火后，假装战败逃走，引诱公海舰队追击，然后一举将其歼灭。贝蒂指挥着4艘战列舰和6艘巡洋舰迅速驶向日德兰半岛西北部的海面，准备迎战公海舰队。杰立克则率领着由24艘战列舰、3艘巡洋舰和许多其他辅助舰组成的庞大舰队，也从军港出发了，杰立克打算吃掉公海舰队。

杰立克一厢情愿地打着如意算盘，他哪里知道，"留佐"号之所以一路频繁地发出信号，目的就是为了引诱英国舰队出港。这是公海舰队司令舍尔苦心经营的作战方案，他命令希佩尔指挥"留佐"号先行，自己则率领公海舰队的主力随后跟上。为了迷惑英国舰队，舍尔还不断地向德国军港发出信号，让截获信号的英国人误以为公海舰队的主力仍在本土军港。他的计谋和杰立克不谋而合。

两支各怀鬼胎的舰队于5月31日下午2时许在日德兰西北部的海面上相遇，等双方到达有效射程后，贝蒂和希佩尔都下达了射击命令。公海舰队的"留佐"号一马当先，冲在舰队最前面，用12英寸口径的大炮击中了贝蒂的旗舰"狮"号，但遭到"狮"号15英寸口径火炮的回击，可是炮弹全部都打偏了方向，无一命中目标。贝蒂本想按照原定的计划，和对方稍作接触后就迅速撤离，没想到希佩尔却死死咬住不放，并且趁贝蒂的舰队转弯之际，集中所有的力量轰击了贝蒂的旗舰"狮"号。遭到重创后，"狮"号的炮塔被击毁，炮塔上除了指挥官哈维外，其余人员全部被炸死，更为严重的是，爆炸引起的大火点燃了弹药库，重伤的哈维在临死前下令向弹药库中放水，才使"狮"号幸免于难。

击毁"狮"号战舰后，希佩尔又调集所有的炮火，击沉了英国舰队的"玛丽王后"号和"不屈"号战舰。之后，希佩尔率领舰队全速向舍尔的主力舰队靠近。怒不可遏的贝蒂下令全力追赶，等发现公海舰队的主力后，贝蒂才下令返航。"留佐"号掉头追赶，结果被赶来的英国舰队主力击沉，希佩尔也只好将旗舰换为另一艘战舰。

英国舰队的24艘战列舰排成长长的单列，瞬间就将追赶的3艘敌舰击沉。舍尔本想将对方全部歼灭，没想到却遭到对方的猛烈攻击，只好下令撤退。

夜里，打算撤回本土的公海舰队再一次和英国舰队相遇，双方在探照灯和照明弹的照射下，又进行了一场混战，双方的军舰各有损伤，直到黎明时分，双方的舰队才各自驶向自己的本土。

●德国巡洋舰"德夫里格"号。
●英国驱逐舰"特普瑞"号。
●在英德海战中，英舰"无敌"号中弹沉没。

这次大海战，公海舰队共损失了1艘巡洋舰、10艘护卫舰和驱逐舰，人员伤亡达到2500余人。英国舰队方面有3艘巡洋舰、11艘护卫舰和驱逐舰被击沉，6000多名士兵在战争中丧生。经过这次海战后，第一次世界大战的主要战场从海上转为陆地，德国的海上力量已经不足以进行大规模海战了。

20 世纪初的世界

●逐渐完善的英国武器——坦克

>>> 爱打嘴仗的丘吉尔

著名作家萧伯纳和丘吉尔交往较深,二人又都有几分傲气,因而时时不忘打嘴仗。

有一次,萧伯纳派人送两张戏票给丘吉尔,并附上短笺:"亲爱的温斯顿爵士,奉上戏票两张,希望阁下能带一位朋友前来观看拙作《卖花女》的首场演出,假如阁下这样的人也有朋友的话。"

丘吉尔看过信后,马上回道:"亲爱的萧伯纳先生,蒙赐戏票两张,谢谢! 我和我的朋友因有约在先,不便分身前来观看《卖花女》的首场演出,但是我们一定会赶来观赏第二场演出,假如你的戏也会有第二场的话。"

拓展阅读:

《坦克》 [英] 罗杰·福特
《世界坦克大决战》祖宏

◎ 关键词:装甲堡垒 坦克 攻城略地 中坚力量

坦克登上战争舞台

第一次世界大战初期的英国,一个名叫坦克的工业家发明了一种攻击武器,那是一种活动的装甲堡垒,机枪扫射对它根本无法构成威胁,它可以越过堑壕,冲破敌人设置的障碍,掩护步兵冲锋,还可以向敌人发起射击,人们将这种武器称为"机枪破坏器"。这种武器问世之初,一些权威人士并不看好它,一些久经沙场的将军也低估了它在战场上的威力和作用,陆军大臣干脆称呼它为"一种美妙的机械化玩具"。

当时,刚刚在英国政界崭露头角的海军大臣丘吉尔却对这种新式武器颇为重视,暗地里筹措大量资金,收集各种各样的研究资料,不久后,一个新的模型研制出来了。经过多次改进,48辆"机枪破坏器"终于在1916年8月生产出来,后来,人们用这种武器最初的发明者坦克的名字来命名它。

英国和德国在依普尔运河战役中,德国军队使用了毒气弹;在列日要塞一战中,德国军队使用了穿甲榴弹,给协约国的士兵造成了很大的伤亡。在此情况下,英军司令海格将军排除众议,打算将新研制出来的坦克投入使用。如此一来,坦克第一次真正在战争中派上了用场。

在1916年9月15日的索姆河战役中,英军只有18辆坦克开赴战场,而真正能参加战斗的只有不足10辆。即便如此,当这批怪物隆隆地驶向德军阵地并发挥威力的时候,还是将德军士兵吓得魂飞魄散。

俄国于1917年冬天退出东线战场后,德军开始将所有的注意力都集中在西线战场,于是,大量兵力拥向西线。为了夺取主动权,海格将军决定在法国北部发起一次战役,总参谋部的富勒上校主张用坦克突破德军防线。

1917年11月19日,康布雷战役打响了。英军的300多辆坦克在飞机的掩护下开赴战场,冲向了德军阵地。德军对突如其来的袭击措手不及,顿时方寸大乱,士兵在完全没有指挥的情况下,胡乱地向坦克开火,但无济于事。坦克在阵地上横冲直撞,德军只好拼命撤退,英国军队一鼓作气,一下子将阵地向前推进了6千米,并且俘虏了7500名德军。

坦克这种钢铁制作的庞然大物在战场上发挥作用后,令那些对它不以为然的将军们大跌眼镜,而在战场上作战的英国士兵却受到了莫大的鼓舞,从此以后,英国军界开始对坦克产生了浓厚的兴趣。坦克成了历次常规战争的重要进攻武器,"一个美妙的机械化玩具"在第二次世界大战中成了攻城略地的中坚力量。

◎ 关键词：布尔什维克 苏维埃 武装起义 社会起义

十月社会主义革命

●俄国赤卫队和士兵攻打冬宫

>>> 中国第一位布尔什维克

任辅臣出生于辽宁，1908年，24岁的任辅臣秘密加入俄国社会民主工党，走上了革命道路。他是中国的第一个布尔什维克。

十月革命前曾在彼尔姆主持过华工事务，他领导的队伍被称为"中国英雄军"，并被当时的报纸誉为"我们战线上的最坚强最可靠的队伍"。

在1918年的韦尔霍图尔斯克战役中，任辅臣和他领导的这支队伍几乎全部壮烈牺牲。苏维埃政府特别派人将任辅臣的妻子及子女接到莫斯科。1919年底，列宁专门接见了其妻子及子女，称赞任辅臣是一位卓越的指挥员和优秀的布尔什维克。

拓展阅读：

《二月革命至十月革命》
[苏联] 列宁
《钢铁是怎样炼成的》
[苏联] 奥斯特洛夫斯基

第一次世界大战中，参加协约国作战的沙皇俄国虽然取得了胜利，但是战争却把本国的民众推向了帝国主义战争的苦难深渊，人民生活苦不堪言。

俄国掀起了一场反对战争、推翻沙皇统治的革命运动。在布尔什维克领袖列宁的领导下，他们反对俄国继续向帝国主义方向发展，主张打倒沙皇，推翻沙皇的残暴统治。

1917年3月12日，推行帝国主义政策的沙皇被赶下了台，从此，统治俄国长达300年之久的罗曼诺夫王朝就此结束了。但是这场革命胜利后却催生了两个政权：资产阶级窃取了革命的胜利果实，组建了临时政府；而工人、士兵们也推选出自己的代表，成立了苏维埃。代表俄国资产阶级和英、美、法等帝国主义利益的临时政府，仍然奉行对外发动战争的帝国主义政策，妄图瓦解工人的武装力量，消灭苏维埃。

对眼前的局势做出正确的判断后，列宁决定领导工农群众再次发动革命，彻底瓦解旧势力，让人民完全掌握国家的权力。于是，列宁提出了"全部政权归工人代表苏维埃"的口号，该口号提出后，临时政府感觉受到了严重威胁，马上派军队镇压布尔什维克，列宁被迫流亡国外。

10月20日，在芬兰流亡的列宁秘密返回彼得堡，向布尔什维克党中央提交了准备发动武装起义的决议，很快就获得了通过。然而，武装起义的消息不慎走漏了。临时政府发出了逮捕列宁的命令，形势非常紧急，列宁当机立断，决定和临时政府展开一场决战。

11月6日清晨，布尔什维克的《工人之路报》和《士兵报》的印刷所遭到临时政府的强占，报纸也被查封了。彼得堡的布尔什维克党人得到消息后，马上派赤卫队员和革命士兵们赶到印刷所，将临时政府的军队赶了出去。

当天夜晚，乔装过的列宁，到达武装起义的指挥部，发出了起义的命令。赤卫队员和革命士兵潮水般地拥向临时政府的办公地点，接着，他们占领了桥梁、火车站、邮电局、电话局以及银行。到第二天早上，临时政府除了冬宫以及其他几个据点外，其他的机构全部被起义军占领了。

起义取得胜利后，第二次全俄苏维埃代表大会胜利召开了，列宁起草的《告工人、士兵和农民书》获得通过，正式宣告俄国政权归苏维埃所有，列宁被选为苏维埃政府的人民委员会主席。从此，世界上第一个无产阶级领导的社会主义国家诞生了。

● 日本武士木雕像

>>> 白虹贯日事件

"一战"后，日本军国主义政府趁机扩大自己的势力范围。1918年1月，日本抢先派军舰闯入海参崴。同年8月，日本政府又抢先发表"出兵西伯利亚宣言"，不顾美、英等国限制，向西伯利亚出兵。

日本报界认为此次出兵没有正当理由，为此，有56家报纸先后被寺内正毅内阁勒令停刊。同时，还禁止报纸报道有关"米骚动"的任何消息。

8月25日，日本全国84家报社的记者在大阪召开"关西记者大会"，争取言论自由。结果遭到残酷镇压。

"白虹贯日"事件，是日本历史上最大的一次言论贾祸事件。

拓展阅读：

《日本"米骚动"》戴永玲
《长镜头》高野

◎ 关键词：米骚动 日本民众 抢劫一空 游行

日本的"米骚动"事件

1918年8月4日，日本《东京每日新闻》报上刊登了一条消息：渔妇强迫米商平价卖米，并与前往镇压的警察发生冲突，导致数人负伤。事件的发生地就在富山县西水桥村。该村是日本一个普通的渔村，位于日本本州岛的中部，生活在那里的渔民都到北海道渔场捕鱼为生。但是很长一段时间，他们都没有捕到鱼，偏偏在这个时候，米价突然高涨，村里的人都为无米下锅而愁眉紧锁。走投无路之际，该村的300多名渔妇敲响村口的大钟，自发组织起来，去和米店老板讲道理，她们围住米店，强烈要求能以平价买到大米，遭到米店老板的断然拒绝，并和前来镇压的警察发生了激烈冲突。这就是震惊日本朝野的"米骚动"事件的序幕，正是发生在小渔村的这一小小骚动成了日本民众起义的火种。

第二天，对岸东水桥村的人得到消息，800多名渔妇组织起来，包围了该村米商高松长太郎的米店，试图拦住米商到镇外卖米，遭到拒绝，忍无可忍的妇女们闯进米店，抢光了店里所有的米。

但是米价反而越来越高，围绕米价发起的"米骚动"也在不断扩大，到8月9日，富山县的所有村镇都发生了"米骚动"事件，人们高喊着"要米"的口号，冲进米店，殴打米商，砸坏店铺，将所有的米都抢劫一空。

原本稻米产量富足的国家，却因正由封建主义向资本主义过渡，落后的农业无法满足城市工业的迅猛发展而使得粮食短缺，普通民众的生计受到了严重威胁；加上日本政府穷兵黩武，企图干涉刚刚成立不久的苏联内政，战争导致军队对米的需求量增大，因而出现大米短缺的现象。地主和米商趁机囤积居奇，大搞投机活动，准备谋取暴利，米价自然一路向上狂飙。

随着"米骚动"愈演愈烈，8月11日晚上，3000多名大阪市民高喊着"降低米价"的口号走上街头，警察在迫不得已的情况下拘捕了200多人，结果导致游行的队伍在第二天壮大到3万多人，暴动的人们闯进米店，强迫米商低价卖米，并和前来镇压的警察发生了冲突，仅仅一个晚上，他们就捣毁250多家米店。

"米骚动"以燎原之势迅速遍布了整个日本，神户、名古屋以及首都东京都发生了大规模的游行活动，他们所到之处，米店被捣毁，大米被抢，许多商店和警察局也被烧毁。到8月中旬，"米骚动"达到高潮，但城市的暴动很快被镇压下去，而工矿和农村的斗争仍在继续，一些海军水兵也加入了暴动的行列。"米骚动"事件给日本统治者造成了极大打击，寺内正毅最终被赶出了内阁，而代替他的原敬内阁被迫答应了人民的一些要求，"米骚动"事件才渐渐平息了。

◎ 关键词：无产阶级 武装起义 德国革命 匈牙利

十月革命对欧洲的影响

● 革命作家高尔基

>>> 十月革命后的高尔基

1917年俄国资产阶级民主革命前，高尔基在经济上曾大力支持过布尔什维克党，同列宁是亲密朋友。二月革命建立了临时政府。高尔基认为当前任务是捍卫二月革命成果，提高国民经济，发展科学和教育事业。

十月革命前夕，高尔基在他主编的《新生活报》上发表文章，认为采取革命行动的时机尚未成熟。十月革命爆发，他密切关注着周围发生的一切，在《新生活报》上对"盲目无知的狂热分子、心术不正的冒险家、阴谋家、无政府主义者"进行了无情抨击。

十月革命后，《新生活报》被查禁。

拓展阅读：

《独立与革命》郭豫斌
《海燕》[苏联]高尔基

俄国爆发的十月社会主义革命取得胜利后，在世界上产生了广泛而深远的影响，各国的工人阶级和劳动农民深受鼓舞，从中取得了斗争经验。仅仅在欧洲，就有好几个国家接连爆发了无产阶级领导的革命。

第一次世界大战还在如火如荼地进行的时候，来势迅猛的革命就席卷了德国。德国军队的司令官在1918年10月命令基尔港的舰队出海，准备和英国舰队决一死战，并且扬言，如果舰队战败，就发动"光荣革命"，这样做无疑是断了海军官兵的后路。愤怒的水兵在基尔工人的支持下，熄灭了军舰的火炉，于11月13日进行示威游行，第二天又发动了武装起义，士兵们很快占领了军舰和政府机关，宣布成立工人和士兵代表苏维埃，基尔港被严密控制了。

之后不到一个星期的时间，德国的汉堡、不来梅、莱比锡、慕尼黑等地也相继发生了武装起义。德国社会民主党的左派组织成立了斯巴达克团，率领柏林士兵和工人举行了大规模的罢工和武装起义，警察局、邮局、火车站和国会悉数被占领，德国皇帝威廉二世仓皇逃往荷兰，革命家卡尔·李卜克内西宣布社会主义共和国成立，斯巴达克团建立了德国共产党。德国皇帝被赶下台，君主制被废除，但政权却落在艾伯特政府手中，他们对革命群众展开了疯狂的大屠杀，工人领袖卡尔·李卜克内西也惨遭杀害。

十月革命的火种蔓延了整个欧洲，德国革命遭到镇压后不久，匈牙利工人也举行了大规模的起义。1919年3月21日，在黎明的曙色中渐渐苏醒的布达佩斯，到处都是武装工人和士兵，他们手拿武器拥向街头，高喊起义的口号，占领了盖列尔山上的炮台，控制了整个城市，宪兵和警察的武装被解除了，车站、桥梁和政府机构被占领了。数以万计的人民群众潮水般地拥上街头，和雄赳赳、气昂昂的工人队伍相会合，工人领袖库恩·贝拉宣布匈牙利苏维埃共和国成立。

但是，帝国主义和国内反动派的颠覆，使得匈牙利苏维埃共和国只存在了133天就被推翻了。

● 协约国军队在巴黎街道上

>>> 达达主义艺术运动

　　1916 年至 1923 年间出现于法国、德国和瑞士的一种绘画风格。是一种无政府主义的艺术运动，它试图通过废除传统的文化和美学形式以发现真正的现实。

　　达达主义由一群年轻的艺术家和反战人士领导，他们通过反美学的作品和抗议活动表达了他们对资产阶级价值观和第一次世界大战的绝望。

　　达达主义的倡导人查拉在宣言中为达达主义下定义说："这是忍不住的痛苦的号叫，这是各种束缚，矛盾，荒诞的东西和不合逻辑的事物的交织，这就是生命。"

拓展阅读：

《第一次世界大战》
　　　唐纳德·索默维尔
《被遗忘的浩劫》张钊、田园

◎ 关键词：灾难 破坏 危机 工人罢工

第一次世界大战结束

　　奥匈帝国和塞尔维亚的冲突，导致了斐迪南大公夫妇被杀，战争的烽火于 1914 年 7 月 28 日被点燃，并且迅速演变为世界大战。到 1918 年，共有 31 个国家加入了战争，战场也从欧洲扩展到亚洲、非洲和美洲，这是人类历史上第一次世界规模的战争。

　　这场大战给交战各国带来了空前的灾难和破坏。仅仅从 1915 年到 1917 年的 3 年时间里，德国伤亡和失踪的人数就达 300 多万，法国有 270 多万人命丧疆场，英国也损失了 170 多万的兵力。战争破坏了昔日的家园，给人们的心灵造成极大的恐慌和震动。各交战国出现了不同程度的危机，其表现是经济陷入困境，工人罢工，农民抢夺土地，起义接连不断，中欧各国和处于专制统治下的俄国表现最为突出。1917 年爆发的二月革命和十月革命，迫使俄国向所有交战国提出休战建议，宣布全面退出战争。

　　受到十月革命的影响，各国纷纷响应列宁提出的"变帝国主义的战争为国内战争"的号召，大规模的工人罢工在全世界爆发了，处于革命爆发前夕的德国和奥匈帝国的政权已经岌岌可危。经过凡尔登战役之后，奥匈帝国已经没有能力反攻，只好抽身自保，由进攻转入防守。

　　从战争爆发开始，美国一直处于中立，想坐山观虎斗，从战争中渔利。即便如此，美国还是同协约国日益加深了经济往来，对协约国的出口量增加到战前的三倍，而对德国和奥匈帝国的输出量只有原来的 1%。美国人知道，一旦协约国战败，美国对协约国的亿万贷款将付诸东流，因此，一些大的财团和金融寡头强烈要求美国支持协约国。另一方面，德国实行的潜艇战术令美国的商船饱受损失，利益最终驱使美国加入了战争。参战后的美国，先后有 200 万军队开赴欧洲战场，同时向协约国提供大量军火和物资，并且协同协约国海军对德国进行反潜艇战，加速了德国和奥匈帝国的失败。

　　美国的参战对经济即将破产的德国来说，无疑是雪上加霜。粮食连年歉收的德国，人民处在水深火热之中，反战情绪日渐高涨，德国已经无法坚持长期战争了。东线的俄国退出战争后，德国就将力量集中在西线，在美国军队到达之前，连续向协约国发动了多次进攻。但是美国加入战争很快让德国处在下风，大批美军陆续开赴法国，到 8 月底，已经有 100 万士兵到达法国。此后，协约国在法国元帅福熙的统一协调和指挥下，连连向德国发起反击。

　　7 月 18 日到 8 月 4 日，协约国向德国发起了一次大规模的反攻，占领了苏瓦松，将战线推到了马恩河，接着出动了 450 辆坦克，出动了欧

●处于第一次世界大战中的美国，资源短缺，人们排队买食物。

●战争最后一年,德国和奥匈帝国的城市人口减少,人们到处搜寻食物,甚至在垃圾中搜寻。

洲的大部分兵力。德军的战斗力和士气开始急剧下降，大批的德军投降了。随着西线德军的节节败退，东线的各同盟国纷纷投降，奥匈帝国土崩瓦解了，代之而起的是独立的匈牙利和捷克。协约国大军压境，德国只好于1918年11月11日签署停战协定，历时四年的第一次世界大战终于结束了。

●凡尔赛会场

>>> 电影《我的1919》

黄健中导演,陈道明、许晴主演。

影片描写20世纪初中国外交才子顾维钧作为中国政府全权代表参加1919年巴黎和会的种种经历和他的挚友肖克俭,为抗争列强、讨回正义,在凡尔赛宫广场自焚的感人肺腑的事件。1919年中国爆发"五四运动",参加巴黎和会的中国代表团受到影响,拒绝在和约上签字。

本片获1999年华表奖、优秀故事片奖、优秀男演员奖,获2000年金鸡奖、最佳男主角奖,是一部感人肺腑的历史名片……

拓展阅读:

火烧赵家楼事件

《镜厅:巴黎和会内幕》[英]辛克莱

《巴黎和会实录》[英]培德

◎关键词:凡尔赛宫 赔款 四人会议 仇恨的种子

不和平的"和平会议"

第一次世界大战以协约国的胜利宣告结束,但是一场没有硝烟的战争却在法国的凡尔赛宫悄悄拉开了帷幕,英国、法国、美国和日本等几个在战争中取得胜利的国家举行了一场会议,会场上为争夺利益而展开的唇枪舌剑,绝不亚于硝烟弥漫的战场。

1919年1月18日,在"一战"中取得胜利的国家纷纷派出代表,齐聚在巴黎的凡尔赛宫,商讨如何瓜分获胜后所得的战争赔款。会议进行中,几个大国之间为尽可能多地争取赔款,以剑拔弩张之势吵得不可开交。在各国的与会代表中,英国首相劳合·乔治和法国总理克列蒙梭争得面红耳赤,78岁高龄却精明依旧的克列蒙梭认为,法国在战争中是最大的受害者,而且也是在战争中起决定作用的国家,所以,法国至少得得到赔款总额的58%,否则会议将无法继续进行。面对咄咄逼人的克列蒙梭,劳合·乔治丝毫不肯做出让步。美国总统威尔逊只好出面调停,答应法国可以拿到56%的赔款,而英国可以拿到28%的赔款,但是盛气凌人的克列蒙梭却提出和德国以莱茵河为界,让德国归还阿尔萨斯和洛林,并且将与之邻近的萨尔区划分给法国。最后,在美国和英国的极力斡旋下,法国只好做出退让,同意萨尔地区暂时交由国际联盟代管。

参加巴黎和会的各国代表共有1000多人,其中有70人是全权代表,但最初的"十人会议"机构却被"四人会议"机构所取代,因为那样分赃更为方便,美国总统威尔逊、英国首相劳合·乔治、法国总理克列蒙梭和意大利首相奥兰多是"四人会议"的成员。由于意大利在战争中所起的作用不大,并且英国和法国也不想让它成为一个强国,所以,意大利首相奥兰多在"四人会议"上坐起了冷板凳,"四人会议"变成了"三人会议"。

在巴黎和会的最后一天,全体战胜国都在和约上签了字,唯独中国的代表没有出席会议,他们拒绝在和约上签字。因为中国的利益受到了损害,那就是战前德国侵占的山东胶州湾的领土却在战后转给了日本。当时在战争中,中国作为参战国曾向协约国提供了大量的粮食和175000名劳工,德国战败后,中国理所当然应该收回山东半岛的主权,而英、美、法三国却私自做主,把山东半岛转送给了日本。中国人民再也无法忍受了,影响深远的五四爱国运动就此爆发了,受到影响的中国代表团坚决拒绝在和约上签字。

这次不和平的和会,非但没有带来和平,反而对战败的德国进行苛刻的勒索,使德国人由此种下了仇恨的种子。

果不其然,20年后的1939年9月,怀有称霸全球野心的希特勒将德国人的扩张和侵略之心尽情演绎了一番,发动了第二次世界大战。

20 世纪初的世界

● 列宁在共产国际第一次大会上

>>> 列宁的笔墨

1895 年 12 月，列宁被捕，关在彼得堡的监狱里。

他被关在一间又狭小又肮脏的单人牢房里，条件极其艰苦，列宁却毫不在乎，整天忙着工作。

列宁决定写书，但监狱里只准看书不准写书，而且没有纸笔，更没有墨水，后来他终于想到一个办法，用牛奶在书上写，读的时候，把书往灯上或者蜡烛上一烤，用牛奶写的字就现出了茶色，所写的文章也就清楚了。

他还把一个面包的当心儿抠一个圆坑，当小墨水瓶。

列宁就是用这种办法，在监狱里写出一部重要的著作《俄国资本主义的发展》。

拓展阅读：
《瞿秋白与共产国际》张秋实
《孙中山与共产国际》李玉贞

◎ 关键词：列宁 修正主义 社会主义革命 第三国际

共产国际的成立

在第一次世界大战期间，反对帝国主义战争的左派力量就在一些国家的社会民主党内萌生了，德国的斯巴达克团、保加利亚的紧密派、波兰的社会民主党左派分子等，都是反战的中坚力量。非常遗憾的是，这些左派分子在思想上并没有和右派彻底划清界限，并且仍然同在一个党内。看到这一情况后，列宁连续发表了《第二国际的破产》、《社会主义与战争》、《论欧洲联邦口号》、《帝国主义是资本主义最高阶段》以及《国家与革命》等一系列著作，深刻揭露了修正主义的错误，阐明了"社会主义革命可以在一国胜利"的学说，给其他国家的社会主义革命指明了道路。

1914 年 11 月，列宁在俄国社会主义民主工党宣言中，首次提出了"第三国际"这一概念，并为创建这一组织做了大量的理论准备工作，他倡导各国的左派分子同机会主义决裂。之后的两年，列宁先后出席了在瑞士齐美尔瓦尔德和昆塔尔召开的社会主义者代表会议，有机会结识了各国的左派分子，列宁将他们组成了齐美尔瓦尔德左派。

1917 年，列宁领导的十月革命推翻了沙皇统治下的政府，成立了苏维埃政权，这一胜利无疑给其他各国的革命运动提供了借鉴，于是，革命运动在世界范围内得到了蓬勃发展。1917 年 5 月，瑞典的左翼社会民主党人在 1917 年组成了独立的政党，为以后共产党的胜利奠定了良好的基础。在革命形势日渐高涨的情况下，阿根廷和芬兰于 1918 年底建立了第一批共产党。此后，共产党组织像雨后春笋般在世界各地崛起，奥地利、希腊、荷兰、匈牙利、波兰以及立陶宛等国家都先后成立了共产党，就连德国这样的发达资本主义国家也受到影响，1918 年 11 月的革命爆发后，德国共产党于当年年底便成立了。

1919 年 1 月，俄国共产党和波兰、奥地利、匈牙利等八个国家的政党聚集在莫斯科，召开了一场大会，会议通过了《告各国无产阶级组织书》，欢迎各国共产党派代表到莫斯科开会，共同商讨成立共产国际的问题。这次代表大会正式宣布共产国际成立，并且从理论上总结了无产阶级革命的初步经验，给其他各国共产党指明了发展方向，强烈谴责了第二国际的沙文主义和中间流派，号召各国共产党同他们决裂。

列宁在大会上作了关于资产阶级民主和无产阶级专政问题的报告，《共产国际宣言》和《共产国际行动纲领》也在大会上获得通过。各国代表们还就组织问题进行了研究，最后决定将共产国际的领导机关——执行委员会设立在莫斯科，列宁、季诺维也夫、托洛茨基、拉科夫斯基和普拉廷当选为执行委员会委员，负责共产国际的事务，共产国际就在这样的情况下诞生了。

●朝鲜民众在投票选举

>>> 朝鲜族长鼓

又称"杖鼓"。朝鲜族民间乐器。历史悠久、构造独特、音色柔和,常用于歌、舞伴奏和器乐合奏。

朝鲜族长鼓起源于印度的细腰鼓。4世纪时,细腰鼓通过丝绸之路传入我国中原,而后又东传朝鲜。

隋唐时期,我中原称长鼓为"都昙鼓"、"毛员鼓"和"腰鼓",宋代长鼓以"杖鼓"之名载入史册。到了元代,《元史·宴乐之器》对杖鼓记载尤详。

近百余年来,杖鼓在我国中原逐渐销声匿迹,而在朝鲜族人民中广为流传,遂改名为长鼓。

拓展阅读:

《朝鲜三一运动》王立达
《中国·朝鲜·韩国文化交流史》

◎ 关键词:日本 出兵 掠夺 《独立宣言》

朝鲜"三一"运动

中日甲午战争后,日本侵占了朝鲜,并于1905年强迫朝鲜签订了《乙巳保护条约》,从此以后,朝鲜沦落为日本的"被保护国",实质上则是日本的殖民地。坚强的朝鲜人民不愿意接受被奴役的命运,他们为争取独立拿起了手中的武器。

朝鲜派代表参加了1907年在荷兰海牙召开的第二届万国和平会议,要求世界各国承认朝鲜是独立的国家,并且拒绝接受日本的"保护"。骄横的日本对朝鲜的所作所为当然不会听之任之,于是,日本再次向朝鲜出兵,挟持了朝鲜国王李熙,并逼迫他退位。

自1910年8月,日本开始了对朝鲜的黑暗殖民统治,大批日本人踏上朝鲜国土,疯狂掠夺朝鲜的物质资源,使得朝鲜的工业和农业停滞不前,先前林立的工厂关闭了,失业的工人一天比一天多,农民们也陷入没有田地可种的悲惨境地,大批的人变成流民,或者藏在深山里以逃避日本人的压榨。但日本人的黑暗统治已深入骨髓,朝鲜人民再也不堪忍受被奴役的非人生活了,于是就不断地进行反抗。日本统治者为此提心吊胆,他们甚至将百姓家里的菜刀全部收缴上去,以免再次发生大的暴动和起义。

1919年1月22日,在日本胁迫下退位的国王李熙,在没有任何病症的情况下"病"死了,这引起了朝鲜人民的怀疑。一直以来,日本人就处心积虑地想除掉李熙,于是在红茶中加入少量砒霜,每天给李熙饮用,等砒霜发挥效力后,李熙自然是在劫难逃了。日本人在李熙死后,竟然假惺惺地发出布告,宣布3月3日为李熙举行国葬。

日本人这样做并没有掩盖住其罪行,朝鲜人民对李熙的死表示出极大的愤慨,孙秉熙等33名朝鲜工商企业界人士组织起来,自称是"朝鲜民族的代表",草拟了一份要求朝鲜独立的《独立宣言》,在巴黎和会上向美国总统威尔逊和日本帝国政府呼吁,并决定于3月1日在汉城举行大规模的示威游行活动。

3月1日那天,整个汉城都响起了激昂雄壮的《光复歌》,几千名学生带领30万朝鲜人民拥向汉城塔洞公园,举行反对日本殖民统治的集会,但是在关键时刻,孙秉熙及其"朝鲜民族的代表"组织退缩了,主动向日本驻朝鲜总督衙门的警务总监部透露自己的具体位置,并且声称是"和平请愿",一会儿,日本警察将他们全部抓走了。

然而,塔洞公园里的游行队伍仍然在不断壮大,人民的愤怒情绪已经上升到了极点,他们举行了声势浩大的游行活动,高喊"朝鲜独立"。

●朝鲜民族解放最终走上武装战争的道路。　●饱经苦难的朝鲜人民。

高喊的口号点燃了所有朝鲜民众的爱国激情，广大农民也纷纷加入到游行队伍之中，在不到两个月的时间里，全国就有200多万人组织了3000多次示威和暴动，结果遭到日本警察的血腥镇压，大批的民众和学生倒在了血泊中。在"三一"起义中，8000多人被杀，16000多人受伤。1919年底，遭到日本的疯狂镇压后，"三一"起义失败了。但是，这次起义点燃了朝鲜民众反对日本帝国主义的高涨情绪，为朝鲜的民族解放做出了积极的贡献。

●本尼托·墨索里尼像

>>> 惧内的墨索里尼

墨索里尼的妻子拉格尔是一位农家女，几乎所有时间都在老家为墨索里尼拉扯五个孩子。在她面前，墨索里尼会变成一个"惧内的丈夫"。

拉格尔几乎不识字，但是脾气异常暴躁。可是这个迷倒了整个国家的男人在妻子面前却抬不起头来，他根本不敢和她顶嘴，而且连他的朋友和大小官僚也都很怕拉格尔。据说拉格尔听说过墨索里尼在外有很多情妇，但似乎并不在意。

拓展阅读：

《专制魔王——墨索里尼》
谢力夫
《墨索里尼之谜》
[俄] 米·伊林斯基

◎ 关键词：战争 法西斯 革命宣言 独裁美梦

墨索里尼的独裁梦

意大利法西斯头子本尼托·墨索里尼，于1883年出生在意大利的瓦拉诺·迪科斯塔，他铁匠出身的父亲是早期意大利社会党的成员，他的母亲是一位农村小学教员。小时候的墨索里尼就与别的孩子有着本质的不同，他表现得非常骄横，和他在一起的孩子经常被打得鼻青脸肿。墨索里尼在一所师范学校获得一纸文凭后，只教了一年的书就离开了讲台，孤身一人到瑞士去闯荡。

在父亲的影响下，墨索里尼加入了社会党，由于能言善辩，墨索里尼于1912年被任命为社会党机关报《前进报》的主编。此后不久，第一次世界大战爆发了，他对战争表现出惊人的狂热，因此被社会党开除了。1919年3月，墨索里尼到达米兰，在那里，他纠集起一群狂热分子，组织起"战斗的法西斯"党，该党的党旗和党服均为黑色，因此又称为"黑衫党"。随着第一次世界大战结束，意大利的经济开始出现危机，社会矛盾也在不断激化，墨索里尼及其法西斯势力有了可乘之机，于是他就率领法西斯党开始了夺取政权的准备。1922年9月，墨索里尼组成最高司令部，并于10月16日悄悄潜入罗马，秘密策划武装行动。四天后，墨索里尼在米兰的法西斯机关报《意大利人民报》上发表了"革命宣言"，声称黑衫党要进军罗马，反对懦弱无能的政客，军队和警察不得干涉……

在黑衫党向罗马进军时，沿途的政府军队和警察，大多保持中立，只有少数共产党领导的革命群众进行了一些骚扰性袭击，但都被法西斯党驱散了。10月28日，一群国会议员来到米兰的法西斯报馆求见墨索里尼，建议黑衫党与政府和解，并且声称改组内阁，就可以拯救危难中的国家。但墨索里尼回绝了他们的建议，还给他们宣读了政党中的支持者邓南遮的来信，前来和解的议员们只好无功而返了。

在动荡的时局面前，身为首相的法克达如坐针毡，在其他政府官员的一再建议下，他发表了一个官方文书，声明政府将不惜一切代价维护公共秩序。之后经过紧锣密鼓的磋商，法克达决定宣布戒严令，但国王却拒绝签字。此时的墨索里尼知道时局对自己非常有利，国王开始疏远内阁并逐渐向自己靠拢。

果不其然，他在10月29日接到国王办公室打来的电话，并于两个小时后以电报的形式正式通知他速抵罗马。墨索里尼欣喜若狂，马上通知黑衫党总部，命令《意大利人民报》以最快的速度将该消息通报全国。从此以后，墨索里尼的独裁美梦一点点实现了。

20 世纪初的世界

● 20 世纪初期的列宁

>>> 托洛茨基

1879 年生于乌克兰，祖籍犹太人。苏俄新经济政策的首先提议者。

俄国与国际历史上最重要的无产阶级革命家之一，20 世纪国际共产主义运动中最具争议的、也是备受污蔑的左翼反对派领袖，他以对古典马克思主义"不断革命论"的独创性发展闻名于世，第三共产国际和第四国际的主要缔造者之一。1905 年俄国革命中被工人群众推举为彼得堡苏维埃主席。

十月革命之后到列宁病逝之前，布尔什维克历次全国代表大会发言结束均高呼口号："我们的领袖列宁和托洛茨基万岁！"

拓展阅读：

《一个经济学家的札记》
　　[苏联] 布哈林
《解读各国新经济政策》
　　石培华、黄炎

◎ 关键词：干涉苏联　布尔什维克　新经济政策

苏联的"新经济政策"

十月革命催生了世界上第一个社会主义国家的诞生，它就是列宁领导下的苏联。由于推行社会主义制度，引起了一些资本主义国家的极大恐慌，这些国家不再坐等观望，而是企图干涉苏联。"一战"还没结束，英国、法国、美国、日本和德国就纷纷派军队进入苏维埃俄国，打算推翻苏维埃政权，而国内反动势力也死灰复燃，响应入侵的国家。内忧外患困扰着刚刚成立的苏维埃政权，乌克兰、乌拉尔、西伯利亚和顿河流域等地区相继失陷，苏维埃政权的领导人列宁也遇刺中枪。全国人民在布尔什维克和苏维埃政府的号召下，克服重重困难，积极投入战斗，于 1920 年 10 月打退了敌对势力，取得了决定性的胜利。

战争的破坏给这个刚刚成立不久的国家带来了无比严重的灾难，安定下来的农民需要生活必需品，生活条件需要改善，遭到破坏的工业也要恢复，苏联处于百废待兴的局面。即便如此，几乎所有的资本主义国家都采取敌对的态势，对苏维埃俄国采取经济封锁，并且在暗中策划残余的旧势力发动武装暴动，企图让他们负隅顽抗。

面对苏维埃俄国当时的严峻形势，列宁知道，如果不马上改变党的政策，农民发展农业生产的积极性就无法调动起来，恢复工业将是无稽之谈。因此，首先让农村获得发展，才能加强工农之间在经济上的联系。于是，列宁提议将建设重点逐渐向经济方面转移，并主张国家实现电气化是恢复工业的前提。

在 1921 年 3 月召开的第四次布尔什维克代表大会上，顺利通过了"由战时共产主义向新经济政策过渡"的决议，从此，苏维埃俄国开始实施"新经济政策"。所谓"新经济政策"，是指农民可以自由地出卖多余的粮食，私人之间可以进行自由的贸易往来，私人可以经营一些小的企业，一些大的企业也允许外国资本家来投资经营。

"新经济政策"出台后，曾遭到不少人的强烈反对，但它毕竟给刚刚复苏的苏维埃俄国带来了生机和繁荣，一些有实力的企业家纷纷到苏俄投资建厂，经营产业。

"新经济政策"挽救了苏维埃俄国的经济，并带动了其他产业的发展，苏俄也由此进入了社会主义的建设时期。1922 年 12 月，第一次苏维埃代表大会胜利召开，苏维埃社会主义共和国联盟（苏联的全称）就此成立了，第一部宪法也应运而生了，一个社会主义国家终于在世界的舞台上拥有了一席之地。

20 世纪初的世界

● 纳粹头子阿道夫·希特勒

>>> 希特勒语录

——我们的斗争只可能有两种结果：要么敌人踏着我们的尸体过去，要么我们踏着敌人的尸体过去。一个民族正经历着动荡，我们，在被幸运之神垂青。

——我们必须咬紧牙关，全力以赴去做一件事情；否则，我们将一事无成。

——他们得小心了，总有一天我们的忍耐到了尽头，那时候我们会让那些无耻的犹太人永远住嘴！！！

——我不相信，那些以前在不断嘲笑我们的人，现在，他们还在笑！！！

——只有那些疯狂的大众才是顺服的。

——我通过循循善诱得到了一切。

拓展阅读：

《希特勒与知识分子》刘国柱
《希特勒档案》
　[苏联] 埃伯利

◎ 关键词：纳粹党 希特勒 犹太人 社会主义

希特勒建立纳粹党

　　1920 年 4 月 1 日，德国正式建立了纳粹党，该党的全称是德国民族社会主义工人党，它的前身是 1919 年 1 月 5 日由慕尼黑铁路工人安东·德莱克斯勒创建的德意志工人党。最初的德意志工人党只有几十名党员，臭名昭著的纳粹头子希特勒是该党的第 55 名党员，他当时在党内扮演的角色是对党的形象进行宣传，鼓动民众加入该党。正是这段不平凡的经历磨炼了希特勒，使得他在德国甚至世界舞台上出尽风头，煽动了很多人为之卖命。

　　希特勒在演说中经常大量使用民间语言和战壕中士兵们的行话，以极具蛊惑力的言论抨击了《凡尔赛和约》，声称和犹太人不共戴天，引起了与会者的强烈"共鸣"。在 1919 年 10 月的一次集会中，到会的 70 人在听了希特勒的动情演说后，自愿捐出 300 马克，表示支持该党。

　　由于表现出色，希特勒于 1920 年初被安东·德莱克斯勒任命为宣传部长，从此以后，希特勒开始按照自己的意愿和目标改造德意志工人党。他用党的基金租了一个地方作为办事处，然后装上电话，雇用了专职的办公室主任，这一切都是为了谋取更大的权力。有了办事处之后，希特勒极力主张举行大规模的集会，并且选好了会场———个豪华的啤酒馆的宴会厅，那里足足可以容纳 2000 多人。党内的其他委员对希特勒的所作所为表示强烈反对，但希特勒依然我行我素，真的在 2 月 24 日举行了大规模的集会。在会上，希特勒具体阐述了 25 点纲领，该纲领从种族主义出发，认为只有日耳曼血统的人才能成为本民族的同志，犹太人不能担任公职，也不能享有公民的权利，对那些移居德国的犹太人，应该吊销其户籍，然后清除出德国。该纲领还要求"取缔不劳而获的收入"、"没收一切战争利润"以及"建立和维护一个健康的中产阶级"等观点，这些激进的"社会主义"口号说得冠冕堂皇，使那些生活在底层、处境艰难的民众很容易就被打动了。

　　为了把群众的情绪调动起来，希特勒颇费心思地将"民族主义"和"社会主义"捏造在一起，杜撰出"民族社会主义"——纳粹主义，1920 年 4 月 1 日，德意志工人党正式更名为民族社会主义德意志工人党。希特勒还精心设计了党徽和党旗，并出版了纳粹党的机关报。同年 12 月，在国防军的资助下，希特勒将《慕尼黑观察家报》买下，将其更名为《人民观察家报》，宣传纳粹党的主张。

　　希特勒以煽动性的演说拉拢了一大批支持者，募集了大笔资金，之后又运用手段窃取了主席一职，从此独揽了纳粹党的一切权力。1921 年 7 月 29 日，纳粹党通过了《领袖原则》，规定纳粹党的领导不再由党员选举产生，而是由领导直接任命。扫除了一切障碍后，希特勒开始为所欲为了。

●1921年，希特勒和墨索里尼这两个极端民族主义的政治煽动家开始采取行动，向夺取政权迈出了一步，一个在魏玛共和国，另一个在意大利。他们共同选择了法西斯主义道路。图为希特勒和墨索里尼正在向佛罗伦萨法西斯烈士墓敬礼。

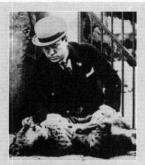

● 意大利法西斯头子墨索里尼

>>> 希特勒营救墨索里尼

1943年7月24日夜，法西斯党最高委员会应狄诺等谋反头子的要求而召开会议。墨索里尼成为会上猛烈抨击的对象。

1943年7月25日，意大利国王在法西斯党内保皇派的支持下，解除了墨索里尼的一切职务，并将他囚禁在亚平宁山脉高峰——大萨索山顶上。希特勒为了营救这位难兄难弟，迅速派出一支精锐的突击队，实施名为"橡树计划"的营救行动。突击队以迅雷不及掩耳之势，制服了意大利宪兵警卫队，然后用一架小型飞机把墨索里尼救出，创造了营救史上的一大奇迹。

拓展阅读：

《第二次世界大战经典演说》
苏荷
《墨索里尼之谜》
［俄］伊林斯基

◎ 关键词：墨索里尼 鼓吹战争 救世主 起义

墨索里尼与法西斯党

墨索里尼在第一次世界大战爆发后，借助两个财团提供的50万里拉作为经费，在米兰创办了《意大利人民报》，近乎疯狂地鼓吹战争，但遭到反战派的强烈回击。墨索里尼依然我行我素，并于1915年1月24日成立了"革命行动法西斯"，然后凭借自己在社会党"强硬的革命派"名声，打着"社会主义"旗号，吸引很多人加入了该组织。仅仅一个多月的时间，"革命行动法西斯"就发展了105个基层委员会，吸纳了9000多名成员。那些深受沙文主义毒害的青年和教师，在墨索里尼的蛊惑下，举行了大规模的集会，并且殴打了反战派的成员。

墨索里尼及其"革命行动法西斯"对战争表现出极度的狂热，反战派的呼声很快被压下去，代之而起的是主张战争的疯狂呐喊，意大利终于在5月24日宣布参战。

然而战后的意大利，情况并不乐观，一百多万退役的士兵，大多数是来自农民，他们急切渴望国王实现战前的许诺，那就是答应战后分给他们土地，但是政府似乎忘却了当初的诺言，甚至还歧视和虐待退伍的士兵。就在这时，墨索里尼开始在报纸上为军人们歌功颂德，提出分给他们土地，支持他们夺取地主的荒地，这些作为使他成了士兵们心目中不折不扣的"救世主"。

取得支持后，1919年3月23日，墨索里尼在米兰的圣·塞波尔罗广场举行会议，正式建立法西斯组织，取名为"战斗的意大利法西斯"。会议还强烈呼吁"妇女要拥有选举权和被选举权""实行八小时工作制，确定最低工资标准"等。

1920年8月，60万工人在意大利北部爆发了大规模的起义，他们占领工厂，赶跑了工厂主，要求增加工资、缩短劳动时间。墨索里尼趁机指责政府无能，同时要求法西斯分子采取行动。三个月后，"战斗的意大利法西斯"开展了一场大规模的暴力行动，他们袭击工人，捣毁工会，殴打和杀害了大批的革命者和工人，在采取暴力行动时，法西斯分子因为个个手提大棒，因此被称为"棒喝队"。

法西斯分子的反革命行动深得垄断资本家的赏识，他们纷纷慷慨解囊，资助大量经费。同时，一些深受沙文主义毒害的青年学生和小资产阶级知识分子，做着当英雄和骑士的美梦而加入了法西斯组织，法西斯党徒因此大增，基层组织迅速增加到834个，党员的人数也增加到249036人。1921年11月7日，"战斗的意大利法西斯"在罗马举行了全国性的代表大会，墨索里尼当选为领袖，将组织更名为"意大利法西斯党"，奏响了第二次世界大战的序曲。

20 世纪初的世界

● 希特勒亮出"血腥旗帜"

>>> "卐"字与纳粹党徽

佛教卐(Wan,万)字,意为吉祥海云,吉祥喜旋。几乎所有的佛教寺院中,每个佛像的胸前都有卐字这个吉祥符号,它象征佛菩萨的清净庄严、慈悲智慧和圆满功德。

20世纪20年代,德国纳粹党即"国家社会党"出现,由于"国家"和"社会党"的德文字头均为"S",两个"S"斜交而成卐字形。纳粹头目希特勒认为卐字象征"争取雅利安人胜利的斗争的使命",因而于1920年用作纳粹党党徽。

卐字本是"幸运"与"吉祥"的象征,与血淋淋的纳粹党徽是毫无关系的。

拓展阅读:
《二战将帅——希特勒》李言
《希特勒的最后12夜》
(电影)

◎ 关键词:啤酒馆 独裁权力 希特勒 纳粹党复兴

希特勒发动"啤酒馆政变"

1923年11月8日,慕尼黑东南郊外,在一家名叫"贝革勒劳凯勒"的啤酒馆里,巴伐利亚邦长官卡尔和驻巴伐利亚国防军总司令洛索夫,邀请了3000名企业家到场,人员到齐后,卡尔坐在粗木桌子前,以巴伐利亚的风俗大口地喝着啤酒,然后走上讲台进行施政演说。

希特勒一直想利用纳粹党统一德意志,建立高度集中的独裁权力机构。希特勒打算采用恫吓和暴力手段,夺取巴伐利亚邦的政权,然后向柏林进军,推翻中央政府,继而实现掌管全国政权的野心。希特勒虽然采取了几次行动,但都没取得预期效果。这次,希特勒想借卡尔聚众演说之机行动。

啤酒馆的大门骤然洞开,希特勒在士兵的前呼后拥下,快步冲进大厅,走向讲台。一名少校想阻止他,结果希特勒拔出手枪,吓得他噤若寒蝉。讲台上的卡尔也吓得面如土色,从讲台上退下来,希特勒马上占据了卡尔的位置,对着人群大声宣布:"此处已经被600名武装人员占领了,谁也不许随便走动,都老老实实地坐着,保持肃静,巴伐利亚政府已经被推翻了,临时政府业已成立,国防军和警察的营房已经被占领了,军队和警察都在纳粹党的旗帜下向市内挺进!"希特勒的虚张声势令所有在场的人呆若木鸡。卡尔、洛索夫和警察局局长赛赛尔来不及分辨事情真相,就被带入后台的一间房子里。接着,希特勒对卡尔等三人软硬兼施、威逼利诱,强迫他们宣布实行革命,同意参加新政府,并且接受他委派的职位。

面对希特勒的长篇大论和威胁,三个人都保持着沉默。希特勒对他们感到无计可施,但外面的3000多人如果反抗,事情就会变得糟糕透顶。于是,他急中生智,大步冲出房门,向乱哄哄的人群喊道:"巴伐利亚政府已经不复存在了,新政府即将在慕尼黑成立,鲁登道夫将担任国防军的领导工作。"正在这时,鲁登道夫被希特勒派人接来了,他的到来使人群再次相信了希特勒的谎言,而卡尔等人也被迫同意和希特勒合作。但是,希特勒突然接到报告,军队内部出现了激烈的冲突,急需他出面调停,希特勒就把一切都交给了鲁登道夫处理。

希特勒走后,卡尔等三人纷纷找借口溜掉了。他们回去后,很快就下达了镇压政变的命令,鲁登道夫和希特勒被捕,纳粹党被勒令解散,"啤酒馆政变"失败了。三个月后,希特勒被判处五年监禁,而鲁登道夫被无罪释放。希特勒并没有因为审判断送前程,他在法庭上滔滔不绝地为自己辩护,矢口否认自己有罪,反而为他和他的纳粹党捞取到了政治资本,希特勒因此名震巴伐利亚,成为著名的政治人物,纳粹党也随之复兴了。

● "一战"时的美国总统威尔逊

>>> 华盛顿哭墙

建成于1982年，由当时年仅21岁的女青年林璎设计。

此墙是为纪念在越南战争中阵亡和失踪的美军将士而建，墙从地表向下形成V字形，由黑色大理石砌筑，上镌58183名死者的名字，名曰"越战阵亡将士纪念碑"。

1992年，哭墙建成10周年时，这里举行了首次唱名活动，从11月8日中午12时30分到11日上午9时，连续65个多小时，把碑上5.8万多美军死者名字逐一大声地唱出来。这里已成为华盛顿游人最多的去处之一。

拓展阅读：

《华盛顿时代》
　[美]华盛顿·欧文
《见证二战》程洪等

◎关键词：海上力量　海军大国会议　战舰　军国主义

不平等的《华盛顿条约》

第一次世界大战结束后，美国和英国竞相发展海上力量，将发展战舰作为称雄海上的目标。他们丝毫没有意识到，愚蠢的竞争导致在世界范围内出现了大规模的军备竞赛，而军备竞赛可以拖垮一些经济实力薄弱的国家，也可以引发新的战争灾难。日本早就蠢蠢欲动，军备竞赛开始后，唯恐落后的日本马上开始大力发展海上力量。从此以后，日本摆脱了英国的制约，自己设计了一系列大型的战列舰，完全靠自己不断壮大起来的力量在亚洲称雄。日本海上力量的飞速发展招致了美国的忌妒和不安，于是就想方设法遏制日本的发展，并且果断地采取了行动，同时将其他海军大国一并纳入遏制的范围。

1921年11月12日，英国、德国、日本和澳大利亚等海军大国的代表被召集到华盛顿，在美国国务卿查尔斯·伊凡·休斯的主持下，召开了一场海军大国会议，会议的主题就是商讨缩减战舰和海军的数量，并就此问题签订了《华盛顿条约》。美国人在会议上提出，英国可以拥有和美国同等的海军规模，如果照此计算，英国战列舰的数量一共要减少22艘，而美国仅仅减少4艘。根据各国签订的第一次海军条约规定，各国拥有的战列舰，其总吨位不能超过35000吨，战舰上火炮的口径也受到了严格限制。

德国人挑起了第一次世界大战，因而在会议上丝毫没有发言权，并且备受指责，不但被剥夺了自卫的力量，还被禁止拥有潜艇，因为在"一战"时大量英国和美国的商船被潜艇击沉。美国人就此提出了苛刻的限制条件，德国只能拥有不超过10000吨的水面舰只，只能保留一些不足以对美国构成威胁的战舰。而日本拥有的海上规模，只能是英国和美国的五分之三。但是希特勒执政后，德国就开始偷偷发展海上力量了。

这一规定对于日本来说，绝对是一个极大的损失。因为日本的财政几乎有一半耗费在发展海上力量上，经济几乎到了崩溃的边缘，而付出如此代价发展起来的海上力量，却被美国人轻描淡写地缩减了，但日本还是同意了缩减战舰数量，经济原因也许是日本同意的原因之一。日本海军中的强硬派则认为这是奇耻大辱，《华盛顿条约》成了日本"军国主义"膨胀的根源，航空母舰成为日本及其他海军大国新一轮军备竞赛的产物。

受到《华盛顿条约》的限制，一些弱小国家的海上力量成了该条约的牺牲品，澳大利亚巡洋舰队的旗舰被迫沉入海底；英国也失去了以往值得骄傲的海上力量，海上霸权被美国分享。而美国在《华盛顿条约》中几乎毫发未伤，成为最大的受益者。

20 世纪初的世界

●1921 年 11 月至 1922 年 2 月，美、英、日、意、比、荷、葡、法及中国代表召开会议商议缩减战舰和海军数量，并就此问题签订《华盛顿条约》。

◎ 关键词：民族独立战争 世俗化改革 政教分离 服装改革

土耳其的世俗化改革

● "土耳其之父" 凯末尔

>>> 土耳其石

　　圣石，可聚财、疗病、避邪、防止意外、增进心理、生理的健康，是世所公认的幸运石。

　　特征 有从天蓝色到绿色的变化，取决于矿石含铜和铁的含量比例。一般以微晶值得块状呈现，具贝壳断口，通常为外包壳或为结核状。

　　由于往昔透过古丝路的起终点——土耳其运送至欧洲各国，因而得到土耳其石这个别名。

　　印第安人将土耳其石当作圣石，认为其来自天空的蓝绿色，有益于肺与呼吸系统，还能阻挡辐射线伤害。另外欧洲人相信土耳其石可以防止摔跤。

拓展阅读：

《土耳其狂欢》（电影）
《揭开土耳其的面纱》梁文洮

　　在凯末尔的领导下，土耳其人民取得了民族独立战争的胜利。英国、法国和意大利等国家不甘心就此失败，他们一直伺机颠覆土耳其的新政权，土耳其国内的宗教势力也趁机蠢蠢欲动，妄图恢复苏丹的地位，在内外敌对势力的挤压下，土耳其面临着严峻的考验，不仅政治和经济受到严重影响，民主化进程也一再受阻。为了回应国内外反动势力的挑战，加速经济发展，一场影响深远的世俗化改革在刚刚结束战争的土耳其拉开了帷幕。

　　国家制度世俗化和政教分离是此次改革的一项重要内容。在民族独立战争之前，奥斯曼帝国是一个封建神权国家，苏丹不仅是全国的君主，而且是全世界穆斯林的精神领袖，这一特殊的双重身份大大加强了其对臣民的政治统治和精神束缚，这也是国家愚昧和落后的因素。

　　民族独立战争胜利后，土耳其共和国于 1923 年 10 月 29 日正式宣告成立，哈里发制度在第二年 3 月召开的国民大会上被废除，地产基金部也被撤销了，奥斯曼帝国皇室的所有成员全部被驱逐出境，一个开伊斯兰国家先河的世俗化制度继而代替了以往的制度。

　　此后，土耳其正式颁布了资产阶级的民法、刑法、商法等法律，并且修改了宪法，删除了"伊斯兰教是土耳其国教"的条文，政府官员就职时不再宣读教义，而是以自己的名义进行宣誓。同时，土耳其政府限制教会人士在清真寺以外的公共场合穿戴宗教服装，原来的休息日也由星期五改为星期天，这一举措沉重打击了封建宗教势力。

　　一直以来，土耳其的教育事业都是控制在教会手中，教会创办的伊斯兰学校教授的是阿拉伯文和波斯文，结果被一向重视教育的凯末尔依照法律手段取缔了，新的学校很快建立起来，设置的课程包括本国的语言和历史。土耳其政府还积极开办了农业、技术、商业和法律等培养专门人才的学校。制订了文字改革方案，规定以后使用拉丁化新字母。教育事业的发展，使土耳其人迅速摘掉了文盲的帽子。

　　经过世俗化改革后，一向被贬低的妇女提高了社会地位，她们被允许在国家机关中工作，并且颁布民法，禁止一夫多妻制，保证妇女在家庭中的平等权利，并鼓励她们参加市政和议会的选举。

　　土耳其人"改头换面"是世俗化改革的大胆尝试，男人摆脱了长袍的束缚，女人也抛弃了脸上的面罩。1925 年 8 月 24 日，凯末尔视察卡斯塔莫努时，手拿巴拿马礼帽，光着头向欢呼的人群致意，这一违反伊斯兰教传统的勇敢举动，吹响了服装改革的号角。

　　土耳其人经过改革，以崭新的风貌出现在世界舞台上。

● "布鲁斯皇后"贝茜·史密斯

>>> 芭蕾舞《天鹅湖》

俄罗斯伟大的作曲家柴可夫斯基创作于1876年，4幕，op.20，是他所作的第一部舞曲，取材于民间传说。

剧情描述了公主奥杰塔在天鹅湖畔被恶魔变成了白天鹅。王子齐格费里德游天鹅湖，深深爱恋奥杰塔。王子挑选新娘之夜，各国客人表现了各种民族风格的舞蹈。恶魔让他的女儿黑天鹅伪装成奥杰塔以欺骗王子。王子差一点受骗，最终及时发现，奋击恶魔，并杀之。白天鹅恢复公主原形，与王子结合，以美满结局。

拓展阅读：

《雷雨》（芭蕾舞剧）曹禺
《那不勒斯王国史》
[意] 克罗齐

◎ 关键词：爵士乐 爵士时代 芭蕾舞团 现代舞

音乐和舞蹈的嬗变

20世纪的美国，一种被称为爵士乐的音乐开始流行，它的发源地在美国南方路易斯安那州的新奥尔良，那是一种由美国黑人音乐与欧洲乐器相结合的产物，它主要的乐器有短号、簧管、大号、钢琴、吉他、班卓琴、低音提琴以及打击乐器。爵士乐在演奏过程中，乐手经常即兴发挥，以此来表现自己的独特风格。爵士乐的发展经历了新奥尔良时期、芝加哥时期和大型乐队时期。其中最著名的爵士乐手有"赛智谋"的路易斯·阿姆斯特朗、"爵士之王"约瑟夫·奥利弗等。1923年，第一张爵士乐唱片发行了，几乎在一夜之间，爵士乐就风靡了全美国，纽约成了爵士乐的中心。随后，爵士乐以锐不可当之势在欧洲登陆，并且在欧洲的土地上很快找到了市场，以至于20世纪20年代被人们称作"爵士时代"。从此以后，这种起源于美国南方小城的民间音乐，在不到十年的时间里，竟然超乎寻常地在世界范围内流行，这种情况只有在20世纪才有可能。

与此同时，与音乐各执半壁江山的舞蹈也发生了巨大的嬗变。舞蹈打破了以往的模式，变得具有现代意识了，而且形成了独特的风格。众所周知，在原始社会里，各个氏族部落都有自己的舞蹈，氏族成员往往通过舞蹈表现一些东西，

或崇拜，或祭祀，或歌咏，但那只是一种原始的舞蹈，丝毫没有创新意识和现代观念。现代舞蹈是发源于英国和美国而在欧洲的舞台上得以实现的"胎儿"。1909年，一个名叫佳吉列的俄国人创建了俄罗斯芭蕾舞团。年轻作曲家斯特拉文斯基创作的《火鸟》，是该芭蕾舞团在巴黎演出的第一个剧目。

一度堪称艺术极品的芭蕾舞是法国人的骄傲。它曾历经了宫廷芭蕾、古典芭蕾和浪漫主义芭蕾等多个阶段。但是，为现代芭蕾舞做出杰出贡献和创新的，却是客居在法国的俄国人，一大批诸如《彼特鲁什卡》、《牧神午后》以及《春之祭》等剧目，都是在这个时候脱胎而出的。该阶段出现的舞蹈家福金、巴兰钦和乌兰诺娃等，将现代芭蕾舞的表现力淋漓尽致地在舞台上发挥出来。

在芭蕾舞进行嬗变的同时，一种完全与之相脱离的舞蹈——现代舞在美国悄然兴起了。伊莎多拉·邓肯是现代舞的最早倡导者，她以一种全新的观念阐释舞蹈，主张舞蹈应该建立在自然的节奏和动作上。邓肯另辟蹊径，穿上贴身而透明的纱衣，赤裸着双脚，以自然而洒脱的舞姿倾倒了台下所有的观众。从此以后，现代舞开始在全世界畅通无阻地风行起来了，邓肯也被誉为"美国现代舞之母"。

◎关键词：欧美大陆 抽象主义 超现实主义

背离传统的艺术

●埃菲尔铁塔 法国 德劳内

>>> 超现实主义电影

现代电影的一种运动，1920年兴起于法国，主要是将意象做特异、不合逻辑的安排，以表现潜意识的种种状态。

它是将文学上的超现实主义创作方法运用于电影创作的电影流派，强调无理性行为的真实性、梦境的重要意义、不协调的形象和对个人快感的执着追求。一度成为20世纪20年代法国先锋派电影的主要倾向，后来又成为美国实验电影和地下电影的重要一翼。在供商业发行的故事片领域，超现实主义不构成独立的流派，它的影响只见于影片的个别镜头或段落。

拓展阅读：

《哥伦布之梦》

　[西班牙]萨尔瓦多·达利

《西班牙共和国挽歌》

　[美]罗伯特·马瑟韦尔

从20世纪开始，一些新的艺术思潮和流派在欧美大陆盛行，最为典型的就是抽象主义和超现实主义，它们完全背离了传统的艺术倾向，不再遵循古典写实主义的某些规则，而是朝着自己的方向发展下去。

抽象主义绘画并不是一个美术流派，而是先锋派绘画中的一种风格，它最突出的特点就是舍弃物体的表象，以简括的线条表现纯粹精神世界的东西，它致力于用点、线、面为媒介表现主观情绪，这种风格完全与传统的写实主义彻底决裂，成为20世纪绘画的一个突出特点。其主要包括：以彼埃特·蒙德里安为代表的冷抽象；以瓦西里·康定斯基为代表的热抽象；另一个则是以波洛克为代表的抽象表现主义。

比起抽象主义来，超现实主义涵盖的内容远远超出了美学的范畴，它涉及音乐、文学和戏剧等多种领域，注重强调人的某种先验观念在作品中的表现。超现实主义是把人类先天的精神本能、潜意识的情感流露、梦幻般的视觉情景以及荒诞不经的奇想，进行超越生活经验的艺术组合，创造出绝对与纯粹的超验现实。那是一种人们不曾有过的现实，它完全破坏了人们的视觉和生活经验，因此，超现实主义的世界是一个极端化的世界，是一种近乎荒诞和怪异的精神创造，它是黑色的嘲讽、苦涩的悲剧、变态的情爱和孤寂的喧嚣。

超现实主义理论的佼佼者包括马克斯·恩思特、米罗、达利以及马格里特等人，他们对社会持有一种扭曲和晦涩的批判态度，声称要进行精神革命，开发幻想、想象和心灵世界，强调更为革命性的绘画。他们迥异的风格不仅为艺术的繁荣做出了卓越的贡献，还对后来的画家产生了很大影响。

●德国奥尔兹超现实主义画作《期待》。

●法国德劳内抽象主义画作《宇宙的春天》。

20 世纪初的世界

● 美国第三十任总统柯立芝

>>> 巧妙的批评

卡尔文·柯立芝平时少言寡语，人们常称他为"沉默的卡尔"，但他也有出人意料的时候。

柯立芝的漂亮女秘书，工作中常粗心出错。一天早晨，柯立芝看见秘书走进办公室，便对她说："今天你穿的这身衣服真漂亮，正适合你这样年轻漂亮的小姐。"

秘书受宠若惊。柯立芝接着说："但也不要骄傲，我相信你的公文处理也能和你一样漂亮的。"果然从那天起，女秘书在公文上很少出错了。

拓展阅读：

《军人出身的美国总统》
杨家祺

《把斧头卖给美国总统》
吴蓓蕾

◎ 关键词：经济繁荣 柯立芝繁荣 财富 黄金时期

美国的"柯立芝繁荣"

第一次世界大战结束后的美国，迅速摆脱了经济上的萧条期，在哈定、柯立芝和胡佛总统执政期间得到了复苏，并且进入了该时期经济繁荣的黄金时代，由于繁荣贯穿了柯立芝总统执政的整个时期，该时期又称"柯立芝繁荣"。

1923年8月，美国总统哈定暴病身亡，身为副总统的柯立芝继任总统职位，并在第二年的选举中获胜，开始了总统生涯。在柯立芝执政时期，美国的工业生产总值增长了将近一倍，企业合并成了美国工业发展的一个途径。到20世纪末，两家公司控制了美国百分之五十的钢铁生产，汽车生产也被三家大公司控制。另外，一家公司完全掌控了全美国的铝业生产，四家电力公司控制了全国大部分的电力生产。如此一来，美国的财富都被大公司垄断了。

工业的蓬勃发展带动了银行业的兴起，银行业紧跟工业的发展，并依照其模式刮起了一场合并之风，促使金融业得到发展。从1919年到1929年的10年间，美国的银行总资本几乎翻了一倍，其他产业受到银行业发展影响，也得到较快发展。其中最为突出的人寿保险公司、建筑业以及贷款协会的资本都增长了十倍多。

在第一次世界大战期间，美国和很多参战的欧洲国家建立了债务关系，资本供应也成倍增长。战争开始的第一年，美国人在海外的投资额达到35亿美元，但当时的美国却欠了欧洲人将近40亿美元的债。战争结束后，欧洲人反过来欠了美国人近30亿美元的净债，欧洲各国政府欠美国政府的债务达到了100亿美元。纽约因此一跃成为全世界的金融中心。英镑一向是国际汇兑的主要支付手段，但是其"领头羊"位置却在战后被美元取代。在这样的情况下，美国的银行家和大商人开始向海外输出大量资本，长期的海外投资到1929年就已经达到了154亿美元。海外投资很快使美国攫取了国际贸易市场，工业品输出量也将输出大国英国和德国远远甩在了后面。

技术革命刺激了新工业的崛起与发展，进而刺激了整个经济的繁荣。新型的装配线和通用部件的广泛使用是技术的重要突破，工业生产率和农业生产率相继提高了几十个百分点。

其他行业也进行了技术方面的改造，钢铁工业采用了连续轧钢机，效率提高了四五十倍；建筑业采用了风动工具、水泥搅拌机和传动带等；煤矿使用了机车牵引，代替以往的牲口牵引。

"柯立芝繁荣"时期，美国的汽车制造业、公路建设和航空制造业也有了突飞猛进的发展，美国的经济进入了一个令其他国家无法比拟、无法超越的"黄金时期"。

● 早期的电视工作系统

>>> 最高的独立建筑

多伦多国家电视塔（CN塔）高 553.33 米，是世界上最高的独立建筑。

它是加拿大的著名象征，是加拿大人的骄傲，还是多伦多城市风景线的重要标志，也是那里的通信和旅游中心。

电视塔建于 1976 年，坐落于娱乐区中心地带的 Front 街上，塔上有四层的观景台，在距离地面 342 米高的那层，有一大块玻璃地板，透过玻璃地板可以俯视地面上小如蚂蚁的车辆人群。351 米高的一层有 360 度旋转餐厅，旋转一周需 72 分钟，用餐的顾客无须移步便可将多伦多 360 度全景尽收眼底。

拓展阅读：
《实用电视制作大全》夏克武
《画中画彩色电视机技术》
杨秀华

◎ 关键词：电视机 科学 研究经费 电子电视系统

第一台电视机的诞生

自从有了电视机之后，人类的距离逐渐缩短了，但很多人早已忘却了电视机的发明者，他就是菲洛·法恩斯沃恩。

菲洛·法恩斯沃恩出生于爱达荷州的里格比小城。小时候，菲洛·法恩斯沃恩总是睁大好奇的眼睛看着周围的一切，一直到 16 岁那年，他还是一个不苟言笑的男孩，很多人都认为他是个呆子。唯独他的科学老师贾斯廷·托尔曼不这么认为，因为在他教授的所有学生当中，从来没有一个人像他那样爱动脑筋，因此，他特别喜欢和言语不多的菲洛·法恩斯沃恩交流。就这样，一向害羞的菲洛·法恩斯沃恩和老师贾斯廷·托尔曼成了知己，在一次谈话中，菲洛·法恩斯沃恩告诉老师："我想学到有关科学的全部知识。"

有了这样的目标后，菲洛·法恩斯沃恩很快就掌握了平常学生要学 4 年的科学课，接着，他频繁地光顾学校的图书馆，查找了大量的科学书籍，遇到不懂的地方，他就静下来认真思考，直到理解书中的全部内容。这时，他的心里开始酝酿一项惊人的发明。

一天放学后，贾斯廷·托尔曼发现所有的学生都回家了，只有菲洛·法恩斯沃恩一个人全神贯注地在黑板上画一幅图。看到那幅图后，贾斯廷·托尔曼迷惑不解，于是就上前问个究竟。菲洛·法恩斯沃恩说出了自己的想法，他想将图像通过空中进行无线传递，这就是电视机最初的构想。贾斯廷·托尔曼就图样向菲洛·法恩斯沃恩提出了很多问题，菲洛·法恩斯沃恩按照数据和所学的理论一一做了回答。

没等到那一学年结束，菲洛·法恩斯沃恩就举家搬迁，离开了里格比小城，此后的很多年，菲洛·法恩斯沃恩再也没有见到过曾经给他讲授科学知识的老师，直到他一生中最重要的时刻到来之时，他才再一次见到了自己多年未曾谋面的贾斯廷·托尔曼老师。

搬家四年后，也就是 1926 年，菲洛·法恩斯沃恩来到盐湖城工作。在那里，他结识了来自旧金山的乔治·埃弗森，两人很快建立了深厚的友谊，经常在一起畅谈理想。菲洛·法恩斯沃恩经常向乔治·埃弗森提出有关制造电视机的设想，每次提到电视机，他都表现得眉飞色舞，异常激动，乔治·埃弗森逐渐被他的情绪所感染，于是将他带回旧金山，并把他介绍给许多著名的企业家。那些企业家们对菲洛·法恩斯沃恩的设想非常感兴趣，于是就给他提供了 25000 美元的研究经费。年仅 20 岁的菲洛·法恩斯沃恩获得如此重要的机会后，终于实现了儿时的夙愿，1927 年，他取得了电子电视系统的专利。

20 世纪初的世界

●发明青霉素的弗莱明爵士

>>> 丘吉尔和弗莱明

　　苏格兰一位贫苦善良的农夫在田里耕作时，救了一个掉进粪池里的小男孩的性命。

　　两天以后，一位优雅的绅士——小男孩的父亲驾着一辆华丽的马车来到了农夫所住的农舍道谢。他以优厚的财礼予以报答，农夫却坚持不收。正在互相推让之际，绅士看到了农夫英俊的儿子，便跟农夫签订协议，将他的儿子带走接受良好的教育。

　　绅士非常讲信誉，重承诺，一直将农夫的儿子供到圣玛丽医学院毕业，并取得了惊人的成就，他就是细菌学家弗莱明。而那个被农夫救起的孩子就是"二战"时期的首相丘吉尔。

拓展阅读：
《弗莱明——科学家的故事》
　　徐榕
《盘尼西林的发现者》
　　[美] 史蒂芬

◎ 关键词：细菌学家 弗莱明 青霉素 诺贝尔

弗莱明发现青霉素

　　1928 年 9 月的某天，英国伦敦圣玛丽医院的细菌学家弗莱明（1881—1955 年）起了个大早，洗漱完毕，他就匆匆进了实验室，那里陈列着一排排架子，上面放满了玻璃器皿，每个器皿上都贴着细菌的名称——链状球菌、葡萄状球菌、炭疽菌、大肠杆菌，等等。弗莱明之所以收集这么多名类繁多的细菌，是为了培养一种能够抑制它们生长的菌类。这些细菌里面，在显微镜下呈葡萄球状的细菌，存活率最大，它的危害也最大，伤口感染和化脓都是由它引起的。弗莱明对所有的药剂都进行了尝试，希望能够找到一种克制它的理想药品，但始终没能取得成功。

　　虽然屡次失败，但弗莱明丝毫没有气馁，他照例对每个培养器皿中的细菌进行逐一观察，突然，一只靠近窗户的培养器里的细菌引起了他的注意，因为那只盛着葡萄状球菌的培养器里，培养基发生了霉变，生出一团青色的霉花。令他感到奇怪的是，在青色霉菌四周与寄生在上面的葡萄状球菌之间，被一小圈空白的区域隔开了，原来生长在空白区域的葡萄状球菌也消失了。弗莱明对此感到疑惑不解。

　　弗莱明激动地把它放在显微镜下，仔细地观察起来，结果生长在青霉菌周围的葡萄状球菌全部死光了。于是，弗莱明把青霉菌放在培养基中培养，没过几天，青霉菌明显繁殖了很多，为了证实自己猜测的正确性，弗莱明找来一根棉线，蘸上溶解在水中的葡萄状球菌，放在装有青霉菌的培养器中，仅仅几个小时的时间，葡萄状球菌就全部被杀死了。接着，他又如法炮制，将带有白喉菌、肺炎菌、链状球菌、炭疽菌的棉线依次放进去观察，结果这些细菌很快就被杀死了，只是对伤寒菌和大肠杆菌无能为力，即便如此，这种青霉菌在当时也是人类发现的最厉害的一种杀菌物质。后来，弗莱明又将青霉菌液体在动物身上进行试验，结果证明其无毒。

　　1929 年 6 月，弗莱明发表了关于青霉菌的论文，并称青霉菌分泌的杀菌物质为青霉素。但此时的青霉素还无法用于临床试验，因为靠培养液中提取的剂量无法满足病人所需的剂量，因此，弗莱明暂时把该研究搁置了。

　　11 年后，澳大利亚病理学家佛罗理认真阅读了弗莱明关于青霉素的论文，并产生了浓厚的兴趣。于是，他邀请各方专家组成联合实验小组，共同提取青霉素，但没取得理想的成果。

　　一年后的 1941 年，佛罗理带着青霉素样品来到美国，和美国科学家共同研制了以玉米为培养基的仪器，成功提炼出了青霉素，从此以后，青霉素在临床得到了广泛应用。1945 年，弗莱明、佛罗理和钱恩获得诺贝尔生理学及医学奖。

●印度民族独立运动领导者甘地

>>> 身体力行的甘地

一次，有位妇女要求甘地说服自己的孩子不要吃对身体有害的糖果，甘地只是轻轻对来人说："请下周再来。"这位满心疑惑的母亲一周后带着她的孩子如期而至。甘地对这个孩子说："不要吃糖果了"，并和孩子嬉戏了一阵拥抱告别。临走时孩子的母亲忍不住问："为什么上周您不说呢？"甘地回答："上周我也在吃糖。"

他坚持身体力行，最大限度地感染和带动周围的人，令他们也同样赶快行动起来，寻求生活的意义和真谛，放弃那些有损身心健康和灵魂尊严的东西。

拓展阅读

《甘地》宋子刚
《甘地与印度》
[意] 詹尼·索弗里

◎ 关键词：英国殖民者 圣雄 非暴力不合作 食盐进军

甘地的"非暴力主义"

古老而富饶的印度是世界文明的发源地之一，英国殖民者曾将那片土地称为"女王王冠上的明珠"。印度人民在第一次世界大战中，为英国源源不断地提供了巨大的人力和物力资源，在战事日紧的时期，英国政府曾答应印度统治者，等战争结束后就让印度实行自治。但是，"一战"的硝烟早已散尽，英国人似乎忘却了当初的承诺，对印度自治的事三缄其口。英国人的反悔激起了印度民众的强烈不满，在这样的社会背景下，印度爆发了民族独立运动，而这起运动的领导者，就是后来被冠以"圣雄"称号的莫汉达斯·卡尔姆昌德·甘地（1869—1948年）。

甘地曾在英国留学，在法律方面颇有建树。留学时代的甘地非常崇尚西方文化。回到国内后，眼前残酷的现实让他猛然警醒，于是他立志探索出一条争取印度民族独立的道路。在长期的斗争中，甘地成为印度国大党的领袖，并在1920年领导印度人民和英国殖民统治者进行了一场"非暴力不合作运动"。

1930年，甘地向英国驻印度总督提出了11条建议，要求减少土地税和军费、废除盐税等，遭到总督的断然拒绝。甘地毫不气馁，他又给总督写了一封信，明确指出繁重的土地税和盐税是印度人民贫苦的根源所在，如果总督在几天内不果断采取措施，印度人民将开展不合作运动，反对英国制定的《盐法》，同时以非暴力斗争推翻英国对印度的统治。

总督很快就给甘地回了信，在信中，他一味地指责甘地煽动印度人民破坏公共治安，而对甘地提出的要求只字未提。提出的要求没有任何实现的希望，甘地于1930年3月12日清晨率领79位门徒，开始了"食盐进军"行动，这些门徒都是信奉"非暴力主义"的修道院修士。甘地手拿竹杖，光脚上穿着草鞋，身上包裹着一块土白布，脸上带着慈祥的笑容，面朝大海与众人一起宣誓："《盐法》一定要修改，印度一定要实现自治，否则将不再回到修道院。"宣誓完毕，甘地率领修士们从阿麦达巴德出发，向大海走去。一路上，闻讯赶来的人群纷纷加入他们的行列。

经过24天的长途跋涉，甘地等一行人于4月5日到达坦地海边。当天夜里，甘地和门徒一起进行绝食和祈祷。第二天早上，所有的人都到海边沐浴，甘地弯腰捡了海边的一些盐块，意思是破坏了《盐法》。

甘地领导"食盐进军"的消息迅速席卷了印度，所有人都行动起来，亲自煮盐，并将煮出的盐公开出售。英国政府逮捕了一大批破坏《盐法》的人，国大党的领导人相继被抓，甘地也于5月4日被带进监狱。

甘地被捕后，印度举行了全国性的罢工，在国大党的领导下，罢工的

● 1930 年 3 月，印度各地纷纷举行集会，支持甘地的"食盐进军"行动，反对《盐法》。图为在孟买广场举行的一次示威活动。
● 在反对《盐法》的同时，一个抵制甜酒与洋布的运动也在展开。图为在甘地的卡拉迪总部附近举行的声势浩大的示威活动。

人群打算抢了盐仓，抗议英国的统治。但是抢盐的队伍遭到英国警察的疯狂镇压，他们对手无寸铁的人群大打出手，很多志愿者被打倒在地。

位于印度西北边境的白沙瓦省，也爆发了群众示威活动，结果遭到军警的袭击，愤怒的人群带领当地人民举行了武装起义。在殖民军中服役的印度士兵也放下手中的武器，加入人民起义的行列。万般无奈之下，英国只好命令军警撤出白沙瓦，起义的人群占领了白沙瓦。

从此，印度各地都爆发了起义，英国统治者迫于压力只好释放了甘地和国大党领导人，取缔国大党的命令也被撤销了，并且允许人民可以自由煮盐和出售。甘地领导的"食盐进军"行动最终取得了胜利。

度尽"二战"的劫波

—— 共产主义的先驱列宁缔造了世界上第一个社会主义国家。

—— 日本"二二六"暴乱，走上侵略的不归路；"大东亚共荣圈"揭示岛国人的野心。美日争雄，日本军国主义梦想破灭。

—— 轴心国的成立，彰显邪恶者的阴谋；《慕尼黑协定》，侵略史上没有平等。

—— 纳粹德国张开无情的侵略之口，所到之处充斥死亡与血腥。永不泯灭的反法西斯精神，带领被侵略国家度尽"二战"的劫波。

—— 历尽战争的洗礼，苏联全面整顿，"反托"斗争，肃反运动，极端个人崇拜时代迅速到来。

—— 战争，如苟延残喘的野兽，疯狂地抢掠和厮杀。自由和独立，却已经不再是奢侈的迷梦；胜利，属于为正义而战的勇者！

◎ 关键词：革命家 流放 临时政府 苏维埃政权

共产主义的先驱——列宁

●列宁在集会上发表演说

>>> 列宁格勒科学院图书馆

创建于1714年，收藏图书的种类包罗万象，尤其是自然科学的各类出版物，简直应有尽有。从1728年起，收藏图书的种类更加完备，本国的出版物几乎无一遗漏。抄本部保存有1万多件古代俄罗斯珍贵的手稿。它对整个世界来说都是一份宝贵的财富。

1988年2月14日晚，图书馆报纸典藏部门的电线因发生短路起火，19个小时后，大火才被扑灭。馆藏1200万册图书近1/3被烧毁，珍贵报刊被烧毁1/4，其中有许多孤本。联合国教科文组织紧急邀请了各国的图书修复专家赶往列宁格勒进行修复。

拓展阅读：

《读懂列宁》张翼星等
《列宁的一生》
[美] 路易斯·费希尔

伟大的俄国革命家、共产主义运动的创始人、世界上第一个社会主义国家的缔造者、共产国际的倡导者——列宁，领导工人阶级推翻了沙皇的残暴统治，建立起第一个苏维埃政权，引领俄国工人和农民建立了共产党，并将革命的火种传播到全世界。

列宁原姓乌里扬诺夫，全名为弗拉基米尔·伊里奇·列宁，1870年4月22日出生在俄国伏尔加河边的辛比尔斯克，他的父亲是一名国民教育视察员，母亲则长于外国语和音乐。中学毕业后，列宁于1887年进入喀山大学学习法律。就在那一年，他的哥哥因参与民意党人谋杀沙皇亚历山大三世的活动，结果事情败露被抓，最后被处死了。哥哥的遭遇让列宁猛然醒悟，他决定探索一条新的革命道路。在喀山大学学习期间，列宁结识了一批思想先进的学生，并组织了学生运动。但是遭到当局镇压，列宁被逮捕，最后被流放了。

第二年，列宁结束了流放生活回到喀山，但被当局剥夺了回学校学习的权利，只好靠自修完成学业。他用了四年半时间，认真研读了马克思的《资本论》，学了好几门外语，并成立了当地第一个马克思主义小组。

1895年，列宁把彼得堡的20多个马克思主义小组联合成工人阶级解放斗争协会，率领彼得堡工人掀起了一场罢工的高潮。同年12月，罢工遭到镇压，列宁不幸再次被捕，被流放到西伯利亚。在流放期间，列宁写下了《俄国资本主义的发展》等著作。直到1900年，列宁才结束了流放生活，回到国内。1905年的革命爆发后，列宁领导布尔什维克党和农民结成联盟，促进了革命的发展。俄国当局的疯狂镇压，使革命失败了，列宁再次被迫出国，并且在第二年写下了《唯物主义与经验批判主义》一书。1912年，在列宁的领导下，俄国社会民主工党在布拉格召开第六次代表大会，将孟什维克清除出党，使布尔什维克成为一个独立的政党。

1917年的"二月革命"，列宁挺身而出，提出了推翻资产阶级临时政府、建立苏维埃共和国的口号。1917年9月，列宁制订出武装起义、推翻临时政府的计划。

当年11月6日晚，列宁来到起义的指挥部斯莫尔尼宫，亲自领导起义。11月7日，列宁领导的十月革命取得了全面的胜利，苏维埃政权正式建立了。

1924年1月21日，这位为共产主义事业贡献了毕生精力的伟大革命家溘然长逝。苏维埃共和国举国致哀，悼念这位不朽的革命巨人。

度尽"二战"的劫波

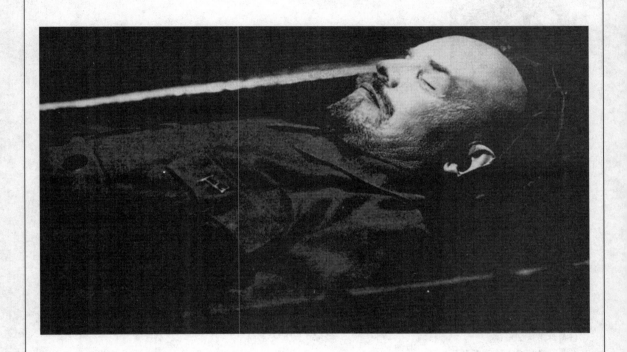

●伟大的革命家列宁长期患病，于1924年1月21日逝世，享年53岁。列宁是一位具有奉献精神的革命者，代表了一个时代。他的逝世是全世界无产阶级和劳动人民的巨大损失。他为人类做出了杰出的贡献，将永垂青史。

度尽"二战"的劫波

●丘吉尔向英国首相麦克唐纳祝寿

>>> 英国大笨钟

又叫大本钟,位于泰晤士河畔,1843年由E.J.登特公司建造,是伦敦的标志。

大笨钟有四个钟面,每个钟面直径达6.8米,各由312块乳白色玻璃镶嵌而成。透过玻璃,2.75米长的时针和4.27米长的分针的轮廓隐约可见,这些铜制的空心指针每件重达200磅。

"二战"中,伦敦遭受了1224次空袭,而大笨钟始终播送着它那安定人心的钟声。特别令人肃然起敬的是每年的休战纪念日(1月的第一个星期天)上午11:00鸣钟哀悼"二战"中阵亡的英国军人时,整个城市交通停止,人们脱帽肃立,仰望那雄伟的大笨钟。

拓展阅读:

《蛮横鸭霸的大英帝国》
　　[英] 狄利
《维多利亚女王》
　　[英] 斯特雷奇

◎ 关键词：侵略 海外称霸 黑奴贸易 东印度公司 江河日下

"日不落帝国"江河日下

英国凭借强大的经济和军事实力,在世界上的很多地方建立了殖民地,到1914年第一次世界大战爆发前夕,英国殖民地的面积已经达到了2250多万平方千米,是其本土面积的110倍,超过了其他帝国主义国家占有殖民地的总和,从而建立起一个地跨五大洲的殖民大帝国。

从15世纪到19世纪的400多年里,英国人几乎无时无刻不在发动着侵略战争,除了小规模的军事冲突外,比较大的战争竟然就达200次之多。他们仰仗吨位越来越重的战舰和口径越来越大的火炮,使经济走向了繁荣,使英国建立了强权政治和外交,也奠定了在海外称霸的地位。

1733年,英国在美洲大陆建立了13个殖民地,控制了东起大西洋沿岸、西至阿巴拉契亚山脉的整个狭长地带。英法战争结束后,原来法国控制的加拿大以及密西西比河地区都升起了英国国旗。在美洲大陆,英国殖民者强迫当地的印第安人从事繁重的劳动,并对其大肆残杀。除此之外,英国殖民者还利用美洲廉价的劳动力和原材料,大力发展造船业,然后用那些船只将北美的大量黄金、白银、木材、皮革和粮食运往英国,充实了英国的国库。在印第安人锐减的情况下,英国殖民者又进行了罪恶的黑奴贸易,赚取高额利润。英国殖民者还仰仗手中的利器,强行占领了纳塔尔、贝专纳、南非、苏丹、桑给巴尔、乌干达、尼亚萨兰黄金海岸以及尼日利亚等地。

接下来,英国将印度和亚洲作为下一个侵略的目标。英国的东印度公司占领了孟加拉之后,掠夺了巨额的财富。19世纪初期,英国对印度课以重税的同时,又将印度变成了商品的倾销市场,结果,商品的冲击对印度的社会生产力造成了严重破坏,导致大批工人和农民失业,大片田地也荒芜了。之后,英国又在中国、克什米尔、阿富汗、缅甸、新西兰和澳大利亚建立起殖民地,帝国的力量随之达到了顶峰。

由于英国和其他老牌的殖民国家已经将世界分割殆尽,新兴的帝国主义国家,诸如美国和德国,强烈要求在瓜分世界的行动中分得一杯羹,于是,德国加快了军备扩充的步伐,海军的发展更是令英国人感到震惊。英国试图阻止德国的发展,打算通过谈判迫使德国就范,但德国人非但不买账,反而加速了争霸的步伐,并与奥地利和意大利结成同盟和英国进行对抗。

经过第一次世界大战漫长的烽火岁月,英国虽然赢得了战争,却输掉了优势,英国由债权国变成了债务国,霸主地位也被美国夺取了。"二战"结束后,英国更是江河日下,美国和苏联的军事实力已经远远地将这个老牌的帝国甩在了后面。

◎ 关键词：经济政策 非常措施 骚动事件 全盘集体化经济

苏联的农业集体化运动

● 苏联农业集体化实施中的景象

>>> 农业合作化

农业合作化是在中国共产党领导下，通过各种互助合作的形式，把以生产资料私有制为基础的个体农业经济，改造为以生产资料公有制为基础的农业合作经济的过程。这一社会变革过程，亦称农业集体化。大体分为三个阶段。

第一阶段是 1949 年 10 月至 1953 年，以办互助组为主，同时试办初级形式的农业合作社。

第二阶段是 1954 年至 1955 年上半年，初级社在全国普遍建立和发展。

第三个阶段为 1955 年下半年至 1956 年底，是农业合作化运动迅猛发展时期。

拓展阅读：
《被开垦的处女地》
[苏联] 肖洛霍夫
《苏联农业的社会化》
[苏联] 沃尔沃

20世纪20年代中期，为了进一步发展国民经济，提高全国人民的生活水平，苏联制定了一系列新的经济政策。新经济政策出台并实施后，在很短的时间内，就使经济得到了复苏，市场也出现了日益繁荣的局面。然而，这一政策也导致了很多问题，许多人害怕出现社会和阶级的分化，于是要求加强国家的干预和控制。

1927年，苏联召开了第十五次代表大会，农业成了此次大会的重要主题。经过讨论后，大会明确提出党在农村的基本任务是"将个体小农经济联合并改造为大规模的集体经济"，但同时又提出，"个体经济在相当长的时期内仍将是整个农业的基础"，如此矛盾的提议，说明当时的苏联尚未找到解决农民问题的办法。危机随着大会的结束迅速暴露出来了。1928年初，国家收购的粮食只有 153 万吨，比头一年同期减少了 189 万吨。斯大林固执地认为这是富农的反抗造成的，于是就采取了和新经济政策相背离的非常措施，强迫农民将多余的粮食按照固定的价格卖给国家，否则的话，粮食和农业机器将被没收，拒绝卖粮的农民将被判刑。

采取非常措施征收粮食的行径遭到了农民的反抗，刚刚富裕起来的农民在忍无可忍的情况下，在全国发动了 150 多起骚动事件，许多富裕的农民为了缩减耕地，将牲口都屠杀掉了，有的甚至抛弃土地逃跑了，这样致使苏联的农村形势变得非常紧张。1929 年 2 月 9 日，布哈林、李可夫和托姆基在中央会议上发表联合声明，对现行的政策表示异议。没想到此举招致斯大林的报复，他们先后被撤职了。此后，斯大林决定通过行政手段加速农业集体化进程，不再支持个体农民经济，更不允许富农经济继续存在。

在党的政策号召下，300 多万户农民于 1930 年 1 月加入了集体农庄。在政府人员过激行为的强迫下，集体农庄的数量以惊人的速度迅速增加，强制执行使农民在加入农庄前出现卖种子、农具和滥杀牲畜的现象。

即便如此，苏联的全盘集体化经济还是使农村发生了天翻地覆的变化，富农阶级被彻底消灭了，个体农民变成了农庄庄员，分散的小生产变成了集体大生产，农业在政府直接控制下，为城市居民提供了充足的粮食和工业生产原料，还为工业的发展提供了相当数量的资金和劳动力。但是，集体化运动使农民的积极性变得非常低下，农牧业生产长期处于落后的状态，苏联的经济发展也受到了严重阻碍。

度尽"二战"的劫波

●托洛茨基像

>>> 托洛茨基之死

1940年8月20日，托洛茨基在墨西哥城郊的寓所里，被一个名叫拉蒙·梅尔卡德的西班牙人暗杀致死。

凶手拉蒙是托洛茨基信徒西尔维娅的情夫，他早已同托洛茨基相识，并经常出入他的住所。8月20日那一天，拉蒙身穿雨衣，怀藏利器，借口请托洛茨基修改文章进入住所，乘其不备作案。

凶手当场被抓，在行刺时身带一份事先写好的遗书，称他原是托洛茨基信徒，后才知道托洛茨基原来是一个可怕的骗子。但时至今日，托洛茨基谋杀案的主谋尚未完全揭晓。

拓展阅读：
————————————
《先知三部曲》
　[波] 伊萨克·多伊彻
《不断革命》
　[苏联] 列夫·托洛茨基
————————————

◎ 关键词:《论列宁》争权夺势《十月的教训》修正主义

苏联的"反托"斗争

托洛茨基是苏联布尔什维克的早期革命家,他为苏联的革命事业做出了不可磨灭的贡献。1924年1月24日,伟大的共产主义先驱列宁去世后,苏联领导人纷纷撰写文章,悼念列宁的丰功伟绩,托洛茨基也不例外。他在《真理报》上发表了一系列文章,并汇集成《论列宁》一书出版。斯大林成为列宁的接班人,执掌苏联的大权,引起了托洛茨基等一批元老派革命家的强烈不满,于是,一场争权夺势的斗争开始了。

托洛茨基在苏联的党、政、军界都担任着重要的职务,列宁生前曾和他有过密的交往和工作上的联系,他也曾因为一些观点和列宁产生过分歧。鉴于这种情况,《论列宁》一书的出版,自然在社会上引起了广泛关注。托洛茨基在书中不乏对列宁的尊敬和赞扬,也不乏对自己的吹捧和抬举。

《论列宁》在社会上产生的影响还没降温,托洛茨基又将早年写的一些文章和讲话汇编成书出版,并作了一篇题为《十月的教训》的序言。

《十月的教训》出版后,在苏联党内引起了极大反响,托洛茨基在文章中批评了季诺维也夫和加米涅夫等人在十月革命期间犯下的严重错误,同时也隐晦地批评了党内的其他一些领导人。虽然所说的情况基本属实,但在《十月的教训》出版前的一次党内争论中,托洛茨基和季诺维也夫、加米涅夫因为意见相左而产生了严重的分歧和争执,让人感到他的动机不纯。此外,托洛茨基在文章中抬高了自己在十月革命中发挥的作用。

托洛茨基的论调很快招致了大规模的批判,加米涅夫等对其言论进行了严厉的批评。斯大林以《托洛茨基主义还是列宁主义》为题发表了演讲,指责了托洛茨基关于十月革命、关于党在十月革命的准备等问题上的奇谈。11月30日,季诺维也夫也在《真理报》上发表了《布尔什维克主义还是托洛茨基主义》一文,公开指责托洛茨基的《十月的教训》彻底消灭了列宁主义,以列宁的名义搞修正主义。1925年1月,苏联党中央开会批判了托洛茨基的错误,并解除了他的革命军事委员会和陆海军人民委员的职务。

1926年11月,联共布召开了第十五次代表会议,斯大林在会上作了《论我们党的社会民主倾向》的报告,并在会议上作出了将托洛茨基开除出政治局的决定,并撤销了他在党内的所有职务。1932年,托洛茨基被剥夺了苏联公民权,取消了苏联国籍,之后,托洛茨基从巴黎辗转去了挪威的奥斯陆。1936年末,托洛茨基被挪威政府送往墨西哥,侨居在利亚坎小镇上。1940年8月20日,托洛茨基被一个西班牙人用鹤嘴冰镐重击了头部,于第二天不治身亡。

● "二战"时期德国 V2 火箭

>>> 原始的"火箭"

根据古书记载,"火箭"一词最早出现在 3 世纪的三国时代。

当时在敌我双方的交战中,人们把一种头部带有易燃物、点燃后射向敌方、飞行时带火的箭叫作火箭。这是一种用来火攻的武器,实质上只不过是一种带"火"的箭。

唐代发明火药之后,到了宋代,人们把装有火药的筒绑在箭杆上,或在箭杆内装上火药,点燃引火线后射出去,箭在飞行中借助火药燃烧向后喷火所产生的反作用力使箭飞得更远,人们称之为火箭。这种箭,已具有现代火箭的雏形,可以称之为原始的固体火箭。

拓展阅读:

阿丽亚娜火箭
火箭设计师梁思礼
《最好看的武器百科》田战省

◎ 关键词:实验 火箭 "二战" 默默无闻

火箭技术的先驱罗伯特

现代火箭技术的先驱——物理学家罗伯特·戈达德(1882～1945年),从小就幻想着能飞向遥远的未知世界,那充满幻想的翅膀一直是他生活的支柱,激励着成年后的他创造出奇迹。

罗伯特·戈达德攻读的是数学,他研读了英国大物理学家牛顿的著作。1911年,29岁的罗伯特·戈达德在克拉克大学获得理学博士学位,在那里,他开始接触火箭方面的研究工作,探讨了进行火箭高空研究的价值,以及火箭发射到月球的可能性。1919年,他发表了一篇名为《达到高空的方法》的论文,但该论文如石沉大海,丝毫没有引起任何人的注意。其实在此之前,俄国物理学家齐奥尔可夫斯基也曾发表过相似的论文,当时也没有引起关注。罗伯特·戈达德并没有因此而气馁,他由理论研究转入了实际的操作,想通过事实来证明理论的正确性。1926年冬天,经过几年研究,罗伯特·戈达德在马萨诸塞州的一片空旷田野上,发射了自己制作的第一枚火箭。这枚火箭高约1.2米,直径为15厘米,以汽油和液氧混合燃料为动力材料,当燃料耗尽后,火箭仍可以继续上升60米,时速为100千米左右。

1929年7月,罗伯特·戈达德在家乡发射了第二枚火箭。这枚火箭的飞行高度远远超过了第一枚,并且配备有气压表、温度计,以及拍摄气压和温度变化的小型照相机。谁知实验刚刚结束,州警察局就找上门来。于是,罗伯特·戈达德又在新墨西哥州的一片荒凉土地上找了个新的实验场所。此后在一位慈善家的资助下,经过艰辛的检测和无数次的实验,火箭实验才得以完成。

有了前些次的发射实验,罗伯特·戈达德掌握了很多经验、理论以及发射数据,于是就开始制作更大型的火箭,新研制的火箭配备有燃烧室,用汽油和超高压的液氧作燃料,这样可以让燃烧室的外围装置保持冷却。此外,罗伯特·戈达德还发明了控制火箭航向的转向装置。接下来的五六年时间里,罗伯特·戈达德又进行了多次火箭发射实验,使火箭的速度达到超音速,飞行高度也达到了 2.5 千米。

然而,罗伯特·戈达德在美国依然默默无闻,美国政府没有关注他的伟大创举,只给了他一小笔预算费,让他设计一种小型的火箭。德国的一大批推崇者根据罗伯特·戈达德的研究原理,研制出了 V2 火箭,在第二次世界大战中投入使用,差点让伦敦遭了灭顶之灾。非常具有讽刺意味的是,"二战"结束后,美国人才知道德国人研究火箭的技术来源于罗伯特·戈达德。当美国人开始重视这位曾经默默无闻的物理学家时,遗憾的是他已经离开了人世。

度尽"二战"的劫波

●反美游击队领导者桑地诺

>>> 独裁者的下场

1980年9月17日上午9时55分,当一辆白色"奔驰"高级轿车经过南美洲的巴拉圭首都亚松森市中心附近的西班牙大街时,突然从路边冒出六名蒙面大汉,他们手持枪炮,向车中的人发动了突然袭击。

当烟雾散去的时候,只看到车毁人亡的惨剧。在死亡的三人之中有一人被证实是尼加拉瓜前独裁者安纳斯塔西奥·索摩查·德瓦伊雷。其余的分别是他的司机和经济顾问。

这一消息传出以后,尼加拉瓜一片沸腾,政府也宣布放假一天举行盛大的庆祝活动。

拓展阅读:

尼亚加拉大瀑布
《铁道游击队》(电影)

◎ 关键词:尼加拉瓜 殖民地 独立 游击队

"自由人的将军"桑地诺

尼加拉瓜是中美洲中部面积最大的国家,它位于加勒比海和太平洋之间,有着非常优越的地理位置,该国的民众一直过着平静的生活。然而在16世纪,西班牙殖民者的到来搅乱了那里的安定局面,将尼加拉瓜变成了不折不扣的殖民地。尼加拉瓜人从来就没有停止过反抗,经过两个多世纪的斗争,尼加拉瓜终于在1821年宣布独立,建立起共和制的国家。

进入20世纪以后,美国人开始觊觎那片土地。在美国人的精心操纵下,尼加拉瓜发动了一场有预谋的政变,总统塞拉亚被赶下台,而美国借口保护自己的侨民,将海军陆战队开到了尼加拉瓜境内,并且逐渐加紧了对尼加拉瓜的控制。1926年初,美国人在另一场政变中扶植了自己的傀儡政府,忍无可忍的尼加拉瓜人纷纷爆发了起义,他们发誓要推翻傀儡政权,赶走美国人。在这样的社会背景下,一支作战能力极强的游击队逐渐壮大起来,他的领导者名叫桑地诺。

桑地诺于1895年出生在一个普通的农民家里,他在20多岁的时候就离开了尼加拉瓜,先后到过洪都拉斯、危地马拉和墨西哥等地谋生。在墨西哥的那段时间里,他因不满美国依仗势力欺压邻近的小国,积极参加了反美斗争。之后,他决定返回尼加拉瓜,并且有足够的信心将美国人赶出去。

1926年,桑地诺匆匆赶回尼加拉瓜后,来到北部地区的圣·阿尔比诺金矿,他很快就和那里的矿工结下了深厚的友谊,同时也对生活在底层的民众有了进一步的了解,他决定号召矿工举行武装起义。在他的鼓动下,矿工们自己动手制造了手榴弹,并偷偷准备了枪支和弹药。起义开始后,工人们手举红黑两色的旗子,炸毁了矿厂,袭击了美国驻军和傀儡政府的武装。在桑地诺的领导下,这支由30多人组成的游击队,将"驱逐美国侵略军,争取民族独立"作为目标,得到了尼加拉瓜人民的热烈响应,他们纷纷加入游击队的行列,桑地诺的队伍也由最初的30多人发展到拥有800多人的骑兵队。

不甘放弃殖民统治的美国,动用了飞机对付游击队,但游击队凭借熟悉的地形,以森林作为掩蔽物,挖下壕沟和陷阱,引诱美国人上当,美国人总是误入游击队的包围圈并遭到袭击。随着一次又一次的胜利,桑地诺的名声也越来越响,他被人们尊称为"自由人的将军"。

桑地诺率领游击队和美国人斗争的同时,拉丁美洲的其他国家也纷纷支持和声援桑地诺,就连美国的工人也举行了示威游行和罢工,强烈抗议美国入侵尼加拉瓜。

●经过为期数周的内战，尼加拉瓜桑地诺民族解放阵线于1979年7月19日攻入首都马那瓜。图为人们在国民宫前举行庆祝运动，欢呼独裁者索摩查倒台。
●索摩查的国民警卫队犯下许多罪行。图中这对夫妇的两个十几岁的孩子就死于国民警卫队的暴行。

经过七年的艰苦斗争，美国海军陆战队终于在1933年撤出了尼加拉瓜。美国人被赶走后，游击队开始修建灌溉设施，开发大片的种植园，打算让全国人民都过上好日子，但这一切最终都成了不可实现的泡影。1934年2月21日晚，尼加拉瓜陆军将领索摩查假意邀请桑地诺与他共商国是。桑地诺相信了索摩查的谎言，结果被他以卑鄙的手段暗杀了。第二年，索摩查成为尼加拉瓜的总统，美国人又卷土重来了。

度尽"二战"的劫波

●注视着华尔街金融动向的人们

>>> 凯恩斯革命

　　1936年，凯恩斯发表了他的代表作：《就业、利息和货币的通论》，凯恩斯在刚撰写此书的时候就开始造舆论，他给戏剧家萧伯纳的信中曾提及此事，并颇为自负地说，此书也许会使世界上关于经济问题的思考方法发生革命，引得世人拭目以待。果然，该书一出，的确轰动一时，西方经济学界公认经济学发生了一场"革命"。

　　此次革命对西方国家垄断资本主义的发展以及对西方经济学的发展都有巨大而深远的影响。

拓展阅读：

《经济危机应对指南》赵福玉
《经济学原理》[美] 曼昆

◎ 关键词：黑色星期四　经济危机　生产过剩　罢工斗争

资本主义经济大恐慌

　　1929年10月24日，星期四，美国纽约的华尔街股票交易所，1300万股股票在不到一小时的时间就交割完毕，引起了股价大跳水。临近中午的时候，股票的价钱降到了最低点，华尔街股市的崩盘很快就波及了整个美国，这一天被形象地称为股市的"黑色星期四"，一场灾难性的经济危机就此引发了。这是一场世界性的经济危机，也是资本主义历史上破坏力最大、持续最久的危机。

　　资本主义经济危机产生了一系列恶果，普通民众辛辛苦苦生产出来的产品几乎白白扔掉了。大批的牲畜白白地被屠宰掉，单单美国就有640万头猪被活活扔到河里淹死，五万多亩棉花被大火烧光。英国、法国、巴西、丹麦、荷兰以及整个欧洲，都陷入了经济恐慌的泥淖，整箱的水果、整船的鱼虾、堆积如山的咖啡豆，全部被掀到大海里，数不尽的奶牛、肥壮的猪、成群的绵羊也都被赶到海里淹死。工业生产锐减了三分之一，所有资本主义国家的生产水平都倒退到了1908年，美国更甚，只有1905年左右的水平。

　　经济危机还严重影响了农业的发展，农民生产的大量农产品在手中滞销，农民因为生产过剩而破产。在农业的严重危机下，世界贸易也遭到了严重打击，贸易额较之经济危机前减少了65%。与此同时，经济危机还引发了国际关系的剧烈动荡，各资本主义国家为了摆脱困境，纷纷展开了争夺销售市场的竞争，原料产地和投资场所也被纳入竞争之列。美国于1930年率先提高了关税率，限制外国的商品进口，英国、法国、日本和意大利等70多个国家相继跟风，也纷纷提高了关税率；英国和美国等国家还实行货币贬值。

　　殖民地是资本主义国家转嫁经济危机的另一途径，因为那里大都是原料的来源地，资本主义国家便降低原料的价格，使得靠出口为经济之重的殖民国家在经济上遭受重大打击，很快便陷入了经济崩溃的边缘。

　　毋庸置疑，资本主义国家爆发经济危机是有着深刻的社会根源的。第一次世界大战后，资本主义国家在1919～1920年经过了短暂的危机后，于1924年进入了相对的稳定期，工业产量也迅速复苏。但是，这一时期潜伏着诸多矛盾，国际经济状况比"一战"前还要脆弱，如此的积累下去，终于在1929年不可避免地爆发了。

　　资本主义经济危机不仅出现了生产过剩和货币贬值等情况，它还激起了各资本主义国家尖锐的内部矛盾，激发了大规模的工人罢工斗争，英国、美国、法国和德国等国家都时有罢工的人群涌上街头。直到1932年，困扰资本主义国家的经济危机才度过了历史最低点，各国经济于1933年持续回升。

◎ 关键词：国会大厦 纵火案 希特勒 争夺权力

国会大厦纵火案

●柏林国会大厦

>>> 国会大厦

美国国会大厦是美国国会的办公大楼，坐落于美国首都华盛顿市中心一处海拔83英尺高的高地上，此地后被称为国会山。

1793年，美国首任总统乔治·华盛顿亲自为它奠基。大厦采用的是国会大厦设计竞赛的第一名获得者、著名设计师威廉·桑顿的设计蓝图，于1800年落成并开始使用。1814年英美第二次战争时，英国军队曾将它付之一炬，1819年又重新修建，直到1867年再次落成，以后又经不断修缮扩建，才达到目前的规模。

国会大厦从它诞生之日起就是那么命运多舛，可贵的是，它仍能傲然挺立。

拓展阅读：

《V字仇杀队》（电影）
《法庭惊雷》余志和

1933年2月27日晚9时，坐落在柏林共和广场的国会大厦突然浓烟四起，烈焰冲天，迅速腾起的火蛇吞噬了国会大厦的中央圆顶，映红了漆黑的夜幕，这座花了10年时间才建造起来的巨大建筑物瞬间就遭到了严重的损毁。作为国会大厦纵火案的始作俑者——希特勒，在上台不到一个月的时间里，就制造了这起令人震惊的事件。

警察总署接到火警报告后，警察们会同国会守卫长舒克拉诺维，一起向起火的地点跑去，等他们到达国会大厦时，只见烟雾和火光包围着国会大厦，他们在现场发现了一块火石，初步断定是有人恶意纵火。当舒克拉诺维和警察们来到大厦东南部的"俾斯麦厅"救火时，逮捕了一个形迹可疑的人，并且从他的身上搜查出了传单和护照，传单是德国共产党印发的阶级斗争宣言，护照上的照片就是这名被逮捕的人，他名叫玛丽努斯·范·德卢贝，荷兰人，1909年1月13日出生。

9时30分，身为国会议长和普鲁士内务部长的戈林惊慌失措地赶往国会大厦，之后不到一个小时，希特勒在纳粹宣传部长戈培尔的陪同下也匆匆赶来了。听取了汇报之后，希特勒就地召开了政府首脑会议。接下来，普鲁士邦政府也召开了一次治安会议，政治警察部长鲁道夫·狄尔斯在会上道出了德国共产党和社会民主党建立统一战线的问题，并表示出自己对此事非常担忧。以此为借口，他拟订了一份逮捕名单，然后由警务局长路德维希·格劳埃尔特提出了一项扩大侦查权限的法案，此时离纵火案还不到五个小时。

大规模的搜捕开始了，数以千计的共产党员、社会民主党人、和平主义者、进步知识分子、律师以及记者都遭到逮捕。德国共产党议员托格勒在纵火案发生的第二天来到柏林警察厅探询情况，结果被当作纵火嫌疑犯逮捕，之后被流放到巴黎。3月3日，德国共产党总书记恩斯特·台尔曼也被逮捕，没过几天，保加利亚共产党领导人格奥尔基·季米特洛夫、活动家布拉戈伊·波波夫和瓦西里塔内夫也被逮捕。

其实，这起令德国举国震惊的国会大厦纵火案的真正元凶就是纳粹头子希特勒，而他却口口声声说是共产党人干的。希特勒为了争夺权力，实行独裁统治，不惜点燃了国会大厦，演出了一场贼喊捉贼的闹剧，党同伐异，大肆抓捕共产党人，令很多人蒙受不白之冤，而他也实现了夺权的目的，独揽了德国的大权。从此以后，德国一步步走向了法西斯专制统治，希特勒不仅点燃了国会大厦，还点燃了第二次世界大战的烽火。

●肃反委员会委员在工作

>>> 斯大林故事

科学院院士博戈莫列茨发展了有关长寿的理论。他断言，人可以活到150岁。斯大林本人显然也对他的工作成果很感兴趣，所以非常关心他的工作。

博戈莫列茨的任何要求都得到了满足，他被授予各种奖章和称号：科学院院士，斯大林奖金获得者，社会主义劳动英雄……

博戈莫列茨于1946年去世，终年65岁。斯大林得知这一消息后说："这家伙把大家都骗了！"

拓展阅读：

《纵横捭阖：斯大林》解力夫
《叶廖缅科元帅战争回忆录》
[苏联] 叶廖缅科

◎ 关键词：刺杀案 肃反工作 暗杀 极端个人崇拜

斯大林发动肃反运动

1934年12月1日，担任苏联中央政治局委员、书记处书记的谢尔盖·米洛诺维奇·基洛夫在办公室遇刺身亡，凶手是30岁的苏联共产党员尼古拉耶夫，斯大林亲自审问了这个妄图靠殉道唤醒人民的极端分子，并给他定了死罪。四个星期后，尼古拉耶夫被处决了。围绕着这起刺杀案，共有104人受到牵连并相继死去。

基洛夫遇刺半个月后，苏联的各大报纸都在醒目的位置上声称暗杀活动是托季联盟的人策划的。在此之前，托洛茨基就被逐出了苏联。季诺维也夫和加米涅夫在1927年被开除党籍，后因表现良好被允许重新回到党内担任一般工作，刺杀事件发生后，他们再次被开除出党。

1935年1月，季诺维也夫和加米涅夫接受了审问，在没有任何可靠证据的情况下，他们分别被判处10年和5年有期徒刑。1月18日，苏联党中央发出秘密信笺，要求各级党组织提高警惕，挖出潜藏在党内的敌人。

1936年，在监狱中服刑的季诺维也夫和加米涅夫被重新拉出来，在威逼利诱和严刑拷打下，他们被迫承认了某些罪行。此后不久，最高法院军事法庭对他们进行了公开审讯，法庭没有出示任何证据，就断然宣布他们组织谋杀了基洛夫，并企图刺杀斯大林，以季诺维也夫为首的16人最终被判处死刑，并且剥夺了他们上诉的权利。

9月25日，斯大林授权叶若夫负责肃反工作，从此以后，大清洗运动波及了整个苏联。1937年，最高法院对前托季联盟的成员进行了第二次公开审讯，审讯的结果是，皮达可夫、拉狄克等人被迫承认秘密组织了"托洛茨基平行总部"，并且承认组织了暗杀活动，受托洛茨基指示拥护其卖国，并上台掌权。

外事局局长斯卢茨基按照斯大林的指示，迫使皮达可夫承认1935年12月他利用去柏林的机会，曾秘密乘飞机在奥斯陆降落，与居住在挪威的托洛茨基进行了秘密的会谈。1937年1月23日，皮达可夫在法庭上对这一"罪行"供认不讳。挪威当局则拿出皮达可夫无罪的证据。即便如此，皮达可夫等13人还是被军事法庭判处死刑。

苏联进入了一个极端个人崇拜的时代，斯大林高高在上，独揽了国家的所有权力。而一批诸如南斯拉夫、波兰、匈牙利等国的共产党创始人也没能在这次大清洗中逃脱噩运。直到1938年末，肃反运动才逐渐平息下来。

●海尔·塞拉西一世

>>> 德国伞兵

1939 年的挪威战役中，德国首次将伞兵大量投入战场，利用伞兵的快速投送来达到进攻的突然性；利用伞兵的机动性，快速部署到敌后方或者要点目标。

首次使用伞兵成功后，德军开始在各场战役中大量使用伞兵。荷兰、法国、布列斯特、斯大林格勒、营救墨索里尼……伴随纳粹的侵略脚步，纳粹德国的邪恶伞花，在欧洲各地的天空中绽开。

在克里特岛的战斗中，德国伞兵首次遭受重创，精锐几乎损失殆尽，从此纳粹德国的伞兵走上了末路。

拓展阅读：

埃塞俄比亚爱情鸟
《惊天裂地：空中战役经典》
丁步东

◎ 关键词：意大利 墨索里尼 埃塞俄比亚 疯狂报复

墨索里尼的野心

位于非洲东北部的埃塞俄比亚，是一个幅员辽阔的封建大国，那里有着丰富的自然资源和巨大的财富。此外，埃塞俄比亚是红海的南大门，一向是兵家必争之地，自从帝国主义的侵略扩张开始后，它就成了被蚕食的对象。而意大利对埃塞俄比亚垂涎已久了。

意大利在 19 世纪末就想将埃塞俄比亚纳入殖民版图，并借机发动了一场侵略战争。但是，不屈的埃塞俄比亚人将入侵者赶了出去，逼迫意大利入侵者签订了和约，并且向意大利索要了 1000 万里拉的赔款。意大利入侵者颜面扫地，他们对此怀恨在心，只等时机成熟，就再次卷土重来。

墨索里尼窃取了意大利的政权后，将侵略埃塞俄比亚纳入了议事日程。他于 1935 年 10 月 2 日向全意大利发表了战争演说，公然宣称要用武力吞并埃塞俄比亚。当天，蓄谋已久的意大利侵略军对埃塞俄比亚不宣而战，兵分三路向埃塞俄比亚进发。

10 月 6 日，意大利军队占领了阿杜瓦，15 日占领了阿克苏姆，之后，意大利军队又向提格雷地区进发。埃塞俄比亚在皇帝海尔·塞拉西一世的领导下，举国上下士气高涨。10 月 17 日，海尔·塞拉西一世在首都亚的斯亚贝巴举行了隆重的阅兵仪式，然后亲自率领 5 万联合军队奔赴前线，抗击意大利的入侵。经过激烈的战斗后，数千名意大利士兵被誓死抗敌的埃塞俄比亚士兵击毙，意大利入侵者付出了沉重的代价。直到当年 11 月 8 日，意大利军队才占领了埃塞俄比亚八分之一的土地，这使得墨索里尼速战速决的计划完全破产了。气急败坏的墨索里尼不仅临阵换将，还向埃塞俄比亚增派了空军，对埃塞俄比亚展开了丧心病狂的轰炸，许多无辜的平民和国际红十字会的救护人员被炸死。

1936 年 2 月，意大利法西斯对埃塞俄比亚军队施放了毒气，使得埃军士气大跌，抵抗能力也下降了不少。遭到重创后，埃塞俄比亚请求英国和法国进行军事援助，但是遭到了拒绝。对毫无援助的埃塞俄比亚来说，失败已成定局，首都亚的斯亚贝巴在 5 月 5 日沦入意大利手中，国王海尔·塞拉西一世被迫流亡海外。

法西斯的铁蹄践踏了埃塞俄比亚的国土，埃塞俄比亚人民丝毫没有屈服，纷纷拿起武器，参加游击队，发誓为国家流尽最后一滴血，与侵略者展开了英勇而巧妙的斗争。但他们遭到了意大利法西斯的疯狂报复，76 万埃塞俄比亚人民在意大利统治期间死去。

1941 年，国王海尔·塞拉西一世联合英国、苏丹和肯尼亚，配合国内游击队，收复了失地，将不可一世的意大利军队从国土上赶了出去。

●南京大屠杀中杀人比赛的刽子手

>>> 南京大屠杀

1937年12月13日，日本侵略军侵占南京后，在日本华中方面军司令官松井石根和第六师师长谷寿夫指挥下，在全城进行了40多天的血腥屠杀，使用集体枪杀、活埋、刀劈、火烧等惨绝人寰的方法，杀害中国平民和被俘军人达30万人。

伴随着屠杀和奸淫的是大规模的抢劫和纵火破坏。南京的各种货物被劫运一空。浩劫之下，昔日街市繁华的六朝古都成了一座尸体遍地、断壁残垣、满目凄凉的死城。

抗战胜利后，指挥南京大屠杀的刽子手松井石根被远东国际军事法庭处以绞刑，谷寿夫被引渡给中国政府处死。

拓展阅读：

《二二六》（电影）
《九一八》常钺、饶胜文

◎ 关键词：经济危机 对外扩张 九一八事变 "二二六"暴乱

日本"二二六"暴乱

20世纪二三十年代的日本，经济危机是日本帝国主义的最大难题，为了摆脱这一困境，日本不惜铤而走险，积极奉行对外扩张的政策。1931年，日本在中国的东北挑起了九一八事变，侵占了中国东北。日本国内的法西斯势力逐渐壮大起来，对国家权力虎视眈眈，一场暴乱就此拉开了帷幕。

1936年2月25日下午，氤氲笼罩着日本的首都东京，大雪已经连续下了3天了，东京变成了一个白色的世界，显得异常静谧。距离皇宫不远处，矗立着一幢四层钢筋水泥结构的新式建筑，这是天皇办公和处理宫廷事务的宫内省大厦。在紧靠皇宫的一座小山后面，是一幢幢政府官员的官邸，其中最大的是首相官邸。但是外表看似宁静的东京，却在酝酿着一场激烈的暴乱。有人向当局告密，声称皇宫外的第一师团要发动武装叛乱，当局对此高度重视，马上派人监视嫌疑分子，并给每位政要都配备了保镖，首相官邸更是重点防卫对象，官邸的所有门窗都用钢筋进行加固。负责守卫皇宫的宪兵队和警察自以为可以从容应对叛乱，但是就在这个负责守卫皇宫的部队中，有一部分叛乱分子正准备在第二天早上分头袭击东京的6个目标，包括警察厅和若干政府要员的官邸。

2月26日凌晨4时，香田清真大尉和其他叛乱的军官们集合兵力，各自向既定的目标前进，而刚从睡梦中醒来的士兵却对叛乱一无所知，以为是搞夜间演习。香田清真率领的队伍占领了陆军大臣的官邸，强迫陆军大臣支持他的行动，其他几组队伍则分别向首相、财政大臣和宫内相和侍从长的住处发动攻击。栗原中尉率领着队伍直奔首相官邸的正门，将正在熟睡的警察制服后，轻而易举地进入了首相官邸内，一时间，枪声大作，首相的女婿兼秘书迫水久常听到枪声后，马上向警察厅打电话，但那里已经被叛军占领了。首相冈田启介惊醒后，在一间密室里藏了起来，他的妹夫松尾传藏则被叛乱的军队开枪打死了。接下来，叛乱的军队又相继占领了财政大臣的官邸，将正在睡觉的高桥是清开枪打死。此外，还有一伙人在高桥太郎少尉的率领下，冲进了教育总监渡边锭太郎的郊区寓所，渡边锭太郎被枪杀，而后被砍下了脑袋。在此次叛乱中遇害的还有日本前首相斋藤实。叛军占领了东京市中心约一平方千米的地方，他们将山王旅馆作为临时指挥部，认为元老、重臣、军阀、财阀等是破坏国体的元凶，扬言要粉碎重臣集团。

日本发生的"二二六"暴乱由于没有得到其他部队的支持而被镇压了，但是，这次暴乱却助长了法西斯势力，以东条英机为首的统治派在日本陆军中逐渐占据了领导地位。在得到日本实力最大的四个财阀支持后，全面对外侵略的国策确立了，它将日本一步步引向了不归路。

●日军入侵中国东北。1931年9月18日,日军突袭中国东北沈阳军队驻地,中国军队奉行蒋介石的"不抵抗政策",使日军阴谋得逞,最终占领东北三省。图为日军进入东北地区的一个村庄。

度尽"二战"的劫波

◎ 关键词：国际纵队 共同的敌人 佛朗哥

"国际纵队"血战马德里

● 国际纵队坚守马德里

>>> 马德里的"热情之花"

在西班牙的反法西斯队伍中有一个名叫伊巴露丽的漂亮女子，她是工人的女儿，有一副甜美的歌喉，一直以来，她都梦想着能成为一名歌唱家，到西班牙各地去演出。

战争虽然击碎了她当歌唱家的美梦，但却成全了她的西班牙之行，激发了她更大的歌唱热情，她高呼"宁愿站着死，不能跪着生"。有人对她说"战争是男人的事情"，让她暂时躲起来，免遭战争迫害，她却以激昂的歌声回答了那位劝说者："我要做英雄的寡妇，决不当奴隶的妻子。"她被马德里人民誉为"热情之花"。

拓展阅读：

《西班牙、葡萄牙帝国的兴衰》
王加丰
《手术刀就是武器》
[加] 泰德·阿兰等

1936 年 7 月，西班牙的反动军官佛朗哥得到德国和意大利的支持，发动了一场叛乱，想以武力推翻代表民众利益的左翼民族阵线。叛乱的军队分南北两路夹击首都马德里，准备武装夺取政权。在德国和意大利的恶意怂恿下，佛朗哥更是有恃无恐，率领叛军占领了西班牙南部的广阔地区，新生的西班牙共和国处于生死攸关的境地。不屈的马德里人民自发地组织起来，西班牙几乎到了全民皆兵的地步。

就在这一年 11 月，一支奇异的队伍，高唱着国际歌，浩浩荡荡地开进了马德里。他们操着各自不同的语言，有着不同颜色的皮肤，他们是来自很多国家的反法西斯志士，他们要和西班牙人民携手并肩，抗击共同的敌人——法西斯。于是，"国际纵队"被组织起来了。

随着队伍不断壮大，"国际纵队"的人数达到了 35 万之多，各国战士还以自己国家的英雄为纵队命名，如法国的"巴黎公社纵队"、美国的"林肯纵队"等。在战争中，"国际纵队"总是充当冲锋陷阵的英雄，哪里有危险，哪里就有他们的身影出现。当第一、第二纵队开入马德里之际，正逢佛朗哥大举进攻马德里，国际纵队的战士顾不上休息，立刻投入战斗。连续一个多月，他们风餐露宿，吃饭、睡觉都在战壕里，一次次地击退了佛朗哥的军队。佛朗哥仗着德、意法西斯的援助，曾对手下的军官宣称，他要在几个月内，坐到马德里的斗牛场上，看精彩的斗牛表演。

然而眼前的现实给了他当头棒喝，佛朗哥的军队在马德里东南部的雅拉马山谷遭到"国际纵队"的顽强抵抗，雅拉马山谷是保卫马德里的重要阵地，一旦失守，马德里将在劫难逃。佛朗哥深知这一点，他集结了大量的军队，配备了攻击力极强的坦克，和"国际纵队"进行了一场生死角逐。战斗持续了一个多月，"国际纵队"的战士们到了弹尽粮绝的地步，他们的子弹打光了，给养也没了，但仍然顽强地战斗着，直到最后一个战士倒下。

1939 年 8 月，佛朗哥终于攻克了马德里，如愿以偿地建立了独裁统治。但反法西斯的队伍前仆后继，"国际纵队"的顽强精神一直激励着各国人民，直至最终消灭了法西斯。

度尽"二战"的劫波

●毕加索像

>>> 毕加索逸事

毕加索刚出道的时候穷困潦倒，画出来的画好不容易托人代售，却被闲置在画廊一角，无人问津。一位画商认定了他的画潜力非凡，亲自跑遍巴黎的画廊，故意装作很着急的样子，对画廊展售人员说："我有好几位顾客在找毕加索的画，你这里有没有？"画商一而再，再而三地用这种手法为毕加索的画造势。于是，毕加索的画渐渐地由滞销品变得奇货可居起来。

这个故事告诉人们：遇到了麻烦和障碍，只要动动脑筋，抓住关键人物的眼光，就有很多机会可以突破。

拓展阅读：

《毕加索》朱小钧
《拿烟斗的男孩》毕加索

◎ 关键词：画家 艺术珍品 鸽子 流感

"和平鸽之父"毕加索

20世纪最伟大的画家之一毕加索，一生中创作了1800多幅油画、3万多件版画和7000多幅素描，其中很多画作成为了不朽的艺术珍品，在世界艺术的长廊里散发着璀璨的光芒。

毕加索于1881年10月25日生于西班牙，他的父亲是一名绘画教师，毕加索在小时候就受到父亲的熏陶，热爱绘画。上学后，毕加索对所有的课程都不感兴趣，他在所有的作业本上都画满了各种各样的人和物，鸽子是他最喜爱画的动物，因此，他经常将鸽子带进教室。

14岁那年，毕加索以超出老师预料的绘画水平被巴赛罗那美术学校高级班破格录取。15岁时，毕加索创作了第一幅作品——《科学与仁慈》，画面上是一位卧病在床的母亲，在接受医生治疗的同时，仍然以无限关怀的神情望着修女怀中的孩子。《科学与仁慈》表达了强烈的人道主义精神，传达出宗教和科学能够解救人类于苦难和绝望，这幅画于1897年在西班牙全国美术展览会上荣获金奖。

同一年，毕加索在叔叔的资助下考取了圣斐尔南多皇家美术学院。但是，学院死板的教育让毕加索产生了极大反感和厌倦，他开始频繁地逃学，独自一个人到野外写生。叔叔知道情况后，断绝了对他的经济援助。陷入困境的毕加索，在一次大病后，只好回到父母身边。在此期间，他接触到淳朴善良的农民，创作了《阿拉贡人的风俗》，并且再次获得了金奖。

毕加索痊愈后去了巴黎。在巴黎期间，他的画作大多以蓝色为底色，画面上的人物大都是面容枯槁而无家可归的孤独者，如《人性》、《喝苦酒者》和《两姐妹》等，这一时期是毕加索创作的"蓝色时期"。1904年，毕加索结束了长期的漂泊生活，定居在巴黎。就在这段时间，美丽而善良的姑娘奥莉维叶闯入了他的生活，他的画作也由忧郁的蓝色转入了温暖而柔和的粉红色，《演员》等名画就是这段被称为"玫瑰色时期"的代表作。此外，毕加索特别钟情于非洲的艺术雕塑，并且特别欣赏那种鲜明的立体感，于是他就把那种风格融入绘画中，开了立体主义绘画的先河。1907年，26岁的毕加索创作出立体主义绘画的代表作《阿维农少女》，引起了极大轰动。此后，毕加索创作了大型壁画《格尔尼卡》，以画面中的公牛谴责了德国的侵略，表达了对战争的控诉。

1949年，加入共产党的毕加索为世界和平大会献上了一幅石版画，画面是一位面容姣好的少女头像和一只展翅欲飞的白鸽。该画作简洁地表达出人民向往和平的愿望，画上的白鸽从此成了和平的象征，被渴望和平的人们称作"和平鸽"，毕加索也当之无愧地成为"和平鸽之父"。

1973年4月7日，这位不朽的艺术大师被流感夺去了生命。

度尽"二战"的劫波

● 侵华日军

>>> 白鸟敏夫

1887年生于千叶县，毕业于东京大学法学部，然后入外务省就职。1930年晋升为外务省情报部长，积极推行日本的大陆扩张政策。

"九一八"事变爆发后，白鸟站在军部和关东军的立场上，积极鼓动日本拒绝接受李顿调查团报告书，最后日本退出了国际联盟。为此，白鸟受到军部的青睐，不久出任驻瑞典大使，开始了他效忠日本侵略政策、促进日本同德意志、意大利结成三国同盟的外交生涯。

他被远东国际军事法庭认为是扩大侵略战争的"最有力的宣传者"。1949年9月，白鸟敏夫在服刑期间死于狱中。

拓展阅读：
《卢沟桥》清·乾隆
《"大东亚共荣圈"之梦》
柳茂坤

◎ 关键词：大东亚共荣圈 新秩序 卢沟桥事件

"大东亚共荣圈"的迷梦

在第二次世界大战进行得如火如荼的时候，日本帝国主义提出了建立"大东亚共荣圈"的构想，并在中国扶植了伪满洲政府，打算将亚洲所有的国家全部吞掉，在亚洲建立起以日本为主导的"新秩序"。1936年8月，广田弘毅内阁通过了《国策基准》，明确提出日本的国策就是"确保帝国在东亚大陆的地位，同时向南方海洋发展"，从此，日本采取了南北并进的战略方针，打算在东亚地区称霸。

1937年7月7日夜晚，日本制造了"卢沟桥事件"，走上了全面征服中国的战争之路。8月15日，日本政府又发表了一份具有宣战性质的声明，宣称日本政府将采取断然措施，"膺惩中国"。日本的海相、陆相于10月1日抛出了《中国事变处理纲要》，确定日本在华北的目的是实现所谓的"日满华三国共存共荣"。1938年1月11日，日本御前会议又通过了《处理中国事变根本方针》，为发动侵华战争作粉饰，将其美化为加强满洲国和中国之间的合作，以此形成东亚和平的枢纽，推进世界和平。随着对华战争不断扩大，日本政府为了谋求东亚霸权，于同年12月22日，近卫内阁再次发表声明，要求"日满华三国应以建设东亚新秩序为共同目标而结合起来"，并提出了建立"东亚新秩序"的三项原则。

侵华战争进行了整整四年，日本不但没有达到预期的目标，反而陷入了困境，85万士兵拖在中国战场上，陷入了长期的消耗战。就在日本为了摆脱僵局而努力时，德国已在欧洲取得了"辉煌的战果"，欧洲的格局发生了重大变化，日本统治集团认为打破僵局的时候到了，于是希望通过扩大战争解决中国的问题，以便和德国、意大利重新瓜分世界。从此，日本不再满足于"日满华三国合作"了，而是将东南亚和西太平洋地区纳入了侵略范围，妄图打破英、美等国在那里的殖民统治，以日本军国主义的新殖民统治取而代之，并且打算将法属的印度支那变为军事基地，从那里获得资源后，向南太平洋进军。明确了军国主义的外交政策后，日本正式提出建立"大东亚共荣圈"，打算在中国、东南亚、印度乃至大洋洲的广大区域内建立军国主义的殖民统治。被日本列入"共荣圈"的国家和地区包括中国、朝鲜、印度支那、缅甸、泰国、马来西亚、菲律宾、澳大利亚、新西兰、阿富汗、荷属东印度（今印度尼西亚）、英属印度（印度、巴基斯坦和孟加拉国）以及太平洋上的诸多岛屿。

《德意日同盟条约》于1940年9月27日签订后，日本"大东亚共荣圈"的构想得到了德国和意大利的认可。但当意大利和德国相继战败后，日本的"大东亚共荣圈"最终成了一个不能实现的迷梦。

度尽"二战"的劫波

● 日本士兵在攻击行动中

>>> 《高堡奇人》

科幻小说作家菲利普·迪克于 1962 年所写的架空历史小说。

故事发生于 1962 年的美国，设定 15 年前轴心国在第二次世界大战击败了同盟国，美国向纳粹德国和日本帝国投降。

《高堡奇人》虽然不是第一本架空历史小说，但该小说将这种故事形式确立为一种新的文学类型。它获得了著名的雨果奖，使得菲利普·迪克在科幻小说圈中闻名。

它是菲利普·迪克所著小说中结构最紧密、角色最清晰的著作之一。

拓展阅读：

《德意日法西斯覆灭记》
解力夫
《轴心国的初期胜利》
[英] 阿诺德·托因比等

◎ 关键词：密谋 军事同盟 侵略集团

德意日缔结轴心国

第二次世界大战爆发前的 1938 年初至 1939 年夏，德、意、日三国首脑开始了频繁的接触，他们分别在柏林、罗马和东京举行了多次会谈，密谋建立军事同盟。1939 年 5 月，德国和意大利签订了《钢铁同盟条约》，孕育了法西斯轴心国军事同盟的祸胎。当时的日本在侵略目标和侵略计划上与德国存在着分歧，希特勒固执地认为应该先攻占英国和法国，还将苏联和美国列为敌对国，日本在尚未跨出"南进"步伐的情况下，对德国的作战计划持不赞同的态度，因此三国的谈判一度搁浅了。

一意孤行的希特勒凭借德国在经济、军事装备和战术上的优势，利用闪电战术，在不到一个月的时间就将觊觎已久的波兰吃掉，接着调兵北上，对丹麦和挪威虎视眈眈，很快，丹麦和挪威成了希特勒的"盘中餐"。英国和法国纷纷对德国宣战，但顾及切身利益，谁也没有真正出兵，希特勒趁英、法宣而不战之机，将捷克吞并。1940 年 5 月，西线的荷兰、比利时和卢森堡相继失陷后，希特勒又调集部队，大规模地进攻法国，素有欧洲军事强国之称的法国，固执地认为"马其诺防线"可以阻挡德国大军的入侵。令法国人出乎意料的是，德国军队绕过了"马其诺防线"，和法国人展开了正面交锋，不到一个月的时间，法国军队就接连在战场上失利，北部的大部分地区都被德国占领了，南部和中部无法向北部提供支援，法国只好于 6 月 22 日投降了。而支援法国的 40 万远征军也在敦刻尔克一败涂地，退回到英伦三岛。取得暂时性的胜利后，希特勒打算挥戈东进，进攻苏联。

意大利看到德国在西欧战场取得胜利，法国败局已定，于是就完全站到了德国这一边，不失时机地对英国和法国宣战，日本也不再坚持当初的意见，改变了立场。此外，数十万侵华日军拖在中国战场上，造成了日本的战略失调，同时也增加了沉重的负担，为了攫取东南亚丰富的自然资源，维持对华战争，"南进论"在日本甚嚣尘上，与德国和意大利缔结军事同盟成为日本急需解决的问题。1940 年 7 月 22 日，近卫文麿组成了第二届内阁，同即将上任的外相松冈洋右、陆相东条英机和海相吉田善吾举行了一次会议，议定了"南进"方针，并且一致认同和德国、意大利缔结轴心关系。接下来，日本对德国进行了试探性的接触后，将缔结军事同盟提上了议事日程，德国马上就回应了日本，并且说服了意大利接受三国军事同盟条约。1940 年 9 月 27 日，德国、意大利和日本在柏林签订了为期 10 年的《德意日同盟条约》。

此后，罗马尼亚、匈牙利、保加利亚、南斯拉夫和西班牙纷纷向轴心国靠拢，一个以德国、意大利和日本为核心的侵略集团就这样形成了。

◎ 关键词：绥靖政策 张伯伦 慕尼黑

《慕尼黑协定》

●墨索里尼与希特勒向人群示意

>>> 绥靖政策

绥靖政策，也称姑息政策，是一种对侵略不加抵制，姑息纵容，退让屈服，以牺牲别国为代价，同侵略者勾结和妥协的政策。

1938年9月的慕尼黑会议和《慕尼黑协定》是绥靖政策最典型的体现。英、法及幕后它们支持的美国，妄图以牺牲捷克斯洛伐克为代价，在欧洲实现"普遍绥靖"，求得"一代人的和平"，实质上是推动德国进攻苏联。

绥靖政策无法满足法西斯国家的侵略野心，却鼓励了侵略者冒险，加速了第二次世界大战的爆发。

拓展阅读：

《阿尔卑斯山下的啤酒花园》
谢曙光

《我游画海》冯骥才/张抗抗

1937年5月，张伯伦当选英国内阁首相。执政之初，张伯伦就全面推行绥靖政策，而法国也在英国后边亦步亦趋。英国和法国出于自身利益的考虑，对逐渐嚣张的德国采取不闻不问的态度，致使希特勒加速了对外侵略扩张的步伐。1938年3月，希特勒没动一兵一卒，没放一枪一炮，就顺利地吞并了奥地利。之后，希特勒怀着无限的扩张野心，将捷克纳入下一个侵略目标，他打算先将德国和捷克边境的苏台德地区吃掉，然后大规模地进攻捷克。

第一次世界大战后，捷克和英国、法国签订了《互助同盟条约》，按照条约上的规定，如果捷克遭到侵略，英国和法国绝对不能坐视不管。如果德国出兵侵略捷克，英国势必要加入对德国的战争，但不想将英国卷入战争的张伯伦，希望和希特勒达成某种和解，避免将战火烧到英国。一连度过几个不眠之夜，张伯伦对当前的局势审视了很久，最后命令秘书给希特勒发了一封电报，表示有意前往德国，寻求和平解决之策。当希特勒在豪华的山间别墅里接到张伯伦的电报后，高兴得手舞足蹈，他正为入侵捷克的事情发愁呢。鉴于英国和捷克签署的同盟条约，希特勒才没敢轻举妄动，万万没有想到，张伯伦竟然在这个时候找上门来。为了显示军

队的实力，希特勒将有限的兵力分布在张伯伦路过的地方，想以此重挫张伯伦的气势。

1938年9月15日，年近70的张伯伦登上了造访希特勒的飞机。经过四个小时的飞行，张伯伦于中午时分抵达德国城市慕尼黑，之后，他又坐了三个小时的火车，来到贝斯加登。在火车上，他看到大批阵容威严的德国军队从眼前开过，内心有股说不出的惆怅。下午4时，经过将近一天的跋涉，张伯伦终于在贝斯加登的山间别墅里见到了希特勒。当他从汽车上下来时，希特勒露出了得意的微笑。

见面后，希特勒和张伯伦进入一间密室，希特勒单刀直入地告诉张伯伦："捷克的苏台德地区有300万日耳曼人，我认为应该让他们实行自治，或者划归为德国管辖。"接下来，希特勒表示，德国必须解决捷克境内日耳曼人的问题，哪怕为此打一场大的战争。经过两天的密谈，张伯伦带着德国的《备忘录》和一幅标有捷克"新国界"的地图回到伦敦。

扫平了侵略的障碍后，希特勒于9月26日在柏林体育馆里发表了演说："如果10月1日苏台德地区还没有交给德国，那么第一个打进捷克的德国士兵就是希特勒！"两天后，希特勒向英国、法国和意大利首脑发出邀请，声称要召开一次国际会议。

度尽"二战"的劫波

●张伯伦的到来，出乎希特勒的预料，却让希特勒的要求得到了满足。图为1938年，张伯伦和希特勒共进晚餐。

●张伯伦在赫斯顿机场向记者发表演说"我们时代的和平"。

　　1938年9月29日，英国首相张伯伦、法国首脑达拉第、意大利独裁者墨索里尼应邀前往德国慕尼黑参加会议。在这次会议上，张伯伦和达拉第彻底出卖了捷克，和德、意签署了臭名昭著的《慕尼黑协定》。

度尽"二战"的劫波

●德军的突击部队在苏联境内

>>> 莫斯科红场

红场是俄罗斯首都莫斯科市中心的著名广场，西南与克里姆林宫相毗连。在俄语中，"红色的"含有"美丽"之意，"红场"的意思就是"美丽的广场"。

红场原是苏联重要节日举行群众集会和阅兵的地方。辟于15世纪末，17世纪后半期取今名。

红场的知名度可以与天安门广场媲美，面积9.1万平方米，大约只有天安门广场的1/5。地面由条石铺成，显得古老而神圣。红场是莫斯科历史的见证，也是莫斯科人的骄傲。

拓展阅读：

《科涅夫元帅战争回忆录》
[苏联] 科涅夫
《乌克兰——沉重的历史脚步》
赵云中

◎ 关键词：侵略扩张 巴巴罗沙 闪电战 突袭

"巴巴罗沙"闪电战

德国在神圣罗马帝国时代曾出现了一个崇尚武力的皇帝——腓特烈一世。他一向主张侵略扩张，神圣罗马帝国在他统治时期，曾六次出兵攻打意大利，在他本人指挥了第三次十字军东征后，他统治下的人民送给他一个绰号——巴巴罗沙，意思是"红胡子"。

1940年12月，希特勒打算将世界上面积最大的国家苏联吃掉，于是就制订了一个进军苏联的计划，该计划的代号为"巴巴罗沙"。希特勒想以闪电战突袭苏联，然后速战速决，结束战争。

为了分散苏联人的注意力，希特勒故意制造了很多假象，四处散布谣言，声称准备进攻英国，并虚张声势地向东调遣军队。为了能使这一假象显得更真实，德国不惜印制了很多英国地形图，在军队中配备了英国翻译等。然而事实并非如此，从5月份开始，德国的铁道部门每昼夜都开出100列军车，在短短的两个星期内，把47个师的力量运送到苏德边境，其中有28个坦克师和摩托师。德国表面上却表现得一如既往，仍然和苏联保持着正常的贸易往来。苏联的粮食、石油和矿产等物资，仍通过火车运往德国，苏联人被假象迷惑了。

殊不知，希特勒已召集手下的军事将领举行了一次大规模的军事会议，商讨全面进攻苏联的细节问题，并且为进攻做好了最后的准备。

6月21日中午，苏军统帅斯大林接到了一系列来自边境的报告。报告中称，苏德接壤的西北部边境，德军正动手拆除他们自己布设的铁丝网；在布格河西岸，有隆隆的汽车声；边境上还出现了反常的情况，德国士兵伪装成苏军的模样……类似这些异常情况的报告源源不断地涌向苏军统帅部。令人感到不可思议的是，统帅部的人竟然认为这是希特勒想用激将法激怒苏军，以逼迫苏军撕毁和约，这样德国就找到了进攻的借口。

6月22日清晨，德军突袭苏联军营。在这次突袭行动中，希特勒共动用了190个师的兵力、3700辆坦克、4900架飞机、47000门大炮和190艘战舰，兵分三路向苏联进发。

苏联危在旦夕，斯大林于1941年7月3日发表了令人振奋和鼓舞的演说，号召所有苏联人团结起来，同仇敌忾，对付德国的入侵，卫国战争由此拉开了帷幕。此后，德国军队在苏联泥足深陷，在东线战场付出了惨重的代价，战争的时间也一再拉长。希特勒的"闪电战"计划破产了，由于大部分兵力都留在了东线战场，因此西线战场也受到了钳制，"巴巴罗沙"最终加速了德国失败的步伐。

● 苏联的前线在完全没有觉察的情况下遭到进攻，绝大部分空军被摧毁，大片经济发达地区沦陷。德国突然、迅猛的进攻，让苏联不知所措，遭受到巨大的损失。许多司令部和部队失去了联系，部队出现了混乱的局面。但是苏联人民奋起反抗，对入侵者进行顽强的抵抗，最终取得卫国战争的胜利。图为一支德军纵队在苏联境内骑着自行车和马行进。

度尽"二战"的劫波

◎ 关键词：海上狼群 德国潜艇 自行击沉

"海上狼群"称雄一时

● 被毁坏的德军潜艇

>>> "大西洋"的由来

"大西洋"这一中文名称最早见于明代记载。在明代，习惯上以东西洋分界，大体以雷州半岛至加里曼丹岛一线为界，其西叫"西洋"，其东为"东洋"，故我国习惯上称欧洲人为"西洋人"，而把日本人称"东洋人"。

随着明末欧洲地理知识的增多，于是改称印度洋为"小西洋"，而把欧洲以西的海域称为"大西洋"。

西方地理学和地图传入以后，对ATLANTICOCEAN（大西洋英文名）一词，翻译家颇感难以译成贴切的汉语，便按习惯译成"大西洋"，并一直沿用至今。

拓展阅读：

《魂归大西洋》
　蒂根·沃林福德
《邓尼茨元帅战争回忆录》
　[德] 邓尼茨

英国首相丘吉尔在《第二次世界大战回忆录》中心有余悸地写下了这样的话："在战争中，唯独使我感到真正害怕的是德国潜艇的威胁！"那些被称为"海上狼群"的德国潜艇，在卡尔·冯·邓尼茨的率领下，曾经在大西洋和地中海上肆虐，大英帝国的命运几乎被它们断送掉。

卡尔·冯·邓尼茨是德国著名的海军将领，他参加了第一次世界大战，并于1918年10月初指挥德国潜艇，在地中海马尔他海域成功袭击了一支英国护航船队。但是潜艇却突然发生故障，浮出水面时，不巧在英国护航舰队的包围圈内，潜艇被英军猛烈的炮火射穿了，紧急下潜已经是不可能了，邓尼茨被手持步枪的英国水兵押上了驱逐舰。

"一战"结束后不久，作为战俘被遣送回德国的邓尼茨，再次加入了海军的行列。1935年，希特勒向世界举起了侵略的屠刀，德国潜艇部队也在这样的情况下重新组建起来了，邓尼茨担任了潜艇支队的队长。

此后，邓尼茨开始将从阿尔卑斯狼群中得到的启示应用到潜艇战术中，并把筹划多年的"潜艇狼群战术"投入训练。到1939年，邓尼茨率领的潜艇支队对"狼群战术"已经驾轻就熟了。

"二战"中，邓尼茨指挥着"海上狼群"袭击了英国的船队。德国潜艇借着夜色的掩护，将艇载鱼雷发射管打开了，对准900多米外的英国船队，邓尼茨的袭击命令下达后，"U－147"号潜艇上的两枚鱼雷如离弦之箭，冲向了英国船队。英国的首船首先遭难，其余船只马上惊恐地向四面散开，海面上变得一片混乱，遭到攻击的船只上立即升腾起熊熊的火光。德国的潜艇时而潜入水下，时而浮出海面发射鱼雷，英国船队遭到了灭顶之灾。

1941年春天，北非战争打响后，英国通往非洲的航线日益繁忙起来。3月6日，一支由45艘商船组成的运输队伍浩浩荡荡地开往非洲。经历了那次海上劫难后，英国的护航体制已经大为改观，丘吉尔用加勒比海和西大西洋基地从罗斯福手中换取了50艘超龄驱逐舰，担任护航任务，并在每艘舰上都配备了音响探测器，可以有效防止潜艇的攻击。这一次，邓尼茨的"海上狼群"就没那么幸运了，音响探测器发现了"U－147"号潜艇。经过五个小时的追踪，最终用深水炸弹将其击沉在深海中，其余的潜艇也遭到了不同程度的攻击，邓尼茨再次铩羽而归。

德国全线溃退后，邓尼茨下令将残余的220艘潜艇自行击沉，曾经称雄一时的"海上狼群"从此不复存在了。

度尽"二战"的劫波

●集中营中的儿童

>>> 戈林

戈林,纳粹德国元帅,法西斯德国首要战犯之一。1893年1月12日生于罗森海姆。

戈林是纳粹党的主要领导人,纳粹法西斯国家的重要设计者,第三帝国建立空军、重整军备和实行战时经济的主要主持人。他多次充当希特勒的巡回大使,利用职权搜刮犹太人的财产,并大肆掠夺被占领国家的财富和艺术珍品。

战争末期试图取代希特勒与同盟国谈判,1945年4月被希特勒撤职。同年5月8日被美军俘获。1946年10月被纽伦堡国际军事法庭判处绞刑,刑前于10月15日在纽伦堡服毒身亡。

拓展阅读:
《奥斯维辛之后》邵燕祥
《纳粹集中营的中国女孩》
朱敏

◎ 关键词:纳粹集中营 犹太人 毒气 罪行

奥斯维辛集中营

1935年9月15日,希特勒主持的纳粹党代会在纽伦堡召开,会议一致通过了《德意志帝国公民法》和《德意志血统和荣誉保护法》,规定犹太人为"贱民",禁止他们和日耳曼人结婚。犹太人和吉普赛人不再是德意志帝国的公民,他们在德国不再拥有任何地位,经常被驱逐或隔离。

1939年,第二次世界大战期间,希特勒用残酷的手段,对犹太民族进行了人类历史上最为疯狂的血腥大屠杀。"死亡是一位从德国来的大师",这是德语诗人保罗·策兰的名篇《死亡赋格曲》中的诗句,也是对灭绝人性的屠杀的真实写照。

奥斯维辛集中营是德国纳粹最大的灭绝营,它位于波兰上西里亚东部的奥斯威西姆镇附近。那里原来是波兰军队的一座兵营,1940年3月27日,纳粹集中营的建造者、党卫军的头子希姆莱下令在那里建立集中营。从此,犹太人几乎遭到了灭顶之灾,许多著名的科学家、作家和艺术家诸如阿尔伯特·爱因斯坦、托马斯·曼以及阿诺德·茨威格等,都被迫逃离德国,开始了异国之旅,而其他犹太人则成了被屠杀的对象。

大批无辜的犹太人被骗到奥斯维辛,德国人声称要给他们好的工作。在德国人的指示下,他们进入了一个所谓的浴室,浴室门前的地面上铺着青草,摆放着鲜花,并且有乐队演奏着轻快的曲子,站在浴室门口的德国看守们还假装友善地提醒他们,在浴室里他们每人将分到一个衣橱。等浴室充满了人的时候,德国人露出了本来面目,开始向浴室里施放大量毒气,那些不明就里的犹太人瞬间就变成了僵硬的尸体。德国人所谓的浴室其实是毒气室,一种名叫"齐克隆B"的毒剂就是他们杀害犹太人的工具,也是他们所犯罪行的最好证明。奥斯维辛集中营建有四座巨型毒气室,一次可以同时杀死12000人,其配备的焚尸炉每天可焚化8000具尸体,从此以后,大量的犹太人就这样被"人间蒸发"了,焚尸炉中喷发出的滚滚浓烟遮天蔽日!不仅如此,纳粹德国还在集中营里挑选囚犯,进行各种惨绝人寰的试验,将人活活折磨而死。据不完全统计,在纳粹统治期间,将近600万人在奥斯维辛集中营罹难。

纳粹德国令人发指的暴行简直罄竹难书,随着战争的节节败退,一支苏联军队于1945年1月27日占领了奥斯维辛集中营,看到7000多名奄奄一息的幸存者和堆积如山的尸体,这个不为人知的杀人工厂才将纳粹德国的罪行昭示天下。

度尽"二战"的劫波

●敦刻尔克大撤退的一幕

>>> 法国投降

1940年6月22日清晨，在巴黎郊外贡比涅森林福煦元帅的专车上，法国与德国代表团签订了停战协议。

根据协定，法国将大半的法国领土，所有大西洋岸的口岸基地，重要的工业和富饶的农业区交给德国占领，而法国维希政府只保留南部法国与法属北非的殖民地，由维希法军进行管理，并不许通敌。

至此，这个在"一战"期间曾经成功拖住德军四年之久和素有欧洲大陆第一强国的法国，在"二战"中仅支撑50多天就放弃了抵抗。

拓展阅读：

《敦刻尔克大撤退》（电影）

《从灾难走向灭亡》

[意]卡罗齐

◎ 关键词：马其诺防线 敦刻尔克 大撤退

敦刻尔克大撤退

1940年5月10日，德国军队对西欧展开了大规模的进攻，当时英国、法国、比利时、荷兰以及卢森堡等国的兵力，加起来共有147个师、300多万人，与德国的兵力不相上下。但是法国却一味奉行既呆板又保守的战略，将所有的希望全部寄托在"马其诺防线"上，认为该防线固若金汤，德国人无法突破，法国也达到了不与德军正面交锋的目的。因此，德、法边境上只发生过一些规模不大的试探性冲突。

德军以闪电般的速度入侵了比利时、荷兰和卢森堡，然后绕过"马其诺防线"，从色当渡河后直插法国境内，荷兰、比利时和卢森堡的国土很快就被德军践踏在脚下。希特勒的闪电战使德军取得了突破性的胜利，德国不仅将军队开到了法国，占领了加莱，并且将军队开到英吉利海峡，拦腰切断了法国北部和比利时境内的英法联军与法国中部军队的联系。到5月21日，德军不仅在英吉利海峡安营扎寨，对对岸的英国虎视眈眈，还把近40万的英法联军赶到法国北部的敦刻尔克。敦刻尔克是一块狭小的地带，它是一个仅仅有一万多名居民居住的小港。在万不得已的情况下，英国和法国的海军为了保存实力，只好将敦刻尔克港口作为40万大军的海上退路，并且进行了一场大撤退。

敦刻尔克港口没有防御设施，因此极易遭到德军轰炸机和炮火的持续攻击。英法联军也顾及不了那么多了，英国政府和海军发动大批船员，号召民众来营救危难中的部队。按照既定目标，英国政府仅仅打算撤离3万人，一支掺杂着各色船只的运输队迅速集结起来了。

自1940年5月27日始，平时寂静的法国敦刻尔克港口变得异常喧闹。自英国而来的各色各样的船只一眼望不到边，都朝着敦刻尔克方向前进。驾驶者称这支船队为杂牌的"无敌舰队"。在没有武装、没有护航的情况下，他们顶着枪林弹雨和滚滚硝烟，灵活地驾驶着船只，将撤退的士兵安全地送达目的地，自始至终，没有人说过一句抱怨的话。

到6月4日，仅仅一个星期的时间，33.5万人成功地从敦刻尔克撤离。这一举世壮举不仅为英法联军保存了实力，还大大震惊了求胜心切的希特勒。

●敦刻尔克大撤退于1940年6月4日完成，总数达33.5万的英军与法军安然撤回。温斯顿·丘吉尔称之为"拯救奇迹"。敦刻尔克大撤退是第二次世界大战时，英法联军进行的当时历史上最大规模的军事撤退行动。图为英国军舰到达多弗尔并成功登岸。

●德国轰炸机

>>> 伦敦大火

1666年9月2日星期日凌晨1点左右，伦敦市普丁巷有一间面包铺失火。一阵大风将火焰很快吹过几条全是木屋的狭窄街道，然后又进入了泰晤士河北岸的一些仓库里。

大火延烧了整个城市，连续烧了四天，包括87间教堂、44家公司以及13000间民房尽被焚毁，欧洲最大城市伦敦大约六分之一的建筑被烧毁。

后来起火点普丁巷附近立了一个纪念碑，高61.5公尺，共有311阶，顶端为火焰饰围绕的圆球，是英国天文学家和建筑师克里斯多佛·雷恩所设计，重建的工作由雷恩主导，包括对著名的圣保罗大教堂的修复。

拓展阅读：

《不列颠之战》[英] 莱克

《鹰击不列颠》

卡萨诺瓦·布尔斯坦

◎ 关键词：张伯伦 希特勒 飞鹰计划 轰炸

鹰击不列颠

英国首相张伯伦的一味忍让，助长了希特勒的嚣张气焰，德国很快就吞并了与英国结盟的捷克，接着又向西欧各国进军。消息传到伦敦后，英国民众产生了极大的恐慌，指责声如浪潮般地涌向首相官邸，张伯伦的错误决策导致了议员们的强烈不满，几个月后，张伯伦只好引咎辞职。张伯伦下台后，曾经担任海军大臣的丘吉尔重新组建内阁，由保守党、工党和自由党组成联合政府，而丘吉尔本人担当了内阁首相一职。

对英国人来说，当时的时局不容乐观，德国大军几乎横扫了整个欧洲，在欧洲广袤的土地上，仅仅剩下英国坚守着国土。希特勒贪婪的眼睛盯上了英国，他打算横渡英吉利海峡，进攻英国本土，但英国皇家海军的厉害他素有耳闻，于是没敢轻举妄动，但他并没有因此而放弃。经过深思熟虑，希特勒决定凭借空军的优势，发动空中闪电战，掌握制空权，扫除海上的登陆障碍。元帅戈林担当了这一任务，制订了飞鹰计划。

1940年8月12日，德国空军开始有计划地对英国空军的雷达站和机场实施偷袭行动，结果遭到英国空军的猛烈回击，双方的损失都非常惨重。此后的十几天时间里，德国空军凭借数量上的优势，先后出动1000多架次飞机，和英国空军展开了一场激烈的空中鏖战。英国的空军基地和指挥系统遭到轰炸，有五个机场被摧毁，六个地下指挥系统失灵，更为严重的是，446架战斗机遭到重创后无法再投入战斗，四分之一的飞行员在战斗中死去。

久攻不下，德军将攻击目标转移到大规模袭击英国的重要城市上，英国的空中力量这才得以休整。8月23日晚上，12架德国轰炸机去轰炸伦敦郊外的飞机工厂和油库，结果偏离了航向，炸弹落在伦敦市中心，许多民居被炸毁，市民死伤了很多。第二天晚上，英国空军就展开了报复行动，81架轰炸机奔袭柏林，虽然那天晚上能见度很低，柏林上空的云层很厚，英国轰炸机还是有一半找到了目标，投下了大量重磅炸弹，并且撒下很多传单，传单上的内容是："希特勒无论要打多久，英国人一定奉陪到底！"德国本土遭到轰炸还是破天荒第一次，英军的轰炸不仅给柏林造成了很大损失，而且德军竟然没有击落一架前来轰炸的英军飞机，这大大地打击了德国人的士气。接下来的57个日夜，德军的轰炸机对伦敦展开了连续轰炸，共投下1万多吨炸弹，造成1.26万伦敦市民死于非命。伦敦市民并没有被轰炸吓倒，他们和德国人进行了不屈的抗争，成功阻止了德军从英吉利海峡登陆的计划，为以后盟军全线反攻创造了良好的战略条件。

度尽"二战"的劫波

●朱可夫将军像

>>> **苏军元帅朱可夫**

格奥尔吉·康斯坦丁诺维奇·朱可夫，苏联军事家，苏联元帅，他1915年参加第一次世界大战，1918年参加红军，曾经担任骑兵团长、旅长、师长、军长、驻华军事顾问、军区副司令等职。

苏德战争爆发后，朱可夫被任命为最高统帅部大本营成员和代表，他作风果断坚毅，具有指挥大兵团作战的丰富经验。因其在苏德战争中的卓越功勋，被认为是第二次世界大战中最优秀的将领之一，也因此成为仅有的四次荣膺苏联英雄荣誉称号的两人之一。

拓展阅读：

《犁不开的冻土》周正舒
《血捍莫斯科》
马尔钦·科济列夫斯基

◎ 关键词：莫斯科城 克里姆林宫 城市保卫战

莫斯科保卫战

1941年11月1日，德国大军长驱直入，向苏联内地挺进，不久便围困了莫斯科城。一旦莫斯科失陷，整个苏联就会沦入德国人手中。情况万分危急，正在前线指挥作战的朱可夫被召回到克里姆林宫。

接下来，在斯大林的主持下，苏联国防委员会成员召开了一次会议。在会上，斯大林要在德军兵临城下的情况下在红场举行一次大规模的阅兵仪式。在这种情况下举行阅兵仪式，危险性是不言而喻的，但如果不举行隆重的阅兵仪式，将无法鼓舞本国军民的斗志。考虑到德军在苏联的各条战线基本上停止了进攻，正在构筑防御工事，最近几天不可能发动大规模的进攻。但危险还是有的，谁也不能保证德国人不会突然发动空袭。对眼前的情况进行了细致地分析后，朱可夫果断地向斯大林点了点头。接着，他在莫斯科周围部署了大量高射炮，防止德军发动空袭，并将一些战斗机调到莫斯科附近待命，准备随时打击德军的地面力量。斯大林还建议，将阅兵仪式通过无线电告知全苏联人民。

在战争的紧要关头，苏联人民不仅进行了一场在"二战"时最大规模的城市保卫战，还在大军压境的情况下举行了一场具有特殊意义的阅兵仪式，谱写了"一个冬天的神话"。

1941年11月7日，纷纷扬扬的大雪无声地飘落在莫斯科城，斯大林顶风冒雪来到红场，向全苏联人民发表了一次充满激情的演说，号召他们加入到反对德国法西斯的行列中去。阅兵仪式结束后，苏联红军带着人民的期待，直接开赴正在鏖战的前线。当天傍晚，希特勒得知苏联举行阅兵仪式后大发雷霆，马上指示德国集团军司令包克，向苏联发动大规模的空袭。

战争进行一个月之后，德军的境况大不如前。莫斯科进入了隆冬天气，德军士兵们在零下40多摄氏度的冰天雪地中苦苦挣扎，冻僵的尸体随处可见。

12月5日，德军进入了在莫斯科"最黑暗悲惨的一天"，苏联军队全线出击，控制了莫斯科周围230千米的半圆形阵地，德国的装甲部队开始全线溃退，苏军的大反攻开始了。

1941年12月26日，朱可夫率领的西方面军在莫斯科的西北方首先发起反攻。接下来，在莫斯科前沿长达1000多千米的战线上，苏军的七个军团和两个骑兵军，共计100个师的兵力，向缺少冬季装备的德军发动了猛烈反击。第二年4月，苏联终于取得了莫斯科保卫战的胜利，使希特勒的闪电战再次失败。

● 苏军士兵纷纷开往前线

>>> 斯大林格勒

斯大林格勒位于莫斯科东南 1000 公里处，坐落在伏尔加河下游平原上，是伏尔加河下游最古老的城市之一。

斯大林格勒原名察里津，1589 年，沙皇下令在察里津河与伏尔加河的交汇处修建察里津要塞，这就是察里津城市的起源。1918 年苏联国内战争期间，斯大林在此指挥了察里津保卫战，为了纪念这次保卫战，1925 年更名为斯大林格勒。

1961 年上台的赫鲁晓夫以反对斯大林搞个人崇拜为由，将城市更名为伏尔加格勒。

拓展阅读：

《战争亲历者自叙》
[德] 普利维埃
《血染名城》袁文彬

◎ 关键词：斯大林格勒 抵抗 反攻 解困

斯大林格勒保卫战

德军全线进攻苏联后，屡屡得手，苏联的第二大城市斯大林格勒危在旦夕。希特勒派了 40 个师，出动了 6000 门大炮和 1000 多架飞机向斯大林格勒发起猛攻。1941 年 8 月中旬，德军兵临斯大林格勒城下，希特勒放出狂言，要在 9 月 1 日之前拿下斯大林格勒。

但是，斯大林格勒的人民没有被吓倒，他们以勇敢和顽强回击了希特勒的疯狂进攻，誓死保卫斯大林格勒。居住在斯大林格勒的人们全部出动，投入到反对法西斯的斗争中去。德军每前进一步，都要付出惨重的代价，希特勒没有达到进攻的目的，9 月 1 日之前攻陷斯大林格勒变成了一句空话。仅仅半个月的时间，德军的伤亡人数就达到 17 万之多，还损失了 300 架飞机、500 辆坦克和 500 门大炮，剩余的力量已不足以攻克斯大林格勒。

得知斯大林格勒的战况后，希特勒大为光火，痛斥指挥官莱布指挥失误。接着他又实施了另一套进攻方案，从海上和陆地上封锁斯大林格勒，然后再以空中力量进行狂轰滥炸。希特勒以为，这样就可以将城内的军民困在防空洞内，斯大林格勒也就丧失了抵抗能力。遭到围困后，城里的粮食一天比一天少，守城的军民想尽一切办法，寻找一切可以吃的东西，以此补充身体所需的能量。即便如此，饥饿仍然是全城军民最大的威胁，市政府被迫降低粮食的供应标准，到 1941 年 11 月下旬，城里的工人每天只能得到 250 克面包作为口粮，而居民则更少，只有 120 克。有的人忍受不了饥饿而倒下了，在不到两个月的时间里，斯大林格勒共有 63000 人死于饥饿，斯大林格勒陷入了举步维艰的境地。

但是，英勇的斯大林格勒人民没有屈服，他们在冰封的拉多加湖上开辟了一条冰上运输线，最终使得斯大林格勒得到了外界的援助，斯大林格勒人民称这条线为"生命之路"。无畏的司机们驾驶着 60 辆卡车，往来穿梭于"生命之路"，将粮食、燃料和各种急需物品运到斯大林格勒，同时将城里的老人、孩子、妇女以及伤员撤离，斯大林格勒的饥饿局面终于得到了缓解。

嗅觉灵敏的德国人马上就知道了这条生命线的存在，于是派出飞机进行疯狂的轰炸，但英勇的司机们顶着枪林弹雨，仍然将粮食和战备物资源源不断地运到了斯大林格勒，很多司机为此献出了宝贵的生命。

1943 年 1 月，德军围困斯大林格勒八个月后，苏军终于吹响了反攻的号角，强烈的攻势令德军无法招架，只有节节败退，十几天的时间就溃不成军了。1943 年 1 月 18 日，被德军封锁了长达 17 个月的斯大林格勒终于解困了。

度尽"二战"的劫波

●斯大林格勒军民以勇敢和顽强抗击敌人的疯狂进攻，誓死保卫斯大林格勒。斯大林格勒战役是第二次世界大战中苏联伟大卫国战争的重要转折点。图为苏军战士在斯大林格勒的废墟上向敌人冲锋。

度尽"二战"的劫波

● 日本舰队司令山本五十六

>>> 珍珠港

　　美国夏威夷州瓦胡岛上的海港，位于该州首府檀香山西方，东距火奴鲁鲁约10公里，面积89平方公里，由三个呈鸟足状深入陆地的海湾组成，仅一窄口与大洋相通；湾内水深10~20米，通航水域面积26平方公里。港区掩蔽条件好，水域回旋余地大，为世界著名天然良港。因水域内曾盛产珍珠而得名。

　　1887年美国获得在此建立加煤站和修船站的特权。1898年美国吞并夏威夷后，开始兴建大型海、空军基地。

　　第二次世界大战后，进行了重点改建和扩建，是美国舰队总部所在地，也是第七舰队军需物资供应地。

拓展阅读：

《珍珠港》（电影）
《太平洋战争史话》侯鲁梁

◎ 关键词：珍珠港 太平洋舰队 袭击 国耻日

日军偷袭珍珠港

　　太平洋战争爆发前夕，日本联合舰队司令山本五十六对美国的太平洋舰队虎视眈眈，便有了偷袭珍珠港的想法。随后日本派出间谍，在珍珠港获得大量情报后，山本五十六经过日本天皇授权，策划了偷袭珍珠港的行动，他命令海军中将南云忠一率领舰队前去完成任务。为了能够使偷袭变得万无一失，日本还采取了迷惑美国人的战术，特意派出使者到华盛顿进行谈判，提出和平解决两国之间的争端，声称美日两国不可能发动战争，等等。可是在暗中，南云忠一率领的特遣舰队已经悄悄地出发了。经过12天的隐蔽航行，南云到达了距离瓦胡岛230海里的地方，接到山本五十六下达的攻击命令后，一个庞大的战斗机群腾空而起，直奔袭击的目标。

　　1941年12月7日，星期天。太平洋舰队的军舰大都停靠在港内，上千架飞机井然有序地分别停在瓦胡岛的七个机场上，珍珠港一派安静的景象。在雷达监视器前，两个值班的美国士兵突然发现一个机群出现在屏幕上，正从东北130海里外的地方朝瓦胡岛飞来，于是马上将这一情况向陆军基地报告。值班的军官接到电话后，丝毫没当一回事，并嘱咐值班的士兵少管闲事。因为当天早些时候，值班的军官就接到通知，一队美国空军的B－17飞机将从美国本土飞向瓦胡岛。值班军官打开广播，檀香山广播电台的音乐传过来，接着播放了该地区的气象预报：半晴，山上多云，云层高1200米，能见度良好……

　　像往常一样，停泊在港湾内的美国军舰上，士兵们正作着升旗典礼前的准备，轻松祥和的气氛笼罩着珍珠港。值班室的雷达屏幕上，机群越来越清晰了，一场灾难不期而至，而美国人对即将到来的灾难竟然一无所知。

　　机群是从日本特遣舰队的六艘航空母舰上起飞的，总共183架。日本航空指挥官渊田美津中佐驾驶着飞机冲在最前面，他后面是49架水平轰炸机、40架鱼雷轰炸机、51架俯冲轰炸机和43架制空战斗机组成的机群。渊田美津透过飞机向下张望，但云层太厚，他什么也没看到。忽然，檀香山电台的音乐传入了他的耳中，接着他又听到了檀香山地区的气象预报。于是，他率先穿透云层，看到了袭击的目标——整齐排列的军舰停泊在珍珠港内，一队队飞机稳稳地停在起跑线上。渊田美津果断下达了轰炸命令，然后驾驶飞机，猛地俯冲下去，炸弹和鱼雷雨点般地投到军舰和机场上。

　　突如其来的爆炸声此起彼伏，珍珠港上空浓烟滚滚，巨大的钢铁堡垒被轰炸后因扭曲而变形了。所有的美军官兵都惊呆了，等他们回过神来，一切都已经来不及了，机场被毁，飞机给炸得七零八落，丧失了防空能力，军舰上腾起熊熊大火，丧失了战斗力。在日军机群的狂轰滥炸下，美国人只有挨打的份儿。片刻之间，山本五十六策划的袭击阴谋就得逞了。

第一次袭击过去半个小时后，日军的171架飞机对珍珠港发动了第二次袭击，然后从珍珠港上空全部撤离。在不到110分钟的时间里，美国海军被击沉了4艘主力舰，10余艘驱逐舰、巡洋舰以及各类辅助舰艇遭到不同程度的损伤，机场被炸成了废墟，188架飞机被毁。在整个空袭过程中，美军官兵的死伤人数达到4500名之多，而日本仅以损失29架飞机的代价，换取了压倒性的胜利。

●空中俯瞰下的珍珠港。
●"西弗吉尼亚"号遭重创。
●美军舰艇爆炸。
●美舰"马里兰"号被轰炸。

珍珠港事件后，美国总统罗斯福要求国会向日本宣战，并且将12月7日定为美国的国耻日。自此，第二次世界大战全面爆发，世界反法西斯战争也逐渐进入了高潮。

◎ 关键词：航空母舰 空袭 举国蒙羞 措手不及

美军舰载机轰炸东京

●美军轰炸东京

>>> 美国领袖的战斗宣言

1941年12月8日，美国总统罗斯福就珍珠港事件向全国发表讲话："1941年12月7日这一天，日本海军突然袭击了美利坚合众国，夏威夷岛的军事力量损失很大，我以沉痛的心情告诉全美国人民，很多美国人在袭击中失去了生命。美国人民、疆土以及利益正处于危险之中，我们下决心给日本最坚决的回击，上帝一定会保佑我们获胜！"

美国国会发言人也发表了激情洋溢的讲话："1941年12月7日这一天是美国举国蒙羞的日子，日本悍然对毫无准备的太平洋舰队发动了突然袭击，国耻当头，我请求国会向日本宣战。"

拓展阅读：
《我轰炸东京》［美］劳荪
《美国王牌军兴衰录》张鑫银

1941年12月7日，日本将檀香山珍珠港这个人间天堂变成了恐怖的、血流成河的地狱，美丽的珍珠港瞬间被骤然袭来的冲天大火和无情的轰炸所包围。

珍珠港的血腥袭击发生后，举国蒙羞的美国总想找机会报复日本。在日本"南进"时，美国终于抓住了机会，动用了"大黄蜂"号和"企业"号航空母舰，有预谋地对东京进行了轰炸，让日本人感到措手不及。

1942年4月18日正午时分，美国的飞机对日本本土悍然发动了大规模的空袭，16架B－25型轰炸机在詹姆斯·杜利特尔中校的率领下，从"大黄蜂"号航空母舰上起飞，突然出现在日本的首都东京上空。美军飞机雷达屏幕上的目标清晰可见，红光闪烁的投弹指示灯欢快地眨着眼睛，重磅炸弹像密集的雨点一般从空中洒落下来，在既定的目标上轰然爆炸。东京的上空，顿时被滚滚的硝烟所弥漫，浓烟很快笼罩了整个东京城，遭到袭击的人们惊慌失措地从家中跑出来，拥上街头，他们的住所已经变成了一片废墟。

突如其来的空中灾难让日本政府难以接受，这是日本自称霸亚洲以来本土第一次遭到轰炸，在毫无思想准备的情况下，政府和军界的首脑只能眼睁睁看着美国的轰炸机在日本上空横行。美国的轰炸机将东京南部的造船厂当作重点轰炸目标，因为一旦日本的造船厂被炸毁，日本的海上力量就会大打折扣。威力强大的炸弹瞬间将造船厂变成一片废墟。遭受袭击的不仅是东京一个城市，神户和其他两个城市也都遭到了轰炸。美国人对轰炸准备得非常充分，仅仅半个小时的时间就完成了空袭任务，当日本人动用防空设施进行还击时，美国的轰炸机已经在中国的南昌和丽水机场安全着陆了。

这次空袭是相当成功的，虽然破坏力远远不能和日军偷袭珍珠港相比，但给毫无准备的日本人在心理上造成的打击是难以估量的，这次袭击还给航空母舰的远程快速作战提供了一次有价值的尝试。

四年以后，美国在日本的长崎和广岛投放了两颗原子弹，让日本人吞下了侵略的苦果，让日本整整几代人都付出了惨重的代价，让日本军国主义的梦想破灭了。

● 美国前太平洋舰队总司令尼米兹

>>> **中途岛密码**

　　1942年5月中旬，美国密码专家罗谢福特少校发现日军无线电波发射频繁，这些电波表明日军正在计划大规模的行动。

　　通过研究破译的密码，罗谢福特猜测，日军反复使用的"AF"这两个字母，就是日军攻击的目标。他最后认为，AF一定是中途岛。

　　罗谢福特建议检验一下他的想法。在得到尼米兹将军的准许后，中途岛被密令发送一个伪造的情报——很清楚地报告了岛上蒸馏厂的倒闭。两天后，他们截获到一个新的日军报告，说AF缺少淡水。

拓展阅读：

《中途岛海战》[日]奥宫正武
《碧海狂澜》林仁华
《搏杀中途岛》汤森·华林

◎ 关键词：中途岛 航空基地 航空母舰 势均力敌

中途岛海空鏖兵

　　日本偷袭珍珠港后，美国派出"企业"号和"大黄蜂"号航空母舰，以舰载机轰炸了日本的东京。1942年5月，美军在澳大利亚东北部的珊瑚海，和日本进行了海战历史上的第一次航空母舰大战，日本的"祥风"号航空母舰被击沉，另外有一艘遭到重创。美国的"列克星顿"号航空母舰被击沉，"约克城"号航空母舰遭到重创后被迫退出了战场。1942年5月，日本帝国参谋部批准了联合舰队总司令山本五十六进攻中途岛的计划，美、日之间惨烈的角逐在中途岛拉开了帷幕。

　　中途岛是美国重要的航空基地，山本五十六之所以主张进攻中途岛，是想把"珍珠港事件"中残存的美国太平洋舰队，引诱到中途岛，然后给予猛烈攻击，一举将其消灭。日本联合舰队拥有200多艘舰艇，其中攻击力极强的战列舰11艘、航空母舰8艘、舰载机700余架，而遭到重创的美国太平洋舰队只有3艘航空母舰、7艘重型巡洋舰和17艘驱逐舰。山本五十六将舰队分成六个小的舰队，削弱了己方的海上力量。由于频繁地使用一个密码，美国太平洋舰队总部作战情报处破解了该密码，并破译了日本进攻中途岛的部署。

　　美国太平洋舰队总司令尼米兹上将马上制订了作战计划，采取避免和日军进行正面对抗的策略，尽可能地削弱日军的海上力量，用潜艇和轰炸机袭击各个孤立的小舰队。5月24日，美国海军情报处再次破译出日军的作战方案：日军舰载机将于6月4日大举进攻中途岛。

　　6月3日，日本各舰队按照计划进入既定位置，但山本五十六却得到没有发现美国航空母舰的情报。其实美国已经派出了两支特快舰队，并根据日军的进攻时间表，从珍珠港出发，赶在日军到来之前，在中途岛占据了有利位置。4日清晨，日军海军中将南云忠一命令"赤诚"号、"加贺"号、"飞龙"号和"苍龙"号航空母舰上的108架飞机去轰炸中途岛上的119架美军飞机，但事先得到消息的美军让他们扑了个空。南云忠一又命令第二批飞机升上甲板装鱼雷，做好袭击美军军舰的准备，他万万没有想到，前去中途岛执行轰炸任务的第一批飞机无功而返，向南云忠一请求再次轰炸中途岛。于是，南云忠一又命令士兵将甲板上的鱼雷换成炸弹，结果贻误了战机，美国轰炸机将"赤诚"号、"飞龙"号、"加贺"号和"苍龙"号航空母舰炸成废铁，沉入了太平洋。至此，山本五十六不得不取消了进攻命令。

　　此次进攻，日本共丧失了4艘航空母舰、1艘重型巡洋舰、234架飞机、几百名海军飞行员和2200多名水兵。此后，美国和日本在太平洋上的力量出现了势均力敌的局面。

◎ 关键词：沙漠之狐 北非战场 阿拉曼 转攻为守

阿拉曼大捷

●隆美尔像

>>> 隆美尔教子

有一次，隆美尔让只有八岁的儿子曼弗雷德学跳水，还请了他执教的学员观看。

他对儿子说："往下跳！"

曼弗雷德说："不！我不会游泳，我会淹死的！"

"不怕，我们有救生圈。"

曼弗雷德说"万一救生圈炸了怎么办？"

隆美尔吼道："那样我会救你的！"

曼弗雷德指着父亲脚上的高筒马靴，"你还穿着靴子！快脱掉靴子！"隆美尔看了看周围，"如果有必要我会脱的！"于是曼弗雷德让父亲当着他所有学生的面脱下马靴，隆美尔向四周看了一下拒绝了，于是……他儿子就没跳……

拓展阅读：

《二战将帅——隆美尔》李方
《征战阿拉曼》
迈克尔·哈林顿

非洲在第二次世界大战中是英军和德、意军队角逐的重要战场，英国军队在1940年12月到1941年1月给意大利军队以毁灭性的打击后，迫使其退出非洲战场。1941年2月，素有"沙漠之狐"之称的德国陆军统帅隆美尔挥师进军北非，意大利军队趁机配合德军，重新发动进攻。意大利军队于6月30日抵达距离埃及亚历山大港附近的阿拉曼，在德国和意大利强大的攻势面前，英国第八集团军节节失利，一路沿尼罗河败退。北非战场发生了戏剧性的变化，法西斯势力再次主导北非，而驻扎在那里的3.5万英国人被迫投降。消息传到英国后，英伦三岛为之震惊，民众对政府的信任度降到了历史最低点。

鉴于这种情况，第八集团军的指挥权由中东地区总司令克劳德·奥金莱克上将暂时执掌，他在阿拉曼地区将残余的部队召集在一起，组成了一道临时的防线。1942年夏天，蒙哥马利中将被任命为第八集团军司令。到达开罗后，蒙哥马利马上抵达阿拉曼，他看到的是低落的士气和一派混乱的景象，于是，蒙哥马利立即向军官和参谋们讲明了阿拉曼在北非战场的重要作用。蒙哥马利立场坚定地表明，如果不能在阿拉曼活下来，他第一个在那里献身，此言大大鼓舞了士气。

隆美尔在阿拉曼部署了16万大军，并且有源源不断的后续部队增援。隆美尔调集了300辆坦克对英国防线的中部和南部的薄弱地带发起了进攻，蒙哥马利用反坦克炮在隐蔽处对其进行痛击，德军的坦克部队只好仓皇撤退。

1942年10月23日，蒙哥马利指挥的800辆坦克袭击了德军阵地，仓促应战的隆美尔也调集了几百辆坦克展开反攻，并且亲自指挥德军第九十轻装甲师向英军猛扑过来，结果遭到英国几十架飞机的轰炸，遭到重创后，只好被迫撤退。几天后，隆美尔指挥军队发动了疯狂的反扑，蒙哥马利又一举击毁了德军600多辆坦克，接连失利的隆美尔在强大的攻势下向后节节败退，而蒙哥马利称自己这一次漂亮的阻击为"完美的狩猎"。之后，蒙哥马利率领英国第八军团紧追不舍，在沿途俘虏了8万多名意大利士兵和2万多名德国士兵。

在撤退的过程中，隆美尔曾两次尝试停下来进行抵抗，都被蒙哥马利击退了。无奈之下，隆美尔带领残余部队向后退了700多千米，才摆脱了蒙哥马利的追击，德军死伤人数达2万多人，有3万多人成了俘虏，1000多门大炮和600多辆坦克或被缴获，或被击毁。

英军阿拉曼大捷后，德国和意大利失去了北非的控制权，而盟军开始转守为攻。

●英国突击队员偷袭德军核工厂

>>> 重水

氘和氧组成的化合物。分子式D_2O，分子量20.0275，比普通水（H_2O）的分子量18.0153高出约11%，因此叫作重水。在天然水中，重水的含量约占0.015%。由于氘与氢的性质差别极小，因此重水和普通水也很相似。

1931年美国H.C.尤里和F.G.布里克维德在液氢中发现氘，1933年美国G.N.路易斯和R.T.麦克唐南利用减容电解法得到0.5微升重水，纯度为65.7%，再经电解，得0.1克接近纯的重水。1934年，挪威利用廉价的水力发电，建立了世界上第一座重水生产工厂。

重水主要用作核反应堆的慢化剂和冷却剂，用量可达上百吨。

拓展阅读：

《二战重大决策秘闻》彭宁
《特殊间谍任务》
　[英]雷·米尔斯

◎ 关键词：原子弹 "燕子"行动 核武器 情报局

"燕子"行动计划

纳粹德国虽然在第二次世界大战初期所向披靡，但始终没有研制出杀伤力极大的原子弹，因为英国的"燕子"行动计划完全打乱了德国研制原子弹的计划。

1941年10月，第二次世界大战正进行得如火如荼，英国对多变的战局几乎无能为力。就在10月的某一天，英国特别委员会主席孟席斯收到了一份绝密电报，告知德国人正在加紧研制核武器。读完电报，孟席斯不禁大惊失色，如果德国人成功研制出原子弹，全世界都将面临着被毁灭的灾难，而和德国近在咫尺的英国将第一个遭殃。

为了阻止德国研制原子弹，孟席斯请来了流亡英国的挪威情报局长商讨对策。从挪威情报局长那里，孟席斯还得知，世界上生产重水的工厂非常少，而重水是制造原子弹最理想的减速剂。盟国还不具备生产条件，而位于挪威南部尤坎镇的海多罗工厂是纳粹获得重水的唯一来源。情况已经非常明显，要想破坏德国的研究计划，最好的办法就是摧毁海多罗工厂。

最初，孟席斯想用飞机对海多罗工厂进行轰炸，但马上打消了这个念头，因为海多罗工厂位于哈丹格高原，四周全是崇山峻岭，飞机很难发现目标，即便是能准确地找到目标，也不能进行低空轰炸，那样做极有可能机毁人亡，反而会误了大事。看来，只能派遣突击队了。

挪威间谍史吉纳兰德接到密令后，马上应召来到伦敦别动队总部。此人是一位体格健壮的工程师，不仅擅长滑雪，而且枪法非常准，此外还有一个更重要的原因是，他的家就在尤坎镇附近，他有很多朋友就在海多罗工厂工作。史吉纳兰德因此收集到很多关于工厂的情报，伦敦方面依据他提供的信息制订了代号为"燕子"的行动计划。

按照计划，史吉纳兰德和六名挪威人于1942年11月19日向目标靠近，他们利用德国警卫人员换岗的时间，偷偷溜进工厂，找到了浓缩室，将20包炸药放在要害部位，然后点燃导火索，迅速撤离工厂。巨大的爆炸声惊醒了酣睡的德国士兵，等他们发现时，1000磅珍贵的重水已流得满地都是。

德国人并没有因为工厂被炸而停止研制原子弹。1943年底，遭到破坏的海多罗工厂得到修复后，重新生产重水。得到史吉纳兰德的报告后，盟军最高指挥部派轰炸机摧毁了工厂的发电站，使工厂再次陷入瘫痪。

屡次遭到破坏，德国人决定将生产重水的设备转运到德国，史吉纳兰德得到确切的消息后，巧妙地伪装成搬运工人，将定时炸弹安放在船底。三天后，定时炸弹爆炸了，希特勒的原子弹研究计划也随之成了一个永远不能实现的美梦。

度尽"二战"的劫波

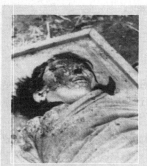

● 被枪决后的川岛芳子

>>> 东方艳谍，川岛芳子

川岛芳子（1906—1948年），本姓爱新觉罗·金梦芝，日本名川岛芳子、川岛良子、川岛良辅。

她女扮男装，充当着日本策动伪满独立、与国民党居间调停、互相勾结的"秘密武器"。她曾参与"皇姑屯事件""九一八事变""满洲独立"等重大秘密活动，并亲自导演了震惊中外的"一·二八"事变及营救秋鸿皇后等臭名昭著的卖国活动，成为日本谍报机关的"一枝花"，受到特务头子田中隆吉、土肥原贤二等的大加赞赏。

1948年3月被国民党枪决。

拓展阅读：

《二战女间谍秘闻》蔡俊
《世界头号间谍》
　　[法] 卢卡·德拉特

◎ 关键词：绝密情报 作战计划 价值不菲

一个不为人知的间谍

1943年8月22日，一位穿着不俗的德国人走进英国驻瑞士伯尔尼的领事馆，他自称是纳粹德国外交部的高级官员，要求见领事馆情报部门的最高负责人。被带进英国上校的办公室后，来人拿出了一份绝密情报，上面的内容让上校目瞪口呆。上校知道来人肯定是个不凡的间谍，于是就当场揭穿了他。来人一把抓起文件，瞬间在英国领事馆消失了。后来经过证实，来人提供的情报的确属实，那位英国上校被人耻笑为"天下头号傻瓜"。

给英国上校提供情报的人名叫弗里茨·科尔贝，当时他是纳粹德国外交部联络官卡尔·里特尔博士的助手。特殊的职位使他接触了纳粹所有的作战计划，德国国防部通过外交部递交的所有重要文件以及绝密文件，都要经他的手转达和呈递，可以说，他掌握的资料可以让纳粹德国改变所有的作战计划。

弗里茨·科尔贝被英国上校赶出领事馆后不久，美国战略勤务办公室正式起用了他，代号为"乔治·伍德"。从此以后，弗里茨·科尔贝开始全力以赴地为美国人搜集德国的绝密情报。当他前往瑞士时，就将秘密文件装进要递交的外交邮袋里，他在途中被盖世太保们搜查过好几次，但是没人有胆量打开他的外交邮袋。抵达伯尔尼后，他取出邮袋内的秘密文件塞进大衣口袋里，然后将邮袋递交上去，再将秘密文件送达给美国人。

弗里茨·科尔贝利用原先的外交身份多次冒险，冷静执着，方法特别而多样，让美国及盟国得到了价值难以估量的情报，包括德国纳粹的军事计划、德国高级间谍的资料、日军的绝密情报等。

1944年7月20日，一个名叫"黑色管弦乐队"的反纳粹组织刺杀希特勒未遂，遭到希特勒的疯狂追捕，美国联络员一连好几天都没有得到弗里茨·科尔贝的任何消息，以为他被秘密杀害了。没想到几个星期后，弗里茨·科尔贝再次出现了，并且继续向盟国提供价值不菲的情报。

1945年，德国和意大利战败，日本也随之投降了。战争结束后，弗里茨·科尔贝隐姓埋名，于1970年默默无闻地死去。没有人公开承认他在"二战"中的巨大贡献，很多德国人至今仍然认为他是一个十足的卖国贼。但是弗里茨·科尔贝生前对当年所做的一切丝毫不感到后悔，他曾说过这样的话："我这样做一切都是为了德国和德意志民族，总有一天会有人理解我的良苦用心的！"

●布鲁克（右）与伏罗希洛夫

>>> 三巨头的烟斗

丘吉尔在他的《二战回忆录》里写道：

这是我一生中值得纪念的一刻，我右边坐着美国总统，左边是苏俄的主人。这一刻，即"德黑兰会议"期间的一个夜晚，而就在这个值得纪念的时刻，丘吉尔手里握着一只结实的石楠根烟斗，斯大林那一排浓重胡须下面叼着一只巨大的枣木烟斗，罗斯福抽的是"骆驼"牌香烟，但是他把他的烟卷装在一支长长的烟嘴里。

根据烟斗礼仪，正如一个男人至少应该有五条领带一样，他起码也应该有三只烟斗，以满足不同场合的要求。

拓展阅读：

《禁锢在德黑兰的洛丽塔》
苏友贞
《德黑兰会议》冯石竹

◎ 关键词：大西洋壁垒 英吉利海峡 欧洲战场 霸王行动

德黑兰会议

第二次世界大战时，纳粹德国在西线频频得手后，叩开了苏联的大门。1942年6月22日，德军兵分三路向苏联发动突然袭击，然后长驱直入，占领了苏联的大片国土，苏军统帅斯大林感到非常焦虑。斯大林在1941年就看出了希特勒称霸世界的野心，那时候他就向英国首相丘吉尔提出开辟西欧第二战场的建议，以此对德军实施联合夹击，配合苏联军队在东线的战争。然而英国和德国进行了几次大的交锋后，短时间内无法再集结大的部队，因此丘吉尔对斯大林的提议只是做了象征性的回应，不想为此做出太大的牺牲。唯一可以和德国相抗衡的美国不想卷入战争，只是抱着静观其变的态度，决意看到战争发展的局势后再作图谋。

希特勒用了四年时间，在挪威到西班牙的海岸上构筑了"大西洋壁垒"，将法国纳入了严密的防范范围之内，而防范的重点就在加莱，诺曼底也在这一严密的防线上。希特勒的意图非常明显，如果英国敢轻举妄动，德国在必要的时候渡过英吉利海峡，将英国吃掉，受到严重威胁的丘吉尔终于坐不住了。

1942年末至1943年初，苏联军队取得了斯大林格勒保卫战的胜利，欧洲东线战场上的局势彻底发生了扭转，但是整个欧洲战场的局势仍然不容乐观。法国沦陷，德国人正对法国对岸的英国虎视眈眈，如果仅凭一个国家的实力，很难和强大的德国和意大利进行对抗。1942年6月，苏联和美国、英国发表了联合公报，达成了开辟欧洲第二战场的共识。

1943年11月28日，英、美、苏三国在伊朗的首都德黑兰举行会议，重点商讨对德和对日的作战问题，主要议题是制订登陆作战的计划。三国首脑曾在会议上产生了很大分歧，但是从长远利益出发，罗斯福和丘吉尔还是接受了斯大林的意见，签订了苏美英三国《德黑兰总协定》，制订了"霸王行动"计划，将登陆的地点定在诺曼底，从而为开辟欧洲战场奠定了坚实的战略基础。

●德黑兰会议上丘吉尔（左）和斯大林（右）会面。

●斯大林、罗斯福、丘吉尔三巨头合影。

度尽"二战"的劫波

● 盟军士兵在登陆艇中

>>> 历史的纪念

如今在诺曼底的土地上，有很多博物馆，光是登陆的海滩，就有博物馆和纪念地20多处。在众多的博物馆中，冈城的第二次世界大战纪念馆（又称和平纪念馆）首屈一指。

"和平纪念馆"于1988年6月6日正式落成。纪念馆用图片、文字、电影等各种资料，向观众介绍"二战"的历史。纪念馆正面墙上，有一段耐人寻味的题铭：

战争的苦难令我心身破碎，兄弟情谊使我重新挺胸抬头；从我的创口奔涌而出，那是一条自由的河流。

拓展阅读：

《诺曼底登陆》
　　［美］道格拉斯·鲍汀
《第三帝国的灭亡》
　　［英］邓肯·安德森

◎ 关键词：艾森豪威尔 诺曼底 成功登陆

诺曼底登陆战

第二次世界大战打响后的第三年，德军和苏联进行了斯大林格勒会战，苏联以此由防御转入反攻。同年，美英盟军取得了北非和西西里岛登陆的胜利，接下来不久，意大利退出了战争，日本也在太平洋上转入守势，战争格局发生了根本性的变化。希特勒花费四年时间，在挪威到西班牙沿线构筑了防范严密的"大西洋壁垒"，企图进军欧洲。1943年11月，隆美尔奉希特勒之命视察西线的海防，结果令他大为震惊的是：希特勒大肆吹嘘、宣扬的"大西洋壁垒"，并非坚不可摧，其中存在很多防范上的漏洞。他马上着手加强防御工事，并且在诺曼底增加了许多大炮，在海水里布设了很多障碍。

为了重返欧洲大陆，在欧洲开辟第二战场，减轻东线上苏联军队的压力，配合苏军发起全面反攻，英、美、苏三国几经周折，于1943年11月在德黑兰会议上最终达成协议，决定实施代号为"霸王行动"的登陆计划。同年12月，德怀特·戴维·艾森豪威尔被任命为盟军远征军最高司令，全面负责登陆作战行动。

艾森豪威尔来到英国登陆计划的总指挥部后，经过细致的权衡，将登陆的地点选在了距离英国最近的诺曼底。原计划中登陆海岸线的范围由40千米扩大到80千米。登陆的滩头从三个增加到五个：戈尔德滩、奥马哈滩、朱诺滩、犹他滩和斯沃德滩。登陆时间也向后推迟了一个月，暂时定在1944年6月5日。

盟军在登陆前夕，对德军的战略设施进行了一系列的轰炸。盟军的轰炸机集中轰炸了德军的铁路、公路和桥梁，到盟军登陆日，一共有66000吨炸弹投放到德军战场上，德军的铁路运输量急剧下降了百分之五十，24座处在运输干线上的桥梁被炸毁，另外三座也被迫停用了。除此之外，盟军还采取了一些迷惑德军的措施，连续实施了"刚毅·北方"和"刚毅·南方"计划，在法国北部的多佛尔地区假装进行军事演习，发出大量无线电信号，故意使德军上当。在英国的肯特郡，巴顿将军突然出现了，德军统帅部误以为盟军渡海作战的司令部和军队都集结在多佛尔地区。间谍也为盟军成功登陆做出了不可磨灭的贡献，他们向德军提供了大量的假情报，声称盟军在加莱海峡沿岸登陆，隆美尔对此信以为真。

艾森豪威尔在登陆前夕遇到了一个难以解决的问题，因为气象部门报告说，从6月5日夜间开始，天气极有可能突然变坏，于是他将登陆的时间向后顺延到6月6日。

6月5日，英吉利海峡出现了恶劣的天气，隆美尔认为盟军不可能发动进攻,看了气象报告后,他就回德国给夫人过生日去了。而希特勒则在豪华的山间别墅里和情妇在一起。

　　6月6日凌晨,大批的空降兵乘滑翔机降落在诺曼底海岸,与此同时,2219架轰炸机也对海滩上的德军防御工事进行了轰炸。登陆部队在水陆两栖坦克的掩护下,迅速占领了犹他滩,稳住阵脚后,登陆大军开始向内陆挺进。在法国,盟军和德军打了几场大的战斗后,先后攻占了卡昂城、圣

● 登陆艇聚集在码头,等待登陆诺曼底。
● 艾森豪威尔为实施诺曼底空降任务的伞兵送行。
● 美国某步兵师的士兵正在登陆。
● 盟军舰艇提供炮火支援。

洛城,接下来解放了巴黎,西欧第二战场由此开辟了。希特勒将登陆的盟军赶回大海的计划破灭了,盟军成功登陆诺曼底,德军全线溃退的日子已经不远了。

◎ 关键词：隆美尔 刺杀希特勒 坐以待毙

隆美尔之死

● 隆美尔元帅像

>>> 隆美尔战时文件摘选

1941 年 8 月 31 日

昨天傍晚的时候，我和几位军官出去打猎，感觉非常刺激。最后，我从车中开枪打中了一头羚羊。它成了我们的晚餐，味道相当鲜美可口……

1941 年 9 月 29 日

昨天没办法写信，因为胃病又发作了。前天晚餐的时候，我们吃了一只鸡。虽然煮了六个钟头，还是和牛皮一样硬。我的胃实在吃不消。

1941 年 10 月 6 日

我的胃病已经好了，现在又是生龙活虎了。11月初我要到罗马一个星期，在那里有许多事要接洽。当然，还有战斗要发生……

拓展阅读：

《隆美尔战时文件》
　　[英] 李德哈特
《狗娘养的战争》
　　[美] 乔治·S.巴顿

1944 年 10 月 10 日清晨，火红的太阳冉冉升起，万道霞光爬满德国陆军元帅隆美尔家的窗子，隆美尔刚从睡梦中醒来。此时，他的副官已经在门外等候多时，正满脸焦虑地在原地徘徊着，希望早一点见到隆美尔。见隆美尔推门出来，副官马上迎上去告诉他，他的别墅已经被五辆装甲车团团包围了。一种不祥之兆袭上隆美尔的心头，瞬间，他什么都明白了，预感到自己的生命即将走到终点，他没有哀伤，没有悲痛，只有失望和无奈。他步履蹒跚地走进儿子的房间，紧紧拥抱着儿子，凝望着儿子的脸庞，然后告诉他，自己的末日到了。

隆美尔生于 1891 年，一直以来，他都是纳粹头子希特勒的忠实追随者。在很早的时候，他就加入了纳粹党，曾当过党卫军的头目。1941 年，他率领非洲军团在北非战场上重创英军，为希特勒的侵略立下了汗马功劳，他本人也因此赢得了"沙漠之狐"的称号。在西方军界，有人称他为"战争动物"，称他指挥的装甲师为"魔鬼师"，也有人因为他出色的军事指挥才能而称他为"20 世纪的汉尼拔"。阿拉曼一战，隆美尔输给了英国将军蒙哥马利。北非战争结束后，隆美尔被希特勒调回国内，任命为德国陆军元帅，负责西线诺曼底地区的防务。

既然希特勒如此器重隆美尔，为什么又突然要将他置于死地呢？这源于两个多月以前的一次针对希特勒的暗杀行动。当时德国的许多高级陆军军官对纳粹党徒的横行霸道十分不满，对希特勒在军事上的冒进也深有反感。1944 年夏天，德国在各个战场上节节败退，几乎到了四面楚歌的境地，而希特勒却不顾劝阻，一意孤行。对此颇为反感的高级陆军将领们决定除掉希特勒，年轻军官史陶芬贝格是行刺人。不幸的是，刺杀没有成功，希特勒只受了一点轻伤。

刺杀案发生当天，惊魂未定的希特勒就开始大规模地搜捕密谋者。在这次搜捕行动中，5000 多人被杀，1 万多人被关进了集中营，其中当然不乏无辜者。隆美尔在事发当天正在医院疗养，但在搜捕行动中查获的一份名单上，隆美尔却被内定为"帝国总统"。极为震怒的希特勒得到消息后，毫不犹豫地要处决隆美尔。

于是，隆美尔只好坐以待毙。装甲车围困隆美尔的别墅后，希特勒大本营的两位将军乘坐一辆小汽车奉命来到隆美尔的别墅内，向隆美尔表明，如果他愿意服毒自尽，将享受国葬的荣誉，家属也可享受到陆军元帅的全部抚恤金，否则的话，他将被推上军事法庭受审。隆美尔将事情的原委告诉了妻子，并

度尽"二战"的劫波

●隆美尔率领的军团曾在北非战场上重创英军，为纳粹德国的侵略立下汗马功劳，因而获得了"沙漠之狐"的称号。图为隆美尔视察"大西洋壁垒"。

●正在北非前线指挥作战的隆美尔。

　　且说，15分钟后她将接到一个电话，被告知自己的丈夫因患脑病而身亡。

　　汽车载着隆美尔飞快地开走了，15分钟后，电话铃准时响了，隆美尔再也没有活着回来。

度尽"二战"的劫波

●被处决后的墨索里尼与情妇

>>>《打喷嚏的墨索里尼》

意大利鲁西恩·爱格尼摄于1935年。他把这张抢摄于斯萨火车站的照片视为他最成功的作品。

当时52岁的墨索里尼已掌权13年，帝国的美梦正在实现，事业如日中天。

那时，墨索里尼刚参加完一个为期三天的会议，这次会议连法西斯新闻社的记者也禁止进入会场。爱格尼恰巧在火车站遇上了即将返回罗马的墨索里尼。墨索里尼一如以前一样在公众面前矫揉造作，就像照片中反映的那样。

发表这张照片的图片杂志社在20世纪30年代声名狼藉，但它的一批不受监管的摄影作品却带来了非凡的效果。这张照片就是其中最出色的一张。

拓展阅读：

《墨索里尼的末日》（故事片）
《墨索里尼》牛景立等

◎ 关键词：独裁者 党魁 议和 枪决

墨索里尼走向末路

墨索里尼，意大利的独裁者，法西斯党的党魁，希特勒的忠实追随者，在第二次世界大战中对全世界人民犯下了不可饶恕的罪行。

早年，墨索里尼曾加入意大利社会党，但不久就被开除了。1919年，墨索里尼在意大利建立了第一个法西斯组织——战斗团。1921年，墨索里尼建立了法西斯党。1922年10月发动"进军罗马"的军事政变后，墨索里尼开始了在意大利的法西斯独裁统治，他对内镇压共产党和民主运动，对外侵略埃塞俄比亚，武装干涉西班牙的内政，并且出兵侵占了阿尔巴尼亚。希特勒窃取德国的政权后，墨索里尼与之沆瀣一气，并在1936年与日本结成轴心国，挑起了第二次世界大战。

"二战"中，当东线的苏联取得节节胜利时，曾经在北非横行一时的德国和意大利军队遭到惨败，蒙哥马利率领英国军队取得了阿拉曼大战的胜利，8万多意大利士兵被俘虏，希特勒的爱将隆美尔也被赶出了非洲，而盟军在艾森豪威尔的指挥下，将意大利本土作为了下一个进攻目标。此时，工业城市米兰和都灵发生了大规模的罢工，墨索里尼苦心经营的意大利法西斯政府正在迅速瓦解之中。四面楚歌的墨索里尼解除了齐亚诺伯爵的外交大臣职务，任命他为梵蒂冈大使。德国人开始怀疑墨索里尼想与英美议和。

几个月以来，墨索里尼不断地呼吁希特勒向苏联议和，以便把德国的军队调到西线，和意大利的军队共同防御地中海，消除英国军队的威胁。1943年5月，盟军占领突尼斯，又于7月10日成功登陆西西里岛，意大利军民不愿意在本土发生战争，军队的士气非常低落。针对这种情况，墨索里尼和希特勒于7月19日在意大利北部的菲尔特雷举行了一次会谈，希特勒主张各个战场继续作战，但是墨索里尼对希特勒的狂言已经听不进去了。

1943年7月24日夜里，意大利法西斯党最高委员会召开了一次会议，墨索里尼因为将意大利引入战争而遭到猛烈抨击。第二天晚上，墨索里尼被召进王宫，随即被解除了全部职务。让他感到意外的是，他被一辆救护车押送到警察局。

1943年9月，意大利退出法西斯同盟，并宣布对德作战。希特勒趁机占领了意大利中部和北部地区，将落魄的墨索里尼重新扶植上台。

在意大利共产党的领导下，意大利人民举行了武装起义，配合盟军作战。躲在北部的墨索里尼经过乔装打扮，准备混在德军中逃往德国，但在半路上被游击队抓获。1945年4月28日，意大利推翻了法西斯统治，全国得到解放，法西斯头目墨索里尼在科莫湖边的科莫村被枪决。

● 焚烧希特勒和爱娃尸体的地方

>>> 希特勒第 6 号训令

1943 年 4 月 15 日，希特勒发布了一项绝密命令。命令说：

"我决定，一旦气候条件允许就实施'堡垒'进攻计划，这是今年的第一次进攻。这次进攻具有决定性的意义。这次进攻应迅速完成并取得决定性的胜利。这次进攻应使我们掌握今年春夏两季的主动权。与此有关的一切准备措施，必须最慎重、最坚决地实施……

每个指挥员、每个士兵必须深刻理解这次进攻的决定性意义。库尔斯克地区的胜利应该成为照耀全世界的火炬。"

拓展阅读：

《希特勒之秘》阿干
《希特勒之死》
[俄] 阿达·彼特卢娃

◎ 关键词：绝密行动 自杀 婚礼 焚烧

希特勒畏罪自杀

1945 年 4 月，苏联红军攻破德国的最后一道防线柏林后，希特勒称霸世界的美梦被彻底击碎了，德军总指挥部里一片混乱。

4 月 24 日，希特勒突然紧急召见了警卫队分队长沙乌布，商谈如何处理军事文件，这是一次绝密行动，就连希特勒的贴身侍卫林格也不准入内。紧张的磋商过后，沙乌布走出了希特勒的办公室，命令林格将保存的两箱军事文件和一些德国马克浇上汽油烧毁。两天后，希特勒把林格叫到密室内，告诉他一个痛苦的抉择：如果柏林失守，他将和情妇爱娃一齐自杀。为了防止尸体落入苏联军队手中，希特勒命令，在他们死后，将他们的尸体和居住的防空洞全部焚毁，以免给苏联军队留下什么线索。为了保险起见，他还命令林格事先准备好了两桶汽油放在防空洞门口。

苏联红军一路势如破竹，逼近了希特勒的总指挥部，德国的高级将领们纷纷作鸟兽散，希特勒诚惶诚恐地待在防空洞里，唯恐被苏联军队生擒活捉。4 月 29 日，希特勒派一名叫费格良的军官去外面探听虚实，结果费格良准备逃离柏林城，希特勒下令处死了他。

爱娃对希特勒的死亡决定显得异常镇静，她情愿和希特勒一起共赴黄泉，临死之前，她向希特勒提出了一个要求，希望与希特勒举行婚礼，做他正式的妻子，希特勒答应了她的要求。处死费格良的当天，希特勒和爱娃的婚礼在简陋的防空洞中举行，一位曾经担任德国宣传工作的高级官员当了他们的证婚人，并主持了这场简单的婚礼仪式，宣布他们成为夫妻，希特勒夫妇和在场的其他人共同组织了一个简单的茶宴。不远处，苏联军队的隆隆炮声敲碎了希特勒的所有梦想，防空洞里越发显得凄惶，希特勒心里很明白，自己的时间已经不多了。

举行婚礼的第二天，希特勒开始实施死亡计划。下午 3 时 45 分，希特勒和属下做最后的告别，此时的希特勒已经不是一个不可一世的纳粹狂徒，往昔骄嚣的气焰也已经荡然无存了，他希望属下能向西突围，获得德国盟军的支援，最后，他再次提醒贴身侍卫，一定要将他们的尸体焚毁。之后，希特勒在自己的办公室里饮弹自尽，子弹从希特勒右侧的太阳穴射入，墙壁和地面上都溅满了血迹，地上扔着希特勒自杀时使用的两把手枪。随后，爱娃也服毒自杀了。属下按照希特勒的嘱咐将他和爱娃的尸体浇上汽油焚烧了，几个小时后，希特勒生前的几名贴身侍卫将两人的尸骨合葬在防空洞附近。

5 月 5 日，苏联红军挖出了两具尸骨，经过多方调查和审问希特勒的保镖，最终确定了挖出的尸骨就是希特勒和爱娃。

度尽"二战"的劫波

●印尼总统苏加诺宣布独立

>>> 印度尼西亚国徽

由一只金色的鹰、一面盾和鹰爪抓着的一条绶带组成。

鹰象征创造力。鹰两翼各有17根羽毛，尾羽8根，这是为了纪念印度尼西亚的独立日——8月17日。鹰胸前的盾面由五部分组成：黑色小盾和金黄色的五角星代表宗教信仰，也象征"潘查希拉"——印尼建国的五项基本原则；水牛头象征主权属于人民；榕树象征民族意识；棉桃和稻穗象征富足和公正；金色饰环象征人道主义和世代相传。盾面上的粗黑线代表赤道。鹰爪抓着的绶带上用印尼文写着"异中有同"。

拓展阅读：

《印度尼西亚》王受业等
《印尼华侨史》李学民

◎ 关键词：血腥统治 强烈反抗 反法西斯

印尼的八月革命

1942年3月，日军开始施行"南进"战略，进攻了荷属印度尼西亚，但荷兰政府却不战而降，致使印度尼西亚沦入日本人手中。日本为了获取更多的战略资源，大肆地掠夺印度尼西亚的石油和橡胶，并且强行收购当地农民的大米作为战略储备。此外，日本还在印度尼西亚大规模地招募劳工，然后将他们押送到缅甸、泰国等地，强迫他们构筑军事设施，如果他们胆敢反抗，就会死在日军罪恶的枪下，有200万人在充当劳工的过程中死去了。1943年，日本本国兵源匮乏，为了尽快地补充兵力，便强迫几十万印尼青年参加卫国军，结果使他们替日本人充当了炮灰。日本的血腥统治激起了印尼人民的强烈反抗。

印尼共产党人建立了"反法西斯运动"等抗日组织，发动石油工人和种植园工人进行罢工，破坏铁路和桥梁，切断日军的运输线。爪哇和苏门答腊等地还先后爆发了反抗日军征收粮食的斗争。1945年2月14日，驻守在爪哇勿里达的卫国军因不满日军的高压政策，在军官苏普里雅迪的率领下，将驻扎在当地的日军全部打死。日本当局极为震惊，马上从雅加达增派大批援军，将起义镇压下去。为了达到欺骗印尼民众的目的，日本人在印尼建立了伪中央参议院和地方参议会，宣称将支持印尼独立。此外，日军还释放了战前被荷兰殖民者监禁的苏加诺等民族独立运动的领导人，目的是争取印尼民族资产阶级的支持。对日军的诺言抱有幻想的印尼民族资产阶级采取了积极配合的态度，推举苏加诺出任民众力量总会会长。

日军为了消除印尼人民日益高涨的反抗情绪，只好宣布成立印度尼西亚独立准备调查会。6月1日，苏加诺和沙里尔领导的各派青年组织分别在雅加达和万隆召开会议，号召青年为独立而奋战。8月7日，日军被迫宣布成立印度尼西亚独立筹备委员会，由苏加诺任主席，但日军还没来得及宣布印度尼西亚为独立的国家，裕仁天皇已经无条件投降了。

苏加诺和印尼独立筹备委员会商讨后，起草了《印度尼西亚独立宣言》，8月17日，各派的政治组织代表纷纷在苏加诺的住所集会，苏加诺宣读了宣言的内容。9月4日，以苏加诺为首的总统制内阁成立，苏加诺随后宣布了建立印尼人民治安军的决议。摆脱日军的统治后，独立的印度尼西亚共和国正式成立了。

然而，荷兰想重新在印尼建立起殖民统治，英国也想从中得到好处，他们都向印尼派出了军队，但均遭到印尼人民的有力打击，只好悻悻而归，印尼取得了独立革命的最后胜利。

度尽"二战"的劫波

●长崎上空出现的原子弹蘑菇云

>>> 毁灭与良知

由于原子弹这一毁灭性武器对人类的灭绝性危害，爱因斯坦对自己曾写信给罗斯福说服他研制原子弹后悔不已，原子弹的制造者奥本海默等人在战后极力反对使用核武器。

亲手在长崎投下原子弹的投弹手克米特·比汉上尉在临终前唯一的心愿是："但愿我是世界上最后一个投下原子弹的人！"

1968年11月6日，曾负责运送投在广岛的原子弹"小男孩"部件的"印第安纳波利斯"号舰舰长麦克维伊在获悉当年自己运输的竟是葬送10余万生灵的原子弹后，愧疚不已，饮弹自尽。

拓展阅读：

《原子弹演义》金孩
《原子弹爆炸下的儿童》
（电影）

◎ 关键词：本土决战计划 一线生机 不堪一击 投降

盟军进攻日本本土

意大利退出第二次世界大战后，纳粹德国也很快步了后尘，而亚洲战场上的日本还在负隅顽抗。在太平洋上和美国进行了一系列血腥的角逐后，日本不仅丧失了海上战斗力，大批优秀飞行员的丧失还彻底打破了日本航空兵不可战胜的神话。美国凭借强大的综合国力、先进的情报系统和战术上的优势，取得了中途岛、莱特湾以及瓜达尔卡纳尔岛等战役的胜利，夺取了所罗门群岛，将日军称霸南太平洋的计划变成了一个不可企及的梦想。日军在前哨阵地硫磺岛和冲绳岛战役失败后，终于将战火引到了本土，不甘就死的日本军国主义者极力推出了本土决战计划，打算在最后的挣扎中寻求一线生机。

1945年3月20日，日军大本营制定了"决战作战准备纲要"，准备利用本土作战的有利条件，先以残存的陆军、海军和航空兵实行特攻作战，力图在海上挫败登陆的盟军，然后纠集地面上的全部兵力，与登陆的盟军全力一搏。日本军部判断，盟军登陆的时间应该分别是6月和初秋，地点在九州、四国和本州的关东地区，因此，日本军队应该赶在盟军登陆之前，在关东和九州等地部署兵力，做好战斗准备。此后的几个月，日本不仅加紧从中国东北和朝鲜向本土调集兵力，加强防御工事，还调整了指挥系统，成立了五个方面军司令部和五个军管区司令部，专门负责本土作战。到6月中旬，日本已竭尽所能地调集可用兵力以进行本土决战。

然而，军国主义依然无法掩盖日本正迅速走向衰亡和崩溃的事实。日本失去了航空母舰，海上的作战能力简直不堪一击，航空兵的减损使空中力量也受到影响；美国已经将日本掠夺资源的运输线切断，国内资源的严重枯竭，战略储备简直是杯水车薪，日军的日常生活都成了困难，作战的能力自然会大打折扣；国内民众对战争产生了极度反感。与此同时，美国和其他国家组成的盟军正在为登陆做最后的准备，1945年3月，美国太平洋战区机构重新改组，道格拉斯·麦克阿瑟将军负责地面部队，尼米兹将军负责海军，斯帕兹将军负责空军。1944年6月15日到1945年8月14日，美军向日本的军事基地、石油储备库、政府机构和民居投放了几万吨炸弹和燃烧弹，将近300万幢民居被炸毁，1300万人流离失所。在海面上，美军布设了14000枚地雷，封锁了下关海峡、名古屋、横滨和东京的海上交通线。

8月6日，美国在日本广岛投掷了第一颗原子弹，三天后，长崎上空也升腾起一团蘑菇云，日军精心准备的本土作战计划丝毫没有起效。盟军发表《波茨坦公告》后，日本天皇于8月15日投降了。

度尽"二战"的劫波

●战败后的日本天皇裕仁

>>> 日本神道教

神道教是日本的民族宗教，简称神道。从日本原始宗教发展而来，最初以自然精灵崇拜和祖先崇拜为主要内容。5—6世纪之际，吸收了中国儒家的伦理道德和佛教、道教的某些教义或思想，逐渐形成比较完整的宗教体系。

明治维新后日本政府将神道教尊为国教，被称为"国家神道"，成为明治政府教导百姓忠贞爱国、誓死效忠天皇的工具。

1945年日本于"二战"投降后，在盟军要求下，日本天皇废除国家神道，神道教遂成为民间宗教，但神道教至今仍是日本最崇信的宗教。

拓展阅读：

《见证日本投降》黎秀石
《狼犬的终结》王俊彦

◎ 关键词：广岛 投降 服从美国 无条件

日本帝国主义投降

轴心国中的意大利和纳粹德国相继投降后，日本还在为侵略战争做最后的苟延残喘。1945年7月26日，中国、美国和英国联合发表了《波茨坦公告》，敦促日本无条件投降，否则将受到最严厉的惩罚，而一向奉行军国主义的日本依然我行我素，对公告置之不理。8月6日，美国在广岛投放原子弹。8月8日，苏联向日本宣战。当天晚上，苏联红军出动100万兵力，袭击了日本驻扎在中国东北的70万关东军，世界性的反法西斯战争开始了。

此时的日本已经到了穷途末路的地步，日本高层领导为投降问题而闹得不可开交。

8月9日下午在铃木召开的内阁会议上，外相东乡茂德报告了苏联对日宣战和美国向广岛投放原子弹的坏消息，会场上顿时爆发了一阵激烈的争论，但是关于接受投降还是坚持作战到底的问题依然没有得到解决。无奈之下，铃木只好请裕仁天皇参加会议，书记官当场宣读了《波茨坦公告》。之后，铃木宣读了自己事先拟订好的提案："日本政府准备接受1945年7月26日由美国、英国和中国政府所发表的《波茨坦公告》中的所有条款。"话音未落，反对声就此起彼伏了，陆相阿南、梅津美治郎和丰田等人表示无法接受，但眼前的事实让天皇感到回天无力，接受投降是最好的选择。

8月10日，美国政府通过广播收听到了日本接受《波茨坦公告》的消息，征求了英国、苏联和中国的意见后，美国发表了一道复文："日本自投降那一刻起，日本天皇就要服从美国最高司令官的命令……日本政府将以何种形式存在下去，必须遵从日本人民的意愿决定。"两天后，美国向日本空投了用日文写好的日本政府接受《波茨坦公告》的电文和盟国复文的传单，日本民众很快就知道了政府无条件接受投降的消息。

陆相阿南等人恳求天皇继续战争，挽救日本的现状，天皇没有听取他们的意见，反而下令起草诏书，无条件接受投降。一些主战派在当日晚间闯进皇宫，企图搜出诏书，阻止投降，但遭到天皇警卫部队的镇压，陆相阿南在自己的官邸前剖腹自杀。8月28日，美国空军的飞机降落在东京机场。英、美军队陆续登陆日本海岸，占领了日本。

9月2日上午9时，在日本东京湾的美国"密苏里"号战舰上，日本新外相重光葵和日本参谋总长梅津美治郎在投降书上签字。至此，第二次世界大战宣告结束。

度尽"二战"的劫波

●1945 年 9 月 2 日,在日本东京湾的美国"密苏里"号战舰上,盟军最高统帅道格拉斯·麦克阿瑟在协议上签字,接受日本投降。世界反法西斯战争至此落下帷幕。在受降仪式上道格拉斯·麦克阿瑟向全世界人民发表讲话:"今天,枪炮沉没了,一场悲剧结束了。一个伟大的胜利赢得了。天空不再降临死亡,海洋只用于贸易交往,人们在阳光下可以到处行走。全世界一片安宁和平,神圣的使命已经完成。……我们体验了失败的痛苦和胜利的喜悦,从中领悟到决不能走回头路。我们必须前进,在和平中维护在战争中赢得的东西……"

度尽"二战"的劫波

◎ 关键词：投降 甲级战犯 东条英机 远东国际军事法庭

甲级战犯东条英机

●战犯东条英机

>>> 法庭上的闹剧

1946年5月3日，远东国际军事法庭上，坐在被告席最上面的大川周明突然给在他前面的东条英机的秃头一巴掌。表情僵硬的东条苦笑了一下。而这之前，大川周明已打过东条一巴掌了。

据说大川周明在日本投降后受了刺激，开庭前，他的辩护律师曾请求对他做精神鉴定，但被驳回。大川周明被带出法庭时，他一边挣扎一边高喊："我要杀死东条！"

第二天，医学专家认定他患有精神病。在远东国际军事法庭最终宣判后不到两个月，大川周明被释放。奇怪的是，释放后的他疯病居然好了，从此逍遥法外。

拓展阅读：

《战争狂人——东条英机》
解力夫
《东条英机》刘乐华

日本播放无条件投降的诏书后，接着命令国内外的军队就地和平投降。散布在远东、南洋、南亚以及其他地区的日本部队，陆续向盟军投降。1945年8月26日，美国军队浩浩荡荡地开进日本，美国太平洋战区陆军上将道格拉斯·麦克阿瑟发布了逮捕战犯的名单，其中东条英机位列名单之首。

为了防止东条英机畏罪自杀，一大批日本警察和军人将这个甲级战犯关押在一幢欧式的日本平房里，并进行严密看守。东条英机知道大势已去，很想一死了之，但连死的权利和自由都丧失了。他装作若无其事的样子自我解嘲，说自己现在和政治已经完全无关了。此外，他还一再申明，日本发动的战争是正义的战争。9月11日，麦克阿瑟下达了逮捕东条英机的命令，美国人迅速包围了东条英机的住宅，东条英机对全副武装的美国兵的突然围困，表现得坐卧不安，在反复得知自己被捕后，趁美国人不备，东条英机朝自己的胸口开了一枪。东条英机知道自己犯下了不可饶恕的战争罪行，想以自杀来逃避审判。但他没有想到，自己竟然大难不死，经过精心的救治，他的伤口很快就复原了。

1948年11月4日，远东国际军事法庭决定对东条英机等11名罪大恶极的战犯进行审判，让他们交代在战争中犯下的罪行。历经七天的审判后，远东国际军事法庭于11月12日做出了最后的判决，以东条英机为首的七名战犯被判处绞刑，其余的四名战犯也得到了应有的惩罚。12月21日，日本第八宪兵司令官和巢鸭监狱的监狱长接到通知，东条英机和其他六名战犯的死刑执行时间定在1948年12月23日午夜零时1分。于是，东条英机等七名战犯被从牢房里叫出来，站在一起，挨个接受通知。每听到一个人的名字，东条英机就点一下头，他的名字是最后一个通知到的，听到自己的名字后，东条英机重重地点了一下头。

行刑前，东条英机写了遗书，申明对他的审判具有政治性质，是由胜利者进行的；在大日本帝国，实际的统治者却是美国人，日本人在感情上应该对美国人保持距离；日本战败的根源在于没有得到亚洲各族人民的支持。最后，遗书以和歌作为结束语，如"去复来分归故土""待到日本花香时"等。死到临头，东条英机还在做着复活军国主义的迷梦。

按照既定的时间，战犯东条英机被以绞刑结束了罪恶的生命。

●穆罕默德·阿里

>>> 埃及圣鹮

　　别名"神圣朱鹮"。原本分布于东非、衣索匹亚等地区，在当地是普遍的留鸟。它们和黑头白体色大致相同，也是黑头、白身、黑脚、长而弯曲的黑嘴，最大的差别在于黑色飞羽使埃及圣鹮停栖时尾部为黑色，且颈部裸露的黑色部分较黑头白为多。

　　它们通常出现于草泽、湿地、水田或海岸等环境，以蛙类、虾蟹、昆虫等小型动物为食。动辄数十、上百只共同活动，对于当地小动物族群可能造成冲击。

拓展阅读：

《古埃及的咒语》[英] 巴奇
《大风暴与出埃及》
　　[英] 拉尔夫·伊利斯

◎ 关键词：英帝国主义 殖民掠夺 群众运动 抗争高潮

埃及民众的示威风潮

　　第二次世界大战结束后，埃及受到英帝国主义近乎疯狂的殖民掠夺，加上本国残酷的封建统治，社会和经济的发展都受到严重阻碍。处在水深火热之中的埃及人民，不甘忍受剥削和压榨，斗争的情绪不断高涨，各阶层的民众一致要求埃及政府废除1936年和英国签署的同盟条约，并强烈要求英国军队撤出埃及。1945年12月，埃及政府在人民的巨大压力下，被迫向英国提出修改同盟条约的要求，被英国政府断然拒绝后，埃及爆发了一场反对英帝国主义的群众运动。

　　1946年2月上旬，全埃及的学生组成学生联合委员会，走上街头，对英帝国主义的殖民政策表示强烈的抗议。2月9日，数千名开罗大学和中学的学生组成强大的游行队伍，前往国王西德基行使权力的阿比丁王宫请愿，当游行的队伍走到阿拔斯大桥时，遭到了英国军警的残酷镇压，数十名学生成了军警的棒下冤魂，另有200多名学生被打伤，震惊埃及的"阿拔斯大桥惨案"就此发生了。埃及人民为之愤怒了，他们喊着口号拥上街头，举行了罢工和罢市等抗议活动，各大城市纷纷举行了反对英军暴行的示威游行，号召全埃及人民站起来，共同将英国殖民者赶出去。2月21日，全埃及的工人走出工厂，加入到游行的行列里，声援示威者，他们强烈要求埃及政府将罪恶的英国殖民者驱逐出去。受到游行的影响，开罗、亚历山大等其他大城市的所有公共机关、商店、饭馆以及咖啡厅都停止了营业。驻扎在开罗的英军和埃及封建统治当局与游行的群众发生了激烈的冲突，结果造成游行者大量死伤。面对统治阶级的疯狂镇压，参加游行的埃及人民并没有被吓倒，他们号召人民再次举行全国性的总罢工和总罢市，表示对死难者的哀悼，对英军以及埃及封建统治当局表示最强烈的抗议，他们的英勇感染了每一个埃及人，罢工的风潮很快席卷了全国。

　　为了缓解埃及人民对英国殖民者的极大愤慨，英国政府决定同埃及国王西德基政府频繁接触，愿意就修改条约和撤退军队等问题进行磋商。经过双方谈判，埃及和英国于1946年10月25日签订了《西德基——贝文议定书》草案。这一协定是极其不平等的，埃及政府签订如此丧权辱国的协定，不仅出卖了埃及的利益，还置埃及人民的爱国之情于不顾，这一行径自然激起了埃及人民新的抗争高潮。首都开罗的局势变得非常紧张，参加谈判的埃及代表惧怕挑起更大的抗议风暴，纷纷发表声明，拒绝签订草案。迫于无奈，埃及议会只好否决了议定书，西德基也在逐渐高涨的反对浪潮中下台了。

No.9
"冷战"时期的世界格局

—— 联合国成立，世界反法西斯的联合。北大西洋公约组织，抗击社会主义阵营。万隆会议的召开，第三世界的崛起。

—— 丘吉尔发表"铁幕演说"，拉开"冷战"的序幕，"杜鲁门主义"出台，帝国主义实施扩张政策。

—— 巴顿遭遇不明车祸，"圣雄"甘地惹来暴力刺杀，马丁·路德·金为自由平等遭到暗杀，肯尼迪遇刺，尼克松被迫辞职。

—— 美军在朝鲜折戟沉沙，称霸成泡影。赫鲁晓夫入主克里姆林宫，"秘密报告"让苏联尝到崩溃教训。

—— 五次中东战争，高科技武器开始较量，铸成无法愈合的伤疤。

—— 动荡时期的世界格局，电子和航天技术取得了飞速的发展，科技为战争裹上文明的外衣，却将危害发挥得更加淋漓！

● 中国代表在联合国成立大会上

>>> 拍照禁令的由来

　　第 58 届联合国大会后，一次，美国某权威刊物摄影记者在安理会会议大厅里拍下了两位拉美外交官热烈拥抱的场景。这张照片第二天便见诸美国各大报刊。恰巧他们各自代表的国家间素有干戈。两位外交官均被召回，一位被免了职，一位面临牢狱之灾。

　　联合国秘书处调查后得知，两人是儿时伙伴，从小学到大学都是同窗挚友，后来天各一方，18年未曾谋面，却在联合国总部不期而遇。联合国高层便向两国首脑求情，恢复了他们的职务。但规定以后不准在安理会会议厅拍照。

拓展阅读：

《走进联合国》庞森
《联合国里的故事》欣力

◎ 关键词：联合国　国际组织　旧金山国际会议　联合国日

联合国成立

　　1942 年 1 月 1 日，美国、苏联、中国和英国等 26 个国家签署了共同反对法西斯的《联合国家宣言》，目的是打败共同的敌人，建立"广泛而永久的普遍安全制度"。美国总统罗斯福对筹建联合国这一国际组织最为积极，他自认为战后的美国应居于领导地位，并认为将苏联拉进来共同建立战后国际组织是非常重要的，而苏联也在考虑此事。

　　1943 年 10 月 30 日，苏联终于同意了美国提出的《普遍安全宣言》草案，美国、中国、苏联和英国的代表随即举行了正式的签字仪式。宣言明确宣布，要建立一个普遍性的国际组织，目的是为了维护世界的和平与安全。第二年 8 月至 10 月，美国、英国和苏联又多次派出代表，在华盛顿附近的敦巴顿橡树园举行会议，商讨战后国际组织的章程，并且签署了《关于建立普遍性的国际组织的建议案》，建议将未来的国际组织定名为"联合国"，提出了联合国的宗旨与原则、会员国的资格、联合国大会和安全理事会等主要机构和职能，以及维护国际和平、国际经济和社会合作等问题。此后不久，美国、英国和中国代表举行了一次会谈，中国接受了建立联合国的建议。至此，联合国宪章已经基本形成。

　　1945 年 2 月召开的雅尔塔会议，扫除了建立联合国的所有障碍。3 月 5 日，美国、中国、苏联和英国共同发出了《召开联合国国际组织会议邀请书》。4 月 25 日到 6 月 26 日，联合国国家组织会议在旧金山市歌剧院隆重举行，50 多个国家的 282 名代表参加了会议，宋子文作为中国的首席代表出席了会议。旧金山国际会议是国际关系史上的一次盛大会议，会议成立了由所有代表团团长组成的指导委员会，负责决定主要原则和政策，此外，代表团还成立了执行委员会，并设立了其他委员会和专门委员会，负责考虑各种事项。

　　经过辩论后，英语、俄语、法语、汉语和西班牙语成为大会的正式工作语言，会议还对宪章条文进行了文字上的修改和审查，并确认了安理会五个常任理事国的权力。6 月 25 日，代表团一致通过联合国宪章。6 月 26 日，各国代表们在旧金山退伍军人纪念堂举行了签字仪式。中国代表宋子文第一个在宪章上签字，接下来，其他 50 个国家也在宪章上签字。这 51 个国家成为联合国的创始会员国，6 月 26 日也被定为"宪章日"。

　　美国、苏联、中国、英国、法国和其他多数签字国递交批准书后，联合国宪章于 1945 年 10 月 24 日开始生效，联合国宣告正式成立，其总部设在纽约，瑞士的日内瓦和奥地利的维也纳设有联合国机构的常驻中心。10 月 24 日这一天，后来被定为"联合国日"。

● 1945 年 2 月 12 日，英、美、苏三国领导人丘吉尔（左）、罗斯福（中）、斯大林（右）在苏联克里米亚的疗养胜地雅尔塔进行了八天紧张的会谈后发表声明。他们在这里决定了关于德国无条件投降、占领和管制德国的条件以及波兰、南斯拉夫和巴尔干半岛的未来，此外，三巨头还在这次会晤中拟订了战后创建联合国的计划。

●IBM 生产的首批个人电脑之一

>>> 第一代计算机语言

电子计算机所使用的是由"0"和"1"组成的二进制数。二进制是计算机语言的基础。计算机发明之初，人们只能用计算机语言去命令计算机，需要写出一串串由"0"和"1"组成的指令序列交由计算机执行，这种计算机能够认识的语言，就是机器语言。

一条机器语言成为一条指令。指令是不可分割的最小功能单元。而且，由于每台计算机的指令系统各不相同，所以，在一台计算机上执行的程序，要想在另一台计算机上执行，必须另编程序。

机器语言，是第一代计算机语言。

拓展阅读：

机器人的发明
《冯·诺依曼和维纳》杨泰俊

◎ 关键词：物理学家 电容器 记忆元件 电子计算机

电子计算机的诞生

阿坦纳索夫是美国依阿华大学的物理学家，在研究工作中，他经常要进行十分烦琐的计算，这些计算让他饱尝了艰辛，于是他决定发明一种机器，来代替自己烦琐的计算，但是繁忙的工作让他无暇去从事别的研究。1937年冬天的一个寒夜，始终被一个难题困扰的阿坦纳索夫，因为找不到解决方案而备感苦恼，他心情沮丧地开着车，来到伊利诺斯州一家路边小酒店里借酒浇愁。

几杯酒下肚，阿坦纳索夫豁然开朗了。他想到如果用电容器作为记忆元件，将人大脑里的记忆储存起来，中间那些烦琐的工序和计算过程将被简化。他为自己的想法感到万分激动，于是就沿着这个思路，经过两年时间的刻苦研究，做了一次又一次实验，遭到一次又一次打击，终于在1939年12月成功研制出了以二进制逻辑运算为核心的电子计算机，这便是现在电子计算机（俗称电脑）的雏形。

1946年2月，宾夕法尼亚大学莫尔学院的学者摩彻利和埃卡特基，经过多年实验，制成了大型电子数字积分计算机，名叫ENIAC，这是世界上第一台真正意义上的电子计算机。摩彻利和埃卡特基研制的这台计算机堪称庞然大物，它共有18000多个电子管，耗电量达到150千瓦每小时，占地面积达到167平方米，它的体积有三层楼房那么高，运算速度是每秒钟5000次，而且输入的计算程序十分复杂，一旦出现问题，专家们往往楼上楼下忙得满头大汗，并且很难找到问题的症结所在，即便如此，这台令专家们忙得不可开交的庞然大物，在当时已经是最先进的计算工具了。

1947年，摩彻利和埃卡特基向美国专利局提出"世界第一台电子计算机"的专利申请，但由于专利局对该提法持有怀疑态度，因此直到1964年才核准了他们的申请。专利权公布以后，电子计算机并没有得到大批量的生产，并且有人提出摩彻利和埃卡特基并不是电子计算机的真正发明人，官司打到了法院。经过法院的多方调查和取证，终于查明第一台电子计算机的发明者不是摩彻利和埃卡特基，而是阿坦纳索夫。因此，阿坦纳索夫所在的美国机械工程师协会决定授予他最高荣誉——HOLLEY奖章。摩彻利和埃卡特基不服判决，马上提出申诉，法院经过了125次开庭审理，于1973年10月宣布了最终的判决结果，摩彻利和埃卡特基不是世界上第一台电子计算机的发明者，他们发明的计算机采用了阿坦纳索夫的发明构想。当时，世界大战的战火点燃了全世界，阿坦纳索夫没有申请专利，也没有公布当初的发明资料，他研制的电子计算机是不是真的投入使用过，计算机建在什么地方，外观究竟是什么样子，都成了鲜为人知的事情。

●计算机的诞生，掀起了自工业革命后的又一场新的科学技术革命，近年来，计算机的应用日益深入社会的各个领域，正在改变着人们的生活。现代电子计算机最重要的特征是，只要给予正确的指令，任何一台电子计算机都可模拟其他任何计算机的行为。据此，现代电子计算机相对于早期的电子计算机被称为通用型电子计算机。

●东条英机受审

>>> 远东国际军事法庭

又称东京国际军事法庭，第二次世界大战结束后，1946年1月19日，远东最高盟国统帅部根据同盟国授权，公布《远东国际军事法庭宪章》，宣布成立远东国际军事法庭，在东京审判日本战犯（又称东京审判）。

远东国际军事法庭由中国、苏联、美国、英国、法国、荷兰、加拿大、澳大利亚、新西兰、印度、菲律宾等11个国家的代表组成。

拓展阅读：

《纽伦堡大审判》（电影）
《东京大审判》

◎ 关键词：国际军事法庭 审判战犯 绞刑 重大胜利

纽伦堡大审判

第二次世界大战结束后，欧洲在德国的纽伦堡成立了国际军事法庭，1945年11月20日至1946年10月1日，在将近一年的时间里，对德国纳粹的首要战犯进行了审讯和判决。

在开庭之前，盟国曾做了充分的准备，掌握了大量纳粹的文件、外交和军事记录，以及数千封信件，这是盟国从纳粹的官邸、别墅、地下室以及其他地方搜查出来的，经过分类和核实，分别翻译成英文、法文和俄文，呈交检察官，以便在法庭上使用，此外，大量证人将出现在法庭上，指证那些人犯下的不可饶恕的罪行。

1945年11月20日上午，欧洲国际军事法庭在纽伦堡的正义宫正式开庭，大厅里悬挂着美国、苏联、英国和法国的国旗，神色威严的审判官身穿黑色长袍，端坐在审判席上，21名被告神色沮丧地被押进大厅接受审判。法庭宣读了起诉书，24名战犯被提起诉讼，其中鲍曼未缉拿归案，莱伊在监狱中畏罪自杀，而克虏伯暂时不出庭受审，因此实际在法庭的受审人数是21人。法庭列举了24名被告的主要罪状，并且对纳粹党政治领袖集团、德国纳粹党党卫队、德国纳粹党冲锋队、德国内阁、参谋部以及国防军最高统帅部提起了诉讼。接下来的几个月，欧洲国际法庭共公开审判403次，并多次传讯同一名被告。

经过九个月的审问，1946年9月30日，纽伦堡欧洲军事法庭宣读了长达250页的判决书，戈林、里宾特洛甫、罗森堡、凯特尔、施特莱彻、纳德尔、绍克尔、弗兰克、卡尔腾布龙纳、赛斯·英夸特以及未到案的鲍曼被判处绞刑，其他罪犯也视罪而判。此外，国际法庭还当场将巴本、沙赫特和弗里切无罪释放。1946年10月1日下午，纽伦堡国际法庭完成了审判战犯的历史使命，正式宣布闭庭。

在行刑前的那段日子里，里宾特洛甫、弗兰克、赛斯·英夸特、邓尼茨等六人先后多次提起上诉，开脱自己的罪责，强烈要求减刑，戈林的要求更是近乎荒唐，他要求将绞刑改为枪决，结果他们的要求和上诉都被国际法庭驳回，一律维持原来的判决。行刑的前一天晚上，战犯们知道难逃惩罚，于是纷纷索要《圣经》，企图得到暂时的慰藉。就在当天夜里，害怕执行绞刑的戈林在监狱里服毒自杀了。16日凌晨1时，战犯们被执行绞刑。之后，尸体被运到慕尼黑的东方墓地火葬场火化。

纽伦堡审判是一次经得住历史考验的审判，它是世界反法西斯斗争的重大胜利。

"冷战"时期的世界格局

◎ 关键词：外蒙古 大呼拉尔 君主立宪

蒙古人民共和国成立

●苏黑巴托尔

>>> 蒙古水军

蒙古水军是中国历史上发展最快、发挥作用最强的水军之一，在中国水军发展史上占有重要作用。

蒙古水军形成于成吉思汗晚期，至蒙哥汗时为止，这期间以南方的金、南宋为主要敌人，在对南宋的作战中，逐渐发展成为一支重要的军事力量。鼎盛时期是在忽必烈时期，此时承担了江河湖海的防卫任务，参与了大规模的海外作战及大规模的海上粮食运输。忽必烈统治结束后，元水军逐步进入衰落期。

拓展阅读：

《蒙古往事》冉平
《寻找成吉思汗》[英]谢韦仑

蒙古人民共和国原来属于中国的一部分，通常被称为外蒙古或喀尔喀蒙古。1911年，在俄国沙皇的策动下，外蒙古实行自治。到了1917年，中国政府重新将其收回。

十月革命在世界上产生了深远的影响。1921年，外蒙古在苏联的恰克图成立了蒙古人民党，领导人民从事革命活动。在苏联红军的援助下，于7月8日解放了库伦。四天后，蒙古宣布成立人民革命政府，由封建主和上层喇嘛共同参与执政，但博克多格根的王位被保留了下来。新成立的人民革命政府于第二年颁布了废除农奴制的法律，取消了封建主的特权。这一做法引起了反动封建主的强烈不满，他们和人民政府之间发生了多次武装冲突。1924年5月24日，最后一代博克多格根的病逝为蒙古人民共和国的成立创造了非常有利的条件。当年6月3日，人民党中央委员会通过了在蒙古实行共和国政体的决议，人民政府于6月13日宣布成立共和国，最高权力属于大呼拉尔。同一年8月14日，蒙古人民革命党召开了第三次代表大会，确定了党的总路线，11月26日，蒙古人民共和国正式成立，并且颁布了第一部宪法，彻底废除了君主立宪制。

进行革命前的外蒙古，经济条件相当落后，广大从事游牧业的牧民遭受到封建君主制的压迫，蒙古人民在革命的过程中，逐渐废除了封建土地所有制，在政治上实行政教分离，确立了民主共和政治体制。1924年5月，当时的国民党政府和苏联签署了《中苏解决悬案大纲协定》，该协定规定，苏联承认外蒙古是中华民国的一部分，苏联将在该领土内尊重中国主权。进入20世纪30年代，苏联开始大力援助外蒙古发展畜牧业，同时加强工商业、交通以及邮电事业，到40年代，外蒙古已经有了工矿业部门，还建立了银行，拥有了自己的独立货币。1939年8月，蒙古参加了反法西斯的战争，并宣布对日作战。

在1945年2月召开的雅尔塔会议上，苏联出尔反尔，和美国以及英国秘密达成协议，将中国的"外蒙古维持现状"，作为苏联参加对日作战的第一个条件。美国和英国向当时的国民党政府施加了很大压力，国民党政府只好同意外蒙古以公民投票的方式"证实蒙古的独立愿望"，1946年1月，中国国民党政府根据投票结果承认外蒙古独立。

1946年2月，蒙古人民共和国和苏联签订了为期20年的《友好互助条约》，结成了更为紧密的特殊关系。

1949年10月6日，新成立的中华人民共和国和蒙古人民共和国正式建立了外交关系。

●丘吉尔象征胜利的Ｖ形手势

>>> 欧洲人也讲究风水

约16世纪开始，西方来华的传教士便把中国风水文化带到欧洲。

英国贵族是最早接受中国文化的一群，英国前首相丘吉尔的祖居布伦海姆宫便有铭文记述，当年清朝委派风水师为其城堡祖居做风水布局。

风水师除了为丘吉尔家族安排了城堡的风水布局之外，还为丘吉尔家族在其阳宅旁边安排了一个家族墓园。

而西方，特别是英国，自从认识了风水并从风水上获得好处之后，风水便在英国上流贵族之间传开，并且一直运用至今。

拓展阅读：
《英语民族史》[英] 丘吉尔
《罗斯福与丘吉尔》
[美] 米查姆

◎ 关键词：丘吉尔 竞选 演讲 特殊关系 "铁幕演说"

丘吉尔发表"铁幕演说"

"在浩瀚的历史中，我们都是小虫子，我本人不过是只萤火虫。"这是英国首相温斯顿·丘吉尔曾经说过的话。丘吉尔出生于1874年，27岁时便在英国下院获得了一个席位，他在官场中几经浮沉，临近大战的时候，他由于做阑尾切除手术没能参加竞选而说出了这样的话："我失去了一切，失去了席位，失去了职务，失去了阑尾。"德国鲸吞波兰之后，首相张伯伦淡出了英国政界。值此风雨飘摇之际，65岁的丘吉尔决心参加竞选，他敏锐的战争洞察力和雄辩的口才，赢得了英国人的敬仰，也赢得了竞选。

1946年3月5日，丘吉尔以个人身份访问美国，在密苏里州富尔敦城的威斯敏斯特学院，他发表了题为《和平砥柱》的演讲，对一年前还同壕作战的苏联大加攻击："从波罗的海边的什切青到亚得里亚海边的的里雅斯特，一张横贯欧洲大陆的'铁幕'已经无声地拉了下来，在这张'铁幕'的后面，坐落着所有中欧、东欧古老国家的首都，包括华沙、柏林、布拉格、维也纳、布达佩斯、贝尔格莱德、布加勒斯特和索菲亚。这些著名的都市和周围的人口，全都位于苏联势力范围之内，全都以这种或那种方式，不仅落入苏联影响之下，而且越来越强烈地为莫斯科所控制……几乎在每一处都是警察政府占了上风。到目前为止，除了捷克斯洛伐克以外，根本没有真正的民主。"

此外，丘吉尔还指出，在"铁幕"的外面，共产党的"第五纵队"几乎遍布了世界，对基督教文明构成了严重的威胁。于是他呼吁英国和美国应该联合起来，建立起"特殊关系"，共同推动西方民主国家"团结一致"，对抗苏联的"铁幕"。

丘吉尔的"铁幕演说"，立即在国际社会引起了广泛关注，苏联的反应最为强烈，斯大林称丘吉尔采取了战争贩子的立场。美国朝野也受到了强烈的震撼，国会中出现了若干相当激烈的敌对言论，批评者认为丘吉尔想把美国引入"最恐怖的战争"。丘吉尔发表如此言辞激烈的演说并非一时心血来潮，"二战"结束后，世界出现了新的格局，英国不再是世界上一流的强国，它当初的地位已经被美国取代，苏联不仅是欧洲最强大的社会主义国家，也是唯一有实力和美国抗争的国家。彼此之间的利益冲突在不断升温，东欧、中东、希腊、土耳其等地区是美国、英国和苏联斗争的焦点地带。

鉴于这种情况，英国为了寻求美国的支持，打算重新均衡欧洲的势力，于是不失时机地表达出自己的意愿，同时也说出了杜鲁门政府不便公

●丘吉尔与杜鲁门。

●丘吉尔向群众挥手致意。

开的主张，虽然美国感到和苏联公开决裂为时尚早，况且民众也没有足够的心理准备，但苏联扩张和威胁的论调已经在美国舆论界占据了上风，"冷战"就此拉开了序幕。

◎ 关键词：巴顿 "二战" 车祸 谋害

巴顿遭遇不明车祸

● 巴顿在视察演习

>>> 巴顿三次流泪

巴顿打起仗来勇猛顽强，但还曾有三次落泪令人难忘。

出征落泪

1943年7月9日午夜，巴顿下达进攻西西里岛的动员令。当他从仪仗队员手中接过新军旗时，流下激动的泪水。

演讲落泪

1945年6月7日，年届60岁的巴顿回国观光，英姿不减。波士顿100多万人排成了40公里的欢迎长队。在讲到不久前严酷的战斗生活时，他泪流满面。

看伤员落泪

1945年6月14日，巴顿将军到华盛顿的一家医院看望负伤的士兵。一个负了重伤，身体残缺不全，正在等待安装假手、假脚的伤员映入巴顿的眼帘。他满脸泪水。

拓展阅读：

《热血豪胆——巴顿》刘文涛
《我所知道的战争》[美]巴顿

　　美国著名的军事将领、第三集团军司令乔治·巴顿，在第二次世界大战中立下了汗马功劳，在诺曼底登陆战中，他假装在加莱登陆，迷惑了德国军队，最后率领大军在法国横冲直撞，打得德军落花流水，为盟军全面反攻提供了有力保证。巴顿性情暴躁，遇到不高兴的事情容易冲动，但他怀有一颗善良的心。"二战"结束后，巴顿成为最受欢迎的将军，但是突如其来的一场车祸却夺去了他的生命。

　　1945年12月9日，"二战"的硝烟刚刚散尽，巴顿打算去莱茵尔茨地区的施佩耶尔附近打鸟。将近12点的时候，巴顿在盖伊少将的陪同下，坐上了伍德林驾驶的轿车，在法兰克福的38号公路上向南疾驰。坐在车里的巴顿显得悠然自得，一边透过车窗欣赏外面的景色，一边和盖伊聊天。就在这时，前方的一辆大卡车突然发出了左转弯的信号，然后以极快的速度横着越过公路。当伍德林意识到危险时，已经没有机会采取措施了，小轿车径直撞在大卡车的油箱上，车头撞得严重变形。盖伊和伍德林都受了轻伤，巴顿却不同了，他头部顿时血流如注，但神志非常清醒，他关切地问盖伊："你受伤了吗？"盖伊回答说："没事。"

　　车祸发生后，巴顿马上被送进了第七集团军管辖的海德尔堡的第一三〇驻军医院，巴顿在西线特遣部队的医生艾伯特·肯纳少将得到消息后很快就赶了过来，他为巴顿照了X光片，结果显示巴顿的第三颈椎骨折，第四颈椎以后则全部错位，巴顿处于高度瘫痪的病危状态。三天后的下午，巴顿的妻子匆匆忙忙赶到医院，看到巴顿后泪如泉涌，而巴顿则强作欢颜安慰妻子，并且告诉她，这可能是最后一次见面了。

　　12月20日下午，巴顿的病情急剧恶化，呼吸出现困难，医生诊断出巴顿患了并发症，出现了肺栓塞，并同时出现了肺积水的现象。但巴顿的神志一直处于清醒状态，只是说话的声音很微弱。即便如此，他仍然风趣地和医生、护士开玩笑。第二天下午，巴顿出现了心力衰竭的征兆。5时49分，在妻子的注视下，巴顿停止了呼吸。

　　巴顿死后，有关方面对车祸的调查非常草率，有人认为巴顿之死决不是一场普通的车祸。据说卡车司机汤普森因为当天饮酒过量才导致悲剧发生，但车祸发生后他就销声匿迹了。美国官方对车祸几乎未做任何记录，只有巴顿的司机伍德林的一份报告，但上面有明显改动的痕迹，用词也远远超出了伍德林的文化水平。

　　究竟是谁谋害了巴顿呢？直到现在还是众说纷纭。

●杜鲁门像

>>> 杜鲁门的 "老板"

白宫的工作人员叫杜鲁门总统"老板",而杜鲁门却叫自己的夫人为"老板"。

杜鲁门的办公桌前放一块"推卸责任者,到此止步"的牌子。其实,那并不是终点站,杜鲁门每晚都要带好多问题向他的"老板"请教。而总统夫人也会在幕后向杜鲁门施加影响,杜鲁门对此并不反感,因为夫人常常说得在理。杜鲁门自豪地说:"她是唯一能骂我而不受惩罚的人。"

拓展阅读:

《杜鲁门回忆录》[美]杜鲁门
《杜鲁门传》
[美] 大卫·麦卡洛夫

◎ 关键词:冷战 杜鲁门主义 对外政策 基本原则

"杜鲁门主义" 出台

"冷战"是指两个或两个以上的国家之间除直接进行军事交战外的一切敌对行为。丘吉尔发表"铁幕演说"之后,美国和苏联之间的"冷战"随之拉开了帷幕。

杜鲁门于1945年接任美国总统时,当时的美国正处在扩张的势头上,杜鲁门政府自然对苏联采取了强硬政策,不仅制造苏联扩张的舆论,还制定了以欧洲为重点的遏制苏联的战略。1947年3月12日,杜鲁门向美国国会宣读了一篇咨文,这篇咨文后来被称为"杜鲁门主义"咨文。

杜鲁门在咨文中声称,当前世界面临的严重局势牵涉到美国的对外政策和国家安全。在谈到所谓的"希腊和土耳其危机"时,杜鲁门认为美国有"责任"提供援助,因为美国是唯一有能力提供援助的国家。

在不到21分钟的咨文报告中,杜鲁门用了大量篇幅来说明援助希腊和土耳其具有广泛的意义,他还含沙射影地攻击苏联和各国共产党人试图通过"直接或间接侵犯",将"极权主义"强加给其他国家,他认为世界上的斗争就是自由制度和极权政体之间的斗争,所有国家的人民都必须在两者之间进行选择。针对这种局势,美国的政策是支持各国自由人民,抵制武装的少数集团或外来压力所实行的征服活动,美国必须帮助各国自由人民,以自己的方式解决有关他们各国命运的问题。美国应该首先对他们进行经济和财政方面的支援,这对于稳定经济和政治进展有很大帮助,因此,杜鲁门在咨文中要求国会授权,对希腊和土耳其提供4亿美元的援助。杜鲁门在咨文中还谈到,如果不能有效地遏制苏联的"扩张",美国在"二战"中的惨重代价将付诸东流。

杜鲁门的咨文发表没几天,苏联的《消息报》和《真理报》就分别发表社论,指出这是"帝国主义的扩张政策"。1947年,苏联和其他八个欧洲国家的共产党和工人党,相继成立了情报局,并且在各自发表的宣言中明确指出,世界已经分裂为两大相互对立的阵营。

杜鲁门的咨文成了美国和苏联"冷战"全面爆发的标志。在此后相当长的时期内,杜鲁门主义被当成了美国对外政策的基本原则,历届政府虽然不断修订对外政策,但这一原则仍未完全改变。一直到现在,杜鲁门主义仍然是一个令人十分关注的问题。

● 蒙巴顿伯爵像

>>> 《金色的孟加拉》

我的金色的孟加拉，我的母亲，我爱你。我心里永远歌唱你的蓝天，你的空气。金色的孟加拉，我的母亲，我爱你。

在那十一月和十二月里，杧果林中清香扑鼻，使我心醉，使我神迷。在那九月里和十月里，稻谷一片金黄，长得无比温柔，无比美丽。金色的孟加拉，我的母亲，我爱你。

在那榕树下，在河岸上，你铺开你的长裙，它的样子多么神奇。你的话语有如甘露，令人心旷神怡，金色的孟加拉，我的母亲，我爱你。

啊，我的母亲，你如果沉下脸来，我将热泪滚滚，为你哭泣，我将为你哭泣。

——孟加拉国歌

拓展阅读：

《英伦之豹：蒙巴顿》
徐威明
《印巴分立》陈延琪

◎ 关键词：蒙巴顿方案 祸根 民主解放运动 印巴战争

"蒙巴顿方案"祸患无穷

1947年6月3日，大英帝国最后一任印度总督蒙巴顿伯爵公布了一个重大消息："1947年8月15日，印度将正式获得独立！"这一被称为"蒙巴顿方案"的英国政权移交方案，在以后的半个多世纪里，给印度和巴基斯坦人民留下了一个难以铲除的祸根。这一消息公布后，全世界为之哗然。

印度共和国的奠基人"圣雄"甘地，始终坚持印度是一个民族的理论，反对巴基斯坦从印度分离出去，甘地认为印度和巴基斯坦实行分治是"砍掉脑袋，摆脱了疼痛"。当他得知印度国大党主席J.尼赫鲁等人已经同意分治方案时，情绪激愤。

在十几个世纪的时间里，生活在南亚次大陆的印度教徒与穆斯林共同创造了灿烂的文化，后来英国在他们生活的土地上开始了殖民统治。"二战"后，印度的民主解放运动日渐高涨，1946年2月18日，印度孟买港两万余名水兵发动起义，印度海军官兵也在2月21日加入到起义的行列，英国殖民当局虽然镇压了起义，但已经感到无法继续维持对印度的统治了。1947年3月24日，作为新任总督的蒙巴顿伯爵到达印度后，发现那里的情况比想象的还要复杂，于是就有了将印度划为分治区的想法，征得英国当局的同意后，他便发布了那条被称为"蒙巴顿方案"的消息。

1947年8月印、巴正式分治。8月14日，巴基斯坦正式宣告独立。8月15日，印度自治领成立。印度和巴基斯坦的独立，结束了英国在印度190年的殖民统治。

但是"蒙巴顿方案"的核心是按宗教划分自治区域，而对语言、文化和民族置之不理，以致产生了无穷的后患。由于英国人有意制造印度和巴基斯坦的矛盾，故意将人口占77%的克什米尔划分给信奉印度教的查谟土邦王公。1947年8月，克什米尔境内的穆斯林土邦蓬齐发生起义，宣布成立"自由克什米尔"政府，加入巴基斯坦，此举引发了印度和巴基斯坦之间的第一次战争。1965年8月印控克什米尔的穆斯林再度蜂起，成立了革命委员会，号召克什米尔人民"摆脱印度军队的枷锁"，印巴再起争端。后来，虽然在美国和苏联的压力下，各自都做出了让步，但矛盾已然存在。

1971年11月21日，印度和巴基斯坦爆发了全面战争，将战火烧到了西巴基斯坦，印度于12月16日攻占了达卡，12月17日，巴基斯坦守军全线溃退，历时27天的第三次印巴战争宣告结束。这次战争使东孟加拉脱离了巴勒斯坦，独立为孟加拉国。从此以后，印度在南亚次大陆最大的竞争对手不复存在了。

●中国古代 UFO 记载

>>> 《赤焰腾空》

我国最早一幅关于 UFO 的图画，在世界上也是罕见的。此画约作于 1892 年（光绪十八年），是今人研究 UFO 的一则珍贵历史资料。

此画为清末民俗画家吴友如所作，他于 1884 年在上海出版了一本以画册为主的《点石斋画报》，这可说是中国第一份画报。这份画报是与当时的《申报》随报赠送的，后来集之成册。该画册就有一幅画叫《赤焰腾空》图。

该画距今已近百年，画面为许多身着长袍马褂的市民聚集在南京朱雀桥头，仰望高挂在空中的一团火球并议论纷纷。

拓展阅读：
《请下神坛的 UFO》张明昌
《飞碟探索丛书：破译 UFO》章云华

◎ 关键词：罗斯韦尔 不明飞行物 外星人 飞碟

UFO 坠落罗斯韦尔

美国南部新墨西哥州的罗斯韦尔一带，有很多大大小小的牧场，布拉索尔的几千米方圆的牧场也在那里。布拉索尔带着儿子居住在牧场里，每天放牧、挤奶，然后将牛奶拿到外面销售，他们在牧场上过着平静的生活。

1947 年 7 月 6 日傍晚，遮天蔽日的乌云黑黑地压下来，一时电闪雷鸣，风雨大作。第二天，风雨过后，又是一个好天气，布拉索尔早早地带着儿子骑马去 1000 多米之外的羊圈，看羊群在头一天晚上是否遭到雷击。他们刚走出不远，就发现草丛中散落着许多发光的物体，既不是陶瓷，也不是金属，更奇怪的是，在前面不远处，一个形同乌龟的庞然大物横卧在草丛中，它的形状既不像飞机，也不像飞船，它到底是什么呢？

布拉索尔担心是飞机失事，他带着疑惑走进了镇长的办公室，镇长马上将情况上报。空军基地情报官马赛尔上尉得到消息后，马上驾驶汽车前往布拉索尔的牧场，马赛尔在现场转了几圈，在草丛中找到几块残片，残片的重量非常轻，但质地异常坚硬，马赛尔无法确定是用什么材料做的。马赛尔非常熟悉空军和民航使用的飞机，并参加过多次坠机残骸的回收工作，经验告诉他，眼前不是一般的飞机，难道是不明飞行物？

坠毁的东西虽然已经有所残缺，但仍然能分辨出大致的轮廓，那是一个乌龟状的物体，直径可达十多米，分为内外两个舱，内舱的直径可达七米，内外舱之间有一个空腔的夹层，里面布满了密密麻麻的线缆。内舱似乎是驾驶室，舱壁上有一块模板，上面有很多奇形怪状的控制钮，模板前面是四个坐椅，每个坐椅上都有一具尸体，被安全带紧紧地缚着。从尸体上分辨，死者的个头很小，仅仅一米左右，他们皮肤白皙，穿着黑色闪光的套服，脚上穿的鞋丝毫没有硬度。和普通人不同的是，他们的头都很大，鼻子很长，嘴巴很小，每只手上只有四个手指，指缝间有脚蹼状的东西。

瞬间，马赛尔什么都明白了，他们很可能是外星人，而坠落的物体就是飞碟！

五角大楼因得知消息而震惊了。马赛尔上尉当天就接到命令：严加保密，将残骸运到第八军总部空军基地。抵达基地后，一位空军少校带着新的护送人员，将飞碟和外星人分别运送到别的空军基地，以便对飞碟的结构、材料以及外星人进行分析。与此同时，拉梅准将举行了记者招待会，平息发现飞碟的传言，声称风传的飞碟只不过是空军基地探测气象的气球，在夜空中爆炸后的坠落物。直到今天，美国当局仍然对牧场上坠落的飞碟和外星人表现得讳莫如深，不愿透露事实真相。

●上海浦东新区

>>> 何谓倾销与反倾销

倾销，是指一个国家或地区的出口经营者以低于国内市场正常或平均价格甚至低于成本价格向另一国市场销售其产品的行为，目的在于击败竞争对手，夺取市场，并因此给进口国相同或类似产品的生产商及产业带来损害。

反倾销，顾名思义是指一国（进口国）针对他国对本国的倾销行为所采取的对抗措施。贸易的全球化趋势越强，各国对本国产业的保护倾向也随之越强，反倾销就成为大多数国家主要采取的贸易保障制度。

拓展阅读：
《1994年关贸总协定逐条释义》
左海聪
《面对敞开的国门》何泽荣

◎ 关键词：多边国际协定 日内瓦 贸易准则

关贸总协定组织成立

关贸总协定并非正式的国际组织，它是有关关税和贸易政策的多边国际协定的简称，它和联合国的一些机构保持着密切的关系，其宗旨是在处理该组织成员之间的贸易和经济关系的同时，提高成员国人民的生活水平，保证充分就业，保障实际收入，保持经济持续增长，扩大世界资源的利用，以发展商品生产和交换为目的，努力达成互惠互利协议，大幅度削减关税，扫除贸易障碍，取消国际贸易中的歧视待遇。关贸总协定的总部设在瑞士的日内瓦，会员国大会是该组织的最高权力机构，该组织每年举行一次会议，商讨和处理组织协定在执行过程中出现的问题。

关贸总协定组织的出现有一定的背景，在20世纪的三四十年代，贸易保护主义开始在世界上盛行，严重阻碍了经济的发展。第二次世界大战结束后，解决复杂的国际经济问题，制定国际之间的贸易政策，是各国共同面临的一个重要问题。联合国经社理事会于1946年2月举行第一次会议，呼吁召开联合国贸易与就业问题的会议，起草国际贸易组织宪章，进行削减关税的世界性谈判，筹备委员会随之成立了。同年10月，筹备委员会召开了第一次会议，审查美国提交的国际贸易组织宪章草案。第二年，筹备委员会在日内瓦召开了第二次全体成员大会，

就关税问题进行谈判，并对草案进行商讨和修改。1947年10月30日，经过多次谈判后，美国等23个国家在日内瓦签订了《关税及贸易总协定》，关贸总协定只是国际贸易组织成立前的一个过渡性组织，其条款必须在各成员国获得通过。由于各个国家在经济政策方面存在着分歧，一些国家由于受到某些方面的约束，国际贸易组织宪章很难在短时间内获得通过，因此，23个发起国只好在1947年签订了临时议定书，承认在以后的国际贸易中遵循相应的条款。从此以后，关贸总协定成为各国共同遵循的贸易准则，用以协调各国的经济和贸易。

至20世纪90年代初，已有90多个国家和地区成为关贸总协定的正式成员国，各成员国的国际贸易额占世界总贸易额的百分之八十以上。

作为23个创始国之一的中国国民党政府，参加了关贸总协定的谈判和签字过程，中华人民共和国成立后，台湾当局宣布退出关贸总协定。根据国际法规定，一个国家和政府的更替，影响不到该国应当承担的国际义务，更不应该剥夺该国享有国际条约的权利，因此，新成立的中华人民共和国应当成为关贸总协定的唯一合法代表。由于历史原因，直到21世纪来临之际，中国才重新加入关贸总协定。

"冷战"时期的世界格局

● "圣雄"甘地

>>> "圣雄"甘地陵墓

莫汉达斯·卡拉姆昌德·甘地,印度民族运动领袖、印度国父,在印度被尊为"圣雄"。1948年被印度教极端分子刺杀,死后葬于新德里东郊亚穆纳河畔。

甘地陵墓极其普通、简朴,无任何装饰。陵园呈凹形,陵园正中静卧着一座黑色大理石陵墓,高约1米,长宽约3米。墓后有长明灯,昼夜不熄,象征印度争取民族独立的精神。

墓首用印度文刻着甘地遇刺后的最后遗言:"嗨,罗摩!"罗摩是印度两大史诗《摩诃婆罗多》和《罗摩衍那》中塑造的英雄人物。

拓展阅读:

《甘地》[印] 甘地
《哭泣的阿富汗》
　　[伊朗] 丝芭·沙克布

◎ 关键词:独立运动 领导人 鞠躬尽瘁 宗教仇杀

"圣雄"甘地遇刺

在印度的独立运动中有一位领导人,他总是光着头,裸着上身,露出黝黑的皮肤,随身携带着一架木制的纺纱机,无论他走到哪儿,都会有成群结队的信徒,以热烈的掌声迎接他的到来,他就是印度国大党领袖莫汉达斯·卡拉姆昌德·甘地(1869—1948年)。

印度有着非常悠久的宗教传统,佛教和印度教对印度人民产生了深远的影响。反对一切暴力,提倡以忍让与和平的方式解决所有的争端,是这两种宗教的教义特点。甘地就是这样一个笃信教义的虔诚教徒,在争取印度民族独立的运动中,甘地采取"非暴力不合作运动"的方式,并最终取得了斗争的胜利。在印度的解放和独立运动中,甘地鞠躬尽瘁,倾尽毕生的精力,消除种姓歧视以及印度教与伊斯兰教之间的纷争。他的足迹几乎遍布了整个印度,除了发表演说之外,甚至进行绝食行动。

印度半岛在1947年6月分裂成了两个独立的国家。经过多年的斗争,印度人民最终赢得了独立,在印度联邦制宪大会上甘地被称为印度"前30年的领路人和哲学家、印度自由的灯塔",就连英国驻印度总督蒙巴顿也称他为"印度自由的建筑师"。获得如此的殊荣后,甘地仍然保持着质朴的本色。

1948年1月30日,星期五,是一年一度的耶稣受难日,也成了甘地遇难的日子。这一天甘地接待了不少客人,到下午4时,他才处理完一件非常棘手的事情:桀骜不驯、讲求实际的内政部长帕迭尔与刚烈执着、异想天开的尼赫鲁水火不容,帕迭尔已经向甘地递交了辞呈。甘地苦口婆心地劝说他改变辞职的主意,为此,向来守时的甘地到达会场时,竟然迟到了10分钟。

甘地双手合十向人群致意时,隐藏在人群中的国民公仆团头目纳图拉姆·戈德森突然冲了过来,从口袋里拔出手枪,对准甘地赤裸的胸膛连开了几枪,鲜血染红了甘地身上洁白的土布拖地。甘地合起双手,痛苦地向前迈了一步,慢慢地倒在地上,就这样,一生提倡非暴力的甘地倒在了暴力的枪口下。

凶手纳图拉姆·戈德森没有逃走,而是等警察到来后束手就擒了,他是一个极端狂热的印度教徒,出生于婆罗门家庭,曾经是甘地的忠实信徒,参加过不合作运动,但他后来却加入了印度教,大肆宣扬暴力和种族至上,极端的暴力思想终于促使他将罪恶的枪口对准了甘地。

甘地死后,印度政府考虑到可能会引发一场大规模的宗教仇杀,于是宣布全国进入警戒状态,然后经过反复斟酌,向国人发表了甘地遇刺身亡的公告。

●以色列首任总理本·古里安

>>> **美国的犹太力量**

居住在美国的犹太人大体在 600 万至 800 万，约占美国人口的 3%。然而，他们在美国的影响却是巨大的。

首先，犹太人对金融业影响巨大。犹太人财产中相当大的部分集中在美国，约为 2720 亿美元。更重要的是，犹太人中有许多是金融界呼风唤雨的人物，如前美联储主席格林斯潘、"金融大鳄"索罗斯等。

其次，渗透政治圈，操控政界。美国本届国会中，参议院共有 10 名犹太裔议员，占 10%；众议院共有 27 名犹太裔议员，占 6%。

拓展阅读：
《中东战争全程实录》（电影）
《操纵美国命运的犹太人》
汤天一/胡新航

◎ 关键词：中东战争 巴勒斯坦 是非之地 犹太民族主义

以色列复国和中东战争

通常来说，中东是指连接亚洲、欧洲和非洲的地区，该地区包括巴勒斯坦、以色列、约旦、叙利亚、伊拉克、黎巴嫩以及埃及。第二次世界大战结束后，以色列和阿拉伯国家共爆发了 5 次中东战争，导火索都是争夺巴勒斯坦。

巴勒斯坦位于亚洲西部的地中海、死海和约旦河之间，具有十分重要的战略价值。巴勒斯坦的第一大城市耶路撒冷是犹太教、基督教和伊斯兰教共同的圣地，此前，三个教派之间曾经因为这片土地引发了无数次大大小小的战争。无论基于政治、军事还是宗教原因，巴勒斯坦都成了一片是非之地，犹太人复国之后，那里更是危机重重。公元前 12 世纪，犹太人的远祖希伯来人建立了希伯来王国，后来希伯来王国分裂为以色列王国和犹太王国，它们先后被亚述帝国和巴比伦王国所灭。此后的一千多年，犹太人多次被入侵，他们大都散居在世界各地。到了 19 世纪，西欧各国的商业得到了长足发展，他们觉得犹太人越来越多余，于是就故意制造民族纠纷，纷纷排挤犹太人，大批犹太人被迫流亡到东欧和美洲等地。但是世界似乎没有地方容得下犹太人，没过多久，东欧的国家也开始排挤犹太人，在沙俄时期还发生了有组织杀戮犹太人的事件。

受到欧洲和美洲国家排挤的犹太人，为了寻找自己的出路，于 19 世纪末打起了"犹太民族主义"的旗号，告知生活在世界各地的犹太人，因为他们受到歧视才失去了自己的祖国和土地，所以，他们要重新建立自己的国家。受到鼓动后，散居在世界各地的犹太人开始涌向他们曾经的家园——巴勒斯坦。到 1947 年，巴勒斯坦境内的犹太人已经达到了 60 万之多，占当地居民人数的 30% 以上。出于自身利益，美国人打算联合英国在巴勒斯坦的势力，于是便支持移居巴勒斯坦的犹太人建立犹太国家。在英国和美国的斡旋下，联合国按照"分治"的决议，承认以色列国于 1948 年 5 月 14 日成立，本·古里安出任首届政府总理。以色列国成立的第二天，埃及、外约旦、伊拉克、叙利亚和黎巴嫩就集结了 4.2 万人的兵力，从南、北、东三面夹击以色列，第一次中东战争爆发了。

战争初期，五国联军仰仗人多势众，赢得了胜利，占领了以色列南部和东部的大部分地区，但是后来以色列从美国和法国购买了大量武器，并拼命扩充军队，很快在战场上占了优势，袭击了沙德阿姆尔和拿撒勒，进而夺取了整个西加利地区，随后又攻占了马哈纳和艾因卡里姆谷地，战争仍然没有丝毫停火的迹象。

7 月 15 日，联合国通过了美国提出的无限期停火的提案，但是以色列

● 以色列宣告独立后，埃及、叙利亚、黎巴嫩、
伊拉克和约旦等国立即动员军队开始攻击以
色列，第一次中东战争爆发。
● 战争结束，以色列人开始修补被战争破坏的
建筑。图为以色列士兵在检查楼房是否安全
以便让工人开始重建。

很快就撕毁了停火协议，向埃及军队发动进攻，并取得了一次又一次胜
利。12月28日，以军的机械化部队入侵了埃及的西奈半岛，直逼阿里什
附近海湾地区。就在此时，英国发出了通牒，声称要根据1936年签订的英
埃条约"保卫"埃及领土的完整，以色列这才作罢。

　　1949年2月，在联合国的主持下，埃及、黎巴嫩、外约旦和叙利亚分
别和以色列签订了停战协定，第一次中东战争宣告结束。这次战争双方伤
亡都非常惨重，但是以色列占领了巴勒斯坦五分之四的土地。从此以后，
中东地区变成了一个名副其实的火药桶，接连又爆发了四次大规模的战
争，但局势仍然没有出现大的改观。

●舒曼在签署《北大西洋公约》

>>> 勃兰登堡门

位于德国首都柏林的新古典主义风格建筑，由普鲁士国王腓特烈·威廉二世下令于1788年至1791年间建造，以纪念普鲁士在七年战争取得的胜利。

勃兰登堡门是柏林的象征，也是德国国家的标志。"二战"德国战败后，分裂为民主德国和联邦德国，柏林亦划分为东柏林和西柏林，分属民主德国和联邦德国管辖，勃兰登堡门位于东柏林和西柏林的分界线上，也是冷战时期华沙公约组织国家和北大西洋公约组织国家之间的分界线，因此它曾经成为德国分裂、欧洲分裂和冷战的象征。

拓展阅读：

《黄宝石》（电影）
《北约新战略》王昉

◎ 关键词：社会主义阵营 马歇尔计划 北约组织

北大西洋公约组织成立

1949年8月24日，北大西洋公约组织正式成立，简称"北约"。该组织是以美国为首的12个西方国家组成的军事集团，目的是为了抗击以苏联为首的社会主义阵营。

冷战开始后，美国于1947年先后提出了"杜鲁门主义"和"马歇尔计划"，以此遏制苏联在东欧的崛起，这两项政策同时也是美国抑制西欧局势、进行对外扩张的基础政策。1948年2月，捷克斯洛伐克发生政治危机后，主张向西方势力靠拢的势力退出了政府，共产党掌管了捷克斯洛伐克的大权，以美国为首的西欧国家感到非常恐慌，于是就加速将西欧国家的军事力量联合起来，英国、美国和加拿大三个国家在3月和4月举行了多次会谈，决定拟订一项"北大西洋区域集体防务协定的计划"，使北约组织初具雏形。

同年7月2日，美国总统杜鲁门发表将尽快执行该计划的讲话，准备马上和其他国家举行会谈。战后苏联和美国的对峙，让西欧国家感到威胁很大，于是想让美国来承担沉重的防务包袱，趁机来发展经济；而美国则另有打算，既想控制欧洲，又不愿付出太高的代价，于是双方的谈判一直谈谈停停。直到9月9日，各个国家才最终达成了一致，表示愿意对即将成立的北大西洋公约组织的缔约国承担义务。

1949年4月4日，美国、加拿大、英国、法国、比利时、荷兰、卢森堡、丹麦、挪威、冰岛、葡萄牙和意大利的外交部长，在华盛顿举行了加入北约的签字仪式。8月24日，北大西洋公约正式生效。北大西洋公约规定各国家应集体进行武装防卫，经过协商共同行动，一旦其中任何一个缔约国遭到攻击，其他的国家应联合武装力量共同进行抵御，以此维护北大西洋区域的安全。

北约的形成给苏联带来了严重威胁，苏联对此发表了强烈谴责，声称北约组织是美国和英国推行侵略政策的工具。为了和北约进行对抗，苏联和阿富汗、匈牙利、保加利亚、民主德国、波兰、罗马尼亚和捷克斯洛伐克缔结了华沙条约。1989年后，苏联和东欧的政治发生了剧烈变化，缔结华沙条约的各国土崩瓦解了，华约组织也在1991年6月宣布解散。

北大西洋公约组织却保持了下来，成为美国和西欧其他国家推行极端霸权的重要工具。

◎ 关键词：内战 入侵战争 称霸远东 泡影

美军在朝鲜折戟沉沙

● 彭德怀在朝鲜前线视察阵地

>>> 三八线

"三八线"是位于朝鲜半岛上北纬38度附近的一条军事分界线。第二次世界大战末期，盟国协议以朝鲜国土上北纬38度线作为苏、美两国对日军事行动和受降范围的暂时分界线，北部为苏军受降区，南部为美军受降区。日本投降后成为南朝鲜和朝鲜民主主义人民共和国的临时分界线，通称"三八线"。

三八线北部为朝鲜民主主义人民共和国，南部为大韩民国。长度248公里，宽度大约4公里。双方一度都有重兵把守，并互相播放广播。

拓展阅读：
《中国人民志愿军征战纪实》
王树增
《美国人眼中的朝鲜战争》
[美]莫里斯·艾泽曼

朝鲜位于亚洲东北部的朝鲜半岛上，东临日本海，西临黄海，南部的朝鲜海峡和日本相望，北部与中国的东北接壤，在西方帝国主义的入侵行动中，朝鲜的战略地位非常重要。日本帝国主义投降后，美国和苏联在朝鲜半岛以北纬38度为界，将朝鲜分为南北两部分，形成了朝鲜南北分治的局面。

1948年8月，李承晚在美国的扶持下建立了"大韩民国"，并出任总统。同年9月，北朝鲜在金日成的领导下，成立了朝鲜人民民主共和国。从此以后，美国和苏联相继从朝鲜撤出了军队，但是美国并没有彻底放弃朝鲜，而是在暗中积极怂恿李承晚以武力占领北朝鲜。1950年，朝鲜内战爆发，金日成领导的北朝鲜人民军一路势如破竹。暗暗着急的美国人为了谋求在远东地区的霸权，插手了朝鲜内战。6月27日美国总统杜鲁门宣布，美国将介入朝鲜战争，并纠集了十五个国家的军队组成"联合国军"，任命道格拉斯·麦克阿瑟为总司令，朝鲜战争的性质随着美国出兵干涉而发生了变化，内战变成了入侵战争，世界各国皆为之震惊。

1950年9月15日，麦克阿瑟调集4万陆军、300多艘军舰和500多架飞机，在朝鲜中部的仁川成功登陆，缓解了南朝鲜的败局，并于9月27日攻克汉城，两天后，麦克阿瑟

乘飞机前往汉城，李承晚在政府大厦前为他举行了隆重的欢迎仪式，并收到了美国总统杜鲁门和英国政府发来的贺电。

随后，麦克阿瑟挥师北上，肆无忌惮地越过了"三八线"。他无视中国政府的严正警告，反而加快了进攻速度，于10月19日占领了平壤，并继续向北推进。

正当麦克阿瑟以为胜利在望时，中国人民志愿军开赴北朝鲜，支援北朝鲜抗击美国的入侵。志愿军首战告捷，给孤军深入的美军和南朝鲜军队以措手不及的打击，在北进途中受阻的美军和南朝鲜军队，西线从鸭绿江退到清川江以南，东线也在长津湖以南地带停滞不前了。美军占领全朝鲜的计划彻底破产了。

1951年4月11日下午，麦克阿瑟收到总统杜鲁门发来的电报，他被撤销了所有职务，指挥权由马修·B·李奇微中将代理，在开战的一年时间里，美军损失了十余万人，战争耗费达100亿美元，相当于第二次世界大战第一年的一倍还要多，美国民众的反战情绪日渐高涨。美国政府也意识到，在朝鲜战场上取胜的可能性几乎为零，于是就积极谋求谈判，争取结束战争。1951年7月，双方的谈判开始后，美国称霸远东的梦想变成了一个不能实现的泡影。

●前苏共中央总书记赫鲁晓夫

>>> 赫鲁晓夫与猪的故事

赫鲁晓夫喜欢以农业专家自居。一次参观某集体农庄养猪场，发现一头病恹恹的小猪。农庄主席解释说这猪从小营养不良，养僵了。赫鲁晓夫当即说，把这猪抱到我家，保证两个月养肥还给你们。

赫氏回家怎么摆弄那猪也不长。情急之下决定把猪处理掉。他在傍晚时分将猪放入婴儿车，准备推到莫斯科河边抛掉。谁知半路上偏偏遇上米高扬。

"赫鲁晓夫同志，散步哪。"

"啊……出来走走……"

"这是谁啊？"

"哦，是我……小外孙。"

"我看看。哦，多好的孩子，长得真像他外祖父！"

拓展阅读：

《"解冻"的赫鲁晓夫》
[俄] 佩日科夫

《儿子眼中的赫鲁晓夫》
[俄] 谢·赫鲁晓夫

◎ 关键词：治丧 权力之争 毫不起眼 列宁格勒案件

赫鲁晓夫入主克里姆林宫

1953年3月5日，苏联的最高统治者斯大林因患脑溢血在莫斯科郊外的别墅里去世。3月9日，苏联成立了以赫鲁晓夫为首的治丧委员会，在莫斯科红场为斯大林举行治丧大会。前苏共中央书记、部长会议主席马林科夫，副主席贝利亚、莫洛托夫先后在追悼会上发言。然而，在治丧的背后，一场你死我活的权力之争正在紧锣密鼓地进行着。

3月15日，苏联最高苏维埃召开政府部门的任命会议，马林科夫被任命为部长会议主席，贝利亚、莫洛托夫、贝尔加宁和卡冈诺维奇被任命为副主席。在这次党中央主席团的任命大调整中，唯独赫鲁晓夫没有进入政府担任具体的领导工作，他只担任了名义上的苏共书记。在这场权力之争中，表现最为激烈的就是贝利亚，他甚至毫无顾忌，在斯大林去世当晚的会议上，他提出由马林科夫担任部长会议主席一职，在3月15日的会议上，贝利亚以自己的名义再次提出了这一建议。

贝利亚原来只是一个毫不起眼的角色。他曾经是住宅部的视察员，由于深谙投机和钻营之道，在20世纪20年代，他就当上了外高加索的国家政治保卫局主席。1931年，一次偶然的机会，他博得了斯大林的赏识，官职也随之越升越高，成为苏联的内务部长，并且进入了政治局。斯大林在世时，他不失时机地扩大内务部的势力，包揽了逮捕、审讯和处决等司法大权，大批的共产党员被无辜杀害。斯大林去世后，新任领导人都暗中想方设法限制贝利亚的权力。贝利亚之所以提议让马林科夫做主席，是因为马林科夫是对手中最容易对付的，他没有多少实权，职位也不是很高。之后，贝利亚将国家安全部和内务部合并，全部换上自己信得过的人，将政治警察机构和特务机构也完全置于自己的掌握之下。

来自贝利亚的威胁越来越大，赫鲁晓夫不甘心坐以待毙。1953年5月下旬，赫鲁晓夫说服了马林科夫、莫洛托夫、卡冈诺维奇、伏罗希洛夫等核心领导，策划了逮捕贝利亚的行动。6月26日，中央主席团以开会的名义将贝利亚骗到了克里姆林宫，然后将其逮捕了。同年12月23日，特别法庭对贝利亚做出了死刑判决，贝利亚当天就被处死了。

贝利亚死后，苏联的政权分别掌握在部长会议主席马林科夫和党中央书记赫鲁晓夫手中，但赫鲁晓夫一心想取得统治权，恰巧一起旧案将马林科夫逼上了绝路。1953年7月，"列宁格勒案件"渐渐浮出水面，所有的证据都显示，马林科夫曾参与制造了那起假案。1955年2月3日召开的苏联最高苏维埃会议上，马林科夫被迫辞职。至此，赫鲁晓夫终于为独揽苏联大权扫清了障碍。

● 1954年5月8日的日内瓦会议

>>> **周恩来的经典外交**

周恩来是新中国成立以来首任外交部长。

一次，他接见美国记者，对方不怀好意地问："总理阁下，你们中国人为什么把人走的路叫马路呢？"他听后说："我们走的是马克思主义之路，简称马路。"对方又问："总理阁下，在美国，人们都是抬头走路，而你们中国人为什么都低着头走路呢？"他又微笑道："这个问题很简单嘛，你们美国人走的是下坡路，当然要仰着头走路的，而我们中国人走的是上坡路，当然要低着头走路了。"寥寥数语，使对方哑口无言。

拓展阅读：

《往事与随想》[俄]赫尔岑
《周恩来万隆会议之行》唐灏

◎ 关键词：殖民地 解放运动 周恩来 万隆会议

第三世界的崛起

意大利、德国和日本相继战败后，殖民地的解放运动开始变得风起云涌，亚洲和非洲的很多国家纷纷摆脱长期的殖民统治，取得了政治上的独立。

1954年4月28日到5月2日，印度尼西亚、缅甸、斯里兰卡、印度和巴基斯坦五个国家的总理在吉隆坡商讨召开会议，提议商讨解决亚非的一些问题，这一提议很快就变成了现实。1955年4月18日至24日，在万隆召开了一次会议，这次会议是亚洲与非洲国家第一次摆脱了殖民国家的参与，完全由自己组织的一次划时代的盛会，除了当初的五个发起国之外，埃塞俄比亚、加纳、伊朗、伊拉克、日本、约旦、老挝等国家和地区的政府纷纷派出代表参加会议，周恩来作为中国代表团的团长也出席了这次会议。

具有远见卓识的周恩来以外交家的风范征服了与会国家的代表，他所提出的"求同存异"的方针在会议上引起了强烈反响，所有的与会者都投来了敬佩的目光。在台湾问题上，周恩来表明了中国政府的态度："中国人民同美国人民是友好的。中国人民不要同美国打仗。中国政府愿意同美国政府坐下来谈判，讨论缓和远东紧张局势的问题，特别是缓和台湾地区的紧张局势问题。"

会议的最后一天通过了《亚非会议最后公报》，公报中提出了和平共处和友好合作十项原则：（1）尊重基本人权，拥护《联合国宪章》的宗旨和原则；（2）尊重一切国家的主权和领土完整；（3）承认一切种族的平等，承认一切大小国家的平等；（4）不干预或干涉他国内政；（5）尊重每一国家按照《联合国宪章》单独地或集体地进行自卫的权利；（6）不使用集体防御的安排来为任何一个大国的特殊利益服务，任何国家不对其他国家施加压力；（7）不以侵略行为或侵略威胁或使用武力来侵犯任何国家的领土完整或政治独立；（8）按照《联合国宪章》，通过如谈判、调停、仲裁或司法解决等和平方法以及有关方面自己选择的任何其他和平方法来解决一切国际争端；（9）促进互相的利益和合作；（10）尊重正义和国际义务。

万隆会议是亚非各国人民民族解放运动史上的一个重要里程碑。在万隆会议精神鼓舞下，越来越多的国家开始奉行和平中立的外交政策。万隆会议也唤醒了沉睡的非洲人民，他们开展了蓬勃的民族解放运动，并在20世纪60年代形成国家独立的高潮。

◎ 关键词：抵抗运动 领袖 反对种族主义 伯明翰斗争

马丁·路德·金的梦想

●演讲中的马丁·路德·金

>>> 《我有一个梦想》

我梦想有一天，在佐治亚州的红色山冈上，昔日奴隶的儿子能够同昔日奴隶主的儿子同席而坐，亲如手足。

我梦想有一天，甚至连密西西比州——一个非正义和压迫的热浪逼人的荒漠之州，也会改造成为自由和公正的青青绿洲。

我梦想有一天，我的四个小女儿将生活在一个不是以皮肤的颜色，而是以品格的优劣作为评判标准的国家里。

……

（节选）

——马丁·路德·金

拓展阅读：

《马丁·路德·金》

[美] 达尔比

《我有一个梦想》

[美] 马丁·路德·金

1955年12月1日晚上，美国亚拉巴马州的蒙哥马利市。

42岁的女裁缝、蒙哥马利市有色人种协进会秘书罗莎·帕克斯夫人下班后从成衣铺走出来，乘一辆公共汽车回家，因车上拥挤，劳累一天的罗莎无法坚持，坐在了汽车前面白人应该坐的位置。结果蒙哥马利市法院以违反《公共汽车法》为由对她进行了罚款。消息传开后，以年轻牧师马丁·路德·金为代表的黑人们举行了一场斗争。

马丁于1929年1月15日出生在美国亚特兰大市的一个中产阶级家庭，他的外祖父和父亲都是有名的牧师，马丁在很小的时候就蒙受了种族歧视和种族隔离的耻辱，虽然黑人已经不再是奴隶，但屈辱的下等人身份似乎是永远洗不脱的标签，尽管黑人们为此进行了多次抗争。外祖父和父亲的言传身教，使马丁很小就立下了改变黑人屈辱状况的誓言。1948年春天，马丁在一个偶然的机会，听到了关于圣雄甘地的生平和学说的演讲。甘地认为有了对人类无私的爱，就能在地球上实现上帝的使命，建立起一个自由平等的社会。正是这次演讲影响了马丁的一生。

罗莎遭到罚款、被老板解雇后，马丁组织起黑人，强烈控告《公共汽车法》违反美国宪法，并呼吁黑人开展拒绝乘坐公共汽车的抵抗运动，得到了大多数黑人的积极响应。一时间，蒙哥马利市的公共汽车备受冷落，几乎没有几个黑人乘坐公共汽车了。抵抗运动取得了很大成功，黑人领袖们还在12月5日成立了蒙哥马利市政改进协会，马丁当选为主席。当天晚上，黑人们举行了集会，马丁以主席的身份发表了动人的演说，激起了黑人们极大的反抗情绪。抵抗运动坚持了一年后，迫于压力的美国最高法院终于做出裁决，承认在公共汽车上实行种族隔离是违宪行为，马丁也因此声名鹊起，他成了美国最有影响的四大民权组织的领袖之一。

从此以后，马丁走出了亚拉巴马州，开始领导全国黑人反对种族主义的斗争。1962年9月，他领导的伯明翰斗争取得了胜利，并且得到了南方城市的声援，1963年6月11日，肯尼迪总统发表电视讲话，声称美国取消种族歧视的时刻就要到了。之后，肯尼迪于19日向国会提交了民权法案。为了推动国会通过该法案，马丁于8月28日率领25万人的队伍在华盛顿举行了一次游行，并发表了著名的《我有一个梦想》的演说。

民权法案通过后，马丁被《时代周刊》评为1963年的风云人物，第二年，他获得了诺贝尔和平奖。1968年3月，马丁因为领导田纳西州的抗议运动来到孟菲斯城，4月4日，马丁在旅馆的阳台上遭到白人种族主义者的暗杀，不幸身亡。

●毛泽东与赫鲁晓夫在宴会上

>>> 毛泽东调侃赫鲁晓夫

莫斯科会议期间，毛泽东表示"文件可以照顾你们'二十大'的观点"。焦虑的赫鲁晓夫得知后精神陡涨，在与毛泽东进餐时愉快得忘乎所以，讲起话来滔滔不绝："毛泽东同志，你大概看过有关苏德战争的影片吧？我告诉你，那都是假的，斯大林根本不会指挥打仗，他的那些干涉只是使我军遭到一次次重大损失。"毛泽东只是说："我愿意和你们真正有学问的名流交谈。"

赫鲁晓夫没有听出弦外之音，越讲越激动，毛泽东喝完汤调侃道："赫鲁晓夫同志，我的饭已经吃完了，你的西南战线还没有打完哩。"

拓展阅读：
《毛泽东与赫鲁晓夫》权延赤
《赫鲁晓夫的秘密报告》
[意] 维·维达利

◎ 关键词：克里姆林宫 工作总结 秘密报告

赫鲁晓夫的"秘密报告"

苏联的铁腕统治者斯大林死后，有着多年从政经验的赫鲁晓夫，以平易近人的作风征服了所有的竞争对手，成为苏联的新一任统治者。1956年2月14日上午，苏联共产党第二十次全国代表大会在莫斯科的克里姆林宫开幕，和以往会议不同的是，大会主席台上没有悬挂斯大林的画像。这次大会是斯大林死后苏共召开的一次重要会议，对苏联以及其他社会主义国家产生了深远的影响，同时也波及了西方的一些国家。

赫鲁晓夫在全国代表大会上，首先作了工作总结报告，对当前国际局势中存在的一些问题提出了一系列新的观点。赫鲁晓夫声称，和平共处是社会主义国家和资本主义国家的基本准则，是"社会主义国家外交政策的总路线"，对待资本主义国家，武装革命和暴力革命不再是主要的斗争形式。此外，赫鲁晓夫还在经济问题上提出了一些自由化的政策。赫鲁晓夫还强调，苏联应当和其他社会主义国家保持一致的步调，实行经济一体化政策。而在会议召开之前，赫鲁晓夫没有同其他国家共产党商量，就直接发动了一次突然袭击，令应邀列席的各国共产党代表都措手不及。中国共产党代表团反对赫鲁晓夫诋毁斯大林、协同美国主宰世界的做法，赫鲁晓夫对此感到非常恼火。大会结束后，赫鲁晓夫不顾莫洛托夫以及马林科夫等人的强烈反对，于25日凌晨向到场的与会代作了题为《关于个人崇拜及其后果》的报告，该报告就是未经公开的"秘密报告"。

在报告中，赫鲁晓夫提出了反对个人迷信的主张，对斯大林的功过进行了不公正的评价，并且强烈指责斯大林在生前大搞个人迷信，对国家的权力采取独断专行的态度。长达四个小时的报告，引发了与会代表强烈的不平之鸣，也加剧了苏联领导层之间的矛盾和冲突。许多持反对意见的人遭到赫鲁晓夫的迫害，一时间，苏联出现了很多冤假错案，很多优秀的党员和公民被杀害了。

1956年6月，东欧爆发了波兰事件和匈牙利事件，大批党员随之退党，帝国主义国家趁机制造混乱，共产主义阵营出现了严重的危机。1957年6月，在赫鲁晓夫出访波兰之际，马林科夫、莫洛托夫和卡冈诺维奇策划了一场反对赫鲁晓夫的行动。接下来，苏共召开了全体会议，经过激烈的争论，赫鲁晓夫最终胜出，马林科夫、莫洛托夫和卡冈诺维奇被开除出中央委员会主席团，元帅朱可夫和布尔加宁随后也遭到了打击和迫害，赫鲁晓夫终于独揽了苏联的大权。

● 匈牙利前总理纳吉

>>> 《民族之歌》节选

裴多菲作为争取民族解放和文学革命的一面旗帜，其《民族之歌》被誉为匈牙利的"马赛曲"。

起来，匈牙利人，祖国正在召唤！

是时候了，现在干，还不算太晚！

愿意做自由人，还是做奴隶？

你们自己选择吧，就是这个问题！

向匈牙利人的上帝宣誓，我们宣誓，我们宣誓，我们不再继续做奴隶！

……

拓展阅读：

《裴多菲传》冯植生
《我愿意是激流》[匈] 裴多菲

◎ 关键词：匈牙利 苏联红军 反铁托分子 大清洗

苏联出兵匈牙利

一直以来，匈牙利人民都对苏联怀有浓重的感情，因为匈牙利是在苏联红军的援助下获得解放的。匈牙利的领导人拉科西执政后，对苏联更是唯命是从，他不仅将苏联红军解放匈牙利的日子定为国庆日，还将国旗改成了苏联加盟共和国国旗的样子，就连匈牙利士兵穿的服装、学校里的记分制度也力求和苏联保持一致。

1949年6月，东欧各国开展了一次"反铁托分子"的运动，匈牙利中共中央总书记拉科西跟在苏联后面亦步亦趋，在匈牙利展开了一场大清洗，结果20万人被清查。匈牙利原领导人拉伊克遭到指控，被认为是南斯拉夫派的间谍，遭到开除党籍的处分，并于6月10日被处决了。中央书记卡达尔·亚诺什也在清洗中被捕入狱。拉科西置本国的现状于不顾，片面追求高效率，造成农业和轻工业比例的严重失调，人民生活水平随之急剧下降。如此过火的政策引起了国内民众的强烈不满，就连苏联高层对此也有所察觉，示意拉科西稍作收敛。

1953年5月，赫鲁晓夫将拉科西召到莫斯科，提出了匈牙利应当党政分离的建议，要求拉科西让出部长会议主席的职位，但拉科西以找不到合适的人选为借口婉言拒绝了。1953年6月17日，东柏林的苏占区发生了暴徒刺杀民主德国副总理奥托·努舍克的事件，拉科西再次被召到莫斯科，赫鲁晓夫再次要求他进行人事调整，并建议由伊雷姆·纳吉担任部长会议主席。拉科西回到匈牙利后，在部长会议上做了自我检讨，并让出了部长会议主席的职务。

纳吉上台后，马上采取了一系列自由化政策，减缓了重工业的发展，着重发展轻工业，提高人民的生活水平，并且允许农民退出合作社，允许小私有企业存在，知识分子也可以自由发表作品。纳吉的做法博得了西方国家的喝彩，却遭到了匈牙利党内的严厉批评。1955年7月，他被拉科西撤销了党内的一切职务，同年11月，又被开除出党，匈牙利群众纷纷为此感到不平。一些知识分子在1956年成立了裴多菲俱乐部，经常举行集会，讨论政治问题，并要求恢复纳吉的工作。苏联插手后，形势严重恶化，群众也由自发游行演变成了武装骚乱，纳吉被请到议会广场发表演说，之后，示威的群众占领了邮电局、党报机关、印刷厂和武器弹药库。

为了平息动乱，1956年10月24日凌晨，苏联将坦克开进了布达佩斯，向示威的人群开火。当天上午，匈牙利党中央经过激烈的争论，决定由纳吉出任部长会议主席。但是反革命势力还在趁机发动骚乱，袭击电台、报社和军械处等被群众占领的地带，苏联军队还大肆屠杀了很多共产党人和

●1956年10月,匈牙利首都布达佩斯一些人
起来反对撤换主张改革的伊雷姆·纳吉的总理
职位。23日,布达佩斯街上出现了路障,市中
心的斯大林像被拉倒。
●卷入动乱的妇女产业工人及裴多菲俱乐部的
知识分子。

无辜的百姓,使得布达佩斯街头一片狼藉。第二天,苏联军队完全控制了
匈牙利的局势。

　　就在此时,原共中央书记卡达尔趁机和纳吉政府分裂,请求赫鲁晓
夫帮他组织新政府。苏联军队于11月4日凌晨向布达佩斯进发,纳吉抵挡
不住苏联军队的进攻,结果被捕了,之后被处决。卡达尔在苏联坦克的帮
助下恢复了权力。

●第一颗全球通信网的人造卫星

>>> 神舟五号载人飞船

中国载人航天工程"神舟"无人试验飞船飞行试验成功后，为实施载人航天打下了坚实的基础。神舟五号飞船是在无人飞船基础上研制的我国第一艘载人飞船，乘有一名航天员，在轨运行一天。整个飞行期间为航天员提供必要的生活和工作条件，同时将航天员的生理数据用电视图像发送地面，并确保航天员安全返回。

神舟五号飞船环绕地球14圈后在预定地区成功着陆，完成了中华民族千年飞天的夙愿，是中华民族智慧和精神的高度凝聚，是中国航天事业在21世纪的一座新的里程碑。

拓展阅读：

《太空女杰》吴国兴
《梦圆飞天的精神轨迹》
刘建国/郭大方

◎ 关键词：航天 导弹 人造地球卫星

人类航天的新纪元

1957年10月4日，人类第一颗人造地球卫星拖着长长的尾气，升上了蔚蓝的天空，向无尽的太空疾驰而去，苏联拉开了人类航天史的序幕，人类从此开始了航天新纪元；谁曾想到，如此令世界震惊的壮举的背后，另有一段不可告人的秘密；谁又曾想到，研制人造卫星的苏联航天泰斗、总设计师科罗廖夫，竟然是一个被判处死刑的囚犯。

科罗廖夫天资聪颖，在很小的时候就展现出超人的才华。25岁那年，他出版了自己的专著《火箭发动机》，26岁时参与设计苏联第一枚液体火箭并取得成功，另一本专著《火箭飞行》也在27岁时出版了。29岁时，和其他科研同志一起设计出了苏联第一代喷气式飞机。此后，他经历了漫长的浩劫。斯大林在1937年发动了"大清洗"运动，当时苏联的陆军参谋长图哈切夫斯基元帅，因涉嫌叛国罪被判死刑；著名的飞机设计师图波列夫也被逮捕；身为火箭主设计师的科罗廖夫同样未能幸免，他被判处死罪，然后被押送到西伯利亚一个渺无人烟的小岛上挖掘金矿。虽然这些科研人员都毫无幸免地被捕了，但苏联却面临着一个不争的事实：如何继续发展航天事业？于是幸存下来的图波列夫便在监狱工厂里设计飞机，在他的多次请求下，科罗廖夫也被转到了第四号特种监狱工厂，继续从事火箭研究工作，但他们的身份并没有因此而改变，他们仍然是囚犯，每天在戒备森严的监狱工厂里工作12个小时，除了工作以外的正常交往，他们没有说话的权利，也没有行动上的自由。就是在这种情况下，科罗廖夫先后成功设计出了苏联第一代导弹和中程导弹。

1957年8月3日，科罗廖夫设计的洲际导弹试射成功，举国哗然，世界上的军事大国也为之震惊。同年10月4日，他设计的第一颗人造地球卫星升上蓝天，世界各国赞不绝口。

科罗廖夫为苏联赢得了极大的荣誉，也给美国等军事大国以强烈的震撼，但是苏联政府仍然不给他公开露面的权利。科罗廖夫在苏联政府的安排下，住进了豪华的私人别墅里，并配备了安全保卫人员。非常具有讽刺意味的是，负责保卫工作的人员竟然是当年监狱工厂里的警卫。

科罗廖夫的科研态度是严谨而认真的，他所有的科研成果都是在苏联当局的示意下完成的。此后，他又为第一艘载人飞船设计了火箭。取得卓著的成果后，科罗廖夫的身份由罪犯变成了"重点保护对象"。他无法抹去那充满伤痛的记忆，无法抚平心灵上的创伤，苦难岁月的阴影时刻笼罩着他。1966年1月，科罗廖夫因心力交瘁而死，享年59岁。

◎ 关键词：自由军官组织　军队领导权　封建王朝

伊拉克的"自由军官组织"

● 萨达姆·侯赛因像

>>> 沙漠风暴行动

1991年1月17日，巴格达时间凌晨2时40分左右，以美国为首的驻海湾多国部队向伊拉克发动了代号为"沙漠风暴行动"的大规模空袭。

从美国的各种军舰上，从沙特阿拉伯的陆地上，数以百计的飞机和巡航导弹飞向北方和西方，袭击伊、科境内的轰炸目标。伊拉克则用导弹予以还击。一时间，一场以伊拉克为一方、以美国为首的多国部队为另一方的现代化战争终于爆发。

拓展阅读：

《从伊拉克战火中走来》
杨洪林
《关于亲历伊拉克》
解传广／王红

　　1952年9月，里法特·哈吉·希里在伊拉克秘密创建了"自由军官组织"，并且很快在工程兵等兵种中发展了第一批自由军官组织成员。1952年到1956年的四年时间里，伊拉克的军队中又出现了好几个自由军官组织。

　　在伊拉克的军队中，大部分中下级军官都来自社会底层，他们和广大人民群众有着共同的阶级和民族感情，但是充当的却是帝国主义和封建王朝镇压革命群众的工具。埃及革命的成功给伊拉克军官提供了借鉴和经验，他们决定按照埃及自由军官组织的模式建立伊拉克"自由军官组织"，联合其他爱国的党派和人民群众，等力量壮大后，便以武装起义的方式消灭君主制度，实现政治和社会的改革。1956年10月，英国、法国和以色列入侵埃及失败后，里法特领导的自由军官组织加快了行动步伐，在巴格达成立了伊拉克自由军官最高委员会。第二年，该组织和卡塞姆领导的组织合并，卡塞姆成为最高委员会的成员，并在不久后当选为最高委员会主席。1958年，阿里夫在卡塞姆的举荐下加入了最高委员会，至此，最高委员会的成员增加到15人，各地的自由军官也发展到了200人左右。

　　最高委员会制定了革命目标和原则，打算用武力废除国王、王储以及首相的权力，宣布建立共和国，等革命成功后，最高委员会将改为革命指导委员会，掌握国家的行政和立法权，成立过渡政府，在革命指导委员会的指导下实现全国统一。此外，最高委员会还强调要警惕机会主义者混入革命队伍，将以前统治集团的党羽清除出去，真正实现社会的公正，消灭国家的腐败现象，实行公民选举，建立全国委员会，取代革命指导委员会，但是军队不能参与政治事务。

　　1958年6月，阿里夫所在的陆军第三师第二十步兵旅，奉命准备配合约旦部队袭击叙利亚，破坏叙利亚和埃及的统一。得知此事后，阿里夫马上将这一消息告诉了巴格达方面，最高委员会果断做出决定，利用部队途经巴格达时发动起义。7月14日凌晨5时，起义的枪声打响了，阿里夫率军队占领了电台，并通过电台宣读了第一号革命声明，号召军队和全国人民团结一致，共同推翻腐朽的封建王朝。全国人民都热烈响应。国王费萨尔和王储阿卜杜·伊拉从睡梦中惊醒，知道大势已去，就伺机逃跑，打算找机会卷土重来，结果没等逃走，就被革命群众处死了。

　　革命声明唤醒了伊拉克所有的自由军官，他们立即行动起来，夺取了军队领导权，推翻了封建王朝的统治，建立了以卡塞姆为总理的共和国政府，伊拉克从此进入了一个新的时代。

● 美国 U－2C 高空侦察机

>>> 强击机

主要用于从低空、超低空突击敌战术和浅近战役纵深内的小型目标，直接支援地面部队（水面舰艇部队）作战的飞机。又称攻击机，旧称冲击机。

强击机具有良好的低空操纵性、安定性和良好的搜索地面小目标能力，可配备品种较多的对地攻击武器。为提高生存力，一般在其要害部位有装甲防护。

第二次世界大战前夕，苏联研制出伊尔－2强击机，在大战期间广泛使用，发挥了较突出的作用。20世纪50年代中期，苏联取消了强击机，代之以歼击轰炸机。

拓展阅读：

《20世纪世界空战》戴旭
《一生要了解的现代武器》
扬士军

◎ 关键词：苏联 侦察机 情报机关 致命攻击

苏联击落美国的 U－2 侦察机

1960年5月1日，苏联塔斯社向全世界广播了一条震惊全球的消息，苏联防空部队在斯维尔德洛伏斯克的工业中心上空击落了美国U－2间谍侦察机，驾驶员F.鲍尔斯上尉被活捉！

消息传到美国后，华盛顿一片哗然，并对此感到疑惑不解。从掌握的情报上看，苏联的飞机和火箭尚没有能力将距离地面3.3万米高的U－2飞机击落下来，但莫斯科展览的的确就是U－2飞机的残骸。那是一架貌似滑翔机的侦察机，美国人将它伪装成考察气象的飞机，然后在上面配备有摄像机、录音机、雷达和无线电系统。更要命的是，该侦察机的驾驶员鲍尔斯非但没有用中央情报局提供的毒针自杀，反倒在苏联监狱里写下了洋洋洒洒的认罪书，并交代了一些事实。苏联凭借什么先进的武器将U－2飞机击落了呢？五年后，他们才揭开了事实真相。

克格勃是负责苏联国家安全的情报机关，在受到美国U－2侦察机的屡次侵扰后，克格勃的航空专家研制出了一种装置，能让U－2侦察机在起飞后高度表失灵，当侦察机上升到1万米的高空时，高度仪上却自动显示3万米，而1万米的高度正好在苏联火箭的射程之内，这一点就连经验丰富的驾驶员也不易察觉。之后，他们挑选出一个名叫嘉兹尼的间谍，去美军在巴基斯坦的军事基地执行任务。嘉兹尼乘警卫换岗时，偷偷潜入，将事先准备好的磁场仪神不知鬼不觉地放进了U－2侦察机驾驶舱的高度仪内。

1960年5月1日，优秀的美国空军歼击机驾驶员鲍尔斯，在丝毫不知情的情况下，像往常一样从白沙瓦起飞去执行侦察任务，早已进入紧急战备状态的苏联防空部队，很快从雷达屏幕上发现了U－2侦察机的身影，三架米格飞机马上升空拦截。鲍尔斯轻松地摆脱了身后的米格飞机，飞到苏联的斯维尔德洛伏斯克上空时，一阵橙红色的亮光闪过之后，U－2侦察机被苏联的火箭击中，受到致命攻击的飞机只好原地迫降。

美国中央情报局局长杜勒斯大为光火，他不惜用苏联大间谍"千面人"阿贝尔上校换回鲍尔斯，但依然没有查到任何有价值的线索。直到1965年，一个名叫巴托列斯基的克格勃间谍叛逃到美国后，事实真相才被揭开。

● 被击落的美国 U－2 型飞机驾驶员弗朗西斯·加里·鲍尔斯
1960年5月1日，美国一架 U－2 高空侦察机在前联上空被击落，飞行员 F.鲍尔斯被俘。鲍尔斯没有受伤，但是他不得不站在莫斯科的法庭上公开受审，并被判处10年徒刑。

●尤里·加加林

>>> 加加林被选中的原因

1960 年经过极严格的"超级选拔"，加加林被送往莫斯科接受特种训练。

第一名航天员为何选中了他？首批航天员队的领导之一卡尔诺夫回答说，是由于"注意到了加加林所具备的如下无可争辩的品格：坚定的爱国精神、对飞行成功的坚定信念、优秀的体质、乐观主义精神、随机应变的智能、勤劳、好学、勇敢、果断、认真、镇静、纯朴、谦逊和热忱。"

除以上条件外，赫鲁晓夫当时还做过如下指示：必须是纯俄罗斯人。因而，使具备同等条件的乌克兰族的航天员季托夫只成为首次航天的预备航天员。

拓展阅读：
《太空之谜》向思鑫
《东方 1 号》
[美]迈克尔·D.科尔

◎ 关键词：载人飞船 太空 环绕地球飞行

尤里·加加林的太空传奇

1961 年 4 月 12 日上午 9 时 7 分，苏联"东方"号载人飞船在苏联哈萨克中部的拜努尔发射场发射升空。经过 108 分钟的太空飞行后，在萨拉托夫州捷尔诺夫卡区斯梅洛夫村附近着陆。该飞船共飞行了 40868.6 千米，最大飞行速度达到每小时 28260 千米，最大飞行高度为 327 千米。这是人类有史以来的第一次载人航天飞行，作为"东方"号飞船的唯一乘员，苏联宇航员尤里·加加林成为世界上第一个飞上太空的人。

1934 年 3 月 9 日，加加林出生于苏联斯摩棱斯克区克鲁什纳村的一个农民家庭，15 岁时，加加林曾经当过一段时间工人。1955 年，加加林毕业于萨拉托夫工业技术学校。随后，他成了一名军人，进入奇卡洛第一军事航空飞行员学校学习。到 1957 年毕业时，加加林已经是一名出色的航空兵歼击机飞行员了。三年后，他以优良的体质和快速的应变能力被选为首批宇航员。

1961 年 4 月 12 日凌晨 6 时，加加林穿着鲜艳的宇航服，戴着密封的头盔，乘坐升降机进入了 39 米高的飞船船舱，飞船的重量达 4.73 吨，长 4.4 米，最大直径 2.43 米。等待起飞命令的加加林静静地坐在"东方"号的座舱内。莫斯科时间 9 时 7 分，支撑火箭的金属架向外自动分离，随着点火命令的下达，巨大的轰鸣声震颤着大地，"东方"号尾部喷出长长的火蛇，腾空而去。150 秒钟后，飞船的头部整流罩飞离，飞船飞出了稠密大气层，透过舷窗，遥远的大地、河流、村镇一闪而逝。摆脱地球的吸引力后，"东方"号飞船与火箭分离，进入近地轨道，以每秒 8 千米的速度向前飞驰，座舱中的加加林全神贯注地注视着周围的一切，并详细地将记录下来的数据报告给地面指挥所。

环绕地球飞行一周后，"东方"号返回地面的时间到了。这是一段危险的飞行，如果飞船在运行轨道上发生故障，宇航员生还的希望几乎为零，很可能会随飞船一齐化为灰烬。船载仪器引导着飞船顺利进入了返回轨道，在进入大气层之前，意外发生了，密封座舱与仪器舱未能在预定时间分离，并且高速旋转起来。情况万分危急，加加林却束手无策。非常幸运的是，飞船与大气产生的摩擦烧毁了连接两个舱的电缆线，密封座舱终于与仪表舱分离了，此时，预定的分离时间已经过去了整整 10 分钟。

经历了太空中的重重磨难，加加林驾驶飞船在太空飞行 108 分钟后，终于成功返回到地面，历史将永远记住这激动人心的一刻——1961 年 4 月 12 日 10 时 55 分。这一刻，全世界都在注目，加加林不仅成了苏联家喻户晓的太空英雄，还为人类的太空之行迈出了第一步。

● 胡志明像

>>> 胡志明在中国

1942年8月13日，胡志明到中国同越南抗日革命力量联系，刚到广西省靖西县就被蒋介石地方政府逮捕，从此他在广西各地13个县的18个监狱里被监禁了13个月。他受尽摧残和折磨，不得温饱，牙齿脱落，头发灰白，面容憔悴。在狱中他写了100多首诗，以后以《狱中日记》发表，以下是其中一首：

无题

柳州桂林又柳州，踢来踢去像皮球；

含冤踏遍广西地，不知解到几时休？

拓展阅读：

《印度支那》（电影）

《越南国父胡志明》李家忠

◎ 关键词：东盟 欧洲经济共同体 文莱 重要影响

东南亚六国结盟

万隆会议和不结盟国家首脑会议的召开，促使东盟和其他发展中国家之间的联系日益密切，交往也变得非常频繁。1967年8月，印度尼西亚、马来西亚、菲律宾、泰国和新加坡在曼谷举行了外交部长会议，此次会议促使这几个国家于1961年8月成立了东南亚联盟，简称东盟。东盟地处亚洲东南部，北边紧挨着亚洲大陆和日本，扼太平洋和印度洋的咽喉要道，具有十分重要的战略地位。东盟成立以后，其成员国之间的关系得到了很大改善，经济的迅速发展更是为东南亚乃至整个亚太地区的和平与稳定做出了重要贡献。因此，东盟日益引起国际社会的广泛关注，成为发展中国家颇具影响力的区域性合作组织。

该联盟的最早倡导者是马来西亚、菲律宾和泰国。1963年8月，印度尼西亚和马来西亚以及菲律宾成立了联盟。但是由于马来西亚和菲律宾之间存在着领土争端，所以在20世纪60年代，该联盟一直因为意见相左处于分裂状态，没有多少建树。

东南亚的形势在20世纪60年代末发生了重大变化，各成员国经历过20多年的独立斗争和国内动乱，政治步入了相对稳定的时期，各国之间的关系逐渐趋于缓和，经济发展成了各国的当务之急。国际上开始出现欧洲经济共同体。1965年，苏哈托取代苏加诺执政印度尼西亚，终止了和马来西亚以及新加坡的对抗；1966年，菲律宾和马来西亚就沙巴的主权争端达成谅解。东盟具备了成立的条件。

1967年8月8日，印度尼西亚、菲律宾、马来西亚、泰国和新加坡发表了《东南亚国家联盟成立宣言》，宣布东盟正式成立，明确公布东盟的宗旨。1971年11月，鉴于苏联加强了在太平洋和印度洋的军事力量，东盟在吉隆坡召开了外长特别会议，签署东南亚《和平、自由、中立区宣言》，并拒绝马六甲海峡国际化的要求。之后几年，马来西亚、菲律宾和泰国先后与中国建立了外交关系。20世纪70年代中期，美国从印度支那撤军，越南局势日益紧张。为了确保自身安全与经济稳定，1976年2月，东盟在印度尼西亚的巴厘岛举行了第一次首脑会议，会议通过了《东南亚友好合作条约》和《东盟协调一致宣言》，将各国的政治协调和经济发展推向了一个新阶段。1977年8月，东盟在吉隆坡召开第二次首脑会议，进一步强调东盟团结合作和协调联盟的对外关系。

1984年1月，文莱获得独立，随即加入了东南亚联盟，东南亚六国结盟的局面正式形成，俗称东盟六国。该联盟在政治、经济和军事上都取得了骄人成绩，并且对国际社会产生了重要影响。

●印度总理尼赫鲁

>>>《石雕舞女像》

20世纪60年代，柬埔寨国家元首诺罗敦·西哈努克亲王赠国家主席刘少奇。

雕像面容典雅，舞姿优美，蕴含高棉舞蹈的独有神韵。西哈努克亲王是一位著名的爱国者。为了争取和维护柬埔寨的民族独立，他一直奋斗不息。作为不结盟运动的发起人之一，他与铁托、尼赫鲁、苏加诺、纳赛尔等人齐名，受到广泛尊敬。

西哈努克亲王多次访华，并曾两次在华领导柬埔寨人民争取国家独立、民族解放的斗争，得到中国政府和人民的大力支持。

拓展阅读：

《文明的故事：斑斓的生活》
华言实
《新中国国际战略》张秀华

◎ 关键词：非洲独立年 安全 极大威胁 第三种国际政治力量

独立自主的不结盟运动

第二次世界大战结束后，国际关系发生了重大变化，亚洲和非洲的很多国家纷纷摆脱殖民统治，建立了独立的国家政权，到20世纪60年代初，至少有40个以上的国家摘掉了殖民地的帽子。1960年，仅仅撒哈拉沙漠以南地区就有17个非洲国家获得独立，这一年被形象地称为"非洲独立年"。但是，一些诸如法国、英国等老牌殖民国家不甘心就此退出殖民统治的舞台；而美国和苏联这两个超级大国则在积极推行新殖民主义政策，到处填补以前殖民地的真空，不惜动用战争争夺亚非拉的中间地带。这些都对第三世界国家的独立主权和安全构成了极大威胁。

在如此动荡的国际形势下，一些有声望和影响的独立国家的领袖，逐渐形成了相同或相近的国际意识，经过联络和沟通，不结盟运动就此开始了。1956年7月18日，尼赫鲁和纳赛尔在南斯拉夫的布里俄尼岛与铁托举行会晤。两天后，三个国家的领导人共同发表了《联合声明》，反对"把世界分成强有力的国家集团"，提出"应该建立世界规模的集体安全，各国领袖应该在奉行不同政策的情况下进行接触和交换意见"。于是在20世纪60年代，一场崇尚独立自主的不结盟运动就此兴起了，它的兴起使苏美之外的第三种国际政治力量出现了。

1961年2月6日，铁托对非洲的九个国家进行访问，提出了关于举行不结盟国家首脑会议的建议。同年6月，在铁托和纳赛尔的共同努力下，埃及、南斯拉夫、印度、印度尼西亚和阿富汗五国在埃及首都开罗召开了不结盟国家的筹备会议。20多个国家的代表参加了这次会议，该会议规定了参加不结盟国家首脑会议的五项标准，得到与会者的一致赞同，会议取得了圆满成功。在此会议的基础上，1961年9月初，不结盟国家的政府首脑会议在南斯拉夫首都贝尔格莱德正式召开，25个国家作为正式成员参加了会议，另外还有三个国家派出观察员列席会议。这次正式会议通过了《不结盟国家的国家和政府首脑宣言》。宣言还要求恢复中华人民共和国在联合国的合法权利。会议决定把该宣言送交给联合国。不结盟国家和政府首脑会议的举行，标志着第三种国际政治力量的形成，并推动了国际政治力量由美苏两极向多极化发展，第三世界的力量得到了壮大。

1964年10月初，第二次不结盟国家和政府首脑会议在埃及开罗召开，47个国家派出代表团参加了会议，10个国家和2个组织派出了观察员列席会议。这次会议通过了《和平和国际合作纲领》，将不结盟运动的规定更加完善，组织形式也走向了制度化。从此以后，不结盟国家和政府首脑会议每三年都要举行一次，目的是制定出统一的策略，在国际事务中发挥出重要作用。

●哈罗 油画 美国 林德纳

>>> 涂鸦艺术

涂鸦绘画大部分情况下处于一种自我发展自我满足的地下状态，只是在 20 世纪 80 年代前半期，它才浮出水面，成为纽约画派最流行的一种绘画风格，也成为东村艺术最闪亮的一道风景。

时代广场展是它最亮丽的时刻。然而，它的辉煌不过是昙花一现，旋即重新回到被遗忘的"地下"状态。涂鸦艺术家们也因此次"亮相"而趋向分化。

涂鸦艺术同 20 世纪 60 年代兴盛的波普艺术有着关联。有些艺术评论家认为，涂鸦艺术是对波普文化的一种继承和发展，它们在精神上有着一致性，都倾向于关注大众文化。

拓展阅读：
《波普倾向》顾丞峰
《波普艺术——断层与绵延》孙津

◎ 关键词：英国 波普艺术 消费文明 崇拜

波普艺术领风骚

20 世纪 60 年代萌发于英国的波普艺术（英语为 POP），很快就抢占了流行的潮头，然后以强劲的态势在美国抢滩，并形成以纽约和伦敦为中心的新艺术流派。该艺术的最大特点就是通过生活中最为普遍的事物将主题表达出来，这种普及的、短暂的、批量生产的艺术，在客观上对抽象主义艺术进行了公然否定。

美国画家查德·哈弥顿创造的《是什么使今日的家庭变得如此不一样，如此的有吸引力？》，是第一件被公认的波普艺术作品。在一间房子里，一组月球表面的照片粘贴在一起组成画面上所谓的天花板，天花板底下有一排阶梯，一个女工人正在阶梯上用吸尘器清理尘土，不远处的沙发上坐着一个裸体女人，而在四周的墙壁上，挂着古典的肖像和现代的广告画。房间里有电视机、录音机等美国的工业产品，最为特殊的是，房子中间站着一个身强力壮的男人，他的右手握着一个巨大的棒棒糖，上面贴着醒目的"POP"字样。

从此以后，波普派开始在美国广为流行，它注重的消费文明已经远远胜过自己的发源地英国，一时间，美国涌现了许多著名的波普艺术家，并且表现了奇特的艺术，如安迪·沃渥将杂志上的广告和海报放在或者直接印刷在画布上，构成独特的艺术风格；罗伊·利希滕斯坦将绘画等现成的影像放大，然后再用类似于印刷效果的网点或条纹表现出来，造成视觉上的冲击力；克拉斯·奥登伯格将热狗和巧克力等实物用布或石膏翻成艺术形象；而汤姆·韦塞尔曼则把广告上常见的裸体图像绘制在画布上，并配上浴室和家具等物，造成近乎怪诞的效果。波普派的艺术家一般不直接从日常生活中取材，而是通过现代传播攻击的景象和形象，将日常生活中的现象"复制"到作品中。

此外，在波普艺术的基础上还衍生了视觉派。该艺术流派侧重于歌颂当代的科技成果，力图将新的科技成果和艺术表现结合起来，让观众产生艺术幻觉，它基于数学、物理学和心理学。

波普艺术和当前的科技相结合，然后促进自身的发展，但它又向实际生活环境渗透。"综合绘画"就是这样的产物。它的最主要特征是将许多日常生活中常见的物品组合起来，经过粘贴组合成画面，有时还广泛使用摄影技术。

波普艺术进入中后期，对商品的崇拜成了艺术主题，它不仅充满了对美国现代生活方式的欣悦，还对美国的流行文化和广告宣传产生了很大影响。

●赫鲁晓夫与肯尼迪在一起

>>> 古巴雪茄

古巴雪茄是世界最好,也是最名贵的雪茄。优良的品种和适宜的土地及种植,加上历时5个多世纪精益求精的手工制烟技术,奠定了古巴手制雪茄独步全球的极品地位。

雪茄烟一直作为古巴政府的国礼赠送给各国元首,政府首脑和其他高官以及外交使节。能吸上古巴雪茄是一种自豪,一种享受。

同时,古巴雪茄也象征着财富、身份和地位,英国前首相丘吉尔,美国作家海明威等许多世界名人都对古巴雪茄情有独钟。

拓展阅读:

《千钧一发》李德福
《卡斯特罗与古巴》
[意] 安格鲁

◎ 关键词:导弹基地 秘密开工 一级战备 海上封锁

古巴导弹危机

丘吉尔的"铁幕演说"拉开了苏联和美国"冷战"的帷幕,两国都将对方看成最大的威胁。于是,军备竞赛开始了,两国争先恐后地研制导弹,然后装上威力极大的原子弹,将目标对准对方。当时苏联的导弹基地布置在本土和东欧的一些盟国,美国则布置在本土和西欧的一些盟国,一旦爆发战争,美国的洲际导弹和轰炸机可以轻而易举地攻击苏联的任何地方,而苏联的导弹却很难威胁到美国本土,这对苏联来说是一个很头疼的问题。

位于拉丁美洲的古巴,和美国仅隔一道海湾,在很长的一段时间里,古巴都处于美国的势力范围之内。但是,古巴于1959年爆发了一场革命,卡斯特罗成了古巴的领导人,他将苏联看成了战略盟友,古巴向苏联靠拢,解决了令苏联头疼的问题。1962年,卡斯特罗访问苏联,双方达成了一项秘密协议。苏联针对美国的威胁,打算在古巴修建导弹基地,并且很快秘密开工建造了。

1962年10月,美国间谍侦察机在对古巴的侦察中发现了这一情况。如果从这些基地发射导弹,装上威力巨大的核弹头,几乎可以直接攻击美国的任何地方,美国政府和议会得到这个消息后,举座哗然。总统肯尼迪在10月22日发表的广播讲话中声称,苏联在古巴修建导弹基地是美国人不能接受的,如果苏联不马上将导弹基地从古巴撤销,将会受到最严厉的惩罚。与此同时,美国对古巴进行了严密的海上封锁,以阻止苏联进一步往古巴运送军事设施和人员,并且严密注视苏联在古巴军事基地的一举一动,一旦有异常情况发生,美国将先发制人,对那里进行毁灭性打击。肯尼迪还命令所有针对苏联的军事基地进入一级战备状态。美国的强硬措施惹怒了苏联,两国军队全面备战,战争一触即发。

但是,赫鲁晓夫仍然能感觉到来自美国非常大的压力,他开始为撤除古巴的导弹计划讨价还价了。10月26日,赫鲁晓夫致信肯尼迪,声明只要美国不入侵古巴,并且解除海上封锁,苏联将撤销导弹计划。没等肯尼迪做出反应,赫鲁晓夫第二天又来了一封信,要求美国从土耳其撤走导弹基地作为交换,但是肯尼迪没有答应他的要求。白宫为此发表了一份声明,指出土耳其和古巴的导弹危机毫不相干。当天,美国的一架侦察机在古巴上空被击落,驾驶员也命赴黄泉。肯尼迪考虑到苏联导弹的威胁,一旦发生战争,美国可能会遭到灾难性的打击,所以就没有轻举妄动。之后,肯尼迪经过提醒,决定对赫鲁晓夫的第二封信置之不理,表示接受26日的提议,并希望马上达成协议,苏联方面立即做出了妥协,决定从古巴撤出导弹基地,美国也随之解除了对古巴的海上封锁。

● 苏联方面做出妥协后，赫鲁晓夫命令护航舰队返回，并同意拆除古巴的导弹基地。图中有标志位置的上方为储存导弹弹头库棚的地基，库棚已拆除，下边注明是已放弃的发射架位置。

● 美国前总统肯尼迪

>>> 杰奎琳·肯尼迪

从杰奎琳·肯尼迪出生的那一刻起，就注定了这个女子不平凡的一生，富裕的家庭塑造了她高贵的内涵。父亲的指引，使她打少女时代起就知道如何做能够吸引住成功男性的目光。

虽然童年时父母的离异使她一度自闭，被同学谑称为"难以接近的怪人"，但是继父带来的巨额财产又使她比以前更加奢侈和叛逆。她喜欢有挑战性的事物，因此她最爱骑马和约会，尤其是同时与不同类型的男生约会。

终于，她结识了整整大她12岁的肯尼迪，成为美国总统的夫人。

拓展阅读：

《约翰·F.肯尼迪的绝妙睿语》[美]康宁
《肯尼迪家族》[美]史密斯

◎ 关键词：约翰逊 谋杀 替罪羊 同谋

肯尼迪遇刺之谜

古巴导弹危机结束后，约翰·肯尼迪为了调解民主党的内部分歧，达到连任的目的，于1963年11月22日偕夫人前往得克萨斯州。他们乘坐在豪华的敞篷汽车上沿达拉斯市街道缓慢行驶着，当走到埃尔姆街拐弯处时，肯尼迪被人开枪击中。半个小时后，肯尼迪在医院不治身亡。两个小时后，副总统林登·约翰逊登上总统之位。刺杀案发生后，达拉斯市警方逮捕了一个名叫奥斯瓦尔德的刺客，但是两天后，戒备森严的警察局发生了一件咄咄怪事，奥斯瓦尔德被一个叫杰克·鲁比的人开枪打死。

美国官方认为刺杀肯尼迪是奥斯瓦尔德的个人行为，和任何组织都没有关系，但肯尼迪的死在美国历史上一直是一个谜，困扰着想知道事实真相的人。很多年后的1998年，林登·约翰逊当年的情妇马德莱娜·布朗语出惊人地向外界抖出了猛料：得克萨斯州的石油大亨出钱，副总统约翰逊作为幕后主使，谋杀了肯尼迪。马德莱娜从23岁起就是约翰逊的情妇，他们的关系在极其秘密的情况下保持了20年。马德莱娜对约翰逊在刺杀肯尼迪一案中扮演的是什么角色十分清楚，但这么多年来，她一直守口如瓶。

石油大亨哈罗德森·亨特是个了不起的人物，他是约翰逊的同乡，也是约翰逊的摇钱树。对肯尼迪本来就没好感的亨特，自从1960年约翰逊在民主党总统候选人提名大会上落败后，就对肯尼迪恨之入骨。他曾对马德莱娜扬言，他们虽然"失去了一场战斗"，但一定会"赢得整个战争"。肯尼迪去达拉斯的前几天，有人在亨特的汽车里发现了反对肯尼迪的传单，但亨特毫不顾忌地说，他不害怕任何人。

在达拉斯市，有一位神通广大的夜总会老板名叫杰克·鲁比，他是亨特的好朋友。鲁比和达拉斯市警察局的关系十分密切，和亨特一样，他也痛恨肯尼迪。肯尼迪去达拉斯市前的十多天，鲁比已经将总统车队的行车路线图弄到手了。刺杀案发生后，他枪杀了刺客奥斯瓦尔德，而奥斯瓦尔德的母亲曾对人说她的儿子是替罪羊。肯尼迪遇刺的前一天晚上，马德莱娜参加了一个富商云集的晚会，约翰逊很晚才到场，然后神秘地将亨特等人叫到一个房间里，十几分钟后，他们才陆续从房间里走出来。马德莱娜清楚地记得，其中一人后来还是肯尼迪事件调查委员会的委员。肯尼迪遇刺案发生后，亨特曾再一次对马德莱娜说："我们赢得了战争。"马德莱娜才如梦初醒。

约翰逊入主白宫后成立了一个七人调查委员会，委员会的权力则由约翰逊在暗中操纵。于是，调查委员会将奥斯瓦尔德行刺肯尼迪说成"孤立事件"，并且声称没有任何证据能够证明有人帮助奥斯瓦尔德。约翰逊凭借手中的总统大权，控制了整个案件的调查，自己逃脱了罪责，同时也保护了同谋。

●肯尼迪被刺后几个小时，警方逮捕了一名24岁的海军陆战队队员利·哈维·奥斯瓦尔德，控告他谋杀总统。两天后，奥斯瓦尔德在从达拉斯警察总部地下室转移到县监狱时，被42岁的达拉斯夜总会老板杰克·鲁比近距离开枪击倒。杰克·鲁比（左二）也当即被捕。

◎ 关键词：越南海军 备战状态 北部湾事件

美国陷入越战的泥淖

1964年8月2日，越南沿海的北部湾地区风平浪静，但越南海军却没有丝毫的松懈，海岸边的雷达监视系统正一刻不停地旋转着，荷枪实弹的哨兵们注视着海面上的一切。美国攻击型航空母舰多次在北纬17度以东海域炫耀武力，搅乱了北部湾的平静，致使越南海军进入了紧张的备战状态。

午后，美国的"马多克斯"号驱逐舰趾高气扬地闯入了北越的领海。在发出严重警告后，北越海军见"马多克斯"号驱逐舰的美军士兵充耳不闻，终于忍无可忍，四艘鱼雷快艇如离弦之箭向美国军舰冲去，唯恐遭到袭击的"马多克斯"号驱逐舰只好逃之夭夭，"北部湾事件"由此发生了。

"北部湾事件"是美国人赤裸裸的挑衅，美国政府声称美军舰遭到了北越海军的攻击，美国将实施报复。8月3日深夜，美国驱逐舰再次闯入北越领海进行挑衅，北越鱼雷艇再度向美舰发出了警告。8月5日，约翰逊向全国发表电视演说，并下令美国武装力量采取报复行动。当天，64架美国轰炸机分别从航空母舰上起飞，对北越的四个鱼雷基地和一座油库进行轰炸。美国的行径引起了世界热爱和平的人民的极大愤慨。8月6日，中国政府发表声明，对其进行谴责。但美国军队依然我行我素，对北越进行持续轰炸。

然而，战争的发展并不像美国人所期望的那样，遭到轰炸的北越不但没有屈服，而且广大人民都投入到战斗中，打算和美国对抗到底。1965年4月3日和4日，在两天的时间里，越南人民就击落了47架美国轰炸机，并俘房了2名飞行员。遭到惨重损失后，美军不得不考虑将地面部队投入到越南战场。为了能在越南站住阵脚，美军在轰炸北越的同时，还对南越人民武装进行了一系列军事进攻。这一次，美国人仍然打错了如意算盘，南越人民奋起反抗。他们在房子和野外挖了大量的防空洞、藏粮洞和藏耕牛的洞穴，每一个乡村都是一个战斗堡垒。由各村的民兵组成的游击队，把伏击、围歼结合起来，使美军彻底陷入了战争的泥淖。

经过三年的地面战争，美国不但没有消灭南越人民的武装，反而越来越被动，被打得焦头烂额。1968年上半年，全美爆发了约200次学生反战示威，约翰逊因为越南战争而失去民心，在竞选中败北。

1969年1月20日，新任总统尼克松下令8月底之前，美国从越南撤出2.5万人的军队。当年6月，越南南方共和国宣布成立。

1975年3月至4月，北越发动了春季攻势，解放了南方，完成了越南的统一。1975年4月30日清晨，在海军陆战队的掩护下，美国大使馆的人员撤出西贡，越南战争结束了。美国人民称这场战争是"最肮脏的战争"。

● 美国军事顾问与南越军队

>>> 越南与中国的渊源

越南民族源于红河中下游一带的雒越人，在公元前4世纪的时候形成了完整的"瓯雒"部落联盟。

秦始皇时，越南人生活的红河中下游一带被并入秦朝国土，秦始皇于公元前207年在这里建立"南越国"。从此越南正式成为中国的一个地方割据政权。

公元968年，越南领袖丁部领趁着唐朝衰微之际，成立了大越国，开始了越南独立的历史时期。1803年，在清朝政府的支持下，阮福映登上大越国王位，正式将国名改为越南。从而开辟了越南新的历史。

拓展阅读：

《绝对机密》［越］友梅
《胡志明小道上的701天》
张世鸿

● 苏联军队入侵捷克斯洛伐克

>>> 布拉格"门槛"

捷克首都布拉格这个名字来自德语，意为"门槛"，原因是伏尔塔瓦河在这里流经一个暗礁，就像越过一个门槛。

也有这样的传说，古代建城时，建筑师来这里勘察，遇到一位做门槛的老人，建筑师被老者的那种异常认真、仔细的态度所感动，便在城建成后将其命名为"布拉格"。

尼采说："当我想以一个词来表达音乐时，我找到了维也纳；而当我想以一个词来表达神秘时，我只想到了布拉格。"

拓展阅读：
《"布拉格之春"前后》
[美] 舒尔茨
《回眸"布拉格之春"》
叶书宗/刘明华

◎ 关键词：捷克斯洛伐克 布拉格之春 勃列日涅夫 高层会议

"布拉格之春"改革的悲剧

1939年3月15日凌晨，希特勒接见当时的捷克斯洛伐克总统和外交部长，告诉他们德国已经下达了进驻捷克斯洛伐克的命令，要求他们必须无条件地在投降书上签字，否则德国军队在几个小时后就开到捷克斯洛伐克。在软硬兼施下，捷克斯洛伐克总统在投降书上签了字，希特勒的脸上乐开了花。两个多小时后，德国军队长驱直入，独立的捷克斯洛伐克不复存在了。时间相隔不到30年，位于欧洲十字路口的捷克斯洛伐克，再次遭到别国的入侵，而两次遭遇竟然惊人的相似。

1968年1月5日，担任捷共中央第一书记的杜布切克发起一场名为"布拉格之春"的改革，在短短八个月内，捷克斯洛伐克共产党进行了大刀阔斧的改革，大批斯大林"大清洗"时的冤假错案得到平反，关押在监狱中的无辜知识分子被释放出来，新闻限制较之以前放松了很多，曾经死气沉沉的学术也变得活跃起来，这些措施很快使捷克斯洛伐克出现了一种朝气蓬勃的局面。捷克斯洛伐克的所作所为明显偏离了苏联，苏联总书记勃列日涅夫为此震怒了。1968年8月3日，华沙条约国首脑在布拉迪斯拉发举行了一次高层会议，条约国在会上签订了一项旨在"加强华沙条约国之间合作"的协定，各国首脑对捷克斯洛伐克在"华沙条约内部继续推进民主试验"

表示祝贺。正当捷克斯洛伐克人民欢欣鼓舞时，以苏联为首的华沙条约国的坦克却开进布拉格，占领了整个捷克斯洛伐克。

8月20日晚11时，布拉格机场接到一架苏联民航机的信号："机械事故，要求迫降。"谁知客机刚刚停稳，数十名荷枪实弹的苏军突击队士兵就迅速占领了机场。几分钟后，苏联第二十四空军集团军巨型运输机以每隔一分钟一架的速度降落在机场上。一个小时后，在一辆苏联大使馆汽车的引领下，苏军空降师直扑布拉格。21日拂晓，苏军占领布拉格，逮捕了杜布切克。苏联军队仅仅用了六个小时就控制了整个捷克斯洛伐克。原来在袭击之前，苏联就出动了大批飞机在天空中撒下金箔条，这样，雷达屏幕上只能显示出如同烟幕的光斑，却无法识别飞机的信号了。苏联飞机就是借助这种掩护，将大批军队开赴到捷克斯洛伐克。

勃列日涅夫将捷克第一书记杜布切克、总理切尔尼克等人公然绑架到莫斯科，并宣称苏联司令部和苏联军队在捷克斯洛伐克具有绝对权威。

20多年后的历史与20多年前的历史竟然惊人的相似，在克里姆林宫，杜布切克完成了刺刀下的签字仪式，那一天是1968年8月26日午夜。

●宇航员阿姆斯特朗在月球上

>>> 嫦娥奔月的传说

中国古代神话中，传说后羿射日，立下盖世神功，不少志士慕名前来投师学艺。奸诈刁钻、心术不正的蓬蒙也混了进来。

一次，后羿向王母求得一包不死药，据说，服下能即刻升天成仙，但他舍不得撇下妻子嫦娥，只好暂时把不死药交给妻子珍藏。可藏药时不幸被蓬蒙看到了。趁后羿出门打猎的时候，心怀鬼胎的蓬蒙威逼嫦娥交出不死药。

嫦娥深知不是对手，危急之下吞药成仙，奔月而去。

百姓们闻知消息后，纷纷在月下摆设香案，向善良的嫦娥祈求吉祥平安。从此，中秋节拜月的风俗在民间传开了。

拓展阅读：
《阿波罗 13 号》（电影）
《阿波罗13号：太空紧急事件》
[美]迈克尔·D.科尔

◎ 关键词：阿波罗 宇宙飞船 成功登月

"阿波罗"号登上月球

"冷战"拉开了苏联和美国之间的军备竞赛，两国的竞争从陆地转移到海上，又从海上转移到遥远的太空。鉴于这种情况，美国总统肯尼迪于1961年提出了要在"10年内将一个人送上月球，再让他安全返回"的要求。因此，美国制订了一个庞大的太空计划，它就是"阿波罗登月计划"。

"阿波罗登月计划"是一个十分繁杂的系统工程，它不仅需要一种推动力强大的火箭，把重达45吨的飞船送上太空，还要求飞船和火箭必须具有精确的控制设置，各部件一定要安全可靠，为地球提供精确的通信，否则的话，一切都是空谈。除此之外，飞船还要为宇航员提供一个适合工作和生活的环境，登月前还要选择好月球上的着陆点等。为了实现这一庞大计划，120所大学和2万家企业，多达400万人参加了该计划，耗资达到了240亿美元。他们的积极参与终于有了结果。

1969年7月16日早晨9时32分，"阿波罗11号"宇宙飞船和"土星5号"火箭被顺利运往发射台。民航机长尼尔·阿姆斯特朗和空军军官小埃德温·奥尔德林上校、迈克尔·科林斯中校是登月的宇航员。登月前的工作正在有条不紊地进行着，世界各地的观众都关注着那一时刻尽快到来。所有数据都显示正常后，指挥员一声令下，火箭底部发出刺眼的白光，然后拔地而起了。

四天后的下午，宇宙飞船到达距离月球表面15.7千米的一条低轨道上，那里全是高山和火山坑，在那样的荒野上空飞行是有一定难度的。美国休斯敦地面控制中心的计算机接收到这样的信号后，马上向宇航员发出警报。在地面指挥官的精确指挥下，阿姆斯特朗熟练地掌握着操纵器，奥尔德林和科林斯进行紧密地配合，大声地读出仪器上显示的航行高度和速度。激动人心的一刻终于到来了。1969年7月20日，美国东部时间下午4时17分42秒，宇宙飞船在月球上安全着陆，全世界都为之欢腾了。

宇航员们将仪器检查一遍之后，没有发现什么异常情况，于是就向地面指挥中心请示是否可以走出船舱，休斯敦方面同意了他们的请求。于是，在阿姆斯特朗的带领下，宇航员们穿上太空服，打开摄像机的镜头，然后小心翼翼地顺着飞船的舷梯下到荒凉的月球表面上。阿姆斯特朗的脚在月球表面迈出了一小步，但那小小的一步，对整个人类来说，却是一个巨大的飞跃。阿姆斯特朗在粉末状的月球表面上走来走去，那些像木炭粉似的粉末沾满了他的鞋，看到自己在月球表面上留下的清晰脚印，阿姆斯特朗感到莫名的激动。他们按照指令收集了月球上的矿石、土壤以及其他物质后，成功返回了地球。整个美国都为之轰动了。

●"阿波罗11号"在完成了预定任务后，按原计划返回地球，于1969年7月24日在太平洋上降落。

●太空中的飞行器。

　　这次登月成功后，"阿波罗登月计划"又进行了16次飞行，其中5次成功登陆月球，12名宇航员在月球上留下了自己的脚印。他们在月球上安装了自动月震仪、激光反射仪和太阳风测试仪等多种科学仪器，建立了五座核动力科学实验站。成功登月还极大地促进了电子科学技术、电子计算机、遥控和遥感等技术的飞速发展。

●尼克松向全国发表辞职声明

>>> 厨房辩论

1959年7月在莫斯科举行的美国国家博览会开幕式上，时任美国副总统的尼克松和苏联部长会议主席赫鲁晓夫之间展开了一场关于东西方意识形态和核战争的论战。

为了这次展览，整座展馆都布置了美国人心目中每个国民能拥有的一切。展馆内到处都是现代的、自动化的休闲娱乐设备，用以显示资本主义制度的美国规模巨大的商品经济和市场经济的成果。

争论正是发生在一座模板美式别墅的厨房展台。参观中两人开始争论起了资本主义经济体系和共产主义（社会主义）经济制度的优劣。

拓展阅读：

《冬天里的尼克松》
　　[美] 莫卡·克罗利
《孤独的白宫岁月》
　　[美] 里夫斯

◎ 关键词：尼克松 总统 水门事件 总统大选

尼克松与"水门事件"

为了使尼克松连任总统，击败民主党候选人，共和党连夜召开多次会议。经过无数次的论证、筹划和投票表决后，一个令美国乃至世界震惊的计划出台了。但是随后发生的"水门事件"，使尼克松非但没有连任，还在一片非议声中辞职了。

水门大厦是位于华盛顿的一座综合性大厦，游泳池、健身房、娱乐场所等设施一应俱全，住在那里的都是腰缠万贯的富豪，该大厦的五层，是美国民主党的总部。大厦保卫设施齐全，保安目光锐利。然而，就在如此森严的大厦里，却发生了一件咄咄怪事。

1972年6月17日深夜，五个头戴面罩的不速之客潜入了该大厦五层的民主党总部，他们不是专业的窃贼，只是手忙脚乱地翻找一些类似文件的东西，之后就迅速离开了。非常幸运的是，他们的行动竟然没有被发觉，但他们却一点也高兴不起来，他们窃来的文件都是无用的废纸。于是，他们心有不甘地再次潜入刚才行窃的那间房子里，打算装一只微小的窃听器，并试图找到他们要找的文件。就在这时，大厦的保安人员突然出现了，在反抗无效的情况下，他们只好束手就擒。保安早就盯上了那五个窃贼，将他们制服后，从他们身上搜出了螺丝刀、电筒、电子窃听器、橡胶手套等作案工具。这就是"水门事件"。

"水门事件"发生后，民主党趁机大做文章，声称该事件与白宫顾问有牵连，因为这起看似普通的"盗窃"案，绝对没有想象的那么简单。经过长达四个月的调查，"水门事件"背后的重重黑幕逐渐被揭开了。这起事件的始作俑者竟然是现任总统尼克松，他为了获得连任，就指使手下的人去窃取民主党全国委员会总部主要负责人的情报，没想到棋高一筹的民主党对此早有提防，而中央情报局自始至终也在监视着窃听者的行踪。

"水门事件"发生在总统大选前夕，"总统竞选连任委员会"中的官员们因此受到追究，一些政府官员先后辞职，还有一些官员，由于极力掩盖这个事件而触犯了法律。1973年3月23日，尼克松在法庭上表示自己和"水门事件"没有任何瓜葛，但是一个告密者声称，尼克松试图销毁检举人提交的录音带，并且以行政特权和国家安全为由拒绝交出录音带。不久，尼克松只好在群众的愤怒声中提交了录音带。众议院司法委员会于7月30日通过弹劾。

失去了最后的支持，尼克松于1973年8月8日宣布辞职，从而成为美国历史上第一个被迫辞职的总统。

◎ 关键词：无声电影 哑剧风格 中流砥柱

电影艺术的先驱——卓别林

● 《寻子遇仙记》剧照

>>> 比卓别林还卓别林

卓别林以他的讽刺喜剧艺术，名震影坛。模仿他的人也多起来了。某公司特别举办了一次比赛会，看看谁最像卓别林，并请了一些研究卓别林的专家担任裁判。

卓别林听到这个消息，也赶来参加比赛。但是评判结果，他却屈居第二。

发奖的那一天，公司邀请真卓别林前来讲话。卓别林回信说："世界上只有一个卓别林，那就是我。为难的是，应该尊重评论家的意见，我既被评为第二名，还是请第一名讲话吧。"

拓展阅读：

《卓别林自传》

　　[英] 查理·卓别林

《回忆我的父亲卓别林》

　　[美] 小查尔斯·卓别林

默片时代是指有声电影出现前的无声电影时代。该时代的电影表演受到哑剧的影响，同时吸纳了喜剧的某些因素，主要靠演员的表情和肢体语言向观众传达信息、表现主题，驰名世界的喜剧大师、美国著名艺术家卓别林就是默片时代的巨星。

1889 年 4 月 16 日，卓别林出生在英国伦敦的一个贫民区，他的父母都是喜剧演员，经常在伦敦的游艺场所演出，卓别林从小就受到了熏陶。不幸的是，父母后来离异了，年幼的卓别林和哥哥跟随母亲，过着贫苦的生活。母亲几乎每天都要去演出，由于过度劳累，母亲的身体每况愈下，卓别林 5 岁那年，母亲患了喉炎，在一次演出中，由于嗓音微弱而被观众赶下了台。这一次是卓别林为母亲解了围，他故意用沙哑的嗓音学母亲唱歌，没想到，第一次登台的卓别林赢得了热烈的掌声。

为了分担母亲肩上的担子，不满 10 岁的卓别林就参加了"兰开夏八童伶剧团"，与其他孩子一起穿着木屐有唱有跳，一天下来，瘦小的卓别林常常累得脸色苍白，母亲非常心疼他，就让他离开了那个儿童剧团。但是生性爱动的卓别林，一直梦想能成为一名真正的演员，为了锻炼演技，卓别林曾追随一个流动的戏班巡回演出，还曾在一个马戏团里当过一阵杂技演员，这段漂泊生活为卓别林弥补了演技上的缺陷。1907 年，伦敦卡尔诺剧团看中了卓别林，让他担任团里的滑稽哑剧演员。卓别林为了塑造好角色，不惜一切地刻苦训练，努力做到精益求精，他将杂技、戏法、舞蹈、令人发笑的忧郁和流泪的微笑巧妙地结合起来，形成了自己所特有的哑剧风格。短短几年时间，卓别林便成了该剧团的中流砥柱。

1913 年，好莱坞的启斯东制片公司和卓别林签订了为期一年的合同。这一年，启斯东公司一共为卓别林拍摄了 35 个短片，从《赛车记》开始，圆顶帽、小胡子、灯笼裤、大皮鞋和文明棍就深深地印在了观众的脑海中。1918 年，受到英、美工人罢工的启示，卓别林创作了《狗的生涯》，表现了流浪汉夏尔洛露宿街头，处处受辱的悲惨遭遇。1925 年，卓别林创作了《淘金记》，表现 19 世纪末发生在美国的淘金狂潮。20 世纪 30 年代到 50 年代，卓别林的创作生涯达到了巅峰，他先后创作并出演了《城市之光》、《摩登时代》、《大独裁者》和《舞台生涯》等优秀作品。由于受到麦卡锡主义的迫害，卓别林于 1957 年拍摄了《一个国王在纽约》，予以坚决回击。

1966 年，77 岁高龄的卓别林拍摄完最后一部影片《香港女伯爵》后，便与妻子奥娜一起，在瑞士风景秀丽的维薇安度晚年，直到 1977 年 12 月 25 日辞世。

●900多名人民圣殿教教徒集体自杀

>>> 鸟儿自杀

印度的阿萨姆邦北卡恰尔县贾廷加村，每年8—10月，都会发生成千上万只各种飞鸟集体自杀的怪事，自杀的地点就在贾廷加村到火车站之间的地段上。

在没有月亮却有雾的夜间，千万只鸟飞离森林，拥向贾廷加村，向那里各种各样的亮光扑去。在电杆或有电灯的地方碰撞丧生。有些伤而未死的鸟，既不飞走，也不进食，直到死亡。还有的鸟在空中盘旋，最后精疲力尽掉下来摔死。尤其在风雨交加的夜里，前来自杀的鸟就更多。

拓展阅读：

《黑镜头:世纪未解之谜》
张石
《人民圣殿教内幕》
[墨] 大卫·巴特尔

◎ 关键词：集体自杀 人民圣殿教 狂热追随者 农村公社

震惊世界的"琼斯敦惨案"

1978年11月18日，南美洲圭亚那的琼斯敦发生了一起集体自杀事件，913名人民圣殿教成员失去了宝贵的生命。人民圣殿教的创始人吉姆·琼斯牧师，原名詹姆斯·沃伦·琼斯，于1931年5月13日出生在印第安纳州的林德，虽然没有受过正规的神学教育，但他还是奇迹般地当上了牧师，那一年他才20岁。

1956年，吉姆·琼斯购买了一座旧犹太教堂，创建了一个半宗教性质的团体，并于1963年将该团体命名为"人民圣殿教"。吉姆·琼斯不仅肆无忌惮地宣传世界末日即将来临、宣传未来核战争的恐怖，还宣传人民圣殿教的中心人物不是上帝，而是天父，而天父就是吉姆·琼斯本人，教徒要绝对顺从天父。他的荒谬理论吸引了一大批无知的狂热追随者。

1967年，吉姆·琼斯率领人民圣殿教100名教徒迁到加利福尼亚的尤凯来。他以所谓的治病救人、去除绝症作为掩护，开始在信徒中寻找情妇，其中很多是已婚妇女，同时他还有严重的同性恋倾向。除此之外，吉姆·琼斯暗中研制毒品。1971年，吉姆·琼斯在旧金山和洛杉矶开设新的人民圣殿，肆无忌惮地向信徒敲诈大量钱财，很多信徒都叛逃了，这个十恶不赦的家伙遭到很多人的指控。

为了转移民众的注意力，吉姆·琼斯于1974年向圭亚那政府租了1554公顷土地，建造了所谓的"农村公社"，让教徒们在荒野丛林中过着脱离现实社会的生活。他的极端行为在1976年被美国的《新西方》杂志无情地揭露了。无法在美国藏身的吉姆·琼斯只好率领1200名信徒来到圭亚那的农村公社，并给该公社起名为琼斯敦。在那里，吉姆·琼斯没收了信徒们的护照和几百万美元现金，然后以各种狠毒的威胁方式，调教他们预演集体自杀仪式。1978年11月14日，美国加利福尼亚议员李奥·瑞安率领新闻记者调查了吉姆·琼斯的残暴行径。11月18日，李奥·瑞安在准备离开时遭到了暗杀，其他人乘飞机逃脱了一场灾难。

事情败露后，吉姆·琼斯将所有的教徒集合起来，宣布实施预演达几个月之久的集体自杀仪式，一大桶掺有氰化物的饮料摆在每个信徒面前，信徒们轮流喝下了饮料，相互拥抱着倒在了地上，除了少数人受到强迫外，很多信徒都是自愿喝下带毒的饮料的，儿童也未能幸免，只有少数人躲在灌木丛中逃过了一劫。最后，吉姆·琼斯在圣坛上自杀身亡。第二天，圭亚那部队才赶到琼斯敦，发现信徒的死亡人数达913名，其中有276名是儿童。

● 阿拉法特与支持者们

>>> 阿拉法特生平大事记

"我带着橄榄枝和自由战士的枪来到这里，请不要让橄榄枝从我手中落下。"——阿拉法特名言。

1929 年生于耶路撒冷。

1959 年筹建"巴勒斯坦民族解放运动"。

1969 年任巴勒斯坦解放组织执委会主席。

1989 年当选为巴勒斯坦国总统。

1991 年蝉联总统。

1994 年被授予诺贝尔和平奖。

1996 年当选为巴民族权力机构主席。

2001 年底开始，一直被以色列软禁在拉姆安拉的官邸内。

2004 年 11 月 11 日，在法国巴黎病故，享年 75 岁。

拓展阅读：

《关于沙上的神谕》张锐锋
《我的传奇丈夫阿拉法特》
[巴] 苏哈·阿拉法特

◎ 关键词：空运计划 核反应堆 巴比伦行动

以色列的突袭行动

1979 年 4 月 3 日，3 名打扮入时的青年男子在法国的土伦走下飞机，交换了一下眼神，他们分别住进了三家旅馆。晚上 11 时，他们按照事前的约定在火车站附近的一条清冷漆黑的小巷里会合，一辆轿车已经在那里等候多时了，等三人钻进去后，车子向土伦市北部驶去。

他们是以色列摩萨德的特工，土伦之行的目的就是执行伊扎克·胡菲少将的"空运计划"，他们通过一位名叫吉尔贝特的人弄到了一辆卡车，准备执行行动计划中的第一方案。在详细地探查了设在塞恩的目标后，三个以色列人开始实施第一套方案：潜入造船厂第三个车间，卸下目标上被称为"蜂房"的关键部件，然后设法运到以色列。经过 40 分钟的尝试后，他们放弃第一套方案，实施另一套方案。他们动作娴熟地在"蜂房"上安装了炸药，接好定时引信，然后顺原路返回，跳上卡车，消失在茫茫的夜色中。凌晨 3 时 5 分，造船厂值班的哨兵听到一声震耳欲聋的爆炸，马上鸣枪报警，救火车和核专家匆忙赶来，但已经无济于事了，"蜂房"已经严重损毁，以色列的"空运计划"成功了。

以色列之所以派特工千里迢迢地赶到法国的偏僻小镇实施"空运计划"，是事出有因的。因为在中东地区，以色列和伊拉克是两个敌对国家，1974 年，伊拉克和法国签订了核技术合作的合同，由法国帮助伊拉克建立一个核反应堆，此举让以色列感受到威胁，多次交涉无果后，总理贝京找到了摩萨德头头伊扎克·胡菲少将，让他策划了"空运行动"，摧毁了正在建造的核反应堆。

以色列并没有因"空运行动"成功而高枕无忧，法国政府于 1980 年 3 月宣布为巴格达重新提供一座核反应堆，继续向伊拉克出售高浓缩铀，并在巴黎培训了 600 名核技术人员。胡菲也随之采取了新的行动，瞄准了一个名叫叶海亚·迈什哈德的核专家。三个月后的 6 月 14 日，叶海亚·迈什哈德死在了巴黎古维翁圣西尔大街"子午"旅馆里。

即便如此，法国还是全面履行了合同。得知伊拉克正在本土修建核反应堆，于是，胡菲又策划了一个名为"巴比伦行动"的计划。1981 年 6 月 7 日，星期天，14 架涂着伪装色彩的 F—16 轰炸机腾空而起，直奔达塔穆兹核研究中心，仅仅 107 秒钟的时间，就将 16 吨炸弹倾倒在目标上，伊拉克的核反应堆被彻底摧毁了。

以色列的行动严重阻碍了中东的和平进程，激化了阿拉伯国家和以色列的敌对情绪，其幕后主使美国也遭到一致谴责。

●中非总统博萨卡加冕登基

>>> 野蛮残暴的皇帝

　　博萨卡自封皇帝后，实行残暴的统治，对犯人实行割耳朵、砍手指等酷刑。禁止使用"民主""选举"等字眼，杜绝任何批评和建议。

　　当他的吃人肉、让狮子吞食政治犯和残害妇女儿童等种种"雅好"被国际社会揭露出来之后，博萨卡竟跳脚大骂这是"粗暴干涉内政"，他大声疾呼："一切外国势力对我们都无可奈何。因为我们有伟大的黑非洲社会发展运动这个唯一的、有能力领导中非人民开创新世界的政党，有一支忠于这个党、忠于中非帝国、忠于博萨卡皇帝的特别能战斗而且战无不胜的军队。"

拓展阅读：

《世纪忏悔》张映勤

◎ 关键词：中非 皇帝 民主化 加冕典礼

博萨卡的皇帝梦

　　1977年12月4日，在中非首都班吉的大街上，一辆仿照19世纪欧洲皇家风格的马车，在八匹骏马的牵引下缓缓而行。一队装束颇显古怪的骑兵守卫着马车，后面是队列整齐的持刀侍从。侍从们伴着军乐的铿锵节奏，迈着坚强有力的步子，马车上坐着一位君主，他就是中非的皇帝博萨卡。20世纪70年代的世界已经走向了民主化的进程，但是他仍然在皇帝的美梦中迟迟不肯醒来。

　　正式的加冕典礼就要到了，博萨卡心中感到莫名的激动，在震耳欲聋的礼炮声中，博萨卡腰悬宝刀，身上披着华丽的袍子，头上戴着镶满宝石的皇冠，按照自己一年前颁布的新宪法进行宣誓。从此以后，他从中非的终身总统摇身一变，成了中非的博萨卡一世皇帝。举行加冕仪式后，他将一顶价值连城的王冠赐给跪倒在地上的卡特琳夫人，她也从夫人变成了皇后。这是近代最为奢华、最为腐败的加冕典礼，为了这次加冕典礼，博萨卡精心策划了整整一年，不惜花重金包租了22架国外的飞机。此外，他还派人赶到巴黎定制王冠。

　　如此奢靡的博萨卡并非出身显贵，他是一个部落酋长的儿子。18岁那年，他应征参加了法国军队，在第二次世界大战期间，博萨卡还曾俘获过法国维希政府的司令哈桑。后来，博萨卡辗转去了北美洲和印度支那半岛打仗，在法国军队的22年生涯中，他先后荣获了12枚勋章。1960年8月，中非共和国宣告独立，博萨卡受命组建军队。1963年，博萨卡出任中非共和国军队总司令。第二年，博萨卡担任国防部总参谋长。

　　身居高位并没有使博萨卡得到满足，相反，权欲熏心的他想独揽国家大权。1966年1月，经过精心策划，博萨卡发动了军事政变，推翻了总统戴维·达科，废除宪法，解散议会，成立"革命委员会"，成为中非的独裁者。为了巩固自己的地位，他不准任何人提出批评和建议，取缔国内的一切报纸，电台里只能播放他一个人的声音。之后，他凭借手中掌握的军权和警察体系，建立起一套严密的特务系统，在不到十年的时间里，他撤换了四位总理、八位外长，将全国置于一片恐怖之中，被绑架、逮捕、投进监狱以及无缘无故失踪的人数简直无法统计。1972年，博萨卡宣布自己为终身总统，但他仍然欲壑难填，于1977年12月4日宣布将中非共和国改为中非帝国，自己则是中非帝国的皇帝，皇位实行世袭制。当上皇帝的博萨卡开始肆无忌惮地鱼肉百姓，挥霍无度，过着骄奢淫逸的生活，他拥有一群不同国籍的妻妾，正式的老婆就达十几个之多。他在国内有皇宫，在法国拥有豪华的别墅，皇后和妃子们也都有自己的行宫。

●非洲大陆总是与贫困、饥荒、战乱等灾难联系在一起。这片土地上的人民要生存，就不得不面对残酷的现实。图为20世纪70年代末期莫桑比克的难民正在重建被战火摧毁的家园。

在博萨卡的暴政下，中非人民生活在水深火热之中，他们对博萨卡的倒行逆施痛恨到了极点。于是，大规模的示威游行接连不断，罢工成了家常便饭。此时的博萨卡已经众叛亲离，身边的人就有三次想置他于死地。1979年9月20日，博萨卡前去利比亚访问，14年前被推翻的总统戴维·达科卷土重来，在博萨卡回国前结束了他的野蛮统治，恢复了中非共和国，博萨卡就此走上了不归路。

●从阿富汗撤回的苏联士兵

>>> 苏联撤出阿富汗

1986年3月，新上台的戈尔巴乔夫强令卡尔迈勒到莫斯科"治病"，趁机以前国家情报局负责人纳吉布拉取而代之。但是，纳吉布拉政权同样挽救不了苏联在阿富汗的最终命运。

1989年2月15日，最后一批苏军撤出阿富汗。当最后一辆坦克驶上苏阿边境的阿姆河大桥时，格罗莫夫跳下战车，同前来迎接他的儿子一起徒步走过苏阿边界线。

面对蜂拥而上的记者，他只说了两句话："我是最后一名撤出阿富汗国土的苏军人员。在我的身后，再也找不到一名苏联士兵了。"

拓展阅读：

《苏联政权史》[俄] 皮霍亚
《强弩之末》刘温国

◎ 关键词：苏联 阿富汗战争 华约组织 无底深渊

苏联入侵阿富汗

苏联在1979年以闪电般的速度占领阿富汗之后，与阿富汗抵抗力量之间展开了一场旷日持久的侵略与反侵略战争，漫长的阿富汗战争开始了。付出了惨重的代价后，苏联不得不做出撤军的决定。

第二次世界大战结束后，以苏联为首的国家成立了华约组织，阿富汗作为一个小国家，不过是该组织扩张路上的一个不起眼的小角色。经过政治和军事斡旋，苏联不费吹灰之力就将阿富汗变成了傀儡，并一直以"睦邻"身份出现在阿富汗，暗中操纵着阿富汗的实权。在1973年到1979年的6年时间里，苏联共在阿富汗策划了两次政变，推翻了和自己作对的政府，扶植起自己认可的人选。但是第三任经过政变夺取政权的阿富汗领导人哈菲祖拉·阿明，先前还对苏联忍气吞声，到后来，他一反常态。苏联领导人勃列日涅夫对他感到极为不满，1979年10月，他终于忍无可忍地在苏共中央政治局秘密会议上，宣布了除掉阿明的决心。

1979年12月7日，苏军出动九个师，采用陆地和空中夹击的战术，仅仅7天的时间就席卷了阿富汗全境。12月12日到24日间，苏军在苏阿边境设立军事指挥机构，国防部副部长索科洛夫元帅担任总指挥，在阿富汗边境完成了所有军事部署。同时，一支苏联特种部队也秘密进驻阿富汗首都喀布尔郊外的巴格拉姆空军基地。12月27日晚上，苏联驻阿富汗大使布萨诺夫打电话给阿明，劝阻阿明避免不必要的流血冲突，并且告诉阿明，他已经失去了控制局势的能力，莫斯科建议他辞去阿富汗民主共和国主席、总理以及阿富汗人民民主党总书记等职务。打算借助忠于自己的部队放手一搏的阿明，却被苏联军队切断了与外界联系的一切机会，阿明陷入了孤立无援的境地，在彻底失去理智后，他开枪击毙了前来谈判的苏联的帕普金中将，失去了讨价还价的最后资本。

23时40分，苏联军队开始进攻总统府。短短12分钟时间，苏联突击队就清除了总统府的外围防御力量，然后冲进总统府，将阿明及其家人赶到总统办公室。出于愤怒，阿明撕毁了苏联事先起草的"阿富汗邀请前苏联出兵"的"邀请信"，结果他和4个妻子、24个子女全部被乱枪打死，鲜血溅红了总统府的墙壁。之后，苏联又扶植了一个傀儡政府，卡尔迈勒"当选"为总书记。

遭到苏联入侵后，阿富汗抵抗力量和人民展开了不屈不挠的斗争，苏联军队陷入了阿富汗战争的无底深渊。在国际舆论的强大压力下，苏联在1989年2月撤走了全部军队，历时九年的阿富汗战争宣告结束，但却给阿富汗人民留下了永远无法愈合的战争伤痛。

● 伊拉克前总统萨达姆·侯赛因

>>> 萨达姆·侯赛因

　　萨达姆·侯赛因1937年4月28日出生于伊拉克萨拉赫丁省提克里特。他20岁加入阿拉伯复兴社会党，并很快成为该党的主要领导人之一。

　　1979年，他出任伊拉克总统。1980年，萨达姆领导伊拉克同邻国伊朗进行了历时8年的两伊战争。1990年，伊拉克入侵科威特，并引发海湾战争。

　　2003年3月20日，美英以伊拉克拥有大规模杀伤性武器为借口，对伊拉克发动战争。2003年12月13日，萨达姆被美军抓获。2006年11月5日，伊拉克高等法庭以反人类罪判处萨达姆绞刑。

拓展阅读：

《生化武器与秘密战争》
　　马继东
《萨达姆和他的伊拉克》
　　[埃及]艾米尔

◎ 关键词：威慑性打击 局部战争 伊朗 生化武器

"两伊"的烽火岁月

　　1980年9月22日拂晓，伊拉克总统萨达姆下达了"威慑性打击"命令，伊拉克出动大批飞机袭击伊朗的军事目标，一场耗资巨大、持续时间较长的局部战争爆发了。

　　发动突然袭击的第二天凌晨3时，伊拉克出动了5万多人的地面部队、1200余辆坦克，越过边境线，分北、中、南三路，在北起席林堡、南至阿巴丹的480余千米的战线上，向伊朗境内大举进犯。到10月初，短短一星期的时间，伊拉克军队就占领了伊朗2万平方千米的土地，控制了阿拉伯河东岸长达600千米的狭长地带，最大纵深达到90千米。

　　面对来势汹汹的伊拉克军队，仓促应战的伊朗人派空军轰炸了伊拉克境内的16个目标，经过厮杀，伊朗军队逐渐夺取了战争主动权。1981年9月，伊朗开始向伊拉克发起反击，并取得了节节胜利。

　　屡遭失败的伊拉克于6月10日提出了全线停火的建议，承认两国在1975年签订的《阿尔及尔协议》继续有效，并于月底将军队撤出了伊朗。伊朗拒绝了伊拉克的停火建议，在1982年7月13日突破伊拉克的防线，深入到伊拉克境内20余千米。欲罢不能，伊拉克只好利用本土作战的有利条件，以10万之众进行反击，有效地阻止了伊朗的进攻。此后的很长一段时间，两国又进行了十多次交锋，但都没取得决定性的进展，战争进入了僵局。为了尽快达到罢兵的目的，伊拉克从1984年4月起就采用"以战迫和"的方针向伊朗主动发起攻击，并且在战斗中使用了生化武器。与此同时，伊拉克还凭借空中力量的优势，发动了举世震惊的"袭船战"，伊朗马上发动了代号为"曙光8号"的行动回敬伊拉克，使"袭船战"再度升级，28艘进出科威特港口的船只也在"袭船战"中遭到袭击。

　　受到严重影响后，科威特向联合国常任理事国美国、苏联、英国、法国和中国提出了租船和护航的请求，苏联和美国相继同意了请求，并以此为由向海湾地区派遣了军舰，原本紧张的海湾局势一度进入白热化。联合国安理会为了避免战争进一步升级，于1987年7月20日一致通过了第598号决议，要求两国立即停火，但因为分歧太大，谁也不肯做出让步。

　　1988年，两伊战争出现了重大转折，双方都使用导弹袭击对方的城镇，掀起了一场规模空前的"袭城战"。在之后几个月的战争中，伊拉克逐渐占了上风。4月17日，伊拉克发动了代号为"斋月"的军事行动，经过两天的激战，收复了被伊朗军队占领两年之久的法奥地区。陷入困境的伊朗失去了继续作战的能力，只好在1988年7月18日接受了安理会提出的第598号决议。8月20日，长达八年的两伊战争终于结束了。

多元化发展的当今世界

—— 艾滋病肆虐全球；非洲大饥荒饿殍遍野；印度毒气泄漏引发悲剧；切尔诺贝利核泄漏事件，灾难无休止地蔓延。

—— 魁北克人闹独立；达哈卜夺取苏丹政权；不光彩的"暴怒行动"，胜利抹不掉的美国污点；伊拉克觊觎"世界的油库"，"死亡线"上又起争端。

—— 太空国际空间站建立，"挑战者"号升空后坠落。

—— 意大利卷起政治风暴；俄罗斯两权相争；克林顿扶持美国经济走出低谷；德国骨肉重逢；南斯拉夫解体，波黑爆发内战。

—— 多元化的当今世界，竞争转变了方式；褪去火药的外衣，新的危机威胁着人类；低迷中挣扎的世界，在历史的长河中初显现代化的生机！

多元化发展的当今世界

● 电子显微镜下的 HIV 病毒

>>> 世界艾滋病日

　　12月1日是世界艾滋病日,标志为红绸带。这天旨在提高公众对 HIV 病毒引起的艾滋病在全球传播的意识。定为12月1日是因为第一个艾滋病病例是在1981年此日诊断出来的。据悉,艾滋病已造成超过2500万人死亡。即使最近世界许多地区的治疗设施已经改善,2005年仍有310万左右(280万到360万)的人死于艾滋病,其中约有57万是儿童。

　　艾滋病日的概念是在1988年全球卫生部大臣关于艾滋病预防计划的高峰会议上提出的。从此,这个概念被全球各国政府、国际组织和慈善机构采纳。

拓展阅读:

《警惕艾滋病》曾毅
《战胜艾滋病》范晓清

◎ 关键词:瘟疫 同性恋者 绿猴 免疫防线

艾滋病肆虐全球

　　1976年,扎伊尔在给联合国国际卫生组织的报告中声称,一种可怕的瘟疫正在将一个个村庄吞噬掉,但扎伊尔卫生部门在收集到的化验样品中,却没有找到任何瘟疫和病毒的迹象。报告引起了国际卫生组织的高度重视,马上将一支医疗队派往扎伊尔。医疗人员看到所到之处横七竖八地散落着冰冷的尸体,他们将尸体聚集在一起,用火焚烧了。医疗人员没有找到任何关于瘟疫的端倪,他们的心头被一个不解的谜团困扰着,而带回来的化验样品也没有给出任何答案,这到底是一种什么疾病呢?

　　1981年1月,美国洛杉矶一位30多岁的病人被抬进了"全美疾病控制中心"。他骨瘦如柴,目光呆滞,身体蜷缩在一起,痛苦地颤抖着。很少有人知道,他曾经是一名仪表堂堂的时装模特儿,在不到半年的时间里,他的体重竟然从99千克骤减到45千克,患者的喉咙里布满了白色凝乳般的真菌。两个星期后,患者的肺部开始肿胀,呼吸出现困难,医生束手无策。接下来,患者的身上又出现了很多紫黑色肉瘤,医生还没查明原因,他就被这种不明疾病夺去了生命。后来经过调查,死者生前曾经是一个狂热的同性恋者。他就是世界上最早被发现的艾滋病病例。

　　1981年6月,"全美疾病控制中心"向全世界公布了一个新发现:一种致命性传染病——获得性免疫缺损综合征(艾滋病)正威胁着人类。消息传开后,各国民众都感到极度震惊。艾滋病全称 Acquired Immune De-ficiency Syndrome,即"获得性免疫缺损综合征",是由艾滋病毒(HIV)侵入人体后,破坏人体免疫功能,使人体发生一系列不可治的感染和肿瘤,最后导致患者死亡的传染病。感染上艾滋病病毒后,大多数人长期停留在无症状状态,但在五年内,有95%以上的感染者经实验室证明出现免疫抑制,10%~30%的患者会发展成为艾滋病,在10年内将有50%以上的人发展成为艾滋病。

　　科学家、病理学家和医学家们联手,经多方查证,终于查明了艾滋病毒的来源。在18世纪至19世纪,一种新型逆转录病毒(人体T淋巴细胞白血病毒)肆虐了中非热带雨林地区,并将生活在那里的人和灵长类动物作为宿主。之后,非洲绿猴体内出现了类似艾滋病的病原体,但绿猴因免疫力强,它们虽携带病毒仍安然无恙。当地非洲人有吃猴肉的习惯,他们在捕杀绿猴的时候感染了病毒。然后,病原体闯过了人体的免疫防线,演变成艾滋病毒。

　　从20世纪80年代开始,艾滋病开始向世界范围扩散。

　　21世纪的今天,艾滋病仍然是困扰医学界和人类健康的疾病。

多元化发展的当今世界

◎ 关键词：法国后裔 英国后裔 重重矛盾 魁北克独立

魁北克人闹独立

●加拿大前总理皮埃尔·特鲁多

>>> 魁北克节

每年6月24日是魁北克省的魁北克节，距今已有几百年的历史，原称圣巴蒂斯特节。

在20世纪50年代以前，它只是一个宗教节日。1977年，魁北克党执政后，把这个节日正式定为魁北克民族的节日。

节日当天，魁北克省最大的城市蒙特利尔市要组织大游行，晚上则是大规模的露天演出。大多数魁北克省人都想通过这一天显示自己作为魁北克人的自豪和骄傲。魁北克省的省旗图案是蓝白两色，在6月24日，魁北克省许多家庭的大门口都要吊起蓝色气球和白色气球，许多人还在这一天身着蓝白两色的服装。

拓展阅读：

加拿大米瓜莎公园

《魁北克诗选》程依荣

加拿大的魁北克省是法国后裔的聚集区，法国后裔占总人数的80%。虽然在此生活了很多年，但他们依然保留着本民族的语言、宗教信仰、法律和传统的生活方式。正因为如此，他们和占统治地位的英国人后裔格格不入，并且引发了重重矛盾。

加拿大虽然是一个实行多党制度的国家，但并没有构成激烈的党派竞争，联邦政府和各省之间的矛盾、法国人后裔和英国人后裔之间产生的矛盾，成为左右国内政治的主要因素。莱萨奇年领导的自由党于1960年开始在魁北克执政后，就竭力维护法国后裔的传统和文化，主张魁北克实行自治。

法国后裔打算实行民族独立，为此，他们曾经有过许多不小的举动：1969年3月，魁北克的法国人要求将麦吉尔大学改为法语机构。8月，联邦人力中心发生大爆炸；9月，蒙特利尔市长家发生爆炸事件。1970年，恐怖主义组织"魁北克解放阵线"绑架了英国驻蒙特利尔的贸易专员，制造了"十月危机"，魁北克政府和联邦政府只好派军队进行镇压。

1976年，激进的魁北克人在选举中获胜，得到魁北克的统治权，于是加快了魁北克的独立步伐。当年8月，新政府宣布法语为官方语言，并且将法语作为儿童的教学用语。1980年5月20日，魁北克政府又用投票表决的方式决定魁北克未来的命运，但超过半数的人表示不同意魁北克独立。第二年4月，魁北克再次赢得选举的胜利，其他党派在国民议会中销声匿迹了。虽然1980年的公决失败了，但很多魁北克人反而对自己的政党增加了信心，认为提高魁北克人的地位和执行改革计划的时候就要到了。当然，他们也面临着强大的阻力，省内的自由党虽然主张实行分散的联邦主义，但对主权的分离表示强烈的反对，联邦政府也竭力反对魁北克独立。

1981年11月，加拿大各省份在渥太华召开了一次会议，其他省份一致通过了一项宪法，魁北克人却拒绝接受，并坚决维护"加拿大人权和自由宪章"。后来经过几年的谈判，魁北克和联邦议会达成协议，使魁北克具有宪法否决权。但是曼托巴和纽芬兰省议会却拒绝批准该协议，联邦政府的努力也失败了。为了解决这一问题，联邦政府于1990年底成立了国家统一委员会和修宪特别委员会。

1993年10月大选后，胜出的自由党领袖克雷蒂安排被称为"赤字总理"的前总理马尔罗尼继续解决未果的魁北克问题。

● 战争和自然灾害下的非洲儿童

>>> 伏都教

伏都教，又译"巫毒教"，源于非洲西部的一种神秘宗教，是糅合祖先崇拜、拜物教、通灵术的原始宗教。

伏都是"神""精灵"的意思。伏都教的信徒相信上帝是至高无上的，他的灵魂能让世界上的人和神连在一起。

西非国家贝宁是伏都教诞生的摇篮。伏都教现在是贝宁的法定宗教之一。伏都教也盛行于海地，约70%的人在一定程度上信奉伏都教。

7月份是海地伏都教信徒朝圣的日子，数百名信徒不远万里去拜神。在朝圣中，教徒们要洗泥浴以获得新生。

拓展阅读：

维多利亚瀑布
《一个人的非洲》洛艺嘉
《出使非洲的岁月》
　　　　　郭靖安 / 吴军

◎ 关键词：非洲大饥荒 干旱 自然灾害 饿殍

饿殍遍野的非洲大饥荒

摄影记者凯文·卡特曾用照相机在苏丹拍摄了这样一个镜头：一只饥饿的秃鹫盯着一个瘦骨嶙峋的小女孩，小女孩因为饥饿而奄奄一息，但她为了活命，仍然努力向救助中心方向爬去，全然不知自己即将成为秃鹫的腹中之物。凯文·卡特拍完照片后赶走了秃鹫。这一摄影作品让凯文·卡特获得了美国"普利策摄影奖"。他没有感到丝毫高兴，反而感到万分愧疚，因为他没有抱起那个小女孩。获奖后不久，年仅33岁的凯文·卡特因为心中无法释然自杀了。而他拍摄的那幅照片，只是非洲大饥荒时期的一个缩影。

从1970年开始，非洲大陆上塞内加尔到埃塞俄比亚之间的地带，遭遇了一场罕见的干旱，该地区历来是撒哈拉沙漠肆虐的对象。西非的萨赫勒饱受沙化之苦后，紧接着在1982年又遭遇了持续的干旱，致使生活在那里的人民又一次经受自然灾害的打击。庄稼颗粒无收，往昔一望无际的绿色田地已经荡然无存了，非洲大地变成了饥饿和干旱的代名词，成千上万非洲人民的生命受到了严重威胁。

在埃塞俄比亚，到处可以看到这样的场景：饥饿的人们争相拥向难民营，仅足球场那么大的帐篷里，可以挤下16000人。他们殷切盼望过往的车辆发放食物，但是他们的希望很多时候都成了泡影，每天大约有120人在盼望中悲惨地死去。人口不足4600万的埃塞俄比亚，在这场灾荒中死去的就有700万人，14岁以下的儿童占一半以上。在乌干达，陷入饥馑的10万灾民每天都在死亡线上挣扎。在塞内加尔、津巴布韦、毛里塔尼亚、坦桑尼亚以及莫桑比克，到处都有饿殍，景况惨不忍睹；曾经肥壮的牛羊饿得皮包骨头，丝毫没有食用的价值；昔日郁郁葱葱的马萨伊地区被漫天的黄沙覆盖后，成了一片不毛之地；一度山清水秀的东非大裂谷地带，而今已是满目疮痍，动物们也因为饥饿变得奄奄一息。在乍得，旱魃和撒哈拉沙漠交相进逼。肥沃的田地被沙漠吞噬，赖以生存的牧场失去踪影，一座座牧民小村子不再有人居住，牧民们在逃难途中吃光了所有能吃的东西。苏丹的境况也是如此。

全世界发出了拯救非洲的呼声。1985年3月11日，来自148个国家的代表赶到瑞士日内瓦，参加了"联合国关于非洲紧急形势会议"，讨论向旱情严重的国家提供紧急援助。在联合国秘书长德奎利亚尔主持下，世界各国共向非洲提供了600万吨粮食，并提供了大批的车辆、药品、疫苗和衣服等急需品。在世界人民的热情援助下，非洲人民感到了来自国际大家庭的温暖。

●英国前首相撒切尔夫人

>>> 撒切尔夫人

玛格丽特·希尔达·撒切尔（通称撒切尔夫人）1925年10月13日生于英格兰林肯郡格兰瑟姆市。大学时代参加保守党，并担任牛津大学保守党协会主席。

1947年至1951年任两家化学公司的化学研究员，利用业余时间攻读法律，1953年林肯律师协会批准她为律师。

1959年当选为保守党下院议员。1961年任金和国民保险部政务次官。1970年任教育和科学大臣。1975年2月当选为保守党领袖。1979年5月保守党大选获胜，撒切尔夫人出任首相，成为英国历史上第一位女首相。

拓展阅读：

《马岛之争》丁炜
《撒切尔夫人》
　　　[英] 玛格丽特·撒切尔

◎ 关键词：马岛 战略作用 撒切尔夫人 夺走

马尔维纳斯群岛战争

马尔维纳斯群岛（以下简称马岛）位于南美洲大陆东南方向的南大西洋上，距离阿根廷仅500多千米，是南大西洋和南太平洋的海上交通要道，也是通往南极的最理想的中转站，具有十分重要的战略作用。马岛由东福克兰岛、西福克兰岛以及其他200多个小岛组成，总面积约为1.22万平方千米，岛上的居民大都是英国的移民及其后裔。

英国人于1690年发现并登上了马岛。18世纪，英国人和法国人都先后登上了马岛，但英国人以该岛最先为英国人所发现为由，于1833年出兵占领了马岛，后来西班牙人将英国人赶出去，将马岛占领了。1816年阿根廷独立后，声明继承西班牙对马岛的主权并向马岛派驻官员。1833年，英军重占马岛，英阿双方为马岛主权多次谈判，但都不肯做出让步。

阿根廷政权发生更迭后，莱奥波尔多·加尔铁里仰仗手中的军权，成为新任总统。1982年4月2日，加尔铁里悍然派军队占领了马岛，由于力量相差悬殊，马岛上的英国驻军只好投降了。英伦三岛为之震惊，在外交上素有"铁娘子"之称的首相撒切尔夫人，马上发表了电视讲话，誓要夺回马岛。

英国马上组成了一支特混编队，在桑迪·伍德沃德海军少将的率领下，于1982年4月5日气势汹汹地出发了。英国还在南大西洋的阿森松岛驻扎一支空军大队，负责中远程轰炸。到达马岛后，英国舰队对马岛实施了海上封锁，特混舰队的先头部队于4月25日占领了南乔治亚岛。

接下来，英军的飞机在马岛上空盘旋，投下的炮火遮天蔽日。从阿森松岛起飞的"火神"式中程轰炸机和"海鹞"式舰载战斗机轰炸了马岛机场，切断了阿军的补给线。5月2日，英国的"征服者"号核潜艇发射了三枚鱼雷，击沉了阿根廷的"贝尔格拉诺将军"号巡洋舰，舰上的300多名士兵随之丧身海底，其余的700多人乘救生艇逃到了结冰的水域，他们在零下十多摄氏度的海上漂泊了两天两夜，50多名士兵被活活冻死了。

阿根廷军队展开了全力反抗。5月4日，阿根廷"军旗"式飞机携带的"飞鱼"导弹击沉了英国的"谢菲尔德"号导弹驱逐舰，给英国舰队造成了不小的威胁。

在海上作战的同时，英国的伞兵部队先后占领了坦布尔当山、两姐妹山、哈里特山和朗登山。5月13日，英军总司令伍德沃德海军少将命令发起总攻。经过一天的激战，14日晚上6时，占领了马岛上的斯坦利港，驻守在岛上的阿根廷军队首领马里奥·梅内德兹担心会造成更多的流血牺牲，于是率众投降了。

马岛被英国人重新夺走。

多元化发展的当今世界

● 侵入黎巴嫩的以色列士兵

>>> 巴解、法塔赫

巴勒斯坦解放组织简称"巴解"，1964年5月成立于耶路撒冷，它是由反对以色列犹太复国主义各游击队和各方面代表参加的联合组织。

其中阿拉法特创建的巴勒斯坦民族解放运动（"法塔赫"）是巴解组织中实力最强、影响最大、人数最多的组织，掌控着巴解组织的军、政、财务与外交大权，居领导地位。

法塔赫成立初期坚持"革命暴力是解放家园的唯一手段"的宗旨，在被占领土地上从事反以色列的游击战。后来根据形势变化，法塔赫的政策逐步改变。

拓展阅读：

《中东战争》解力夫
《圣地行，带你走中东》
黄培昭／苏丽雅

◎ 关键词：以色列 黎巴嫩 权利之争 巴勒斯坦解放组织

以色列入侵黎巴嫩

1982年6月6日，以色列突然出动了四个陆军旅，兵分三路，越过黎巴嫩边界，向黎巴嫩南部发起猛烈攻击，一场规模庞大的战争在以色列和阿拉伯世界打响了。

以色列和阿拉伯世界的核心矛盾是巴勒斯坦问题。1948年以色列建国时，占领了巴勒斯坦的全部领土，并将其他阿拉伯国家的大片领土据为己有，致使110万人沦为难民，成为无家可归者。从此以后，阿拉伯世界对以色列仇恨的种子滋生了。在阿拉伯国家中，黎巴嫩是唯一由伊斯兰教和基督教两大宗教组成的国家，在各自的教会中，又存在不同的派别。在长期的分化和组合中，黎巴嫩大体上形成了两大教派和三大政治势力，他们之间存在着无休无止的斗争，其焦点就是国家的支配权问题。马龙教右翼分子一直把持着黎巴嫩的中央实权，中间派也从中得到了一些权力，而占黎巴嫩人口60%的穆斯林左派却没有捞到任何政治权力。第二次世界大战后，穆斯林左派得到了苏联和叙利亚的支持，而基督教则得到了美国和以色列的支持，黎巴嫩的权力之争再度被激化。

被以色列占领土地而失去家园的巴勒斯坦人，强烈渴望恢复民族权利，梦想有朝一日重返家园。于是，在阿拉法特等人的带领下，他们建立了巴勒斯坦解放组织，从1965年起，该解放组织的游击队就对以色列展开了顽强的武力抗争。1970年，游击队的主力和巴勒斯坦解放组织的总部都迁移到了黎巴嫩，从此以后，他们开始介入黎巴嫩国内的权力之争，扶植伊斯兰势力打击以色列人扶植的基督教，逐渐控制了黎巴嫩南部地区和贝鲁特西区，并构筑了大量的军事设施，对以色列北部实施骚扰性袭击。因此，入侵黎巴嫩，凭借武力上的优势消灭巴勒斯坦解放组织，建立一个亲以的黎巴嫩政权，是以色列人向往已久的，于是就动用大军入侵了黎巴嫩。

为了确保战争的胜利，以色列动用了17万现役部队、50万预备役、600架飞机、74艘舰艇、3500辆坦克、4000辆装甲运输车，随时准备开赴前线。从6月6日发起进攻，仅仅几天的时间就攻占了贝鲁特市、卡扎尔希马地区和谢巴，将巴勒斯坦解放组织在黎巴嫩南部的阵地全部占领，并摧毁了叙利亚的导弹基地。在国际社会的斡旋下，巴勒斯坦解放组织游击队约1.2万人的兵力撤退到约旦、伊拉克、突尼斯等8个阿拉伯国家。之后，美国、意大利和法国组成的联合国部队开赴贝鲁特进行调停工作。但直到黎巴嫩总统在9月14日被暗杀，贝鲁特西区2000多名巴勒斯坦难民也被杀害后，以色列才将军队全部撤出。

这次战争，以色列只损耗很少的人力和物力，就取得了胜利。

● 美国哈勃太空望远镜

拓展阅读：

《空间站》[美] 詹姆斯·冈恩
《宇宙城堡：空间站发展之路》
庞之洁

◎ 关键词：载人航天 竞技场 空间站 太空旅行

太空国际空间站

　　"冷战"时期，美国和苏联将载人航天作为主要的竞技场。苏联成功发射了一系列空间站，并打算于1982年发射"和平"号长期载人空间站，将一向发达的美国远远甩在了后面。为了摆脱这种尴尬的局面，1984年1月，美国总统里根向全世界宣布，美国打算斥巨资在10年的时间内建立永久性载人空间站，并将未来的空间站命名为"自由"号。日本和加拿大等国很快也做出了响应。

　　随着"冷战"结束，美国和俄罗斯之间的政治关系有了进一步缓和，从而为两国之间的航天合作提供了条件。一直对苏联先进的航天技术和管理经验垂涎三尺的美国，出于政治方面的考虑，向俄罗斯提出了共同发展航天计划的请求。获得美国的经济支持后，刚刚解体的苏联同意了共同合作的要求。1993年12月，俄罗斯加盟了以美国为首的空间站合作组织，在原来空间站的基础上，建造"阿尔法"国际空间站。它就是现在的国际空间站。

　　国际空间站的组成部分都是通过美国的航天飞机和俄罗斯的火箭送往太空的，然后通过电子遥控和航天员的共同努力逐步进行组装，才形成了一个"庞然大物"。1994年到1998年的四年时间里，美国的航天飞机和俄罗斯的"和平"号空间站进行了九次成功对接，从中获得了很多航天经验，也为微重力科学实验和对地球的观测提供了不小的帮助。此后的三年时间，经过美国、俄罗斯和其他国家的共同努力，国际空间站已经可以容纳三个人同时在轨工作了。1998年11月20日，俄罗斯的"质子"号火箭成功将"曙光"号多功能舱发射到与空间站同轨道运转的太空，并与之成功对接，三名宇航员也于11月2日进入国际空间站工作。12月4日，美国的"奋进"号航天飞机载着"团结"号节点舱与"曙光"号成功对接。之后的一段时间，大型太阳能电池板、美国的"命运"号实验舱，以及供宇航员活动的气阀舱相继被送入国际空间站。

　　国际空间站未来的用途不再局限于对太空和某个星球的研究，它的应用领域将扩展到各种科学研究，一些前沿性的科学也会因为它的建成而取得突破性的进展，生命科学研究、微重力科学研究将是研究的重中之重。另外，国际空间站将直接参与对地观测和其他天文观测。国际空间站还具有潜在的商业价值，美国亿万富翁蒂托出资2000万美元，乘坐俄罗斯"联盟TM"载人飞船进入国际空间站，为人类的太空旅行开了先河。

多元化发展的当今世界

●格林纳达击落的美军直升机残骸

>>> 石榴"格林纳达"

"格林纳达"是一个很美的名字。西班牙人赋予它的含义和名字一样的美丽。在西班牙语中,"格林纳达"即石榴的意思。象征着它具有石榴的晶莹明亮、纯洁无瑕,芳香无限。

据说1498年,西班牙著名的探险家首次登上这个小岛的时候,就对它一见钟情,并将其所在的加勒比岛一道称为"香料之岛"。

小小的格林纳达面积340平方公里,由主岛格林纳达和北边的卡里亚库、小马提尼克等一些小岛组成,人口仅11万人,其中80%是黑人。

拓展阅读:
《南希与里根》
[美] 比尔·阿德勒
《暴怒行动》吴华/于青

◎ 关键词:里根 格林纳达 可乘之机 暴怒行动

不光彩的"暴怒行动"

1983年10月21日,美国总统里根偕同夫人南希乘飞机前往佐治亚州国家高尔夫球场度周末,同去的还有国务卿舒尔茨、总统国家安全事务助理等人。第二天凌晨4时,里根和南希被一阵急促的电话铃声吵醒了,国家安全事务助理巴德·麦克法兰道出了一件事情,令里根睡意全无。几分钟后,里根在下榻的起居室里会见了舒尔茨和麦克法兰。

麦克法兰手里握着一份电话记录,对深夜里打搅里根表示抱歉,接着就用紧张的声音告诉里根:"我刚刚接到华盛顿方面打来的电话,格林纳达发生了政变,总理莫里斯·毕晓普已被叛军打死,与格林纳达相邻的几个国家也为此感到了不安,联合敦请美国进行干预,正式要求已于昨晚提出。"里根的神经绷紧了。

发动暴乱的格林纳达是世界上最小的国家之一,在常规的世界地图上几乎找不到它的存在,但它却在政治和军事上占有重要的地位。格林纳达位于加勒比海东部向风群岛的最南端,西边紧挨着加勒比海,东边和大西洋相邻,南面与委内瑞拉、特立尼达和多巴哥隔海相望,是加勒比海和大西洋的门户。1972年,莫里斯·毕晓普领导格林纳达人民进行了"新宝石运动",主张建立"人民参政"的国家。1979年3月13日,莫里斯·毕晓普发动政变,于当年3月25日成立新政府,取得国家统治权。之后,格林纳达和苏联建立了亲密的外交关系,尤其和古巴的关系非同一般,卡斯特罗给了格林纳达粮食、机械以及其他紧缺物资的援助,为此,毕晓普曾兴冲冲地称"格林纳达的大门始终是为古巴长期开放的"。

美国人对毕晓普的做法早就心存不快了,此刻格林纳达发生政变,终于给了美国可乘之机。第二天,里根就风风火火地赶回华盛顿,召开了一次秘密会议。里根从助手那里得知,安提瓜、巴巴多斯、圣卢西亚、圣·文森特、多米尼加和牙买加六国,对格林纳达的政局感到非常不安,他们请求美国干预。几经商议,里根决定对格林纳达出兵,并且在入侵行动的文件上签了字,表明愿意承担任何后果。

1983年10月25日清晨5时,美军发动了一场代号为"暴怒行动"的军事袭击,空袭了格林纳达的珍珠机场,7时15分,美国的伞兵部队控制了萨林斯角机场。与此同时,"海豹"突击队攻占了格林纳达电台,到11月2日,美军完全控制了格林纳达的局势。

获悉军事行动成功后,里根的喜悦溢于言表,并欣然在日记中写下了这样的话:"看来,胜利照耀着我们。为此,我要感谢上帝。他把我掌握在他的手心里。"但美国公然入侵格林纳达的历史污点却是胜利所抹不掉的。

多元化发展的当今世界

● 印度国母甘地夫人

>>> 甘地夫人教子

印度前总理甘地夫人的大儿子拉吉夫12岁时，因病要做一次手术。面对紧张、恐惧的拉吉夫，医生打算说一些"善意的谎言"，安慰孩子：手术并不痛苦，也不用害怕。

可是，甘地夫人却阻止了医生。随后，甘地夫人来到儿子床边，平静地告诉拉吉夫：

第一，手术后有几天会相当痛苦；

第二，谁也不能代替他受苦，因此，他必须要有精神上的准备；

第三，哭泣或叫苦都不能减轻痛苦，可能还会引起头痛。

手术后，拉吉夫没有哭，也没有叫苦，而是勇敢地忍受了这一切。

拓展阅读：

《总统卫队揭秘》宋立志
《印度：受伤的文明》
[英] 奈保尔

◎ 关键词：甘地夫人 警卫 报复 印度总理

甘地夫人遇刺

如果没有外事活动，印度总理甘地夫人每天从住宅出来后，都步行经过一个花园，到办公室工作。1984年10月31日，甘地夫人像往常一样向办公室走去。当途经花园时，她的三名锡克教警卫突然掏出手枪，毫不留情地将子弹射入甘地夫人的胸部、腹部和腿部，甘地夫人身中八发子弹，虽然医生们竭尽全力进行抢救，但伤势十分严重的她还是于当天下午1时20分不治身亡，终年67岁。刺杀甘地夫人的三名警卫，有两名被当场击毙，其中一名被击伤后逮捕，凶手供认，杀害甘地夫人的动机仅仅是为了报复。

甘地夫人是印度民族运动领袖、国大党主席、印度总理尼赫鲁的女儿，由于从小受到家庭的熏陶，甘地夫人非常热衷于政治活动，从而受到与众不同的教育。1937年，甘地夫人进入牛津大学索默维尔女子学院攻读政治、行政和社会管理学等学科，在此期间，她还广泛接触了艺术、考古学、建筑学以及宗教方面的书籍，大大开阔了眼界。就是在这段求学过程中，她结识了一位同在英国留学的印度青年费罗兹·甘地，并和他产生了恋情，1942年，他们在印度举行了婚礼，从此以后，她便被称为甘地夫人。

结婚后，甘地夫人担任出任总理的父亲的私人秘书，由此步入了政治舞台。她曾陪同尼赫鲁出访过中国、美国、英国以及法国等国家，出席了万隆会议，在此期间，她还会见过许多国家的元首和知名人士，并担任国大党工作委员会委员等职务。1959年，甘地夫人以丰富的政治和外交经验当选为国大党主席。

尼赫鲁在1964年去世后，印度国内政治派系之间的斗争异常尖锐和复杂，而年仅48岁的甘地夫人却在这样的政治背景下力挽狂澜，在大选中获胜，出任印度总理。在1967年和1971年的大选中，甘地夫人都以压倒性的胜利在大选中获胜。但是她的激进政策遭到国大党内保守派和议会反对派的猛烈攻击，国大党分裂了，甘地夫人的实力锐减，并在1977年的大选中被人民党击败。1978年1月，甘地夫人另组国大党，并自任主席，她利用人民党内部的矛盾，迎合了选民的心理，终于在1980年1月14日的大选中报了一箭之仇，再次出任印度总理。

重新上台的甘地夫人并没能有效阻止国内下滑的经济趋势，党派和教派以及民族之间的矛盾也日益尖锐，接连不断的冲突将矛盾再度激化。1982年，锡克教徒和印度教徒之间的摩擦不断升温，终于导致了甘地夫人遭暗杀的惨剧。

甘地夫人担任印度总理长达15年之久，她被印度民众公认为最了解印度的人，在她的领导下，印度维护了国家的统一。

多元化发展的当今世界

◎ 关键词：太空试验 太空教师 燃气外泄 支离破碎

"挑战者"号的最后飞翔

●"挑战者"号在空中爆炸的瞬间

>>> 太空讲坛

2007年8月14日，中学教师出身、随"奋进"号航天飞机登上国际空间站的芭芭拉·摩根，终于圆了自己的"太空授课"梦。

这堂25分钟的教学课于美国东部时间14日17时9分开始。太空中，摩根和她的"助教"——宇航员同事把国际空间站变成了课堂。地面上，18名爱达荷州4—8年级学生在州首府博伊西的学生活动馆"发现中心"认真听讲。这个中心距摩根曾教课的小学不到160公里。

孩子们提出的问题五花八门，摩根一一解答并做动作解决孩子们对太空提出的问题，课程圆满成功。

拓展阅读：

《挑战者号：美国太空悲剧》

　　[美]迈克尔·D·科尔

《哥伦比亚号航天飞机试航记》

　　[美]威廉·斯托克顿

1986年1月28日，晴空如洗，万里无云，在美国佛罗里达州的肯尼迪航空中心，美国航天飞机中的佼佼者——"挑战者"号，高高耸立在发射塔上，做好了发射前的所有准备，只等一声令下，就飞向遥远的太空。在此之前，"挑战者"号航天飞机已经成功地在地球和太空之间往返了九次，"挑战者"号此次的任务是观测哈雷彗星，并进行一系列太空试验，原本的飞行日期定在1986年的1月2日，由于恶劣的天气而被迫推迟了飞行计划。

1981年，美国的"哥伦比亚"号航天飞机进行首次航行成功以来，人类已经进行了24次太空探险，"挑战者"号执行的是第二十五次探险任务。当时很多人都坐在电视机前，注视着这一时刻的到来。由于气温偏低，"挑战者"号航天飞机明亮的外壳上结了一层薄冰，地面工作人员用了将近两个小时的时间才将冰清理掉。所有的工作人员不得不小心谨慎，直到能够保证万无一失。如果航天飞机潜在的隐患在升空前未被发现，那么造成的后果将是不堪设想的，极有可能机毁人亡。

不过，关于"挑战者"号的这次飞行，计算机从航天飞机上收集到的2000多个传感器的数据都显示正常，起飞前2分20秒，肯尼迪航天指挥中心向外界宣布，一切都很正常，"挑战者"号航天飞机可以准时在11时38分升空。这次飞行，"挑战者"号航天飞机上共有七名宇航员，包括两位女性宇航员，其中最引人注目的是唯一一位来自民间的宇航员，她的名字叫克里斯塔·麦考利夫，她是从11000名教师中精挑细选出来的佼佼者。航天飞机进入太空后，她将通过电视向美国和加拿大250万名中小学生讲授两节太空课程，还将在航天飞机上参加几项科学表演，因此，她将成为世界第一位"太空教师"，她的父母、丈夫和儿女都为她感到骄傲和光荣，纷纷到现场为她送行。

随着震耳欲聋的轰鸣声从发射场传来，"挑战者"号航天飞机伴随着耀眼的火光腾空而起，拖着橘红色的火焰，在蔚蓝的天空中画出一道壮丽的弧线，在人们的视线中渐行渐远，人们不禁为如此壮观的场面欢呼喝彩。11时39分12秒，"挑战者"号经历了加速和转弯后，以每小时3163千米的速度向前飞驰，它距离地面的高度已达到了16千米。就在此时，灾难悄无声息地发生了，"挑战者"号外燃料箱下面突然蹿出一个红色的小火球，另一侧的轨道器上也闪现出一个大火球，瞬间，熊熊大火将"挑战者"号包围了，之后的大爆炸将"挑战者"号撕得支离破碎，无数燃烧着的碎片像流星雨般撒向广阔的海面，持续了一个小时之久。所有的人都惊

● "挑战者"号最后一次飞行时搭载的宇航员。

● 围坐在电视机前的观众及机组人员亲属目睹了这一幕惨剧。

呆了。由于碎片散落的时间较长，救援人员在三个小时后才进入现场，在广阔的海面上展开搜救工作，飞机上的七名宇航员全部罹难，无一幸免。

专家们对打捞上来的飞机残骸进行了分析，并反复观看了发射录像，最后得知是航天飞机右侧的固体火箭助推器密封装置失效，导致燃气外泄，形成火舌，引发爆炸。而在升空前，由于操作上的疏忽和程序安排不当，计算机对检测出的故障没能及时通告宇航员，最终导致了这场惨剧。

多元化发展的当今世界

●利比亚前领导人卡扎菲

>>> 卡扎菲"微服私访"

卡扎菲喜欢"微服私访",查看他的人民行为是否端正。

一次,卡扎菲和一个保镖打扮成贫苦人的样子,急匆匆地赶到医院。保镖请求医生救治他"病危"的父亲。正准备下班的医生不耐烦地问:"你父亲在哪儿?"保镖急答:"在我家里,他没法来这里。""那就给他开两包阿司匹林吧!"医生开完药方提包就要回家。

这时,一旁的卡扎菲忍无可忍地说:"医生,我要你因这样对待一个垂危病人后悔一辈子,你必须离开利比亚。"利比亚警察当晚便把那个倒霉的医生驱逐出境。

拓展阅读:

《卡扎菲传》宋长琨
《谁揍过美国打》喻江
《世界百年战争全景》马平

◎ 关键词:石油 卡扎菲 死亡线 军事演习 警告

"死亡线"上起争端

美国入侵格林纳达后不到三年的时间,就将战火烧到了地中海的锡德拉湾,悍然轰炸了利比亚首都的黎波里和另一座城市班加西,利比亚蒙受了重大损失。美国为何对中东的一个小国大动干戈呢?

利比亚是一个不足 300 万人口的沙漠小国,但自从 20 世纪 50 年代发现石油以来,就成了仅次于沙特阿拉伯和伊朗的第三大石油输出国。1969年 9 月 1 日,年仅 27 岁的卡扎菲发动政变,统治了这片石油蕴含丰富的土地,成为利比亚的新主人。他上台后取消了标有外国文字的路牌,赶走了国内空军基地的英美工作人员。卡扎菲因为石油在世界上树立了很多强敌,其中最大的敌人就是美国。

1976 年以来的几年间,美国海军的飞机和利比亚的喷气式飞机,曾多次在锡德拉湾发生冲突。利比亚在 1976 年向联合国提交的一份文件中,重申了锡德拉湾的特殊性,以北纬 32 度 20 分为界线,宣布此线为不可逾越的"死亡线"。而在美国五角大楼的策划者们看来,这恰恰是美国和利比亚对抗的理想场所。于是,自 1981 年开始,美国就在"死亡线"上举行了频繁的"军事演习",以适应各种可能发生的情况,双方的冲突随之升级了。1986 年,美国又宣布在该地进行军事演习,并扬言美国军队有权利进入该地区,白宫办公厅主任里根也发表声明说:"如果利比亚军队胆敢向美国军舰或飞机开火,美国将采取相应的行动。"

面对美国的挑衅,利比亚发出一次次严重警告,但美国军队依然我行我素,继续在"死亡线"上进行军事演习,愤怒的利比亚人终于忍无可忍了。1986 年 3 月 24 日早晨 7 时 52 分,美军飞机正在"死亡线"上空配合联合舰队行动时,利比亚军队向美军飞机发射了两枚萨姆－5 型导弹,但没有击中目标,冲突终于不可避免地在"死亡线"上爆发了。此举终于让美国找到了入侵的借口,大批的美军舰队冲进了"死亡线",仅仅 15 分钟时间,利比亚的 5 艘导弹巡逻艇或被击沉,或遭到重创,主要导弹基地也被摧毁,人员伤亡达 150 多名。27 日 16 时,美军宣布"演习"结束,将舰队撤离了锡德拉湾。美国人的军事行动激起了利比亚人的愤怒,利比亚在国内举行了大规模反美示威游行。美国在 4 月初发生了一起夜总会爆炸案,便认为此恐怖事件和利比亚有关,在里根的主持下,美国筹备了一个代号为"黄金峡谷"的军事行动,准备对利比亚发动夜间袭击。

1986 年 4 月 17 日凌晨 2 时,早已进入梦乡的利比亚首都和班加西市,遭到了美军飞机的轰炸,卡扎菲的两个儿子和一个养女在睡梦中被炸死。但利比亚并没有被袭击行动吓倒,他们同美国展开了顽强的抵抗和斗争。

多元化发展的当今世界

◎ 关键词：苏联 核辐射 泄漏 核污染

切尔诺贝利核泄漏事件

● 事故发生前的切尔诺贝利核电站

>>> 清洁能源

指不排放污染物的能源，包括核电站和"可再生能源"，可再生能源是指原材料可以再生的能源，如水力发电、风力发电、太阳能、生物能（沼气）、海潮能等，可再生能源不存在能源耗竭的可能，因此日益受到许多国家，尤其是能源短缺的国家的重视。

可再生能源受自然条件的影响，如需要有水力、风力、太阳能资源，而且最主要的是投资和维护费用高，效率低，所以发出的电成本高，现在许多科学家在积极寻找提高利用可再生能源效率的方法。

拓展阅读：

《切尔诺贝利核爆炸》
[苏]尤里·谢尔巴克
《切尔诺贝利核事故与教训》
[苏]沃兹尼亚克

1986年4月27日下午，一所位于波罗的海沿岸的瑞典军用雷达站，突然检测到周围空气中核的辐射度正急剧上升，自动监测仪器清晰地显示出，该地区的核辐射已高出正常值的六倍！几乎在同一时间，瑞典全国的放射性物质自动监测站，也都记录到各地核辐射水平上升的异常情况。瑞典国家核研究中心发现了急剧增加的核放射物尘埃，而邻国的芬兰、丹麦和挪威当天也出现了同样的情况。4月28日上午，瑞典科学家对收集到的放射性尘埃进行了精确的测定，并由此推断出放射性尘埃是来自邻国的某个核电站，那里肯定发生了严重的核泄漏！而对此重大核泄漏事故秘而不宣的国家很可能就是苏联的某个加盟共和国，该国家就位于波罗的海沿岸！

瑞典科学家将报告递交给瑞典外交部，外交大臣立即指示瑞典驻莫斯科大使馆同苏联政府的有关部门进行交涉，却未得到任何答复。4月28日晚，瑞典驻莫斯科大使馆举行了招待会，瑞典大使再次严肃地向出席招待会的苏联外交部官员提出询问，但苏联官员只是对询问做了记录，未做任何答复。当晚9时2分，苏联电视台发表了一条简单的答复，第一次承认位于乌克兰的切尔诺贝利核电站发生了事故，一个原子核反应堆受到损坏，事实上，核泄漏事故已经发生了整整60个小时！

随后的调查逐渐揭开了事情的原委。

1986年4月26日凌晨1时，位于乌克兰的切尔诺贝利核电站灯火通明，工作人员正在进行一次切断核反应堆保护装置的试验，由于违规操作造成的电源中断，使主要冷却系统突然停止工作，反应堆也随之失控了。堆芯温度迅速升高，然后被彻底熔化，反应堆工艺管道内的载热体沸腾起来，水立即被强辐射分解成了氢和氧，浓度过高的氢和氧随即发生了大爆炸，核物质迅速被蒸发，渗入到大气层中，随风飘向其他国家，对周围地区造成了强烈的核辐射。

核泄漏事件过去很多年后，基辅在1992年6月公布了该事件造成的危害，8000名乌克兰人死于切尔诺贝利的核辐射，15万人的甲状腺受到大剂量放射性碘的严重侵害。而在乌克兰地区，儿童患白血病的比率高出正常标准2~4倍，因放射性后遗症而畸形的儿童也大量出现。1994年，国际原子能机构研讨会在巴黎召开，该研讨会的报告中说，当年参加核泄漏事故的1.5万名救援人员中，6000人出现了核辐射造成的病理现象，而那些被紧急疏散的人群中也普遍存在着这种现象。专家的发言更为沉闷，如果想彻底消除核泄漏造成的核污染，至少需要100年的时间。

● 柏林墙被拆除

>>> 《再见列宁》剧情

在丈夫逃往联邦德国后，充满热情的民主德国共产党员克里斯蒂娜就把全部精力奉献给了她的党和一对儿女，并严格按照社会主义的要求抚养教育他们。1989年秋天，克里斯蒂娜突然心脏病发作，昏迷过去。在她不省人事的这段时间里，柏林墙倒了，她所挚爱的民主德国也解体了。

克里斯蒂娜苏醒后，医生叮嘱她的儿子阿历克斯，任何刺激都将是致命的。为了不打击卧病在床的母亲，阿历克斯只好小心翼翼地隐瞒起一切，尽力演出着一场民主德国繁荣昌盛的闹剧，在那小小的公寓里，历史似乎停滞了……

拓展阅读：

《柏林墙倒塌后》孙劲松
《喋血柏林墙》王乔保等

◎ 关键词：高墙 政治制度 意识形态 重新统一

德国推倒柏林墙

纳粹德国在第二次世界大战战败后被一分为二：苏联和波兰控制了德国的东半部，称为民主德国；英国、美国和法国控制了德国的西半部，称为联邦德国。1961年，民主德国和联邦德国在首都柏林立起了一堵高墙，大墙两侧分别是两种不同的政治制度和意识形态，生活方式也有所不同。

"冷战"开始后，美国和苏联由战时的盟友转变为竞争对手，在纳粹德国的土地上，苏联占领区和西方占领区各自走上了不同的发展道路，德国的分裂也一步步变成了现实。1947年至1949年，美国、英国和法国先后用了两年时间将西部的占领区合并，召开了西部占领区的立宪会议，1949年5月10日，西部占领区的立宪会议通过了一项决议，决定以波恩作为联邦德国的首都，建立起联邦制国家，5月23日又通过了临时宪法，德意志联邦共和国就此成立。东部占领区也不甘落后，德国人民委员会于1949年10月7日宣布，德意志民主共和国正式成立。至此，两个德意志国家在原来德国的土地上双峰并峙，东部和西部形成了两套政治体制，两个政府，两套警察体系，就连货币也是两种。在美国、英国和法国管制下的西柏林得到马歇尔计划的巨额援款后，经济得到了快速恢复和发展，联邦德国很快就被建成了西方世界的"橱窗"。于是，民主德国的公民便对高速发展的联邦德国趋之若鹜，仅1961年就有数十万人逃往联邦德国。

鉴于这种情况，民主德国中央政治局于1961年5月召开紧急会议，并做出了一个秘密决定，为了防止更多的人员外逃，只好修建起一座高高的墙壁进行阻止。几个月后，一堵长达160千米的高墙建造起来了，民主德国与联邦德国德就此隔离开来。1961年8月24日，第一个企图越过高墙者被枪杀。虽然如此，仍然有很多人愿意冒险逃跑，在随后的日子里，大约5000多人试图逃跑，其中3200多人被抓获，100多人在越墙时死于非命，200多人受到不同程度的伤害。

柏林墙的建立遭到了西方国家的强烈反对和谴责，并以违反人权为由，要求拆除柏林墙。直到1989年，新上任的民主德国领导人克伦茨才终于做出了开放柏林墙关卡的决定。11月9日开放关卡那天，所有的护栏和哨卡全部拆除，矗立了28年的柏林墙被推倒后，数十万人潮水般地拥向联邦德国。

1990年10月3日零时，分裂长达45年之久的德国重新统一。

多元化发展的当今世界

●被枪决前的齐奥赛斯库

>>> 齐奥赛斯库的嗜好

齐奥赛斯库有个特殊的爱好，就是打猎棕熊。据说，齐奥赛斯库一生猎熊数百只，齐奥赛斯库猎获的最伟岸的棕熊，达到了600公斤。

据后来的罗马尼亚媒体报道，齐奥赛斯库猎获的棕熊，绝大多数，甚至全部，都不是野生动物。罗马尼亚党和政府里的马屁精们得知领袖的爱好之后，都在自家地盘豢养棕熊。这样的棕熊，不仅毛色发亮，身体肥硕，甚至不怕人，不认识枪。每当齐奥赛斯库手痒时，养熊的人就精心安排，找好时机把熊驱赶或者诱惑到领袖的枪口之下。

拓展阅读：

罗马尼亚角龙
《多瑙河之波》蒋本良

◎ 关键词：齐奥赛斯库 长篇大论 错误 群众

齐奥赛斯库的最后演说

1989年12月21日，罗马尼亚共产党总书记齐奥赛斯库偕夫人出现在共产党中央委员会大楼外面的阳台上，频繁地向共和国广场上成千上万的人挥手，人群中欢声雷动，一望无际的人海中浮动着齐奥赛斯库的巨幅照片。齐奥赛斯库志得意满地清了清嗓门，对着下面攒动的人群发表了长篇大论。

发表演说的前一天，齐奥赛斯库突然中断了对伊朗的国事访问，匆匆赶回国内。一个星期以前，罗马尼亚西部的梯米苏拉爆发了群众反政府的骚乱，军警马上就镇压下去了，齐奥赛斯库没将这起流血事件太当回事。他真正担心的事情是戈尔巴乔夫改革鼓励了苏联和东欧邻国所有反动势力向共产党政权挑战，柏林墙的倒塌似乎预示着罗马尼亚已成为东欧共产党一党专政的最后一道防线。但他犯了一个致命的错误，在梯米苏拉发生骚乱后，他为了显示自己对罗马尼亚的绝对控制，依然按照原计划出访伊朗，结果事态严重恶化，逼迫他匆匆忙忙从国外赶回来。在归国途中，齐奥赛斯库又犯了一个更大的错误，在回国的飞机上他就下了决定，像往常一样直接面对人民，召集大规模的群众举行集会，以自己个人的威望反击那些想颠覆罗马尼亚政权的人。

一个月以前，在中央委员会大楼外面的阳台上，齐奥赛斯库发表了激情洋溢的演说，谴责了东欧的剧变，号召罗马尼亚人民誓死捍卫社会主义。那天，暴风雨般的欢呼声屡次将他的讲话打断，民众的激情空前高涨。于是，他深信自己发表演说后，所有的谣言、骚乱都会随之烟消云散。底气十足的齐奥赛斯库历数了罗马尼亚社会主义的光辉成就，痛斥了形形色色想颠覆社会主义的敌人，谴责梯米苏拉街头的流氓和恶棍是骚乱的罪魁祸首。群众的反应没有像齐奥赛斯库预想的那样，反而出现了不和谐的强音，人群中不断发出唏嘘声，还有人高喊"梯米苏拉！"突然出现这样的局面，让齐奥赛斯库感到无从招架，夫人着急地在身后提醒他要向群众许诺，于是齐奥赛斯库就许诺涨工资、增加养老金和家庭补助，但得到的回应却是"打倒齐奥赛斯库！"

摄像机一直在运转，将现场的实况毫无保留地告诉了所有的罗马尼亚人，他们不仅看到了现场群众的愤激情绪，也看到了因困惑而张着嘴做惊愕状的齐奥赛斯库。片刻之后，军警们架走了齐奥赛斯库和他的夫人，这是齐奥赛斯库夫妇最后一次活着出现在电视屏幕上，当人们再次见到他们的时候，看到的只是军事法庭将他们处决后的照片。

●萨达姆·侯赛因像

>>> 海湾还是波斯湾

　　海湾位于伊朗高原与阿拉伯半岛之间，通过霍尔木兹海峡与阿曼湾相连，总面积约24万平方公里。迫于波斯当时强大海军的实力，也为了对波斯文明的尊重，古代社会普遍称这条水道为"波斯湾"，并沿用至今。

　　英国在20世纪70年代从中东地区撤出后，阿拉伯国家，特别是波斯湾沿岸的国家纷纷获得独立，一些阿拉伯国家提出要将这片水域命名为"阿拉伯湾"，双方争执不下。

　　此后，其他国家为了避免陷入伊朗和阿拉伯国家之间的分歧，就将这段水域称为"海湾"。

拓展阅读：

《经济制裁战》兰黄明
《萨达姆和他的伊拉克》
[埃及] 艾米尔

◎ 关键词：石油王国 萨达姆 多国部队 海湾战争

伊拉克入侵科威特

　　一直以来，中东地区就有"世界的油库"之称，世界上大部分国家所使用的石油，大都是来自该地区。科威特是该地区的一个小国，虽然它的面积很小，但却有"石油王国"的美誉，那里有两个世界上最大的油库。科威特的邻国伊拉克，是中东地区的大国，其执政者萨达姆·侯赛因具有无限膨胀的野心，他一心想把科威特吞并，然后统治整个中东，振兴伊斯兰教，恢复往昔的巴比伦王国。1979年，他不惜利用一切手段，登上了伊拉克总统之位。他曾经和伊朗进行了长达八年的战争，最后在万般无奈之下，只好与伊朗罢兵言和。

　　之后，萨达姆又做出了一个惊人的举动。1990年8月2日深夜，正在睡梦中的科威特人被突如其来的枪炮声和喧闹声惊醒，等回过神来，发现他们的国土已经被萨达姆的军队占领了，科威特王室仓皇地坐飞机逃到了别的国家避难。8月8日，萨达姆在伊拉克宣布，科威特为伊拉克的第十九个省。

　　萨达姆的所作所为自然遭到了世界上其他国家的强烈反对，一些国家的元首纷纷站出来，谴责萨达姆入侵科威特的残暴行径。科威特被占领前，一直向美国和其他西方国家出口石油，伊拉克此番行动扼住了他们的经济命脉。于是，阿拉伯世界的代表、联合国的代表、英国和美国的代表纷纷奔向伊拉克，强烈要求恢复科威特的主权，但被一口回绝。

　　时任美国总统的老布什，在伊拉克占领科威特的当天，就立即向海湾地区增派航空母舰，调遣了大量军队。与此同时，老布什还和英国首相梅杰联合法、德、日等国家领导人组建了一支多国部队，包括69万名官兵、6500辆坦克和装甲车、5000多架作战飞机和250多艘战舰，几乎将伊拉克和科威特团团包围。萨达姆也在为即将到来的战争做准备，当时伊拉克共有120万兵力、770架作战飞机、5800辆坦克、38000门火炮和地对地导弹800多枚，萨达姆打算放手一搏。1991年1月17日，当地时间凌晨2时，多国部队空袭伊拉克，发动了一场代号为"沙漠风暴"的军事行动，海湾战争就此爆发。

　　战争的初级阶段，多国部队出动近10万架次飞机，投放了9万吨炸弹，发射288枚"战斧"式巡航导弹和35枚空射巡航导弹，削弱了伊拉克的军事力量。地面战争开始后，多国部队在沙特阿拉伯、科威特和伊拉克邻近的边界发动了强大攻势，摧毁了伊拉克的所有防御措施，萨达姆只好于1991年2月26日宣布停火。28日凌晨，多国部队停止了进攻，海湾战争宣告结束。

●多国部队地面的强大攻势使伊拉克的绝大部分军队处于窘境，士气低落。只有精锐的共和国卫队进行了持续的抵抗，其他部队成批投降，直至战争结束时，在押的伊拉克战俘有 17.5 万名。图为向联军投降的伊拉克士兵。

多元化发展的当今世界

◎ 关键词：戈尔巴乔夫 软禁 叶利钦 苏联解体

苏维埃社会主义联盟解体

●苏联前总统戈尔巴乔夫

>>> 戈尔巴乔夫的故事

戈尔巴乔夫当总书记的时候，一天因私外出，嫌司机车开得太慢，催促了好几次，但因交通拥挤，还是不能让他满意。最后戈尔巴乔夫一把抢过方向盘，把司机推到后面，自己开起来。他一路横冲直撞，造成一片混乱。有人打电话向交通局长反映。

局长大怒，质问该地段交警。

局长："看到肇事者没有？"

警察："看到了。"

局长："为什么不逮捕他？"

警察："我不敢？"

局长："为什么？"

警察："他的官很大。"

局长："有多大？"

警察："不知道，反正戈尔巴乔夫是他的司机。"

拓展阅读

《民族矛盾与苏联解体》杨希钺
《密室隐情》[俄] 瓦连京·法林

1991年8月19日清晨，苏联副总统亚纳耶夫突然发布了一条命令，声称总统戈尔巴乔夫由于健康状况的原因而不再履行总统职务，根据苏联宪法规定，副总统亚纳耶夫即日起将履行总统职务。亚纳耶夫还宣布成立苏联"国家紧急状态委员会"，在苏联部分地区实施为期六个月的紧急状态。在此期间，国家全部权力移交给苏联国家紧急状态委员会行使。苏联国家紧急状态委员会由苏联代总统亚纳耶夫、苏联总理帕夫洛夫、苏联国防会议第一副主席巴克拉诺夫、苏联国防部长亚佐夫、苏联内务部长普戈、苏联国家安全委员会主席克留奇科夫等八人组成。接下来，苏联国家紧急状态委员会发表了《告苏联人民书》，争取民众支持。这就是震惊世界的"8·19事件"。而在黑海海滨克里米亚半岛休养的戈尔巴乔夫，则被软禁在别墅里，断绝了和莫斯科的所有联系。

"8·19事件"发生后，莫斯科市实施紧急状态，街头出现了坦克和军队，市民们对此表现得非常平静，他们都接受了现实。但俄罗斯联邦总统叶利钦却和国家紧急委员会唱起了反调，他跳到议会大厦前的坦克上，声嘶力竭地发表了一篇演说，指责国家紧急状态委员会应该恢复苏联的"铁幕"统治，并号召群众进行罢工。在叶利钦的鼓动下，情况立即发生逆转，数万名示威群众于8月20日晚聚集在议会大厦前表示抗议。21日下午，苏联国防部命令军队撤回驻地，国家紧急状态委员会领导人放弃了行动。21日晚8时，戈尔巴乔夫发表声明，强调他已完全控制了局势，并恢复了曾一度中断的与全国的联系，并称将于近日重新完全行使他的总统职权。22日上午，俄罗斯联邦总统叶利钦宣布，苏联前国防部长亚佐夫、前国家安全委员会主席克留奇科夫，苏联前国营企业和工业、建筑、运输和邮电设施联合会会长季贾科夫及前副总统亚纳耶夫已于22日凌晨被拘留；前内阁总理帕夫洛夫因病住院，已被就地监护；前内务部长普戈已自杀身亡。

8月22日的记者招待会上，戈尔巴乔夫声称国家已进入了变革的决定性阶段，但他错误地估计了形势，仅仅两天后，戈尔巴乔夫宣布辞去他的苏共总书记职务，并且承认自己已没有可能继续履行苏共中央总书记的职能。至此，苏联解体的命运已经不可逆转了。

"8·19事件"平息后，爱沙尼亚、拉脱维亚、乌克兰、立陶宛、格鲁吉亚都相继宣布独立。1991年12月25日圣诞节夜19时25分，戈尔巴乔夫在电视讲话中宣布辞职。苏联社会主义共和国联盟彻底成为了历史，美国和苏联的"冷战"也随之结束了。

●波黑内战造成严重的难民危机

>>> 《嗨，斯拉夫人》

斯拉夫人，你们古老的民族的精神所向无敌，工农的目标，斯拉夫的青年依然没有忘记。万世不灭，万古长青，斯拉夫的精神，一切阴谋诡计，一切强暴威逼，全都白费心计。

让那狂风暴雨施展它的威力，横扫一切，山崖崩裂，橡木连根拔起，大地震撼不已，但是我们始终好像岩石一样屹立，一切出卖祖国的叛徒都将无葬身之地。

——塞黑国歌

拓展阅读：

《旷日持久的波黑内战》
　　　　　郝时远
《昨天或者明天》
　　　[南斯拉夫] 米拉

◎ 关键词：民族矛盾 波黑内战 国际调解委员会 维和部队

波黑爆发内战

波黑是波斯尼亚和黑塞哥维那共和国的简称。波黑位于克罗地亚和塞尔维亚两国之间，是中、西欧和亚德里海湾的交通要道，总面积为5万多平方千米，人口为436万。波黑有着复杂的民族结构和宗教信仰，信奉伊斯兰教的穆斯林人有190多万，占波黑总人口的43%，信奉东正教的塞尔维亚人有130多万，占总人口的31%，其余的70万人是信仰天主教的克罗地亚族人。历史和宗教信仰的差别，使得这三个民族格格不入，民族矛盾异常尖锐。

1991年10月，穆斯林和克罗地亚族议员受到塞族议员的抵制后，宣布波黑从南斯拉夫分离出来，这就是波黑内战的诱因。一年后，波黑就独立问题举行了全民公决，遭到塞族人的强烈反对，在投票的过程中，波黑首府萨拉热窝发生了一起枪杀事件，遭到枪击的是正在举行婚礼的塞族人，枪击事件引发的塞族骚乱，迅速蔓延到波黑其他地区，武装冲突致使流血事件不断发生。3月下旬，穆斯林和塞族居民再次交火，武装冲突进一步升级。1992年4月6日和7日，欧共体和美国等西方国家先后承认波黑独立。在这种情况下，波黑塞族也立即成立了塞尔维亚波黑共和国，积极强占重要城镇，塞族的行动得到了塞尔维亚共和国和南斯拉夫人民军的支持，而克罗地亚族和穆斯林也得到了克罗地亚共和国的支持，一场大规模内战在波黑境内拉开了帷幕。

双方都想夺取更多的领土，扩大自己的势力范围，然后将已控制的地区连接起来，战争进行得异常激烈，双方兵力一度达到了50万。经过一年多的混战，塞族、克罗地亚族和穆斯林形成了三足鼎立的武装割据局面，塞族和克罗地亚族分别在自己控制的地盘内建立了政权。

波黑内战引起了国际社会的广泛关注。1992年9月，日内瓦成立了国际调解委员会，由美国人万斯和英国人欧文担任主席，制订了一系列调解战争的方案，穆斯林和克罗地亚族很快就接受了调解方案，塞族人因为占领了大片土地而不肯接受调解，但是在外界的压力下，还是在调解书上签了字。但三方很快就撕毁了和约，再次展开了一场争夺地盘的大战。

之后，在屡次调解无果的情况下，北约军队于1995年对塞族阵地进行了空前的轰炸，穆斯林军队趁机发动进攻，攻占了近8000平方千米的土地，迫于压力的塞族再次在和平协议上签字。签订协议后，达6万之众的联合国维和部队开赴波黑，以维护那里的秩序。波黑战争虽然结束了，但尖锐的民族矛盾并没有得到彻底解决。

多元化发展的当今世界

●南斯拉夫内战后的废墟

◎ 关键词:南斯拉夫 多党制 分裂国家

南斯拉夫解体

南斯拉夫是东欧长期保持政治独立的国家,在很长的一段时间内,南斯拉夫都未受到戈尔巴乔夫改革的影响,周边国家的骤变局势也很少波及南斯拉夫。东欧国家刮起了一场多党制的狂潮后,西方国家纷纷向南斯拉夫施加压力,国内的一些反对派也跳将出来,向现行的政治体制挑战。1989年3月和5月,南联盟主席团和南共联盟中央主席团先后两次表态,多党制不适合南斯拉夫现行的宪法,如果成立多党制会加剧各民族之间的矛盾,甚至有分裂国家的危险。

但是反对派们却不依不饶,南斯拉夫当局感到无从招架,只好在1989年10月召开的二十三中全会上通过了《政治体制改革纲领》,明确表示放弃一党专政,同意将多党制的政治模式引进南斯拉夫。从此以后,各种各样的政党如雨后春笋般地在南斯拉夫涌现,多党制实现后,并没有给南斯拉夫带来民主与和平,反而引起社会强烈的动荡。

1990年的4月到12月,南斯拉夫的六个共和国先后举行了多党制选举,结果民族主义政党占尽了上风,只有塞尔维亚社会党和黑山联盟继续执政,斯洛文尼亚的反对党联盟"德莫斯"在大选中获胜,组成了战后南斯拉夫历史上的第一个非共产党执政党。此外,民族主义右翼政党"哈德泽"控制了克罗地亚共和国的议会;而波黑的三个民族主义政党则在大选中平分秋色,马其顿的民族统一民主党以压倒性的票数组织了联合政府。12月26日,经过全民公决的斯洛文尼亚,宣布成为独立自主的国家,并且做好了和其他共和国就"和平分手"的问题进行谈判的准备,而且拒绝再提供支援不发达地区的资金。斯洛文尼亚分道扬镳的举动在其他共和国引起了强烈的震撼。1991年5月29日,克罗地亚也步了斯洛文尼亚的后尘,总统图季曼发表独立宣言时声称:"克罗地亚不再属于统一的南斯拉夫联邦国家。"6月25日,斯洛文尼亚和克罗地亚宣布正式独立。9月上旬,马其顿共和国举行公民投票,结果赞成马其顿成为独立国家的票数占了多半。一个月后的10月15日,波黑共和国议会通过了《波黑主权备忘录》,强调波黑是主权国家,至此,曾经统一的南斯拉夫联盟已经分崩离析了。

南斯拉夫联邦面对混乱的政治局面,已经回天无力,动荡的时局引发了大规模内战,战争导致南斯拉夫最终解体。1992年4月27日,南斯拉夫联邦议会通过了联盟共和国宪法,宣告由塞尔维亚共和国和黑山共和国组成的新南斯拉夫联盟共和国正式成立,新国家将首都定在贝尔格莱德,官方语言为塞尔维亚语。它的成立标志着1945年成立的南斯拉夫社会主义联邦共和国彻底成为历史。

多元化发展的当今世界

◎ 关键词：动荡不安 政治地震 清廉运动 黑手党

意大利的政治风暴

● 意大利比萨斜塔

>>> 意大利面的起源

意大利面，又称为意粉。

杜兰小麦是意大利面的法定原料，其久煮不糊，是与其他面的最大区别，并能保证其口感。

意大利面酱分为红酱、青酱、白酱和黑酱。红酱主要是以蕃茄为主制成的酱汁；青酱是以罗勒、松子粒、橄榄油等制成的酱汁，其口味较为特殊与浓郁；白酱是以无盐奶油为主制成的酱汁，主要用于焗面、千层面及海鲜类的意大利面；黑酱是以墨鱼汁为主所制成的酱汁，其主要佐于墨鱼等海鲜意大利面。

意大利面在很多国家受到欢迎，是西餐品种中中国人最容易接受的。

拓展阅读：
《美呀美呀意大利》尹齐
《意大利是个小地方》王玉清

20世纪90年代初，意大利出现了动荡不安的政治局面，政治和经济丑闻不断被曝光，从而引发了一连串的政治地震，一个又一个政党在震荡中垮掉了，一个又一个领袖因为丑闻而走上了不归路。

1992年2月，米兰检察官下令逮捕一家养老院的院长，指控他向米兰市长行贿，这起案子揭露了意大利第二大国有企业埃尼集团向各政党行贿的丑闻，成为意大利政治风暴的导火索。根据意大利的"政党资金法"规定，各政党可根据获得选票的比例而得到不同数额的国家资助经费，在未经批准的情况下，任何政党不得从公共机构和企业中获取这种经费。但是在党派林立的意大利，为了能够在竞选中获胜，一些党派置政党资金法于不顾，暗中向企业索要经费，一旦该政党在竞选中获胜，曾经筹集资金的企业一定会获益匪浅，因此，很多企业愿意慷慨解囊。埃尼集团行贿的丑闻被揭发出来后，意大利举国皆惊，民众一片哗然，米兰2万多市民于3月13日举行了示威游行，声称要严惩涉案的政要，并且以各种形式支持检察官一定将案件追查到底。迫于国内民众的压力，意大利政府在全国开展了一场反对贪污和受贿的清廉运动。

1992年到1993年上半年，意大利共有40多个地方检察院调查了90多个与此有关的案件，参与调查的法官达70多人。自从米兰的贿赂案被揭发后，在短短的一年时间里，很多政界、企业界以及党派领导人受到牵连，260多人因此被逮捕，被卷入的议员达70多人，受牵连的企业主也有300多人。最著名的人士是意大利社会党总书记贝蒂诺·克拉克西，他先后收到了法官发出的八份"接受审查通知书"，被指控犯有"同谋舞弊"、"窝藏赃款"和"违反政党资金法"等罪。法官要求议会立即取消他的议员豁免权，他只好宣布辞职。共和党全国总书记焦·拉·马尔法，也因为收到法官的"接受审查通知书"而引咎辞职。

随着清廉运动越挖越深，政府要员和黑手党来往密切的事实渐渐浮出了水面，黑手党是在"二战"后迅速发展起来的一个黑社会团伙，他们参与国际贩毒和暗杀等活动，几乎无恶不作。1986年到1988年，意大利对抓获的黑手党徒进行了一次世纪大审判，从而惹得黑手党人大开杀戒，很多参与调查的官员都遭到了不同程度的报复，有的因此而丢掉了性命。直到1994年，意大利才从这场政治丑闻中走出来，原中央银行总经理迪尼在总统斯卡尔法罗的授权下组建了新的内阁，清廉运动终于告一段落。

●美国总统克林顿

>>> 骷髅社

美国耶鲁大学的一个顶级秘密精英社团。它创始于1832年，每个年级的学生会有15个具有超级家世与能力者被邀参加。由于长期的自我繁殖，这个上层秘密团体，可以说已成了实质统治美国的"隐形帝国"。

骷髅会有着极其神秘的入会规则，更令人望而生畏的是它的会员名单，从这个骷髅会里走出了三位美国总统、两位最高法院大法官，还有无数美国议员以及内阁高官。经过172年的繁衍生息，从美国白宫、国会、内阁各部、最高法院以至于中央情报局，骷髅会的成员几乎无所不在。

拓展阅读：

《骷髅会精神》宿景祥
《耶鲁领袖训练大讲义》
宿景祥

◎ 关键词：赤字 国债 军费 增加税收 经济政策

克林顿执政美国

美国经济从1982年以来就呈现持续增长的态势，国内生产总值也由1983年的32757亿美元增长到1990年的53922亿美元，但严重的赤字和国债问题依然是里根政府急需解决的问题。虽然美国和苏联的关系日渐缓和，但高昂的军费仍然在联邦支出中占很大比重。然而，对低收入居民的补助、社会保险和国债利息却无法削减，因此政府只有在军费上削减了90亿美元。

布什总统上台后，面对诸多问题，只好改变当初竞选时的诺言，于1990年6月宣布增加税收，以缓解联邦预算赤字。但增加税收给美国经济带来了严重影响，它不仅抑制了投资，还减少了消费需求量，最终导致经济增长放慢。1990年7月，美国经济陷入衰退状态。1991年经济出现了负增长，布什在海湾战争时期高涨的支持率也一路下滑。种族问题同样是布什政府需要解决的问题，黑人经常受到不公正待遇。1992年4月，一次白人警察殴打黑人的事件在洛杉矶引起了大规模的流血冲突，纽约、芝加哥、旧金山和西雅图也发生了大规模的暴力冲突，布什政府调集了数万名海军陆战队员才将事件平息下来。

洛杉矶事件和持续衰退的经济在社会上引起了强烈不满。1993年1月，年仅46岁的克林顿在竞选时一再强调，要重振美国经济，因此成功击败了布什，当选为美国第四十二任总统。克林顿上台前，美国财政赤字高达2902亿美元。美国不仅债台高筑，美元出现疲软状态，就连投资者也望而却步。上台后，克林顿摈弃了共和党政府推行12年之久的里根经济模式，继承了民主党重视政府干预经济的传统，用切实行动代替放任自流。克林顿同时否定了民主党的"大政府"和"大赤字"政策，他曾称自己的政策是"新自由主义"。克林顿宣布裁减25%的工作人员，将留用人员的薪金降低将近10个百分点，削减政府开支，向富人大幅度征税，这一政策取得了不错的成效，政府的财政赤字连年下降。

在1993年到1994年间，克林顿不仅完成了关贸总协定的谈判，还使"北美自由贸易协定"生效。除此之外，他还积极参加亚太经合组织会议和美洲会议，加强了同其他国家的经济往来，使美国经济由复苏转变为快速增长，失业率也降到了10年的最低点。

克林顿于1997年蝉联总统后，继续执行第一任期时的经济政策，并且将重点放在促进国内经济的建设上，以高科技带动经济发展，创造了电脑和通信软件业腾飞的神话。在这样的经济政策下，美国的国防开支持续下降，民众的生活水平得到提高，美国的经济也走出低谷，迈向了新的阶段。

多元化发展的当今世界

●俄罗斯联邦首任总统叶利钦

拓展阅读：
《俄罗斯议会》邢广程
《俄罗斯巨人叶利钦》邢福有

◎ 关键词：暴力对抗 两权之争 叶利钦 全民投票

俄罗斯的两权之争

　　苏联解体后，俄罗斯成为独立国家，但经济的严重滑坡，致使国内的人民群众陷入生活的困境。在政坛上，总统与议会之间的争斗愈演愈烈，在无可调和的情况下，终于走上了暴力对抗的道路，这便是俄罗斯的"两权之争"。

　　在民主派内部，围绕着国家在政治体制上是实行议会制还是总统制展开了一场争斗，而经济改革不但没有任何起色，反而导致了恶果，引起人民群众的强烈不满。叶利钦总统仰仗着民众的支持率和西方国家的撑腰，对议会的态度变得有恃无恐。1993年9月21日，他断然宣布解散议会，将新议会的选举日期定在当年的12月。议会方面立即回应，声称叶利钦的行径是"对国家发动的政变"，因此打算抗衡到底。议会宣布终止叶利钦行使总统的权力，而不久前被叶利钦勒令停职的副总统鲁茨科伊被议会任命为代理总统，宪法法院也于9月22日做出了裁决，裁定叶利钦违反了宪法，并将这一消息通过电台向全国通报。

　　得到这样的消息后，许多人自发地来到议会大厦前的广场上，日夜守卫在那里，决心以死保卫议会大厦，议会大厦顿时成了和总统对抗的据点。鉴于这种情况，叶利钦在全国电视讲话中承认自己的行动违反了宪法，但他这样做"符合俄罗斯的国家利益"，并趁机对议会进行了猛烈抨击。24日，叶利钦下令切断了议会大厦的电源和电话联络方式，并以议会向市民发放枪支为借口，宣布议会大厦地带为危险区，于是派出大批军警封锁了议会大厦。9月29日，叶利钦向议会下了最后通牒，要求最迟在10月4日之前所有议员和其他人员撤出议会大厦，否则将导致最为严重的后果。

　　10月3日，形势突然发生了变化，以"劳动俄罗斯"为首的政党，迅速组织数千名群众冲破了封锁，抵达议会大厦前的广场，将全副武装的军警驱散，解除了议会大厦的包围。取得胜利的群众在议会大厦广场上欢呼雀跃，议长哈斯布拉托夫和代总统鲁茨科伊号召这些支持者占领了市政府和国家电视中心，导致电视和广播一度中断。10月4日，正规军队出现在议会大厦，装甲车将大厦团团包围，坦克向议会大厦频频开火，大厦顿时浓烟四起，遭到围困的议会方面宣布停止抵抗，所有滞留在大厦中的人员都放下武器走出去，哈斯布拉托夫和鲁茨科伊被当场逮捕，莫斯科又恢复了平静。

　　12月12日，俄罗斯举行了新宪法的全民投票，议会选举也如期举行，叶利钦提出的俄罗斯新宪法草案获得通过，新的联邦议会由上下两院组成，上院为联邦委员会，下院为国家杜马。在这次大选中，"俄罗斯选择"成为国家杜马中的第一大党，自由民主党为第二大党，俄罗斯共产党位居第三大党。举行新议会选举后，总统和议会之间的斗争宣告结束。

◎ 关键词：欧盟 欧洲联盟条约 大欧洲 欧洲自由贸易联盟

欧洲联盟成立

　　成立于1993年11月1日的欧洲联盟，是在欧洲共同体基础上形成的一个集政治、经济、外交和防务于一体的欧洲实体，简称欧盟，它在国际事务中发挥了重大作用。

　　20世纪90年代初，东欧剧变导致了苏联解体，东西方对峙多年的"冷战"局面宣告结束。美国和日本成了西欧各国的主要竞争对手，在新的机遇和挑战面前，西欧的任何一个国家都自忖难以对付，它们只有加强联合，才能在未来多变的局面中处于有利地位。欧共体如果要建立统一的国际大市场，就需要加强各国间的经济协调，扩大在政治领域的合作，以此来巩固和发展一体化进程。1990年4月，法国总统密特朗和德国总理科尔倡议建立欧洲政治联盟，并在当年召开的欧共体会议上得到支持，确立了政治联盟的基本内容。经过多边磋商，1991年12月在荷兰马斯特里赫特召开的欧共体首脑会议上，各国达成一致协议，签署了经济货币联盟和政治联盟等方面的条约，总称《欧洲联盟条约》。

　　《欧洲联盟条约》的签订加速了欧洲一体化进程，原本在经济和贸易方面合作的欧共体，开始向政治、外交和防务等实体方面转变。《欧洲联盟条约》包括《欧共体政治联盟条约》和《经济货币联盟条约》，规定西欧联盟隶属欧洲政治联盟，是欧洲政治联盟的防务机构，在制定欧洲防务政策的同时，和北约保持一定的联系。《经济货币联盟条约》确定了经济和货币联盟的最终目标，统一货币是建立欧洲经济货币联盟的关键所在。条约规定，该联盟自1990年7月1日到1999年7月1日，将分三个阶段实现欧洲货币统一，建立独立的欧洲中央银行。1993年11月1日，欧共体12个国家签订的《欧洲联盟条约》正式生效，一个联合欧洲12个国家、涵盖3.4亿人口的联盟就此诞生了。

　　欧盟成立之初，就大力着手贯彻其"大欧洲"的方针，然而由于各成员国之间参差不齐的货币机制，加之经济衰退等原因，欧盟进展的速度非常不顺利。通过扩大中心汇率，欧盟终于挺过了难关，各国经济也得到了复苏。

　　欧共体还积极发展同欧洲自由贸易联盟的关系，并于1994年1月1日成立了欧洲经济区，该经济区除了欧共体12国，还包括奥地利、挪威、芬兰、瑞典、冰岛等国家。1995年1月1日，欧洲联盟正式接纳了奥地利、芬兰和瑞典为成员国，扩大后的欧盟15国，在世界上的地位和影响明显增强。

　　1999年3月，波兰、匈牙利和捷克三个国家正式加入欧盟，欧洲联盟的成员国扩大到了18个。进入21世纪之后的欧洲联盟，其统一的货币——欧元开始正式流通，欧洲一体化的进程随之又向前迈出了一大步。

● 签订欧洲经济共同体协议

>>> 欧洲联盟杯

　　欧洲足联组织的俱乐部赛事，创建于1971/1972赛季，其前身是博览会杯。

　　欧洲各国联赛得到的联盟杯名额各不相同，根据该联赛在欧足联排名系统的名次，可以分到1~3个名额。

　　此外，国际托托杯决赛中胜出的三支球队也可以进入联盟杯。联盟杯目前采用主客场两回合淘汰制，但从1997/1998赛季开始，联盟杯决赛改为在中立场地一场定胜负。在欧足联排名系统中比较靠后的联赛所属的参赛队需要参加附加赛。欧洲冠军杯第三轮被淘汰的球队进入联盟杯第一轮。欧洲冠军杯小组赛排名小组第三的八支球队进入联盟杯第三轮。

拓展阅读：

《欧洲一体化与欧盟治理》
[德] 科勒
《欧洲联盟国际行为能力研究》
张茂明

多元化发展的当今世界

◎ 关键词：种族主义 示威游行 诺贝尔和平奖 新南非

南非黑人总统曼德拉

● 南非首位黑人总统曼德拉

>>> 曼德拉的幽默

曼德拉青年时代酷爱拳击，曾想成为一名拳王。

2001年4月23日，他在官邸接见了前一天败给哈森的世界拳王刘易斯。刘易斯知道曼德拉是个拳击爱好者，故意指着自己的下巴让曼德拉打，曼德拉也笑着做出拳击姿势。

记者问曼德拉：“假如你年轻时与刘易斯在场上交锋能否取胜？”曼德拉说：“我可不想年轻轻的就去送死。”他接着鼓励刘易斯，胜败乃赛场常事，只要训练有方，刘易斯一定能夺回“拳王”。

拓展阅读：

《纳尔逊·曼德拉》刘宗琴
《漫漫自由路》[南非]曼德拉

在南非，有一位家喻户晓的历史巨人，他曾经为推翻白人种族主义在南非的统治，进行了长达50年坚持不懈的斗争，并且为消除世界性的种族主义制度做出了不可磨灭的贡献。他就是纳尔逊·曼德拉。

曼德拉出生于南非一个部落酋长家庭，他的母亲是一位性格坚强的女性，曼德拉从父母的身上继承了黑人的优秀品质，也承袭了对南非命运的强烈责任感。曼德拉长大后，没有遵照父亲的遗愿当一名酋长，而是成了一名出色的律师。在当律师的那段时间里，曼德拉意识到，黑人一定要建立制定一套新的法律，有了这个目标后，曼德拉投入了艰苦卓绝的政治斗争中，他很快就成为“非洲国民大会”青年激进派的灵魂。1960年3月21日，南非举行了一场“反对通行证”的示威游行，5000名黑人在沙佩维尔警察局门口和警察发生了冲突，结果警察向示威人群开枪，69名示威者被打死，180人受伤，并且多为妇女和儿童，令人震惊的“沙佩维尔惨案”就此发生了。惨案发生几个小时后，开普敦的黑人市镇兰加也发生了示威者和警察的冲突，又有六名示威者惨死在警察枪下，另有49人受伤，血的事实让曼德拉改变了以暴力对抗的主张。

1961年6月26日，曼德拉在国内发表了《斗争是我的生命》的声明，决定斗争形式由公开转入地下。他亲自组织了一个名为“民族之矛”的独立团体，有组织地破坏发电厂、干扰铁路和电话通信等方式，迫使外国资本撤离了南非，曼德拉也因此成为南非当局的重点搜捕对象，1962年8月，曼德拉不幸被捕，被关押在维克多·维尔斯特监狱。之后的27个年头里，曼德拉将关押他的牢狱变成了“曼德拉大学”。

1990年2月10日，南非总统德克勒克发表声明，宣布“非洲人国民大会”副主席纳尔逊·曼德拉将被无条件释放，并对他予以高度赞扬。1990年2月11日下午4时12分，在直升机的护送下，前来迎接曼德拉出狱的车队缓缓驶出监狱，72岁的曼德拉笑容可掬地从车上走下来，向沸腾的人群频繁地挥手致意，度过28年的劫难后，曼德拉终于又回到了久违的人群中。在随后的四年里，曼德拉继续为建立一个新南非而奔波。

曼德拉出狱后，白人暗杀团扬言要暗杀他，并趁机调唆黑人民族主义者控制曼德拉。曼德拉力排众议，与总统德克勒克合作，将持续多年的暴乱平息下来，南非出现了多年没有过的和平局面。1993年，曼德拉和德克勒克共同获得了诺贝尔和平奖。

1994年，曼德拉在大选中获胜，当选为南非总统，从此以后，一个新南非诞生了。

多元化发展的当今世界

●以色列总理拉宾（左）

>>> 犹太极端分子的狂热

一个以行刺拉宾为目的的极端分子组织，他们经常在夜深人静时，聚集在特拉维夫的一座公墓里，脸上蒙着黑布，肩上披着白条长巾，右手拿着《圣经》，左手拎着手枪进行宣誓："为了建立从海边到约旦河的大以色列，我愿做出一切牺牲。"

他们自认为是"人间的圣徒"，并将誓词写在犹太民族主义运动创始人墓地的大石头上。一个叫"埃雅尔"的恐怖小组在一天夜里来到墓前宣誓，一个学生模样的年轻人将手枪和《圣经》放在大石头上，发誓一定要杀死拉宾，他就是伊加勒·阿米尔。

拓展阅读：

《拉宾》刘小平
《和平进程中的殉道者》
　　　　李光斌

◎ 关键词：拉宾 和平梦想 行刺拉宾 极端分子组织

和平使者拉宾遇刺

1995年11月4日，在以色列的特拉维夫市政广场上，20万人簇拥在一起，支持这次和平进程的集会，时任以色列总理的伊杜克·拉宾发表了《和平终将实现》的演说，赢得了人们的欢呼，参加集会的人们一齐高唱《和平之歌》，看着群情激奋的人群，拉宾的脸上露出了满意的笑容。拉宾转身向台下走去，就在此时，一名犹太极端分子将黑洞洞的枪口对准了他，然后扣动了扳机，鲜血染红了《和平终将实现》的演讲稿。一名为和平事业奋斗的战士，就这样带着未实现的和平梦想倒下了。

拉宾遇刺后，在医院不治身亡。以色列安全总局当场抓获了凶手伊加勒·阿米尔，并对他的行刺动机进行了审问。伊加勒一口咬定是受到上帝的指示，没有任何组织在幕后指使，行刺拉宾完全是他个人的意愿和行为。在很短的时间内，以色列当局又逮捕了凶手的哥哥哈盖·阿米尔及其他十多个极端分子，经过突击审问，拉宾遇刺的真相一点一点被揭开了。

那是一个极端分子组织，他们为了一个共同的目标聚集在一起，目的就是将拉宾杀死。

以色列当局从伊加勒的哥哥哈盖口中得知，伊加勒行刺拉宾时的霰弹是他制造的，这种子弹射入人体后会马上发生爆炸，哈盖还在家里的仓库里搞了个制造武器的作坊，能制造很多种武器，包括安装汽车爆炸装置。在拉宾遇刺前的两年多时间里，"埃雅尔"一直密切注意着他的行踪，随时准备下手。1993年8月，拉宾和阿拉法特在奥斯陆签署和平协议，该组织就曾想将拉宾杀死，曾经有八次，拉宾就处在他们的射击点上，由于时机不够成熟，凶手们没有贸然下手。为了能够将拉宾杀死，伊加勒兄弟及其同伙侦察过拉宾住处的每一个夹道和拐角，寻找通往房顶的通路，并且购买了所有和政治暗杀有关的书籍，肯尼迪遇刺的书就摆在他们书架的最明显位置。

伊加勒·阿米尔在极右翼组织中很有名气，唯有以色列保安部门对他一无所知，他是"埃雅尔"恐怖组织的小头目，幕后指挥他的是一个名叫阿维沙·拉维夫的24岁的疯狂分子。他们处心积虑，终于在11月4日的集会上，将拉宾送入黄泉。

拉宾罹难之际，以色列当局的黑名单上仍然没有伊加勒·阿米尔和哈盖的名字，直到惨案发生，以色列保安部门都没有意识到国内会有恐怖分子袭击领导人。高喊和平口号的拉宾倒下之后，"和平"被糟践得一文不名。

●20 世纪 50 年代的卡斯特罗

>>> 卡斯特罗风采

据近年对猪湾事件的解密文件显示，当年只有34岁的卡斯特罗几乎是在谈笑间指挥反击战的。他在下达一个又一个命令时还不时地开一下玩笑，没有丝毫的紧张。

战斗开始后，他在电话中问："大家的士气如何？好！太棒了！"接着下令："立即返回猪湾，击沉所有船只！"他对自己的亲密战友切·格瓦拉说："现在我们真的在战斗了，胜利属于我们！"卡斯特罗只用了72个小时，就迎来了胜利。"追上去，不要停火！"

……

拓展阅读：

《卡斯特罗与古巴》
  〔意〕安格鲁·特兰托
《解读卡斯特罗神话》王成家

◎ 关键词：卡斯特罗 硬骨头 中央情报局 暗杀

古巴领导人卡斯特罗

古巴共产党中央委员会第一书记、国务委员会主席、部长会议主席菲德尔·卡斯特罗，出生于甘蔗种植园主兼木材商家庭，卡斯特罗在年轻的时候就表现出了远大的志向，打算用生命和鲜血实现自己的理想。

20 世纪 50 年代，古巴人民在卡斯特罗的领导下，开展了一场反对亲美独裁统治的民族主义革命，并于1959年取得了胜利。美国人为此如坐针毡，打算将卡斯特罗赶下台，但是卡斯特罗是块"硬骨头"，他从未向美国低过头，反而使美国屡屡受辱，美国只好将希望寄托于中央情报局，准备在必要的时候暗杀卡斯特罗。

中央情报局导演了无数次暗杀和颠覆活动。1960年，中央情报局的特工向卡斯特罗的医生米勒下达了暗杀命令，当时卡斯特罗正患眼病，中央情报局便配制了一种剧毒的药物，打算让米勒给卡斯特罗使用。米勒做了很长时间心理斗争，最后终于狠下心来，但他却不小心将药瓶打翻了，毒药竟然将水泥地板腐蚀了一大片。米勒惊呆了，他没想到中央情报局的药会这么厉害。良心不安的米勒选择了自首，卡斯特罗并没有追究责任，而是将他安排在一家医院工作，中央情报局的第一次谋杀就这样破产了。

一位名叫玛莉塔的德国女子（她是纳粹集中营里的幸存者，后来美国中央情报局收买她充当了间谍）去暗杀卡斯特罗，但这被中央情报局认为最有把握的一次暗杀行动却是最失败的一次。玛莉塔在后来出版的《亲爱的菲德尔·卡斯特罗：我的生活、我的爱情、我的背叛》一书中，披露了年轻时期和卡斯特罗的一段恋情，以及美国中情局利用她暗杀卡斯特罗的内幕："要杀菲德尔，我下不了手。他太迷人了，我把中央情报局给的毒药扔进浴盆，在最后一次缠绵之后，我走了。"一切都像电影中发生的情节，但却实实在在地发生在卡斯特罗身上。

一向喜欢抽烟的卡斯特罗却在自己的生日当天戒烟了，因为中央情报局又对他实施了一次暗杀，而文章就在烟上。中央情报局千方百计地收买了一个有机会接近卡斯特罗的人，让他在卡斯特罗的住所偷偷放了一盒香烟，这盒含有剧毒的香烟并没有受到卡斯特罗的垂青，中央情报局的暗杀计划再一次破产了。

中央情报局从未放弃过暗杀卡斯特罗，他们还使用了在摄像机中藏炸药等手段，企图将卡斯特罗置于死地，结果都被识破了。

据古巴有关当局揭露，自古巴革命以来，中央情报局对卡斯特罗的暗杀行动竟达637次！卡斯特罗本人也曾承认，自己是各国领导人中遭受暗杀和威胁次数最多的一个，并风趣地说可以在这方面拿"冠军"。

●俄罗斯联邦总统叶利钦

>>> 卡尔·杜达耶夫之死

　　杜达耶夫原名贾哈尔·杜季·穆西，被称为车臣"独立之父"。他曾令叶利钦焦头烂额。

　　1996年4月22日凌晨4时，俄空军预警机截获了车臣分裂主义头子杜达耶夫与居住在莫斯科的俄罗斯国家杜马前议长哈兹布拉托夫之间的手机通信，在全球定位系统的帮助下准确地测出了杜达耶夫所在位置的坐标。

　　几分钟之后，俄罗斯空军"苏-25"飞机在距目标40公里的地方发射了两枚"DAB-1200"反辐射导弹，导弹循着电磁波方向击中了杜达耶夫正在通话的小楼。杜达耶夫和四个贴身保镖被炸得血肉横飞，命丧黄泉。

拓展阅读：

《我所亲历的车臣战争》
　　[俄] 特罗舍夫
《车臣之鉴》徐振泽等

◎ 关键词：战争 恐怖活动 独立运动 车臣独立

俄罗斯的车臣危机

　　车臣是俄罗斯联邦境内的一个地区。车臣和俄罗斯之间的摩擦在几百年前就存在了。20世纪末，车臣一度成为全世界瞩目的焦点，血腥的战争和持续不断的恐怖活动一时间成了车臣的代名词。

　　车臣最早并不属于俄罗斯。早在18世纪末，俄国沙皇派军队占领了车臣，当时车臣人曾进行过顽强的抵抗，但被沙皇镇压下去。1921年，车臣人民掀起的独立运动再次遭到苏联政府的镇压，苏联仍对车臣进行着统治。但是，车臣人民始终不断掀起独立运动，并且以愈演愈烈之势，争取车臣获得独立。

　　车臣的原住居民大都信奉伊斯兰教，并且有强烈的民族认同感，如此一来，就和信仰东正教的俄罗斯人格格不入，车臣的极端伊斯兰分子和激进民族主义者，便将谋求车臣独立当作终生的奋斗目标。20世纪80年代末，苏联在风雨飘摇中解体后，车臣的独立运动便活跃起来。1991年，车臣举行了总统大选，独立运动的领袖杜达耶夫成为车臣首任总统，他宣布车臣独立。

　　对于有着丰富石油资源的车臣，俄罗斯政府当然不会对其独立听之任之，当时的俄罗斯总统叶利钦于1994年派出军队，对车臣独立分子所控制的车臣政府和军队进行打击，没想到第一次军事打击遭到车臣人的顽强抵抗，并制造恐怖事件，以此胁迫俄罗斯撤退。

　　俄罗斯杜马代表发出了如继续战争将弹劾总统的威胁，政府内的一些反对党也趁机大做文章。以美国为首的西方国家借机指责俄罗斯，声称应该以和平方式解决车臣问题。鉴于内外压力，叶利钦只好接受了对车臣的停火要求，并于1996年8月宣布从车臣境内撤军。1997年5月，叶利钦和车臣代表马斯哈多夫签署了和平协议，承认车臣的独立地位。同一年，在国际组织的监督下，车臣举行了总统选举，马斯哈多夫当选为总统。

　　车臣独立后，以军事领导人巴萨耶夫为代表的伊斯兰独立分子，渗入到相邻的达吉斯坦共和国，煽动当地的伊斯兰信徒，想通过武力使达吉斯坦共和国脱离俄罗斯联邦。1999年8月13日，俄罗斯将军队开赴达吉斯坦共和国，并对其发动了大规模的军事打击，抵挡不住的车臣武装人员只好以游击和偷袭的方式对抗。之后，俄罗斯再次将军队开到车臣，并将车臣占领，但车臣武装分子的偷袭和恐怖活动仍然时有发生。

　　"9·11"事件后，美国对车臣问题的态度发生了重大转变，不再支持俄罗斯联邦境内的伊斯兰独立分子。俄罗斯减轻了国际压力。但伊斯兰分子却在2002年劫持了几百名人质，制造了一次举世皆惊的恐怖活动。虽然最后遭到镇压，但车臣仍然是俄罗斯永远的痛。

多元化发展的当今世界

● 俄罗斯"海狮"级双体气垫导弹艇
该导弹艇是世界上第一艘采用双体表面效应船型的导弹艇。首制艇"暴风号"1987年下水，1990
年建成服役。第二艘"萨姆"号，1995年建成服役。主要用于攻击大型水面舰艇及其编队。

图书在版编目（CIP）数据

世界简史／马健，张兰菊编著． － － 北京：中国文史出版社，2021.1

ISBN 978 － 7 － 5205 － 2350 － 9

Ⅰ．①世… Ⅱ．①马… ②张… Ⅲ．①世界史 － 通俗读物 Ⅳ．①K109

中国版本图书馆 CIP 数据核字（2020）第 187556 号

责任编辑：蔡晓欧

出版发行：**中国文史出版社**

社　　　址：北京市海淀区西八里庄路 69 号院　　邮编：100142

电　　　话：010 － 81136606　　81136602　　81136603（发行部）

传　　　真：010 － 81136655

印　　　装：北京新华印刷有限公司

经　　　销：全国新华书店

开　　　本：720 × 1020　　1/16

印　　　张：29.75　　　　字数：762 千字

版　　　次：2021 年 1 月第 1 版

印　　　次：2021 年 1 月第 1 次印刷

定　　　价：88.00 元